Wilhelm Lorenz

Leitfaden für den Spediteur in Ausbildung und Beruf

Teil 1

16. Auflage
herausgegeben von Dipl.-Kfm. Willy Korf
unter der Mitarbeit von:

Lothar Bockholt
Rainer R. Franke
Karl-Heinz Kruse
Reinhard Lankes
Horst Manner-Romberg
Harald de la Motte
Herbert Nickenig
Hermann Pikelj
Jürgen van Schwamen
Heinrich Segbers
Heinz Vogel

Deutscher Verkehrs-Verlag

Die Deutsche Bibliothek – CIP-Einheitsaufnahme

Leitfaden für den Spediteur in Ausbildung und Beruf / Wilhelm Lorenz. – Hamburg: Dt. Verkehrs-Verl.
  Früher u.d.T.: Leitfaden für die Berufsausbildung des Spediteurs
NE: Lorenz, Wilhelm
Teil 1. Speditionsgeschäfte, Verkehrsträger, Lagerei / hrsg. von Willy Korf. [Unter der Mitarb. von Lothar Bockholt ...] – 16. Aufl. – 1997
  ISBN 3-87154-221-0
NE: Korf, Willy [Hrsg.]

© Deutscher Verkehrs-Verlag GmbH, Hamburg 1997
Alle Rechte vorbehalten – Nachdruck verboten
Printed in Germany
Gesamtherstellung: Kessler Verlagsdruckerei, 86399 Bobingen
ISBN 3-87154-221-0

Geleitwort

Die deutsche Verkehrswirtschaft muß im internationalen Wettbewerb auf die Qualität ihrer Dienstleistung setzen. Voraussetzung dafür sind qualifizierte Mitarbeiter. Deshalb kommt der Aus- und Weiterbildung in der leistungsbezogenen Verkehrswirtschaft eine immer größere Rolle zu.

Kaufmännische Qualifikation ist ferner wichtig, da Preis und Leistungsbedingungen seit der Tarifaufhebung auch auf nationaler Ebene frei ausgehandelt werden. Mit dem Empfehlungswerk im Spediteursammelgutverkehr haben die Spediteure versucht, sich einer solchen Herausforderung zu stellen.

Der „Leitfaden" soll vor allem dem Nachwuchs als Unterlage für den verantwortungsvollen Beruf des Spediteurs dienen. Zudem soll er auch dem im Beruf stehenden Spediteur und Verkehrsfachmann als nützliches Informations- und Nachschlagewerk hilfreiche Dienste leisten.

Deutscher Industrie- und Handelstag

Dr. A. Ortmeyer
Leiter der Verkehrsabteilung

Erstes Vorwort

Der Bundesverband Spedition und Lagerei e.V. sieht es als eine seiner wichtigsten Aufgaben an, die Grundlagen der Berufsausbildung im Speditionsgewerbe zu sichern und nach Möglichkeit noch zu verbessern. Aus- und Fortbildung sind eine entscheidende Voraussetzung für den beruflichen Erfolg der in der Spedition tätigen Frauen und Männer. Auch die Zukunft der Unternehmen des Gewerbes hängt mehr denn je von der Qualifikation der Mitarbeiter ab. Im vereinigten Deutschland mit seiner zentralen wirtschaftlichen Bedeutung in einem erweiterten Europa und seiner starken Stellung in der Weltwirtschaft werden die Aufgaben der Spedition als Organisator des Güterverkehrs und Anbieter von Logistikdienstleistungen weiter wachsen.

Wir brauchen tüchtige und sachkundige Mitarbeiter, die auch als künftige Geschäftsführer von Speditionsbetrieben oder als selbständige Spediteure die Zukunft des Gewerbes gestalten. Die zentrale Aufgabe, die dem Spediteur im Verkehrsgeschehen zukommt, kann er nur wahrnehmen, wenn er sich durch Kompetenz und Engagement auszeichnet. Kompetenz kann man lernen. Der erste Schritt ist eine gute berufliche Ausbildung.

„Speditionskaufmann/frau" ist eines der anspruchsvollsten kaufmännischen Berufsbilder. Es ist für unseren Nachwuchs aber eine lohnende Herausforderung.

Wir freuen uns, daß der vorliegende „Leitfaden für den Spediteur in Ausbildung und Beruf" nun in der 16. Auflage als bewährtes Lehrmittel erscheint.

Bundesverband Spedition und Lagerei e.V.

Präsidium und Hauptgeschäftsführung

Zweites Vorwort

Am 01.08.1996 ist das neugeordnete Berufsbild zum Speditionskaufmann/zur Speditionskauffrau in Kraft getreten.

Die veränderte wirtschaftliche Situation in Europa und in der Welt hat die Überarbeitung notwendig gemacht.

Die Bemühungen des Bundesverbandes Spedition und Lagerei, das Berufsbild der Speditionskaufleute den aktuellen und künftigen Erfordernissen des Verkehrsgewerbes anzupassen, haben damit endlich zum Erfolg geführt. In der Zukunft werden stärker als bisher die Datenverarbeitung, die fachbezogenen Fremdsprachen, die speditionelle Logistik, die Kosten- und Leistungsrechnung und das Controlling sowie Marketing und Kundenberatung in die Ausbildungsordnung eingepaßt. Der Lorenz wird diese Veränderungen und Ergänzungen nachvollziehen.

Die nunmehr vorliegende 16. Auflage wurde nur ein Jahr nach der Publikation der 15. Auflage erforderlich. Das zeigt, daß der Leitfaden in Ausbildung und Beruf nicht nur ein wichtiges Lehrbuch ist, sondern auch als Informations- und Nachschlagewerk in der täglichen Praxis häufig verwendet wird.

Erstmalig wird in einem Lehrbuch der Markt für Kurier- und Expreßdienste behandelt. Ich weiß, daß dies kein leichtes Unterfangen ist, denn dieses Marktsegment ist neu und muß sich erst entsprechend strukturieren.

Ich wünsche den Lesern der 16. Auflage des Lorenz, Teil 1, viel Erfolg.

Willy Korf
Autor und Herausgeber

Einleitung

Der Spediteurberuf ist ein Kaufmannsberuf. Seine Ausübung verlangt nicht nur die allgemeinen Fertigkeiten und Kenntnisse, die in jedem Kaufmannsberuf erforderlich sind, sondern darüber hinaus die besonderen Kenntnisse des Verkehrswesens.

Wie in allen kaufmännischen Berufen muß die Erziehung zum ehrbaren Kaufmann die Grundlage der Berufsausbildung des Spediteurs bilden. In einem Gewerbe, in dem große Werte durch die Hände der in ihm Beschäftigten gehen, müssen auch die ethischen Grundlagen vorhanden sein, also die Begriffe von Treu und Glauben, Ehrlichkeit und Zuverlässigkeit.

Die berufliche Ausbildung zum Spediteur muß dem Nachwuchs eine Vorstellung von der Bedeutung und der Vielgestaltigkeit dieses Gewerbes geben. Der junge Spediteur muß schon während seiner Ausbildungszeit ein klares Bild von dem Wesen seines Lebensberufes erhalten; er soll von vornherein als Spediteur denken und handeln lernen. Ein so umfassendes Bild wird aber im Ausbildungsbetrieb allein nicht immer vermittelt werden können. Deshalb soll diese Lücke durch Fachschulunterricht, in Fachkursen oder durch Selbststudium mit Hilfe dieses Leitfadens geschlossen werden.

Die Kenntnisse, deren der Spediteur bei der Ausübung seines Berufes bedarf, findet er in einer Vielzahl von Gesetzen, Verordnungen und Erlassen, Tarifen, Geschäftsbedingungen und sonstigen Vorschriften. Sie alle mit sämtlichen Einzelheiten zu beherrschen, grenzt fast an das Unmögliche. Möglich ist es aber, einen Überblick über die vielgestaltigen Vorschriften zu erlangen, die Fundstellen zu kennen und diese Bestimmungen auslegen und anwenden zu lernen. In diesem Leitfaden ist der Wissensstoff systematisch und in knapper Form dargestellt.

Der Leitfaden soll in die Hände der Auszubildenden im Speditionsgewerbe gelangen, um sie in der Ausbildungszeit zu begleiten. Er soll ferner von den Ausbildern in den Ausbildungsbetrieben, den Lehrern im Fachunterricht der Berufsschulen und den Vortragenden in Fachkursen benutzt werden. Schließlich soll er auch der Weiterbildung dienen und dem bereits im Geschäftsleben stehenden Spediteur bei seiner täglichen Arbeit behilflich sein, das umfangreiche Wissensgebiet zu übersehen und seine Kenntnisse zu vertiefen.

Abkürzungen

ADR	=	Europäisches Übereinkommen über die internationale Beförderung gefährlicher Güter auf der Straße
ADSp	=	Allgemeine Deutsche Spediteurbedingungen
AEG	=	Allgemeines Eisenbahngesetz
AGNB	=	Allgemeine Beförderungsbedingungen für den gewerblichen Güternahverkehr mit Kraftfahrzeugen
AMÖ	=	Arbeitsgemeinschaft Möbeltransport Bundesverband e. V.
AO	=	Abgabenordnung
BAG	=	Bundesamt für Güterverkehr
BDF	=	Bundesverband des Deutschen Güterfernverkehrs e. V.
BDN	=	Bundesverband des Deutschen Güternahverkehrs e. V.
BGB	=	Bürgerliches Gesetzbuch
BGH	=	Bundesgerichtshof
BinSchG	=	Binnenschiffahrts-Gesetz
BMF	=	Bundesminister der Finanzen
BMV	=	Bundesminister für Verkehr
BRVS	=	Bahn-Rollfuhr-Versicherungsschein
BSL	=	Bundesverband Spedition und Lagerei e. V.
CEMT	=	Konferenz Europäischer Verkehrsminister
CIM	=	Einheitliche Rechtsvorschriften für den Vertrag über die internationale Eisenbahnbeförderung von Gütern
C.L.E.C.A.T.	=	Europäisches Verbindungs-Komitee des europäischen Speditions- und Lagereigewerbes
CMR	=	Convention relative au contrat de transport international des Marchandises par Route (Übereinkommen über den Beförderungsvertrag im internationalen Straßengüterverkehr)
COTIF	=	Übereinkommen über den internationalen Eisenbahnverkehr
DB AG	=	Deutsche Bahn AG
DGR	=	Dangerous Goods Regulations
DIHT	=	Deutscher Industrie- und Handelstag
DUSS	=	Deutsche Umschlagsgesellschaft Schiene – Straße
DVB	=	Deutsche Verkehrsbank AG
DVZ	=	Deutsche Verkehrszeitung
ECU	=	European Currency Unit (Europäische Währungseinheit)
EU	=	Europäische Union
EVO	=	Eisenbahn Verkehrsordnung
FBL	=	FIATA Multimodal Transport Bill of Lading
FIATA	=	Internationale Vereinigung der Spediteurorganisationen
GG	=	Grundgesetz
GGVBinSch	=	Gefahrgutverordnung Binnenschiff
GGVE	=	Gefahrgutverordnung Eisenbahn

GGVS	=	Gefahrgutverordnung Straße
GüKG	=	Güterkraftverkehrsgesetz
GüKUMB	=	Beförderungsbedingungen für den Umzugsverkehr und für die Beförderung von Handelsmöbeln in besonders für die Möbelbeförderung eingerichteten Fahrzeugen im Güterfernverkehr und Güternahverkehr
HGB	=	Handelsgesetzbuch
IATA	=	International Air Transport Association (Internationale Luftverkehrsvereinigung)
ICAO	=	International Civil Aviation Organization (Internationale zivile Luftfahrtorganisation)
ICC	=	Internationale Handelskammer
IHK	=	Industrie- und Handelskammer
KVO	=	Kraftverkehrs-Ordnung für den Güterfernverkehr mit Kraftfahrzeugen (Beförderungsbedingungen)
LVG	=	Luftverkehrsgesetz
MTU	=	Multimodal Transport Operator
NVOCC	=	Non Vessel Operating Common Carrier
SST	=	Seehafen Speditionstarif
StVO	=	Straßenverkehrsordnung
SVS/RVS	=	Speditions- und Rollfuhrversicherungsschein
SZR	=	Sonderziehungsrecht (des IWF)
TEU	=	Twenty foot equivalent unit
UNO	=	United Nations Organization
WA	=	Warschauer Abkommen
WTO	=	Welthandelsorganisation

Inhaltsverzeichnis

1	**Einführung: Die Bedeutung des Verkehrs in der Wirtschaft**	1
1.1	Die Aufgabe des Verkehrs in der arbeitsteiligen Wirtschaft	1
1.2	Verkehrswirtschaftliche Grundbegriffe und Grundtatbestände	7
1.3	Verkehrsbedürfnisse, Leistungsmerkmale der Verkehrsträger, Besonderheiten der Verkehrsleistung	16
1.4	Güterverkehr und Spedition	19
1.5	Die Verkehrswirtschaft und die Europäische Union	24
2	**Der Spediteur und seine Geschäfte**	27
2.1	Spedition und Lagerei	27
2.1.1	Gesetzliche Grundlagen	27
2.1.2	Die Aufgaben der Spedition und Lagerei	29
2.1.3	Arten der Spedition	34
2.1.4	EDV in Spedition und Lagerei	35
2.2	Organisation des Speditions- und Lagereigewerbes	36
2.2.1	Bundesverband Spedition und Lagerei e.V.	36
2.2.2	Weitere Verbände	38
2.2.3	Internationale Verbände	39
2.2.4	MTO-Konvention	43
2.3	Fachliche Gliederung des Speditionsgewerbes	44
2.3.1	Fachsparten der Spedition	45
2.3.2	Kurier-, Expreß- und Paketdienste	50
2.3.3	Lagerhalter	52
2.4	Der Speditionsvertrag als Grundlage der Speditionsgeschäfte	53
2.4.1	Das Wesen von Verträgen	53
2.4.2	Schuldverhältnisse des BGB	54
2.4.3	Handelsgeschäfte des Spediteurs im HGB	55
2.4.3.1	Das Kommissionsgeschäft	55
2.4.3.2	Das Speditionsgeschäft/Der Speditionsvertrag	56
2.4.3.3	Das Lagergeschäft	56
2.4.3.4	Das Frachtgeschäft/Der Frachtvertrag	57
2.4.4	Die Abgrenzung des Speditionsvertrages zum Frachtvertrag	59
3	**Der Spediteur in der arbeitsteiligen Wirtschaft**	60
3.1	Das Selbstverständnis der Spedition	60
3.1.1	Der Spediteur als Geschäftsbesorger – eine Institution der Jahrhundertwende	60
3.1.2	Der Spediteur moderner Prägung – Organisator des Güterverkehrs	61
3.2	Der Spediteur – Bindeglied zwischen verladender Wirtschaft und den Verkehrsträgern	63
3.2.1	Die Beauftragung des Spediteurs durch die verladende Wirtschaft	63
3.2.2	Der Spediteur – ein bedeutender Auftraggeber der Verkehrsträger	65

3.3	Der Spediteur und der Selbsteintritt	66
3.4	Die Spedition und der internationale Güterverkehr	67
3.5	Spedition und Logistik	69
3.6	Neue Dienste im Kleingutmarkt	73
4	**Der Spediteur und seine Geschäftsbedingungen**	**76**
4.1	Allgemeine Deutsche Spediteurbedingungen – ADSp –	76
4.1.1	Entwicklung der ADSp	76
4.1.2	Besonderheit: Haftungsersetzung	77
4.1.3	Rechtscharakter der ADSp	77
4.1.4	Allgemeine Deutsche Spediteurbedingungen (ADSp) in der Fassung vom 1.1.1993	78
4.2	Speditions- und Rollfuhrversicherungsschein (SVS/RVS)	104
4.2.1	Entwicklung	104
4.2.2	Monopol und Modell	105
4.2.3	Bedeutung des SVS/RVS	105
4.2.4	Text und Erläuterungen zum Speditions- und Rollfuhrversicherungsschein (SVS/RVS)	106
4.2.5	Anhang zum Speditions- und Rollfuhrversicherungsschein (SVS/RVS) über internationale europäische Güterbeförderungen Stand: 1.1. 1995	118
4.2.6	Deutsch-österreichisches Abkommen zum SVS/RVS für bilaterale Verkehre	121
4.2.7	SVS/RVS-Prämie	122
4.2.8	Vergleich: Speditionsversicherung und Transport-/Lagerversicherung	124
4.2.9	Schematische Darstellung der Versicherungsmöglichkeiten/Haftung im SVS/RVS, Ziffer 6 – 8, Stand 1.1.1995	125
4.2.10	Die praktische Abwicklung eines SVS/RVS-Schadens	126
4.3	Transportversicherung	128
5	**Der Spediteur und die Verkehrsträger**	**130**
5.1	Straßengüterverkehr	130
5.1.1	Die gesamtwirtschaftliche Bedeutung des Verkehrsträgers Straßengüterverkehr	130
5.1.2	Die Marktordnung des Güterkraftverkehrs	132
5.1.2.1	Begriff, Entwicklung, Zielsetzung, Elemente und Überwachung der Einhaltung der Vorschriften	132
5.1.2.2	Das Güterkraftverkehrsgesetz (GüKG) als grundlegendes Marktordnungsgesetz	147
5.1.3.	Der Ordnungsrahmen des gewerblichen Güterkraftverkehrs	156
5.1.4	Der Güternahverkehr	159
5.1.4.1	Begriffsbestimmungen und Marktzugangsregelungen im Güternahverkehr	159
5.1.4.2	Der Beförderungsvertrag	160

5.1.4.3	Allgemeine Beförderungsbedingungen für den gewerblichen Güternahverkehr mit Kraftfahrzeugen (AGNB)	164
5.1.4.4	Preisbildung im Güternahverkehr	170
5.1.5	Der Güterfernverkehr	175
5.1.5.1	Begriffsbestimmungen und Marktzugangsregelungen im Güterfernverkehr	175
5.1.5.2	Beförderungsvertrag	179
5.1.5.3	Die Kraftverkehrsordnung für den Güterfernverkehr mit Kraftfahrzeugen (KVO) als wesentliche Vertragsgrundlage im Binnengüterfernverkehr	179
5.1.5.4	Preisbildung im Güterfernverkehr	185
5.1.6	Der Umzugsverkehr	187
5.1.6.1	Begriffsbestimmungen und Marktzugangsregelungen	187
5.1.6.2	Beförderungsbedingungen für den Umzugsverkehr und für die Beförderung von Handelsmöbeln in besonders für die Möbelbeförderung eingerichteten Fahrzeugen im Güterfernverkehr und Güternahverkehr (GüKUMB)	188
5.1.6.3	Die Preisbildung im Umzugsverkehr und für die Beförderung von Handelsmöbeln	193
5.1.7	Arten und Beispiele der Fahrzeugkostenrechnung	195
5.1.8	Besondere Formen des gewerblichen Güterkraftverkehrs	203
5.1.8.1	Der grenzüberschreitende Güterkraftverkehr	203
5.1.8.2	Der kombinierte Verkehr	213
5.1.9	Die Kraftwagenspedition	216
5.1.9.1	Begriffsbestimmung	216
5.1.9.2	Der Spediteur als Transportunternehmer	216
5.1.10	Der Werkverkehr	217
5.1.11	Die Sozialvorschriften	220
5.1.12	Bundesamt für Güterverkehr	225
5.1.13	Ordnungswidrigkeiten und Ahndungsmaßnahmen	228
5.2	**Eisenbahngüterverkehr**	**230**
5.2.1	Die wirtschaftliche Bedeutung des Schienengüterverkehrs	230
5.2.2	Unternehmensstruktur der Deutschen Bahn AG im Güterverkehr	231
5.2.3	Vertriebspartner der Deutschen Bahn AG	233
5.2.4	Gesetzliche Grundlagen für den Eisenbahngüterverkehr	235
5.2.5	Verkehrswege und Verkehrsmittel der Eisenbahn	242
5.2.5.1	Verkehrswege	242
5.2.5.2	Güterwagen, die Transportmittel der Eisenbahnen	244
5.2.5.3	Lademittel der Eisenbahnen	249
5.2.6	Leistungsangebote der Eisenbahnen im Güterverkehr	257
5.2.7	Beförderungssystem der Eisenbahnen im Ladungsverkehr	259
5.2.8	Beförderungssystem der Eisenbahn für Bahnfracht-Sendungen	260
5.2.9	Das Eisenbahnfrachtgeschäft	261
5.2.9.1	Handelsgesetzbuch (HGB) und Eisenbahnverkehrsordnung (EVO)	261

5.2.9.2	Beförderungsbedingungen der Eisenbahn im Binnenverkehr	277
5.2.9.3	Beförderungsbedingungen für den Eisenbahngüterverkehr	278
5.2.9.4	Grundlagen für die Preisermittlung im Ladungsverkehr	280
5.2.9.5	Stückgutbeförderungsbedingungen	287
5.2.9.6	Grundlage für die Berechnung der Preise	292
5.2.9.7	Zuschlagsentgelte im Verkehr mit den Nichtbundeseigenen Eisenbahnen	294
5.2.9.8	Beförderungsbedingungen der Eisenbahn im internationalen Verkehr	294
5.2.10	Möglichkeiten der Frachtzahlung	296
5.2.11	Beförderung von Expreßgut (Expreßfracht)	298
5.2.12	IC-Kurierdienst	299
5.2.13	Benutzung der Eisenbahninfrastruktur durch Eisenbahnverkehrsunternehmen	299
5.3	**Binnenschiffahrt**	**303**
5.3.1	Der Verkehrsträger Binnenschiffahrt auf dem Güterverkehrsmarkt	303
5.3.1.1	Die qualitativen Leistungsmerkmale der Binnenschiffahrt	303
5.3.1.2	Die quantitativen Leistungsmerkmale der Binnenschifffahrt	304
5.3.1.3	Historischer Rückblick	304
5.3.1.4	Die Marktordnung in der Binnenschiffahrt	305
5.3.1.5	Die Betriebsformen in der Binnenschiffahrt	309
5.3.1.6	Die gewerbepolitische Organisation der Binnenschiffahrt	310
5.3.2	Verkehrsmittel der Binnenschiffahrt	310
5.3.2.1	Schiffsarten/Schiffstypen	310
5.3.2.2	Die Schiffspapiere	312
5.3.2.3	Der Containerverkehr/der Ro-Ro-Verkehr	312
5.3.3	Binnenschiffahrtsverkehrswege	315
5.3.3.1	Das Deutsche Wasserstraßennetz	315
5.3.3.2	Die Klassifizierung des Binnenwasserstraßennetzes, der Pegel	320
5.3.4	Die Binnenhäfen und ihre Funktionen	322
5.3.5	Der Frachtvertrag in der Binnenschiffahrt	323
5.3.5.1	Die rechtlichen Grundlagen des Frachtvertrages	323
5.3.5.2	Die Beteiligten am Frachtvertrag	324
5.3.5.3	Die Arten der Vertrachtung	325
5.3.5.4	Die Frachtpapiere	326
5.3.5.5	Die Abwicklung des Frachtvertrages	329
5.3.5.6	Besondere Einzelheiten des Frachtvertrages	339
5.3.6	Die Frachtberechnung in der Binnenschiffahrt	344
5.3.7	Der Spediteur in der Binnenschiffahrt	346
5.4	**Seeschiffahrt**	**347**
5.4.1	Seeverkehrswege und Seehäfen	347
5.4.1.1	Seeverkehrswege	347
5.4.1.2	Seehäfen	349
5.4.2	Transportmittel der Seeschiffahrt	351
5.4.2.1	Die deutsche Handelsflotte, Flaggen- und Registerrecht	351

5.4.2.2	Arten der Seeschiffe	355
5.4.2.3	Seeschiffsvermessung	358
5.4.2.4	Schiffsklassifikation	359
5.4.3	Betriebsformen der Seeschiffahrt	360
5.4.3.1	Organisatorische Seeschiffahrtsformen	360
5.4.3.2	Tarifarische Seeschiffahrtsformen	361
5.4.3.3	Seeverlader-Komitees (Shippers Councils)	362
5.4.3.4	Kooperationsformen der Seeschiffahrt	362
5.4.3.5	Reeder und deren Vertreter	363
5.4.4	Seefrachtgeschäft	365
5.4.4.1	Grundlegende gesetzliche Regelungen	365
5.4.4.2	Beteiligte des Seefrachtgeschäftes	365
5.4.4.3	Seefrachtverträge	367
5.4.4.4	Zurückbehaltungsrecht des Verfrachters	370
5.4.4.5	Pfandrecht des Verfrachters	372
5.4.4.6	Ende des Seefrachtvertrages	372
5.4.5	Seefrachtberechnung	373
5.4.5.1	Grundsätzliche Seefrachtberechnungsarten	373
5.4.5.2	Seefrachtratenarten/-regeln	374
5.4.5.3	Seefrachtzu- und -abschläge	376
5.4.5.4	Seefrachtabrechnung im Containerverkehr	377
5.4.5.5	Rabattierung in der Seefracht	377
5.4.5.6	Basisregeln in der Seefracht	378
5.4.5.7	Seefrachtzahlung	378
5.4.5.8	Währungen in der Seefracht	379
5.4.5.9	Incoterms/Spesenklauseln in der Seefracht	379
5.4.5.10	Ratenanfragen in der Seefracht	380
5.4.6	Container-Seeverkehr	381
5.4.6.1	Containerarten und Containergrößen	381
5.4.6.2	Containerverlademodi	382
5.4.6.3	Containervor- und/oder -nachläufe	384
5.4.6.4	Frachtkostenelemente im Containerverkehr	385
5.4.7	Seefrachtdokument/Konnossement	388
5.4.7.1	Grundsätzliche Bedeutung des Konnossements	388
5.4.7.2	Garantieverträge im Seefrachtgeschäft	391
5.4.7.3	Bord-/Übernahme – Konnossement	391
5.4.7.4	Order-, Namens-, Inhaber-Konnossement	392
5.4.7.5	Multiple-, Through-, Combinend Transport Bill of Lading	394
5.4.7.6	Seefrachtbrief, Sea-Waybill	394
5.4.7.7	Konnossementsteilscheine	396
5.4.7.8	Seefracht-Formulare	396
5.4.8	Haftung des Verfrachters	397
5.4.8.1	Grundsätze der Haftung im Seefrachtverkehr	397
5.4.8.2	Haftungsbeschränkungen	398

5.4.8.3	Schadensabwicklung mit dem Verfrachter	399
5.4.8.4	Höchsthaftungssummen der internationalen Übereinkommen	400
5.4.8.5	Havarien im Seeverkehr	402
5.4.8.6	Dispache im Seeverkehr	404
5.4.9	Gefährliche Seefrachtgüter	405
5.4.9.1	International Maritime Dangerous Goods Code	406
5.4.9.2	Praxisempfehlungen für Gefahrgüter	407
5.4.10	Der Spediteur im Seefrachtgeschäft	408
5.5	**Luftfrachtverkehr**	**411**
5.5.1	Entwicklung und Bedeutung	411
5.5.2	Lufverkehrsrecht	415
5.5.3	Luftverkehrsgesellschaften und Flughäfen	419
5.5.4	IATA-Bedingungen für die Güterbeförderung	422
5.5.5	Luftfrachttarife	426
5.5.6	Der Beförderungsvertrag	434
5.5.7	Beförderungsbeschränkungen	442
5.5.8	Ende des Frachtvertages	444
5.5.9	Haftung und Versicherung	445
5.5.10	Luftverkehrsgesellschaften und Spediteure	449
5.5.11	Das Chartergeschäft	454
6	**Der Spediteur und der Kleingutmarkt**	**455**
6.1	Der Spediteursammelgutverkehr mit Kraftwagen und Eisenbahn	455
6.1.1	Der Tarif als Anstoß für den Aufbau des Spediteursammelgutverkehrs	455
6.1.2	Der Tarif – keine notwendige Basis für den Spediteursammelgutverkehr moderner Prägung	456
6.1.3	Die zwischenbetriebliche Zusammenarbeit im Spediteursammelgutverkehr	457
6.1.4	Ablauf einer Güterversendung im Spediteursammelgutverkehr	458
6.1.5	Die Rechtsbeziehungen im Spediteursammelgutverkehr	460
6.1.6	Der Begriff des Spediteursammelgutes	461
6.1.7	Die wirtschaftliche Bedeutung des Spediteursammelgutverkehrs	463
6.1.8	Voraussetzungen und Vorteile des Spediteursammelgutverkehrs	466
6.1.9	Die Abwicklung des Spediteursammelgutverkehrs	467
6.1.9.1	Beteiligte am Spediteursammelgutverkehr	467
6.1.9.2	Die Papiere bei einer Güterversendung im Spediteursammelgutverkehr	469
6.1.9.3	Der EDV-Einsatz im Spediteursammelgutverkehr	471
6.1.10	Zur Abrechnung der Speditionsaufträge	474
6.1.10.1	Die Abrechnungsmöglichkeiten nach HGB	474
6.1.10.2	Die Preisobergrenze im Sammelgutverkehr nach § 413 Abs. 2 HGB	476

6.1.10.3	Die vom BSL empfohlenen Bedingungen und Entgelte für den Spediteursammelgutverkehr mit Kraftwagen und Eisenbahn	477
6.1.11	Kostenrechnung als Grundlage der Preispolitik im Spediteursammelgutverkehr	482
6.1.12	Zur Abrechnung zwischen den am Sammelgutverkehr beteiligten Spediteuren	484
6.1.12.1	Der Beiladersatz für den Beiladespediteur	484
6.1.12.2	Die Empfangsspediteurvergütung für Entladen und Verteilen	484
6.1.12.3	Zustellung der Sendung durch einen Briefspediteur	484
6.1.13	Zur Abrechnung zwischen Spediteur und Frachtführer	485
6.1.13.1	Die Abrechnungsgrundlage	485
6.1.13.2	Die besondere Preisliste 482 (Sammelgut) der Deutschen Bahn AG	486
6.1.13.3	Die frachtbriefmäßige Abfertigung	487
6.1.14	Die Haftung des Sammelgutspediteurs gegenüber seinem Auftraggeber	489
6.2	Der Spediteur und die Paketdienste	491
6.2.1	Begriff KEP-Dienste	491
6.2.2	Der Markt für Kurier- und Expreßdienste	491
6.2.3	Volumen und Struktur des Marktes für Paketdienste	492
6.2.4	Die Entwicklung der privaten Paketdienste	493
6.2.5	Erfolgsfaktoren des privaten Paketdienstes	495
6.2.6	Die Abwicklung des Paketverkehrs	496
6.2.7	Die Bestandteile des Paketdienstes	498
6.2.8	Die Organisationsformen von Paketdiensten	505
6.2.9	Der Paketdienst als ökologischer Faktor	506
6.2.10	Die Grenzen der privaten Paketdienste	507
6.3	Der Spediteur und die Kurier- und Expreßdienste	509
6.3.1	Das Volumen des KEP-Marktes	509
6.3.2	Angebotsvielfalt und Wachstum	510
6.3.3	Kategorien des KEP-Marktes	510
6.3.3.1	„K" wie Kurierdienste	511
6.3.3.2	„E" wie Expreßdienste	513
7	**Kombinierter Verkehr**	**518**
7.1	Begriffsbestimmung	518
7.2	Der Zielmarkt und das Verlagerungspotential des kombinierten Verkehrs	518
7.3	Techniken des kombinierten Verkehrs	520
7.3.1	Rollende Landstraße	521
7.3.2	Der unbegleitete kombinierte Verkehr	522
7.3.2.1	Wechselbehälter	523
7.3.2.2	Der Sattelauflieger	523
7.3.2.3	Container	524
7.4	Rechtliche Rahmenbedingungen für den kombinierten Verkehr	524

Inhaltsverzeichnis

7.5	Neuentwicklungen im Bereich des kominierten Verkehrs	527
7.6	Terminals im kombinierten Verkehr Straße/Schiene	529
7.7	Die Gesellschaften des kombinierten Verkehrs	530
7.7.1	Kombiverkehr	530
7.7.1.1	Kombiverkehr als Unternehmen	530
7.7.1.2	Die Entwicklung der Kombiverkehr	530
7.7.2	Transfracht	533
7.7.2.1	Transfracht als Unternehmen	533
7.7.2.2	Die Entwicklung der Transfracht	533
7.7.3	Intercontainer	534
7.7.4	Interkombi-Expreß (IKE)	535
7.8	Kombinierter Verkehr unter Einbeziehung der Wasserstraßen	535
7.9	Der kombinierte Verkehr in Europa	537
7.9.1	Bedeutung des kombinierten Verkehrs in Europa	537
7.9.2	Internationale Interessenvertretungen des kombinierten Verkehrs	537
8	**Lagerei und Distribution**	**538**
8.1	Die Lagerei im volkswirtschaftlichen Leistungsprozeß	538
8.1.1	Aufgaben der Lagerei	538
8.1.2	Die Durchführung der Lagerung	538
8.2	Die Lagerei im Rahmen speditioneller Leistungsangebote	539
8.2.1	Die funktionsbedingte Einteilung der gewerblichen Lagerhaltung ...	539
8.2.1.1	Die Beschaffungslogistik	540
8.2.1.2	Die Distributionslogistik	540
8.2.1.3	Die Dauer- und Vorratslagerung	541
8.2.1.4	Die beförderungsbedingte Lagerung	542
8.2.2	Die technische Ausstattung speditioneller Lageranlagen	543
8.2.2.1	Bauliche Voraussetzungen	543
8.2.2.2	Lagereinrichtungen	545
8.2.2.3	Förder- und Hebetechnik	545
8.2.3	Der Lagervertrag	547
8.2.3.1	Zustandekommen	547
8.2.3.2	Inhalt	547
8.2.3.3	Rechtsgrundlagen	548
8.2.3.4	Lagerentgelt	548
8.2.4	Die Abwicklung des Lagervertrages	549
8.2.4.1	Sonder- und Sammellagerung	549
8.2.4.2	Die sachgemäße Lagerung der Güter	549
8.2.4.3	Ein- und Auslagerung der Güter	550
8.2.4.4	Die Papiere im Lagergeschäft	550
8.3	Grundlagen der Lagerkostenkalkulation	551
8.3.1	Die Kosten- und Leistungsbereiche	551
8.3.1.1	Lagerung	551

8.3.1.2	Umschlag		552
8.3.1.3	Lagerverwaltung		552
8.3.1.4	Allgemeine kaufmännische Verwaltung		552
8.3.2	Die Kostenarten im Überblick		552
8.3.3	Die Berechnungsgrundlage für das Lagerentgelt		553

Stichwortverzeichnis 555

1 Einführung: Die Bedeutung des Verkehrs in der Wirtschaft

1.1 Die Aufgabe des Verkehrs in der arbeitsteiligen Wirtschaft

Unter der **Wirtschaft eines Staates** verstehen wir alle Einrichtungen und Tätigkeiten, die planvoll eingesetzt, der Befriedigung menschlicher Bedürfnisse dienen. Der Zwang zum Wirtschaften ergibt sich aus der relativen Knappheit von Gütern und Dienstleistungen gegenüber dem Bedarf. **Bedarf ist dabei die Summe der mit Kauf- oder Tauschkraft ausgestatteten menschlichen Bedürfnisse, die am Markt als Nachfrage auftreten.** Art und Umfang der Nachfrage bestimmen die erste wichtige Größenordnung im wirtschaftlichen Geschehen. **Die zweite Größenordnung ist das Angebot, und darunter verstehen wir die Summe derjenigen Güter und Dienstleistungen, die zur Bedürfnisbefriedigung in Erwartung eines angemessenen Preises angeboten werden.**

Wirtschaft

Dort, wo Angebot und Nachfrage zusammentreffen, entsteht ein **Markt**. Auf dem Markt wird über den Preis, das ist der in Geld ausgedrückte Tauschwert von Gütern, Dienstleistungen und Rechten, der Ausgleich von Angebot und Nachfrage vollzogen.

Markt

In einer **Wirtschaftsordnung** hat jeder Staat festgelegt, **wer** (der Staat, die Unternehmen oder die Haushalte) die **Pläne** für die Bestimmung von Angebot und Nachfrage **festlegt**, für **welche Bereiche** (Produktion, Investition, Konsum) die **Planträger zuständig** sind und wie die Pläne **koordiniert** werden.

Wirtschaftsordnung

Solange Menschen in einer Gemeinschaft leben, wird getauscht oder gehandelt. In dem relativ wenig entwickelten Wirtschaftssystem der **geschlossenen Hauswirtschaft** (in Deutschland bis zum 12. Jahrhundert) fallen Angebot und Nachfrage bzw. Produktion und Konsum räumlich zusammen. Der Güterverkehr ist wenig ausgeprägt. Dies ändert sich grundlegend ab dem 17./18. Jahrhundert mit dem Entstehen moderner Volkswirtschaften. **Unter einer Volkswirtschaft verstehen wir die Gesamtheit der wirtschaftlich miteinander verbundenen und gegenseitig abhängigen Wirtschaftseinheiten in einem Staatsgebiet.** Die Volkswirtschaften wachsen ab dem 19. Jahrhundert zum System der **Weltwirtschaft** zusammen, das durch ein explosionsartiges Anwachsen der Bevölkerung gekennzeichnet ist (Weltbevölkerung um 1700 ca. 600 Millionen Menschen, 1996 ca. 5,8 Milliarden Menschen). Der damit

Volkswirtschaft

1 Einführung: Die Bedeutung des Verkehrs in der Wirtschaft

verbundene gewaltig angestiegene Bedarf an Gütern und Diensten konnte nur durch den Einsatz neuer Techniken bzw. durch die wirtschaftliche Nutzung neuer Erfindungen (z. B. Dampfmaschine 1763 – James Watt, Verbrennungsmotor [4-Takt] 1864 – Nikolaus Otto) befriedigt werden.

Die **modernen Volkswirtschaften** zeichnen sich daher aus durch

1. den **Einsatz industrieller Fertigungsverfahren** (Unterstützung der menschlichen Arbeitskraft durch den Einsatz von Maschinen bis zur Automatisierung der Arbeitsabläufe),

2. einen **hohen Stand der Arbeitsteilung** und

3. die massenhafte Produktion von Gütern und Diensten **(Massenproduktion)**.

Arbeits- **Arbeitsteiliges Wirtschaften** (das ist die Spezialisierung von Menschen, Regionen
teilung oder sogar ganzer Volkswirtschaften auf die Produktion bestimmter Güter und/oder auf bestimmte Arbeitsvorgänge zur besseren Ausnutzung der jeweils vorhandenen Produktionsfaktoren) setzt voraus, daß die massenhaft produzierten Güter von den Orten des Angebots zu den Orten der Nachfrage, die in modernen Volkswirtschaften fast ausnahmslos räumlich auseinanderfallen, reibungslos transportiert werden können. **Moderne Volkswirtschaften sind also ohne einen leistungsstarken Verkehr nicht funktionsfähig.**

Verkehr Unter **Verkehr** verstehen wir dabei die Gesamtheit aller Vorgänge, die der Raumüberwindung von Personen, Gütern, Nachrichten und Zahlungen dienen.

Transport- Der moderne (Güter-)Verkehr hat durch seine große Schnelligkeit und Leistungs-
fähigkeit fähigkeit die **natürliche Transportfähigkeit der Güter** stark erhöht, indem er zahlreiche Güter (z. B. Fleischerzeugnisse aus Amerika), die früher einer Ortsveränderung nicht zugänglich waren, transportfähig machte. Unter der natürlichen Transportfähigkeit verstehen wir die Eigenschaft von Gütern, von einem Ort zu einem anderen Ort transportiert werden zu können, ohne daß dadurch ihre Gebrauchsfähigkeit beeinträchtigt wird. Gleichzeitig haben die Qualitätssteigerung und eine marktorientierte Preispolitik im Verkehr dazu beigetragen, daß die wirtschaftliche Transportfähigkeit der Güter ausgeweitet wurde. Unter der **wirtschaftlichen Transportfähigkeit** verstehen wir die Belastbarkeit des (Beförderungs-)Gutes mit Beförderungskosten, ohne daß seine Verkaufs- oder Absatzmöglichkeiten gestört werden.

Wir fassen zusammen: in modernen Volkswirtschaften in ihrer weltweiten Verzahnung fallen Angebot und Nachfrage oder Produktion und Konsum fast immer räumlich auseinander. Der Verkehr hat dabei die entscheidende Aufgabe, den nationalen und internationalen Güteraustausch sicherzustellen und damit einen wirtschaftlichen Kreislauf zu ermöglichen, der in seiner Bedeutung mit dem Blutkreislauf im menschlichen Körper verglichen werden kann.

Die Aufgabe des Verkehrs in der arbeitsteiligen Wirtschaft 1.1

Ein gut funktionierender Verkehr ist auch eine notwendige Voraussetzung für die Aufrechterhaltung der staatlichen Ordnung. Die Gewährleistung der inneren und äußeren Sicherheit und damit der Funktionsfähigkeit der Wirtschaftsordnung ist nur möglich, wenn die Anlagen und Einrichtungen des Verkehrs schnelle Eingriffsmöglichkeiten des Staates sicherstellen.

Verkehrshoheit

Die Bedeutung, die der Staat dem Verkehr beimißt, hat sich in einer Vielzahl von Gesetzen und Verordnungen niedergeschlagen. Sie bestimmen, unter welchen Bedingungen es gestattet ist, Verkehrsanlagen zu erstellen und Verkehr darauf zu betreiben. **Diesen Tatbestand der umfassenden staatlichen Aufsicht und Einflußnahme nennt man Verkehrshoheit.**

Das Zusammenwachsen der europäischen Staaten im Mantel der Europäischen Union (EU) kann nur dann die erwünschten wirtschaftlichen und politischen Vorteile bringen, wenn die Wirtschaftsordnung und damit die Verkehrsmarktordnung in allen derzeit 15 EU-Mitgliedern gleiche Strukturen und Regelungen zum Gegenstand hat. Die angedachte **Wirtschaftsordnung der EU trägt starke liberale Züge.** Das hat für die Bundesrepublik Deutschland zur Folge, daß sich der Staat aus wichtigen (früheren) Betätigungsfeldern zurückzieht: Aufhebung von staatlich verordneten Preisen (Tarifen) im Güterverkehr, mittelfristige Aufgabe von Kapazitätsbeschränkungen (Kontingentierung) im Straßengüterfernverkehr u. a. Auch die Umwandlung der *Deutschen Bundesbahn* in die *Deutsche Bahn AG* und die Privatisierung der *Deutschen Lufthansa* wären hier zu nennen.

Die Weltwirtschaft befindet sich derzeit im Umbruch. **Es entstehen weltweit drei große Wirtschaftsblöcke in Europa, Amerika und Asien** (siehe Abb. Seite 4).

Marktveränderungen

Zu den größten Märkten zählen

- EWR = Europäischer Wirtschaftsraum mit 15 EU-Ländern und 4 EFTA-Ländern, in dem rund 380 Millionen Menschen mit einer Wirtschaftsleistung in der Größenordnung von rund 7,5 Billionen US-Dollar wohnen,

EWR

- NAFTA = Nordamerikanisches Freihandelsabkommen (USA, Kanada, Mexiko) mit rund 370 Millionen Menschen und einer Wirtschaftsleistung von rund 6,5 Billionen US-Dollar.

NAFTA

Der Zerfall der Sowjetunion bewirkt mittelfristig eine umfassende wirtschaftliche Öffnung der dort vorhandenen riesigen Märkte.

Das hat zur Folge, daß

1. die **Internationalisierung der Wirtschaft** weiterhin zunimmt. Die weltweite Arbeitsteilung erhält eine neue Dimension (**Abnahme der Fertigungstiefe**). Unternehmen und ganze Wirtschaftszweige verlagern große Teile ihrer Produktion ins Ausland/ in andere Volkswirtschaften mit günstigeren Produktionskosten (sogenanntes **outsourcing**). Die Lieferanten-/Kundenbeziehungen erhalten eine weltweite Dimen-

Fertigungstiefe

Outsourcing

3

1 Einführung: Die Bedeutung des Verkehrs in der Wirtschaft

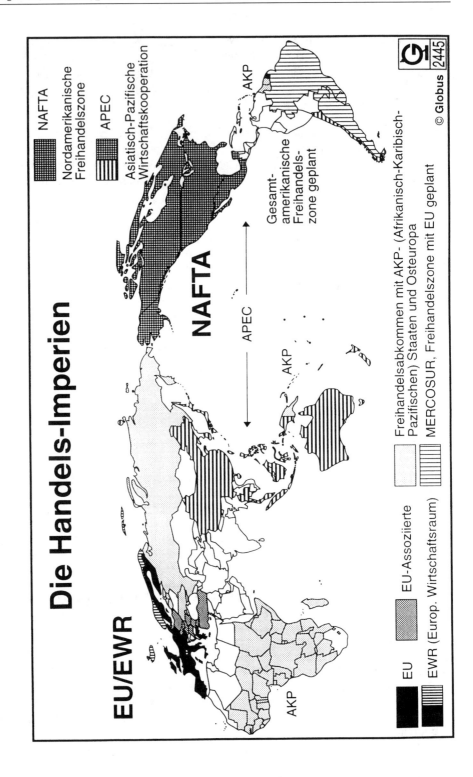

Die Aufgabe des Verkehrs in der arbeitsteiligen Wirtschaft 1.1

sion (**Globalisierung**). Bisherige Entwicklungsländer veredeln zunehmend ihre eigenen Rohstoffe und werden zu Lieferanten höherwertiger Produkte. Der sich ausweitende Wettbewerb wird   **Globalisierung**

2. weltweit eine schlanke/eine kostenminimierende Produktion bewirken (**lean production**), dabei sind   **lean-production**

3. eine **hohe Lieferbereitschaft** und ein **schneller Lieferservice** die wichtigsten Wettbewerbskomponenten.

4. Eine wachsende Produktvielfalt und die Notwendigkeit einer schnellen Reaktion auf sich wandelnde Marktbedürfnisse haben bewirkt, daß die Wirtschaft zu einer **kurzfristigen Produktion auf Bestellung in kleineren Mengen und einer entsprechend raschen Auslieferung** übergegangen ist. Für das Anlegen großer **Warenlager ist in diesem System wenig Platz.** Ferner spielt

5. der weltweit stärkere **Computereinsatz** eine größere Rolle, da er gezieltere Entscheidungen erlaubt und die Reaktionszeit verkürzt wird. Es sind

6. weltweit die Beförderungskosten gegenüber den Lagerkosten zurückgegangen mit der Folge, daß **Mehrtransporte und höherwertige Transporte das Lager/ die Lagerfunktion ersetzen.**

Damit erhält der Güterverkehr einen hohen Stellenwert für das Funktionieren der Weltwirtschaft.

Daraus folgt für die Bewertung der Verkehrsnachfrage in Qualität und Quantität:

1. Es steigt das Beförderungsvolumen hochwertiger Güter bei gleichzeitiger Abnahme der weltweiten Rohstofftransporte mit hoher Tonnage. Die Beförderung kleinerer Sendungen mit Termingarantien nimmt zu (**Güterstruktureffekt**).   **Güterstruktureffekt**

2. Der Leistungsbereich der Verkehrswirtschaft von Haus zu Haus, häufig im Verantwortungsbereich nur eines Unternehmens (**Integrator**), wird stärker nachgefragt.   **Integrator**

3. Es werden den Verkehrsunternehmen in größerem Umfange Aufgaben übertragen, die der eigentlichen Transportdurchführung vor- und nachgelagert werden (**Logistik**).   **Logistik**

4. **Qualitäts- und Sicherheitsanforderungen** an die Verkehrsabwicklung **wachsen**.

5. Das **Volumen pro Sendung** steigt bei gleichzeitiger **Abnahme des durchschnittlichen Sendungsgewichtes**.

1 Einführung: Die Bedeutung des Verkehrs in der Wirtschaft

6. Der **Verpackungsaufwand** erhöht sich aufgrund der zunehmenden Empfindlichkeit der Güter.

7. Die **Internationalisierung** der Verkehrsabläufe nimmt zu.

8. Der Einsatz von Kommunikations-, Informations- und Datenverarbeitungstechniken erhöht sich.

9. Der **Umweltschutz/die Ökologie** erhalten bei der Verkehrsabwicklung eine höhere Bedeutung.

Die Verkehrswirtschaft reagiert auf die veränderte Verkehrsnachfrage in Qualität und Quantität, indem sie

1. **nationale und internationale Schnellverkehrsstrecken** einrichtet (insbesondere bei der Eisenbahn, z. B. die geplanten Strecken Paris – Frankfurt/M – Berlin oder Paris – Brüssel – London),

Hub 2. zentrale Umschlagseinrichtungen **(Hubs)** einrichtet, auf die, teilweise bezogen auf einen ganzen Kontinent, alle Güter von kleineren Umschlags-Terminals zulaufen und dort umgeschlagen werden **(Hub- and Spoke-Netz oder Nabe-Speiche-System)**. Die folgende Abbildung zeigt diesen Sachverhalt auf:

Beispiel eines Hub-and-Spoke-Netzes

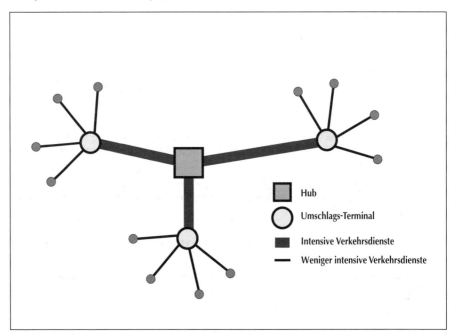

3. unter Ausnutzung der technisch-wirtschaftlichen Vorteile der unterschiedlichen Verkehrsträger (Eisenbahn, Straße, Schiffahrt u. a.) **Verkehrssysteme** bildet (kombinierter Verkehr) mit zumindestens europaweiter, möglichst aber weltweiter Flächendeckung **(Global Players).** Dabei wird der **verkehrsträgerneutrale Spediteur zum Organisator/Moderator/multimodalen Operator.**

Verkehrssysteme

Global Players

1.2 Verkehrswirtschaftliche Grundbegriffe und Grundtatbestände

Eine intensive Beschäftigung mit der Vielschichtigkeit des Güterverkehrs setzt voraus, daß die wichtigsten Begriffe und Tatbestände der Verkehrswirtschaft einführend erläutert werden.

Im folgenden wollen wir unter **Verkehrswirtschaft** die Gesamtheit aller Unternehmungen, Einrichtungen und Tätigkeiten verstehen, die planvoll eingesetzt der Deckung des Bedarfs nach Überwindung der räumlichen Trennung von Personen, Gütern und Nachrichten dienen. **Die Verkehrswirtschaft im weitesten Sinne des Wortes umfaßt neben Güterverkehr, Personenverkehr und Nachrichtenverkehr auch noch den Zahlungsverkehr.** Gegenstand dieses Leitfadens soll in erster Linie die Güterverkehrswirtschaft sein.

Verkehrswirtschaft

Unter **Güterverkehrswirtschaft** verstehen wir die **Gesamtheit aller Verkehrsunternehmungen, Verkehrsmittel, Verkehrswege und Maßnahmen, welche die Bedürfnisse des Menschen befriedigen, Güter und Dienste durch Raumüberwindung zur richtigen Zeit, am richtigen Ort, in der richtigen Menge und in der vorgesehenen Qualität zur Verfügung zu stellen.** Teilen wir die wirtschaftlichen Tätigkeiten einer Volkswirtschaft in den **primären Bereich** (Urproduktion wie Landwirtschaft und Bergbau), in den **sekundären Bereich** (das ist die gesamte industrielle Betätigung) und in den **tertiären Bereich** (das ist der gesamte Dienstleistungsbereich) ein, so ist die Güterverkehrswirtschaft dem tertiären Sektor zuzuordnen, der heute in allen modernen Volkswirtschaften über 50 % der dort produzierten Werte ausmacht.

Güterverkehrswirtschaft

Art und Umfang der Güterverkehrswirtschaft in einer Volkswirtschaft hängen ab von

1. der Größe der Werte aller in einer Periode produzierten Waren und Dienstleistungen (dem sogenannten **Sozialprodukt**),

2. den **geographischen/geologischen/topografischen Gegebenheiten** (Anpassungsfähigkeit von Verkehrswegen und Verkehrsmitteln an die Gestaltung der Erdoberfläche),

1 Einführung: Die Bedeutung des Verkehrs in der Wirtschaft

3. dem **technischen Entwicklungsstand von Verkehrswegen und Verkehrsmitteln** einschließlich der **Qualifikation des eingesetzten Personals**,

4. nicht zuletzt der **nationalen und internationalen Politik** (u. a. Beschränkung des Exports und/oder des Imports, umweltschutzbedingte Verkehrsbeschränkungen etc.).

Öffentlicher Verkehr, Privater (nichtöffentlicher) Verkehr

In der Verkehrswirtschaft unterscheiden wir zwischen öffentlichem und privatem Verkehr. Im **öffentlichen Verkehr** steht das Verkehrsmittel jedermann zu den Bedingungen und Preisen, die für das betreffende Verkehrsunternehmen gelten, zur Verfügung, z. B. die *Deutsche Bahn AG*, Straßenbahnen, kommunale Autobusbetriebe u. a. Der Benutzerkreis ist unbeschränkt. Die Allgemeinheit hat daher an dem öffentlichen Verkehr ein besonderes Interesse.

Im **privaten Verkehr** steht das Verkehrsmittel ausschließlich dem Fahrzeughalter zur Verfügung. Der Benutzerkreis ist beschränkt. Privater Verkehr ist z. B. Werkverkehr.

Verkehrsunternehmen

Unter einem **Verkehrsunternehmen** verstehen wir eine **organisierte Wirtschaftseinheit**, deren Aufgabe es ist, durch planvolle Kombination aller personellen, sachlichen und finanziellen Kräfte Dienstleistungen bereitzustellen, die die Raumüberwindung ermöglichen oder sie unterstützen. Die Unterscheidung nach öffentlichen oder privaten Verkehrsunternehmen bezeichnet lediglich die Besitzform des Betriebes, sie sagt nichts darüber aus, ob das Unternehmen öffentlichen oder privaten Verkehr betreibt.

Öffentliche Unternehmen

Öffentliche Verkehrsunternehmen gehören der öffentlichen Hand, also Bund, Ländern, Gemeinden oder kommunalen Zweckverbänden (z. B. die *Deutsche Bahn AG*).

Private Unternehmen

Ein **privater Verkehrsbetrieb** gehört einer Privatperson oder einer privatwirtschaftlichen Gesellschaft bzw. einem Unternehmen, in dem der Einsatz von Privatkapital überwiegt.

Verkehrsmittel

Unter einem Verkehrsmittel verstehen wir die technische Einrichtung zur Beförderung von Personen, Gütern und Nachrichten zu Lande, zu Wasser und in der Luft und im Weltraum. Das **Verkehrsmittel ist das Beförderungs-/Transportgefäß** (Güterwagen, Lkw, Schiff, Flugzeug, Rohrleitung) **zur Aufnahme der Güter und das krafterzeugende Aggregat** (Lokomotive, Sattelzugmaschine, Hochseeschlepper). Die **technische und wirtschaftliche Eignung** des Verkehrsmittels hängt ab von der **Leistungsfähigkeit der Verkehrswege** (Schiene, Straße, Fluß, Kanal, Schiffahrtsroute, Luftstraße, Rohrleitung), **von der Leistungsfähigkeit der Stationen** (Speditionsanlage, Bahnhof, Binnenhafen, Seehafen, Flughafen, Pumpwerk) und von der **Qualität der Antriebskraft**.

Verkehrswege

Als **Verkehrswege** werden diejenigen Ausschnitte der Erdoberfläche, des Wassers und der Luft einschließlich der mit ihnen verbundenen Anlagen definiert, die der Fortbewegung der Verkehrsmittel dienen.

Verkehrswirtschaftliche Grundbegriffe und Grundtatbestände 1.2

In der Bundesrepublik Deutschland verfügen wir 1995 über folgende Verkehrswege (Angabe in Kilometer)

Straßen des überörtlichen Verkehrs (ohne Gemeindestraßen)	228 600 km
Schienenwege	44 000 km
(davon nichtbundeseigene Eisenbahnen)	3 500 km
Binnenwasserstraßen	7 600 km
Rohrfernleitungen	3 320 km

Rund 5 % der Gesamtfläche Deutschlands werden von Verkehrswegen/Verkehrsanlagen (Straßen, Schienen, Schiffahrtswegen, Stationen etc.) genutzt.

Der Begriff **Verkehrsträger faßt diejenigen Verkehrsunternehmen zusammen, die mit gleichartigen Verkehrsmitteln, auf gleichen Verkehrswegen technisch gleichgeartete Güterbeförderungen durchführen.** Dieser Begriff wird im verkehrswirtschaftlichen Sprachgebrauch angewendet, ohne jedoch juristisch begründet zu sein. Wir unterscheiden im Güterverkehr 6 Verkehrsträger, die in der Bundesrepublik Deutschland im Jahre 1995 (zum Teil geschätzte Zahlen) folgende Gütermengen beförderten (Angaben in Millionen Tonnen).

Verkehrsträger

1. Straßengüterverkehr
   - Straßengüterfernverkehr   803
   - Straßengüternahverkehr   2710
2. Schienengüterverkehr   321
3. Binnenschiffahrt   243
4. Seeschiffahrt   202
5. Rohrfernleitungen   85
6. Luftfrachtverkehr   1,8

Das **Ergebnis der Aufgabenteilung** bzw. die Aufteilung der insgesamt transportierten Gütermengen auf die einzelnen Verkehrsträger bezeichnet man auch als **modal split**.

modal split

Die Verkehrsleistung für 1996 gemessen auf der Basis von Personenkilometer (Produkt aus Anzahl der Personen und zurückgelegten Entfernungen) und Tonnenkilometer (Produkt aus beförderter Tonnage und je Tonne zurückgelegter Entfernung) ergibt sich aus der folgenden **Übersicht:**

1 Einführung: Die Bedeutung des Verkehrs in der Wirtschaft

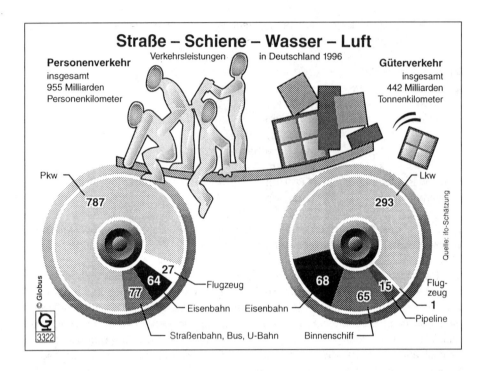

Unter dem Gesichtspunkt eines wachsenden Umweltbewußtseins wird insbesondere der **Straßengüterverkehr für die Staus auf den Straßen verantwortlich gemacht** und ihm eine hohe Umweltschädigung zugeschrieben. Diese **Aussage** ist in dieser Form **nicht haltbar**, wenn die **Summen der von Fahrzeugen zurückgelegten Entfernungen** differenziert nach LKW und PKW/Kombi verglichen werden.

Von 1960 – 1994 haben zurückgelegt gemessen in Milliarden Fahrzeugkilometer

Fahrzeugtyp	Zeit	1960	1994	
LKW		16	51	+ 35 Mrd. = 219 %
PKW/Kombi		73	506	+403 Mrd. = 594 %

Verkehrs- Unter der **Verkehrsleistung ist die vollzogene Veränderung des Aufenthaltsortes**
leistung **von Personen und Gütern zu verstehen.** Während der Begriff **Transport** nur die „reine Beförderung" von Gütern umfaßt, schließt die **Verkehrsleistung** darüber hinaus auch alle die mit dem Transport direkt oder indirekt verbundenen Leistungen (z. B. Zwischenlagerung, Verpackung, Zollabfertigung) ein. Die Produktion von Verkehrsleistungen für den eigenen Bedarf umschreibt man mit **Werkverkehr oder Eigenverkehr.** Die Produktion von Verkehrsleistungen gegen Entgelt für Dritte bezeichnet man als **gewerblichen Verkehr oder Fremdverkehr.** Wird die Verkehrsleistung innerhalb eines Staates erbracht, sprechen wir vom **Binnenverkehr.** Von

Verkehrswirtschaftliche Grundbegriffe und Grundtatbestände 1.2

internationalem Verkehr oder grenzüberschreitendem Verkehr sprechen wir, wenn Abgangsort und Zielort in verschiedenen Staaten liegen. Als **Kabotage** wird der Binnenverkehr zwischen Orten des gleichen Staatsgebietes bezeichnet, wenn die Verkehrsleistung von einem ausländischen Verkehrsunternehmen erbracht wird. Werden Verkehrsleistungen zwischen bestimmten Orten regelmäßig und fahrplanmäßig (in aller Regel ohne Rücksichtnahme auf die konkrete Auslastung des Verkehrsmittels) erbracht, so sprechen wir von **Linienverkehr**. Gelegenheitsverkehr (Trampverkehr) liegt vor, wenn das Verkehrsmittel dort eingesetzt wird, wo gerade eine wirtschaftlich interessante Nachfrage nach Verkehrsleistungen besteht.

Werden für einen Transportvorgang nacheinander verschiedene Verkehrsmittel und Verkehrsunternehmen eingesetzt, sprechen wir von der Bildung von **Transportketten**. **Transportkette**

Unter **kombiniertem Verkehr** werden **Transportverfahren** verstanden, bei denen **zu Ladeeinheiten zusammengefaßte Güter ohne Auflösung der Ladeeinheit unter Wechsel der Verkehrsmittel** auf Schienen-, Straßen-, Wasser- und/oder Luftwegen befördert werden (z. B. Containerverkehr). **Kombinierter Verkehr**

Die **Gesamtheit** der sich aus dem **Angebot** und der **Nachfrage von Verkehrsleistungen ergebenden Beziehungen** bezeichnet man als **Verkehrsmarkt**. Marktpartner sind die **Verkehrsunternehmen als Anbieter** auf dem Verkehrsmarkt und die verladende und produzierende Wirtschaft, kurz „**Verlader**" genannt, **als Nachfrager von Laderaum und Dienstleistungen**. Der deutsche Verkehrsmarkt, mehr oder weniger abgeschwächt, aber auch die Verkehrsmärkte in den Ländern der Europäischen Union, sind durch Marktordnungen geregelt, die bestimmen, unter welchen Voraussetzungen Verkehrsleistungen erbracht werden dürfen. Eine **Marktordnung regelt die Anwendung von Tarifen, den Marktzugang und kann für Teilbereiche Kapazitätsbeschränkungen (Kontingentierung) vorschreiben.** **Verkehrsmarkt Marktordnung**

Im Jahre **1994 sind die wesentlichen Bestandteile der deutschen Marktordnung aufgehoben worden.** Aufgehoben worden sind die Tarife (GNT, GFT, FTB und DEGT [nur die Preistafeln]), das nationale (Güterfernverkehrs-)Kontingent soll bis zur Marktsättigung aufgestockt werden. Im grenzüberschreitenden Verkehr gibt es weder Tarife (ab 1990) noch quantitative Beschränkungen (ab 1993 Einführung der EG-Lizenz). Die Kabotage im Straßengüterverkehr ist möglich; Erhöhung der (Kabotage-)Kontingente in der EU von 18 500 auf 30 000 ab 1994, gefolgt von einer jährlichen Steigerung um 30 % mit der endgültigen Freigabe der Kontingentierung in Deutschland per 1.7.1998. Der **Schwerpunkt der Marktordnung** liegt auf den Vorschriften über den Zugang zum Beruf des Güterkraftverkehrsunternehmers (finanzielle Leistungsfähigkeit, persönliche und fachliche Eignung), die in der sogenannten **Berufszugangsverordnung** geregelt sind.

Unter **privatem Verkehrsgewerbe** verstehen wir die Summe derjenigen Unternehmen, deren Kapital überwiegend oder ganz in privater Hand liegt und die zuzuordnen sind dem **Privates Verkehrsgewerbe**

11

1 Einführung: Die Bedeutung des Verkehrs in der Wirtschaft

Speditions- und Lagereigewerbe (rd. 6000 Unternehmen mit 286 000 Mitarbeitern),

gewerbl. Güterfernverkehr (rd. 15 000 Unternehmen mit 225 000 Mitarbeitern),

gewerbl. Güternahverkehr (rd. 45 000 Unternehmen mit ca. 180 000 Mitarbeitern),

Möbeltransportgewerbe (2000 Unternehmen mit ca. 35 000 Mitarbeitern),

Personenverkehrsgewerbe, Taxen, Mietwagen- und Omnibusunternehmen.

Doppelzählungen müssen bei der Bewertung der obigen Zahlen berücksichtigt werden.

Verkehrspolitik Da der Verkehr die Lebensinteressen der Allgemeinheit und der Volkswirtschaft auf das Tiefste berührt, ist es Aufgabe des Staates, den Verkehr in einer der Allgemeinheit dienenden Form in die Volkswirtschaft einzuordnen. Der Lösung dieser Aufgabe dient die **Verkehrspolitik**. Sie findet ihren **Niederschlag in der Gesetzgebung und in der Verkehrsverwaltung**.

Verkehrsgesetzgebung Das **Grundgesetz der Bundesrepublik Deutschland** grenzt die Zuständigkeit für die Gesetzgebung zwischen dem Bund und den Bundesländern durch die ausschließliche und die konkurrierende Gesetzgebung ab.

Im Bereich der **ausschließlichen Gesetzgebung des Bundes** haben die Länder die Befugnis zur Gesetzgebung nur dann, wenn sie hierzu in einem Bundesgesetz ausdrücklich ermächtigt werden. Der ausschließlichen Gesetzgebung des Bundes unterliegen nach Artikel 73 Grundgesetz die Gesetzgebung über die Eisenbahnen des Bundes und den Luftverkehr.

Im Bereich der **konkurrierenden Gesetzgebung** haben die Länder die Befugnis zur Gesetzgebung, soweit der Bund von seinem Gesetzgebungsrecht keinen Gebrauch macht. Hierzu gehören die Gesetzgebung über die Hochsee- und Küstenschiffahrt sowie die Seezeichen, die Binnenschiffahrt, den Wetterdienst, die Seewasserstraßen und die dem allgemeinen Verkehr dienenden Binnenwasserstraßen, den Straßenverkehr, das Kraftfahrtwesen und den Bau und die Unterhaltung von Landstraßen des Fernverkehrs, die nichtbundeseigenen Eisenbahnen mit Ausnahme der Bergbahnen.

Verkehrsverwaltung Die Spitze der Verkehrsverwaltung, das **Bundesverkehrsministerium – BVM –**, gliedert sich in die Zentralabteilung (Personal und Haushalt), die verkehrspolitische Grundsatzabteilung und in Fachabteilungen, von denen jede einem Verkehrsträger zugeordnet ist: Eisenbahn, Straßenverkehr, Luftfahrt, Seeverkehr, Binnenschiffahrt und Wasserstraßen, Straßenbau.

Verkehrswirtschaftliche Grundbegriffe und Grundtatbestände 1.2

Der Bau und Betrieb von **Güterverkehrszentren soll zu einer ökonomisch und ökologisch sinnvolleren Abwicklung des Güterverkehrs führen.**

Güterverkehrszentrum

Die transportlogistischen Funktionen eines Güterverkehrszentrums ergeben sich grob aus der folgenden Übersicht.

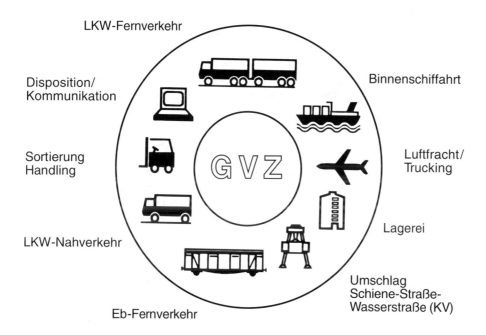

Nach vorherrschender Auffassung versteht man unter einem **Güterverkehrszentrum** eine **Verkehrsgewerbefläche, auf der sich Verkehrsbetriebe unterschiedlicher Ausrichtung** (Transport, Spedition, Lagerei, Service, logistische Dienstleistung) **als selbständige Unternehmen ansiedeln und die an mehrere, mindestens zwei Verkehrsträger angebunden ist.** Güterverkehrszentren sollen den Verkehrsträgerwechsel in der Transportkette ermöglichen und damit zur Straßenentlastung im Fern-, Nah- und Regionalverkehr beitragen. Auch Postfrachtzentren können einbezogen werden. **Güterverkehrszentren enthalten einen Umschlagbahnhof des Kombinierten Verkehrs Schiene/Straße oder Binnenschiff/Straße/Schiene,** wobei es auch ausreichend ist, wenn der Umschlagbahnhof in unmittelbarer Nähe der Verkehrsgewerbefläche gelegen und organisatorisch mit ihr verbunden ist.

Ein Güterverkehrszentrum ist auch dann gegeben, wenn mehrere, räumlich getrennte Teilflächen durch organisatorische Vorkehrungen, insbesondere Informationsvernetzung, so miteinander verbunden werden, daß sie wie eine zusammenhängende Fläche bewirtschaftet werden können (**dezentrale Lösung**).

Neben dem Verkehrsträgerwechsel in der Transportkette fördert ein Güterverkehrszentrum vor allem die Kooperation der einzelnen Verkehrsbetriebe, um Synergieeffekte zu erzielen und die Wettbewerbsfähigkeit der Unternehmen zu stärken.

Ihre verkehrspolitische Wirksamkeit erreichen Güterverkehrszentren erst, wenn sie durch Verkehrsinfrastruktur, Transportangebote und Logistik (Informationstechnologie) zu einem Netz miteinander verknüpft werden. Über die bundesweit zu installierenden Güterverkehrszentren gibt es hinsichtlich der Anzahl unterschiedliche Auffassungen; die Planungen reichen von 20 – 38 GVZ's bundesweit.

Güterver- Zur Abgrenzung zum Güterverkehrszentrum versteht man unter einem **Güterverteil-**
teilzentrum **zentrum eine Anlage für logistische Dienstleistungen, die von einer Großspedition oder einer Kooperation kleiner und mittlerer Unternehmen mit eigener Rechtspersönlichkeit betrieben wird.**

City- In den Städten konkurriert der Güterverkehr mit den anderen Verkehrsteilnehmern
Logistik um die immer knapper werdenden Verkehrsflächen. Insbesondere das Speditions- und Lagereigewerbe hat Aktionen angestoßen, die eine umweltfreundlichere und auch ökonomisch sinnvollere Bedienung der Innenstädte zum Gegenstand hat. In diesem Zusammenhang wird von „**City-Logistik**" gesprochen. Man versteht darunter **Konzepte, die gleichzeitig zur Verkehrsvermeidung und zu einer höheren Wirtschaftlichkeit des städtischen Lieferverkehrs beitragen sollen.** Dabei werden die für den innerstädtischen Bereich bestimmten **Sendungen mehrerer Speditionsunternehmen in der Zielsetzung gebündelt, zu einer besseren Fahrzeugauslastung zu kommen.** Aufgrund der unterschiedlichen Verhältnisse in den Städten müssen dabei maßgeschneiderte Konzepte erstellt werden.

Qualitäts- Die Unternehmen in Industrie und Handel einerseits und die Unternehmen der Ver-
manage- kehrswirtschaft andererseits werden ihre **Leistungen künftig stärker „verzahnen"**
ment **müssen. Das setzt voraus, daß die Qualität der Leistung des Partners eine verläßliche Größenordnung besitzt** und man Vertrauen in einen definierten Leistungsstandard hat. Qualität ist die Gesamtheit von Eigenschaften und Merkmalen eines Produktes oder einer Dienstleistung, die sich auf deren Eignung zur Erfüllung festgelegter oder vorausgesetzter Erfordernisse bezieht (DIN 8402). Dabei muß man **unterscheiden zwischen der Qualität eines Produktes und der Qualitätssicherung des Arbeitsprozesses.**

Das *DIN Deutsches Institut für Normung e. V.* hat bestimmte Normen für das Qualitätsmanagement aufgestellt, die in zusammenfassenden Darstellungen aufgelistet sind. Für das Speditions- und Lagereigewerbe sind dies die DIN ISO 9000er.

Die **DIN ISO 9000er Serie** setzt nicht an der Produktqualität an, sondern sie **zielt auf die Beherrschung des Leistungsprozesses ab.** Es geht also darum aufzuzeigen, daß ein Unternehmen in der Lage ist, Anforderungen z. B. hinsichtlich Zuverlässigkeit, Sicherheit u. a. in einem kontrollierten Prozeß zu erfüllen. Die Aufbau- und

Verkehrswirtschaftliche Grundbegriffe und Grundtatbestände 1.2

Ablauforganisation eines Unternehmens muß transparent und nachvollziehbar dargestellt und der Beweis geführt werden, daß gemeinsam definierte Anforderungen (z. B. an die Pünktlichkeit) erfüllt werden können. Die einzelnen Elemente der Arbeiten bilden dann ein Qualitätsmanagementsystem.

Über die richtige Funktionsweise können dafür zugelassene Einrichtungen ein Zertifikat (Zertifizierung) erstellen, das einem Geschäftspartner die Einhaltung zugesagter Prozeßeigenschaften signalisiert. **Zertifizierung**

Just-in-time ist eine Philosophie der Leistungserstellung, deren Ziel es ist, ein Produkt oder eine Dienstleistung durch eine geeignete Planung, Steuerung und Kontrolle aller Materialströme und der dazugehörigen Informationsströme so zu erstellen, **daß es ohne Verschwendung von Zeit, Material, Arbeitskraft und Energie entsprechend den Wünschen des Kunden bezüglich Preis, Qualität und Lieferservice bereitgestellt werden kann.** **Just-in-time**

Die Datenverarbeitung und die Kommunikation werden die bestimmenden Elemente in der Verkehrswirtschaft der Zukunft sein. **Telematik** ist die Zauberformel, die viele Probleme lösen soll. **Telematik**

Telematik ist ein Sammelbegriff für alle Formen der Telekommunikation und Informatik zwischen Menschen und/oder Geräten mit Hilfe nachrichtentechnischer Übertragungsverfahren. Die Verkehrstelematik umfaßt nach der Zeitschrift *Logistik Heute* 4–96, S. 25 vier große Sachgebiete.

1. Die anonyme Verkehrserfassung zur Erzeugung von Verkehrsinformationen und Steuersignalen für die Verkehrsleittechnik.
2. Die kollektive Information der Verkehrsteilnehmer durch optische Zeichen (Ampeln, Wechselverkehrszeichen) und Rundfunkdurchsagen. Mit der Weiterentwicklung des *Radio Data Systems (RDS)* und dem *Traffic Massage Channel (TMC)* wird die Verbreitung nicht mehr aktueller Verkehrsmeldungen der Vergangenheit angehören.
3. Gezielte, individuelle Information der Verkehrsteilnehmer über den Mobilfunk (D1-, D2- und E-plus-Dienste).
4. Zweigwegkommunikation mit Beachtungszwang.

Grundelemente der Verkehrs-Telematik:
■ **Informationsübermittler**
– Rundfunksender;
– GSM-Systeme;
– Satelliten;
– Baken auf Infrarot- oder Mikrowellenbasis;
– Direkte Funkverbindung;
– Wechselverkehrszeichen;

■ Dienste (Straßenverkehr)
- Verkehrsinformation (Staumeldungen, Straßenzustand, Wetter etc.);
- Verkehrsleitsysteme (Tempohinweise, individuelle Zielführung, Bevorrechtigungen etc.);
- Personenruf;
- Flottenmanagement;
- Navigation und Ortung mit GPS (Global Positioning System);
- Hilfs- u. Sicherheitsdienste;
- Automatische Gebührenerfassung;
- Intermodaler Vekehr;
- Auskunftsdienste (Fahrtenplanung, Tourismusattraktionen, Hotels etc.);
- Parkraummanagement;

■ Dienste (Bahnverkehr)
- Zugfunk;
- Funkzugbeeinflussung zur automatischen Sicherung und Steuerung von Zügen;
- Betriebsfunk;
- Gefahrenwarnung;
- Stellwerksarbeit;
- Reservierungs- und Buchungsdienste;
- Auskunftsdienste für Reisende;
- Kommunikation mit Reisenden in den Zügen.

1.3 Verkehrsbedürfnisse, Leistungsmerkmale der Verkehrsträger, Besonderheiten der Verkehrsleistung

Verkehrs-bedürfnisse Im Mittelpunkt der Verkehrswirtschaft stehen die **Verkehrsbedürfnisse, die die Nachfrage nach Verkehrsleistungen bestimmen**. Für den Speditionskaufmann ist es wichtig, die Verkehrsbedürfnisse seines Kunden (des Verladers) genau zu kennen. Er muß Informationen haben über

a) die **Art der Verkehrsbedürfnisse**, die ihren Ausdruck findet in Art, Gewicht, Volumen, Wert, Zustand, Form, Gefährlichkeit des zu transportierenden Gutes,

b) die **Reichweite der Verkehrsbedürfnisse**, die ihren Ausdruck in der zu überwindenden Entfernung findet und damit in aller Regel auch Aussagen über Art und Häufigkeit der Umladung, die Verpackungsanforderungen einschließt,

c) den **Umfang der Verkehrsbedürfnisse**, der seinen Ausdruck in der pro Zeiteinheit zu transportierenden Gütermenge und der Art und der Anzahl der gewünschten (Verkehrs-)Nebenleistungen (z. B. Zollabfertigung, Abschließen von Versicherungen, Mithilfe beim Zahlungsverkehr etc.) findet,

Wirtschaftliche Grundbegriffe und Grundtatbestände 1.3

d) die **Grundbedingungen, unter denen die Verkehrsbedürfnisse befriedigt werden sollen**. Darunter verstehen wir die Anforderungen an die einzusetzenden Verkehrsmittel (Pünktlichkeit, Schnelligkeit etc.) und an die Belastbarkeit des zu transportierenden Gutes mit Transport-/Verkehrskosten (wie hoch kann das Gut mit Kosten für den Transport belastet werden).

Die Nachfrage nach Verkehrsleistungen sucht sich auf dem Verkehrsmarkt ein entsprechendes Angebot, indem sie insbesondere die folgenden **Leistungsmerkmale der Verkehrsträger** (also der Anbieter von Verkehrsleistungen) vergleicht und bewertet

Leistungsmerkmale der Verkehrsträger

a) die **Berechenbarkeit/Zuverlässigkeit der Verkehrsleistung**. Darunter versteht man die möglichst exakte Einhaltung der vorgegebenen oder vereinbarten Abfahrts- und Ankunftszeiten der Verkehrsmittel bzw. die Einhaltung der vereinbarten Leistungstermine,

b) die **Schnelligkeit der Verkehrsleistung**, wobei die Beförderungsdauer vom Versender/Absender bis zum Empfänger, also einschließlich aller Aufenthaltszeiten, interessant ist; gemeint ist hier demzufolge die Reisegeschwindigkeit,

c) die **Mengen- oder Massenleistungsfähigkeit der Verkehrsmittel**. Wir verstehen darunter den Grad der Eignung der Verkehrsmittel für den Transport großer Gütermengen in bestimmten Zeitabschnitten,

d) die **Netzdichte**. Die Dichte des Verkehrsnetzes/der Verkehrswege gibt Auskunft darüber, inwieweit Güter von einem Ort zu möglichst vielen anderen Orten in einem bestimmten Raum ohne Umladung transportiert werden können,

e) die **Anzahl oder die Häufigkeit der Verkehrsmöglichkeiten**/der Abfahrten zwischen zwei Orten oder Räumen in einem Zeitabschnitt. Regelmäßige oder häufige Abfahrten erhöhen die Attraktivität eines Verkehrträgers,

f) die **Sicherheit der Verkehrsleistung** bzw. die pflegliche Behandlung des Beförderungsgutes. Darunter verstehen wir die Eignung des Verkehrsträgers, ob und inwieweit die transportierten Güter unbeschädigt am richtigen Ort, zur vereinbarten Zeit, dem richtigen Empfänger übergeben werden. Von Vorteil sind Haus-Haus-Verkehre und eine möglichst individuelle Leistungserstellung,

g) ein **günstiges Preis-/Leistungsverhältnis**. Darunter verstehen wir ein möglichst günstiges Verhältnis zwischen Qualität/Quantität der Leistung und dem zu zahlenden Preis,

h) Art und **Umfang der Verkehrsnebenleistungen**. Neben der „reinen" Transportleistung erhalten diejenigen Leistungen, die dem Transport vorgelagert oder nachgelagert sind oder ihn begleiten, einen immer höheren Stellenwert. Die verkehrswirtschaftliche Praxis spricht hier von sogenannten Nebenleistungen, obwohl diese häufig wichtiger und umfangreicher sind als die sogenannte Hauptleistung in der Form der Transportdurchführung.

Verkehrs- Jeder in der Verkehrswirtschaft Beschäftigte sollte die Eigenart der Verkehrsleistung,
leistung die er täglich mit produzieren hilft, genau kennen, um sie besser bewerten zu können. Er muß wissen, daß

a) **Verkehrsleistungen als Dienstleistungen nicht speicherbar** sind und somit nicht auf Vorrat produziert werden können. Das hat zur Folge, daß einerseits nicht ausgenutzte Betriebsleistungen von Verkehrsmitteln vertan sind, daß andererseits Nachfragespitzen nicht, wie in der Güterindustrie, durch Rückgriff auf ein Lager gedeckt werden können,

b) die **Verkehrsnachfrage sehr starken Schwankungen** (Tages-, Wochen-, Monats- und Jahresschwankungen) **unterliegt**,

c) das Leistungsvermögen/die **Kapazität eines Verkehrsunternehmens sich an den Nachfragespitzen** (z. B. Berufsverkehr bei der *Deutschen Bahn AG*), die es befriedigen will, **orientieren muß**,

d) die **Verkehrsnachfrage von der Nachfrage nach Gütern abgeleitet wird** und der Preis für die Verkehrsleistung die insgesamt nachgefragte Verkehrsleistung nur wenig beeinflussen kann,

e) die **Nachfrage nach Verkehrsleistungen unpaarig ist**. Von einer Unpaarigkeit der Verkehrsströme sprechen wir, wenn zwischen zwei Orten/Regionen in Abhängigkeit der Verkehrsrichtung unterschiedliche Gütermengen transportiert werden. Das hat zur Folge, daß in der Natur der Sache liegend ständig irgendwo Überkapazitäten bestehen, die den Markt stören,

f) die **hohe Beweglichkeit der Verkehrsmittel jeden regionalen Teilmarkt** des Verkehrsmarktes zu jeder Zeit dem Wettbewerb **einer großen Anzahl von Verkehrsunternehmen aussetzt**,

g) die **Verkehrsleistungen im Raum/in der räumlichen Erstreckung produziert werden**, während Sachleistungen und Dienstleistungen anderer Art stets an einzelnen Punkten im Raum erstellt werden,

h) die **staatliche Einflußnahme auf den Verkehrsmarkt hoch ist** (Verkehrshoheit),

i) auf dem Verkehrsmarkt **öffentliche Unternehmen** (die zum Teil vom Staat finanziell gestützt werden) **und private Unternehmen im scharfen Wettbewerb zueinander stehen**,

j) die **fixen oder beschäftigungsunabhängigen Kosten** (sie fallen also auch an, wenn keine Leistungen gegen Entgelt erstellt werden) im Verkehrsbereich **sehr hoch sind** und in aller Regel über 80 % der Gesamtkosten ausmachen,

k) der **Kapitalbedarf/die Kapitalbindung einerseits und die Personalkosten andererseits im Verkehrsbereich sehr hoch sind** (z. B. Personalkostenanteil im Speditions- und Lagereigewerbe ca. 60 %).

l) die **Eigenproduktion (Werkverkehr) und Fremdproduktion (gewerblicher Verkehr)** von Verkehrsleistungen **in starker Konkurrenz zueinander stehen**.

Die Summe der Besonderheiten bei der Produktion von Verkehrsleistungen treffen wir in Art und Umfang auf keinem Markt einer Volkswirtschaft an. Der Verkehrsmarkt ist ein ausgesprochen instabiler Markt, der der ständigen staatlichen Steuerung unter der Zielsetzung bedarf, daß **jeder Verkehrsträger aufgrund seiner Kosten- und Leistungsstruktur diejenigen Aufgaben übernimmt, die er am produktivsten auszugestalten vermag**. In der Verkehrspolitik spricht man in diesem Zusammenhang von der **Aufgabenverteilung im Verkehr**.

Aufgabenteilung im Verkehr

1.4 Güterverkehr und Spedition

Die von Spediteuren und Lagerhaltern erstellten Leistungen dienen in ihrer Gesamtheit direkt oder indirekt der Beförderung von Gütern. Der Spediteur und der Lagerhalter bzw. das Speditions- und Lagereigewerbe zählen daher zur Güterverkehrswirtschaft. Spediteure, Lagerhalter und Frachtführer bilden die Gruppe derjenigen Verkehrsunternehmen, die auf dem Verkehrsmarkt das Angebot von Verkehrsleistungen an Dritte gegen Entgelt bestimmen.

Der Spediteur zählt zur Güterverkehrswirtschaft

Frachtführer ist, wer es gewerbsmäßig übernimmt, die Beförderung von Gütern zu Lande oder auf Flüssen oder sonstigen Binnengewässern auszuführen *(HGB § 425)*. Die körperliche Bewegung des (Transport-)Gutes auf dem Lande, auf Binnenwasserstraßen und in der Luft ist also Sache des Frachtführers; im Seefrachtgeschäft heißt er Verfrachter. **Der Frachtführer schließt mit seinem Auftraggeber, dem Absender, einen Frachtvertrag ab zugunsten eines Dritten; das ist der Empfänger.**

Frachtführer

Gegenstand des Frachtvertrages sind die **Annahme** (Übernahme), die **Beförderung und die Auslieferung** des Beförderungsgutes **an den Empfänger gegen Zahlung des Preises** für die Beförderung, der sogenannten Fracht.

Frachtvertrag

Die Gesamtheit der Geschäfte von Frachtführern und Verfrachtern bildet das Frachtgeschäft. Das Recht des Frachtführers ist im *HGB (§§ 425 – 452)* für das Landfracht-

Frachtgeschäft

geschäft und für die Binnenschiffahrt und im 5. Buch des *HGB* für den Verfrachter/für die Seeschiffahrt festgelegt.

Die gesetzl. Bestimmungen enthalten u. a. die Vorschriften über die Ausstellung des Frachtbriefes, die Haftung des Frachtführers, das Verfügungsrecht des Absenders, die Rechte des Empfängers, das gesetzliche Pfandrecht, den Ladeschein. Neben diesen gesetzlichen Bestimmungen für den Frachtführer bestehen aber für bestimmte Frachtführer noch besondere Bestimmungen, die das geltende Recht bei diesen Frachtgeschäften darstellen.

Speditions- **Der Spediteur ist der Kaufmann des Verkehrs.** Er verkauft Verkehrsleistungen, d. h.
geschäft er besorgt Güterversendungen für seine Auftraggeber durch die Frachtführer des Landverkehrs, des Binnenschiffahrts- und Seeverkehrs und des Luftverkehrs oder er führt solche Beförderungsleistungen selbst aus. Er führt ferner alle Verkehrsvorrichtungen, die vor, während oder nach der eigentlichen Güterbeförderung notwendig sind, durch oder besorgt sie durch Einschaltung von Zwischenspediteuren oder Korrespondenten. Die Gesamtleistung der Besorgung oder Selbstdurchführung der Güterbeförderung in ihren verschiedenen Formen, z. B. im Sammelverkehr, verbunden mit allen erforderlichen sonstigen Verkehrsverrichtungen, stellt den **Speditionsverkehr** dar und ist der Inhalt der Geschäfte der Spediteure.

Verkehrs- Ohne der Erklärung bzw. Definition des Begriffes Spediteur im *HGB* an dieser Stelle
leistungen vorgreifen zu wollen, sei schon hier darauf hingewiesen, daß die **Aufgaben des**
des Spedi- **modernen Spediteurs und Lagerhalters sich keinesfalls in der besorgenden**
teurs **Tätigkeit**, also des Besorgens von Original-Verkehrsleistungen zum Original-Preis gegen Provisionszahlungen *(HGB §§ 407, 408)*, **in der selbsteintretenden Tätigkeit**, also der Durchführung der Beförderung des Gutes selbst *(HGB § 412)*, oder **in der Tätigkeit des Sammelns von Gütern und deren Versendung aufgrund eines für seine Rechnung über eine Sammelladung geschlossenen Frachtvertrages** *(HGB § 413)*, oder **in der Tätigkeit der Versendung von Gütern zu einem festen Satz** *(HGB § 413)* oder **in der Tätigkeit der gewerbsmäßigen Lagerung und Aufbewahrung von Gütern** *(HGB § 416)* **erschöpfen.**

Der moderne Spediteur ist, wie es in einer Broschüre der *FIATA*, der Organisation von rund 40 000 Speditionsunternehmen in der ganzen Welt heißt, der „Architekt des Verkehrs" – das wichtigste Glied in der Kette des Warenaustausches von Land zu Land und von Kontinent zu Kontinent. Wer vom Handel spricht, spricht vom Güterverkehr; Handel besagt, daß die Ware ihren Eigentümer wechselt: der Güterverkehr ermöglicht es, daß die Ware den Ort wechselt. Der Spediteur macht das durch Auswählen günstiger Verkehrsträger, Verkehrsmittel und Verkehrswege erst möglich, daß Waren schnell, sicher und zu einem der Leistung angemessenen Preis an den richtigen Verbraucher/Empfänger gelangen. Er organisiert als Spezialist Transporte zu Land, zu Wasser und in der Luft und dient damit dem Warenaustausch. Der Spediteur hat die besten Verbindungen zu den Frachtführern, Container-Terminals, Seehäfen, Flughäfen und den mit der Abwicklung der nationalen und

Güterverkehr und Spedition 1.4

internationalen Güterströme befaßten staatlichen Stellen. Er bietet damit die Gewähr für eine reibungslose Abwicklung.

Das Interesse des Auftraggebers steht während der ganzen Abwicklung des Verkehrsvertrages bzw. der Durchführung des Transports im Vordergrund. Danach richten sich alle Handlungen des Spediteurs. Durch Zuverlässigkeit, Einsatz und Findigkeit gewinnt und vertieft er das Vertrauen des Kunden. Die Vielseitigkeit des Spediteurs ist das Resultat weitgehender Spezialisierung. Auf jedem Teilgebiet (Import, Export, Land- und Seetransport, Luftfracht, Zoll, Lagerei, Container-Dienste, Beförderung gefährlicher Güter, Abschluß von Versicherungen, Verpacken und Stauen von Gütern, Befolgen der Außenhandels- und Akkreditivvorschriften, Warenkenntnisse etc.) werden Fachleute eingesetzt, die die Handelsbräuche, Bestimmungen und Tarife bestens kennen. Der international tätige Spediteur ist in besonderem Umfange abhängig von den Veränderungen der weltweiten Märkte und den unterschiedlichen Wirtschaftsordnungen in den einzelnen Ländern.

Die national und insbesondere international geforderten Lösungen der Verkehrsprobleme werden komplizierter, umfassender und individueller zugleich. Nicht mehr Standardangebote, beispielsweise in der Form reiner Transportleistungen von A nach B, sondern integrierte Dienstleistungen, die individuell auf den Einzelbedarf zugeschnitten sind, bestimmen in verstärktem Umfange den Speditionsmarkt der Zukunft. **Neben der diversifizierten Universalspedition mit einer breiten Leistungspalette hat der kooperativ agierende hochspezialisierte Klein- und Mittelbetrieb sehr gute Zukunftschancen.**

Die Aufgaben und die Leistungen des Spediteurs können zusammenfassend auf einen einfachen Nenner gebracht werden: **der Spediteur kauft national und international Verkehrs- und damit zusammenhängende Dienstleistungen ein, ergänzt sie in dem jeweils erforderlichen Umfange durch selbstproduzierte Dienstleistungen und verkauft beides als Gesamtleistung zu einem Gesamtpreis an seinen Auftraggeber weiter.**

In der konkreten Ausgestaltung ist der Spediteur

- **Architekt des Verkehrs**, wenn er Lösungen von Verkehrs-/Güterverteilungsproblemen zu finden hat, die den Charakter einer „Einzelanfertigung" haben,

- **Organisator des Verkehrs**, wenn er Transportketten schon fast industriell organisiert, um eine permanente Nachfrage nach Verkehrsleistungen so rationell wie möglich befriedigen zu können,

- **Erfüllungsgehilfe und/oder Agent** von Verkehrsträgern (vgl. Eisenbahngüterverkehr und Luftfrachtverkehr),

1 Einführung: Die Bedeutung des Verkehrs in der Wirtschaft

- **Verkehrsträger**, wenn er eigene Fahrzeuge für den Gütertransport einsetzt, wie dies zum Beispiel im Straßengüterverkehr im starken Maße der Fall ist.

In einem Speditionsunternehmen sind in aller Regel mehrere der vorgenannten Gestaltungsmerkmale vertreten. Je nach Standpunkt des Betrachters wird das eine oder das andere Merkmal in den Vordergrund gestellt. Das ist jedoch der Grund dafür, daß der unbefangene Betrachter des Speditions- und Lagereigewerbes den Spediteur und Lagerhalter oft nicht richtig einzuordnen vermag.

Mittelstand Spedition 60 – 70 % der Gesamtkosten eines Speditionsunternehmens entfallen auf den Bereich der Personalkosten. Daraus folgt, daß die Qualifikation des Personals in besonderer Weise die Qualität der Leistung des Speditionsgewerbes bestimmt. Überall dort jedoch, wo das Personal im Mittelpunkt bei der Produktion von Leistungen steht, haben Unternehmen kleinerer und mittlerer Größenordnung, sogenannte **mittelständische Unternehmen bzw. mittelständische Wirtschaftszweige, natürliche Vorteile gegenüber Großbetrieben.**

Nach einer Statistik des *Bundesverbandes Spedition und Lagerei* haben die deutschen Speditionsunternehmen durchschnittlich 40 Mitarbeiter; das Speditions- und Lagereigewerbe ist somit das typische Beispiel für einen mittelständischen Wirtschaftszweig. Mittelständische Unternehmen im allgemeinen und Speditionsunternehmen im besonderen zeichnen sich aus durch eine hohe Anpassungsflexibilität an neue technologische Entwicklungen, bei ihnen besteht ein günstiges Verhältnis zwischen Marktleistung und interner Verwaltungsorganisation, es dominiert das einzelwirtschaftliche Risiko, wir haben es zu tun mit einer vergleichsweise außerordentlich hohen individuellen Leistungsbereitschaft – zusammenfassend also Kriterien, die den Spediteur in erster Linie befähigen, an der Problemlösung der nationalen und internationalen Verkehrsmärkte an vorderster Stelle erfolgversprechend mitzuarbeiten.

Logistik Der Spediteur muß der verladenden und produzierenden Wirtschaft logistische Gesamtangebote unterbreiten. **Logistik umfaßt den gesamten Güter- und Informationsfluß von der Rohstoffgewinnung über die Verarbeitung und die Warenverteilung bis zum Endabnehmer.** Die folgende Darstellung, die wir einem nicht näher bekannten Aufsatz über Logistik entnommen haben, demonstriert anschaulich die miteinander verzahnten Logistikbereiche. Von wenigen Ausnahmen abgesehen, kann der Spediteur den größten Teil der genannten Bereiche abdecken.

Logistik ist für den Spediteur nichts grundsätzlich Neues. Integrierte Transport-, Lager- und Dienstleistungen hat er vereinzelt schon früher angeboten und produziert. Neu ist dagegen die hinter dem Begriff Logistik stehende Philosophie, in Systemen zu denken und zu handeln in Verbindung mit der Erkenntnis, daß in diesem Bereich noch erhebliche Rationalisierungsreserven stecken. Durchschnittlich 20 % des Umsatzes der verladenden Wirtschaft entfallen heute auf Logistikkosten.

Güterverkehr und Spedition 1.4

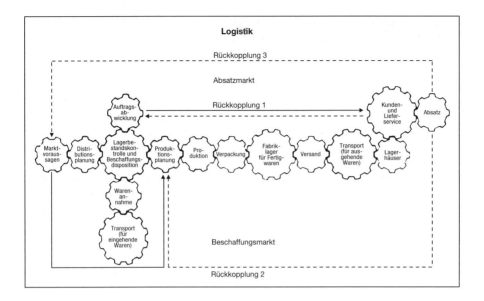

Logistische Leistungen sind immer Verbundleistungen. Die an der logistischen Kette (Versender, Lagerhalter, Spediteur, Frachtführer, Flughafen-/Seehafengesellschaften, Empfänger etc.) Beteiligten müssen hinsichtlich der Leistungsanforderungen so miteinander verzahnt werden, daß ein funktionsfähiges Ganzes entsteht. Der Spediteur als Architekt und Organisator des Güterverkehrs ist hier besonders gefordert; er alleine besitzt die **erforderliche Neutralität** und das **verkehrsträgerübergreifende Know-how.** Das hat zur Folge, daß der Spediteur in naher Zukunft verstärkt mit Leistungsbereichen konfrontiert wird, die mit Güterverkehr im herkömmlichen Sinne des Wortes nur noch wenig zu tun haben.

Insbesondere im internationalen Verkehr fordert die verladende Wirtschaft vom Spediteur **geschlossene Verkehrssysteme**, bei denen alle notwendigen Transporttechniken, die unterschiedlichsten Verkehrsträgerleistungen und Abwicklungen, die Informationskette, alle Nebenleistungen, der Zahlungsverkehr und **vor allen Dingen eine durchgehende Haftung auf Frachtführerbasis in einem System logistisch unter der Regie eines Spediteurs zusammengefaßt sind.** In der verkehrswirtschaftlichen Praxis spricht man in diesem Zusammenhang von der **Operatorfunktion des Spediteurs**; der **Spediteur wird zum Operator.** Im internationalen Verkehr hat man hierfür die Begriffe **Multimodaler Transport-Operator (MTO)** oder **Combined Transport-Operator (CTO)** geprägt. Ein bekannter Verkehrsrechtsfachmann hat in der *Deutschen Verkehrs-Zeitung (DVZ)* diesen Sachverhalt treffend wie folgt beschrieben.

Operator

„Der multimodale Transport ist also nicht die Aufeinanderfolge verschiedener Transportmittel, sondern ihre verkehrsvertragliche Zusammenfassung zu einer Vertragseinheit. Verkehrsvertraglich steht dem Absender ein Verkehrs-

1 Einführung: Die Bedeutung des Verkehrs in der Wirtschaft

träger gegenüber. Er übernimmt die Ablieferung an den Empfänger, ist also für die Leistung als ganzes verantwortlich und läßt sich bei der Erfüllung durch andere Verkehrsträger, Umschlagbetriebe und viele mehr als Erfüllungsgehilfen helfen.

Die Gesamtleistung umfaßt deshalb die verschiedensten Organisationsleistungen des Spediteurs, ferner Umschlag-, Verpackungs-, Verladungs-, sonstige Nebentätigkeits-, Beförderungs- und gegebenenfalls Lagerleistungen. Wer all diese Leistungen verspricht, ist Spediteur, Frachtführer, Lagerhalter und Umschlagbetrieb in einer Person. Die Bezeichnung als Spediteur oder Frachtführer würde diesem Typus von Verkehrsträger nicht gerecht. Als Ausdruck bürgert sich die Bezeichnung Operator ein: Multimodaler Transport Operator, MTO."

1.5 Die Verkehrswirtschaft und die Europäische Union

Europäische Union (EU)

Im Jahre 1957 wurde in Rom die Grundlage für das Entstehen der Europäischen Gemeinschaft (EG) geschaffen (Unterzeichnung der „Römischen Verträge"). **Ziel der EU ist die wirtschaftliche und politische Vereinigung der Staaten Europas.** Die Verwirklichung des Binnenmarktes ist von besonderer Wichtigkeit. Der **Binnenmarkt umfaßt einen Raum** ohne Binnengrenzen, **in dem der freie Verkehr von Waren, Personen, Dienstleistungen (u. a. Güterverkehr) und Kapital gewährleistet ist**. Niemand (Staatsangehörige von EU-Mitgliedsstaaten) darf wegen seiner Staatsangehörigkeit diskriminiert werden (**Diskriminierungsverbot**). Jeder hat das Recht, in einem anderen Mitgliedsstaat eine Niederlassung zu gründen (**Niederlassungsrecht**) und darf dort unter den gleichen Bedingungen wie einheimische Arbeitskräfte tätig sein (**Freizügigkeit**). Nach einer Studie des Weltwährungsfonds soll die Vollendung des Binnenmarktes einen Wachstumsschub mit sich bringen, der zwischen 4,5 und 7,5 % des EU-Sozialproduktes liegt.

Wegen der wachsenden Bedeutung der EU muß der Speditionskaufmann daher wissen, wie die EU „funktioniert": das Bild auf der folgenden Seite mag das erläutern.

Die **Kommission der EU** in Brüssel ist ein überstaatliches Organ, das die Interessen der Gemeinschaft vertritt; sie soll nach dem Willen der Gründer der **Motor der europäischen Einigungsbemühungen sein.** Sie entscheidet in Routinefragen allein, für bedeutende Fragen unterbreitet sie dem Ministerrat Entscheidungen. Ohne Vorschlag der Kommission kann der Ministerrat nicht tätig werden. Der **Ministerrat** besteht aus Vertretern (Ministern) der 15 nationalen Regierungen. Er ist das gesetzgebende Organ der Gemeinschaft. Seine **Verordnungen gelten in den Mitgliedsstaaten unmittelbar wie Gesetze.** Die von ihm **erlassenen Richtlinien sind Gemeinschaftsgesetze, die die Mitgliedsstaaten noch in nationale Rechtsvor-

schriften umsetzen müssen. Im Ministerrat haben die EU-Mitgliedsstaaten in Abhängigkeit ihrer wirtschaftlichen Bedeutung eine unterschiedliche Anzahl von Stimmen; Mehrheitsentscheidungen sind nach der einheitlichen europäischen Akte möglich.

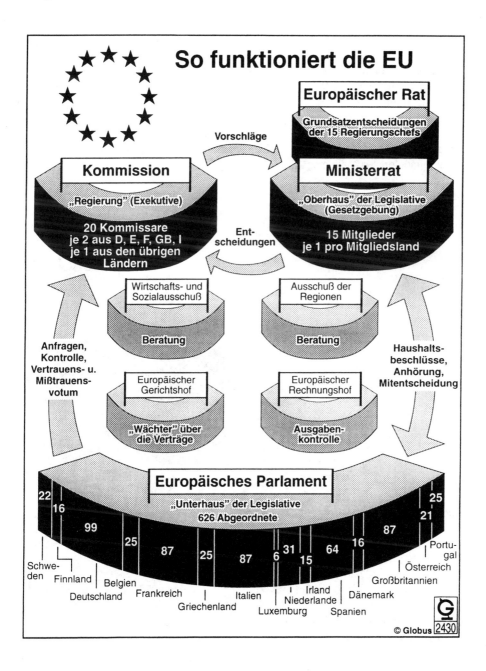

1 Einführung: Die Bedeutung des Verkehrs in der Wirtschaft

Der **Europäische Rat wird aus den Regierungschefs gebildet** und erläßt allgemeine politische Leitlinien. Das **europäische Parlament** hat ein **Mitspracherecht** in wichtigen Finanz- und Haushaltsfragen und ein **Mitwirkungsrecht** bei der Gesetzgebung. Es übt die demokratische Kontrolle über die EU-Kommission aus und kann sie zum Rücktritt zwingen. Das Parlament entscheidet über weitere EU-Beitritte.

Die im EU-Vertrag niedergeschriebenen Ziele eines politisch und wirtschaftlich vereinigten Europas sind noch lange nicht erreicht. Für die Güterverkehrswirtschaft sind wichtige Entscheidungen getroffen worden: am 1.7.1990 wurde die Kabotage eingeführt, am 1.1.1993 fielen alle quantitativen Beschränkungen des grenzüberschreitenden Straßengüterverkehrs weg.

Die *Verträge von Maastricht* sollen die Basis für eine gemeinsame Außen- und Sicherheitspolitik darstellen, vor allen Dingen soll eine gemeinsame Währung (Währungsunion) bis 1999 eingeführt werden.

Eine Übersicht über alle Mitglieder der EU ab 1.1.1995 ist im folgenden abgedruckt:

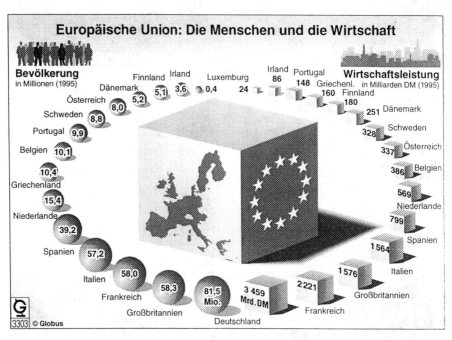

2 Der Spediteur und seine Geschäfte

2.1 Spedition und Lagerei

2.1.1 Gesetzliche Grundlagen

Die Geschäfte des Spediteurs und Lagerhalters zählen gemäß § 1 HGB zu den **Grundhandelsgewerben**. Spediteure und Lagerhalter sind daher kraft Gesetz Kaufmann, sogenannter **Mußkaufmann**. — **Spediteure Lagerhalter**

Mußkaufleute können je nach Umfang des Gewerbes Voll- oder Minderkaufleute sein. — **Mußkaufleute**

Die Anforderungen der modernen Wirtschaft an Spediteure und Lagerhalter setzen ein so hohes Maß von Leistungsfähigkeit und kaufmännischen Kenntnissen voraus, daß sie in der Regel nur von Unternehmen erfüllt werden können, die die Eigenschaft eines **Vollkaufmanns** besitzen. — **Vollkaufleute**

Minderkaufleute – § 4 HGB – sind dagegen Unternehmer, deren Gewerbebetrieb nicht über den Umfang des Kleingewerbes hinausgeht; die Vorschriften des HGB über Firmen, Handelsbücher und über die Prokura finden daher keine Anwendung. — **Minderkaufleute**

Speditions- und Lagereibetriebe wirtschaften nach den für die Privatwirtschaft geltenden Grundsätzen, d. h., sie sollen wirtschaftlich arbeiten, um Gewinne zu erzielen. — **Wirtschaftlichkeit**

Bei Industrie und Handel ist die Ware Gegenstand des Wirtschaftens, bei Spediteuren und Lagerhaltern sind es die **Dienstleistungen**, und zwar

im **Speditionsgeschäft** die eigenen Leistungen des Spediteurs, die Beförderungsleistungen der Verkehrsträger, die Leistungen anderer an der Durchführung des Auftrages beteiligter Unternehmen,

im **Lagergeschäft** die mit der Lagerung verbundenen eigenen Leistungen des Lagerhalters und die Leistungen anderer an der Durchführung des Geschäftes beteiligter Unternehmen.

2 Der Spediteur und seine Geschäfte

HGB als gesetzliche Grundlage

Die Begriffe Spediteur und Lagerhalter werden im *HGB* behandelt und zwar

– das Speditionsgeschäft in den §§ 407 – 415,

– das Lagergeschäft in den §§ 416 – 424.

§ 407 HGB sagt aus: Spediteur ist, wer es gewerbsmäßig übernimmt, Güterversendungen durch Frachtführer oder durch Befrachter von Seeschiffen für Rechnung eines anderen (des Versenders) im eigenen Namen zu besorgen.

§ 416 HGB definiert: Lagerhalter ist, wer gewerbsmäßig die Lagerung und Aufbewahrung von Gütern übernimmt.

Im *HGB* werden zusätzlich zu § 407 drei besondere Formen speditioneller Tätigkeit geregelt:

Selbsteintritt

– Gemäß § 412 HGB ist der **Spediteur** befugt, die Güterbeförderung selbst auszuführen, d. h., er besitzt das Recht des **Selbsteintritts**; er hat dann **zugleich Rechte und Pflichten eines Frachtführers und Verfrachters.**

Fixkosten-Spediteur

– Der Spediteur kann gemäß § 413 HGB, 1 mit dem Versender einen **festen Preis** vereinbaren, d. h., er übernimmt einen Transport zu einer bestimmten Speditionsübernahme (**Frachtübernahme**). Dies geschieht insbesondere, wenn ein mehrstufiger Transport vorliegt. Wir sprechen vom **Fixkosten-Spediteur**.

– Der Spediteur kann gemäß § 413 HGB, 2 die **Versendung eines Gutes zusammen mit den Gütern anderer Versender** in **Sammelladungen** bewirken.

In den Fällen des § 413 HGB hat der Spediteur gesetzlich **ausschließlich Rechte und Pflichten eines Frachtführers oder Verfrachters.**

Hervorzuheben ist, daß in den gesetzlichen Bestimmungen des *HGB* über das Speditionsgeschäft auf die für das Kommissionsgeschäft geltenden Vorschriften (§§ 383 – 406) verwiesen wird, sofern entsprechende eigene Regelungen fehlen; besonders zu erwähnen sind die §§ 388 – 390, die sich mit der Empfangnahme, Aufbewahrung und Versicherung des Gutes befassen.

Diese gesetzlichen Bestimmungen bilden die Grundlage und den Rahmen für die wirtschaftliche Betätigung der Spediteure und Lagerhalter bei Einführung des *HGB* im Jahre 1900. Inzwischen hat der Arbeitsbereich der Spedition und Lagerei sowohl in seinem Verhältnis zum Auftraggeber als auch zu den Verkehrsträgern wesentliche Entwicklungen und Veränderungen erfahren und an Vielfalt und Ausmaß gewonnen.

Der **Wandel der Speditionsbetriebe** vom Mittler zum Logistikunternehmen, zum speditionellen Gemischtbetrieb mit der Übernahme von Frachtführerfunktionen ist unverkennbar. Die Leistungspalette macht deutlich, daß das Speditionsgewerbe die Anforderungen der verladenden Wirtschaft erkennt, entsprechende Konzepte entwickelt und umsetzt, die Marktbedürfnisse befriedigt.

Die gesetzlichen Bestimmungen des *HGB* konnten dem sich hieraus wandelnden Erscheinungsbild dieses Wirtschaftszweiges nicht ausreichend gerecht werden, so daß eine **Ergänzung durch Geschäftsbedingungen** unerläßlich war und sein wird. Voraussetzung hierfür war, daß die gesetzlichen Bestimmungen des *HGB* nicht zwingend anzuwenden sind. Die *ADSp – Allgemeine Deutsche Spediteurbedingungen –* sind hier besonders hervorzuheben.

2.1.2 Die Aufgaben der Spedition und Lagerei

Die Arbeitsbereiche der Spedition umfassen alle kaufmännischen und technischen Leistungen und Verrichtungen vor, während und nach einer Güterbeförderung, zeitlich gesehen vom Zeitpunkt der Offertabgabe und der Übernahme der Güter bis zur Auslieferung an den Empfänger, räumlich gesehen vom Ort der Versendung/Gütererzeugung bis zum Ort der Empfangnahme/Verwendung durch den Empfänger.

Der Arbeitsbereich der verfügten Lagerhaltung erstreckt sich auf alle Verrichtungen von der Übernahme des Gutes zur Lagerung bis zu seiner Auslagerung.

Die Erfüllung dieser vielfältigen Aufgaben setzt eine entsprechende **leistungsfähige Organisation** mit qualifizierten Mitarbeitern voraus. Während kleinere Unternehmen sich oftmals auf bestimmte Arbeitsbereiche spezialisieren, erfordert die umfassende Leistungspalette einen Unternehmensaufbau, der im Grundsatz der auf der nächsten Seite abgedruckten Graphik entspricht.

2 Der Spediteur und seine Geschäfte

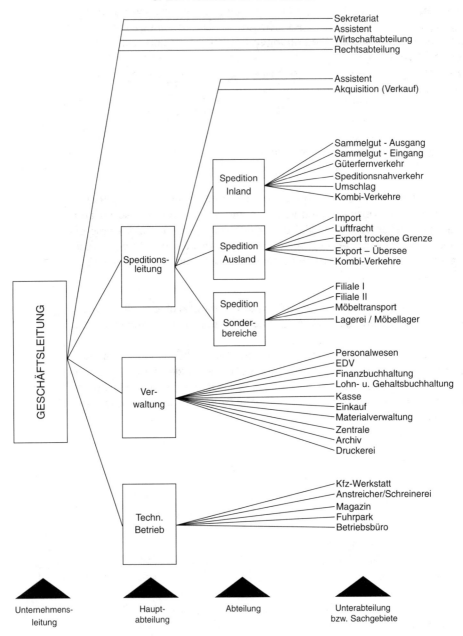

Spedition und Lagerei 2.1

Im folgenden werden die **Aufgaben der Speditionsunternehmen** systematisch dargestellt, ohne bei der Vielfalt der Tätigkeiten Anspruch auf Vollständigkeit erheben zu können.

Spedition: Aufgaben

a) **Besorgung von Transport- und Umschlagsleistungen**, Abschluß von Frachtverträgen mit Frachtführern oder Verfrachtern von Seeschiffen über Gütertransporte zu Lande, zu Wasser oder in der Luft einschließlich der Ausstellung der erforderlichen Frachtpapiere.

Besorgung des Güterumschlags zwischen gleichartigen oder verschiedenartigen Transportgefäßen bzw. Verkehrsträgern.

Bei der **Organisation mehrstufiger Transporte**, d. h. Besorgung von Güterversendungen, bei denen auf dem Wege zum Bestimmungsort nacheinander verschiedene Frachtführer eingesetzt werden, sorgen an den Nahtstellen beauftragte **Zwischenspediteure** für eine ordnungsgemäße Weiterbehandlung des Gutes.

Gerade solche Transporte werden von Spediteuren vielfach zu festen Sätzen (**Fixkosten-Spedition**) übernommen. Unter einem „**festen Satz**" versteht man nicht nur einen bestimmten vereinbarten Betrag, sondern ggf. auch einen an Gewicht oder anderen Merkmalen des zu befördernden Gutes ausgerichteten Satz pro Einheit. Dieser feste Satz, auch **Speditionsübernahme** genannt, enthält die gesamten im Angebot bezeichneten Kosten des Transports, also Auslagen und Provision des Spediteurs, Beförderungskosten der beteiligten Frachtführer oder Verfrachter, Kosten, Auslagen und Provision der Zwischenspediteure und sonstige Aufwendungen, die im Angebot ggf. besonders bezeichnet sind. Die Durchführung solcher Aufträge erfordert neben fachlicher Qualifikation auch die notwendigen Geschäftsverbindungen im In- und Ausland.

b) **Durchführung von Transport- und Umschlagsleistungen**, also die **Übernahme von Frachtführertätigkeiten**, hier besonders im gewerblichen Güterfernverkehr mit Kraftfahrzeugen.

Durchführung von Transporten mit eigenen Fahrzeugen in der **Rollfuhr** oder im **Speditionsnahverkehr** (Abholung und Zustellung von Gütern).

Durchführung von Transporten in der Binnen- und Seeschiffahrt mit gechartertem Schiffsraum, ebenso in der Luftfracht durch gecharterten Laderaum.

Durchführung von Umschlagsleistungen an eigenen oder fremden Anlagen, mit eigenem oder fremdem Personal. Besonders in den Binnen- und Seehäfen ist zwischen dem direkten und indirekten Umschlag vom oder ins Schiff zu unterscheiden. Während beim indirekten Umschlag die Güter vom anliefernden Verkehrsmittel zunächst auf das Lager oder in den Schuppen genommen und dann weiterverladen werden, gelangen die Güter beim direkten Umschlag ohne Zwischenlagerung von der anliefernden auf die weiterbefördernde Transporteinheit.

c) **Betreiben von Spediteursammelgutverkehren** mit der Eisenbahn, im gewerblichen Güterkraftverkehr, in der See- und Binnenschiffahrt und im Luftfrachtverkehr. In der Regel weisen die Tarife und Preise der Verkehrsträger eine beträchtliche Spanne zwischen dem Stückgut und dem Ladungsverkehr auf; hier bietet sich den Spediteuren die interessante Aufgabe, Einzelsendungen zu kostengünstigen größeren Einheiten zusammenzufassen, den Versendern unter eigenem Risiko als Anreiz einen Frachtvorteil einzuräumen und durch eine rationelle Organisation, vielfach in Ladegemeinschaften, häufige Abladungen und schnelle Verbindungen zu bieten.

d) **Tätigkeit als Lagerhalter oder als Besorger von Lagergeschäften**; die Lagerung der Güter erfolgt in eigenen, angemieteten oder fremden Lägern.

Speditionelle Leistungen Mit dem Güterversand, Umschlag und der Lagerung ist eine kaum zu erfassende Zahl von **speditionellen Leistungen** verbunden, die durch den Spediteur wahrgenommen werden:

– Übernahme gewisser Warenmanipulationen, z. B. Entfernung von Herkunftszeichen, Verpackung, Umpackung, Umsignierung, Bemusterung, Mengen- oder Qualitätsfeststellung, Reinigung, Getreidetrocknung und Schädlingsbekämpfung;

– Vermittlung bzw. Gestellung von Behältern, Containern, sonstigen Transportgefäßen;

– Ausstellen bzw. Beschaffung von Transportdokumenten und Begleitpapieren, z. B. Konnossementen, Konsulatsfakturen, Ursprungszeugnissen, Gesundheitsattesten, Zolldeklarationen, Zollbegleitscheinen, Statistischen Scheinen, Besorgung der Beglaubigung von Transportdokumenten, z. B. bei Konsulaten, Handelskammern, Zollämtern;

– Ausstellung von Spediteurbescheinigungen für Umsatzsteuerzwecke;

– Durchführung von Verzollungen und Erledigung von Zollformalitäten; Vornahme vorläufiger und endgültiger Zollverfahren;

– Ausstellung von Spediteurübernahmebescheinigungen (FCR – Forwarding Agents Certificate of Receipt), Spediteur-(Haus)Konnossementen und ähnlichen Dokumenten;

– Abschluß oder Vermittlung von Transportversicherungen und Ausstellung von Versicherungspolicen;

- Einziehung und Transferierung von Nachnahmen, bankmäßige Abwicklung des Dokumentengeschäftes;

- Erfüllung sonstiger Dienstleistungen und Formalitäten, die mit dem Güterverkehr im Zusammenhang stehen;

- Erfüllung sonstiger Funktionen als Treuhänder und Mittler zwischen Verkäufer und Käufer;

- Durchführung von Schadensreklamationen und Kontrollen;

- Erstellung von Spediteurofferten, insbesondere von Übernahmesätzen, sowie Erteilung von Auskünften über Frachten und Transportvorschriften.

Seit den 50er Jahren ist ein **Trend** vom rein besorgenden Spediteur **zum speditionellen Gemischtbetrieb** mit dem Einsatz eigener Fernverkehrsfahrzeuge zu erkennen. Die Integration verschiedener Verkehrsleistungen durch den Spediteur (**Full-Service**) kennzeichnet seine Stellung auf den Verkehrsmärkten. Hierzu gehören die Planung, Steuerung und Kontrolle von Transport, Lager und Umschlagsprozessen, ferner seit den 80er Jahren auch die umfassende Organisation von Warenverteilungs- und Beschaffungssystemen für Industrie und Handel. Eine **umfassende Logistik** erweitert das klassische speditionelle Tätigkeitsfeld. Damit reagiert die Spedition als Organisator des Güterverkehrs auf die Anforderungen der verladenden Wirtschaft.

Speditions- und Lagereibetriebe müssen ihr Leistungsangebot der sich qualitativ und quantitativ **ständig ändernden Nachfrage** von Speditions-, Transport- und Lagerleistungen **anpassen**, um wettbewerbsfähig bleiben zu können. Alle am Markt orientierten Verhaltensweisen, Entscheidungen und Maßnahmen lassen sich unter dem Begriff „**Marketing**" zusammenfassen. — Marketing in der Spedition

Markt- und Betriebsanalysen, Festlegung von Unternehmenszielen, Verkaufsplanung und Werbung, Preis- und Leistungskontrolle, Kundenberatung und Kundenpflege sind Funktionen des Managements, die unter dem Postulat des Marketings zu einem geschlossenen System zusammengefaßt werden müssen. Das bedeutet, daß der Speditionsbetrieb alle **Mittel und Methoden der modernen Betriebswirtschaft** einsetzen muß, will er auf Dauer im Wettbewerb bestehen.

Der Spediteur wird sich in zunehmendem Maße zur Erreichung dieses Zieles auch der Möglichkeiten von **Unternehmensberatungen** und **Marktforschungsunternehmen** bedienen.

Werbung und Beratung führen zum Verkaufsgespräch und schließlich zum Abschluß des Geschäftes. Die **Voraussetzung für den geschäftlichen Erfolg** ist der **Verkauf der Speditionsleistungen**, d.h. das Hereinholen von Aufträgen durch Werbung und Beratung. Die **Werbung** erfolgt zunächst durch Anzeigen, Kundeninformationen, — Verkauf

— Werbung

Rundschreiben und ähnliche Werbeaktionen. Sie richtet sich an alle und soll einen möglichst großen Kreis vorhandener und potentieller Kunden ansprechen. Die individuell gezielte Werbung erfolgt durch **Kundenbesuche**. Sie wendet sich an das einzelne Unternehmen, das entweder bereits zum Kundenkreis gehört oder geworben werden soll. So dient der Besuch der Besprechung schon laufender oder in Aussicht stehender Geschäfte; im anderen Fall soll dem Interessenten das Leistungsangebot des Spediteurs nahegebracht und der persönliche Kontakt geschaffen werden. In beiden Fällen dient der Kundenbesuch der Erkundung der Marktverhältnisse und der Wettbewerbslage.

Beratung Einen wichtigen Teil des Kundendienstes stellt die **Beratung des Kunden** dar. Je nach Art der auszuführenden Transporte werden die Angebote auf Anfragen schriftlich, durch Fernschreiber, Telefax oder fernmündlich mit nachfolgender schriftlicher Bestätigung abgegeben. In schwierigen Fällen, insbesondere bei internationalen Transporten, Überseegeschäften und Großtransporten mit besonderen Transportproblemen, ist eine besonders eingehende Abstimmung aller Daten und Fakten mit dem Kunden notwendig.

Der Spediteur wird daher oft schon lange bevor ein Transport ausgeführt werden soll, vom Auftraggeber zur Beratung der Transportabwicklung und aller damit zusammenhängenden Aufgaben herangezogen. Zu seinen Aufgaben gehören die Ausarbeitung von Frachtvorschlägen, die Kalkulation der Beförderungskosten, das Studium der einschlägigen Zollbestimmungen und die Planung und Organisation des technischen Transportablaufs.

Kenntnisse Vom Spediteur als Kaufmann des Verkehrs wird erwartet, daß er die **technischen Leistungsmöglichkeiten der Verkehrsträger ebenso kennt wie die Tarife, Preisgestaltung und Beförderungsbedingungen**, und zwar nicht nur im innerdeutschen Verkehr, sondern auch nach und in den Ländern, nach denen sein Auftraggeber Sendungen zu befördern beabsichtigt. **Nur der Spediteur, der über qualifizierte Kenntnisse des Verkehrs und besonders des Frachtenmarktes verfügt, die Marktsituation beurteilen kann und seine Leistungsfähigkeit beweist, kann sich im Wettbewerb behaupten und durchsetzen.**

2.1.3 Arten der Spedition

Das Speditionsgewerbe ist ein **an den Ort gebundenes Gewerbe**. Der einzelne Speditionsauftrag dagegen erfordert, daß sich am Versand- und am Empfangsort sowie an den Nahtstellen des Verkehrs, an denen das Gut von einem Verkehrsmittel auf das andere übergeht, ein Spediteur befindet, der das Gut in seine Obhut nimmt und es nach den vorliegenden Weisungen weiterbehandelt.

Hauptspediteur (Erstspediteur) ist der Spediteur, der den Auftrag von seinem Auftraggeber übernimmt und alle zur vollständigen Abwicklung erforderlichen Maßnahmen trifft. Er wird den **Verkehrsauftrag zur Speditionsversicherungspolice** anmelden (Ausnahme: SVS-Verbotskunde).

Hauptspediteur

Zwischenspediteure werden durch den Hauptspediteur beauftragt, **Teilaufgaben** innerhalb der Abwicklung eines Verkehrsauftrages zu übernehmen, z. B. als Empfangsspediteur im Spediteursammelgutverkehr oder an den Nahtstellen bei Übergang von Sendungen von einem auf ein anderes Beförderungsunternehmen. Der Zwischenspediteur ist selbständiger Spediteur, also nicht Erfüllungsgehilfe des Hauptspediteurs. Ein Vertragsverhältnis des Zwischenspediteurs besteht nur zum Hauptspediteur, nicht zum Urversender.

Zwischenspediteur

Im **Spediteursammelgutverkehr** kennen wir die Begriffe **Beilader** (-spediteur) und **Briefspediteur**. Der Beiladerspediteur ist als Auftragnehmer des Versenders Hauptspediteur; er übergibt sein Sammelgut einem verkehrsführenden Sammelgutspediteur zur Abfertigung im Hauptlauf, der somit Zwischenspediteur ist. Als **Briefspediteur** bezeichnet man den Spediteur, dem Einzelsendungen oder Teile einer Sammelladung, (z. B. eine Beiladung) auf Weisung des Empfängers oder des Beiladers durch den Empfangsspediteur der Gesamtsammelladung zur weiteren Behandlung überwiesen werden; er ist also ebenfalls Zwischenspediteur.

Beilader

Briefspediteur

Unterspediteur ist, wer als selbständiger Spediteur **in eigener Verantwortung** und in eigenem Namen das gesamte, dem Hauptspediteur übertragene Geschäft übernimmt; er gilt als Erfüllungsgehilfe des Hauptspediteurs. Dieses Rechtsverhältnis ist relativ selten. Zu beachten ist, daß in diesem Fall der Hauptspediteur für durch den Unterspediteur verschuldete Schäden zu haften hat (Regreßansprüche aus vertraglicher Beziehung bleiben hiervon allerdings unberührt).

Unterspediteur

2.1.4 EDV in Spedition und Lagerei

Die **EDV** hat auch in die Speditions- und Lagereibetriebe Einzug gehalten, obwohl wegen der Vielfalt der Aufgabenbereiche und zu erbringenden Leistungen eingangs Schwierigkeiten unverkennbar waren. Dagegen war die Notwendigkeit der Einführung aus Gründen der Erhaltung und Verbesserung der Leistungsfähigkeit und Wettbewerbsfähigkeit unbestritten. Die qualitative Ausgestaltung des speditionellen Angebotes gewinnt in unserer Gegenwart erhöhte Bedeutung. Gewerbeigene Erhebungen wie auch Marktuntersuchungen anderer Institutionen ergeben, daß **die EDV in Speditions- und Lagereiunternehmungen jeder Größenordnung eingesetzt wird**. Ca. 90% der deutschen Speditions- und Lagerunternehmen setzen für ihre administrativen und operativen Aufgaben EDV ein.

Elektronische Datenverarbeitung

2.2 Organisation des Speditions- und Lagereigewerbes

Berufsorganisation in Spedition und Lagerei
Die Spediteure und Lagerhalter haben sich auf freiwilliger Grundlage zu Berufsverbänden zusammengeschlossen, in denen die allgemeinen ideellen und wirtschaftlichen Interessen des gesamten Berufsstandes vertreten werden sollen. Die **Berufsverbände** sind auch die **Organe der Willensbildung und der Interessenvertretung** nach außen, insbesondere gegenüber den Behörden und den Organen der Verkehrsträger.

Den nationalen und internationalen gewerbepolitischen Organisationen kommt besonders in einer Zeit wesentlicher verkehrspolitischer Entwicklungen und Liberalisierung des Marktes eine erhöhte Bedeutung zu.

2.2.1 Bundesverband Spedition und Lagerei e. V.

BSL Eine Darstellung der Organisation der Gewerbevertretung des *Bundesverbandes Spedition und Lagerei e.V. (BSL)* auf Bundes- und Landesebene mit den verschiedenen Aufgabenbereichen, Gliederungen und Beteiligungen gibt die Abbildung auf der nächsten Seite wieder.

Ordentliche Mitglieder des *Bundesverbandes Spedition und Lagerei (BSL)* sind der Satzung entsprechend die regionalen Organisationen des Speditions- und Lagereigewerbes.

In die **Mitgliederversammlung** entsenden die Regionalverbände je drei Delegierte, ferner sind die Fachausschüsse durch ihren Vorsitzenden und Stellvertreter in ihr vertreten.

Zu den **wesentlichen Aufgaben des *BSL*** gehören Wahrnehmung und Förderung der überregionalen gemeinsamen Belange des Speditions- und Lagereigewerbes, insbesondere gegenüber der Öffentlichkeit und den nationalen und internationalen Institutionen, Förderung aller Maßnahmen zur Zusammenarbeit der Mitgliedsverbände, Beratung der Mitgliedsverbände und erforderlichenfalls in Zusammenarbeit mit den Mitgliedsverbänden auch der nationalen und internationalen Institutionen, Mitwirkung bei der Erarbeitung und Festsetzung von Preisempfehlungen und Entgelten sowie Bedingungen, Verfahren, Vorschriften und vergleichbarem, ferner bei der Festlegung von Usancen im Speditions- und Lagereigewerbe, soweit sie nicht nur regionale Bereiche betreffen.

Auf **internationaler Ebene** ist die Zusammenarbeit des Speditions- und Lagereigewerbes zu fördern. Soweit Vereinbarungen nicht entgegenstehen, hat der *BSL* arbeits- und sozialpolitische Interessen und die Frachtführerbelange selbsteintretender Spediteure wahrzunehmen. Der *BSL* kann Aufgaben, obwohl sie nicht nur regionalen Charakter haben, an einen oder mehrere Mitgliedsverbände delegieren.

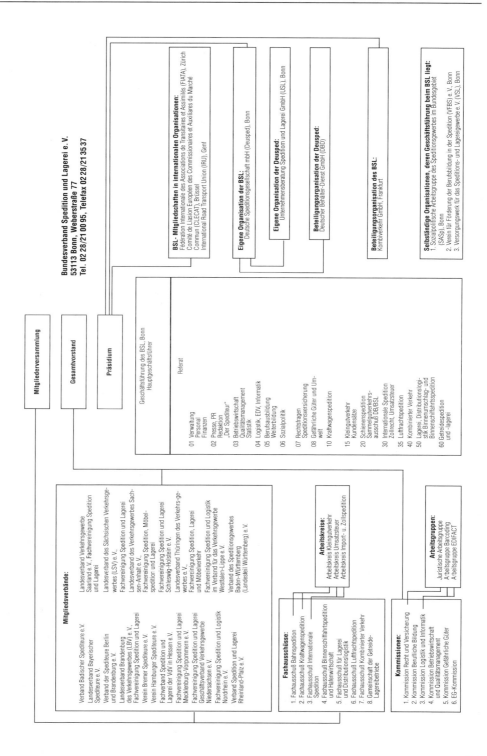

2 Der Spediteur und seine Geschäfte

Dem **Gesamtvorstand** gehören die Vorsitzenden der Mitgliedsverbände, die Vorsitzenden der Fachausschüsse und die Mitglieder des Präsidiums an. Das Präsidium besteht aus dem Präsidenten und mehreren Vizepräsidenten, jeweils zwei Mitglieder des Präsidiums sind Vorstand im Sinne des § 26 BGB.

USL Bei der ***USL-Unternehmensberatung Spedition und Lagerei GmbH***, Sitz Bonn, handelt es sich um eine **gewerbeeigene Beratungsgesellschaft**, die inzwischen auf eine jahrzehntelange Erfahrung verweisen kann.

Schwerpunkte der Tätigkeit sind Beratungsleistungen bezogen auf Unternehmensführung, Organisation, Betriebsabrechnung und Kostenkontrolle, die Fragen der Technik und Kosten im Fuhrpark- und Lagereibereich, der Finanzierungsplanung von Investitionen, EDV-Organisation und Programmierung, Bauplanungs- und Standortfragen, ferner Durchführung von regionalen und firmeninternen Seminaren, Bildung und Betreuung von Informationskreisen mit überbetrieblichem Erfahrungsaustausch, Logistikuntersuchungen und Begutachtung von Kooperationsvorhaben. Darüber hinaus werden Analysen und Gutachten zur Marktstruktur und zu Grundsatzfragen des Verkehrsbereiches erstellt. Im Laufe der Jahre haben sich in der Aufgabenstellung deutliche Verschiebungen ergeben, hervorgerufen durch die notwendigen Anpassungen an die Bedürfnisse der Praxis. Gerade die Zeiten negativer gesamtwirtschaftlicher Entwicklung haben gezeigt, daß zur Erhaltung und Stärkung der Wettbewerbsfähigkeit und Wirtschaftlichkeit die betriebswirtschaftliche Beratung unerläßlich ist. Entsprechende Maßnahmen für kleine und mittlere Unternehmen werden durch das Bundeswirtschaftsministerium gefördert.

2.2.2 Weitere Verbände

Spitzenverbände des Straßenverkehrs Eine enge Zusammenarbeit besteht zwischen dem *BSL* und den **Spitzenverbänden des Straßenverkehrs**. Hierbei geht es nicht nur um Fragen der Abstimmung in übergreifenden Problemen, sondern auch der Abgrenzung der Interessenbereiche.

Im einzelnen bestehen die folgenden Verbände:

BDF – Bundesverband des Deutschen Güterfernverkehrs e. V., Sitz Frankfurt/M.

BDN – Bundesverband des Deutschen Güternahverkehrs e. V., Sitz Frankfurt/M.

Organisation des Speditions- und Lagereigewerbes 2.2

AMÖ – Arbeitsgemeinschaft Möbeltransport Bundesverband e. V., Sitz Hattersheim.

Eine **Bundesfachgruppe Schwertransport und Kranarbeiten im BDF e. V. (BSK)** befaßt sich insbesondere mit Fragen dieses Arbeitsbereiches.

Es ist geplant, **BDF** und **BDN** zu fusionieren.

2.2.3 Internationale Verbände

Die *FIATA – Fédération Internationale des Associations de Transitaires et Assimilés – Internationale Föderation der Spediteurorganisationen – International Federation of Freight Forwarders Associations* – wurde 1926 in Wien begründet, ihr Hauptsitz befindet sich in Zürich. Die *FIATA* vertritt die Interessen der Spediteure in der ganzen Welt.   *Weltorganisation FIATA*

Die *FIATA* besteht zur Zeit aus ungefähr **50 Mitgliedsorganisationen** und weiteren assoziierten Mitgliedern **in fast allen Ländern** und übt wesentlichen Einfluß auf das internationale Transportwesen aus. Durch ihre ordentlichen und assoziierten Mitglieder umfaßt die *FIATA* **mehr als 40 000 Speditionsunternehmen in der ganzen Welt**.

Die Föderation hat konsultativen Status beim *Wirtschafts- und Sozialrat der Vereinten Nationen, der UNCTAD,* und einer großen Anzahl staatlicher und nichtstaatlicher Organisationen, welche sich mit Transportfragen auf technischem, juristischem und kommerziellem Gebiet oder mit beruflicher Ausbildung befassen, z. B. *IHK, BIC, UIC, IATA* u.a.m.

Bedeutung der Abkürzungen:

UNCTAD = United Nations Conference for Trade and Development (UN-Welthandelskonferenz)
IHK = Internationale Handelskammer
BIC = Bureau International des Containers (Internationales Büro für Behälter)
UIC = Union Internationale des Chemins de Fer (Internationaler Eisenbahn-Verband)
IATA = International Air Transport Association

Die **Organe der *FIATA*** sind der Präsident, die Präsidentschaft, das Präsidium und der Generalrat.

Die *FIATA* organisiert die **Weltkongresse der internationalen Spediteure** an verschiedenen Orten Europas und in Übersee. Mit dem ersten Weltkongreß nach dem Kriege 1949 in Paris begann eine fruchtbare Ära dieser Organisation. Diese Weltkon-

2 Der Spediteur und seine Geschäfte

gresse sind als Treffpunkte der internationalen Spediteure weltbekannt und anerkannt und unterstreichen die große Bedeutung der Spedition als unentbehrlichen Wirtschaftszweig in aller Welt.

In der Öffentlichkeit ist die *FIATA* in den letzten Jahren durch die Veröffentlichungen und Einführungen der fünf **FIATA-Dokumente FCR, FCT, FBL, FWR und SDT** hervorgetreten.

Die *FIATA* informiert alle Mitglieder über die allgemeinen technischen und kommerziellen Entwicklungen im Speditionsgewerbe sowie über die Tätigkeit der *FIATA*.

Die *FIATA* bemüht sich seit ihrer Gründung um die Herstellung von dauerhaften Beziehungen der Spediteure in jedem Land mit den nationalen Verkehrsträgern, den Häfen, Flughäfen und den Behörden. Auf internationaler Ebene hat die *FIATA* **gemeinsame Arbeitsgruppen zusammen mit den Organisationen der Verkehrsträger** (carrier) gebildet und konnte dadurch wesentlich zur Harmonisierung und Rationalisierung des Güterverkehrs beitragen.

FIATA-Dokumente Nach eingehenden Beratungen in den zuständigen Organen hat die *FIATA* folgende Spediteur-Dokumente herausgegeben:

1955 das *FCR* – Forwarding Agents Certificate of Receipt
(Spediteur-Übernahmebescheinigung)
(Kennfarbe Grün)

1959 das *FCT* – Forwarding Agents Certificate of Transport
(Spediteur-Transportbescheinigung)
(Kennfarbe Gelb)

1971 Das *FBL* – FIATA Combined Transport Bill of Lading, das in **FIATA Multimodale Transport Bill of Lading** umbenannt wurde
(Durchfrachtkonnossement für den kombinierten Transport)
(Kennfarbe Blau)

1975 das *FWR* – FIATA Warehouse Receipt
(Lagerschein)
(Kennfarbe Orange)

1982 das *SDT* – FIATA Shippers Declaration for the Transport of dangerous Goods
(Deklaration des Verladers für den Transport von gefährlichen Gütern)

Diese Dokumente haben den Charakter einheitlicher Standard-Dokumente und sind inzwischen in zahlreichen Mitgliedsländern eingeführt worden.

Organisation des Speditions- und Lagereigewerbes 2.2

Die *FIATA*-Dokumente dürfen nur von den Mitgliedsorganisationen der *FIATA* herausgegeben werden. Die Mitgliedsorganisationen besorgen den Druck in der deutschen, englischen oder französischen Sprache und machen ihre Ausgabe durch den Aufdruck der Buchstaben erkenntlich, die bei den internationalen Kraftfahrzeugkennzeichen benutzt werden, so in der Bundesrepublik Deutschland mit dem Buchstaben D. Die Dokumente dürfen nur mit Genehmigung des *FIATA*-Sekretariats gedruckt werden. Die *FIATA* besitzt das Urheberrecht. Die *FIATA*-Dokumente werden von den Mitgliedsorganisationen an ihre Mitgliedsfirmen mit entsprechenden Erläuterungen ausgegeben.

In der Bundesrepublik Deutschland werden die *FIATA*-Papiere durch den *Verein Hamburger Spediteure, Hamburg*, zur Verfügung gestellt.

Das für den internationalen Spediteur wichtigste *FIATA*-Dokument ist das *FBL*, weil es von den „*Einheitlichen Richtlinien und Gebräuchen für das Dokumenten-Akkreditiv*" *(ERA)* der *internationalen Handelskammer (ICC)* abgedeckt wird. Das *FIATA FBL* ist damit ein **Markenzeichen für die Qualität der Dienstleistungen des Spediteurs**, ein offiziell anerkanntes Transportdokument, das vom Spediteur ausgestellt wird.

Das *FBL* ist ein **Durchkonnossement** wie das eines Carriers und begebbar (negotiable), außer das Dokument trägt ausdrücklich den Vermerk „not negotiable". **FBL**

Der Spediteur als *Multimodal Transport Operator (MTO)* trägt bei Ausstellung des *FBL* die **Verantwortung für die Güter und für die Durchführung des Transportes**. Der Spediteur übernimmt nicht nur die Verantwortung für die Herausgabe des Gutes am Bestimmungsort, sondern auch für die von ihm zur Durchführung des gesamten Transportes eingesetzten Frachtführer und sonstige Dritte.

Maßgeblich sind die auf der Rückseite des *FBL-Dokumentes* abgedruckten und von der *FIATA* beschlossenen Bedingungen.

Mit der Ausstellung des *FCR* – Spediteur-Übernahmebescheinigung – bestätigt der **FCR** Spediteur, daß er **eine genau beschriebene Ware mit dem unwiderruflichen Auftrag übernommen hat**, diese an den im Dokument genannten Empfänger zu senden oder zu dessen Verfügung zu halten. Dieser Auftrag kann nur annulliert werden, wenn das Original des *FCR* dem Spediteur, der das Dokument ausgestellt hat, zurückgegeben wird und auch nur dann, wenn der Spediteur noch in der Lage ist, die Annullierung oder Umdisposition zu erfüllen.

Das *FCR* wird in erster Linie dann zur Anwendung kommen, wenn der Lieferant (Verkäufer) eine Ware ab Werk verkauft und den Nachweis der Erfüllung seiner Verkäuferverpflichtung dem Käufer gegenüber durch Vorlage eines *FCR* führen will. Im Akkreditivverkehr wird unter solchen Bedingungen der Verkäufer durch Vorlage des vom Spediteur ausgestellten *FCR* den vom Käufer bereitgestellten Kaufpreis einlösen können. Der Verkäufer kann nicht mehr über die dem Spediteur übergebene Ware verfügen, wenn das *FCR*-Dokument dem Käufer übergeben worden ist (Sperrfunktion).

FCT Das *FCT* – **Spediteur-Transport-Bescheinigung** – kann sofort nach Übernahme des Gutes zum Versand durch den Spediteur dem Absender ausgehändigt werden.

Mit der Ausstellung des *FCT* bestätigt der Spediteur, daß er eine ganz bestimmt umschriebene Sendung zum Versand übernommen hat, zur Auslieferung in Übereinstimmung mit den Instruktionen des Absenders, wie im Dokument angegeben.

Der Versandspediteur, der ein *FCT* ausstellt, übernimmt die Verpflichtung für die Auslieferung am Bestimmungsort gegenüber dem Inhaber des Dokuments und haftet hierfür nach den im *FCT* abgedruckten Geschäftsbedingungen. Das *FCT* besitzt also ebenfalls eine Sperrfunktion. Der Versandspediteur verpflichtet sich zur Verladung an einen dritten Ort und zur Auslieferung nur gegen Vorlage des *FCT*-Dokumentes.

Das *FCT* wird demnach in solchen Fällen von Bedeutung sein, in denen das Transportrisiko bis zur Auslieferung an den Empfänger beim Verkäufer liegt. Der Verkäufer wird dem Käufer das *FCT* über seine Bank zur Einlösung des Kaufpreises präsentieren können – „Kasse gegen Dokumente".

Das *FCT* ist begebbar (negotiable), wenn es an Order gestellt ist.

FWR Das *FWR* ist ein **Lagerschein**, der dem Spediteur in seiner Eigenschaft als Lagerhalter dient. Es handelt sich hier um ein einheitliches Standard-Dokument, das **vorrangig für den internationalen Gebrauch bestimmt ist**.

Das *FWR* ist kein Orderlagerschein, kann aber für fast alle Lagergeschäfte verwendet werden, da der Unterschied zwischen einem Orderlagerschein und dem *FIATA*-Lagerschein in rechtlicher Beziehung gering ist: Im *FWR*-Dokument ist die Abtretung des Herausgabeanspruchs, die Übertragung des Eigentums sowie die Legitimation für den Empfang der Ware durch Vorlage des Lagerscheines mittels genauer Formulierungen festgelegt.

Das *FWR* ist nicht begebbar, außer es trägt den Vermerk „negotiable".

FIATA SDT Außer den bisherigen Dokumenten, welche von der *FIATA* zur Förderung einheitlicher Bestimmungen in Spediteur-Dokumenten geschaffen wurden, hat es die *FIATA* als notwendig erachtet, auch ein Formular für die **Deklaration des Verladers betreffend den Transport von gefährlichen Gütern** zur Verfügung der Spediteure zu halten: das *FIATA SDT*.

Zur **Durchführung von Transporten gefährlicher Güter** benötigt der Spediteur einwandfreie Angaben, die vor allem mit den Klassifizierungen laut *ADR* für den Straßentransport, *RID* für den Bahntransport und *IMDG/IMCO* für den Transport auf dem Seewege übereinstimmen müssen. Die Klassifizierung ist auf der Rückseite des Dokumentes aufgeführt.

Organisation des Speditions- und Lagereigewerbes 2.2

Die **Shippers Declaration for the Transport of Dangerous Goods**, das *FIATA SDT*, soll dem Spediteur die Identifizierung der Güter ermöglichen und die Verantwortung bei Schadensfällen klarstellen.

Das *FIATA SDT* muß in jedem Fall vom Absender ausgefüllt und unterschrieben dem Spediteur übergeben werden.

Das **C.L.E.C.A.T. – *Comité de Liaison Europeen des Commissionaires et Auxilliaires de Transports du Marche Commun* – Europäisches Verbindungs-Komitee des Speditions- und Lagereigewerbes im gemeinsamen Markt** – wurde 1958 von den Speditionsverbänden der ursprünglichen sechs Mitgliedsstaaten der EG als internationale Berufsorganisation nach belgischem Recht mit **Sitz in Brüssel** gebildet, vornehmlich um die zum Teil sehr unterschiedlichen **Meinungen der Mitgliedsverbände zu koordinieren und die EG-Kommission in den die Spedition betreffenden Fragen zu beraten.** Das deutsche Speditions- und Lagereigewerbe gehörte über seine Mitgliedschaft im *C.L.E.C.A.T.* einer der ersten übernationalen Interessenvertretungen an, die bei der EU-Kommission offiziell akkreditiert sind. Organe des *C.L.E.C.A.T.* sind die **Generalversammlung**, bestehend aus den Delegierten der Mitgliedsorganisationen, der Rat und das Präsidium. Kommissionen mit beratender Funktion wurden gebildet für Fragen des Güterkraftverkehrs, Zoll- und Steuerangelegenheiten, juristische Angelegenheiten, Seeschiffahrt, Luftfrachtverkehr, Lagerei, Eisenbahnverkehr, Transport verderblicher Waren und soziale Angelegenheiten.

C.L.E.C.A.T.

2.2.4 MTO-Konvention

Am 24.5.1980 wurde in Genf im Rahmen der ***UNCTAD*** das „***Übereinkommen über den internationalen multimodalen Gütertransport*** *(MTO-Konvention)*" von 71 Staaten unterzeichnet. Die *MTO (Multimodal Transport Operator-)Konvention* tritt allerdings erst nach Ratifizierung durch mindestens 30 Staaten in Kraft, gilt dann aber auch zwingend für entsprechende Transportaufträge, wenn nur einer der beteiligten Staaten das Abkommen ratifiziert hat.

MTO-Konvention

Die *MTO-Konvention* soll **alle internationalen Gütertransporte regeln, wenn dabei mindestens zwei verschiedene Beförderungsarten (multimodal) eingesetzt werden.** Ziel der Verhandlung war, weltweit einheitliche Vertragsbedingungen für Spedition und Verkehrsträger zu erarbeiten. Der Inhalt der zur Zeit in der Praxis üblichen Beförderungsverträge wird durch die *MTO-Konvention* erheblich verändert, die jetzt geltenden internationalen Abkommen wie *CMR, CIM, WA* werden in nicht wenigen Fällen verdrängt. Wesentlich und neu ist dabei vor allem die durchgehende Haftung des *MTO* für die gesamte Beförderungsstrecke.

Die hieraus resultierenden Rechtsfolgen, insbesondere die Haftung, bedürfen zu gegebener Zeit einer entsprechenden Versicherung des *MTO*.

2.3 Fachliche Gliederung des Speditionsgewerbes

Grundlagen der Speditionstätigkeit

Der Spediteur steht zu seinem Kunden **in einem besonderen Vertrauensverhältnis**. Er bietet ihm mit seinem Leistungsangebot die Besorgung seiner Güterversendung an, berät ihn, hält sich an seine Weisungen und wahrt seine Interessen während des gesamten Transportablaufes. Der Spediteur muß daher einerseits **unabhängig sein**, um den Weisungen seines Kunden nachkommen zu können, und er muß **neutral sein**, um dann, wenn er im Interesse eines Auftraggebers oder nach eigenem Ermessen die Auswahl eines Frachtführers treffen muß, dasjenige Transportmittel auswählen zu können, das für den betreffenden Transport das geeignetste ist. **Unabhängigkeit und Neutralität** sind also **die Grundlagen, die den Spediteur befähigen, die Aufträge seiner Kunden in der besten Weise zu erledigen.**

Spezialisierung

Dies schließt jedoch nicht aus, daß der Spediteur vorwiegend oder ausschließlich mit bestimmten Verkehrsträgern zusammenarbeitet. Daneben ist eine **Spezialisierung** in bestimmten Fachbereichen erkennbar. Diese in fachbezogene oder verkehrsbezogene Arbeitsbereiche gegliederten Fachrichtungen nennen wir **Fachsparten**. So finden wir auch in den Betrieben nach Fachsparten gegliederte Betriebsabteilungen, in der Gewerbeorganisation die in Fachsparten eingeteilten Arbeits- oder Fachausschüsse und Kommissionen.

Die folgenden **Tabellen der Leistungsbereiche und Leistungsschwerpunkte** vermitteln einen Überblick über die **Vielfalt der Aufgabenstellung und Tätigkeitsfelder des Speditionsgewerbes**. Sie beruhen auf Erhebungen des *BSL*, die in den Strukturdaten aus Spedition und Lagerei 1990 veröffentlicht wurden.

Bei der Bewertung ist zu beachten, daß im Zuge der Deregulierung des Güterverkehrsmarktes die gesetzlich definierte Funktion des Kraftwagenabfertigungsspediteurs entfallen ist; dies bedeutet allerdings nicht, daß diese Aufgabe ohne diesen rechtlichen Rahmen nicht weiter erfüllt wird.

Fachliche Gliederung des Speditionsgewerbes 2.3

2.3.1 Fachsparten der Spedition

Tätigkeitsbereiche der Speditionsbetriebe*	als Leistungs-bereich in Prozent	als Leistungs-schwerpunkt in Prozent
Spediteursammelgutverkehr Straße		
– Versand	41,3	21,6
– Empfang	35,0	18,2
Spediteursammelgutverkehr Bahn		
– Versand	4,4	1,4
– Empfang	4,8	1,5
Paket- und Expreßdienste	11,1	4,6
Befrachtung fremder Lkw	63,1	21,9
– deutsche Lkw	61,2	18,8
– ausländische Lkw	42,2	14,3
Güterfernverkehr mit eigenen Lkw (Selbsteintritt)	47,4	29,4
Speditionsnahverkehr/-rollfuhr	51,8	21,4
DB-Stückgut-Hausverkehr/ Expreßgut-Rollfuhr	7,8	3,9
Internationale Spedition		
– Export	55,1	24,1
– Import	49,2	20,8
Luftfrachtspedition		
– Export	23,9	11,9
– Import	21,6	10,4
Seehafenspedition		
– Export	17,1	7,8
– Import	15,7	7,2
Zollabfertigung	45,2	12,2
Binnenschiffahrtsspedition	6,6	2,1
Binnenumschlagsspedition	5,6	2,6
Möbelspedition	9,5	4,6
Distributionslagerei	39,5	16,5
Massengutlagerei	8,3	3,3
Getreide- und Futtermittellagerei	3,7	2,0
Gefahrgutabfertigung	31,2	5,9
Absatzlogistik	24,0	11,0
Beschaffungslogistik	19,3	7,8

2 Der Spediteur und seine Geschäfte

Interessant ist dabei auch die Entwicklung ausgewählter Leistungsbereich; vgl. Zahlen, Daten, Fakten aus Spedition und Lagerei '95, Hrg. Bundesverband Spedition und Lagerei, Bonn, S. 16

Entwicklung ausgewählter Leistungsbereich in der Spedition (1966 = 100)

Leistungsbereich	Anteilswerte der Leistungsbereiche der Betriebe insgesamt in Prozent					
	1966	1975	1980	1985	1990	1995
Befrachtung fremder Lkw	47,0	57,6	58,6	59,3	57,2	63,1
	(100)	(123)	(125)	(126)	(122)	(134)
Güterfernverkehr im Selbsteintritt	42,9	46,0	47,0	44,3	43,3	47,4
	(100)	(107)	(110)	(103)	(101)	(110)
Spediteursammelgutverkehr Straße						
– Versand	31,1	40,4	41,4	42,6	41,6	41,2
	(100)	(130)	(133)	(137)	(134)	(132)
– Empfang	26,8	34,2	35,0	36,3	34,0	35,0
	(100)	(128)	(131)	(135)	(127)	(131)
Spediteursammelgutverkehr Bahn						
– Versand	19,5	10,9	10,1	8,1	6,2	4,5
	(100)	(55)	(52)	(41)	(32)	(23)
– Empfang	16,5	9,6	9,8	7,4	5,6	4,8
	(100)	(58)	(59)	(45)	(34)	(29)
Speditionsnahverkehr/ Speditionsrollfuhr	64,7	60,2	55,9	55,8	52,2	51,8
	(100)	(93)	(86)	(86)	(81)	(80)
Internationale Spedition						
– Export	–	54,2	50,9	55,7	59,7	55,1
	–	(100)	(94)	(103)	(110)	(102)
– Import	–	43,4	44,2	48,9	53,5	49,1
	–	(100)	(102)	(113)	(123)	(113)

Quelle: BSL, 1995
Bezugsgröße: 4.200 Betriebe

Internationale Spedition Die starke außenwirtschaftliche Verflechtung und Orientierung der Bundesrepublik zum Außenhandel bedingt eine entsprechende Nachfrage nach **Speditions- und Transportleistungen im internationalen Güterverkehr.** Diese Aufgabe erfordert von dem in diesem Leistungsbereich tätigen Speditionsunternehmen eine **besonders vielseitige Qualifikation.** Neben der Organisation der überwiegend mehrstufigen Transporte sind **zahlreiche Nebenverrichtungen** zu erbringen. Der internatio-

Fachliche Gliederung des Speditionsgewerbes 2.3

nale Spediteur ist nicht nur mit der heimischen, sondern auch den Besonderheiten der Verkehrswirtschaft des Auslandes und den verschiedenen Verkehrsträgern mit ihren Rechts- und Tarifgrundlagen vertraut; ferner werden umfassende Kenntnisse des jeweiligen Zollrechts, des Finanzwesens beim Einzug von Nachnahmen und der Besorgung von Akkreditiven, des Konsularwesens für die Beschaffung von Konsulats- und Zollfakturen und vergleichbarer Dokumente verlangt. Die Vermittlung von Versicherungen gegen die besonderen Transportrisiken des internationalen Güterverkehrs setzt ebenfalls weitreichende Erfahrung und Kenntnis voraus. Wenn der internationale Spediteur auch stark in den Seehäfen und an den Grenzen vertreten ist, besorgt er seine Aufgabe ebenso an Standorten des Binnenlandes.

Eine Sonderstellung in der internationalen Spedition nimmt die **Projektspedition** ein. Ihre Aufgabe ist die **Planung und umfassende Organisation der mit der Lieferung und Erstellung von Betriebsanlagen unterschiedlicher Art im Ausland verbundenen logistischen Leistungen**. In Ländern mit fehlender oder unzureichender Verkehrsinfrastruktur stellt die Auftragsabwicklung besonders hohe Ansprüche an die Kenntnis der örtlichen Gegebenheiten. In der Regel sind spezialisierte Delegierte der deutschen Projektspedition in den Zielländern vor Ort tätig.

Projekt-Spedition

Seehafen-Spediteure betreiben ihre Geschäfte in den Seehäfen. Es sind im wesentlichen die Geschäfte eines internationalen Spediteurs, der für die Ausfuhr und die Einfuhr tätig ist. Die Seehafen-Spediteure **besorgen den Umschlag der nach Übersee ausgehenden und der von See einkommenden Güter** in Verbindung mit allen Nebenleistungen, die bei der Behandlung solcher Transporte erforderlich sind. Die Seehafen-Spedition ist weitgehend spezialisiert auf die Durchführung von Transporten in bestimmten Verkehrsverbindungen und bestimmter Güterarten (z. B. Getreidespediteure, Baumwollspediteure u.a.). Sie befassen sich ferner mit der Durchführung von Seeverschiffungen, dem Abschluß von Seefrachtverträgen und Befrachtungen. Für die Seehafenspedition gilt in besonderem Maße das bereits zur Erläuterung der internationalen Spedition dargelegte.

Seehafen-Spediteure

Binnenhafen-Spediteure, **Binnenumschlag-Spediteure** und **Binnenschiffahrts-Spediteure** sind in den Häfen an Binnenwasserstraßen (Flüssen und Kanälen) tätig. Die Binnenumschlag-Spediteure befassen sich mit dem Umschlag von Gütern von Land aufs Schiff und umgekehrt und besorgen die in der Binnenschiffahrt erforderlichen Speditionsverrichtungen. Die Binnenschiffahrts-Spediteure befassen sich daneben noch mit der Verschiffung von Gütern mit Binnenschiffen und der Vermittlung der Befrachtung von Schiffen im ganzen oder von Teilverfrachtungen.

Binnenhafen-Spediteure

Die im **Luftfrachtverkehr** tätigen Spediteure sind überwiegend gleichzeitig *IATA*-**Agenten**. Darüber hinaus besteht für sie die Möglichkeit, Luftfrachtsammelverkehre als „Consolidator" zu betreiben (siehe Kapitel 5.5).

Luftfracht-Spediteure

Neben dem Abschluß von Frachtverträgen mit den Luftverkehrsgesellschaften hat der **Luftfracht-Spediteur** die Beförderung der Luftfrachtgüter zum Flughafen und

47

2 Der Spediteur und seine Geschäfte

die Beschaffung der erforderlichen Begleitpapiere vorzunehmen. Im eingehenden Luftfrachtverkehr besorgt er außerdem die Eingangs- und Zollformalitäten. Wie der internationale Spediteur und Seehafen-Spediteur hat der Luftfracht-Spediteur die mit dem Versand ins Ausland verbundenen Leistungen durchzuführen.

Spediteur-sammel-gutverkehr

Das **Sammelladungsgeschäft** gehört zu den ältesten und umfangreichsten Zweigen des Speditionsgewerbes. Der Spediteur stellt durch Zusammenfassung von Stückgutsendungen Ladungen zusammen; Vor- und Nachlauf zur und nach der Beförderung als Ladung auf Schiene oder Straße werden von ihm einschließlich der Umschlagstätigkeit organisiert. Verkehrstechnische Entwicklungen – z. B. Wechselaufbauten, Container – werden durch den Sammelladungsspediteur in seine Überlegungen einbezogen.

Wirtschaftliche Grundlage des Geschäftszweiges bildet die Nutzung der Spanne zwischen dem Frachtaufwand für den Ladungsverkehr und den Einnahmen aus den am normalen Stückgutverkehr orientierten Frachten, die dem Auftraggeber berechnet werden. Aus dieser Spanne werden die Kosten der speditionellen Leistungen bestritten und ein Bruttoertrag erwirtschaftet. Ein Frachtvorteil – gesetzlich im § 413 HGB vorgeschrieben – stellt für den Frachtzahler einen zusätzlichen Anreiz dar. Die Spediteursammelgutverkehre decken z. Zt. ungefähr **80 % des gesamten inländischen Kleingutverkehrs** ab. Wegen der Bedeutung des Sammelgutgeschäftes für die verladende Wirtschaft wie auch das Speditionsgewerbe wird dieses Thema im Kapitel 6 ausführlich behandelt.

Kraft-wagen-Spediteure

Kraftwagenspediteure nutzen für die Beförderung von Gütern den Kraftwagengüterfernverkehr, sei es im **Selbsteintritt mit eigenen Fahrzeugen** oder als **Abfertigungsspediteure** mit den Fahrzeugen anderer Güterfernverkehrsunternehmer.

Im **Selbsteintritt** hat der Kraftwagenspediteur gemäß § 412 HGB zugleich Rechte und Pflichten eines Frachtführers; zwingend unterliegt er den Vorschriften des GüKG, der KVO.

Der **Kraftwagen-Sammelgutverkehr** ist ein besonders umfangreicher und bedeutender Teil des Tätigkeitsbereiches der Kraftwagenspedition. Der Kraftwagen-Stückgutverkehr wird zum überwiegenden Teil als Sammelgutverkehr abgewickelt. Er erstreckt sich nicht nur auf Sendungen bis 3000 kg gemäß der BSL-Preisempfehlungen, sondern auch über diese Gewichtsgrenze hinaus.

Speditions-nahver-kehr/ Speditions-rollfuhr

Fast jeder Speditionsbetrieb befaßt sich mit der **Rollfuhr von Gütern**, die bei den Auftraggebern abgeholt, an die Empfänger zugestellt, vom Lager zum Kunden oder im Zusammenhang mit einem anderen Speditions- oder Beförderungsvorgang von einer Stelle zur anderen im Nahverkehrsbereich befördert werden müssen. Wenn der Spediteur diese Rollfuhr mit eigenen Fahrzeugen durchführt, dann liegt eine **Beförderung im Selbsteintritt** vor. Häufig beschäftigt er aber in der Rollfuhr **selbständige Nahverkehrsunternehmer**.

Fachliche Gliederung des Speditionsgewerbes 2.3

Der **Speditionsnahverkehr** ist die von Spediteuren organisierte, besorgte oder selbst durchgeführte Rollfuhr von Kaufmannsgütern. Sie ist räumlich durch die verkehrsrechtliche Begrenzung auf die Nahzone beschränkt, wenn Fahrzeuge eingesetzt werden, für die lediglich die Erlaubnis für den Güternahverkehr vorliegt.

Die spezifische Aufgabe des **Möbeltransports** und der **Möbellagerung** hat frühzeitig dazu geführt, daß die **Möbelspediteure** sich in einer gesonderten Organisation zusammengefunden haben. Auf Bundesebene ist dies die *Arbeitsgemeinschaft Möbeltransport Bundesverband e. V. (AMÖ)*, Sitz in Hattersheim; auf Landesebene haben sich Fachvereinigungen Möbeltransport gebildet. Diese Verbände vertreten die gewerbepolitischen Ziele der Möbelspedition, behandeln und klären fachliche Fragen und Probleme und sorgen für eine enge wirtschaftliche Zusammenarbeit.

Möbelspediteure

Unabhängig hiervon haben sich innerhalb des Möbeltransportgewerbes weiter eigenständig operierende Unternehmen zu Kooperationen zusammengeschlossen, um hierdurch eine wirtschaftlichere Nutzung der Fahrzeugkapazität zu erreichen.

Für den Möbeltransport werden fast **ausschließlich Spezialkraftfahrzeuge** eingesetzt, die über die für den Möbeltransport erforderlichen Einrichtungen verfügen. Die fachgerechte Lagerung von Möbeln wie auch Verpackung, z. B. für Überseetransporte stellt an den Möbelspediteur besondere Anforderungen.

Vertragsgrundlagen sind für die Beförderung die *GÜKUMB* **(Beförderungsbedingungen für den Umzugsverkehr und für die Beförderung von Handelsmöbeln in besonders für die Möbelbeförderung eingerichteten Fahrzeugen im Güterfernverkehr und Güternahverkehr)** und die **allgemeinen Lagerbedingungen des deutschen Möbeltransports** (siehe auch Kapitel 5.1).

Im Rahmen der **Bahnreform** wurde 1994 innerhalb der *DB AG* der Geschäftsbereich **Stückgutverkehr** gebildet. Darüber hinaus kam es am 1.1.1995 zur Gründung der *BahnTrans GmbH* durch die *DB AG* und *THL (Thyssen-Haniel-Logistik)*. Diese Entwicklung beeinflußte wesentlich den Status des **Stückgutunternehmers**.

Stückgutunternehmer der DB/Bahnspedition

Die *DB AG*, Geschäftsbereich Stückgutverkehr erfüllt die bisherigen Aufgaben zunächst weiter. Die Überführung des Stückgutverkehrs in die Zuständigkeit der *BahnTrans GmbH* erfolgt schrittweise in Anlehnung an die Fertigstellung vorgesehener Frachtzentren.

Dies hat zur Folge, daß zunächst die *DB AG*, Geschäftsbereich Stückgutverkehr, Vertragspartner der Stückgutunternehmer bleibt. Der Stückgutunternehmer übernimmt die Zuführung und Abholung der Stückgüter im Vor- und Nachlauf zur Beförderung durch die *DB AG*. Das als Stückgutunternehmer tätige Speditionsunternehmen gilt vertraglich als Erfüllungsgehilfe der *DB AG*; hieraus folgt, daß für Schäden – Sachschäden und/oder Lieferfristüberschreitung – die *DB AG* dem aus dem Frachtvertrag Berechtigten gegenüber nach der *EVO* haftet, der Erfüllungsgehilfe jedoch regreßpflichtig gemacht wird. Das hiermit zusammenhängende Risiko deckt der Spediteur durch eine besondere Versicherungspolice – bisher *BRVS (Bahn-Rollfuhr-Versicherungsschein)* ab. Die Prämie zum *BRVS* hat der Spediteur, gleichzeitig Versicherungsnehmer und Versicherter, aus seinen Einnahmen zu bestreiten. Unter Berücksichtigung der Schadensquote des Kalenderjahres wird sie jährlich durch den/die Versicherer festgelegt.

Die Vergütung für die Leistungen des Stückgutunternehmers wird vertraglich geregelt.

Mit der Überführung des Stückgutverkehrs der *DB AG* auf die *BahnTrans GmbH* laufen die Verträge mit der *DB AG*, Geschäftsbereich Stückgutverkehr, aus. Die weitere Zusammenarbeit der Stückgutunternehmer mit der *BahnTrans GmbH* ist eine Angelegenheit jedes einzelnen Unternehmens.

2.3.2 Kurier-, Expreß- und Paketdienste

Schnelle Dienste Die Nachfrage nach **Beförderungsleistungen mit kurzen garantierten Lieferzeiten** hat in den vergangenen Jahren zu einer wesentlichen Strukturveränderung im Kleingutmarkt geführt. Dieser Bedarf resultiert überwiegend aus der Tendenz, daß auch die Struktur des Warenmarktes grundlegenden Änderungen unterworfen war. Der Käufer bevorzugt geringere Lagerhaltung zur Vermeidung unnötiger Kapitalbindung, verlangt andererseits kurze Lieferfristen, um den Ansprüchen seiner Kunden gerecht zu werden. Dieser Grundsatz gilt für alle Branchen. Hinzu kommt, daß durch neue Fertigungsstoffe die Gewichte mancher Artikel verringert werden. Marktstudien kommen zu dem Ergebnis, daß **Kurier-, Expreß- und Paketdienste (in der Branche KEP-Dienste genannt)** in Zukunft noch mit erheblichen Zuwachsraten rechnen können.

In dem hier behandelten Marktsegment der Verkehrswirtschaft ist eine Vielzahl unterschiedlich organisierter Unternehmen tätig. Diese Vielfalt trägt sicher nicht zur Transparenz der Leistungsangebote bei. Der potentielle Nutzer der genannten Dienste steht vor der Aufgabe, für seinen Bedarf **die optimale Lösung unter Kosten- und Leistungsgesichtspunkten** zu finden. Unternehmensberater haben in diesem Zusammenhang z. B. Bewertungskriterien zusammengestellt, die dem interessierten Verlader eine Entscheidung erleichtern sollen. In diesem **Anforderungsprofil** sind genannt: Laufzeit, Pünktlichkeit, Kundennähe (Filialnetz des Anbieters), Gewichts- und Maßbeschränkungen, Haftung bei Nichteinhaltung von Terminen, Verzollungsmöglichkeit, Behandlung der Güter, Versicherung, Geschlossenheit des Systems des Anbieters, Retourenservice, sind Inkasso und Nachnahmen möglich, Anzahl der zugesagten Zustellversuche, Zusatzleistungen, die Tarifstruktur, Datenübermittlung u.a.

Fachliche Gliederung des Speditionsgewerbes 2.3

Zu unterscheiden ist zwischen einigen Besonderheiten der Angebote: Bei **Expreßdiensten** ist die Schnelligkeit hervorragendes Kriterium. Befördert wird dringendes Kleingut, Beschränkungen hinsichtlich Stückzahl, Gewicht oder Volumen ergeben sich aus den Möglichkeiten der eingesetzten Verkehrsmittel. Das Entgelt liegt wesentlich über den vergleichbaren Übernahmesätzen des Spediteur-Sammelgutverkehrs.

Expreßdienste

Im **Kurierdienst** wird neben der Schnelligkeit eine hohe Lieferzuverlässigkeit erwartet; hierzu gehört das Einzelhandling der Sendung vom Versender bis zum Empfänger. In der Regel wird die 1-Stück-Sendung bis 30 kg akzeptiert. Vorwiegend werden Dokumente, Datenträger, hochempfindliche Kleinteile, Ersatzteile, Muster und ähnliches transportiert. Der Preis für diese Leistung ist relativ hoch.

Kurierdienste

Die Anbieter der **Paketdienste** wenden sich vorwiegend an Versender von Kleinstgütern. Spezifisch für dieses Angebot sind Gewichts- und Abmessungsbeschränkungen, ferner werden überwiegend nur 1-Stück-Sendungen angenommen. Je nach Relation werden bestimmte Lieferfristen vorgegeben, im Inland der 24-Stunden-Service, in Ausnahmefällen der 48-Stunden-Service. Die Preise für die Beförderung in den Paketdiensten liegen wesentlich unter den Sätzen der Expreßdienste wie auch der Spediteur-Sammelgutverkehre.

Paketdienste

Die vorgenannten Angebote sehen **fast ausschließlich eine Haus-Haus-Beförderung** vor, je nach Anbieter regional, national oder international.

Der **IC-Kurierdienst** der *DB AG* erstreckt sich nur auf den reinen Schienenverkehr ab Bahnhof bis Bahnhof, während für den Vor- und Nachlauf die Geschäftsbedingungen des Leistungsträgers gelten, beim Spediteur die *ADSp*. Die Entgelte werden durch den Spediteur kalkuliert und mit dem Kunden vereinbart.

IC-Kurierdienst

Bei den am Markt auftretenden Unternehmen handelt es sich um **Speditionen, Spezialunternehmen und auch Luftverkehrsgesellschaften**. Speditionsunternehmen gründeten für diese besonderen Dienste – auch gemeinsam mit Luftverkehrsgesellschaften – eigene Tochterunternehmen. Im Bereich des Speditionsgewerbes erfolgt die Abwicklung von Paketdiensten innerhalb der Verkehrssysteme von Großunternehmen, in Zusammenarbeit zwischen verschiedenen selbständig bleibenden Speditionsbetrieben, durch Spezialunternehmen, die von mehreren Spediteuren als Gesellschafter gegründet wurden.

Die gewerblichen Verkehrsunternehmen setzen zur Durchführung der Aufträge entsprechend den Erfordernissen die Verkehrsmittel Pkw, Lkw, Bahn und Flugzeug ein. Zu berücksichtigen sind **unterschiedliche Geschäftsbedingungen und Vertragsgrundlagen**. Während die Speditionsunternehmen in der Regel die *ADSp*, ggf. ergänzt durch Festlegung besonderer Haftungsgrenzen bei Lieferfristüberschreitung heranziehen, werden von sonstigen Unternehmen an der Beförderungsart orientierte Bedingungen, z. B. *AGNB, KVO, CMR, IATA-Beförderungsbedingungen* oder das *Warschauer Abkommen/Haager Protokoll* genannt. Ausländische Anbieter legen ihre nationalen Geschäftsbedingungen zugrunde. Sofern Lieferfristen garantiert werden, wird von den Anbietern bei Überschreitung überwiegend eine teilweise oder 100-prozentige Erstattung der Beförderungskosten zugesagt.

Die **Aussichten** für den Bereich Kurier-, Expreß- und Paketdienste werden allgemein als positiv gewertet. Der Spediteur ist gefordert, neue Tendenzen in der Wirtschaft zu erkennen und marktkonforme Angebote zu entwickeln (Siehe auch Kapitel 6.2).

2.3.3 Lagerhalter

Lagerhalter Die **Tätigkeit als Lagerhalter** stellt einen wesentlichen Wirtschaftsfaktor des Speditionsgewerbes dar. Auf diese Geschäfte des Spediteurs finden in der Regel die *ADSp* Anwendung, während sonstige Lagerhalter in ihrer Tätigkeit den Bestimmungen des *HGB* unterliegen oder jeweils gesonderte Lagereibedingungen vereinbaren.

Zu unterscheiden ist zwischen

- verkehrsbedingter Vor-, Zwischen- und Nachlagerung in Verbindung mit einem Speditions- oder Frachtvertrag, insbesondere bei mehrstufigen Transporten (ein gesonderter Lagervertrag kommt nicht zustande),

- der Lagerung von Verteilungsgütern – Auslieferungs-, Verteilungs-, Fabrik- oder Konsignationslager –

- der Lagerung von Massengütern – Dauer- und Vorratslagerung von Getreide, Futtermitteln, Holz, Öl, Tee und anderen mehr.

Die **gesetzlichen Bestimmungen** über das Lagergeschäft finden wir in den §§ 416 – 424 *HGB*, die vertraglichen in den §§ 43 – 49 *ADSp*. Die im Lagergeschäft üblichen Dokumente, Lagerempfangsschein, Namens-, Inhaber- und Order-Lagerscheine werden in § 48 *ADSp* behandelt. Ausführlich wird dieses Thema im Kapitel 8 „Lagerei und Distribution" behandelt.

2.4 Der Speditionsvertrag als Grundlage der Speditionsgeschäfte

2.4.1 Das Wesen von Verträgen

Wenn in diesem Kapitel auch vorrangig die Geschäfte des Spediteurs behandelt werden, ist einführend eine allgemeine Betrachtung des **Wesens von Verträgen** erforderlich.

Verträge

Grundlegende Aussagen über Verträge finden sich in §§ 145 – 157, 241 – 327 BGB und §§ 334 – 372 HGB (Allgemeine Vorschriften), ergänzt um die in den folgenden Kapiteln angesprochenen gesetzlichen Bestimmungen.

Verträge sind zwei- oder mehrseitige Rechtsgeschäfte; Voraussetzung für das Zustandekommen eines Vertrages ist somit das **Vorliegen übereinstimmender Willenserklärungen** von zwei oder mehr Personen, bestehend aus Antrag und Annahme. Aus dem hierin begründeten **Rechtsgeschäft** (Rechtsverhältnis) erwachsen den Beteiligten Rechte und Pflichten; die am Vertrag Beteiligten gehen ein **gegenseitiges Schuldverhältnis** ein.

Beispiel: Frachtvertrag	
Absender/Auftraggeber: Recht auf Durchführung der vereinbarten Beförderung, Pflicht zur Zahlung des vereinbarten Entgeltes	Frachtführer: Pflicht zur Erbringung der vereinbarten Leistung, Recht auf vereinbartes Entgelt

Nach deutschem Recht gilt der **Grundsatz, daß Verträge weitgehend frei gestaltet werden können**; die Vertragschließenden sind in der Regel also nicht an gesetzlich vorgegebene Normen gebunden.

Bei der Wertung der Bestimmungen des *BGB* und *HGB* ist zu beachten, daß sie durch **vertragliche Vereinbarungen** zwischen den Partnern eines Rechtsgeschäftes ersetzt werden können. *BGB* und *HGB* beinhalten somit nachgiebiges Recht. Dem Ersatz und/oder der Ausgestaltung des gesetzlichen Rahmens dienen die meist branchenbezogenen Geschäftsbedingungen; sie unterliegen dem *AGB-Gesetz (Gesetz zur Regelung des Rechts der allgemeinen Geschäftsbedingungen vom 9.12.1976)*. **Geschäftsbedingungen** legen die üblichen wesentlichen Vertragspunkte fest, so daß zwischen Auftraggeber und Auftragnehmer nur noch Einzelheiten abzusprechen sind.

Geschäftsbedingungen im Speditionsverkehr

Rechtsgrundlagen im Speditionsverkehr

Die Beurteilung von rechtlichen Sachverhalten führt unter Berücksichtigung der vorausgegangenen Darstellung zu folgender **Reihenfolge in der Heranziehung von Rechtsgrundlagen**, sofern die jeweils vorangehende Stufe keine vollständige Regelung enthält:

> 1. Einzelvertrag
> 2. Geschäftsbedingungen*
> 3. HGB
> 4. BGB

* z. B. die *ADSp*, die *AGNB*, Konnossementsbedingungen.

2.4.2 Schuldverhältnisse des BGB

Aus dem umfangreichen Recht der Schuldverhältnisse sollen hier die für den Spediteur wesentlichen behandelt werden.

Kaufvertrag Im §§ *433 – 515 BGB* finden wir die den **Kaufvertrag** betreffenden Bestimmungen. Beteiligte sind der Verkäufer und der Käufer, die im Kaufvertrag den beidseitigen Willen zum Ausdruck bringen, das Eigentum an einer Sache zu übertragen. Voraus gehen

> das Angebot des Verkäufers, Ware zu veräußern oder der Antrag des Käufers, sie zu erwerben,

> Annahme des Angebotes oder Antrages durch den jeweiligen Beteiligten mündend in die vorerwähnte beidseitige Willenserklärung.

Während bei einigen Kaufverträgen (z. B. Immobilien) die Schriftform gesetzlich vorgeschrieben wird, sind im übrigen auch mündlicher und durch schlüssiges Handeln bewirkter Vertragsabschluß möglich. Zu den **Grundpflichten des Verkäufers** gehört die Übergabe der verkauften Sache oder die Einräumung des Eigentums an den Käufer, umgekehrt die **Pflicht des Käufers** auf Abnahme der Sache und Zahlung des vereinbarten Kaufpreises.

Versendungskauf Besonders zu erwähnen ist der **Versendungskauf** (*§ 447 BGB*). Soll die verkaufte Ware dem Käufer an einen anderen Ort als dem Erfüllungsort des Verkäufers übersandt werden, sind im Vertrag Lieferzeit, Versandart und die Zahlung der Versandkosten zu regeln. Gesetzlich gehen die Risiken der Beförderung mit Übergabe des Gutes durch den Verkäufer an den Spediteur oder Transportunternehmer auf den Käufer über. Die im Kaufvertrag getroffenen Vereinbarungen bezüglich der Güterbeförderung fließen zwar in die vom Verkäufer oder Käufer zu erteilenden Speditions-, Fracht- oder Beförderungsverträge ein; diese Verträge sind jedoch vollkommen selbständig zu werten, so daß sich an einem Verkehrsvertrag Beteiligte oder hieraus Begünstigte dem Verkehrsunternehmen gegenüber nicht auf den Kaufvertrag berufen können.

§§ 611 – 630 BGB behandeln den **Dienstvertrag**, der wesentlich die im § 407 HGB definierte Aufgabe des Spediteurs als Besorger und Organisator berührt. Im Dienstvertrag verpflichtet sich der Dienstverpflichtete (z. B. Spediteur) zur Leistung eines versprochenen und vereinbarten Dienstes, der Dienstberechtigte (Auftraggeber, Versender) zur Zahlung der vereinbarten Vergütung. **Der Spediteur schuldet bei Abschluß eines Speditionsvertrages die Besorgung des vereinbarten Dienstes**, d. h. mit Frachtführern oder Verfrachtern im eigenen Namen Verträge zu schließen für Rechnung des Versenders und die Güterbeförderung zu veranlassen. Hieraus ergibt sich, daß darüber hinausgehende Leistungen eines Spediteurs z. B. in der Rollfuhr nicht mehr dem Dienstvertrag zugerechnet werden können.

Dienstvertrag

Der **Werkvertrag** gemäß §§ 631 – 651 BGB hat dagegen die Herstellung oder Veränderung einer Sache oder die Herbeiführung eines Erfolges durch Arbeit oder Dienstleistung zum Inhalt. **Die Beförderung von Gütern wie auch viele Tätigkeiten des Spediteurs, soweit sie den Rahmen des reinen Besorgens überschreiten, sind dem Werkvertrag zuzuordnen**. Auftraggeber/Besteller und auftragnehmender Unternehmer sind mit Vertragsabschluß zur Erfüllung ihrer Vereinbarung wechselseitig verpflichtet.

Werkvertrag

Zusammenfassend ist festzustellen, daß die Bestimmungen des *BGB* bei den Geschäften des Spediteurs, Frachtführers, Lagerhalters und Verfrachters von nachrangiger Bedeutung sind, weil die Tätigkeiten der genannten Unternehmen, die kraft Gesetzes als Kaufleute gelten (Mußkaufmann), im *HGB* gesetzlich geregelt werden.

2.4.3 Handelsgeschäfte des Spediteurs im HGB

2.4.3.1 Das Kommissionsgeschäft

Nicht ohne Grund wird im Zusammenhang mit Geschäften des Spediteurs das Kommissionsgeschäft angesprochen. Der Kommissionsvertrag ist dem Speditionsvertrag in wesentlichen Punkten vergleichbar; **der Kommissionär – § 383 HGB – kauft und verkauft Waren und Wertpapiere im eigenen Namen für Rechnung eines anderen (des Kommittenten)**. Es ist zu beachten, daß auf die für den Kommissionär geltenden Vorschriften des *HGB*, besonders §§ 388 – 390, verwiesen wird, sofern Rechte und Pflichten nicht in den Abschnitten über das Speditions- und Lagergeschäft geregelt werden (§§ 407, 2 und 417, 1 HGB). Auf das Kommissionsgeschäft eines Spediteurs sind die **ADSp anzuwenden**, sofern nicht ausdrücklich abweichende Vereinbarungen zwischen den Vertragspartnern getroffen wurden (§ 2a ADSp).

Kommissionsgeschäft im HGB

2.4.3.2 Das Speditionsgeschäft/Der Speditionsvertrag

Speditions- Die gesetzlichen Vorschriften des *HGB* zum Speditionsgeschäft wurden bereits auf-
geschäft geführt. Die folgende Darstellung zeigt differenziert Art und rechtliche Beurteilung
im HGB der dem Speditionsgeschäft zuzuordnenden Verträge.

„reiner" Der **reine Speditionsvertrag** – *§§ 407, 408 HGB* – hat **die Besorgung, die Organi-**
Speditions- **sation einer Güterbeförderung** im vertraglich festgelegten Rahmen zum Inhalt;
vertrag hierzu gehört wesentlich die Wahl der Frachtführer, Verfrachter und Zwischenspediteure, ferner Erbringen von Nebenleistungen, z. B. Erstellen von Speditionsbelegen,
Frachtbriefen, Abschluß von Versicherungen zugunsten des Auftraggebers. Bei dieser Aufzählung fällt auf, daß Elemente des Dienst- und Werkvertrages vorhanden
sind.

Selbst- Durch das in *§ 412 HGB* eingeräumte Recht des Spediteurs, im **Selbsteintritt**, also
eintritt/ mit eigenem oder gechartertem Laderaum Güterbeförderungen durchzuführen, **wer-**
Speditions- **den ihm gesetzlich die Rechte und Pflichten eines Frachtführers oder Ver-**
geschäft **frachters zusätzlich zu denen des „reinen" Speditionsvertrages übertragen**. Es
sind die **Vorschriften des Frachtrechtes** heranzuziehen, die auf den Beförderungsvorgang anzuwenden sind. Der abgeschlossene Speditionsvertrag zwischen Versen-
der/Auftraggeber und Spediteur deckt den Selbsteintritt ab. Ein Frachtvertrag
kommt nicht zustande, denn dem selbsteintretenden Spediteur steht hinsichtlich der
Durchführung der Beförderung kein Vertragspartner gegenüber. Bei Selbsteintritt des
Spediteurs im nationalen Güterfernverkehr sind die zwingenden Vorschriften des
GüKG und der *KVO*, im grenzüberschreitenden Güterverkehr auf der Straße die international verbindliche *CMR – Convention relative au Contract de Transport international de Marchandise par Route* – zu berücksichtigen.

Fixkosten- *§ 413, 1 HGB* gewährt dem Spediteur die **Möglichkeit der Vereinbarung eines**
spedition/ **Übernahmesatzes (Fixkostenspedition)**, der Absatz 2 das Recht, Sendungen ver-
Sammel- schiedener Versender und/oder Empfänger in Sammelladung abzufertigen. In beiden
spedition Fällen ergibt sich für den Spediteur, daß er **ausschließlich Rechte und Pflichten ei-**
nes Frachtführers oder Verfrachters übernimmt. Der Charakter des Speditionsvertrages bleibt hiervon unberührt. Die gesetzliche Bestimmung des *§ 413, 2 HGB*
wird durch das *GüKG* und *§ 1, 5 KVO* eingeschränkt auf die Voraussetzung, daß der
Spediteur das Sammelgut tatsächlich mit eigenen Fahrzeugen im Güterfernverkehr
befördert.

2.4.3.3 Das Lagergeschäft

Lagerge- Die gesetzlichen Vorschriften sind in *§§ 416 – 424 HGB* zu finden; im *BGB* wird diese
schäft im Tätigkeit dem Begriff „**Verwahrung**" – *§§ 688 – 700*/Verwahrungsvertrag – zugeord-
HGB net. Verkehrsbedingte Vor-, Zwischen- und Nachlagerungen gelten in der Regel nicht
als Lagergeschäfte.

Der Speditionsvertrag als Grundlage der Speditionsgeschäfte 2.4

Die verschiedenen **Aufgaben des Lagergeschäfts** werden noch erörtert, die **Lagerscheine** werden im Zusammenhang mit den *ADSp, § 48* behandelt.

Ein entscheidendes Merkmal des Lagervertrages ist neben der beiderseitigen übereinstimmenden Willenserklärung der Vertragspartner, daß der Auftraggeber die Lagerung von Gütern verfügt; d. h., sie ist nicht Teil eines umfassenden Speditionsvertrages.

Lagervertrag

2.4.3.4 Das Frachtgeschäft/Der Frachtvertrag

Das **Frachtgeschäft** unterliegt den *§§ 425 – 452 HGB*, soweit die Güterbeförderung im Seeverkehr erfolgt dem *5. Buch des HGB*, besonders den *§§ 556 – 663*. In *§§ 453 ff. HGB* finden sich den Eisenbahnverkehr betreffende Vorschriften.

Frachtgeschäft im HGB

Frachtverträge werden geschlossen zwischen Spediteur als Absender/Befrachter und Frachtführer/Verfrachter oder dem Auftraggeber/Absender direkt mit Frachtführer/Verfrachter.

Frachtverträge

Gerade das **Frachtrecht** ist allerdings – abgesehen von Geschäftsbedingungen bezogen auf die Verkehrsträger – **überwiegend in speziellen Gesetzen und Verordnungen geregelt** worden; nur wenn dort eine umfassende Aussage fehlt, wird auf die Vorschriften des *HGB*, erforderlichenfalls auch des *BGB* zurückgegriffen.

Begünstigter aus einem Fracht- oder Beförderungsvertrag ist jeweils der Empfänger.

Beteiligte am Frachtvertrag/Beförderungsvertrag im Überblick:

Frachtvertrag: Beteiligte

Art des Frachtgeschäfts	Als Auftraggeber	Als Ausführende
Eisenbahn	Absender	Frachtführer
Straßengüterverkehr	Absender	Frachtführer/ Unternehmer
Binnenschiffahrt	Absender	Frachtführer
Seeschiffahrt (Ablader = derjenige, der die Güter an das Seeschiff heranbringt)	Befrachter	Verfrachter
Luftfracht	Absender	Carrier (Luftfrachtführer)

2 Der Spediteur und seine Geschäfte

Frachtvertrag: Rechtsgrundlagen

Frachtgeschäfte und Rechtsgrundlagen

Art des Frachtgeschäftes	Bestimmungen	Anwendung
Eisenbahnfrachtgeschäft innerdeutsch	EVO	zwingend
Eisenbahnfrachtgeschäft international	COTIF, ER CIM	zwingend
Gewerblicher Güterfernverkehr innerdeutsch	KVO	zwingend
Gewerblicher Güternahverkehr innerdeutsch*	HGB oder AGNB	nachgiebig, gilt nur bei Vereinbarung
Gewerblicher Güterverkehr international	CMR	zwingend
Möbelverkehr (in besonders hierfür eingerichteten Fahrzeugen)	GüKUMB	zwingend
Binnenschiffahrt	BSchG oder vertragliche Beförderungsbedingungen	nachgiebig; zu vereinbaren
Seefracht	5. Buch HGB ggfs. vertragliche Vereinbarungen	teilweise nachgiebig, zu vereinbaren (in der Regel im Konnossement)
Luftfracht innerdeutsch	LVG (Luftverkehrsgesetz)	zwingend
Luftfracht international	Warschauer Abkommen, Haager Protokoll, ergänzt durch IATA Beförderungsbedingungen oder Bedingungen der Carrier	zwingend

* Lt. *AGNB* wird unterschieden zwischen Beförderungsvertrag (§ 3) und *Lohnfuhrvertrag* (§ 25).

2.4.4 Die Abgrenzung des Speditionsvertrages zum Frachtvertrag

Der Speditionsvertrag hat die gewerbsmäßige Besorgung von Güterversendungen durch den Spediteur durch Inanspruchnahme von Frachtführern oder Verfrachtern im eigenen Namen für fremde Rechnung zum Inhalt; berechtigt ist der Spediteur zum Selbsteintritt, zur Fixkostenspedition und zur Betreibung von Spediteursammelgutverkehren. **Vorrangig ist der Wille der Vertragsbeteiligten, einen Speditionsvertrag abzuschließen.** In der Regel wird dieser Wille in der Schriftform durch die Bezeichnung des Vordrucks unterstrichen, z. B. Speditionsauftrag, Speditionsübergabeschein, Speditionsbrief u. ä. Speditionsverträge kommen auch zwischen Haupt- und Zwischenspediteur zustande.

Abgrenzung Speditions-, Fracht-, Beförderungsvertrag

Der Frachtvertrag – im gewerblichen Straßengüterverkehr Beförderungsvertrag – **verpflichtet dagegen den Frachtführer oder Verfrachter zur Ausführung der Beförderung.** Unter Berücksichtigung gesetzlicher oder vertraglicher Bestimmungen nationalen oder internationalen Rechtes werden

- Frachtbrief (Eisenbahn, Lkw-Verkehr, Binnenschiffahrt)
- Ladeschein (Binnenschiffahrt)
- Konnossemente (Seeschiffahrt)   B/L
- AWB (Luftfahrt)

ausgestellt, die den Fracht- oder Beförderungsvertrag dokumentieren. In der Rechtsprechung wird bei Vorliegen solcher Frachtpapiere unterstellt, daß zwischen den Vertragspartnern ein Frachtvertrag gewollt war; dies trifft auch zu, wenn der Aussteller eines solchen Dokumentes ein Spediteur ist.

Zwischen Spediteur und Versender (Auftraggeber) kommt im allgemeinen ein Speditionsvertrag zustande, dem die *ADSp* zugrundeliegen.

Wird ein **Frachtvertrag**, **Beförderungsvertrag** oder **Lohnfuhrvertrag** abgeschlossen, gelten dagegen je nach Beförderungsart und Strecke zwingendes oder vertragliches Frachtrecht. Ist gegenüber dem Auftraggeber ein Spediteur an einem Frachtvertrag beteiligt, beruft er sich im Rahmen des nachgiebigen Rechtes auf die *ADSp*, es sei denn, daß sonstige Vereinbarungen getroffen wurden (z. B. *AGNB*).

3 Der Spediteur in der arbeitsteiligen Wirtschaft

3.1 Das Selbstverständnis der Spedition

3.1.1 Der Spediteur als Geschäftsbesorger – eine Institution der Jahrhundertwende

Spediteur, Legaldefinition Die Legaldefinition des Spediteurs nach *§ 407 HGB* entspricht dem Betätigungsfeld der Spedition um 1900, als die Grundzüge des deutschen Handelsgesetzbuches geschaffen wurden. Diese Definition stellt vor allem auf folgende Kriterien ab:

- **Besorgung von Güterversendungen** durch Frachtführer oder Verfrachter von Seeschiffen
- für **Rechnung eines anderen** (des Versenders)
- im **eigenen Namen**.

Um die Jahrhundertwende war der Landverkehr über weite Entfernungen durch den Eisenbahnverkehr geprägt. Dieser hatte, abgesehen von dem noch weitgehend unterentwickelten Binnenschiffsverkehr, im Fernverkehr praktisch das Monopol. Die Spediteure waren auf die Zusammenarbeit mit der Schiene angewiesen und konnten die **Güterversendungen** nur mit diesem Frachtführer **besorgen**. Die Geschäfte wurden zwar im **eigenen Namen**, jedoch für **Rechnung des Auftraggebers**, des Versenders, abgewickelt. Dem entsprach auch die übliche **Abrechnung**: Ersatz der Auslagen + allgemeine Versendungsprovision *(§§ 408 und 409 HGB)*. Dabei war es dem Spediteur sogar ausdrücklich untersagt, dem Versender „eine höhere als die mit dem Frachtführer oder dem Verfrachter bedungene Fracht zu berechnen" *(§ 408 Abs. 2 HGB)*. Diese Bestimmung findet nur Anwendung in Verbindung mit der vorgenannten Abrechnungsmethode. Bei Vereinbarung eines Übernahmesatzes nach *§ 413 Abs. 1 HGB* gilt diese Bestimmung nicht.

Betätigungsfelder des Spediteurs, traditionell Als nach dem 1. Weltkrieg der Siegeszug des LKW im Landverkehr einsetzte, eröffneten sich in den folgenden Jahrzehnten für den Spediteur neue und z. T. auch lukrativere Betätigungsfelder:

- Der Spediteur besorgte nicht mehr nur Güterversendungen, sondern beförderte gerade im LKW-Fernverkehr zunehmend die Güter **mit eigenen Fahrzeugen (Selbsteintritt nach *§ 412 HGB*)**.

Das Selbstverständnis der Spedition 3.1

- Die gewachsene Eigenständigkeit des Spediteurs führte dazu, daß der **Einsatz der Frachtführer nicht mehr auf fremde, sondern auf eigene Rechnung** erfolgte. Dabei rückte die Vereinbarung eines Übernahmesatzes immer stärker in den Vordergrund (*§ 413 Abs. 1 HGB*, Spedition zu festen Sätzen).

- Spediteure vereinbaren heute mit ihren Auftraggebern überwiegend **Übernahmesätze**, indem sie entweder einen bestimmten DM-Betrag oder eine konkrete Abrechnungsbasis (z. B. Kundensätze) festlegen.

- Das **Betreiben der Geschäfte im eigenen Namen** entspricht dem Selbstverständnis des Spediteurs als Kaufmann des Güterverkehrs, der Verkehrsleistungen ein- und verkauft.

- Immer häufiger betätigt sich der Spediteur als **Organisator neuer Verkehre**, indem er neue Abwicklungsformen z. B. im Spediteursammelgutverkehr oder im Paketverkehr sowie Transportketten durch Verknüpfung einzelner Verkehrsträger wie z. B. im kombinierten Verkehr initiiert.

3.1.2 Der Spediteur moderner Prägung – Organisator des Güterverkehrs

Der Spediteur moderner Prägung ist keinesfalls mehr der „Geschäftsbesorger" der Jahrhundertwende. Er ist aber auch nicht nur der **Kaufmann des Güterverkehrs, der Verkehrsleistungen ein- und verkauft**. Er zeichnet sich vor allem dadurch aus, daß er

heutige Betätigungsfelder des Spediteurs

- **neue Verkehrswege** erschließt,
- **Transportketten** bildet,
- nach **neuen Wegen zur Rationalisierung der Verkehrsabwicklung** sucht,
- **komplexe Verkehrsabläufe organisiert** wie z. B. den Spediteursammelgutverkehr und die Auslieferungslagerei und
- zusammen mit seinen Auftraggebern **Lösungen für deren Logistikprobleme erarbeitet**.

Die *FIATA*, der Weltverband der Spediteure, hat vor einigen Jahren das Betätigungsfeld der modernen Spedition wie folgt beschrieben:

1. Es gehört zur Funktion des Spediteurs, daß er für den Handel und die Industrie den **Transport von Gütern nach logistischen Prinzipien organisiert** und dadurch die Transportkosten und -risiken möglichst gering hält.

2. Der Spediteur **berät den Kunden bei allen Transportfragen**, hilft bei der Vorbereitung, beschafft die Beförderungsleistungen und ergreift alle vernünftigen Maßnahmen, um sicherzustellen, daß die Sendung zweckdienlich und sicher den Be-

stimmungsort erreicht. Gegebenenfalls nimmt der Spediteur sein Recht auf Selbsteintritt wahr und befördert die Güter mit eigenen Fahrzeugen.

3. Das weltumspannende Netz von Niederlassungen und Korrespondenten ermöglicht dem Spediteur die **Wahl der vorteilhaftesten Streckenführung und Verkehrsmittel**; er vereinfacht und **beschleunigt den Informationsfluß**. Falls gewünscht, **hilft er** seinem Auftraggeber **bei der Zahlungsabwicklung**.

4. Als Transportexperte **baut der Spediteur neue Verkehrsrouten** – mit einem oder mehreren Verkehrsträgern – **auf und kümmert sich um sämtliche Formalitäten und Dokumente**. Er rationalisiert den Transport, indem er den Verkehrsträgern bessere Auslastungsfaktoren ermöglicht.

5. In der arbeitsteiligen Weltwirtschaft sind die Dienste des Spediteurs, seine Verteilfunktion und **seine Erfahrung im internationalen und nationalen Güterverkehr** für Verlader und Verkehrsträger **unverzichtbar**.

Die Stellung des Spediteurs in der Verkehrswirtschaft wird zumeist unterschätzt. Dies ist durchaus verständlich, da in den Verkehrsabläufen nur die Leistungen der Verkehrsträger und der Umschlagknoten wie Flug-, See- und Binnenhäfen augenfällig sind. Die **organisatorische Tätigkeit des Spediteurs** liegt hingegen **zumeist im Vorfeld der eigentlichen Verkehrsabwicklung** und bleibt daher im Hintergrund. Auch die amtliche Verkehrsstatistik ist weitestgehend nur auf die Erfassung der Güterströme abgestellt. Dabei werden insbesondere das Verkehrsaufkommen, die räumliche Verkehrsteilung und die von den einzelnen Verkehrsträgern geleisteten Tonnen und Tonnenkilometer aufgezeichnet. Die Tätigkeit der Spedition wird allenfalls von der Umsatzsteuerstatistik erfaßt.

Selbstverständnis des Spediteurs

In der Öffentlichkeit wird Spedition zumeist mit LKW-Verkehr gleichgesetzt; das ist ein total schiefes Bild. Spedition ist zuerst einmal Organisation des Güterverkehrs, gleichgültig mit welchem Transportmittel. **Spediteure organisieren Transporte von Haus zu Haus einschließlich aller damit verbundenen Nebenleistungen**. Daß die meisten Spediteure auch über eigene LKW verfügen, ändert nichts an diesem Selbstverständnis. Die Spedition bietet Dienstleistungspakete an, wobei der Transport häufig lediglich ein Bestandteil dieser Pakete ist.

Zur **Illustration der Tätigkeit des Spediteurs als Organisator** ein zugegebenermaßen zwar nicht alltägliches, aber andererseits beweiskräftiges **Beispiel**:

Der Potsdamer Platz, mitten in Berlin gelegen, ist die größte innerstädtische Baustelle Europas. Rund 1,7 Mill. cbm Beton, zwei Mill. t Stückgüter müssen bis zum Jahr 2002 ins Bauzentrum geschafft und sechs Mill. t Erdaushub sowie rund 200 000 t Baustellenabfälle in der Gegenrichtung abtransportiert werden. Derart gigantische Gütermengen würden – per LKW auf den öffentlichen Stadtstraßen der Baustelle direkt zugeführt – nicht nur den Verkehr in der Berliner City stark belasten, sondern damit auch die Terminpläne der Bauherren zur Makulatur machen.

Der Spediteur – Bindeglied zwischen verladender Wirtschaft und den Verkehrsträgern 3.2

Die Investoren haben sich daher schon in der Projektierungsphase vertraglich darauf verständigt, andere Wege der Baustellenversorgung zu gehen: 90 bis 95 % aller Transporte müssen über den naheliegenden Anhalter Bahnhof auf der Schiene und über innerstädtische Wasserwege ins Bauzentrum ein- und ausgeschleust werden.

Direkte Ver- und Entsorgungsverkehre über öffentliche Straßen wird es nur in begründeten Ausnahmefällen – beispielsweise bei Schwertransporten – geben. Als unentbehrliches Verkehrsmittel spielt der LKW lediglich innerhalb des Potsdamer Platzes, bei der Just-in-time-Anlieferung der Stückgüter an die eigentliche Baustelle eine Rolle.

Stückgutlieferanten können die georderten Sendungen im Fernstreckenvorlauf auf zwei Wegen ins System einschleusen: entweder auf direktem Weg ab Werk in Bahnwaggons oder über den Kombinierten Ladungsverkehr eines nahegelegenen Umschlagbahnhofs der *Deutschen Bahn AG*. Bietet sich ein LKW-Vorlauf an, müssen die Stückgüter in bahnkompatiblen Transportbehältern an einer vor den Toren Berlins gelegenen Station ins Bahnnetz eingespeist werden.

Für die gesamte Organisation der Stückgutlieferungen ist ein Spediteur verantwortlich. Stückgüter werden dabei in vielfältiger Weise anfallen: Zur Fertigstellung von Büro-, Geschäfts-, Wohn- und Warenhäusern, Hotels, Schulen, Großkinos, Fern- und Nahbahnanlagen und eines Stadttunnels. Anzuliefern sind Fenster, Aufzüge, Baumaschinen, Zwischendecken, Möbel, Farben u.ä. Damit alle Handwerker rechtzeitig die benötigten Güter erhalten, **mußte der beauftragte Spediteur ein EDV-gestütztes Logistikkonzept erarbeiten**, das von der Einrichtung eines Stückgut-Bahnterminals über die Festlegung der einzusetzenden Verkehrsmittel und Behälter bis hin zur unmittelbaren Zustellung der Güter reicht. Eine wahrhaft große Herausforderung an das Organisationstalent des beauftragten Spediteurs.

3.2 Der Spediteur – Bindeglied zwischen verladender Wirtschaft und den Verkehrsträgern

3.2.1 Die Beauftragung des Spediteurs durch die verladende Wirtschaft

Die Spedition ist Bindeglied zwischen der verladenden Wirtschaft und der Verkehrsträgern. Die Spedition muß erkennen, welche Anforderungen ihr Auftraggeber an den Versand der Güter stellt, muß die Auftraggeber beraten, wie und unter welchen Voraussetzungen der Güterversand am besten vorzunehmen ist und muß dann den adäquaten Verkehrsträger aussuchen. **Speditieren ist mehr als eine Güterbeförde-**

Grundpflichten des Spediteurs

63

3 Der Spediteur in der arbeitsteiligen Wirtschaft

rung von A nach B durchführen. Gerade das **beratende Element und die in *HGB* wie *ADSp* verankerte Verpflichtung**, bei allen Tätigkeiten **stets das Interesse des Auftraggebers zu wahren**, unterscheidet den Spediteur wesentlich vom Frachtführer.

Der Spediteur wird von der verladenden Wirtschaft regelmäßig immer dann eingeschaltet, wenn die an den Güterversand gestellten Anforderungen nicht ohne weiteres vom Werkverkehr oder von Frachtführern erfüllt werden können. Die Gründe hierfür können sowohl im preislichen Bereich als auch im Leistungsbereich liegen. Durch

- **Bündelung von Güterströmen,**
- **Aufbau paariger Verkehre** und
- **Abschluß längerfristiger Beschäftigungsverträge mit Frachtführern**

ist der **Spediteur in vielen Fällen in der Lage, den Verladern günstigere Preise** für den Versand der Güter zu bieten als diese bei direkter Beauftragung der Frachtführer erzielen könnten.

Spediteure werden von Verladern vor allem dann eingesetzt, **wenn die zu erbringenden Leistungen komplizierter sind.** Dies ist vor allem der Fall

- im **Stückgutverkehr,**
- bei der **Organisation von Warenverteil- und Beschaffungssystemen,**
- bei **über den Transport hinausgehenden Dienstleistungen,**
- im **grenzüberschreitenden Verkehr** sowie
- bei **Vergabe größerer Gütermengen über einen längeren Zeitraum hinweg.**

Der direkte Einsatz von Frachtführern durch Verlader erfolgt zumeist bei problemlosen Verkehren. Dies gilt vor allem für Ladungsverkehre im innerdeutschen Nah- und Fernverkehr.

Werkverkehr, Reduzierung Mit der Aufhebung der staatlich verordneten Tarife Ende 1993 haben sich auch die **Rahmenbedingungen für den Werkverkehr grundlegend geändert.** Früher hieß es in den Stellungnahmen der Verladerverbände zu verkehrspolitischen Grundsatzfragen immer, Werkverkehr sei u. a. notwendig, weil das Güterkraftverkehrsgewerbe durch die geltende Marktordnung eingeschränkt sei. Dieses Argument zieht nun nicht mehr. In preislicher Hinsicht kann das Verkehrsgewerbe alle Anforderungen der Verlader erfüllen, sofern die Entgelte kostendeckend sind. Insoweit können und werden nunmehr ernsthafte Gespräche über eine Aufgabe des Werkverkehrs geführt. Die Spedition ist mit ihrem Logistik-Know-how der richtige Partner für Industrie und Handel. Bei allen berechtigten Chancen der Spedition, auf diese Weise neue Märkte zu erschließen, darf jedoch nicht übersehen werden, daß der Werkverkehr in vielen Fällen wie z. B. beim Einsatz eigener Fahrzeuge durch Handwerker nicht ersetzbar ist.

3.2.2 Der Spediteur – ein bedeutender Auftraggeber der Verkehrsträger

Die **Spedition arbeitet mit allen Verkehrsträgern zusammen.** Nach einer Erhebung des *Bundesverbandes Spedition und Lagerei* aus dem Jahre 1995 befrachten über 60% aller Speditionsbetriebe fremde Lastkraftwagen im gewerblichen Straßengüterverkehr. Über die Hälfte der bei den Verladern akquirierten Güter läßt die Spedition von Frachtführern des Güternah- und Güterfernverkehrs befördern. Verladungen per Bahn werden von etwa 20 % aller Betriebe durchgeführt. Etwa 6 % der Betriebe fertigen Transporte für die Binnenschiffahrt ab, ca. 19 % disponieren als Seehafenspediteure Verschiffungen über See und 23 % aller Speditionsbetriebe betreiben das Luftfrachtgeschäft. (Wegen Mehrfachbetätigungen einzelner Betriebe liegt die Gesamtsumme über 100 %!)

Verkehrsträgereinsatz

Daß die Spedition **überwiegend den LKW einsetzt, liegt ausschließlich an den Systemvorteilen** dieses Verkehrsmittels. Der LKW hat gegenüber Eisenbahn und Binnenschiff den Vorteil, daß er universell und flächendeckend einsetzbar ist, fahrplanungebunden sowie ohne Umschlag Haus-Haus-Verkehr durchführen kann. Er ist damit prädestiniert für den Flächenverkehr sowie für die Beförderung hochwertiger Wirtschaftsgüter. Eisenbahn und Binnenschiff haben hingegen ihre Vorteile bei der Beförderung großer Gütermengen über weite Entfernungen.

Die Spedition legt Wert auf die Feststellung, daß sie **grundsätzlich verkehrsträgerneutral** ist. Dies wird keineswegs durch die Tatsache widerlegt, daß sie sich beim Versand der Güter vorrangig des LKW bedient. Der LKW ist eben seit Jahrzehnten das Verkehrsmittel, mit dem die Spedition am besten den Anforderungen ihrer Auftraggeber gerecht wird. Die Alternative Schienenverkehr läßt sich im grenzüberschreitenden Verkehr so gut wie nicht und im Binnenverkehr nur im beschränkten Maße realisieren. Möglich ist der Einsatz der Schiene gegenwärtig insbesondere im kombinierten Verkehr. Hier hat die Spedition bewiesen, daß es ihr durchaus an einer **Zusammenarbeit mit der Schiene gelegen ist, wenn diese dem LKW-Verkehr vergleichbare Leistungen bietet.** Der weitaus größte Teil der im kombinierten Verkehr Straße/Schiene beförderten Güter stammt von der Spedition.

Verkehrsträgerneutralität der Spedition

Statistische Erhebungen und Expertenschätzungen belegen, daß die **Spedition bei allen Verkehrsträgern ein wichtiger Auftraggeber** ist. Fast 90 % des Güteraufkommens im grenzüberschreitenden Straßengüterverkehr, über 80 % des Verkehrsaufkommens im gewerblichen Straßengüterfernverkehr, über 90 % des Luftfrachtaufkommens, 10 % des Aufkommens der Binnenschiffahrt und im Eisenbahnverkehr 20 % der Güter, die nicht Massengüter sind, werden von Speditionsunternehmen disponiert. Im seewärtigen Verkehr werden etwa 70 % des Stückgutaufkommens von Seehafenspediteuren abgefertigt. Im Straßengüternahverkehr wird der Anteil der Spedition zwar nur auf gut 10 % geschätzt. Dieser Teilmarkt ist jedoch ebenso wie Binnenschiffahrt und Eisenbahn hauptsächlich durch Ladungs- bzw. Massengutverkehre besetzt, die als zumeist problemlose Verkehre nicht den Einsatz der Spedition erfordern. Der Marktanteil der Spedition bei diesen Verkehrsträgern entfällt fast ausschließlich auf den Stückgutverkehr.

Der Spediteur zieht bei der Bewertung der Leistungen der Verkehrsträger die Kriterien heran, die in Marktuntersuchungen auch von Verladern als entscheidungsrelevant bezeichnet werden:

Zuverlässigkeit, Pünktlichkeit, Schnelligkeit, Laufzeiten, Abfahrtdichte, Preis, Flexibilität und Sicherheit.

Neben diesen **grundlegenden Leistungsfaktoren** gewinnen in letzter Zeit **zusätzliche Faktoren** wie Verhalten bei Reklamationen, Eingehen auf Kundenwünsche und das Auftreten der Fahrer bei den Kunden zunehmend an Bedeutung. Diese zusätzlichen Faktoren sind für den einzelnen Frachtführer vor allem dann von Bedeutung, wenn die angebotenen Frachtführerleistungen in bezug auf die grundlegenden Leistungsfaktoren relativ hochwertig und leicht austauschbar sind.

3.3 Der Spediteur und der Selbsteintritt

Selbsteintritt des Spediteurs — Der Spediteur hat nach dem *Handelsgesetzbuch* das Recht, die für die Erfüllung des Speditionsauftrages erforderlichen Beförderungsleistungen mit eigenen Verkehrsmitteln zu erbringen. § 412 HGB statuiert dieses **Recht zum Selbsteintritt**.

> **§ 412 HGB:** Der Spediteur ist, wenn nicht ein anderes bestimmt ist, befugt, die Beförderung des Gutes selbst auszuführen.

Im Regelfall wird das **Selbsteintrittsrecht von der Spedition im LKW-Verkehr** und hier vor allem im Binnengüterfernverkehr ausgeübt. Neben dem im Güterfernverkehr tätigen Kraftwagenspediteur setzen jedoch auch andere Sparten der Spedition eigene LKW ein. Bei der Sammlung und Verteilung von Gütern bedient sich neben dem Kraftwagenspediteur auch der Seehafen- und Luftfrachtspediteur, der mit der Bahn zusammenarbeitende Spediteur und der lagerhaltende Spediteur eigener LKW. Nach einer Erhebung des *Bundesverbandes Spedition und Lagerei* verfügen rund 2/3 aller Speditionsbetriebe über eigene LKW.

Nach Zahlen der ehemaligen *Bundesanstalt für den Güterfernverkehr (BAG)* waren Ende der 80er Jahre rund 60 % aller Genehmigungen für den Güterfernverkehr im Besitz der Spedition. Die **große Bedeutung des Selbsteintritts der Spedition im Straßengüterfernverkehr** ist vor allen Dingen **ein Ergebnis der deutschen Marktordnung**. Die Spediteure hatten schnell erkannt, daß die Marktordnung des gewerblichen Straßengüterfernverkehrs mit den Elementen Tarifierung, Konzessionierung und Kontingentierung ein Marktpreisniveau erzeugte, das die Betätigung in diesem Marktsegment lukrativ erscheinen ließ. Die für den Kauf von Konzessionen erforderlichen Mittel ließen sich in übersehbaren Zeiträumen erwirtschaften. Insofern verhielt sich die Spedition durchaus marktgerecht.

Nachdem abzusehen war, daß die deutsche Marktordnung – nicht zuletzt unter dem Druck der EU-Verkehrspolitik – in der restriktiven Form langfristig nicht aufrechterhalten werden konnte, haben die deutschen Spediteure eine Kehrtwende vollzogen und den Selbsteintritt abgebaut. Der durch die Ausweitung der Kapazitäten des Güterfernverkehrs, die Rezession und die Aufhebung der staatlich verordneten Tarife verursachte Verfall der Güterfernverkehrsfrachten hat dazu geführt, daß heute in vielen Fällen der Einkauf der Beförderungsleistung für den Spediteur günstiger ist als die Eigenproduktion. Insoweit beantwortet die Spedition die Frage „**make or buy**" immer häufiger mit dem Einsatz von Frachtführern.

Spedition baut Selbsteintritt ab

In einem liberalisierten Markt binden eigene Fahrzeuge hohe Finanzmittel, die in anderen speditionellen Bereichen gewinnbringender eingesetzt werden können. Immer mehr Spediteure gehen daher dazu über, den **Selbsteintritt auf das unbedingt erforderliche Maß zu reduzieren** und leistungsfähige Frachtführer durch Vereinbarung langfristiger Beschäftigungsverträge in ihr Logistikkonzept zu integrieren. Eigene Fahrzeuge werden nur noch vorgehalten

- in Form von Spezialfahrzeugen,
- zur Absicherung vor zu großer Abhängigkeit von den Frachtführern sowie
- zur Erfüllung spezieller Kundenwünsche.

3.4 Die Spedition und der internationale Güterverkehr

Die Bundesrepublik Deutschland ist **eines der am stärksten außenhandelsorientierten Länder** der Erde. Die Exportquote, gemessen als Anteil der Exporte am Bruttoinlandsprodukt, liegt bei über 30 %. Oder anders formuliert: Fast jede dritte Mark erlösen Industrie und Handel mit dem Export. Die entsprechende Quote für die Einfuhr liegt bei rund 27 %. Diese beiden Zahlen belegen, wie stark unsere Wirtschaft mit der übrigen Welt verflochten ist. Dies findet auch seinen Niederschlag in **von Jahr zu Jahr stärker wachsenden grenzüberschreitenden Verkehrsströmen**. Von 1960 bis 1990 haben sich die im grenzüberschreitenden Verkehr beförderten Gütermengen verdreifacht. Im Binnenverkehr haben sie sich hingegen nur verdoppelt.

Grenzüberschreitender Verkehr

3 Der Spediteur in der arbeitsteiligen Wirtschaft

Entwicklung des Güterverkehrsaufkommens[1] von 1960 bis 1990

Jahr	grenzüberschreitender Verkehr[2] in Mio t	Binnenverkehr in Mio t
1960	148	1461
1970	253	2502
1980	345	2799
1990[3]	433	2951

[1] Ohne Seeverkehr und Rohrleitungstransport
[2] Grenzüberschreitender Versand und Empfang sowie Transitverkehr
[3] Ohne neue Bundesländer

Quelle: BMV-Verkehr in Zahlen

Auch **im grenzüberschreitenden Verkehr war und ist der LKW der Wachstumsträger Nr. 1**. Er hat seinen Marktanteil von 8 % im Jahre 1960 auf rund 50 % im Jahre 1995 steigern können. Und dies, obwohl viele Massengüter mit dem Schiff oder mit der Bahn befördert werden. Die Marktanteilsgewinne des LKW sind darauf zurückzuführen, daß in den zurückliegenden Jahrzehnten gerade die LKW-affinen Güter, die hochwertigen Wirtschaftsgüter, im Export wie auch im Import überproportional zugenommen haben. Der Verbrauch von Massengütern ist hingegen in allen Industriestaaten rückläufig. Dies erklärt, aus welchem Grunde die Bahn über die Hälfte (von 38 % auf 16 %) und das Binnenschiff gut ein Drittel (von 54 % auf 38 %) ihres Marktanteils verloren haben.

Spedition als Organisator grenzüberschreitender Verkehre

Die imposante Entwicklung des grenzüberschreitenden LKW-Verkehrs war nur möglich, weil **die Spedition institutionelle Grundlagen für die Abwicklung dieser Verkehre geschaffen hat**. Durch Gründung von Niederlassungen im Ausland sowie durch Zusammenarbeit mit ausländischen Korrespondenzspediteuren hat die Spedition in den letzten Jahrzehnten ein dichtes Netz von Linienverkehren in ganz Westeuropa errichtet, das fahrplanmäßig betrieben wird.

Nach Öffnung der Grenzen von Osteuropa wurden auch zu diesen Staaten regelmäßige Verkehre aufgenommen. Viele Spediteure haben bereits Niederlassungen in diesen Staaten errichtet.

Die Betätigung der Spedition im internationalen Verkehr beschränkt sich jedoch keineswegs auf den europäischen Kontinent. Die in der Luftfracht und in der Seeschiffahrt tätigen **Speditionsunternehmen gewährleisten deutschen Exporteuren und Importeuren weltweit einen sicheren Export und Import**. In enger Zusammenarbeit mit den Luftfahrtgesellschaften und Reedereien bieten Spediteure ihrer Kundschaft auch regelmäßige Verkehre nach Übersee an, in vielen Fällen als Sammelgutverkehre.

Rund 55 % aller Speditions- und Lagereibetriebe sind schwerpunktmäßig als **internationale Spediteure** tätig. Hier kann der Spediteur nicht nur seinen Anspruch beweisen, Organisator des Güterverkehrs zu sein; hier sind die Leistungsanforderungen der Kunden zumeist auch individueller und differenzierter als im Binnenverkehr. Die richtige Auswahl der Verkehrsträger, der Verkehrswege und Umschlagsplätze verlangt gerade im internationalen Geschäft einen **fundierten Überblick über Struktur und Entwicklung dieser Verkehrsmärkte**. Zudem muß der internationale Spediteur über **spezielle Kenntnisse** der Ein- und Ausfuhrbestimmungen, der Dokumentenbeschaffung, der Zahlungsmodalitäten, der Versicherung der Güter und des Zollrechts verfügen. Insgesamt gesehen ist der **grenzüberschreitende Verkehr ein äußerst zukunftsträchtiger Markt**, der bei zu erwartender Zunahme der internationalen Arbeitsteilung weiter wachsen wird.

3.5 Spedition und Logistik

Die Nachfrage nach Verkehrsleistungen ist in den letzten Jahrzehnten ständig gestiegen. Alle Verkehrswissenschaftler und Wirtschaftsforschungsinstitute prognostizieren, daß das Wachstum des Güterverkehrs auch im nächsten Jahrzehnt anhalten wird. Dies vor allem deshalb, weil der **Prozeß der Arbeitsteilung** in der Wirtschaft national wie international **noch nicht beendet** ist. Der allgemeine Kostendruck zwingt die Unternehmen von Industrie und Handel immer stärker, sich auf die Fertigung derjenigen Teile zu konzentrieren, für die eigenes Know-how entwickelt wurde. **Alle Materialien, Teile und Dienstleistungen**, die am Markt verfügbar sind, werden hinzugekauft, sofern **die Einkaufspreise niedriger sind als die Kosten der entsprechenden Eigenproduktion**. **Outsourcing** nennt man diese Vorgehensweise. Die durchschnittliche Fertigungstiefe liegt heute in der deutschen Industrie bei rund 50 %. (Abweichungen je nach Branche möglich!) Es wird geschätzt, daß sie bis zum Jahr 2000 auf etwa 40 % gesenkt wird.

Verkehrsmarktwachstum

Die **Nachfrage nach Verkehrsleistungen hat sich** gerade in den letzten Jahren stark verändert. Folgende **Haupttrends** lassen sich feststellen:

Verkehrsnachfrageänderungen

1. Immer mehr Unternehmen der verladenden Wirtschaft verfolgen **Just-in-time-Strategien**. Sie bestellen die gekauften Waren gerade in der Anzahl, wie sie zum unmittelbaren Ge- oder Verbrauch benötigt werden. Auf das Vorhalten von Lagerbeständen wird so weit wie möglich verzichtet. Zielsetzung ist es, die bisherigen Lagerkosten weitgehend zu sparen.

2. Die traditionellen Rollen der Verkehrsunternehmen in der Logistikkette ändern sich. Die Wertschätzung der Frachtführerleistung nimmt ab, während die **speditionelle Dienstleistung** mit dem Angebot durchintegrierter Leistungen von Haus zu Haus zunehmend an Wert gewinnt.

3 Der Spediteur in der arbeitsteiligen Wirtschaft

3. Immer mehr Verlader erwarten von ihrem Spediteur einen **Full-Service** dergestalt, daß er alle ihre Verkehrsprobleme löst. Dies erfordert vielfach sowohl eine **Ausweitung der speditionellen Produktpalette wie auch der flächenmäßigen Verkehrsbedienung** (bundes- bzw. teilweise sogar europaweit).

4. Bei der Nachfrage nach Transport- und Logistikdienstleistungen ist ein **deutlicher Konzentrationsprozeß** festzustellen, dem auf der Angebotsseite keine entsprechende Größenordnung gegenübersteht.

Logistik als neuer Markt

Die **Installation von integrierten Logistiksystemen** ist für Industrie und Handel eine wesentliche Voraussetzung, um durch weitere Rationalisierung in einem Markt mit steigendem Kostendruck wettbewerbsfähig zu bleiben. Spediteure und Frachtführer lebten auch in der Vergangenheit ausnahmslos davon, daß sie **die richtigen Waren zur rechten Zeit in der richtigen Beschaffenheit an den richtigen Ort brachten**. Die traditionelle Struktur der Verkehrsunternehmen war jedoch darauf ausgerichtet, in der Wertschöpfungskette Teilaufgaben zu erbringen. Das grundlegend Neue für die Anbieter logistischer Verkehrsdienstleistungen besteht darin, daß die **traditionelle Erbringung von Teilaufgaben ersetzt wird durch eine gesamtheitliche Betrachtungs- und Handlungsweise**. Logistik wird als integrierte Planung, Gestaltung, Abwicklung und Kontrolle des gesamten Material- und des zugehörigen Informationsflusses vom Lieferanten in das Unternehmen, innerhalb des Unternehmens sowie vom Unternehmen zum Kunden verstanden.

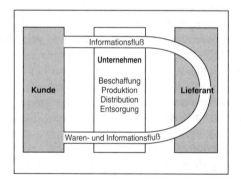

Im Rahmen der Logistik wird die Spedition in die Beschaffungs-, Produktions- und Absatzprozesse von Industrie und Handel integriert. **Die neue Denkweise fordert eine umfassende Sicht der Waren- und Güterflußprobleme von der Beschaffung bis zum Endabnehmer.**

Voraussetzung zum Aufbau logistischer Verkehrsdienstleistungen ist die Realisierung eines funktionsfähigen Informationssystems. **Ohne Informationsfluß funktioniert kein Materialfluß.** Bestandsführung, Entgegennahme und Bearbeitung der Kundenbestellungen, Führung aller Betriebsabläufe, Erstellen der Warenbegleitpapiere,

Spedition und Logistik 3.5

Disposition und Optimierung der Verkehrsabläufe erfordern leistungsfähige EDV-Systeme. Die Qualität der logistischen Dienstleistung hängt sehr stark von der Qualität, Aktualität und der rechtzeitigen Verfügbarkeit der Informationen für die Beteiligten ab. Die Informationslogistik muß daher gewährleisten, daß

- die **Informationen den Waren vorauseilen**,
- jedes Glied der Transportkette **ständig die Möglichkeit zum Zugriff auf die Daten** hat und
- **der aktuelle Sendungsstatus jederzeit abrufbar** ist.

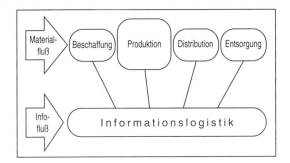

Der reibungslose Informationsfluß entlang der Transportkette ist Voraussetzung, um die Durchlaufzeiten der Güter niedrig zu halten und die logistischen Dienstleistungen vereinbarungs- und zeitgerecht zu erbringen. Zur Sicherung einer lückenlosen Sendungsverfolgung setzen immer mehr Spediteure Barcode- und Scannertechnik ein.

Hauptaufgabe der Spedition im Rahmen der Logistik ist es, ihre Dienstleistungen so weit planbar und berechenbar zu machen, daß sie **als Bausteine in bestandsarme, verbrauchszeitorientierte** Anliefersysteme integriert werden können. Dabei kommt es nicht darauf an, die Distanzüberwindung möglichst schnell durchzuführen. **Gefragt ist** vielmehr **die Herstellung einer nicht nur örtlich, sondern vor allem zeitlich genau fixierten Verfügbarkeit der Güter.** Der schnellste Service nutzt nicht viel, wenn er eine zu hohe Fehlerquote aufweist und damit unberechenbar wird. Abweichungen von Zeitvorgaben können nach dem Abbau der Lagerbestände nicht mehr aufgefangen und kompensiert werden und beeinträchtigen somit den weiteren Produktionsprozeß.

Logistik-Dienstleister bieten verstärkt **komplette Dienstleistungspakete** an, die an den spezifischen Kundenbedürfnissen orientiert sind. Dabei unterscheidet man

- **Produktionslogistik**,
- **Beschaffungslogistik**,
- **Distributionslogistik** und
- **Entsorgungslogistik**.

Logistik, Geschäftsfelder

3 Der Spediteur in der arbeitsteiligen Wirtschaft

Während die Produktionslogistik vorrangig in Eigenregie der Produzenten abgewickelt wird, werden Dienstleister bei der Beschaffungs-, Distributions- und Entsorgungslogistik eingeschaltet. Das mögliche Spektrum des Dienstleistungsangebots reicht dabei von der einfachen Transportlogistik der verbrauchsgerechten Beförderung von Gütern zwischen zwei Standorten bis hin zur Übernahme aller logistischen Dienste.

Verlader setzen logistische Dienstleister nach wie vor insbesondere für den außerbetrieblichen Transport sowie die Lagerung der Güter ein. Als neues Geschäftsfeld hat in den letzten Jahren die Entsorgung von Verpackungs- und Produktionsabfällen an Bedeutung gewonnen. Nachfolgend ein Überblick über Art und Bedeutung logistischer Dienste.

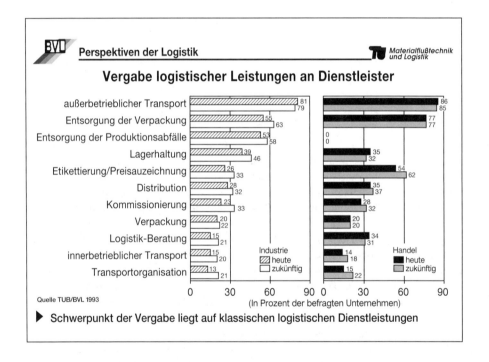

Nicht alle Spediteure erfüllen die Anforderungen, die der heutige und zukünftige Markt an Logistikdienstleister stellt. **Neben einer guten Infrastruktur** (Niederlassungsnetz oder kooperierende Partner, Lagerkapazitäten, funktionierende Umschlagsanlagen und hochwertiges Informationssystem zum Datenaustausch) **wird insbesondere geschultes Personal benötigt**, das die hohen Ansprüche der Verlader erfüllen kann.

3.6 Neue Dienste im Kleingutmarkt

Unter dem **Kleingutmarkt** versteht man die Geschäftsfelder des Güterverkehrsmarktes, die sich mit dem **Versand kleingewichtiger Sendungen** mit einem Gewicht von wenigen Kilogramm bis etwa 3000 kg befassen. Sendungen mit höheren Gewichten sind Teilladungen oder Ladungen. Der Ladungsverkehr der Verkehrsträger befördert zwar um ein Vielfaches größere Gütermengen. Umsatzmäßig dürfte der Kleingutmarkt dem Ladungsverkehr jedoch nicht viel nachstehen, da hier die Wertschöpfung höher ist und sich somit bezogen auf dieselbe Gewichtseinheit von z. B. 100 kg viel höhere Entgelte erzielen lassen. Der gesamte Kleingutmarkt umfaßt derzeit ein Gütervolumen von rund 40 Mio. t pro Jahr. Über 3/4 des Gesamtmarktes entfällt auf den Spediteursammelgutverkehr. Der Umsatz des Kleingutmarktes dürfte bei etwa 30 Mrd. DM liegen.

Kleingutmarkt

Durch das Aufkommen der **KEP-Dienste** (Kurier-, Expreß- und Paketdienste) seit Anfang der 70er Jahre hat sich der Kleingutmarkt neu strukturiert. Er besteht heute aus folgenden Teilmärkten:

KEP-Dienste

Kurierdienste
Expreßdienste
Paketdienste (Deutsche Bundespost Postdienst und private Dienste)
Spediteursammelgutverkehr

Die **Deutsche Bahn AG** hat 1995 ihren Stückgutverkehr in die **BAHNTRANS** eingebracht, ein Gemeinschaftsunternehmen von **Thyssen Haniel Logistic** und **Deutsche Bahn AG**. Dieses Unternehmen betätigt sich im Kleingutmarkt als Sammelgutspediteur, dessen Ziel es ist, die Sammelladungen weitgehend (zu 70%) mit der Schiene zu befördern. Gegenwärtig werden die Sammelladungen zwischen den Frachtzentren noch weit überwiegend mit dem LKW befördert.

Unterscheidungskriterien für die einzelnen Teilmärkte sind **Größe der Sendung** und **Schnelligkeit des Güterversandes**. Nachfolgend eine kurze Charakterisierung der einzelnen Dienste:

Kurierdienste:
Beförderung von Dokumenten, Wertsendungen etc. mit einem Kurier insbesondere im grenzüberschreitenden Verkehr. Die Sendungsgewichte liegen allenfalls bei wenigen Kilogramm.

Expreßdienste:
Schnellverkehre auch für höhere Gewichte, soweit die Grenzwerte für Gewicht, Abmessungen und Volumen eingehalten werden.

Paketverkehre:
Beförderung kleingewichtiger Packstücke bis maximal 31,5 kg (Postdienst). Die privaten Paketdienste (UPS, DPD, German Parcel usw.) haben teilweise höhere Gewichtsobergrenzen. Die einzelnen Pakete dürfen zudem bestimmte Abmessungen nicht überschreiten.

Stückgutverkehre und Spediteursammelgutverkehr:
Beförderung von klein- und großgewichtigen Sendungen von wenigen Kilogramm bis etwa 3000 kg ohne Vorgabe bestimmter Grenzwerte über die Abmessung der Güter.

Die Mehrzahl der von den KEP-Diensten beförderten Güter liegt im Gewichtsbereich bis 30 kg. Im Spediteursammelgutverkehr werden hingegen zumeist schwerere Güter versandt. Das durchschnittliche Sendungsgewicht liegt bei 300 kg.

Güter- Die im vorhergehenden Kapitel aufgezeigten Änderungen der Nachfrage nach Ver-
struktur- kehrsleistungen haben die Struktur des Güterversandes in den letzten beiden Jahr-
effekt zehnten beträchtlich verschoben:

- die **Sendungsgrößen** sind **gesunken**,
- der **Wert der Güter** pro Gewichtseinheit ist **gestiegen**,
- die **Qualitäts- und Sicherheitsanforderungen** an den Versand der Güter sind gewachsen,
- aufgrund zunehmender Empfindlichkeit der Güter hat sich der **Verpackungsaufwand** erhöht und
- der Massengutverkehr hat zugunsten des **hochbeweglichen und schnellen Stückguttransports** an Bedeutung verloren.

Dieser **Güterstruktureffekt**, dessen Entwicklung noch keineswegs abgeschlossen ist, hat gemeinsam mit den steigenden Anforderungen nach logistischen Dienstleistungen den Boden für das Aufkommen der neuen KEP-Dienste bereitet. Da durch die Reduzierung der Lagerhaltung die negativen Auswirkungen einer nicht termingerechten Anlieferung der Güter für Industrie und Handel stiegen, haben die neuen Kleingutdienste mit Termingarantien für ihre Transportleistungen und durch Minimierung der Haus-Haus-Beförderungszeit nachfragegerechte Angebote auf den Markt gebracht. Die traditionellen Kleingutdienste Postpaketverkehr, DB-Stückgutverkehr und Spediteursammelgutverkehr konnten dem neuen Angebot zunächst keine gleichwertige Alternative gegenübersetzen, so daß die **KEP-Dienste bis Anfang der 90er Jahre jährlich überdurchschnittlich hohe Wachstumsraten erzielten**. Diese haben sich zwar inzwischen abgeschwächt, übertreffen jedoch noch immer das allgemeine Verkehrswachstum.

Einer der wichtigsten Gründe für das Vordringen der KEP-Dienste war, daß sie einerseits Grenzwerte für die Annahme der Güter bezüglich Abmessungen, Gewicht und Umfang festlegten und zum anderen neue Formen der Abwicklung einführten wie z. B. Einrichtung von Nabe-Speiche-Systemen und Aufnahme von Barcoding und

Neue Dienste im Kleingutmarkt 3.6

Scannertechnik. Zudem beförderten sie die übernommenen Güter zumeist in geschlossenen Systemen, d. h. die Güter verblieben von der Übernahme beim Auftraggeber bis zur Auslieferung an den Empfänger in der Hand eines einzigen Unternehmens. Zudem waren und sind die Tarife als Haus-Haus-Preise einfach strukturiert. Gegenüber den traditionellen Kleingutdiensten erzielten die KEP-Dienste durch diese Maßnahmen **einfachere Abwicklungsmodalitäten und schnellere Laufzeiten**, die es ihnen auch ermöglichten, höhere Preise für ihre Dienste zu verlangen.

In den letzten Jahren haben die traditionellen Kleingutdienste Post-Paketverkehr und Spediteursammelgutverkehr intensive Anstrengungen unternommen, um den Wettbewerbsvorsprung der neuen Dienste aufzuholen. Dies ist ihnen durch Errichtung neuer Umschlagsanlagen und Einführung von EDV-Systemen mit Datenaustausch weitgehend gelungen, so daß sie die Hauptrelationen heute im 24-Stunden-Takt und die Nebenrelationen im 48-Stunden-Takt bedienen können. Die Spedition hat neben Neuorganisation und Beschleunigung ihrer Sammelgutverkehre teilweise eigene Expreßverkehre eingerichtet. Gegenüber den Transportspezialisten kann sie damit den Verladern **„Full-service aus einer Hand"** bieten.

4 Der Spediteur und seine Geschäftsbedingungen

4.1 Allgemeine Deutsche Spediteurbedingungen – ADSp –

4.1.1 Entwicklung der ADSp

ADSp-Ent- Die heutige Spedition geht auf das mittelalterliche Stapelrecht bis ins 11. Jahrhun-
wicklung dert zurück. Die vom Landesherrn mit dem Stapelrecht privilegierte Stadt verlangte, daß an- oder vorbeikommende Ware in der Stadt gestapelt, d.h. abgeladen und zum Verkauf feilgeboten wurde. Der Käufer brauchte keineswegs nur den eigenen Bedarf zu befriedigen, er konnte zum Weiterverkauf einkaufen. Auf solchem Handel beruhte der Aufschwung mittelalterlicher Städte. Freilich verteuerte sich der Rest der Ware auf seiner Reise über viele Stapelplätze. Findige Kaufleute gingen dazu über, ihre Ware an einen Kaufmann am Stapelplatz nur pro forma zu verkaufen, und der Käufer verkaufte sie ebenso nur pro forma an einen Kaufmann am nächsten Stapelplatz. So wurde schließlich die Ware über weite Entfernungen gehandelt und transportiert. Jeder dieser Händler war Empfangs- und Versand-, also Zwischenspediteur, pro forma war er Kommissionär.

Dieses Bild greift die neuere Speditionsgesetzgebung auf. Nach dem *Allgemeinen Deutschen Handelsgesetzbuch (ADHGB)* von 1861 und seinem Nachfolger, unserem heutigen *HGB* von 1897, ist der **Spediteur eine Art Kommissionär,** ein **Händler mit Verkehrsleistungen,** er besorgt die Versendung, indem er mit dem Frachtführer für Rechnung seines Auftraggebers, des Versenders, einen Frachtvertrag abschließt; *§ 407 HGB*.

Die gesetzlichen Vorschriften enthielten nur die wichtigsten Regeln, die dem Verkehrsleben mit zunehmender Industrialisierung der Wirtschaft allein nicht gerecht wurden. Sie wurden deshalb durch niedergeschriebene Handelsbräuche und durch Geschäftsbedingungen *(AGB)* einzelner Firmen oder Verbände angereichert. Teilweise wurden diese Bedingungen durch die Rechtsprechung verworfen. Um die regionale Zersplitterung und die rechtliche Unzuverlässigkeit des vertraglichen Speditionsrechts in Deutschland zu beseitigen und dafür eine einheitliche, die verschiedenen Interessen ausgewogen berücksichtigende und rechtlich verläßliche Rechtsordnung zu schaffen, haben **1926/1927 alle am Speditionsgewerbe interessierten Wirtschaftsverbände zusammen mit Fachjuristen und Versicherungssachverständigen (darunter der *VICTORIA-Versicherung* und der Firma *SCHUNCK*)** unter der Federführung des *Deutschen Industrie- und Handelstags (DIHT)* die *Allgemei-*

nen Deutschen Spediteurbedingungen (ADSp) ausgearbeitet und dem deutschen Markt zur Anwendung empfohlen. Sie sind **in Kraft getreten am 10.8.1927.**

Die *ADSp* gelten für alle Verrichtungen eines Spediteurs, die zum Speditionsgewerbe gehören; § 2, a ADSp. Insofern geht der Spediteurbegriff der *ADSp* über den gesetzlichen hinaus.

Von Zeit zu Zeit wurden die *ADSp* – immer in gemeinsamer Absprache aller Spitzenorganisationen der verladenden Wirtschaft und des Speditionsgewerbes sowie der Versicherer – entsprechend der jeweiligen Entwicklung geändert. Eine tiefergehende Überarbeitung paßte die *ADSp* zum 1.10.1978 dem *AGB-Gesetz* an.

Im Hinblick auf die gegenwärtigen Bestrebungen, das Transportrecht im *HGB* zu modernisieren, haben die Spitzenorganisationen beschlossen, auch künftig die Geschäftsbedingungen des Speditionsgewerbes in Verbindung mit einer Speditionsversicherung gemeinsam zu gestalten.

4.1.2 Besonderheit: Haftungsersetzung

Eine **einzigartige Besonderheit der *ADSp*** liegt darin, wie die Haftung des Spediteurs geregelt ist: **Ersetzung der Haftung durch Versicherung.** Der Spediteur haftet für von seinem Betrieb verschuldete Schäden grundsätzlich nicht, statt dessen stellt er dem Auftraggeber den Versicherungsschutz der Speditionsversicherung bereit. Die Haftung des Spediteurs wird gleichsam verlagert auf die Versicherung. **Die *ADSp* sind untrennbar mit dieser Speditionsversicherung verknüpft.** Wenn ein Spediteur die Speditionsversicherung nicht wenigstens abgeschlossen hat, kann er sich nicht auf die *ADSp* berufen. Einzelheiten s.u. zu §§ 39, 41 ADSp.

Besonderheit: Haftungsersetzung

Als sog. Konditionenempfehlung der Spitzenorganisationen an den Markt sind die ***ADSp* dem Bundeskartellamt angemeldet** und von ihm nicht beanstandet worden.

4.1.3 Rechtscharakter der ADSp

Die *ADSp* sind die Geschäftsbedingungen der deutschen Spediteure. Normalerweise müssen solche vorformulierten Bedingungen zwischen den Parteien jeweils vereinbart werden. Bei den *ADSp* gilt eine Besonderheit, sie wurden schon vom Reichsgericht und werden auch jetzt vom Bundesgerichtshof in ständiger Rechtsprechung **als sog. fertig bereitliegende Vertragsordnung anerkannt.** Das bedeutet: **Ein Kaufmann muß auf die Gewohnheiten und Gebräuche des Handelsverkehrs**

ADSp Rechtscharakter

4 Der Spediteur und seine Geschäftsbedingungen

Rücksicht nehmen. Wenn er nur hin und wieder mit Güterversendung zu tun hat, muß er wissen, daß die deutschen Spediteure nach bestimmten Geschäftsbedingungen arbeiten. Auch ohne deren Kenntnis im Einzelfall unterwirft sich der Auftraggeber der fertig bereitliegenden Vertragsordnung, den *ADSp*. **Die *ADSp* gelten also gegenüber Kaufleuten sozusagen automatisch.**

Um den Status „Alle deutschen Spediteure arbeiten nach den *ADSp*" ständig zu dokumentieren und damit zu erhalten, empfiehlt es sich, auf allen Schriftstücken den bekannten **Briefbogenaufdruck „Wir arbeiten ausschließlich nach den *ADSp* ..." zu verwenden.**

ADSp-Text und Erläuterungen

4.1.4 Allgemeine Deutsche Spediteurbedingungen (ADSp) in der Fassung vom 1.1.1993

I. Allgemeines

§ 1
Der Spediteur hat seine Verrichtungen mit der Sorgfalt eines ordentlichen Kaufmannes auszuführen und hierbei das Interesse des Auftraggebers wahrzunehmen.

Zu § 1:
Die hier angesprochenen Grundsätze der Sorgfalt des ordentlichen Kaufmanns und der Wahrung des Interesses des Auftraggebers – s. auch § 408, 1 HGB – verpflichten den Spediteur bei allen vertraglichen Leistungen, also einschließlich von Nebenleistungen. Wegen ihrer Bedeutung werden die beiden Grundsätze in den *ADSp* in besonders entscheidenden Bestimmungen wiederholt.

§ 2
a)
Die *ADSp* gelten im Verkehr mit Kaufleuten, juristischen Personen des öffentlichen Rechts und öffentlich-rechtlichen Sondervermögen für alle Verrichtungen des Spediteurs, gleichgültig, ob sie Speditions-, Fracht-, Lager-, Kommissions- oder sonstige mit dem Speditionsgewerbe zusammenhängende Geschäfte betreffen.

Zu § 2a):
Die *ADSp* gelten also nicht nur für die besorgende Tätigkeit des gesetzlichen Spediteurs (§ 407 HGB), sondern für alle Verrichtungen des Speditionsgewerbes.

Juristische Personen des öffentlichen Rechtes erfüllen Hoheits- oder gemeinschaftswichtige Aufgaben, z. B. Körperschaften des Bundes, Landes, der Gemeinde, Religionsgemeinschaften, *BfA*, *LVA*, Universitäten, Museen.

Werden Nichtkaufleute Vertragspartner des Spediteurs, gelten die *ADSp* nicht mehr kraft Kaufmannsbrauch; in diesen Fällen müssen die *ADSp* gesondert und ausdrücklich vereinbart werden; *AGB*-Gesetz. Finden die *ADSp* keine Anwendung, ist der Vertrag dennoch ein Verkehrsvertrag und als solcher durch die Speditionsversicherung gedeckt.

§ 2
b)
Die *ADSp* finden keine Anwendungen insoweit, als der Spediteur lediglich als Erfüllungsgehilfe einer Beförderungsunternehmung aufgrund der besonderen Bedingungen (z. B. *EVO*, *KVO*) oder nach dem Bahnspeditions-

Allgemeine Deutsche Spediteurbedingungen – ADSp – 4.1

vertrag als bahnamtlicher Rollfuhrunternehmer tätig ist. Die *ADSp* gelten ferner nicht für die Betätigung des Spediteurs im Möbeltransport mit geschlossenen Möbelwagen, es sei denn, daß es sich um den Verkehr von und nach dem Ausland handelt; auch insoweit finden die *ADSp* nur Anwendung, als es sich um eine nach verkehrsüblicher Beurteilung reine Speditionstätigkeit handelt. Die *ADSp* sind nicht auf eine Möbellagerung aufgrund der Allgemeinen Lagerbedingungen des deutschen Möbeltransports anzuwenden. Die *ADSp* gelten ferner nicht für Geschäfte, die ausschließlich Verpackungs-, Kran- oder Montagearbeiten oder Schwer- oder Großraumtransporte zum Gegenstand haben; unberührt davon bleibt der Binnenumschlagverkehr des Spediteurs.

Zu § 2b):
Bei Schwertransporten, Kran- und Montagearbeiten werden durch entsprechende Unternehmen dieser Branche die von der *BSK-Bundesfachgruppe Schwertransporte und Kranarbeiten im BDF e. V.* dem Bundeskartellamt angemeldeten Geschäftsbedingungen vereinbart. Kran-, Montage- und Verpackungsleistungen des Spediteurs im Rahmen eines darüber hinausgehenden Verkehrsauftrages unterliegen dagegen den *ADSp*.

§ 2
c)
Weichen besondere örtliche oder bezirkliche Handelsbräuche oder gesetzliche Bestimmungen von den *ADSp* ab, so gehen die *ADSp* vor, es sei denn, daß die gesetzlichen Bestimmungen zwingender Natur sind. Bei Betätigung des Spediteurs in See- oder Binnenschiffahrtstransporten können abweichende Vereinbarungen nach den dafür etwa aufgestellten besonderen Beförderungsbedingungen des Spediteurs getroffen werden.

Zu § 2c):
Bestimmungen zwingender Natur sind z. B. *KVO, CMR, OLSchVO (Orderlagerscheinverordnung)*. Ausgeschlossen von der Anwendung der *ADSp* sind ferner die Tätigkeiten des Spediteurs als *IATA*-Agent oder Reederei-Agent.

Die Regelung besagt, daß die *ADSp* bei einer Kollision mit zwingendem Recht durchaus bei dort nicht geregelten Sachverhalten ergänzende Anwendung finden können.

§ 2
d)
Der Spediteur ist zur Vereinbarung der üblichen Geschäftsbedingungen Dritter befugt. Im Verhältnis zwischen Haupt- und Zwischenspediteur gelten die *ADSp* als Allgemeine Geschäftsbedingungen des Zwischenspediteurs.

Zu § 2d):
Als Beispiel für übliche Geschäftsbedingungen Dritter sind zu nennen Lagerhausgesellschaften, Hafen- und Kaibetriebe, Verpackungsunternehmen, die keine Spedition betreiben.

§ 3
Eine Abtretung der Rechte des Auftraggebers an einen Dritten sowie die Geltendmachung von Ansprüchen gegen den Spediteur namens oder für Rechnung eines Dritten (vgl. *§ 67 VVG*) kann nur insoweit erfolgen, als Rechte gegen den Spediteur aufgrund dieser Bestimmungen bestehen.

Zu § 3:
Lt. *VVG – Versicherungsvertragsgesetz – § 67 –* gehen Ansprüche auf den Versicherer über, soweit er einem Versicherten einen Schaden im Rahmen eines Versicherungsvertrages (Versicherungspolice) vergütet hat. Ein Dritter, z. B. Empfänger oder regreßnehmender Versicherer, kann demnach nicht mehr Ansprüche gegen den Spediteur geltend machen als der Auftraggeber, für den die *ADSp* gelten. In der Abtretung von Ansprüchen gegen den Auftraggeber ist der Spediteur dagegen nicht eingeschränkt.

§ 4
Alle Angebote des Spediteurs gelten nur bei unverzüglicher Annahme zur sofortigen Ausführung des betreffenden Auftrages, sofern sich nichts Gegenteiliges aus dem Angebot ergibt, und nur, wenn bei Erteilung des Auftrages auf das Angebot Bezug genommen wird.

Zu § 4:
Werberundschreiben und Inserate fallen nicht unter diese Bestimmung. Wird ein Angebot unter der Voraussetzung späterer Durchführung abgegeben und angenommen, kommt allerdings ein gültiger Vertrag zustande.

II. Von der Annahme ausgeschlossenes Gut

§ 5.a)
Gut, welches Nachteile für andere Güter oder sonstige Gegenstände, Tiere oder Personen zur Folge haben kann oder welches schnellem Verderben oder Fäulnis ausgesetzt ist, ist mangels schriftlicher Vereinbarung von der Annahme ausgeschlossen.

b)
Wird derartiges Gut dem Spediteur ohne besonderen Hinweis übergeben, so haftet der Auftraggeber auch ohne Verschulden für jeden daraus entstehenden Schaden.

c)
Der Spediteur kann, sofern die Sachlage es rechtfertigt, derartiges Gut im Wege der Selbsthilfe nach seiner Wahl öffentlich oder freihändig, möglichst jedoch unter Benachrichtigung des Auftraggebers, verkaufen lassen oder zur Abwendung von Gefahren ohne vorherige Benachrichtigung des Auftraggebers vernichten.

Zu § 5:
Gefahren von Gütern und Personen abzuhalten bzw. der Haftung für solche Gefahren zu entgehen, erfordert eine rechtzeitige Unterrichtung des Spediteurs von der Gefährlichkeit der Güter, so daß er über Annahme oder Ablehnung eines solchen Auftrages entscheiden kann. Der Spediteur unterliegt keinem Annahmezwang.

In diesem Zusammenhang sind die zwingend anzuwendenden Gefahrgutbestimmungen der verschiedenen Verkehrsträger zu beachten.

III. Auftrag, Mitteilungen, Weisungen, Ermessen des Spediteurs

§ 6
Auftraggeber und Spediteur haben die Beweislast für Aufträge, Weisungen, Erklärungen und Mitteilungen je an den anderen oder an zur Annahme bestellte Leute oder Bevollmächtigte (Expedienten, Handlungsbevollmächtigte, Prokuristen).

Keine Partei ist verantwortlich für Schäden, die nur infolge mündlicher Aufträge, Weisungen, Erklärungen oder Mitteilungen eingetreten sind, es sei denn, daß sie von einer Seite schriftlich bestätigt worden sind. Entsprechendes gilt für die Übermittlung von Aufträgen, Weisungen, Erklärungen oder Mitteilungen oder für die Übergabe von Schriftstücken und Gütern an dazu nicht bestellte oder bevollmächtigte Leute, es sei denn, daß dies vereinbart ist oder daß die Parteien bei Anwendung der Sorgfalt eines ordentlichen Kaufmannes die Leute der anderen Partei für dazu bestellt oder bevollmächtigt gehalten hat und aufgrund des Verhaltens der anderen Partei halten durfte. Jede Partei ist jedoch zur Rückfrage bei der anderen Partei verpflichtet, wenn sie bei Anwendung der Sorgfalt eines ordentlichen Kaufmanns die Möglichkeit von Übermittlungsfehlern oder Mißverständnissen hätte erkennen müssen.

Zu § 6:
Es ist nicht vorgeschrieben, daß Aufträge, Weisungen und dgl. schriftlich erteilt werden. Andererseits tragen jedoch Auftraggeber und Spediteur das Risiko, das bei nicht schriftlicher Form aus Mißverständnissen und nicht richtiger oder nicht zeitiger Weitergabe resultiert.

Allgemeine Deutsche Spediteurbedingungen – ADSp – 4.1

§ 7
a)
Der Auftraggeber hat im Auftrag Adressen, Zeichen, Nummern, Anzahl, Art und Inhalt der Packstücke, Eigenschaften des Gutes im Sinne von § 5 und alle sonstigen erkennbar für die ordnungsgemäße Ausführung des Auftrags erheblichen Umstände anzugeben. Der Spediteur ist nicht verpflichtet, diese Angaben nachzuprüfen oder zu ergänzen, es sei denn, daß dies geschäftsüblich ist. Die Packstücke sind vom Auftraggeber deutlich und haltbar mit den für ihre auftragsmäßige Behandlung erforderlichen Kennzeichen zu versehen, wie Adressen, Zeichen, Nummern, Symbolen für Handhabung und Eigenschaften; alte Kennzeichen müssen entfernt oder unkenntlich gemacht sein.

Darüber hinaus ist der Auftraggeber verpflichtet,

1. zu einer Sendung gehörende Packstücke als zusammengehörig leicht erkennbar zu kennzeichnen;
2. Packstücke aufzuliefern, die einen Zugriff auf den Inhalt ohne Hinterlassen äußerlich sichtbarer Spuren nicht zulassen (Klebeband, Umreifungen oder ähnliches sind nur ausreichend, wenn sie individuell gestaltet oder sonst schwer nachahmbar sind, eine Umwicklung mit Folie nur, wenn diese verschweißt ist);
3. bei einer im Spediteursammelgutverkehr abzufertigenden Sendung, die aus mehreren Stücken oder Einheiten mit einem Gurtmaß (größter Umfang zuzüglich längste Kante) von weniger als 1 m besteht, diese zu größeren Packstücken zusammenzufassen;
4. bei einer im Hängeversand abzufertigenden Sendung, die aus mehreren Stücken besteht, diese zu Griffeinheiten in geschlossenen Hüllen zusammenzufassen;
5. auf Packstücken von mindestens 1000 kg Rohgewicht die durch das Gesetz über die Gewichtsbezeichnung an schweren auf Schiffen beförderten Frachtstücken vorgeschriebene Gewichtsbezeichnung anzubringen.

b)
Der Spediteur ist verpflichtet,

1. an Schnittstellen die Packstücke auf Vollzähligkeit und Identität sowie äußerlich erkennbare Schäden und Unversehrtheit von Plomben und Verschlüssen zu überprüfen und
2. Unregelmäßigkeiten zu dokumentieren (z. B. in den Begleitpapieren oder durch besondere Benachrichtigung).

c)
Schnittstelle ist jeder Übergang der Packstücke von einer Rechtsperson auf eine andere oder aus einer zur Obhut verpflichtenden Vertragsordnung in eine andere.

Packstücke sind Einzelstücke oder vom Auftraggeber zur Abwicklung des Auftrags gebildete Einheiten, z. B. Kisten, Gitterboxen, Paletten, Griffeinheiten, geschlossene Ladegefäße, wie gedeckt gebaute oder mit Planen versehene Waggons, Auflieger oder Wechselbrücken, Container, Iglus.

d)
Die Folgen einer Verletzung der unter a) genannten Pflichten fallen dem Auftraggeber, der unter b) genannten Pflichten dem Spediteur zur Last; § 254 BGB gilt entsprechend.

Zu § 7:
Die Fassung des § 7 zielt auf eine eindeutige Zuordnung der Verantwortungsbereiche und Festlegung der Schnittstellen zwischen den an einem Verkehrsvertrag Beteiligten ab. Bei der Neugestaltung des Textes stand das Bemühen Pate, durch geeignete konkrete Vorgaben zur Schadensverhütung beizutragen.

§ 8
a) Auf Verlangen des Auftraggebers erteilt der Spediteur eine Empfangsbescheinigung.
In der Empfangsbescheinigung bestätigt der Spediteur nur die Anzahl und Art der Packstücke, nicht jedoch deren Inhalt, Wert oder Gewicht. Bei Massengütern, Wagenladungen und dgl. enthält die Empfangsbescheinigung im Zweifel keine Bestätigung der Menge.

b) Als Ablieferungsnachweis hat der Spediteur vom Empfänger eine Empfangsbescheinigung über die im Auftrag oder in sonstigen Begleitpapieren genannten Packstücke zu verlangen. Weigert sich der Empfänger, eine Empfangsbescheinigung zu erteilen, so hat der Spediteur Weisung einzuholen. Ist das Gut beim Empfänger bereits ausgeladen, so ist der Spediteur berechtigt, es wieder an sich zu nehmen.

Zu § 8:
Hierdurch wird vertraglich der Aussagewert der Empfangsquittung des Spediteurs vereinbart: Bestätigt wird z.B. die Anzahl der Paletten, nicht die der darauf (angeblich) gestapelten Kartons.

§ 9
Der Auftraggeber hat seine Adresse und etwaige Adressenänderungen dem Spediteur unverzüglich anzuzeigen; andernfalls ist die letzte dem Spediteur bekanntgegebene Adresse maßgebend.

Zu § 9:
Folgen einer unterlassenen Unterrichtung gehen zu Lasten des Auftraggebers; z. B. Lagergelder für eine nicht abzuliefernde Sendung, entstanden durch verzögerte Unterrichtung des Auftraggebers, der dem Spediteur seine Adressenänderung nicht bekanntgab.

§ 10
a)
Der Spediteur braucht ohne besonderen schriftlichen Auftrag Benachrichtigungen nicht eingeschrieben und Urkunden aller Art nicht versichert zu versenden.

b)
Der Spediteur ist nicht verpflichtet, die Echtheit der Unterschriften auf irgendwelchen das Gut betreffenden Mitteilungen oder sonstigen Schriftstücken oder die Befugnis der Unterzeichner zu prüfen, es sei denn, daß mit dem Auftraggeber schriftlich etwas anderes vereinbart oder der Mangel der Echtheit oder der Befugnis offensichtlich erkennbar ist.

c)
Der Spediteur ist berechtigt, aber nicht verpflichtet, eine von ihm versandte Benachrichtigung (Avis) als hinreichenden Ausweis zu betrachten; er ist berechtigt, aber nicht verpflichtet, die Berechtigung des Vorzeigers zu prüfen.

Zu § 10 c):
Das Avis ist Legitimationspapier gemäß *§ 808 BGB.*

§ 11
a)
Eine über das Gut erteilte Weisung bleibt für den Spediteur bis zu einem Widerruf des Auftraggebers maßgebend.

b)
Ein Auftrag, das Gut zur Verfügung eines Dritten zu halten, kann nicht mehr widerrufen werden, sobald die Verfügung des Dritten beim Spediteur eingegangen ist.

Allgemeine Deutsche Spediteurbedingungen – ADSp – 4.1

Zu § 11:
Die Weisungsbefugnis des Versenders erlischt in der Regel mit Einlösung der Sendung durch den Empfänger. Im Fall des Absatz b) ist entscheidend der Zeitpunkt des Eingangs der Disposition des Verfügungsberechtigten beim Spediteur, also nicht die Durchführung des weiteren Auftrages; eine Disposition kann auch schon vor Übernahme des Gutes beim Spediteur eingehen und tritt somit im Augenblick der Entgegennahme des Gutes durch den Spediteur in Kraft.

Auf die in den *FIATA*-Dokumenten festgelegten Regeln wird in diesem Zusammenhang besonders verwiesen.

§ 12
Die Mitteilung des Auftraggebers, der Auftrag sei für Rechnung eines Dritten auszuführen, berührt die Verpflichtung des Auftraggebers gegenüber dem Spediteur nicht.

Zu § 12:
Dies gilt zunächst auch bei Weigerung des Empfängers, die von ihm zu tragenden Kosten zu zahlen. Nur muß der Spediteur das Inkasso wenigstens versuchen.

§ 13
Mangels ausreichender oder ausführbarer Weisung darf der Spediteur, unter Wahrung der Interessen des Auftraggebers, nach seinem Ermessen handeln, insbesondere Art, Weg oder Mittel der Beförderung wählen.

Zu § 13:
Der Spediteur muß nicht sehenden Auges untätig bleiben. Er ist berechtigt zu handeln, die Kosten trägt der Auftraggeber.

§ 14
a)
Der Spediteur darf die Versendung des Gutes zusammen mit Gütern anderer Versender in ==Sammelladungen== (bzw. auf Sammelkonnossement) bewirken, falls ihm nicht das Gegenteil ausdrücklich schriftlich vorgeschrieben ist. Die Übergabe eines Stückgutfrachtbriefes ist kein gegenteiliger Auftrag.

b)
Bei Versendung in Sammelladung gilt, wenn nichts anderes vereinbart wird, *§ 413 Abs. 2 Satz 2 HGB*.

Zu § 14:
Diese Festlegung ergänzt die Aussage des *§ 413, 2 HGB* über die Folgen der Verladung in einem Sammelgutverkehr und bezieht sich auf alle Verkehrsträger.

Wenn auch die Ausstellung eines Stückgutfrachtbriefes (Eisenbahn, gem. *EVO*) durch den Versender grundsätzlich nicht gegen eine Abfertigung des Gutes im Sammelgutverkehr spricht, ist dann eine Rückfrage zu empfehlen, wenn ein solcher Beleg im Einzelfall dem Spediteur mit dem Gut übergeben wird.

§ 15
Übernimmt der Spediteur Gut mit einem ihm vom Auftraggeber übergebenen Frachtbrief oder sonstigen Frachtpapier, so darf er das Gut mit einem neuen, seine Firmenbezeichnung tragenden Frachtpapier unter Nennung des Namens des Auftraggebers befördern, falls dieser nicht etwas anderes bestimmt hat.

Zu § 15:
Das Recht ergibt sich aus der Aufgabendarstellung im *§ 407 HGB*, Fracht- und Beförderungsverträge ==im eigenen Namen ab==zuschließen. Gibt der Spediteur bei schriftlicher Anweisung des Auftraggebers dessen

4 Der Spediteur und seine Geschäftsbedingungen

Frachtbrief an den Frachtführer, gilt dieser als frachtbriefmäßiger Absender und Alleinverfügungsberechtigter. Der Spediteur ist am Frachtvertrag nicht beteiligt; er tritt lediglich als Bote auf.

IV. Verwiegung, Untersuchung, Erhaltung und Verpackung des Gutes

§ 16
a)
Der Spediteur ist zur Verwiegung, Untersuchung, Erhaltung oder Besserung des Gutes und seiner Verpackung mangels schriftlicher Vereinbarung nur im Rahmen des Geschäftsüblichen verpflichtet. *§ 388 Abs. 1 HGB* wird hierdurch nicht berührt.

b)
Der Spediteur ist mangels gegenteiliger Weisung ermächtigt, alle auf das Fehlen oder die Mängel der Verpackung bezüglichen, von der Eisenbahn verlangten Erklärungen abzugeben.

Zu § 16:
Die Verantwortung für die ordnungsgemäße Verpackung des Gutes liegt ausschließlich beim Versender, es sei denn, daß der Spediteur ausdrücklich einen entgeltpflichtigen Verpackungsauftrag erhält. *§§ 407, 2 und 417, 1 HGB* in Verbindung mit *§ 388, 1 (Kommissionsgeschäft)* verpflichten den Spediteur und Lagerhalter, äußerlich erkennbare Schäden oder mangelhafte Zustände festzustellen und Rechte gegen Frachtführer, Verfrachter oder sonstige Dritte zu wahren. Diesbezügliche Versäumnisse des Spediteurs oder Lagerhalters und damit Verlust des Anspruches gegen die genannten Dritten haben ihre Haftung zur Folge.

Die Ermächtigung laut Absatz b) erstreckt sich, obwohl nicht ausdrücklich genannt, kraft Handelsbrauch auch auf andere Verkehrsträger.

V. Fristen

§ 17
Mangels Vereinbarung werden Verlade- und Lieferfristen nicht gewährleistet, ebensowenig eine bestimmte Reihenfolge in der Abfertigung von Gütern gleicher Beförderungsart. Die Bezeichnung als Messe- oder Marktgut bedingt keine bevorzugte Abfertigung. Unberührt bleibt die Haftung des Spediteurs für schuldhafte Verzögerung.

Zu § 17:
Die bloße Nennung von Fristen ist eine Art Fahrplanauskunft; das meint der erste Halbsatz. Werden die Fristen aber gewährleistet, d.h. als vertragliche Leistung vereinbart, so verspricht der Spediteur, sich mit der Sorgfalt eines ordentlichen Spediteurs um Einhaltung zu bemühen. Für die Überschreitung der Frist haftet er nach *ADSp*, d.h. für Verschulden und der Höhe nach beschränkt. Das ist der Normalfall einer Fristvereinbarung. Eine echte Fristgarantie wäre ein eigenständiges Schuld- und Haftungsversprechen jenseits von *SVS/RVS, ADSp* und *HGB*, es belastet den Spediteur persönlich und ist nicht versicherbar. Echte Fristgarantien sind sehr selten.

VI. Hindernisse

§ 18
Von dem Spediteur nicht verschuldete Ereignisse, die ihm die Erfüllung seiner Pflichten ganz oder teilweise unmöglich machen, ferner Streiks und Aussperrungen befreien ihn für die Zeit ihrer Dauer von seinen Verpflichtungen aus den von diesen Ereignissen berührten Aufträgen. Auch ist der Spediteur in solchen Fällen, selbst wenn eine feste Übernahme vereinbart ist, berechtigt, aber nicht verpflichtet, vom Vertrag zurückzutreten, auch wenn der Auftrag schon teilweise ausgeführt worden ist. Unberührt bleibt die Verpflichtung des Spediteurs zur Wahrung des

Allgemeine Deutsche Spediteurbedingungen – ADSp – 4.1

Interesses des Auftraggebers. Dem Auftraggeber steht in diesen Fällen das gleiche Recht zu, wenn ihm die Fortsetzung des Vertrages billigerweise nicht zugemutet werden kann. Tritt der Spediteur oder der Auftraggeber gem. vorstehender Bestimmungen zurück, so sind dem Spediteur die entstandenen Kosten zu erstatten.

Zu § 18:
Die Freistellung des Spediteurs findet ihre gesetzliche Begründung im *§ 275 BGB.*

§ 19
Der Spediteur hat nur im Rahmen seiner Sorgfaltspflicht zu prüfen und den Auftraggeber darauf hinzuweisen, ob gesetzliche oder behördliche Hindernisse für die Versendung (z. B. Ein- und Ausfuhrbeschränkungen) vorliegen. Soweit der Spediteur jedoch durch öffentliche Bekanntmachungen oder in den Vertragsverhandlungen den Eindruck erweckt hat, über besondere Kenntnisse für bestimmte Arten von Geschäften zu verfügen, hat er vorstehende Prüfungs- und Hinweispflichten entsprechend zu erfüllen.

Zu § 19:
Diese Regelung läßt die Verpflichtungen des Auftraggebers, alle für die Auftragsabwicklung notwendigen Angaben zu machen, unberührt, unterstreicht andererseits erneut die Sorgfaltspflicht des Spediteurs, sofern er sich zuvor als Spezialist dargestellt hat.

VII. Leistungen, Entgelt und Auslagen des Spediteurs

§ 20
Angebote des Spediteurs und Vereinbarungen mit ihm über Preise und Leistungen beziehen sich stets nur auf die namentlich aufgeführten eigenen Leistungen und/oder Leistungen Dritter und, wenn nichts anderes vereinbart ist, nur auf Gut normalen Umfangs, normalen Gewichts und normaler Beschaffenheit; sie setzen normale unveränderte Beförderungsverhältnisse, ungehinderte Verbindungswege, Möglichkeit unmittelbarer sofortiger Weiterversendung sowie Weitergeltung der bisherigen Frachten, Valutaverhältnisse und Tarife, welche der Vereinbarung zugrunde lagen, voraus, es sei denn, die Veränderungen sind unter Berücksichtigung der Umstände vorhersehbar gewesen. Die üblichen Sondergebühren und Sonderauslagen gelangen außerdem zur Erhebung, vorausgesetzt, daß der Spediteur den Auftraggeber darauf hingewiesen hat; dabei genügt ein genereller Hinweis, wie etwa „zuzüglich der üblichen Nebenspesen."

Zu § 20:
Obwohl grundsätzlich unterstellt werden kann, daß auch der ausländische Auftraggeber über die *ADSp* unterrichtet ist, empfiehlt sich, sie im internationalen Verkehr – möglichst mit Wiederholung der wichtigsten Punkte aus § 20 – ausdrücklich zu vereinbaren. In erster Linie sind die aufgeführten Vorbehalte in der Fixkostenspedition heranzuziehen; eine Anwendung bei Vereinbarung von an Tarifen orientierten Preisen ist ebenfalls üblich. In der Kalkulation des Spediteurs sind ggf. die unterschiedlichen Tarifregelungen der einzelnen Frachtführer/Verfrachter für sperrige Güter zu berücksichtigen. Folgen einer Fehlkalkulation des Spediteurs gehen dagegen eindeutig zu seinen Lasten.

§ 21
Wird ein Auftrag wieder entzogen, so steht dem Spediteur nach seiner Wahl entweder der Anspruch auf die vereinbarte Vergütung, unter Anrechnung der ersparten Aufwendungen, oder eine angemessene Provision zu. Weist der Auftraggeber nach, daß der Auftrag aus berechtigten, vom Spediteur zu vertretenden Gründen entzogen wird, hat der Spediteur lediglich Anspruch auf Ersatz seiner Aufwendungen und verdienten Nebenprovisionen.

Zu § 21:
Das Wahlrecht hat nur bei vereinbartem „festen Übernahmesatz" Bedeutung. Die Einschränkung des Anspruchs des Spediteurs auf Kosten und verdiente Nebenprovisionen setzt vom Auftraggeber zu beweisende Mängel

4 Der Spediteur und seine Geschäftsbedingungen

und/oder Unvermögen des beauftragten Spediteurs voraus. Zu den Nebenprovisionen zählen Nachnahmeprovision § 23, Verzollungsprovision § 35b, Versicherungsprovision § 38, Provision für Pfandverkauf § 50 b, Vorlageprovision (*§ 354 HGB: Derjenige, der in Ausübung seines Handelsgewerbes einem anderen Geschäfte besorgt oder Dienste leistet, kann dafür auch ohne Verabredung Provision nach den am Ort üblichen Sätzen fordern*).

§ 22
Lehnt der Empfänger die Annahme einer ihm zugerollten Sendung ab, so steht dem Spediteur für die Rückbeförderung Rollgeld in gleicher Höhe wie für die Hinbeförderung zu.

Zu § 22:
Diese Regelung ist nicht auf Fälle der Annahmeverweigerung beschränkt, sondern grundsätzlich bei Ablieferungshindernissen anwendbar.

§ 23
Die Provision wird auch dann erhoben, wenn ein Nachnahme- oder sonstiger Einziehungsauftrag nachträglich zurückgezogen wird oder der Betrag nicht eingeht.

Zu § 23:
Hier wird die Nachnahmeprovision angesprochen, die fällig wird, wenn der Auftrag zum Nachnahmeeinzug erteilt und vom Spediteur schon entsprechende Maßnahmen veranlaßt worden sind.

Nach geltender Rechtsprechung sind Warenwertnachnahmen in bar, im Ausnahmefall durch Euro-Scheck (Deckungszusage der Banken beachten) bei Ablieferung des Gutes Zug um Zug einzuziehen. Kreditgewährung des Spediteurs durch Scheckannahme oder Rechnungserstellung – auch bei laufender Geschäftsverbindung – ist kein Speditionsgeschäft, so daß die Folgen des Nichteingangs zu Lasten des Spediteurs gehen. Gegen den Spediteur besteht ein Auskehranspruch des Auftraggebers. Ein Deckungsschutz der Speditionsversicherer ist ausdrücklich ausgeschlossen, bei SVS-Verbotskunden ist eine Berufung auf die Haftungseinschränkungen der *ADSp § 54* nicht zulässig.

Deckungsschutz lt. *SVS/RVS* bzw. die Möglichkeit der Berufung auf die Haftungsbeschränkungen der *ADSp § 54* bestehen dagegen bei versehentlichem Nichteinzug von Nachnahmen (Spediteurverschulden, z. B. Übertragungsfehler bei Rollkartenerstellung).

§ 24
Hat der Spediteur eine Sendung nach dem Auslande bis ins Haus des außerdeutschen Empfängers zu einem festen Prozentsatz des Fakturenwertes einschließlich des Zolles übernommen, so ist der Auftraggeber verpflichtet, den vollen Fakturenwert, ohne Rücksicht auf einen etwa eingeräumten Kassenskonto, einschließlich Zoll, Fracht und Verpackung anzugeben.

Zu § 24:
Diese Regelung ist gesetzlich in *§§ 242* und *260 BGB* begründet und gilt analog auch bei Importsendungen.

§ 25
a)
Der Auftrag zur Versendung nach einem Bestimmungsort im Auslande schließt den Auftrag zur zollamtlichen Abfertigung ein, wenn ohne sie die Beförderung bis zum Bestimmungsort nicht ausführbar ist.

Zu § 25 a):
Diese Voraussetzung trifft im EU-Bereich praktisch nicht zu.

b)
Für die Verzollung kann der Spediteur neben den tatsächlich auflaufenden Kosten eine besondere Provision erheben.

Allgemeine Deutsche Spediteurbedingungen – ADSp – 4.1

c)
Der Auftrag, unter Zollverschluß eingehende Sendungen zuzuführen oder frei Haus zu liefern, schließt die Ermächtigung für den Spediteur ein, unter Wahrung des Interesses des Auftraggebers über die Erledigung der erforderlichen Zollförmlichkeiten und die Auslegung der zollamtlich festgesetzten Abgaben zu entscheiden.

Zu § 25 c):
Diese Ermächtigung ist mit Vorbehalt anzuwenden; im Interesse des Auftraggebers kann z. B. eine Abfertigung zum aktiven Veredlungsverkehr liegen. Es empfiehlt sich also weitgehend, vom Auftraggeber genaue Weisungen einzuholen.

d)
Erteilt der Auftraggeber dem Spediteur Anweisungen für die zollamtliche Abfertigung, so sind diese genau zu beachten. Falls die zollamtliche Abfertigung nach den erteilten Weisungen nicht möglich ist, hat der Spediteur den Auftraggeber unverzüglich zu unterrichten.

Zu § 25 d):
Hierdurch wird der bedingte Ermessensspielraum gemäß § 13 ausgeschlossen. Ist die vorgeschriebene Abfertigung nicht möglich, muß vom Auftraggeber eine neue Verfügung eingeholt werden.

§ 26
Der Auftrag, ankommendes Gut in Empfang zu nehmen, ermächtigt den Spediteur, verpflichtet ihn aber nicht, auf dem Gut ruhende Frachten, Wertnachnahmen, Zölle, Steuern und sonstige Abgaben, sowie Spesen auszulegen.

Zu § 26:
Bei einer laufenden Geschäftsbeziehung zum Auftraggeber wird die Vorlage von Beträgen die Regel sein. Dem Spediteur ist es jedoch unbenommen, von einem Auftraggeber Vorauszahlung zur Verrechnung zu verlangen.

§ 27
Der Spediteur ist berechtigt, von ausländischen Auftraggebern oder Empfängern nach seiner Wahl Zahlung in ihrer Landeswährung oder in deutscher Währung zu verlangen.

Zu § 27:
Devisenvorschriften können diese Wahlmöglichkeit ausschließen. Bei Wertnachnahmen ist ausschließlich der Auftrag des Versenders bindend.

§ 28
Wird der Spediteur fremde Währung schuldig, oder hat er fremde Währung ausgelegt, so ist er (soweit nicht öffentlich-rechtliche Bestimmungen entgegenstehen) berechtigt, nach seiner Wahl entweder Zahlung in der fremden oder in deutscher Währung zu verlangen. Verlangt er deutsche Währung, so erfolgt die Umrechnung zu dem am Tage der Zahlung an der Devisenbörse in Frankfurt a. M. amtlich festgesetzten Kurs, es sei denn, daß nachweisbar ein anderer Kurs zu zahlen oder gezahlt worden ist.

Zu § 28:
Bei einem vereinbarten „festen Satz" gilt diese Vorschrift nicht; ferner ist sie nicht anwendbar, wenn bei Vertragsabschluß eine verbindliche Vereinbarung über den Kurs getroffen wurde oder zwingende Devisenvorschriften entgegenstehen.

§ 29
Rechnungen des Spediteurs sind sofort zu begleichen. Zahlungsverzug tritt, ohne daß es einer Mahnung oder sonstiger Voraussetzungen bedarf, spätestens 10 Tage nach Zugang der Rechnung ein, sofern er nicht nach dem Gesetz schon vorher eingetreten ist.

4 Der Spediteur und seine Geschäftsbedingungen

Der Spediteur darf im Falle des Verzuges Zinsen in Höhe von 2 % über den zum Zeitpunkt des Eintritts des Verzuges geltenden Diskontsatz der Deutschen Bundesbank und die ortsüblichen Spesen berechnen.

Zu § 29:
Diese Bestimmung bezieht sich nur auf Rechnungen des Spediteurs. Die Fälligkeit sonstiger Forderungen ergibt sich aus gesetzlichen Vorschriften: lt. *§ 271 BGB* mit ihrer Entstehung, Versendungsprovision gemäß *§ 409 HGB*, bei Selbsteintritt s. *§ 412 HGB*, im Lagergeschäft gem. *§ 430 HGB*; s. auch *§ 30* und *34 ADSp*.

Zahlungsverzug tritt gesetzlich lt. § 284 *BGB* bei schuldhafter Nichtzahlung trotz Fälligkeit und Mahnung ein. Der Spediteur räumt lt. *ADSp* kein Ziel ein; Zahlungsverzug tritt ohne besondere Mahnung ein.

Die festgelegte Bemessungsgrundlage für Verzugszinsen weicht von gesetzlichen Bestimmungen ab. Gesetzlich sind Verzugszinsen vorgesehen von 4 % lt. § 264 *BGB*, zwischen Kaufleuten 5 % lt. § 352 *HGB*, höhere bei Inanspruchnahme von Bankkrediten (§ 286 *BGB*). Ein höherer Verzinsungsschaden muß nachgewiesen werden.

§ 30
a)
Von Forderungen oder Nachforderungen für Frachten, Havarieeinschüsse oder -beiträge, Zölle, Steuern und sonstige Abgaben, die an den Spediteur, insbesondere als Verfügungsberechtigten oder als Besitzer fremden Gutes gestellt werden, hat der Auftraggeber den Spediteur auf Aufforderung sofort zu befreien, wenn sie der Spediteur nicht zu vertreten hat. Er ist berechtigt, die zu seiner Sicherung oder Befreiung ihm geeignet erscheinenden Maßnahmen zu treffen, nötigenfalls, sofern die Sachlage es rechtfertigt, auch durch Vernichtung des Gutes.

b)
Der Auftraggeber hat den Spediteur in geschäftsüblicher Weise rechtzeitig auf alle öffentlich-rechtlichen, z. B. zollrechtlichen, Verpflichtungen aufmerksam zu machen, die mit dem Besitz des Gutes verbunden sind, soweit nicht aufgrund der Angebote des Spediteurs davon auszugehen ist, daß diese Verpflichtungen ihm bekannt sind. Für alle Folgen der Unterlassung haftet der Auftraggeber dem Spediteur.

Zu § 30:
Voraussetzung für die Haftungsverpflichtung gegenüber dem Spediteur ist, daß dieser nicht durch fehlerhaftes Handeln solche Kosten verursacht hat.

§ 31
Durch vom Spediteur nicht zu vertretende öffentlichrechtliche Akte werden die Rechte des Spediteurs gegenüber dem Auftraggeber nicht berührt; der Auftraggeber bleibt Vertragspartner des Spediteurs und haftet, auch wenn ihn kein Verschulden trifft, dem Spediteur für alle aus solchen Ereignissen entstehenden Folgen. Etwaige Ansprüche des Spediteurs gegenüber dem Staat oder einem sonstigen Dritten werden hierdurch nicht berührt.

Zu § 31:
Diese Bestimmung verdrängt unter den genannten Voraussetzungen die Vorschrift des § 18. Der Versender bleibt verpflichteter Vertragspartner.

§ 32
Gegenüber Ansprüchen aus dem Speditionsvertrag (§ 2 a) und damit zusammenhängenden Ansprüchen aus unerlaubter Handlung und ungerechtfertigter Bereicherung ist eine Aufrechnung oder Zurückbehaltung nur mit fälligen Gegenansprüchen, denen ein Einwand nicht entgegensteht, zulässig.

Allgemeine Deutsche Spediteurbedingungen – ADSp – 4.1

Zu § 32:
Der entgegenstehende Einwand muß begründet sein.

Gegen Entschädigungsforderungen aus der Speditionsversicherung kann der Auftraggeber nicht mit rückständigen Frachten oder Provisionen aufrechnen, denn es stehen sich nicht, wie das bei einer Aufrechnung erforderlich wäre, Forderung und Schuld gegenseitig gegenüber: Die Provisionsforderung hat der Spediteur, die Entschädigungsforderung richtet sich gegen die Versicherer.

VIII. Ablieferung

§ 33
Die Ablieferung von Rollgut darf mit befreiender Wirkung an jede zum Geschäft oder Haushalt gehörige, in den Räumen des Empfängers anwesende erwachsene Person erfolgen.

Zu § 33:
Diese Bestimmung ist eng auszulegen; andererseits ist eine Prüfung der persönlichen Identität nicht üblich. Bei Auslieferung an Firmen empfiehlt sich in der Empfangsbestätigung, einen Stempelabdruck zu verlangen (wegen Selbstabholung s. § 10 c).

§ 34
Hat der Spediteur einen Frachtvertrag geschlossen oder liegt ein Fall der §§ 412 oder 413 HGB vor oder ist der Empfänger aus einem anderen Grund den *ADSp* unterworfen, so verpflichtet die Empfangnahme des Gutes den Empfänger zur sofortigen Zahlung der auf dem Gute ruhenden schriftlich aufgegliederten Kosten einschl. von Nachnahmen. Erfolgt die Zahlung nicht, so ist der Spediteur berechtigt, das Gut wieder an sich zu nehmen. Unterbleibt bei der Ablieferung aus Versehen oder aus sonstigen Gründen die Bezahlung der Kosten einschl. von Nachnahmen, so ist der Empfänger, wenn er trotz Aufforderung den schriftlich aufgegliederten Betrag nicht zahlt, zur sofortigen bedingungslosen Rückgabe des Gutes an den Spediteur oder im Unvermögensfalle zum Schadenersatz an den Spediteur verpflichtet.

Zu § 34:

Der Speditionsvertrag kann dem Empfänger, der am Vertrag nicht beteiligt ist, keine Pflichten auferlegen; es gibt keinen Vertrag zu Lasten Dritter. Im Frachtrecht ist das anders. Hier ist kraft Gesetzes *(§ 436 HGB)* der außerhalb des Vertrages stehende Empfänger begünstigter Dritter. Er hat Rechte gegen den Frachtführer, er kann z.B. Weisungen erteilen, er kann auch Entschädigung fordern. Das Gesetz kann ihm auch Obliegenheiten oder Pflichten auferlegen. Weil in den Fällen von *§§ 412, 413 HGB* Frachtrecht auch für den Speditionsvertrag gilt, gelten insoweit auch die Empfängerpflichten im Speditionsvertrag.

IX. Versicherung des Gutes

§ 35 a)
Zur Versicherung des Gutes ist der Spediteur nur verpflichtet, soweit ein ausdrücklicher schriftlicher Auftrag dazu unter Angabe des Versicherungswertes und der zu deckenden Gefahren vorliegt. Bei ungenauen oder unausführbaren Versicherungsaufträgen gilt Art und Umfang der Versicherung dem Ermessen des Spediteurs anheimgestellt, wobei er mit der Sorgfalt eines ordentlichen Spediteurs die Interessen seines Auftraggebers zu wahren hat. Der Spediteur hat die Weisung zur Versicherung im ordnungsgemäßen Geschäftsgang auszuführen.

b)
Der Spediteur ist nicht berechtigt, die bloße Wertangabe als Auftrag zur Versicherung anzusehen.

4 Der Spediteur und seine Geschäftsbedingungen

c)
Durch Entgegennahme eines Versicherungsscheines (Police) übernimmt der Spediteur nicht die Pflichten, die dem Versicherungsnehmer obliegen; jedoch hat der Spediteur alle üblichen Maßnahmen zur Erhaltung des Versicherungsanspruchs zu treffen.

Zu § 35:
Bei Abschluß einer Transport- oder Lagerversicherung im Auftrage des Kunden, häufig über eine vom Spediteur gezeichnete Generalpolice, tritt der Spediteur als Versicherungsnehmer auf und der Auftraggeber als Versicherter (s. § 75 VVG).

§ 36
Mangels abweichender schriftlicher Vereinbarung versichert der Spediteur zu den an seinem Erfüllungsort üblichen Versicherungsbedingungen.

Zu § 36:
Üblich sind zur Zeit in Deutschland die „Besonderen Bestimmungen für die Güterversicherung/ADS-Güterversicherung 1973, Fassung 1984" mit der Deckungsform „Volle Deckung" und bei einer Lagerversicherung bezogen auf die einzelnen Risiken die „Allgemeinen Feuerversicherungsbedingungen/AFB", die „Allgemeinen Einbruchsdiebstahlsversicherungsbedingungen/AEB", die „Allgemeinen Bedingungen für die Versicherung gegen Leitungswasserschäden/AWB" und die „Allgemeinen Bedingungen für die Versicherung gegen Sturmschäden/AStB". Im Zweifel sollte der Spediteur trotz des eingeräumten Ermessensspielraums beim Auftraggeber Rückfrage halten.

§ 37
a)
Im Falle der Versicherung steht dem Auftraggeber als Ersatz nur zu, was der Spediteur von dem Versicherer nach Maßgabe der Versicherungsbedingungen erhalten hat.

b)
Der Spediteur genügt seinen Verpflichtungen, indem er dem Auftraggeber auf Wunsch die Ansprüche gegen den Versicherer abtritt; zur Verfolgung der Ansprüche ist er nur auf Grund besonderer schriftlicher Abmachung und nur für Rechnung und Gefahr des Auftraggebers verpflichtet.

c)
Soweit der Schaden durch eine vom Spediteur im Auftrage des Auftraggebers abgeschlossene Versicherung gedeckt ist, haftet der Spediteur nicht.

Zu § 37:
Verfolgt der Spediteur im Auftrage des Versicherten einen Anspruch, steht ihm für diese Leistung eine Vergütung zu. Ein Auskehranspruch gegen den Spediteur ist auf die Versicherungsleistung abzüglich Speditionsentgelt beschränkt.

Der Haftungsausschluß bezieht sich nur auf den versicherungsnehmenden Spediteur, schließt den Regreß der Versicherer jedoch nicht unbedingt aus. Vom Spediteur gezeichnete Generalpolicen enthalten in der Regel allerdings einen Regreßverzicht gegenüber dem Versicherungsnehmer. Ein Regreß gegenüber Zwischenspediteuren oder sonstigen an der Auftragsabwicklung beteiligten Dritten bleibt hiervon unberührt.

§ 38
Für die Versicherungsbesorgung, Einziehung des Schadensbetrages und sonstige Bemühungen bei Abwicklung von Versicherungsfällen und Havarien steht dem Spediteur eine besondere Vergütung zu.

Zu § 38:
Neben der Provision sind die Auslagen des Spediteurs zu ersetzen.

Allgemeine Deutsche Spediteurbedingungen – ADSp – 4.1

X. Speditions- und Rollfuhrversicherungsschein *(SVS/RVS)*

§ 39

a)
Der Spediteur ist, wenn der Auftraggeber es nicht ausdrücklich schriftlich untersagt, verpflichtet, die Schäden, die dem Auftraggeber durch den Spediteur bei der Ausführung des Auftrages erwachsen können, bei Versicherern seiner Wahl auf Kosten des Auftraggebers zu versichern. Die Police für die Versicherung muß, insbesondere in ihrem Deckungsumfang, mindestens dem mit den Spitzenorganisationen der Wirtschaft und des Speditionsgewerbes abgestimmten Speditions- und Rollfuhrversicherungsschein *(SVS/RVS)* entsprechen. Die Prämie hat der Spediteur für jeden einzelnen Verkehrsvertrag auftragsbezogen zu erheben und sie als Aufwendungen des Auftraggebers ausschließlich für die Speditionsversicherung in voller Höhe an die jeweiligen Versicherer abzuführen. Der Spediteur hat dem Auftraggeber anzuzeigen, bei wem er die Speditionsversicherung gezeichnet hat.

b)
Mit der Versicherung nach § 39 a sind auch Schäden zu versichern, die denjenigen Personen erwachsen können, denen das versicherte Interesse z. Zt. des den Schaden verursachenden Ereignisses zugestanden hat.

c)
gestrichen

Zu § 39:
Die Zeichnung des *SVS/RVS* oder einer vergleichbaren Police und Anmeldung der Verkehrs- und Lageraufträge – ausgenommen bei *SVS*-Verbot – ist unverzichtbare Voraussetzung der Anerkennung der *ADSp* durch die Vertragspartner der Spedition. Die Verpflichtung des Spediteurs, die Versicherer zu nennen, bei denen die *SVS/RVS*- oder sonstige Speditionsversicherungspolice gedeckt ist, dient dem berechtigten Interesse des Auftraggebers, eindeutig und gleichwertige Rechtsverhältnisse anzutreffen. Der geschädigte Anspruchsberechtigte kennt bei Auftragserteilung bereits die Versicherer, die sich ggf. mit einem durch den Spediteur schuldhaft verursachten Schaden zu befassen haben.
Beim *SVS*-Verbot ist zu beachten, daß der Spediteur ausschließlich an die Weisung seines Auftraggebers gebunden ist und der Empfänger der Sendung die Folgen einer Nichtanmeldung zum *SVS/RVS* zu tragen hat.

§ 40
Der Auftraggeber unterwirft sich sowie alle Personen, in deren Interesse oder für deren Rechnung er handelt, allen Bedingungen des *SVS/RVS* bzw. der nach § 39 a abgeschlossenen Versicherung. Insbesondere hat er für rechtzeitige Schadensanmeldung zu sorgen (*SVS/RVS Ziff. 11.1*). Erfolgt die Schadensanmeldung beim Spediteur, so ist dieser zur unverzüglichen Weiterleitung an die/den Versicherer verpflichtet.

Zu § 40:
Diese Vorschrift stellt sicher, daß die Speditionsversicherer ihre Versicherungsbedingungen auch gegenüber nicht am Speditions-, Fracht- oder Lagervertrag beteiligten Dritten anwenden können.

§ 41

a)
Hat der Spediteur infolge ausdrücklichen oder vermuteten Auftrages eine Speditionsversicherung abgeschlossen (§ 39), so ist er von der Haftung für jeden durch diese Versicherung gedeckten Schaden frei.

b)
Dies gilt insbesondere auch für den Fall, daß infolge fehlender oder ungenügender Wertangabe des Auftraggebers die Versicherungssumme hinter dem wirklichen Wert oder Schadensbetrag zurückbleibt.

c)
Hat der Spediteur keine Speditionsversicherung nach § 39 abgeschlossen, so darf er sich dem Auftraggeber gegenüber nicht auf die *ADSp* berufen.

d)
gestrichen

Zu § 41 a):
Die hier festgelegte Haftungsbefreiung des Spediteurs hat zur Folge, daß ein auf Spediteurverschulden zurückzuführender Schadenersatzanspruch durch den aus dem Verkehrsvertrag berechtigten Geschädigten nur gegen die Speditionsversicherer geltend gemacht werden kann. Klagen sind erforderlichenfalls gegen die Speditionsversicherer zu richten; der Spediteur ist nicht passiv legitimiert.

Zu § 41 b):
Versicherungswerte über DM 5000,– müssen vom Auftraggeber schriftlich mitgeteilt werden. Folgen der Unterlassung gehen zu seinen Lasten (Unterversicherung).

§ 42
gestrichen

XI. Lagerung

§ 43
a)
Die Lagerung erfolgt nach Wahl des Lagerhalters in dessen eigenen oder fremden (privaten oder öffentlichen) Lagerräumen. Lagert der Lagerhalter in einem fremden Lager ein, so hat er den Lagerort und den Namen des fremden Lagerhalters dem Einlagerer schriftlich bekanntzugeben oder, falls ein Lagerschein ausgestellt ist, auf diesem zu vermerken. Diese Bestimmung gilt nicht, wenn es sich um eine Lagerung im Ausland oder um eine mit dem Transport zusammenhängende Lagerung handelt.

b)
Hat der Lagerhalter das Gut in einem fremden Lager eingelagert, so sind für das Verhältnis zwischen ihm und seinem Auftraggeber gemäß § 2 d die gleichen Bedingungen maßgebend, die im Verhältnis zwischen dem Lagerhalter und dem fremden Lagerhalter gelten. Der Lagerhalter hat auf Wunsch diese Bedingungen dem Auftraggeber zu übersenden. Die Bedingungen des fremden Lagerhalters sind insoweit für das Verhältnis zwischen dem Auftraggeber und dem Lagerhalter nicht maßgebend, als sie ein Pfandrecht enthalten, das über das im § 50 dieser Bedingungen festgelegte Pfandrecht hinausgeht.

c)
Eine Verpflichtung des Lagerhalters zur Sicherung oder Bewachung von Lagerräumen besteht nur insoweit, als es sich um eigene oder von ihm gemietete Lagerräume handelt und die Sicherung und Bewachung unter Berücksichtigung aller Umstände geboten und ortsüblich ist. Der Lagerhalter genügt seiner Bewachungspflicht, wenn er bei der Anstellung oder Annahme von Bewachung die nötige Sorgfalt angewandt hat.

d)
Dem Einlagerer steht es frei, die Lagerräume zu besichtigen oder besichtigen zu lassen. Einwände oder Beanstandungen gegen die Unterbringung des Gutes oder gegen die Wahl des Lagerraumes muß er unverzüglich vorbringen. Macht er von dem Besichtigungsrecht keinen Gebrauch, so begibt er sich aller Einwände gegen die Art und Weise der Unterbringung, soweit die Wahl des Lagerraumes und die Unterbringung unter Wahrung der Sorgfalt eines ordentlichen Lagerhalters erfolgt ist.

Zu § 43:

Die dargestellten Rechte und Pflichten des Lagerhalters schließen namentlich die Sorgfaltspflicht unter Berücksichtigung der örtlichen Gegebenheiten, Lage und Beschaffenheit des Lagers sowie der Art des Gutes ein; der Aufwand für eine Überwachung muß im Verhältnis zum Wert des Lagergutes wirtschaftlich vertretbar sein (Bewachungskosten beeinflussen die kalkulierten Lagergeldsätze). Für die Auswahl von Fremdlägern gilt der Haftungsgrundsatz gem. *§ 51 ADSp*.

Allgemeine Deutsche Spediteurbedingungen – ADSp – 4.1

In den folgenden Bestimmungen werden Rechte und Pflichten des Lagerhalters und Einlagerers behandelt mit dem Ziel einer eindeutigen Haftungsabgrenzung. Sofern abgeteilte Räume durch den Spediteur/Lagerhalter zu selbständiger Nutzung an Einlagerer vermietet werden, sind die *ADSp* nicht anwendbar. Die Vermietung von Lagerräumen, evtl. sogar mit Büroraum, gehört nicht zu den typischen Tätigkeiten eines Spediteurs, sondern es handelt sich um ein allgemeines Rechtsgeschäft.

§ 44
a)
Das Betreten des Lagers ist dem Einlagerer nur in Begleitung des Lagerhalters oder eines vom Lagerhalter Beauftragten erlaubt.

b)
Das Betreten darf nur in bei dem Lagerhalter eingeführten Geschäftsstunden verlangt werden, und auch nur dann, wenn ein Arbeiten bei Tageslicht möglich ist.

§ 45
a)
Nimmt der Einlagerer irgendwelche Handlungen mit dem Gut vor (z. B. Probeentnahme), so hat er danach dem Lagerhalter das Gut aufs neue in einer den Umständen und der Verkehrssitte entsprechenden Weise zu übergeben und erforderlichenfalls Anzahl, Gewicht und Beschaffenheit des Gutes gemeinsam mit ihm festzustellen. Anderenfalls ist jede Haftung des Lagerhalters für später festgestellte Schäden ausgeschlossen.

§ 45
b)
Der Lagerhalter behält sich das Recht vor, die Handlungen, die der Einlagerer mit dem Gut vorzunehmen wünscht, selbst auszuführen.

§ 46
a)
Der Einlagerer haftet für alle Schäden, die er, seine Angestellten oder Beauftragten beim Betreten des Lagers oder beim Betreten oder Befahren des Lagergrundstückes dem Lagerhalter, anderen Einlagerern oder dem Hauswirt zufügen, es sei denn, daß der Einlagerer, seine Angestellten oder Beauftragten kein Verschulden trifft. Als Beauftragte des Einlagerers gelten auch Dritte, die auf seine Veranlassung das Lager oder das Lagergrundstück aufsuchen.

b)
Der Lagerhalter darf die ihm gemäß Absatz a) zustehenden Ansprüche, soweit sie über die gesetzlichen Ansprüche hinausgehen, an Dritte nicht abtreten.

Zu § 46:
Einlagerer haftet nicht nur für Sach-, sondern auch Personen- und Sachfolge- bzw. Vermögensschäden.

§ 47
a)
Der Lagerhalter darf, wenn nicht schriftlich etwas anderes vereinbart ist, den Lagervertrag jederzeit mit einmonatiger Frist durch eingeschriebenen Brief an die letzte ihm bekanntgegebene Adresse kündigen.

b)
Eine Kündigung ohne Kündigungsfrist ist insbesondere bei solchem Gut zulässig, das andere Güter gefährdet; im übrigen bleibt *§ 422 Absatz 2 HGB* unberührt.

c)
Entstehen dem Lagerhalter Zweifel, ob seine Ansprüche durch den Wert des Gutes sichergestellt sind, so ist er berechtigt, dem Einlagerer eine angemessene Frist zu setzen, in der dieser entweder für Sicherstellung der An-

sprüche des Lagerhalters oder für anderweitige Unterbringung des Gutes Sorge tragen kann. Kommt der Einlagerer diesem Verlangen nicht nach, so ist der Lagerhalter zur Kündigung ohne Kündigungsfrist berechtigt.

Zu § 47:
In dieser Bestimmung ist nur das Kündigungsrecht des Lagerhalters geregelt. Der Einlagerer kann sein Gut jederzeit vom Lager entfernen (sofern der Lagerhalter nicht sein Zurückbehaltungs- oder Pfandrecht geltend machen kann). Die einmonatige Kündigungsfrist entspricht § 422 HGB. § 422 Abs. 2 HGB räumt dem Lagerhalter eine fristlose Kündigung aus wichtigem Grund ein.

§ 48
A)
Sobald das Gut ordnungsmäßig eingelagert ist, wird auf Verlangen hierüber entweder ein „Lager-Empfangsschein" ausgehändigt oder ein „Namenslagerschein", ein „Inhaberlagerschein" oder, soweit der Lagerhalter dazu die staatliche Ermächtigung erhalten hat, ein „an Order" lautender, durch Indossament übertragbarer Lagerschein (§ 363 Abs. 2 HGB) ausgestellt. Im Zweifel gilt die vom Lagerhalter erteilte Bescheinigung nur als „Lager-Empfangsschein".

B.a)
Der „Lager-Empfangsschein" ist lediglich eine Bescheinigung des Lagerhalters über den Empfang des Gutes. Für den Fall seiner Ausstellung gilt die Vorschrift des § 808 BGB. Der Lagerhalter ist nicht verpflichtet, das Gut nur dem Vorzeiger des Scheines herauszugeben.

b)
Der Lagerhalter ist berechtigt, aber nicht verpflichtet, die Legitimation des Vorzeigers des Empfangsscheines zu prüfen; er ist ohne weiteres berechtigt, gegen Aushändigung des Scheines das Gut an den Vorzeiger herauszugeben.

c)
Eine Abtretung oder Verpfändung der Rechte des Einlagerers aus dem Lagervertrag ist gegenüber dem Lagerhalter erst wirksam, wenn sie ihm schriftlich vom Einlagerer mitgeteilt worden ist. In solchen Fällen ist dem Lagerhalter gegenüber nur derjenige, dem die Rechte abgetreten oder verpfändet worden sind, zur Verfügung über das Gut berechtigt.

C.a)
Ist ein „Namenslagerschein" ausgestellt, so ist der Lagerhalter verpflichtet, das eingelagerte Gut nur gegen Aushändigung des Namenslagerscheins, insbesondere nicht lediglich gegen einen Lieferschein, Auslieferungsschein oder dgl., und im Falle der Abtretung nur an denjenigen Inhaber des Lagerscheins herauszugeben, der durch eine zusammenhängende Kette von auf dem Lagerschein stehenden Abtretungserklärungen legitimiert ist.

b)
Der Lagerhalter ist zur Prüfung
    1. der Echtheit der Unterschriften der Abtretungserklärungen,
    2. der Echtheit der Unterschriften auf Lieferscheinen und dgl.,
    3. der Befugnis der Unterzeichner zu 1 und 2

nicht verpflichtet, es sei denn, daß mit dem Auftraggeber etwas anderes vereinbart worden oder der Mangel der Echtheit oder Befugnis offensichtlich erkennbar ist.

c)
Die Abtretung oder Verpfändung der Rechte des Einlagerers aus dem Lagervertrage ist dem Lagerhalter gegenüber nur dann wirksam, wenn sie auf dem Lagerschein schriftlich erklärt und im Falle der Verpfändung außerdem dem Lagerhalter mitgeteilt ist.

d)
Der Lagerhalter kann dem nach vorstehenden Bestimmungen legitimierten Rechtsnachfolger des Einlagerers nur solche Einwendungen entgegensetzen, welche die Gültigkeit der Ausstellung des Scheins betreffen oder sich aus dem Schein ergeben oder dem Lagerhalter unmittelbar gegen den Rechtsnachfolger zustehen. Das gesetzliche Pfand- und Zurückbehaltungsrecht des Lagerhalters wird durch diese Bestimmung nicht berührt.

D.a)
Den „Inhaberlagerschein", in welchem der Lagerhalter dem Inhaber der Urkunde die Herausgabe des Lagergutes verspricht, hat der Lagerhalter zu unterschreiben. Im übrigen finden die gesetzlichen Vorschriften, insbesondere die §§ 793 ff. BGB Anwendung.

b)
Der Lagerhalter gibt das Gut nur gegen Aushändigung des Lagerscheins heraus. Er ist dazu ohne besondere Prüfung der Legitimation des Inhabers berechtigt.

E.
Ist ein „an Order" lautender, durch Indossament übertragbarer Lagerschein von einem dazu ermächtigten Lagerhalter ausgestellt, so gelten die Vorschriften der §§ 364, 365, 424 HGB.

Zu § 48:
Hier werden die im Lagergeschäft üblichen Dokumente behandelt. Ausdrücklich hat der Lagerhalter nur auf Verlangen entweder einen Lagerempfangsschein oder Namenslagerschein, Inhaberlagerschein oder Orderlagerschein auszustellen.

Der Lagerempfangsschein ist lediglich eine Bescheinigung des Lagerhalters über den Empfang. Bei Vorlage zwecks Anforderung des Gutes ist der Lagerhalter berechtigt, aber nicht verpflichtet, die Legitimation des Vorzeigers zu prüfen.

Die Ausstellung eines Namenslagerscheines verpflichtet den Lagerhalter, das eingelagerte Gut nur gegen Einzug dieses Dokumentes, im Falle der Abtretung nur an den durch eine zusammenhängende Kette von Abtretungserklärungen auf dem Lagerschein Legitimierten herauszugeben.

Im Inhaberlagerschein verspricht der Lagerhalter dem Inhaber des Lagerscheins die Herausgabe des Gutes. Es handelt sich um eine in seltenen Fällen verwendete Form des Lagerscheins.

Der Orderlagerschein ist ein durch Indossament übertragbarer Lagerschein, der nur von einem dazu ermächtigten Lagerhalter ausgestellt werden darf. Für ihn gelten neben den Bestimmungen der Verordnung über Orderlagerscheine auch die Vorschriften der §§ 364, 365, 423 HGB. Die Ermächtigung zur Ausstellung von Orderlagerscheinen wird gemäß OLSchVO durch die oberste Landesbehörde oder durch die von ihr bezeichnete Stelle erteilt; in den einzelnen Bundesländern bestehen unterschiedliche Regelungen. Voraussetzungen zur Erlangung der Ermächtigung sind u. a. die fachliche Qualifikation des Lagerhalters, ordnungsgemäße wirtschaftliche Verhältnisse und eine den durchschnittlichen Anforderungen entsprechende Ausstattung des Lagerraums. In der Ermächtigungsurkunde werden die einbezogenen Lagerhäuser oder sonstige Lagerräume aufgeführt. Oft erstreckt sich die Ermächtigung auch auf bestimmte Warengattungen.

Die Aushändigung des eingelagerten Gutes darf nur an den durch den Orderlagerschein, ggf. durch eine ununterbrochene Indossamentenkette Legitimierten erfolgen.

Bei Teilauslieferung aus einer Lagerpartie findet auf dem betreffenden Lagerschein eine Abschreibung statt.

Während alle drei genannten Lagerscheine als bankfähig gelten, sind nur Namens- und Orderlagerschein handelbar (begebbar).

4 Der Spediteur und seine Geschäftsbedingungen

Im Falle des Verlustes eines Lagerscheins ist beim zuständigen Amtsgericht des Lagerhalters ein Aufgebotsverfahren gem. §§ 1003 ff. ZPO einzuleiten. Nach Beginn des Verfahrens ist die Herausgabe des Lagergutes durch den Lagerhalter bei Sicherheitsgestellung möglich (§ 42 OLSchVO).

Es ist zu beachten, daß bei Ausstellung von Lagerscheinen nur das gesetzliche Zurückbehaltungs- und Pfandrecht anwendbar ist, also nicht die weitergehende Regelung gem. § 50 ADSp.

§ 49
Die Bestimmungen dieses Abschnittes gelten auch bei nur vorübergehender Aufbewahrung von Gütern, z. B. zwecks Versendung, soweit nicht § 43 etwas anderes bestimmt.

Zu § 49:
Gemeint wird hier die verfügte, nicht die verkehrsbedingte Vor-, Zwischen- und Nachlagerung.

XII. Pfandrecht

§ 50
a)
Der Spediteur hat wegen aller fälligen und nicht fälligen Ansprüche, die ihm aus den im § 2 a genannten Verrichtungen an den Auftraggeber zustehen, ein Pfandrecht und ein Zurückbehaltungsrecht an den in seiner Verfügungsgewalt befindlichen Gütern oder sonstigen Werten. Soweit das Pfand- oder Zurückbehaltungsrecht aus Satz 1 über das gesetzliche Pfand- oder Zurückbehaltungsrecht hinausgehen würde, ergreift es nur solche Güter und Werte, die dem Auftraggeber gehören.

b)
Soweit das Pfand- oder Zurückbehaltungsrecht aus Abs. a) über das gesetzliche Pfand- oder Zurückbehaltungsrecht hinausgehen würde, ergreift es bei Aufträgen des Spediteurs an einen anderen Spediteur nur solche Güter und sonstige Werte, die dem auftraggebenden Spediteur gehören oder die der beauftragte Spediteur für Eigentum des auftraggebenden Spediteurs hält und halten darf (z. B. Möbelwagen, Decken und dgl.).

c)
Der Spediteur darf ein Pfand- oder Zurückbehaltungsrecht wegen solcher Forderungen, die mit dem Gut nicht in Zusammenhang stehen, nur ausüben, soweit sie nicht strittig sind oder wenn die Vermögenslage des Schuldners die Forderung des Spediteurs gefährdet.

d)
Der Spediteur darf bei einem Auftrag, das Gut zur Verfügung eines Dritten zu halten oder einem Dritten herauszugeben, ein Pfand- und Zurückbehaltungsrecht wegen Forderungen gegen den Dritten, die mit dem Gut nicht in Zusammenhang stehen, nicht ausüben, soweit und solange die Ausübung der Weisung den berechtigten Interessen des ursprünglichen Auftraggebers zuwider laufen würde.

e)
Etwa weitergehende gesetzliche Pfand- und Zurückbehaltungsrechte des Spediteurs werden durch die vorstehenden Bestimmungen nicht berührt.

f)
gestrichen

g)
An die Stelle der in § 1234 BGB bestimmten Frist von einem Monat tritt in allen Fällen eine solche von einer Woche.

h)
Für den Pfand- oder Selbsthilfeverkauf kann der Spediteur in allen Fällen eine Verkaufsprovision vom Bruttoerlös in Höhe der ortsüblichen Sätze berechnen.

Zu § 50:
Das hier geregelte vertragliche Zurückbehaltungs- oder Pfandrecht verdrängt unter den entsprechenden Voraussetzungen das gesetzliche Zurückbehaltungsrecht lt. *§ 273 ff.* BGB (allgemeines) und *§§ 369 ff.* HGB (kaufmännisches), sowie das gesetzliche Pfandrecht lt. *§§ 1204 ff.* BGB (allgemeines) und *§§ 368, 410, 421, 440 HGB*. Eine Befriedigung von Ansprüchen aus dem Zurückbehaltungsrecht, das an sich keine dingliche Sicherheit bietet, bedarf der Erstreitung eines gerichtlichen Titels (Urteils).

Das inkonnexe Pfandrecht gemäß *ADSp* (Forderung hängt mit dem gepfändeten Gut nicht zusammen) geht über das gesetzliche (konnexe) Pfandrecht (Forderung ist aus dem Pfand erwachsen) hinaus.

Voraussetzung zur Anwendung des Pfandrechtes ist der Besitz oder die Verfügungsgewalt – z. B. durch Besitz des vollen Satzes Konnossemente – über das Gut, d. h., es geht auch nach Übergabe an Frachtführer und Zwischenspediteure nicht unter, solange die Ablieferung nicht erfolgte.

Bei Konkurs des Auftraggebers/Schuldners ist eine abgesonderte Befriedigung aus dem Pfand möglich, wenn das Pfandrecht vor Konkurseröffnung geltend gemacht wurde (§§ 48, 49 KO). Ein Vergleichsverfahren wirkt sich auf das Pfandrecht nicht negativ aus (§ 27 VerglO).

Das inkonnexe Pfandrecht erstreckt sich ausschließlich auf Eigentum des Schuldners.

Beim gesetzlichen Pfandrecht wird bei Handelsgeschäften der Glaube des Spediteurs an das Eigentum ersetzt durch die Vermutung der Verfügungsbefugnis, d. h. vor Geltendmachung des Pfandrechtes ist der Spediteur nicht verpflichtet, zunächst die Eigentumsverhältnisse zu klären.

XIII. Haftung des Spediteurs

§ 51
a)
Der Spediteur haftet bei allen seinen Verrichtungen (siehe § 2 a) grundsätzlich nur, soweit ihn ein Verschulden trifft. Die Entlastungspflicht trifft den Spediteur; ist jedoch ein Schaden am Gut äußerlich nicht erkennbar gewesen oder kann dem Spediteur die Aufklärung der Schadensursache nach Lage der Umstände billigerweise nicht zugemutet werden, so hat der Auftraggeber nachzuweisen, daß der Spediteur den Schaden verschuldet hat. Im Schadensfall hat der Auftraggeber nachzuweisen, daß ein Gut bestimmter Menge und Beschaffenheit dem Spediteur übergeben worden ist. Der Spediteur hat zu beweisen, daß er das Gut, wie er es erhalten hat, abgeliefert hat; das gilt auch für den Zwischenspediteur. Der Spediteur ist verpflichtet, durch Einholung von Auskünften und Beweismitteln für die Feststellung zu sorgen, wo der geltend gemachte Schaden entstanden ist.

b)
Im übrigen ist die Haftung des Spediteurs nach Maßgabe der vorangegangenen und folgenden Bestimmungen beschränkt bzw. aufgehoben. Dies gilt vorbehaltlich des § 41 a nicht, wenn der Schaden durch Vorsatz oder grobe Fahrlässigkeit des Spediteurs oder seiner leitenden Angestellten verursacht worden ist.

c)
Dem Auftraggeber steht – abgesehen von der Versicherungsmöglichkeit (siehe §§ 35 ff., 39 ff.) – frei, mit dem Spediteur eine über diese Bedingungen hinausgehende Haftung gegen besondere Vergütung zu vereinbaren.

Zu § 51:
Verschuldenshaftung setzt schuldhaftes Verhalten (Vorsatz oder grobe oder leichte Fahrlässigkeit) voraus. Demgegenüber ergibt sich beim Frachtführer nach Sondervorschriften, wie *KVO, CMR* o.ä., üblicherweise Gefährdungshaftung (Risikohaftung) aus risikobehaftetem, schadensgeneigtem Verhalten, z. B. aus Betrieb

von Kraftfahrzeugen, Eisenbahnen usw. Die Entlastungspflicht des Spediteurs ist eine Ausnahme von der Regel, nach der grundsätzlich ein Anspruchsteller den Beweis antreten muß, daß seine Forderung berechtigt ist.

Die Entlastungspflicht bezieht sich bis auf genannte Ausnahmen nur auf den Spediteur selbst; er hat nicht den Beweis zu führen, daß ein Dritter, z. B. Frachtführer, den Schaden verursacht hat.

Zunehmend wurde in der Rechtsprechung aus dem zweiten Satz § 51 b vorrangig bei Regreßansprüchen von Transportversicherern ein grobes Organisationsverschulden abgeleitet mit der Folge einer uneingeschränkten gesetzlichen Haftung des Spediteurs. Dies führte u. a. zu der neuen Fassung des § 7. Laut BGH muß der Anspruchsteller die grobe Schuld des Spediteurs beweisen. Dazu hat freilich vorher der Spediteur darzulegen, wie er seinen Betrieb allgemein und gerade im Hinblick darauf organisiert hat, Schäden der zu behandelnden Art zu vermeiden.

§ 52
a)
Ist ein Schaden bei einem Dritten, namentlich einem Frachtführer, Lagerhalter, Schiffer, Zwischen- oder Unterspediteur, Versicherer, einer Eisenbahn oder Gütersammelstelle, bei Banken oder sonstigen an der Ausführung des Auftrags beteiligten Unternehmern entstanden, so tritt der Spediteur seinen etwaigen Anspruch gegen den Dritten dem Auftraggeber auf dessen Verlangen ab, es sei denn, daß der Spediteur auf Grund besonderer Abmachungen die Verfolgung des Anspruchs für Rechnung und Gefahr des Auftraggebers übernimmt. Die vorstehend erwähnten Dritten gelten nicht als Erfüllungsgehilfen des Spediteurs.

b)
Eine weitergehende Verpflichtung oder eine Haftung besteht für den Spediteur nur, wenn ihm eine schuldhafte Verletzung der Pflichten aus § 408 Abs. 1 HGB zur Last fällt.

c)
Der Spediteur haftet auch in den Fällen der §§ 412, 413 HGB nur nach Maßgabe dieser Bedingungen; § 2 c bleibt unberührt.

Zu § 52:
Die bei der Abwicklung eines Verkehrsauftrages vom Spediteur eingesetzten Dritten werden in eigener Verantwortung tätig, haften somit nach ihren Geschäftsbedingungen.

Der Spediteur kann für das Verhalten Dritter nur bei Auswahlverschulden in Anspruch genommen werden; § 408 HGB bestimmt, daß er die Versendung, besonders Wahl der Frachtführer, Verfrachter oder Zwischenspediteure sorgfältig zu besorgen hat.

Ist dem Spediteur eine Fehlentscheidung bei der Auswahl eines Dritten nachzuweisen, trägt er dem Auftraggeber oder dem aus dem Verkehrsvertrag Begünstigten gegenüber die Folgen eines durch diesen verursachten Schadens. Seine eigenen Regreßansprüche gegen den Schadenstifter werden von dieser kundenbezogenen Regelung nicht berührt.

§ 53
a)
Die Haftung des Spediteurs für von ihm angerolltes Gut ist beendet, sobald es dem Empfänger vor seinem Grundstück zur Abnahme bereitgestellt und abgenommen ist.

b)
Auf Verlangen des Empfängers und auf seine Gefahr sind Packstücke bis zu 50 kg das Stück, sofern ihr Umfang nicht die Beförderung durch einen Mann ausschließt, in Höfe, Keller und höhere Stockwerke abzutragen. Anderes Gut ist dem Empfänger zu ebener Erde oder, soweit dies der Umfang, das Gewicht oder die Notwendigkeit einer besonderen Behandlung (wie bei Weinfässern, Maschinen, Ballons) verbieten, auf dem Fahrzeug vor seinem Grundstück zur Verfügung zu stellen.

Allgemeine Deutsche Spediteurbedingungen – ADSp – 4.1

Zu § 53:
Die räumliche Abgrenzung der Haftung findet sich auch im Frachtrecht der Frachtführer, z. B. Eisenbahn: Frachtvertrag beginnt am Haus des Absenders und endet am Haus des Empfängers. Weitergehende Leistungen, oft aus kundendienstlichen Erwägungen heraus erbracht, überschreiten den vorgesehenen Haftungsrahmen. Die Mitarbeiter des Spediteurs werden beim Erbringen zusätzlicher Leistungen, die vom Absender oder Empfänger verlangt werden, zu deren Erfüllungsgehilfen.

Werden vertraglich Leistungen vereinbart, die außerhalb des in § 53 festgelegten Rahmens zu erbringen sind, werden sie dagegen in die Haftung des Spediteurs einbezogen.

§ 54
a)
Soweit der Spediteur haftet, gelten die folgenden Höchstgrenzen für seine Haftung:

1. DM 5,00 je kg brutto jedes beschädigten oder in Verlust geratenen Packstücks, höchstens jedoch DM 4 750,– je Schadensfall.

2. Für alle sonstigen Schäden, mit Ausnahme der Ziffer 3, höchstens DM 4 750,– je Schadensfall.

3. DM 65 000,– je Schadensfall für Schäden, die auf Unterschlagung oder Veruntreuung durch einen Arbeitnehmer des Spediteurs beruhen. Hierzu gehören nicht gesetzliche Vertreter oder Prokuristen, für deren Handlungen keine Haftungsbegrenzung besteht.

   Ein Schadensfall im Sinne der Vorschrift der Ziffer 3 ist jeder Schaden, der von ein und demselben Arbeitnehmer des Spediteurs durch Veruntreuung oder Unterschlagung verursacht wird, gleichviel, ob außer ihm noch andere Arbeitnehmer des Spediteurs an der schädigenden Handlung beteiligt sind oder ob der Schaden einen Auftraggeber oder mehrere voneinander unabhängige Auftraggeber des Spediteurs trifft. Der Spediteur ist verpflichtet, seinem Auftraggeber auf Verlangen anzugeben, ob und bei welcher Versicherungsgesellschaft er dieses Haftungsrisiko abgedeckt hat.

b)
Ist der angegebene Wert des Gutes niedriger als die Beträge zu 1 – 3, so wird der angegebene Wert zugrunde gelegt.

c)
Ist der nach b) in Betracht kommende Wert höher als der gemeine Handelswert bzw. in dessen Ermangelung der gemeine Wert, den das Gut derselben Art und Beschaffenheit zur Zeit und am Ort der Übergabe an den Spediteur gehabt hat, so tritt dieser gemeine Handelswert bzw. gemeine Wert an die Stelle des angegebenen Wertes.

d)
Bei etwaigen Unterschieden in den Wertangaben gilt stets der niedrigere Wert.

Zu § 54:
Grundsätzlich werden diese Haftungshöchstgrenzen nur herangezogen, wenn keine Schadensbearbeitung über den *SVS/RVS* oder vergleichbare Policen möglich ist, also bei SVS-Verbotskunden oder Regreßansprüchen von Transport- und Lagerversicherern. Unter a) Abs. 2 fallen Vermögensschäden ggf. auch als Güterfolgeschäden.

Beispiele, bei Änderung der Haftungshöchstgrenzen entsprechend anzuwenden:

a) Aus einem beschädigten Packstück fehlen bei Ablieferung durch den Spediteur 12,5 kg der Ware; Gesamtsendung besteht aus 14 Packstücken, je 40 kg = gesamt 560 kg.
Schadensbetrag: 625,00 DM
Haftung lt. ADSp = 200,00 DM (40 x 5,00 DM).

4 Der Spediteur und seine Geschäftsbedingungen

b) Verkehrsvertrag lautet über eine Sendung von 4 Kisten, Einzelgewichte 2.150 kg, 412 kg, 72 kg, 39 kg = insges. 2.673 kg.
Schaden an 1 Kiste = 2.150 kg durch Spediteurverschulden 24.320,00 DM.
Haftung lt. *ADSp* = 4.750,00 DM (absolute Höchstgrenze)

c) Im Rahmen eines Lagerauftrages stellen sich bei einer Lagerbestandsaufnahme Differenzen heraus, und zwar

beim Produkt A ein Minusbestand von 12 Karton je 5,5 kg, Wert je Karton = 110,00 DM

beim Produkt B ein Plusbestand von 4 Karton je 5,5 kg, Wert je Karton = 75,00 DM

Durch den Plusbestand wird die Schadenssumme der Fehlmenge vermindert, es entsteht ein sogenannter Vorteilsausgleich. Bei der Ermittlung des Haftungshöchstbetrages wird dagegen nur das Bruttogewicht der fehlenden Packstücke herangezogen; das Gewicht des Plusbestandes bleibt also unberücksichtigt.
Berechnung:

Minusbestand 12 Karton x 5,5 kg = 66 kg – Wert	1 320,00 DM
Plusbestand 4 Karton x 5,5 kg = 22 kg – Wert	300,00 DM
Wertmäßiger Anspruch des Kunden nach Vorteilsausgleich	1.020,00 DM
Höchsthaftung für 66 kg (nicht 44 kg) x 5,00 DM =	330,00 DM

d) Ein Luftfrachtspediteur schloß einen Verkehrsvertrag, Schmucksachen vom Auftraggeber abzuholen, sie dem Zoll vorzuführen, zu verpacken und als Luftfracht nach Zürich zu expedieren, wo sie versteigert werden sollten. Über diese Beförderung wurde eine Transportversicherung abgeschlossen. Nach den Bedingungen des Versicherungsvertrages mußten die Schmucksachen als Wertsendung im Luftfrachtbrief deklariert werden. Der Spediteur erhielt auch eine entsprechende Weisung, die jedoch von ihm übersehen wurde. Vor der Zollbehandlung in Zürich kam das Paket abhanden. Infolge des Spediteurfehlers war ein Transportversicherer von seiner Leistung frei. Der Versteigerungsmindesterlös war schriftlich mit 200.000,00 DM festgelegt. Haftungshöchstsumme des Spediteurs bei *SVS*-Verbot 4.750,00 DM.

Der Spediteur hat die Möglichkeit, seine *ADSp*-Haftung über einen „*Ergänzungsvertrag zum SVS*" oder eine vergleichbare Police anderer Versicherer zu versichern. Der Spediteur ist hierbei Versicherungsnehmer und Versicherter (anders § 1 *SVS*); es besteht also kein direkter Anspruch eines Geschädigten gegen die Versicherer des Spediteurs.

Die Versicherungsprämie zu diesem „*E-Vertrag zum SVS*" wird zwischen Versicherern und Versicherungsnehmer vereinbart und berücksichtigt den jeweiligen Schadensverlauf eines Kalenderjahres.

§ 55
Bei Schäden an einem Sachteil, der einen selbständigen Wert hat (z. B. Maschinenteil), oder bei Schäden an einer von mehreren zusammengehörigen Sachen (z. B. Wohnungseinrichtung) bleibt die etwaige Wertminderung des Restes der Sache oder der übrigen Sachteile oder Sachen außer Betracht.

Zu § 55:
Diese Regelung bezieht sich nur auf Sachschäden.

§ 56
a)
Bei Gut, dessen Wert mehr als DM 65,– für das kg brutto beträgt sowie bei Geld, Urkunden und Wertzeichen haftet der Spediteur für jeden wie auch immer gearteten Schaden nur, wenn ihm eine schriftliche Wertangabe vom Auftraggeber so rechtzeitig zugegangen ist, daß er seinerseits in der Lage war, sich über Annahme oder Ablehnung des Auftrages und über die für Empfangnahme, Verwahrung oder Versendung zu treffenden Vorsichtsmaßregeln schlüssig zu werden.

b)
Die Übermittlung einer Wertangabe an Fahrer oder sonstige gewerbliche Mitarbeiter ist ohne rechtliche Wirkung, solange sie nicht in den Besitz des Spediteurs oder seiner zur Empfangnahme ermächtigten kaufmännischen Mitarbeiter gelangt ist, es sei denn, daß eine andere Vereinbarung getroffen ist.

c)
Unzulässig ist der Einwand, der Spediteur hätte von dem Wert des Gutes auf andere Weise Kenntnis haben müssen. Ist das Gut jedoch für den Spediteur als wertvoll erkennbar, ist er verpflichtet, den Auftraggeber auf die Notwendigkeit der Wertangabe und die Folgen ihrer Unterlassung hinzuweisen.

d)
Beweist der Auftraggeber, daß der Schaden auf andere Umstände als auf die Unterlassung der Wertangabe zurückzuführen ist oder auch bei erfolgter Wertangabe entstanden wäre, so findet Absatz a) keine Anwendung.

e)
Die Bestimmungen der übrigen Paragraphen, soweit sie über die Bestimmungen dieses Paragraphen hinaus die Haftung beschränken oder aufheben, bleiben unberührt.

Zu § 56:
In Abs. c) 2. Satz wird die Sorgfaltspflicht des Spediteurs unterstrichen, die Verpflichtung des Auftraggebers unter den genannten Umständen abgeschwächt. Besonders ist Abs. d) zu beachten; der Haftungsausschluß entfällt also, wenn die unterlassene Wertangabe für den Schadenseintritt nicht ursächlich ist.

§ 57
a)
Konnte ein Schaden den Umständen nach aus einer im folgenden bezeichneten Gefahr entstehen, so wird vermutet, daß er aus dieser Gefahr entstanden sei:

1. Aus nicht oder mangelhaft erfolgter Verpackung der Güter

2. Aus der Aufbewahrung im Freien, wenn solche Aufbewahrung vereinbart oder eine andere Aufbewahrung nach der Art der Ware oder nach den Umständen untunlich war

3. Aus schwerem Diebstahl im Sinne der §§ 243 und 244 oder aus Raub im Sinne des § 249 StGB

4. Aus höherer Gewalt, Witterungseinflüssen, Schadhaftwerden irgendwelcher Geräte oder Leitungen, Einwirkung anderer Güter, Beschädigung durch Tiere, natürlicher Veränderung des Gutes.

Der Spediteur haftet in diesen Fällen nur insoweit als nachgewiesen wird, daß er den Schaden schuldhaft verursacht hat.

b)
Die Haftung des Spediteurs ist ausgeschlossen für Verluste und Schäden in der Binnenschiffahrtsspedition (einschl. der damit zusammenhängenden Vor- und Anschlußtransporte mit Landtransportmitteln sowie der Vor-, Zwischen- und Anschlußlagerungen), die durch Transport- bzw. Lagerversicherung gedeckt sind oder durch eine Transport- bzw. Lagerversicherung allgemein üblicher Art hätten gedeckt werden können oder nach den herrschenden Gepflogenheiten sorgfältiger Kaufleute über den Rahmen einer Transport- bzw. Lagerversicherung allgemein üblicher Art hinaus gedeckt werden, es sei denn, daß eine ordnungsgemäß geschlossene Versicherung durch fehlerhafte Maßnahmen des Spediteurs unwirksam wird.

c)
Sonstige Bestimmungen, die über die vorstehenden Absätze hinaus die Haftung des Spediteurs beschränken oder aufheben, bleiben unberührt.

4 Der Spediteur und seine Geschäftsbedingungen

Zu § 57:
In den unter a) 1 – 4 aufgeführten Fällen ist nicht auszuschließen, daß der Auftraggeber oder der anspruchberechtigte Dritte den Beweis antritt, daß ein Schaden aus einer anderen Ursache als den hier genannten Gründen erwachsen ist.

Durch b) wird nur die Haftung für Güterschäden, nicht aber für Vermögensschäden ausgeschlossen; letztere sind in der Regel nicht Gegenstand einer Transport- oder Lagerversicherung.

§ 58
gestrichen

§ 59
gestrichen

§ 60
a)
Ist bei Ablieferung ein Schaden am Gut äußerlich erkennbar, so hat der Empfänger dieses unter Angabe allgemeiner Art über den Verlust oder die Beschädigung in einer von beiden Seiten zu unterzeichnenden Empfangsbestätigung festzuhalten.

Äußerlich nicht erkennbare Schäden hat der Empfänger dem anliefernden Spediteur unverzüglich, spätestens am 6. Tag nach Ablieferung, schriftlich anzuzeigen.

b)
Verletzt der Empfänger eine ihn nach der vorstehenden Bestimmung treffende Pflicht, so gilt ein Schaden als erst nach der Ablieferung entstanden. Der Spediteur kann sich hierauf nicht berufen, wenn er seinerseits die ihn danach treffende Pflicht verletzt hat.

Zu § 60:
Durch die Frist von 6 Tagen soll sichergestellt werden, daß der Spediteur berechtigte Ansprüche gegen den Frachtführer, z. B. Eisenbahn und Güterfernverkehrsunternehmer innerhalb der für deren Tätigkeit geltenden Beförderungsbedingungen geltend machen kann.

Eine „unter Vorbehalt" erstellte Empfangsbestätigung eines Empfängers gilt nach herrschender Rechtsauffassung nicht als schriftliche Schadensmeldung; ein solcher Vorbehalt begründet keinen Ersatzanspruch.

§ 61
In allen Fällen, in denen der vom Spediteur zu zahlende oder freiwillig angebotene Schadensbetrag den vollen Wert des Gutes erreicht, ist der Spediteur zur Zahlung nur verpflichtet, Zug um Zug gegen Übereignung des Gutes und gegen Abtretung der Ansprüche, die hinsichtlich des Gutes dem Auftraggeber oder dem Zahlungsempfänger gegen Dritte zustehen.

Zu § 61:
Freiwillig kann der Spediteur z. B. eine die Haftungshöchstgrenze übersteigende Leistung, die dem Schadensersatzanspruch bzw. dem Wert des Gutes entspricht, anbieten, um in den Besitz der Schadensware zwecks eigener Verwertung zu gelangen. Verweigert der Eigentümer der Schadware die Herausgabe und Übereignung an den Spediteur, steht diesem ein Zurückbehaltungsrecht für den Schadensbetrag zu.

§ 62
Der in diesen Bedingungen gebrauchte Ausdruck „Schaden" oder „Schäden" ist, soweit nicht frühere Paragraphen eine Beschränkung vorsehen, im weitesten Sinne (*§§ 249 ff. BGB*) zu verstehen, umfaßt also insbesondere auch gänzlichen oder teilweisen Verlust, Minderung, Wertminderung, Bruch, Diebstahlschaden und Beschädigungen aller Art.

Allgemeine Deutsche Spediteurbedingungen – ADSp – 4.1

Zu § 62:
Die Auflistung konkreter Schadensfälle ist nur beispielhaft zu verstehen. Besonders ist hervorzuheben, daß neben den Güterschäden auch Vermögensschäden Gegenstand der Haftung des Spediteurs sind.

§ 63
a)
Beruft sich der Spediteur auf eine in diesen Bedingungen vorgesehene Haftungsbeschränkung oder -ausschließung, so ist der Einwand, es liege unerlaubte Handlung vor, unzulässig.

b)
Erhebt ein Dritter, der an dem Gegenstand oder der Ausführung des dem Spediteur erteilten Auftrages unmittelbar oder mittelbar interessiert ist, gegen den Spediteur Ansprüche wegen einer angeblich begangenen unerlaubten Handlung, die dem Spediteur nach Absatz a) nicht entgegengehalten werden kann, so hat der Auftraggeber den Spediteur von diesen Ansprüchen unverzüglich zu befreien.

Zu § 63:
Diese Bestimmung stellt sicher, daß der Spediteur tatsächlich nur im Rahmen der *ADSp* beansprucht werden kann. Haftungsbeschränkungen der *ADSp* gelten dagegen nicht bei Ansprüchen aus ungerechtfertigter Bereicherung, Geschäftsführung ohne Auftrag und bei Vorsatz.

XIV. Verjährung

§ 64
Alle Ansprüche gegen den Spediteur, gleichviel aus welchem Rechtsgrunde, verjähren in acht Monaten. Die Verjährung beginnt mit der Kenntnis des Berechtigten von dem Anspruch, spätestens jedoch mit der Ablieferung des Gutes.

Zu § 64:
Die Verjährungsfrist lt. *§ 414 HGB* von einem Jahr wird vertraglich gekürzt. Im *§ 414 HGB* wird abweichend von den *ADSp* der Beginn der Verjährungsfrist bei Verlust oder verspäteter Ablieferung festgelegt auf den Ablauf des Tages, an welchem die Ablieferung hätte bewirkt sein müssen. Die Regelung betrifft nur Ansprüche gegen den Spediteur oder Lagerhalter. Die Verjährung von Ansprüchen des Spediteurs oder Lagerhalters gegen Auftraggeber oder sonstige Dritte regelt sich nach den Bestimmungen des *BGB, §§ 194 ff.*, besonders § 196, und beträgt normalerweise 2 Jahre, beginnend mit dem Ablauf des Jahres, in dem der Anspruch entstanden ist.

Da Hemmung oder Unterbrechung der Verjährungsfrist nicht gesondert angesprochen werden, gelten hierfür die gesetzlichen Vorschriften der *§ 202, 208 ff. BGB*.
Hierbei ist zu beachten, daß der Verjährungsablauf nicht durch Anmeldung des Anspruches oder weitere Korrespondenz gehemmt wird. Unterbrechung tritt ein durch Anerkenntnis, Abschlagszahlung, Klage oder Mahnbescheid.

XV. Erfüllungsort, Gerichtstand, anzuwendendes Recht

§ 65
a)
Der Erfüllungsort ist für alle Beteiligten der Ort derjenigen Handelsniederlassung des Spediteurs, an die der Auftrag gerichtet ist.

b)
Der Gerichtsstand für alle Rechtsstreitigkeiten, die aus dem Auftragsverhältnis oder im Zusammenhang damit entstehen, ist für alle Beteiligten, soweit sie Vollkaufleute sind, der Ort derjenigen Handelsniederlassung des Spediteurs, an die der Auftrag gerichtet ist; für Ansprüche gegen den Spediteur ist dieser Gerichtsstand ausschließlich.

4 Der Spediteur und seine Geschäftsbedingungen

c)
Für die Rechtsbeziehungen des Spediteurs zum Auftraggeber oder zu seinen Rechtsnachfolgern gilt deutsches Recht.

Zu § 65:
Die Ausschließlichkeit des Gerichtsstandes gilt nur unter Vollkaufleuten. Der Spediteur kann seinen Auftraggeber auch an seinem Sitz verklagen. Zu berücksichtigen ist ferner das „Übereinkommen der EG über gerichtliche Zuständigkeit und Vollstreckung".

4.2 Speditions- und Rollfuhrversicherungsschein (SVS/RVS)

4.2.1 Entwicklung

SVS/RVS Entwicklung Zu Beginn der *ADSp* 1927 gab es zunächst nur den Speditions-Versicherungsschein SVS, der die vom Spediteur verschuldeten Vermögensschäden nach Maßgabe seiner gesetzlichen Haftung versicherte. Güterschäden wurden wie früher durch eine Transportversicherung gedeckt. Bei Bahntransporten sah man freilich wegen der auskömmlichen Gefährdungshaftung der Bahn nach *EVO* oft von einer Transportversicherung ab, und für die kurze Speditionsrollung zum und vom Güterbahnhof lohnte sich eine Transportversicherung nicht recht. Dennoch bestand für die Rollung ein Bedürfnis nach Güterschadendeckung. Dafür wurde 1929 in Ergänzung des SVS der Rollfuhr-Versicherungsschein RVS eingeführt. Er versicherte Güterschäden bei der Rollung nach Maßgabe der gesetzlichen Haftung des Spediteurs.

Beide Versicherungsscheine wurden weiter entwickelt und am 1.7.1978 im Zusammenhang mit der grundsätzlichen Überarbeitung der *ADSp* und ihrer Anpassung an das *AGB-Gesetz* zu einem einzigen Versicherungsschein zusammengeführt, dem Speditions- und Rollfuhrversicherungsschein, der traditionsgemäß die Kurzbezeichnung *SVS/RVS* beibehielt.

Eine äußerlich vollkommene Überarbeitung erfuhr der *SVS/RVS* zum 1.3.1989 durch den Übergang von der Paragraphenfolge zum Ziffernsystem (Euronorm), womit auch eine systematischere Gliederung und inhaltliche Erweiterung verbunden war.

4.2.2 Monopol und Modell

Unter Führung der *Victoria-Versicherung* waren anfangs 12 Versicherungsgesellschaften am *SVS* beteiligt. Bearbeitet wurde das Geschäft von Beginn an in Vollmacht der Versicherer durch den Vorgänger der heutigen *Oskar Schunck KG*. Der Drang der Versicherer nach diesem vollkommen neuen und bis dahin fremden Geschäft hielt sich in Grenzen. Die Zahl der beteiligten Versicherer blieb gering. 1939 wurden durch die Anordnung des Reichsverkehrsministers, wonach alle deutschen Spediteure die *ADSp* – natürlich mit *SVS* und *RVS* – anzuwenden hatten, *SVS* und *RVS* als Monopole festgeschrieben. Das galt bis zum Kriegsende 1945.   **Monopol**

Erst 1978 wurde in § 39 *ADSp* das Monopol des *SVS* und *RVS* aufgehoben. Seither kann der Spediteur auch ohne individuelle Vereinbarung mit seinem Auftraggeber die Speditionsversicherung bei Versicherern seiner Wahl abschließen. Nur muß die Versicherung dem Modell des SVS/RVS insbesondere im Deckungsumfang entsprechen. Verständlicherweise will die Verladerschaft den Spediteur nicht aus seiner persönlichen Haftung entlassen, ohne die vom Spediteur statt dessen zu stellende Versicherung mitgestalten zu können. Mitgestalten und kontrollieren kann man aber nur eine lebende Versicherung, nicht ein abstraktes Muster. Tatsächlich steht der SVS/RVS unter Vertrag mit den Spitzenorganisationen des Speditionsgewerbes einerseits, der verladenden Wirtschaft andererseits: *BSL* und *DIHT*.   **Modell**

4.2.3 Bedeutung des SVS/RVS

Durch die Verbindung von *ADSp* mit SVS/RVS oder anderer gleichwertiger Speditionsversicherung ist die Haftung des Spediteurs im deutschen Recht auf eine einzigartige Weise geregelt. Haftung bedeutet Einstehenmüssen für angerichteten Schaden, und zwar persönlich mit eigenen Mitteln. Nun bestimmt § 41, a *ADSp*, daß der Spediteur dann nicht für einen von seinem Betrieb angerichteten Schaden finanziell einzustehen hat, wenn er statt dessen dem Verlader den Versicherungsschutz des *SVS/RVS* zur Verfügung stellt. Und dieser Versicherungsschutz ist so ausgestaltet, als ob der Spediteur nach Gesetz haften würde. Jetzt schließt sich der Kreis: Der Verlader hat im wirtschaftlichen Ergebnis gesetzliche Haftung des Spediteurs, und zwar als Leistung der Versicherer, und der Spediteur ist vom Haftungsrisiko befreit. Zugleich ist damit die Bonität des Schuldners im Schadenfall gesichert; der kleine und der mittelständische Spediteur sind im Schadenfall nicht schlechter als ein Speditions-Weltkonzern: Alle stellen dem Verlader gleichen Versicherungsschutz zur Verfügung.   **SVS/RVS Bedeutung**

Würde im Schadenfall der Spediteur verklagt, müßte die Klage abgewiesen werden, weil der Kläger den falschen Beklagten belangt hat. Der Spediteur haftet eben nicht.

4 Der Spediteur und seine Geschäftsbedingungen

Statt dessen wäre die Klage gegen die Versicherer zu richten, und zwar auf Erfüllung ihres Leistungsversprechens.

Der *SVS/RVS* wird dem Verlader gleichsam automatisch auch ohne seinen Willen zur Verfügung gestellt. Jeder Verkehrsvertrag ist versichert. Der Auftraggeber, der ja auch die Kosten der Versicherung zu tragen hat *(§ 39, a ADSp)*, kann ohne nähere Begründung die Versicherung verbieten (sog. Verbotskunde). Die Versicherung geschieht zwar ohne, aber nicht gegen seinen Willen. Wenn die Versicherung verboten wird, entfällt die Voraussetzung dafür, daß der Spediteur von seiner Haftung befreit wird. Er haftet also, und zwar so, wie es vereinbart ist, d.h. nach *ADSp* in beschränkter Höhe.

4.2.4 Text und Erläuterungen zum Speditions- und Rollfuhrversicherungsschein (SVS/RVS)

Neufassung
gültig ab 1.1.1995

1   Gegenstand des Versicherungsvertrages

SVS/RVS Text und Erläuterungen

1.1   Gegenstand dieser Versicherung sind Verkehrsverträge. Das sind Speditions-, Fracht- und Lagerverträge unter Einschluß der im Speditionsgewerbe üblichen Vereinbarungen – auch als selbständige Verträge – z. B. über die Erhebung von Nachnahmen, Zollbehandlung, Besorgung der für die Güterabfertigung notwendigen Dokumente, Verwiegungen, andere Mengenfeststellung, Verpackung, Musterziehung sowie Verladen und Entladen von Gütern.

1.2   Dazu zählt auch das im Zusammenhang mit einem Verkehrsvertrag stehende Besorgen von Versicherungsdeckungen, beschränkt auf Gütertransport- und Sachversicherungen.

Zu Ziffer 1

Es wird festgestellt, daß der *SVS/RVS* nur auf speditionsübliche Leistungen – beispielhaft, aber nicht erschöpfend genannt – anzuwenden ist. Ausgeschlossen sind damit Tätigkeiten des Spediteurs als Erfüllungsgehilfe einer anderen Beförderungsunternehmung, Agent einer Versicherung, Vermieter von Lager- und Umschlagsanlagen (s. auch § 2 b bis d *ADSp*). Im Zweifelsfall, z. B. bei Übernahme von weitergehenden logistischen Leistungen, muß eine Abstimmung mit den Speditionsversicherern erfolgen.

2   Versicherung für fremde Rechnung

Die Versicherung wird für fremde Rechnung genommen. Versichert ist der Wareninteressent, d. h. der Auftraggeber oder derjenige, dem das versicherte Interesse im Zeitpunkt des Schadenereignisses zugestanden hat; insbesondere ist derjenige versichert, der die Transportgefahr trägt. Der Versicherte kann über den Versicherungsanspruch verfügen.

Zu Ziffer 2

Während der Spediteur Versicherungsnehmer ist mit einem Erstattungsanspruch der Versicherungsprämie gegen den Auftraggeber, ist der Wareninteressent der Versicherte mit direktem Anspruch gegen die Speditionsversicherer. Daß er über den Anspruch verfügen, d.h. ihn geltend machen kann, ist Klarstellung gegenüber *§ 75 Abs. 2 VVG*.

Speditions- und Rollfuhrversicherungsschein (SVS/RVS) 4.2

3   Umfang des Versicherungsschutzes

3.1   Die Versicherer ersetzen nach Maßgabe der deutschen gesetzlichen Vorschriften über vom Spediteur als Auftragnehmer abgeschlossene Verkehrsverträge

3.1.1   Güterschäden: Verlust und Beschädigung des Gutes, das Gegenstand des Verkehrsvertrages ist;

3.1.2   Güterfolgeschäden: Aus einem Güterschaden herrührende Vermögensschäden;

3.1.3   reine Vermögensschäden: Vermögensschäden, die nicht mit einem Güterschaden am Speditionsgut oder einem sonstigen Sachschaden zusammenhängen.

3.2   Die Versicherungsleistung umfaßt den Ersatz von Schäden nach den deutschen gesetzlichen Vorschriften

3.2.1   über die vertragliche Haftung eines Spediteurs insbesondere nach den Vorschriften des Handelsgesetzbuches oder des Bürgerlichen Gesetzbuches;

3.2.2   aus unerlaubter Handlung, Eigentum oder ungerechtfertigter Bereicherung, sofern diese Ansprüche mit einem Verkehrsvertrag unmittelbar zusammenhängen.

3.3   Die Versicherer ersetzen nach Ziff. 3.1 auch Schäden,

3.3.1   entstanden im gewerblichen Güternahverkehr oder bei Beförderungen auf der Straße in der Bundesrepublik Deutschland, die nicht den Vorschriften des *Güterkraftverkehrsgesetzes (GüKG)* unterliegen, auch wenn sie vom Zwischenspediteur oder einem fremden Unternehmer ausgeführt werden;

3.3.2   verursacht durch deutsche oder ausländische Zwischenspediteure;

3.3.3   entstanden aus verkehrsbedingten Vor-, Zwischen- und Nachlagerungen beim Spediteur oder Zwischenspediteur;

3.3.4   aus vom Spediteur oder Zwischenspediteur unterlassener Wahrung des Regresses;

3.3.5   verursacht durch eine vorsätzliche Handlung oder Unterlassung des Spediteurs oder Zwischenspediteurs oder deren gesetzliche Vertreter, Mitarbeiter oder Erfüllungsgehilfen;

3.3.6   die dadurch entstehen, daß eine wirksam abgeschlossene Schadenversicherung durch eine fehlerhafte Maßnahme des Spediteurs oder Zwischenspediteurs unwirksam wird.

3.4   Die Versicherer ersetzen ferner Schäden

3.4.1   nach der *Eisenbahnverkehrsordnung (EVO)* an Gütern, die im organisierten innerdeutschen Bahnsammelgutverkehr befördert werden. Die Versicherungsleistung erstreckt sich auf Schäden, die zwischen der Annahme der Sendungen durch den Spediteur bis zur Ablieferung beim Endempfänger entstehen. Eine Berufung der Versicherer auf § 83 (1) c EVO ist ausgeschlossen;

3.4.2   nach der *Kraftverkehrsordnung (KVO)*, die vor Beginn oder im Anschluß an eine Güterfernverkehrsbeförderung im gewerblichen Güternahverkehr oder während des Umschlages oder während der Zwischenlagerung verursacht werden.

3.5   Die Versicherer verzichten auf alle Einwendungen, welche der Spediteur aus den in den *ADSp* und sonstigen Abmachungen oder Handels- und Verkehrsgebräuchen enthaltenen Bestimmungen über Ausschluß und Minderung der gesetzlichen Haftung erheben könnte.

4 Der Spediteur und seine Geschäftsbedingungen

Zu Ziffer 3

Die deutschen gesetzlichen Bestimmungen sind neben dem *HGB* auch im *BGB* heranzuziehen. Hierbei ist z. B. zu beachten, daß bei Frachtführertätigkeit – § *429 bis 430 HGB* – Wertersatz vorgesehen ist, Güterfolgeschäden also nicht ersetzt werden. Nur bei Vorsatz oder grober Fahrlässigkeit wird voller Schadenersatz geschuldet. Im Speditions- oder Lagergeschäft gilt dagegen das Prinzip des Schadensersatzes, also Haftung für Güter-, Güterfolge- und reine Vermögensschäden. Der Umfang des Versicherungsschutzes – zum Teil über deutsche gesetzliche Bestimmungen hinaus – wird übersichtlich dargestellt. Besonders hervorzuheben sind die Einbeziehung von Leistungen im gewerblichen Güternahverkehr und im Rahmen der Freistellungsregelung des *GüKG* durch fremde Unternehmer, ferner der ausländischen Zwischenspediteure weltweit. Die Deckungszusage nach *EVO* (Ziff. 3.4.1) und *KVO* (Ziff. 3.4.2) stellt auf Gefährdungshaftung und den bereits erläuterten Wertersatz ab.

4 Aufwendungsersatz

Die Versicherer ersetzen zusätzlich

4.1 die Aufwendungen zur Abwendung und Minderung eines ersatzpflichtigen Schadens, soweit sie den Umständen nach geboten waren, § *63 Versicherungsvertragsgesetz (VVG)*;

4.2 vom Spediteur oder Zwischenspediteur aus Anlaß einer Fehlleitung aufgewendete Beförderungsmehrkosten einschließlich notwendiger anderer Kosten, sofern sie zur Verhütung eines ersatzpflichtigen Schadens erforderlich waren.

Zu Ziffer 4:

Für Aufwendungen des Spediteurs oder Zwischenspediteurs im hier beschriebenen Umfang besteht abweichend vom Grundsatz des *SVS/RVS*, daß der Wareninteressent versichert ist, ein direkter Anspruch des betreffenden Spediteurs.

5 Ausschlüsse

Ausgeschlossen vom Versicherungsschutz sind

5.1 die durch eine Gütertransport-, Wareneinheits- oder Ausstellungsversicherung gedeckten Gefahren;

5.2 alle Schäden, die dem Grunde nach von einem Unternehmer im Güterfernverkehr zu vertreten sind, sowie Ansprüche nach dem *„Übereinkommen über den Beförderungsvertrag im internationalen Straßengüterverkehr" (CMR)* einschließlich aller damit zusammenhängenden außervertraglichen Ansprüche.

Schäden, die ein Güterfernverkehrsunternehmer nach der *Kraftverkehrsordnung (KVO)* zu verantworten hat, können den *SVS/RVS*-Versicherern gemeldet werden, die verpflichtet sind, sie mit den *KVO*-Versicherern zu regeln;

5.3 Schäden, die dem Grunde nach von einem Frachtführer oder dessen Agenten (Binnenschiffahrt, Eisenbahn, Luftfahrt, Seefahrt), einem Verfrachter, einer Hafen- oder Flughafenbetriebsgesellschaft oder vom Spediteur oder Zwischenspediteur in einer dieser Funktionen zu vertreten sind; *Ziff. 3.3.1 und 3.4* bleiben unberührt;

5.4 Güterschäden,

5.4.1 verursacht durch ausländische Zwischenspediteure oder in Erfüllung von Verkehrsverträgen tätige andere ausländische Unternehmen;

5.4.2 verursacht während einer vom Wareninteressenten verfügten Lagerung im Ausland;

5.4.3 verursacht während einer vom Wareninteressenten verfügten Lagerung, soweit sie durch eine Feuer-, Einbruchdiebstahl-, Leitungswasser- oder Sturmversicherung gedeckt sind oder hätten gedeckt werden können;

5.5 Schäden, deren Ersatz nur aufgrund vertraglicher, im Speditionsgewerbe allgemein nicht üblicher Vereinbarungen verlangt werden kann, wie Vertragsstrafen, Lieferfristgarantien usw., sowie Schäden aufgrund von Ansprüchen aus Haftungsvereinbarungen, soweit sie über die gesetzliche Haftung hinausgehen;

5.6 Schäden und Ansprüche, die durch eine andere Versicherung, z. B. Betriebs-Haftpflicht-, Kraftfahrzeug-Haftpflicht-, Feuer-, Einbruchdiebstahl- oder Leitungswasser-Versicherung gedeckt sind;

5.7 Schäden, verursacht durch Krieg, Aufruhr oder Kernenergie;

5.8 Personenschäden;

5.9 Schäden, die unmittelbar dadurch entstehen, daß Vorschüsse, Erstattungsbeträge o. ä. nicht zweckentsprechend verwendet, weitergeleitet oder zurückgezahlt werden. Ein dadurch verursachter weitergehender Schaden bleibt davon unberührt.

Zu Ziffer 5:

Die Vorschriften der Ziff. 5.1 bis 5.3 dienen der Abgrenzung der Haftung der Speditionsversicherer gegenüber der Deckungszusage anderer Versicherer bzw. Haftungsverpflichtungen gemäß *KVO, CMR* oder sonstiger dort genannter Unternehmen. Der Ausschluß von Güterschäden – Ziff. 5.4 – geht davon aus, daß die betreffenden Gefahren durch eine Transport- bzw. Lagerversicherung gedeckt werden können. Aus Ziff. 5.4.1 ergibt sich dagegen, daß Güterschäden im grenzüberschreitenden Verkehr, die durch den deutschen Erst- oder Zwischenspediteur verursacht worden sind, unter der Deckungszusage der Speditionsversicherer fallen.

Ein Ausschluß vom Versicherungsschutz nach Ziff. 5.5 kann neben den erwähnten Fällen auch bei logistischen Leistungspaketen mit unüblichen Absprachen – z. B. hinsichtlich Haftung – eintreten; ggf. ist rechtzeitig eine Abstimmung mit den Speditionsversicherern vorzunehmen.

Der seit 1.3.1989 aufgenommene Ausschluß lt. Ziff. 5.9 stellt klar, daß Ansprüche aus Zahlungsunfähigkeit des Spediteurs oder Lagerhalters nicht durch die Speditionsversicherer geregelt werden.

6 Versicherungswert/Versicherungssummen/Interessedeklaration

6.1 Als Versicherungswert ist der Verkaufspreis anzumelden, in Ermangelung dessen der gemeine Handelswert oder gemeine Wert, den das Gut am Ort und im Zeitpunkt der Übernahme hat, unter Einschluß aller Speditionsentgelte und Transportkosten sowie der Eingangsabgaben im Empfangsland. Die Versicherungssumme ist auf DM 1,0 Mio. je Verkehrsvertrag begrenzt.

6.2 Die Regelversicherungssumme beträgt DM 5000,– je Verkehrsvertrag. Für Kleinsendungen ist eine Versicherungssumme von DM 1000,– zulässig. Will der Auftraggeber einen höheren Betrag als DM 5000,– versichern, hat er die gewünschte Versicherungssumme spätestens mit Abschluß des Verkehrsvertrages dem Spediteur schriftlich mitzuteilen.

6.3 Erhält der Spediteur keine Mitteilung über die Versicherungssumme, ist er berechtigt, den Versicherungswert aufgrund von Erfahrungswerten oder beigefügten Unterlagen von DM 5000,– bis DM 1,0 Mio. zu schätzen.

4 Der Spediteur und seine Geschäftsbedingungen

6.4 Bis DM 1,0 Mio. Versicherungssumme hat der Versicherte keinen Nachteil, wenn dem Spediteur bei der Versicherungsanmeldung ein Versehen unterläuft, die Anmeldung der gewünschten Versicherungssumme unterbleibt, der Spediteur geschuldete Prämien nicht oder nicht rechtzeitig bezahlt, sofern nur der Auftraggeber die gewünschte höhere Versicherungssumme dem Spediteur rechtzeitig schriftlich mitgeteilt hatte. Schätzfehler (Ziff. 6.3) unterliegen nicht dieser Bestimmung.

6.5 Der Auftraggeber kann die Deckung eines höheren Wertes als DM 1,0 Mio. bis höchstens DM 10,0 Mio. vor, spätestens mit Abschluß des Verkehrsvertrages bei den Versicherern beantragen, die unverzüglich über die Annahme des Antrages und den Zeitpunkt des Inkrafttretens der höheren Versicherungssumme zu entscheiden haben. Die Entscheidung wird mit Zugang beim Auftraggeber wirksam.

Die Versehensklausel (Ziff. 6.4) findet insoweit keine Anwendung.

6.6 Der Einwand der Unterversicherung ist ausgeschlossen, wenn der Versicherungswert die Versicherungssumme von DM 1,0 Mio. oder die vereinbarte höhere Deckungssumme übersteigt.

6.7 Der Auftraggeber kann spätestens mit Abschluß des Verkehrsvertrages gegenüber dem Spediteur den Betrag eines Interesses an der Erfüllung des Verkehrsvertrages zu Gunsten des Versicherten deklarieren. Die Deklaration muß schriftlich erfolgen. Sie ist mit dem fünffachen Versicherungswert der Sendung, höchstens mit DM 100 000,– begrenzt. Die Versicherungssumme erhöht sich entsprechend.

Die Versehensklausel (Ziff. 6.4) findet entsprechende Anwendung.

6.8 Ein darüber hinausgehendes Interesse bis höchstens DM 1,0 Mio. kann mit ausdrücklicher Einwilligung der Versicherer vereinbart werden.

Der Auftraggeber hat den Betrag des Interesses und alle ihm bekannten gefahrerheblichen Umstände den Versicherern vor, spätestens mit Abschluß des Verkehrsvertrages schriftlich mitzuteilen, die ihm unverzüglich ein Angebot unterbreiten, ob, ab wann, zu welchen Bedingungen und gegen welche Prämie sie das Interesse zu versichern bereit sind. Nimmt der Auftraggeber das Angebot an, wird die Versicherung des höheren Interesses wirksam.

Die Versehensklausel (Ziff. 6.4) findet insoweit keine Anwendung.

6.9 In den Fällen der Ziff. 6.5 und 6.8 haben die Versicherer bei Annahme eines Antrages auf die Beschränkungen der Ziff. 8 ausdrücklich hinzuweisen.

Zu Ziffer 6:

Während im Grund-SVS die Verpflichtung des Auftraggebers zur schriftlichen Angabe des Sendungswertes bei Abweichungen vom Regelversicherungswert von DM 5000,– besteht, ergänzend hierzu der Spediteur bei fehlender Information ein Schätzrecht besitzt, ist eine Interessenversicherung ausschließlich vom Auftraggeber zu veranlassen. Im Grund-SVS/RVS und in der Interessenversicherung ist zwischen Norm- und Höherversicherung zu unterscheiden. Sollen die in Ziffer 6.1 und 6.7 genannten Werte überschritten werden, ist eine direkte Vereinbarung zwischen Auftraggeber und Speditionsversicherer erforderlich. Bei der Höherwertversicherung – Ziffer 6.5 und 6.8 – ist der Einwand der Unterversicherung ausgeschlossen (Erstrisikoversicherung).

7 Umfang der Versicherungsleistung je Schadenfall

Die Leistung der Versicherer ist je Schadenfall begrenzt

7.1 für Güterschäden

7.1.1 falls das Gut bei Schadeneintritt verkauft war, mit dem Verkaufspreis unter Berücksichtigung entstandener und ersparter Kosten, wie z. B. Frachtentgelte, Eingangsabgaben;

Speditions- und Rollfuhrversicherungsschein (SVS/RVS) 4.2

7.1.2 sonst mit dem gemeinen Handelswert oder dem gemeinen Wert, den das Gut am Ort und in dem Zeitpunkt hatte, in welchem die Ablieferung zu bewirken war, unter Berücksichtigung entstandener und ersparter Kosten;

7.1.3 auf jeden Fall mit der Versicherungssumme (Ziff. 6);

7.2 für Güterfolgeschäden neben dem Güterschaden mit dem Versicherungswert, höchstens mit der Versicherungssumme;

7.3 für reine Vermögensschäden mit dem doppelten Versicherungswert, höchstens mit der doppelten Versicherungssumme;

7.4 für die Interesseversicherung (Ziff. 6.7, 6.8) mit dem vom Versicherten nachzuweisenden Schaden, höchstens mit der Versicherungssumme (Versicherung auf Erstes Risiko).

Zu Ziffer 7:

Die Versicherungssumme steht im Grund-SVS nun in doppelter Höhe zur Verfügung; entweder für Güterschäden und hieraus resultierende Güterfolgeschäden jeweils nebeneinander bis zum Versicherungswert oder bei reinen Vermögensschäden bis zum zweifachen Versicherungswert. Die Höhe des Anspruches – selbstverständlich auch hinsichtlich Interessenversicherung – ist nachzuweisen. Eine Schadensregulierung durch die Versicherer ist kein Umsatz und unterliegt deshalb nicht der Umsatzsteuerpflicht.

8 Grenzen der Versicherungsleistung je Schadenereignis

8.1 Die Leistung der Versicherer ist je Schadenereignis begrenzt

8.1.1 mit DM 11,0 Mio., auch wenn mehrere Versicherte Ansprüche aus dem vom Spediteur abgeschlossenen Versicherungsvertrag geltend machen;

8.1.2 für Feuerschäden bei verkehrsbedingten Vor-, Zwischen- und Nachlagerungen mit DM 2,0 Mio., auch wenn mehrere Versicherte über Versicherungsverträge verschiedener Spediteure anspruchsberechtigt sind.

8.2 Die durch ein Schadenereignis mehreren Versicherten entstandenen Schäden werden anteilmäßig im Verhältnis der Versicherungsansprüche ersetzt, wenn sie die in Betracht kommende Grenze der Versicherungsleistung (Ziff. 8.1) übersteigen.

Zu Ziffer 8:

Die Höchstleistung von 11 Millionen DM, nach Ziffer 8.1.2 2 Millionen DM gilt absolut, unterscheidet also nicht nach Schadensarten, setzt andererseits auch nicht den Abschluß einer Interessenversicherung voraus.

9 Versicherungsverbote

9.1 Der Auftraggeber ist berechtigt, durch eine an den Spediteur gerichtete schriftliche Erklärung

9.1.1 die Versicherung zu untersagen (§ 39 a *ADSp*; generelles Verbot);

9.1.2 die Versicherung von Güterschäden im ausschließlich innerdeutschen Verkehr zu untersagen (partielles Verbot).

9.2 Der Spediteur ist verpflichtet, die Erklärung unverzüglich den Versicherern zu übermitteln. Sie kann nur durch eine schriftliche Mitteilung des Auftraggebers an den Spediteur geändert werden, der dann zur unverzüglichen Weitergabe an die Versicherer verpflichtet ist.

4 Der Spediteur und seine Geschäftsbedingungen

Zu Ziffer 9:

Entschließt sich der Auftraggeber zum Verbot der Anmeldung der durch ihn erteilten Verkehrsaufträge zum SVS/RVS oder einer vergleichbaren Police, beschränkt er seinen Anspruch aus Güter-, Güterfolge- und Vermögensschäden, soweit sie durch den Spediteur verschuldet werden, auf die Haftungsbestimmungen der ADSp.

10 Versicherungsanmeldung/Fälligkeit der Prämien/Bucheinsicht

10.1 Der Spediteur ist verpflichtet, alle

10.1.1 im Kalendermonat abgeschlossenen, versicherten Verkehrsverträge am Ende des Monats den Versicherern anzumelden;

10.1.2 Verkehrsverträge mit Versicherungssummen von mehr als DM 10 000,– einzeln unter Bezeichnung des Auftrages in das dafür vorgesehene Formular einzutragen und dieses den Versicherern zu übermitteln.

10.2 Die Anmeldungen sind den Versicherern bis spätestens zum 20. des Folgemonats zuzusenden. Zu diesem Zeitpunkt sind die Prämien fällig.

10.3 Die Versicherer sind berechtigt, die Anmeldungen durch Einsichtnahme in die entsprechenden Geschäftsunterlagen zu überprüfen. Sie sind verpflichtet, über die erlangten Kenntnisse Stillschweigen gegenüber Dritten zu bewahren.

Zu Ziffer 10:

Zugelassen als Prämienanmeldung sind auch EDV-Nachweise. Ergänzend ist zu bemerken, daß dem Spediteur für die fristgemäße Erledigung der Anmeldung eine Bearbeitungsgebühr zusteht.

11 Obliegenheiten/Zahlung der Versicherungsleistung über den Spediteur/Ausschlußfrist

11.1 Dem Versicherten obliegt es, jeden Schaden den Versicherern oder dem Spediteur schriftlich zu melden, spätestens innerhalb eines Monats, nachdem er vom Schaden Kenntnis erlangt hat.

Die Versicherer sind nach Vorlage aller erforderlichen Unterlagen gemäß § 11 VVG zur Leistung verpflichtet.

11.2 Dem Spediteur und dem Versicherten obliegt es, für die Abwendung und Minderung eines Schadens zu sorgen, die Möglichkeiten eines Rückgriffs gegen Dritte zu wahren, den Versicherern jede notwendige Auskunft zu geben und Weisungen der Versicherer zu befolgen.

11.3 Die Versicherer sind berechtigt, bei Fabrik- oder Konsignationslägern vom Spediteur und dem Versicherten zu verlangen, neben mindestens einer jährlichen Inventur, zusätzliche nach Abstimmung vorzunehmen.

11.4 Verletzt der Versicherte eine in diesem Vertrag vereinbarte Obliegenheit vorsätzlich oder grob fahrlässig, so sind die Versicherer nach den Vorschriften des § 6 VVG von der Verpflichtung zur Leistung frei.

Verletzt der Spediteur, ein gesetzlicher Vertreter, Prokurist oder Leiter einer Niederlassung vorsätzlich oder grob fahrlässig eine Obliegenheit, sind die Versicherer berechtigt, den Spediteur in Rückgriff zu nehmen. § 6 Abs. 3 Satz 2 VVG findet entsprechende Anwendung.

11.5 Die Versicherer sind berechtigt, Versicherungsleistungen über den Spediteur zu zahlen. Der Anspruch des Versicherten wird dadurch nicht berührt. Sie sind verpflichtet, an den Versicherten zu leisten, wenn dieser vor Zahlung an den Spediteur schriftlich einen Schadenausgleich an sich verlangt hat.

Speditions- und Rollfuhrversicherungsschein (SVS/RVS) 4.2

11.6 Alle Ansprüche des Versicherten oder des Spediteurs aus diesem Vertrag erlöschen, wenn nicht innerhalb von zwei Jahren, gerechnet vom Datum der Schadenanmeldung, Klage gegen den führenden Versicherer erhoben wird. Die Frist kann durch Vereinbarung verlängert werden.

Zu Ziffer 11:

Die in Ziff. 11.1 vorgegebene Frist muß vom Anspruchberechtigten durch schriftliche Anmeldung seines Anspruches eingehalten werden, nicht also vom Spediteur. Der Spediteur hat dagegen eine ihm zugegangene Meldung ohne Verzug an die Speditionsversicherer weiterzuleiten. Die Auszahlung der Schadenssumme erfolgt trotz des direkten Anspruches des Versicherten gegen die Speditionsversicherer in der Regel über den versicherungsnehmenden Spediteur. Die Direktzahlung der Versicherer an den Geschädigten gilt als Ausnahme. Bei Regulierung über den Spediteur wird die fällige Selbstbeteiligung gemäß Ziffer 15 verrechnet; an den Anspruchsteller ist durch den Spediteur der volle Betrag zu überweisen.

Die unter Ziffer 11.3 vorgeschriebenen Maßnahmen dienen der Schadensverhütung und Eingrenzung des Schadenszeitpunktes.

§ 6 VVG behandelt die Verwirkung von Ansprüchen, § 11 die Fälligkeit der Geldleistung der Versicherer.

Vertraglich gilt eine Ausschlußfrist von zwei Jahren, d. h., daß Ansprüche mit Ablauf dieser Zeitspanne erlöschen. Eine Klageerhebung nach Ablauf dieser Frist würde vom Gericht zurückgewiesen. Das VVG § 12 sieht dagegen eine zweijährige Verjährungsfrist vor, beginnend mit Ablauf des Jahres, in dem der Anspruch entsteht. In diesem Fall kann sich der Beklagte bei Klageerhebung vor Gericht auf die Verjährungsfrist berufen.

12 Abtretung der Versicherungsansprüche/Übergang von Rechten auf andere Versicherer

12.1 Die Abtretung der Versicherungsansprüche des Versicherten aus diesem Vertrag an andere Personen als an den Spediteur ist nur mit Zustimmung der Versicherer zulässig.

12.2 Ansprüche anderer Versicherer aufgrund eines gesetzlichen Forderungsübergangs oder aus abgetretenem Recht sind ausgeschlossen.

12.3 Die Abtretung von Ansprüchen des Spediteurs aus diesem Versicherungsvertrag ist nur mit Zustimmung der Versicherer zulässig.

Zu Ziffer 12:

Durch diese Bestimmung soll sichergestellt werden, daß die Versicherer es während der Schadenbearbeitung nur mit den Personen zu tun haben, die den Sachverhalt kennen und Auskunft geben können.

13 Rückgriffsverzicht und -recht der Versicherer

13.1 Die Versicherer verzichten auf einen Rückgriff gegen den Spediteur, seine Arbeitnehmer sowie gegen jeden Zwischenspediteur, der den SVS/RVS gezeichnet hat, und gegen dessen Arbeitnehmer.

13.2 Die Versicherer sind jedoch berechtigt, jeden in Regreß zu nehmen, der den Schaden vorsätzlich herbeigeführt hat.

Zu Ziffer 13:

Der Regreßverzicht gegenüber dem Versicherungsnehmer ist üblich: im SVS/RVS werden nicht nur die Mitarbeiter des Versicherungsnehmers, sondern auch die von ihm eingesetzten deutschen Zwischenspediteure ausdrücklich einbezogen. Ein Regreßrecht der Versicherer besteht gegen ausländische Zwischenspediteure, die den SVS/RVS nicht gezeichnet haben. Ferner sind vom Regreßverzicht ausgenommen vorsätzlich handelnde Schadensstifter (§ 276 BGB).

4 Der Spediteur und seine Geschäftsbedingungen

14 Prämien

14.1 Prämienpflichtig ist jeder zwischen Spediteur und Autraggeber geschlossene Verkehrsvertrag (Ziff. 1).

14.2 Schließt ein Verkehrsvertrag Dispositionen an mehrere Empfänger ein, so gilt jede Disposition als prämienpflichtiger Verkehrsvertrag.

Im Falle von abgeschlossenen Rahmen- oder General-Verträgen ist jede einzelne vom Spediteur übernommene Tätigkeit und/oder Behandlung des Gutes (Versendungen, Abladungen, Einlagerungen, Auslagerung mit Rollung usw.) als Verkehrsvertrag prämienpflichtig.

14.3 Die Prämie einschließlich 15 % Versicherungsteuer beträgt für alle Verkehrsverträge

14.3.1 bei einer Versicherungssumme
bis zu DM 1000,–   DM 2,60

14.3.2 bei einer Versicherungssumme
über DM 1000,– bis zu DM 5000,–   DM 5,25

14.3.3 bei einer Versicherungssumme
über DM 5000,– für jede weiteren angefangenen DM 5000,–   DM 5,25

14.3.4 bei einer Versicherungssumme
über DM 25 000,– für jede weiteren angefangenen DM 5000,–   DM 4,15

14.4 Für Lagerverträge sind die Prämien je Lagermonat zu entrichten; angefangene Monate sind voll zu berechnen. Die Prämie einschließlich 15 % Versicherungsteuer ist durchzurechnen und beträgt DM 5,25 je DM 5000,– des vollen Wertes des eingelagerten Gutes.

14.5 Für Fabrik- oder Konsignationsläger beträgt die Prämie einschließlich 15 % Versicherungsteuer DM 10,45 je DM 5000,– des Warenwertes im Zeitpunkt der Annahme am Lager.

Die Prämie für zusätzliche Leistungen, wie das Zusammenstellen oder das Verpacken von einzelnen Sendungen, ist damit abgegolten.

Für die Besorgung der Güterversendung oder Auslagerung mit Rollung von Gütern beträgt die Prämie einschließlich 15 % Versicherungsteuer DM 5,25 je DM 5000,– des Warenwertes.

14.6 Sofern das Gewicht je Verkehrsvertrag über Massengut 15 Tonnen übersteigt, betragen die Prämien einschließlich 15 % Versicherungsteuer für Verkehrsverträge, die ausschließlich den Binnenumschlag von Gütern (Beladen und Löschen von Schiffen im Binnenhafen) zum Gegenstand haben,

14.6.1 bei einer Versicherungssumme
bis zu DM 5000,–   DM 1,05

14.6.2 bei einer Versicherungssumme
über DM 5000,– bis DM 10 000,–   DM 2,10

14.6.3 bei einer Versicherungssumme
über DM 10 000,– bis DM 15 000,–   DM 3,15

14.6.4 bei einer Versicherungssumme
über DM 15 000,– für jede weiteren angefangenen DM 15 000,–   DM 3,15

Speditions- und Rollfuhrversicherungsschein (SVS/RVS) 4.2

14.7 Hat der Auftraggeber die Deckung von Güterschäden im ausschließlich innerdeutschen Verkehr untersagt (partielles Verbot), beträgt die Prämie einschließlich 15 % Versicherungsteuer

14.7.1	bei einer Versicherungssumme bis DM 5000,–	DM 1,05
14.7.2	bei einer Versicherungssumme über DM 5000,– für jede weiteren angefangenen DM 5000,–	DM 1,05
14.8	Die Prämie für die Deklaration eines Interesses (Ziff. 6.7) beträgt einschließlich 15 % Versicherungsteuer für jede angefangenen DM 5000,–	DM 4,15

Zu Ziffer 14:

Die gesetzliche Versicherungsteuer ist in der *SVS/RVS*-Prämie enthalten. An die Verpflichtung des Auftraggebers zur schriftlichen Wertangabe bei Werten über 5000,– DM, hier auch ggf. unter 1000,– DM, wird erinnert. Kein Schätzrecht des Spediteurs besteht bei Sendungen im Wert unter 1000,– DM.

Bei verfügter Lagerung wird die sogenannte Lager-*SVS*-Prämie (oder *LVS*-Prämie) fällig. Die unterschiedliche Prämienhöhe je 5000,– DM Wert gemäß Ziffer 14.4 und 14.5 ist zu beachten. Bei Dauerlägern wird die Prämie je Lagermonat (nicht Kalendermonat) erhoben, bei Auslieferungslägern dagegen nur bei der Einlagerung.

Die Höhe der Prämie zu Ziffer 14.5 ist begründet in der gegenüber der einfachen Lagerung umfangreicheren Aufgabenstellung.

Verkehrsbedingte Vor-, Zwischen- und Nachlagerungen sind durch die *SVS/RVS*-Prämie des erteilten Verkehrsauftrages gedeckt. Der in Ziff. 14.6 angesprochene Binnenumschlagverkehr betrifft ausschließlich den Umschlag von Binnenschiff oder Küstenmotorschiff auf Binnenschiff, Kümo, Waggon, Kraftfahrzeug, Lager oder Silo sowie umgekehrt, also nicht den Umschlag vom oder zum Seeschiff. Werden weitere speditionelle Leistungen erbracht, entfallen die Voraussetzungen für diese Sonderprämie.

Dispositionen und die Übergabe von Gütern im Rahmen eines Lagervertrages an Selbstabholer ist durch die Lager-SVS-Prämie abgedeckt.

15 Schadenbeteiligung des Spediteurs

15.1 Die Schadenbeteiligung des Spediteurs beträgt 15 % des Betrages der Versicherungsleistung je Schadenfall, mindestens DM 150,–, höchstens jedoch DM 5000,–.

Sie entfällt im organisierten innerdeutschen Bahnsammelgutverkehr, wenn die Bahn den Schaden zu vertreten hat.

15.2 Die Schadenbeteiligung erhöht sich von 15 % auf 25 %, höchstens DM 25 000,–, wenn der Schaden von einem gesetzlichen Vertreter, Prokuristen oder Leiter einer Niederlassung durch eine vorsätzlich begangene Straftat verursacht worden ist und der Spediteur die Überwachungspflicht eines ordentlichen Spediteurs verletzt hat. Der Rückgriff der Versicherer bleibt in einem solchen Falle vorbehalten (Ziff. 13.2).

15.3 Der Zwischenspediteur, der einen von den Versicherern ersetzten Schaden verursacht hat, ist als Zeichner des *SVS/RVS* verpflichtet, die Schadenbeteiligung dem Erstspediteur zu erstatten. Diese Verpflichtung aus dem Versicherungsvertrag schließt eine Berufung des zur Zahlung Verpflichteten auf die Bestimmungen der *ADSp* oder sonstiger Haftungsausschlüsse und -beschränkungen aus.

4 Der Spediteur und seine Geschäftsbedingungen

Zu Ziffer 15:

Die vertraglich festgelegte Beteiligung an einem durch ihn verschuldeten Schaden unterstreicht die Sorgfaltspflicht des Spediteurs. Die vorgegebenen Mindestbeträge führen dazu, daß Bagatellschäden vom Spediteur voll übernommen werden.

Es ist zu beachten, daß die Selbstbeteiligung sich nicht auf die Schadenersatzforderung des Wareninteressenten beschränkt, sondern ggf. darüber hinaus notwendige Aufwendungen der Versicherer im Zusammenhang mit dem Schadensfall, z. B. Kosten für Gutachten und gerichtliche Auseinandersetzungen einbezogen werden.

Im organisierten Bahnsammelgutverkehr verzichten die Speditionsversicherer auf die Selbstbeteiligung bei Schäden, die eindeutig nicht von den beteiligten Spediteuren zu vertreten sind.

Der schadenstiftende Zwischenspediteur wird logischerweise als Folge der durchgehenden Deckungszusage der Speditionsversicherer in die Verpflichtung zur Übernahme der Schadensbeteiligung einbezogen.

16 Rückgriffsansprüche der Versicherer gegen den Spediteur

Der Spediteur hat den Versicherern erbrachte Versicherungsleistungen zu erstatten,

16.1 wenn er vorsätzlich die Verpflichtung zur Prämienanmeldung verletzt;

16.2 wenn ein Schaden durch einen erheblichen Mangel im Betrieb des Spediteurs entstanden ist, dessen Beseitigung die Versicherer wegen eines Vorschadens innerhalb einer angemessenen Frist unter Hinweis auf die Rechtsfolgen verlangt hatten.

Zu Ziffer 16:

Die Ersatzpflicht resultiert aus den angeführten besonderen Voraussetzungen, betrifft jedoch nur das Innenverhältnis zwischen Speditionsversicherer und Spediteur. Die Haftungsbefreiung des Spediteurs gemäß § 41 *ADSp* bleibt hiervon unberührt. Dem Wareninteressenten gewähren die Speditionsversicherer Schadenersatz wie im *SVS/RVS* vorgesehen.

17 Kündigung

17.1 Der *Bundesverband Spedition und Lagerei e. V. (BSL)*, Bonn, und die Versicherer haben das Recht, das Vertragswerk des *SVS/RVS* in seiner Gesamtheit unter Einhaltung einer Frist von einem Jahr zu kündigen. Die Kündigung ist dann für jeden abgeschlossenen *SVS/RVS* wirksam.

17.2 Der Spediteur und die Versicherer sind darüber hinaus berechtigt, den einzelnen Versicherungsvertrag durch Einschreiben zum Ende des Versicherungsjahres zu kündigen. Die Kündigung muß drei Monate vor Ablauf des Vertrages zugegangen sein. Eine Kündigung durch die Versicherer ist nur mit Einwilligung des *BSL* wirksam.

17.3 Der Versicherungsschutz bleibt für alle vor Beendigung des Versicherungsvertrages abgeschlossenen Verkehrsverträge bis zur Erfüllung aller sich daraus ergebenden Verpflichtungen bestehen. Für Lagerverträge endet die Versicherungsdeckung spätestens drei Monate nach Beendigung des Versicherungsvertrages.

17.4 Übersteigen die in einem Kalenderjahr erbrachten Versicherungsleistungen 80 % der für denselben Zeitraum vom Spediteur geschuldeten Bruttoprämien abzüglich 15 % Versicherungsteuer, so können die Versicherer für das Folgejahr individuelle Sanierungsmaßnahmen verlangen. Kommt hierüber innerhalb einer angemessenen Frist keine Einigung zustande, sind die Versicherer berechtigt, den Vertrag mit einer weiteren Frist von vier Wochen zu kündigen. Ziff. 17.2 und 17.3 finden im Falle einer solchen Kündigung Anwendung.

Speditions- und Rollfuhrversicherungsschein (SVS/RVS) 4.2

Zu Ziffer 17:

Zu unterscheiden ist zwischen einer Kündigung des Gesamt-*SVS/RVS* mit grundlegenden Auswirkungen auf die Anwendbarkeit der *ADSp* und den Möglichkeiten der Kündigung der einzelnen Policen gemäß Ziffer 17.2 und 17.4.

Die Sanierungsmaßnahme soll die Speditionsversicherer in die Lage versetzen, die dem Kunden zu berechnende Versicherungsprämie stabil zu halten. Im Rahmen einer solchen Maßnahme können z. B. höhere Selbstbeteiligungen des Spediteurs, vom Spediteur aufzubringende Sonderprämien oder der Ausschluß bestimmter Schäden vereinbart werden.

18 Vertragsänderungen

Sollten Änderungen von den an diesem Versicherungsvertrag beteiligten Versicherern unter Genehmigung des *Bundesverbandes Spedition und Lagerei e. V. (BSL)*, Bonn, und des *Deutschen Industrie- und Handelstages (DIHT)*, Bonn, unter Mitwirkung des *Bundesverbandes der Deutschen Industrie e. V. (BDI)*, Köln, des *Bundesverbandes des Deutschen Gross- und Aussenhandels e. V. (BGA)*, Bonn, des *Deutschen Versicherungs-Schutzverbandes e. V. (DVS)*, Bonn und der *Hauptgemeinschaft des Deutschen Einzelhandels e. V. (HDE)*, Köln, mit der Oskar Schunck KG, München, vereinbart werden, so treten diese an die Stelle der bisherigen Bestimmungen.

Zu Ziffer 18:

Änderungen sind z. B. Festlegung neuer Prämien oder Veränderungen der Beteiligungsliste. Hierüber sind das Bundeskartellamt und Bundesaufsichtsamt für das Versicherungswesen zu unterrichten.

19 Geschäftsverkehr/Gerichtsstand

19.1 Alle vom Spediteur und Versicherten abzugebenden Erklärungen, Versicherungs- und Schadenanmeldungen sind an die zuständige Niederlassung der *Oskar Schunck KG* zu richten. Sobald sie zugegangen sind, gelten sie als vertragsgemäß an die Versicherer bewirkt. Auch Prämien sind an die Oskar Schunck KG zu überweisen.

19.2 Der führende Versicherer ist von den Mitversicherern ermächtigt, alle Rechtsstreitigkeiten auch für ihre Anteile als Kläger oder Beklagter zu führen. Ein gegen den oder von dem führenden Versicherer erstrittenes Urteil wird deshalb von den Mitversicherern als auch für sie verbindlich anerkannt. Zustellungsbevollmächtigt ist die zuständige Niederlassung der *Oskar Schunck KG*.

19.3 Die *Oskar Schunck KG* ist befugt, die Rechte der Versicherer aus diesem Vertrag im eigenen Namen geltend zu machen.

19.4 Für Klagen gegen den führenden Versicherer ist das Gericht am Ort der zuständigen Niederlassung der *Oskar Schunck KG (§ 48 VVG)* zuständig.

19.5 Für Klagen der Versicherer gegen den Spediteur auf Zahlung der Prämien oder der Schadenbeteiligung ist das Gericht am Ort der Niederlassung des Spediteurs zuständig.

20 Bundesdatenschutzgesetz (BDSG)

Unter Beachtung der Vorschriften des *BDSG* werden die Daten des Versicherungsvertrages gespeichert, an die in Betracht kommenden Versicherer, ggf. die Rückversicherer, sowie zu statistischen Zwecken dem *Deutschen Transport-Versicherungs-Verband e. V. (DTV)* übermittelt, soweit dies erforderlich ist. Die Anschrift der jeweiligen Datenempfänger wird auf Wunsch mitgeteilt.

4 Der Spediteur und seine Geschäftsbedingungen

Zu Ziffer 20:

Der *DTV* ist durch Fusion aufgegangen im *Verband der Schadenversicherer e.V. (VdS)*.

21 Beteiligungsliste und Führungsklausel

An diesem Versicherungsvertrag sind die nachfolgend genannten Versicherer mit ihren Anteilen als Einzelschuldner beteiligt. Die Geschäftsführung liegt bei dem erstgenannten Versicherer (führender Versicherer). Dieser ist ermächtigt, für alle Versicherer zu handeln.

Beteiligungsliste

Mit Wirkung vom 1. Januar 1995 sind die nachstehend aufgeführten Versicherer mit den angegebenen Quoten gemäß Ziff. 21 beteiligt.

1. VICTORIA Versicherung AG, Victoriaplatz 1, 40477 Düsseldorf. ... 17 1/2 %
2. ALLIANZ Versicherungs-AG, München. ... 12 1/4 %
3. COLONIA Versicherung AG, Köln. ... 9 1/4 %
4. WÜRTTEMBERGISCHE und BADISCHE Versicherungs-AG, Heilbronn. ... 8 3/4 %
5. NORDSTERN Allgemeine Versicherungs-AG, Köln. ... 8 %
6. ALBINGIA Versicherungs-AG, Hamburg. ... 7 1/2 %
7. AGRIPPINA Versicherung AG, Köln. ... 6 %
8. NORD-DEUTSCHE Versicherungs-AG, Hamburg. ... 5 %
9. ALTE LEIPZIGER Versicherung AG, Oberursel. ... 4 3/4 %
10. MAGDEBURGER Versicherung AG, Hannover. ... 3 1/2 %
11. WÜRTTEMBERGISCHE Versicherung AG, Stuttgart. ... 3 1/4 %
12. DEUTSCHER LLOYD Versicherungs AG, München. ... 2 %
13. HELVETIA Schweizerische Versicherungsgesellschaft, Frankfurt. ... 2 %
14. KRAVAG-SACH Versicherung d. Deutschen Kraftverkehrs VaG, Hamburg. ... 2 %
15. NEU ROTTERDAM Versicherungs-Aktiengesellschaft, Köln. ... 2 %
16. THURINGIA Versicherungs-AG, München. ... 2 %
17. FRANKFURTER Versicherungs-AG, Frankfurt. ... 1 3/4 %
18. SPARKASSEN-VERSICHERUNG Allgemeine Versicherung AG, Stuttgart. ... 1 1/2 %
19. FEUERSOZIETÄT BERLIN BRANDENBURG, Berlin. ... 1 %

4.2.5 Anhang zum Spediteurs- und Rollfuhrversicherungsschein (SVS/RVS) über internationale europäische Güterbeförderungen
Stand: 1.1.1995

SVS/RVS Europa-Anhang Der im folgenden erläuterte *Anhang zum SVS/RVS über internationale europäische Güterbeförderungen* wurde am 1.1.1984 eingeführt. Ursache war das Zusammenwachsen des europäischen Wirtschaftsraumes, innerhalb dessen es nicht mehr selbstverständlich war, daß im grenzüberschreitenden Güterverkehr zu befördernde Sendungen transportversichert werden. Außerdem wollten die Versicherer damit dem kleinen und mittleren Verlader, der nicht über Rechts- und Versicherungsexperten verfügt, den Nutzen der sich durchsetzenden Rechtsprechung über die Frachtrechts-, also z.B. *CMR*-Haftung des Fixkostenspediteurs zukommen lassen.

Speditions- und Rollfuhrversicherungsschein (SVS/RVS) 4.2

Zielgruppe dieser Versicherung sind vorrangig Verlader mit einem geringen oder mittleren Sendungsaufkommen, besonders im Stückgutbereich; dies ergibt sich aus der Tatsache, daß die Versicherungssumme mit 5000,– DM auf „Erstes Risiko" beschränkt ist, also auf die durchschnittliche Schadenshöhe und nicht auf den Wert der Ware abgestellt wurde. Auf die Einrede der Unterversicherung wird unter diesen Voraussetzungen verzichtet.

In der Fassung vom 1.3.1989 wurden auch Güterfolge- und Vermögensschäden in die Deckungszusage der Versicherer einbezogen, sofern sie von Frachtführern oder Verfrachtern zu vertreten sind.

Text des Europa-Anhangs zum SVS/RVS und Erläuterungen

1   Gegenstand der Versicherung   **SVS/RVS Europa-Anhang**

1.1   Gegenstand dieses Anhangs zum Speditions- und Rollfuhrversicherungsschein *(SVS/RVS)* sind Verkehrsverträge über Güterbeförderungen im internationalen Verkehr mit Abgangs- und Bestimmungsort innerhalb Europas.

1.2   Die Versicherer erstatten dem Versicherten *(Ziff. 2 SVS/RVS)*

1.2.1   alle Güterschäden, sofern sie zwischen dem Zeitpunkt der Übernahme des Gutes und der Ablieferung eingetreten und vom Spediteur, Zwischenspediteur oder einem anderen Verkehrsunternehmen zu vertreten sind;

1.2.2   andere als Güterschäden, soweit sie ein Frachtführer/Verfrachter zu vertreten hat.

Zu Ziffer 1:

Voraussetzung für diese Versicherung ist eine grenzüberschreitende Güterbeförderung innerhalb Europas. Hierzu einige Beispiele:

– Auftrag, Beförderung München-Hamburg fob zu besorgen: nicht international, auch wenn die Ware später nach England verbracht werden soll; keine Anhangsprämie fällig.

– Derselbe Auftrag München-Antwerpen fob: international (Deutschland/Belgien); Anhangsprämie.

– Auftrag, Beförderung München-New York über Antwerpen zu besorgen: Verkehrsvertrag mit außereuropäischem Ziel; keine Anhangsprämie.

– Auftrag, Beförderung München-Antwerpen (zur späteren Verschiffung nach New York) zu besorgen; international und europäisch, da Verkehrsvertrag nur bis Antwerpen reicht; Anhangsprämie.

– Auftrag an deutschen Spediteur, die Beförderung der aus England kommenden Ware von Antwerpen nach Lüttich zu besorgen: nicht international (innerbelgisch); keine Anhangsprämie.

– Auftrag an deutschen Spediteur, die Beförderung per Schiff in Antwerpen eingehender Ware auf dem Seeweg nach Lissabon zu besorgen; international und europäisch; Anhangsprämie.

– Auftrag an deutschen Spediteur, Warenbeförderung von Amsterdam per Flugzeug nach Rom zu besorgen; international und europäisch; Anhangsprämie.

4 Der Spediteur und seine Geschäftsbedingungen

Güterschäden sind nach den Grundsätzen der Gefährdungshaftung versichert. Die Ausweitung der Versicherung auf Güterfolge- und reine Vermögensschäden ist sinnvoll, weil im internationalen Frachtrecht häufig die Haftung für solche Ansprüche ausgeschlossen oder stark eingeschränkt wird (z. B. *CMR*/maximal bis zur Höhe der Fracht).

2   Ausschlüsse

Ausgeschlossen vom Versicherungsschutz sind

2.1   die durch eine Gütertransport-, Wareneinheits- oder Ausstellungsversicherung gedeckten Gefahren;

2.2   Schäden, verursacht durch Verschulden des Auftraggebers, Versenders oder Empfängers, inneren Verderb oder durch die natürliche Beschaffenheit des Gutes, Fehlen oder Mängel der Verpackung.

Zu Ziffer 2:

Die Speditionsversicherer unterstreichen durch den Haftungsausschluß, daß der Anhang zum *SVS/RVS* kein Ersatz für eine Transportversicherung sein will. Besteht eine Transportversicherung, ist diese in Anspruch zu nehmen. Wird dagegen die Regulierung eines Schadensersatzanspruches durch Fehler eines Spediteurs verhindert, wird im Rahmen der Verschuldenshaftung der eingetretene Schaden übernommen. Die Ziffer 2.2 dient der Klarstellung: Schäden der genannten Art oder Ursache sind nicht von einem Verkehrsträger zu vertreten.

3   Umfang und Grenzen der Versicherungsleistung

Die Leistung der Versicherer ist je Schadenfall begrenzt, und zwar

3.1   Güterschäden mit dem Verkaufspreis, wenn das Gut bei Schadeneintritt verkauft war, unter Berücksichtigung entstandener und ersparter Kosten, wie z. B. Frachtengelte, Eingangsabgaben, sonst mit den in *§ 430 Abs. 1 und 2 HGB* genannten Werten;

3.2   andere als Güterschäden (Ziff. 1.2.2) nach den *§§ 249 ff. BGB*;

3.3   höchstens mit DM 5000,– auf „Erstes Risiko".

Zu Ziffer 3:

Güterschäden sind wie im *SVS/RVS* Ziffer 7.1.1 und 7.1.2 zu regulieren. Dagegen sind bei Güterfolge- und reinen Vermögensschäden die *§§ 249 ff. BGB* heranzuziehen. Hiernach muß im Schadensfall der Zustand hergestellt werden, der bestehen würde, wenn der zum Ersatz verpflichtende Umstand nicht eingetreten wäre; ersatzweise kann der Anspruchberechtigte den dazu erforderlichen Geldbetrag verlangen.

4   Versicherungsverbot

Der Auftraggeber ist berechtigt, durch eine an den Spediteur gerichtete schriftliche Erklärung die Versicherung dieses Anhanges zu untersagen.

Zu Ziffer 4:

Ein Auftraggeber kann ein ausschließlich den Anhang betreffendes Verbot aussprechen, während der Spediteur seine Verkehrsaufträge ordnungsgemäß zum SVS/RVS anmeldet. Andererseits schließt ein generelles SVS/RVS-Verbot gemäß Ziffer 9 den hier behandelten Anhang ein.

5   Prämie

Die Prämie einschließlich 15 % Versicherungsteuer beträgt je Verkehrsvertrag DM 5,25.

Speditions- und Rollfuhrversicherungsschein (SVS/RVS) 4.2

6   Anderweitige Bestimmungen

Im übrigen gelten die Bestimmungen des Speditions- und Rollfuhrversicherungsscheines *(SVS/RVS)*.

Zu Ziffer 6:

Hierbei sind besonders die Fristen für die Schadensanmeldung, Fälligkeit der Prämienzahlung und die Bestimmungen über Schadenselbstbeteiligung zu beachten.

4.2.6 Deutsch-österreichisches Abkommen zum SVS/RVS für bilaterale Verkehre

Zum 1.6.1994 trat ein Abkommen zwischen der *Oskar Schunck KG*, München und dem *Versicherungsbüro Dr. Fiala*, Wien unter Beteiligung der jeweiligen Führungsversicherer und mit Zustimmung der betroffenen Verbände in Kraft, das eine Erweiterung des Deckungsschutzes des deutschen *SVS/RVS* bzw. des österreichischen SVS beinhaltet. Betroffen sind Verkehrsverträge über die Besorgung von Versendungen aus Deutschland nach Österreich oder umgekehrt mit der Frankatur „unfrei", „ab Werk (EXW)" oder „frei Haus" (DDP oder DDU). Bei solchen grenzüberschreitenden Verkehrsverträgen wird von diesem Zeitpunkt an die *SVS/RVS*-Prämie nur einmal berechnet. Die Prämie ist von der Vertragspartei (Käufer oder Verkäufer) zu zahlen, der alleiniger Gefahrenträger oder Frachtzahler ist. Voraussetzung zur Anwendung ist ferner, daß kein Anhangverbot ausgesprochen wurde.

Die Anmeldung des Verkehrsvertrages bzw. die Berechnung der *SVS/RVS-Prämie* erfolgt durch den Spediteur, in dessen Staatsgebiet der Frachtzahler seinen Geschäftssitz hat. Dies bedeutet, daß bei einer Lieferung unfrei ab deutschem Versandort der österreichische Spediteur die Anmeldung und Berechnung vornimmt, bei einer Sendung frei Haus der deutsche Erstspediteur. Gleiches gilt analog im umgekehrten Fall. Während der deutsche Spediteur die *SVS/RVS*-Prämie einschließlich der Prämie für internationale europäische Güterbeförderungen berechnet, wird die österreichische *SVS*-Prämie um 50 % erhöht.

Ein Schaden wird dem Wareninteressenten so ersetzt, als ob ein ausschließlich inländischer Speditionsvertrag vorliegt; Güterschäden im jeweiligen Ausland sind somit mitversichert.

Bei der Frankatur „frei Grenze (DAF)" wird wegen des Gefahren- und Kostensplittings die *SVS/RVS*-Prämie und die österreichische *SVS*-Prämie jeweils an die beiden Kostenträger berechnet.

Zusammenfassend kann festgestellt werden, daß dieses Abkommen einen ersten Schritt zur Harmonisierung von Versicherungskonzepten auf internationaler Ebene darstellt.

4 Der Spediteur und seine Geschäftsbedingungen

4.2.7 SVS/RVS-Prämie

SVS/RVS Prämie

SCHUNCKS

Prämien zum SVS/RVS

Versicherungs-summe	I. Europäische Verkehre	II. Innerdeutsche und außereuropäische Verkehre	III. Partielles Verbot bei innerdeutschem Verkehr	IV. Binnenumschlagverkehr Versicherungs-summe	Prämie
DM	DM	DM	DM	DM	DM
5.000,—	10,50	5,25	1,05	5.000,—	1,05
10.000,—	15,75	10,50	2,10	10.000,—	2,10
15.000,—	21,—	15,75	3,15	15.000,—	3,15
20.000,—	26,25	21,—	4,20	30.000,—	6,30
25.000,—	31,50	26,25	5,25	45.000,—	9,45
30.000,—	35,65	30,40	6,30	60.000,—	12,60
35.000,—	39,80	34,55	7,35	75.000,—	15,75
40.000,—	43,95	38,70	8,40	90.000,—	18,90
45.000,—	48,10	42,85	9,45	105.000,—	22,05
50.000,—	52,25	47,—	10,50	120.000,—	25,20
60.000,—	60,55	55,30	12,60	135.000,—	28,35
70.000,—	68,85	63,60	14,70	150.000,—	31,50
80.000,—	77,15	71,90	16,80	165.000,—	34,65
90.000,—	85,45	80,20	18,90	180.000,—	37,80
100.000,—	93,75	88,50	21,—	195.000,—	40,95
150.000,—	135,25	130,—	31,50	210.000,—	44,10
200.000,—	176,75	171,50	42,—	225.000,—	47,25
250.000,—	218,25	213,—	52,50	240.000,—	50,40
300.000,—	259,75	254,50	63,—	255.000,—	53,55
350.000,—	301,25	296,—	73,50	270.000,—	56,70
400.000,—	342,75	337,50	84,—	285.000,—	59,85
450.000,—	384,25	379,—	94,50	300.000,—	63,—
500.000,—	425,75	420,50	105,—	315.000,—	66,15
550.000,—	467,25	462,—	115,50	330.000,—	69,30
600.000,—	508,75	503,50	126,—	345.000,—	72,45
650.000,—	550,25	545,—	136,50	360.000,—	75,60
700.000,—	591,75	586,50	147,—	375.000,—	78,75
750.000,—	633,25	628,—	157,50	390.000,—	81,90
800.000,—	674,75	669,50	168,—	405.000,—	85,05
850.000,—	716,25	711,—	178,50	510.000,—	107,10
900.000,—	757,75	752,50	189,—	615.000,—	129,15
950.000,—	799,25	794,—	199,50	720.000,—	151,20
1.000.000,—	840,75	835,50	210,—	825.000,—	173,25
10.000.000,—	8.310,75	8.305,50	2.100,—	930.000,—	195,30
				1.000.000,—	210,—
				10.000.000,—	2.100,—

I. Verkehrsverträge über internationale europäische Güterbeförderungen (einschließlich Europa-Anhang).

II. Verkehrsverträge im innerdeutschen und außereuropäischen Verkehr (ohne Europa-Anhang) und Verkehrsverträge über internationale europäische Güterbeförderungen unter Verbot des Europa-Anhangs. Verkehrsverträge über Auslagerungen mit Rollung.
Bei einer Versicherungssumme bis DM 1.000,- (nur wenn aufgegeben, keine Spediteurschätzung) beträgt die Prämie DM 2,60.

III. Verkehrsverträge im ausschließlich innerdeutschen Verkehr unter partiellem Verbot (Ausschluß von Güterschäden).

IV. Binnenumschlagverkehr bei Massengut; die Prämie ist nur anwendbar, wenn der Spediteur ausschließlich den Umschlag von Massengut von mehr als 15 Tonnen im Binnenhafen ohne jede sonstige Tätigkeit übernommen hat.

I. bis IV. Versicherungssummen bis DM 1,0 Mio. meldet der Spediteur an; Ziff. 6.1, 6.3, 10 SVS/RVS. Versicherungssummen über DM 1,0 Mio. bis DM 10,0 Mio. müssen vom Auftraggeber spätestens mit Abschluß des jeweiligen Verkehrsvertrages mit den Versicherern vereinbart werden; Ziff 6.5 SVS/RVS. Die Prämie wird nach Tabelle I bis IV entsprechend den Stufen der Versicherungssummen durchgerechnet.

Deklariertes Interesse (Ziff. 6.7 SVS/RVS) meldet ein Spediteur mit höchstens DM 100.000,- zusätzlich zur Versicherungssumme der Grunddeckung gemäß Spalte I. oder II. bzw. V oder VI. Der Betrag des deklarierten Interesses muß nicht mit Versicherungswert und Versicherungssumme der Grunddeckung übereinstimmen. Die Prämie für die Versicherung deklarierten Interesses beträgt DM 4,15 für je DM 5.000,-. Ein über den fünffachen Wert der Sendung oder über DM 100.000,- hinausgehendes Interesse kann bis höchstens DM 1,0 Mio. nur mit ausdrücklicher Einwilligung der Versicherer vom Auftraggeber gegen individuell zu vereinbarende Prämie versichert werden; Ziff. 6.8 SVS/RVS. Rechtzeitige Vereinbarung ist erforderlich.

Fassung: 1. Januar 1995

Speditions- und Rollfuhrversicherungsschein (SVS/RVS) 4.2

SVS/RVS, Lagervertrag

SCHUNCKS

Prämien LAGER - SVS/RVS

SVS/RVS
Lagervertrag
Prämie

Versicherungssumme	V. Lagerverträge gem. Ziff. 14.4 pro Monat	VI. Fabrik- oder Konsignationsläger gem. Ziff. 14.5
DM	DM	DM
5.000,—	5,25	10,45
10.000,—	10,50	20,90
15.000,—	15,75	31,35
20.000,—	21,—	41,80
25.000,—	26,25	52,25
30.000,—	31,50	62,70
35.000,—	36,75	73,15
40.000,—	42,—	83,60
45.000,—	47,25	94,05
50.000,—	52,50	104,50
60.000,—	63,—	125,40
70.000,—	73,50	146,30
80.000,—	84,—	167,20
90.000,—	94,50	188,10
100.000,—	105,—	209,—
150.000,—	157,50	313,50
200.000,—	210,—	418,—
250.000,—	262,50	522,50
300.000,—	315,—	627,—
350.000,—	367,50	731,50
400.000,—	420,—	836,—
450.000,—	472,50	940,50
500.000,—	525,—	1.045,—
550.000,—	577,50	1.149,50
600.000,—	630,—	1.254,—
650.000,—	682,50	1.358,50
700.000,—	735,—	1.463,—
750.000,—	787,50	1.567,50
800.000,—	840,—	1.672,—
850.000,—	892,50	1.776,50
900.000,—	945,—	1.881,—
950.000,—	997,50	1.985,50
1.000.000,—	1.050,—	2.090,—
2.000.000,—	2.100,—	
3.000.000,—	3.150,—	
4.000.000,—	4.200,—	
5.000.000,—	5.250,—	
6.000.000,—	6.300,—	
7.000.000,—	7.350,—	
8.000.000,—	8.400,—	
9.000.000,—	9.450,—	
10.000.000,—	10.500,—	
20.000.000,—	21.000,—	
30.000.000,—	31.500,—	
usw.	usw.	

V. Für vom Wareninteressenten verfügte Lagerungen wird die Prämie je angefangenen Lagermonat vom vollen Wert des gesamten eingelagerten Gutes berechnet. Die Prämie ist durchzurechnen. Das Haftungsmaximum ergibt sich aus Ziff. 6 SVS/RVS. Auslieferungen an Selbstabholer sind damit abgegolten. Auslagerung mit Rollung durch den Spediteur ist ein neuer prämienpflichtiger Verkehrsvertrag gemäß Prämienspalte II.

VI. Bei Fabrik- oder Konsignationslägern wird die Prämie nur einmal vom Wert des einzulagernden Gutes bei Auflagernahme berechnet. Damit sind die mit der Lagerung verbundenen zusätzlichen Leistungen, wie das Zusammenstellen oder Verpacken einzelner Sendungen, abgegolten, ebenso die Auslieferung an Selbstabholer.

Die Besorgung der Güterversendung oder Auslagerung mit Rollung ist ein neuer prämienpflichtiger Verkehrsvertrag gemäß Prämienspalte II.

4.2.8 Vergleich: Speditionsversicherung und Transport-/Lagerversicherung

SVS/RVS bzw. vergleichbare Speditionsversicherung versichert („als ob") die Haftung des Spediteurs. Transport-/Lagerversicherung versichert die üblichen bzw. vereinbarten Risiken des Transports/der Lagerung.

Wer haftet bzw. reguliert bis zu welchem Wert?

	bei Güterschaden	bei Güterfolgeschaden	bei reinem Vermögensschaden
ADSp Haftung des Spediteurs 1. bei SVS-Verbot 2. bei Regreß durch Versicherer	gem. § 54 a (1)	gem. § 54 a (2)	gem. § 54 a (2)
SVS/RVS Übernahme der gesetzl. Haftung des Spediteurs	bis zum Versicherungswert	ggfs. daneben bis zum Versicherungswert	bis zum zweifachen Versicherungswert
Ausschlüsse siehe Ziffer 5.		Möglichkeiten der Interesseversicherung ist zu beachten.	
Anhang zum SVS/RVS für internationale europäische Güterbeförderungen (nur mit SVS/RVS)	im Ausland entstandene Güterschäden auf „Erstes Risiko" bis max. 5 000,– DM (Ziffer 1.2.1)	wenn durch Frachtführer/Verfrachter zu vertreten und nicht anderweitig abgesichert (Ziffer 1.2.2) bis max. 5 000,– DM, wenn durch ausländische Spediteure zu vertreten, gelten die Bestimmungen des SVS/RVS.	
Transport-/ Lagerversicherung	tritt für Ansprüche aus versicherten Risiken ein bis zum Versicherungswert. Ggfs. Regreß gegen schadenstiftenden Spediteur	i. d. R. keine Deckung (Ausnahme: versicherbar 10 % imaginärer Gewinn)	i. d. R. keine Deckung

Speditions- und Rollfuhrversicherungsschein (SVS/RVS) 4.2

4.2.9 Schematische Darstellung der Versicherungsmöglichkeiten/Haftung im SVS/RVS, Ziffer 6-8, Stand 1.1.1995

Die folgende Übersicht erläutert nochmals die einzelnen *SVS/RVS*-Versicherungsmöglichkeiten

	Grund-SVS/RVS:		Interesseversicherung:
	Haftung „als ob Gesetz" (HGB, BGB) anzuwenden ist, unter Berücksichtigung der Höchsthaftung lt. Ziff. 7 und 8		Der dem Interesse entsprechende Wert (Versicherungswert) kann nur vom Auftraggeber beurteilt werden.
	Voraussetzung ist Spediteurverschulden durch Hauptspediteur/deutsche und ausländische Spediteure.		
	Gefährdungshaftung im organisierten Bahnsammelgutverkehr, Speditionsnahverkehr und bei nicht dem GüKG unterliegenden Inland-Beförderungen auf der Straße		
	Ausschluß von Güterschäden, die durch ausländische Zwischenspediteure verursacht wurden.		
	Versicherungswert: in der Regel der Handelswert am Zielort bei Ankunft		
Norm Versicherung Die einseitige Deklaration des Kunden bei Abweichen vom Normwert = 5 000,– DM ist erforderlich, aber auch ausreichend (obligatorisch). Die schriftliche Erklärung gegenüber dem Spediteur ist für die Speditionsversicherer bindend.	Bei schriftlicher Wertangabe	bis 1 000,– DM Prämie 2,60 DM	zulässig bis zum 3fachen Versicherungswert, max. 100 000,– DM. Prämie wird durchgerechnet: 4,15 DM/ angefangene 5 000,– DM Wert
	Ohne besondere Angabe des Wertes durch den Kunden	bis 5 000,– DM Prämie 5,25 DM	
	Mit schriftlicher Wertangabe des Kunden (oder Schätzung des Spediteurs)	zulässiger Versicherungswert bis 1 Mill. DM/ Prämien: bis 25 000,00 DM Wert = 5,25 DM je angefangene 5 000,– DM Wert über 25 000,00 DM 4,15 DM je angefangene weitere 5 000,– DM Wert	
	Versicherungsleistung je Schadensfall: Güterschaden ggf. zusätzlich Güterfolgeschaden, jeweils bis zum Versicherungswert; reiner Vermögensschaden bis zum doppelten Versicherungswert.		
	Liegt die Versicherungssumme unter dem Versicherungswert, gelten die für eine Unterversicherung üblichen Regeln.		
Höherwertversicherung auf „Erstes Risiko": Möglich nur durch direkte schriftlich bestätigte Vereinbarung zwischen Versicherer und Auftraggeber/Versender. Die Vereinbarung ist also rechtzeitig vor Durchführung des Verkehrsvertrages zu beantragen.	Versicherungswert: möglich bis 10 Mill. DM Prämie wird durchgerechnet mit weiteren 4,15 DM/5 000,– DM Wert. Versicherungsleistung je Schadensfall wie im Normbereich (Höchsthaftung beachten)		möglich bis 1 Mill. DM Versicherungswert Prämie wird durchgerechnet mit weiteren 4,15 DM/5 000,– DM Wert. Versicherungsleistung je Schadensfall lt. Nachweis bis zum Versicherungswert unter Beachtung der Höchsthaftung.

4 Der Spediteur und seine Geschäftsbedingungen

Lager SVS/RVS	
Lagerverträge lt. Ziff. 14.4 Dauerlager	Versicherungswert zugelassen bis 10 Mill. DM Prämie: 5,25 DM je angefangene 5 000,00 DM Wert und angefangener Lagermonat kein Höchstbetrag
Lagerverträge lt. Ziff. 14.5 Auslieferungs-/Fabrik-/ Konsignationslager	Versicherungswert zugelassen bis 1 Mill. DM Prämie 10,45 DM je angefangene 5 000,00 DM Wert, nur einmal bei Einlagerung

Höchsthaftung lt. Ziffer 8: Die Versicherungsleistung wird je Schadensereignis begrenzt auf 11 Millionen DM (für beide Bereiche, aber auch wenn keine Interesseversicherung abgeschlossen wurde), Sonderregelung mit maximaler Haftung bis 2 Mill. DM je Schadensereignis, nach Gefährdungshaftung gilt für Feuerschäden bei verkehrsbedingten Vor-, Zwischen- und Nachlagerungen.

Bei partiellem SVS-Verbot – Prämie 1,05 DM/5 000,00 Wert – ist eine zusätzliche Interesse-Versicherung möglich.

Im grenzüberschreitenden europäischen Güterverkehr ist der „Anhang zum SVS/RVS für internationale europäische Güterbeförderung" zu beachten. Versicherung von Güterschäden bis 5 000,– DM auf „Erstes Risiko", ferner „sonstige Schäden" (z. B. Vermögensschäden), verursacht durch ausländische Frachtführer oder Verfrachter; Prämie 5,25 DM.

4.2.10 Die praktische Abwicklung eines *SVS/RVS*-Schadens

SVS/RVS Schadensbearbeitung

Nachdem die Bestimmungen der *ADSp* und des *SVS/RVS* behandelt worden sind, soll die Bearbeitung eines *SVS/RVS*-Schadens schematisch dargestellt werden. Bei der Vielfalt des Aufgabenbereiches des Spediteurs ist dies selbstverständlich nur beispielhaft möglich. Welche Folgen ergeben sich aus der Feststellung eines Schadens?

a)
Der Hauptspediteur verursacht schuldhaft einen Güterschaden; er verständigt unverzüglich den Auftraggeber, den Empfänger und vorsorglich die Speditionsversicherer.

b)
Der Zwischenspediteur, z. B. Empfangsspediteur im Sammelgutverkehr, verursacht schuldhaft einen Güterschaden; er verständigt unverzüglich den Hauptspediteur, der daraufhin die weiteren Maßnahmen einleitet (s. Abs. a).

c)
Der eingesetzte Frachtführer verursacht einen Güterschaden; er bestätigt den Sachverhalt bei Ablieferung des Gutes. Sofern er nach den Bestimmungen der *KVO* tätig war, wird die Schadensbearbeitung letztlich über die *KVO*-Versicherer erfolgen. Handelt es sich bei dem Schadenstifter um einen vom Spediteur beauftragten Nahverkehrsunternehmer, ist § 2 *SVS/RVS* zu beachten.

Speditions- und Rollfuhrversicherungsschein (SVS/RVS) 4.2

Zu a) bis c):

In den hier angesprochenen möglichen Fällen ist im einzelnen zu klären, ob die Auslieferung an den Empfänger erfolgen kann; bei Annahmeverweigerung steht das Gut zur Verfügung des Auftraggebers (Versenders).

d)
Der Empfänger bemerkt bei Anlieferung **einen** äußerlich erkennbaren **Schaden** oder nach der Übernahme einen verdeckten Schaden; grundsätzlich ist er zur sofortigen schriftlichen Schadensmeldung an die Speditionsversicherer, evtl. über den Spediteur, verpflichtet. Bei verdeckten Schäden muß die schriftliche Meldung spätestens am 6. Tag nach der Ablieferung beim Spediteur vorliegen.

Die Feststellung eines Schadens erfordert folgende weitere Schritte:

- **Ermittlung der Ursache** bzw. des Schadensstifters

- **Erstellung eines Schadensprotokolls** durch den Spediteur; wurde ein Frachtführer eingesetzt, kann die von ihm erstellte Schadensbestätigung als Schadensprotokoll genutzt werden. Vorsorglich wird der Spediteur den Frachtführer haftbar machen.

- **Rückfrage beim Versender und Empfänger,** ob eine Transportversicherung besteht, die ggf. unverzüglich zu unterrichten ist.

Bei größeren Schäden ist nach Abstimmung mit den Speditionsversicherern, bei Bestehen einer Transportversicherung mit den entsprechenden Versicherern ein Havariekommissar/Sachverständiger einzuschalten (nur wenn die Schadensaufnahme durch einen Sachverständigen oder Havariekommissar durch die Versicherer veranlaßt wurde, werden auch die Kosten hierfür übernommen).

Sofern die Schadensbearbeitung und Regulierung durch die Speditionsversicherer zu erfolgen hat, sind folgende Unterlagen einzureichen:

- **Schadensanmeldung** des Hauptspediteurs (Versicherungsnehmer)
- **Originalauftrag** an Spediteur, ggf. auch Ablieferungsquittung

- **Schadensbericht** des Schadensstifters, ggf. Gutachten des Havariekommissars/Sachverständigen
- **Schadensrechnung des** Anspruchberechtigten (in der Regel ohne Umsatzsteuer; Umsatzsteuer wird nur erstattet, wenn der Anspruchsteller nicht zum Vorsteuerabzug berechtigt ist)

- **Kopie der Lieferantenrechnungen** (zwecks Prüfung des Wertes, der Lieferkonditionen)

4 Der Spediteur und seine Geschäftsbedingungen

- ggf. **Kostennachweis** für Leistungen, durch die der eingetretene Schaden begrenzt oder gemindert werden konnte

- **Nichtversicherungserklärung** des Auftraggebers/Versenders und des Empfängers; hierdurch wird bestätigt, daß keine anderweitige Transport- bzw. Lagerversicherung eingedeckt worden ist.

Nach der Schadensbearbeitung durch die Speditionsversicherer erfolgt die Regulierung entweder durch

- **Gutschrift des nachgewiesenen Schadensbetrages durch die Speditionsversicherer an den Hauptspediteur** unter Abzug der Selbstbeteiligung (*SVS/RVS* Ziff. 11.4, 15.1), anschließend Zahlung des vollen Schadensbetrages durch den Spediteur an den Anspruchsteller oder

- **Gutschrift des nachgewiesenen Schadensbetrages durch die Speditionsversicherer direkt an den Anspruchsteller**, sofern vor Zahlung an den Hauptspediteur die direkte Vergütung verlangt worden ist; die Schadenbeteiligung wird durch die Speditionsversicherer dann gesondert dem Hauptspediteur belastet.

Die Schadenbeteiligung wird ggf. an den schadenstiftenden Zwischenspediteur durch den Hauptspediteur weiterberechnet (*SVS/RVS* Ziff. 15.3).

Sofern ein Schaden durch Frachtführer/Unternehmer verursacht wurde, nehmen die Speditionsversicherer gegen diesen Regreß zur Entlastung der *SVS/RVS*-Police.

Bei Güterfolge- oder Vermögensschäden, die naturgemäß nur durch den Geschädigten festzustellen und nachzuweisen sind, wird im Prinzip nach dem gleichen System verfahren.

4.3 Transportversicherung

Transportversicherung Das Thema Transport- und Lagerversicherungen wird in Band 2 des Leitfadens für die Berufsausbildung ausführlich behandelt. Die Transportversicherung versichert alle Gefahren, denen das Gut ausgesetzt ist, einschließlich höherer Gewalt, während der *SVS/RVS* nur vom Spediteur verschuldete Schäden („als ob" gesetzliche Haftung) erfaßt. Andererseits versichert der *SVS/RVS* gerade auch die vom Spediteur verschuldeten Vermögensschäden, z.B. durch Dispositionsfehler, während die Transportversicherung sich grundsätzlich auf den Schaden am Gut beschränkt. Bei wertvollen Gütern und im Übersee-Export und -Import sind häufig Transportversicherung und *SVS/RVS* zu empfehlen. Zur Eindeckung einer Transport- oder Lagerversicherung ist der Spediteur jedoch ausdrücklich nur bei schriftlich erteiltem Auftrag verpflichtet (§ 35 *ADSp*).

5 Der Spediteur und die Verkehrsträger

5.1 Straßengüterverkehr

5.1.1 Die gesamtwirtschaftliche Bedeutung des Verkehrsträgers Straßengüterverkehr

Modal Split Vergleicht man die Verteilung der Gütermengen auf die einzelnen Verkehrsträger (Modal Split), so ist festzustellen, daß in den letzten Jahren der Anteil des Verkehrsträgers „Straßengüterverkehr" auf rund 86 % des gesamten Güteraufkommens – in Tonnen gerechnet – angestiegen ist. Die restlichen 14 % entfallen auf die übrigen Verkehrsträger.

Zwar unterstreicht dieser Vergleich einerseits die herausragende Stellung des Verkehrsmittels Lastkraftwagen innerhalb unserer Volkswirtschaft, andererseits bedarf er auch einer weiteren Erläuterung: Untergliedert man nämlich den Straßengüterverkehr nach Nah- und Fernverkehr (einschließlich Werkverkehr), so werden allein vom **Nahverkehr 74 % der gesamten Gütermenge** befördert und auf den **Fernverkehr entfallen nur 12 %**.

Damit wird deutlich, daß der **Lastkraftwagen vorrangig im näheren Umkreis**, also für die Bedienung der Fläche und auch nur als Ergänzung zu den übrigen Verkehrsträgern zum Einsatz kommt. Eine „Haus-Haus-Leistung" des Binnenschiffs oder der Eisenbahn ist aufgrund der Eigenart dieser Verkehrsmittel und der Verkehrswege nur beschränkt im Rahmen des kombinierten Verkehrs und auch dann nur unter Einsatz des Lastkraftwagens auf einem Teil der Gesamtstrecke möglich.

Wenn auch im Rahmen unserer gesellschaftlichen Entwicklung **ökologische Aspekte** zunehmend an Bedeutung gewinnen, so zeigen diese Zahlen aber auch, daß die Forderung nach **Verlagerung von Gütermengen auf umweltfreundlichere Verkehrsträger** wie Binnenschiff oder Eisenbahn nur für einen relativ kleinen Teil des Straßengüterverkehrs gelten kann. Dabei muß ferner noch bedacht werden, daß in diesem Bereich auch wiederum ein kleiner Teil aus den unterschiedlichsten Gründen nur „verlagerungsfähig" ist. Verständlich wird diese Forderung eher für den grenzüberschreitenden Verkehr in ganz Europa. Nach vorliegenden Zahlen sollen in der Europäischen Union derzeit nur 16 % des Güterverkehrs über die Schiene abgewickelt werden, während 70 % auf der Straße befördert werden. Der Anteil der Schiene soll nach Aussagen des derzeitigen EU-Verkehrskommissars Neil Kinnock bis zum Jahre 2010 auf nur 5 % sinken, sofern über die europäische Verkehrspolitik

Straßengüterverkehr 5.1

keine grundlegende Wende herbeigeführt werde. Ein kurzer Rückblick soll noch einmal die **Entwicklung dieses Verkehrsträgers** beleuchten.

War das Straßenfuhrwerk zu Beginn unseres Jahrhunderts durch die Eisenbahn praktisch verdrängt worden, so erlebte es nach Ende des ersten Weltkrieges mit der einsetzenden Motorisierungswelle eine steile Aufwärtsbewegung. Die technische Entwicklung im Kraftfahrzeugbau ließ zum Ende der zwanziger Jahre den Lastkraftwagen zu einem ernsthaften Konkurrenten der Eisenbahn heranwachsen, die ihre damalige Monopolstellung gefährdet sah. Technischer Fortschritt in Form von Schnelligkeit, Ladefähigkeit und auch steigende Sicherheit verschafften diesem Fahrzeug rasch Anerkennung. Auch die Anfang der 30er Jahre beginnende staatliche Einflußnahme durch Einführung eines Genehmigungszwanges für entgeltliche Güterbeförderungen für andere auf Entfernungen von mehr als 50 Kilometern und die Gleichstellung der Mindestbeförderungspreise für Eisenbahn und Lastkraftwagen konnten die stürmische Aufwärtsentwicklung des Kraftwagens nicht bremsen.

LKW, Entwicklung

Der vorübergehende Stillstand durch den zweiten Weltkrieg ließ dann eine noch steilere Entwicklungsphase folgen. Waren bis zu diesem Zeitabschnitt vorrangig Motorfahrzeuge und Anhänger mit und ohne Plane und Spiegel im Einsatz, so begann im Verlaufe der 50er und 60er Jahre verstärkt die Entwicklung von Spezialfahrzeugen. Der sich ständig verändernden Nachfrage nach individuellen und auf die jeweilige Güterart zugeschnittenen Transportmitteln konnte die Automobilindustrie durch Entwicklung diverser Aufbauarten stets gerecht werden. So wurden beispielsweise durch Silo-, Tank- und Kesselfahrzeuge nicht nur Verpackungsprobleme gelöst, auch ein rationellerer Fahrzeugeinsatz wurde durch Sattelkraftfahrzeuge und Wechselaufbauten ermöglicht. Auch der sich immer stärker ausbreitende Container und andere Spezialbehälter sind unter Einsatz von besonderen Fahrzeugen heute aus dem Alltag nicht mehr wegzudenken. So wurde der Kraftwagen dank seiner Vielgestaltigkeit und seinen universellen Einsatzmöglichkeiten zum bedeutendsten Transportmittel unserer Gegenwart.

Die Entwicklung des Lastkraftwagens ist jedoch immer noch nicht als abgeschlossen zu betrachten. Gerade die ökologischen Probleme der heutigen Zeit lassen die findigen Techniker zu immer neuen und umweltschonenderen Ergebnissen kommen, sei es durch die Entwicklung von treibstoffsparenden und geräuscharmen Motoren oder sei es die Fertigung von laufleisen Reifen. Ein Ende ist in diesem Bereich noch nicht abzusehen.

Die **stürmische Entfaltung des Güterkraftverkehrs** führte dann auch zwangsläufig zu einem **verstärkten Ausbau des Verkehrswegenetzes**. Die Ende des zweiten Weltkrieges vorhandenen, aber stark in Mitleidenschaft gezogenen Fernstraßen und das noch in der Anfangsphase befindliche Autobahnnetz bedurften zunächst einmal der dringenden Erneuerung. Gleichzeitig wurde auch der weitere Ausbau durch zusätzliche neue Straßen betrieben, so daß nach und nach ein Bundesfernstraßennetz von enormer Dichte entstand. Im Jahre 1995 betrug die **Gesamtlänge aller Straßen** des überörtlichen Verkehrs einschließlich Ortsdurchfahrten **228 604 Kilometer**; hiervon entfielen allein auf Autobahnen 11 143 Kilometer.

Verkehrswegenetz Straße

5 Der Spediteur und die Verkehrsträger

Leistungsmerkmale des Straßengüterverkehrs

Der **Lastkraftwagen** hat seinen **Siegeszug** nicht allein dem hervorragenden Fernstraßennetz zu verdanken, sondern es muß insbesondere seinen spezifischen **Eignungsvorteilen** zugeschrieben werden, daß er sich diesen enormen Marktanteil des gesamten Güteraufkommens gesichert hat. **Beweglichkeit in Einsatz und Betrieb**, seine jeweilige **Anpassungsfähigkeit an die zu befördernden Gütermengen, seine stete Betriebsbereitschaft** und auch seine **Schnelligkeit im Kurz- und Mittelstreckenverkehr** verschaffen ihm bereits die entscheidenden Vorteile gegenüber der schienengebundenen Eisenbahn oder dem wasserstraßengebundenen Binnenschiffsverkehr. Weitere Merkmale der Leistungsqualität zeigen sich darin, daß **ohne Umladung eine direkte Haus-Haus-Bedienung** auch in die entlegensten Gebiete durchgeführt werden kann und so eine **Erschließung der Fläche** erfolgt, die von Eisenbahn und Binnenschiff auf direktem Wege nicht möglich ist. Der Lastkraftwagen stellt mithin auch einen nicht mehr verzichtbaren Partner der anderen Verkehrsträger dar; das kommt nun auch im verstärkten Einsatz im kombinierten Verkehr zum Ausdruck, bei dem der Lkw, mit Gütern beladen, von der Eisenbahn oder dem Binnenschiff über größere Strecken transportiert wird, ohne daß es einer Umladung der Güter selbst bedarf.

Mit dem Aufschwung des Straßengüterverkehrs verbunden waren dann allerdings auch ordnungs- und verkehrspolitische Probleme, die zu staatlichen Eingriffen führten, um eine funktionsfähige Transportwirtschaft gerade wegen des starken Wettbewerbs zu erhalten.

5.1.2 Die Marktordnung des Güterkraftverkehrs

5.1.2.1 Begriff, Entwicklung, Zielsetzung, Elemente und Überwachung der Einhaltung der Vorschriften

Kontrollierte Wettbewerbsordnung des Güterkraftverkehrs

Die Marktordnung des Verkehrsträgers „Straßengüterverkehr" wird nach wie vor grundlegend durch das *Güterkraftverkehrsgesetz (GüKG)* vom 17. Oktober 1952 geregelt und bestimmt. Entwicklungen und damit verbundene Veränderungen sind weitgehend von der jeweiligen verkehrspolitischen Zielsetzung abhängig. Eine freie Entfaltung der Kräfte am Markt ist nur innerhalb des vom Gesetzgeber vorgeschriebenen Ordnungsrahmens möglich. Man spricht daher auch von einer **kontrollierten Wettbewerbsordnung des Güterkraftverkehrs**.

Verkehrspolitik

Dieser bisher recht eng abgesteckte Ordnungsrahmen wird nach dem derzeitigen aktuellen Stand der **Verkehrspolitik** im Verlauf der nächsten Jahre entscheidende Veränderungen erfahren. Bereits am 1. Januar 1993 wurde der **gemeinsame Binnenmarkt** der damals zwölf EU-Mitgliedstaaten verwirklicht. Das Ziel heißt nach wie vor, durch **Angleichung der Wettbewerbsbedingungen (Harmonisierung)** eine gemeinsame Basis zu finden, die ein verträgliches Nebeneinander im Rahmen eines gesunden

Straßengüterverkehr 5.1

Wettbewerbs gewährleistet und nicht eine totale Konfrontation hervorruft. Die Idealvorstellungen der Politiker werden sicherlich noch eine Zeitlang von der Wirklichkeit abweichen, aber die ersten Schritte in Richtung einer gemeinsamen Marktordnung sind getan.

Unter Berücksichtigung der fortschreitenden **Liberalisierung im nationalen und internationalen Bereich** wachsen die Verkehrsmärkte schneller zusammen und führen so zur politisch gewollten europäischen Integration.

Liberalisierung

Seit dem 1. November 1993 ist bereits der **Vertrag über die „Europäische Union" – Maastrichter Abkommen** – in Kraft getreten. Die ehemalige kennzeichnende Abkürzung EG ist durch die Abkürzung EU abgelöst worden. Zu dieser EU zählten zum Zeitpunkt des Inkrafttretens die 12 EG-Mitgliedstaaten. Im Rahmen von Erweiterungsverhandlungen sind zwischenzeitlich Finnland, Schweden und Österreich dieser Union beigetreten, so daß insgesamt 15 europäische Staaten mit insgesamt 368 Millionen Menschen im Rahmen der „Vereinigten Staaten von Europa" den weltweit stärksten gemeinsamen Markt anstreben. Nahziel ist die Schaffung einer Wirtschafts- und Währungsunion mit dem weiteren Ziel einer politischen Union. Auf dem Weg dorthin ist auch u. a. schon die Schaffung einer gemeinsamen Währung zwischen den Jahren 1997 bis 1999 geplant.

Vor diesem Hintergrund muß es jedem Bürger in Europa klar werden, daß die noch unterschiedlich strukturierten Verkehrsmärkte in den verschiedenen Staaten im Rahmen der jeweiligen Volkswirtschaft eine mehr oder weniger große Bedeutung haben und ihnen so auch jeweils ein **unterschiedlich hoch angesiedelter politischer Stellenwert** beigemessen wird. Bei Angleichung, also bei Harmonisierung der ungleichen Bedingungen, sind somit auch zum Teil einschneidende aber unvermeidbare Veränderungen der historisch gewachsenen Strukturen hinzunehmen.

Welche konkreten Schritte sind nun nach dem Zeitplan der gemeinsamen verkehrspolitischen Zielsetzung in naher Zukunft bereits erkennbar, auf die sich der Markt einzustellen hat? Die **Verkehrsminister der EU** hatten sich auf einer Sondersitzung im Juni 1993 grundsätzlich auf neue **Rahmenbedingungen für den Straßengüterverkehr** geeinigt. Die hier gefaßten Beschlüsse wurden auch bereits im Rahmen der Verkehrspolitik umgesetzt und sie stellen sich im einzelnen wie folgt dar:

EU-Verkehrspolitik

- Ab dem 1. Januar 1994 ist die **Mineralölsteuer erhöht** worden. Gleichzeitig wurden Mindestsätze für diese Steuerart EU-einheitlich festgelegt.

- Hierzu parallel sollte die **Kraftfahrzeugsteuer** als Ausgleich für Lastkraftwagen **abgesenkt werden**. Diese Maßnahme konnte aber aus „verwaltungstechnischen" Gründen erst zum **1. April 1994** verwirklicht werden. In diesem Zusammenhang wurde auch einheitlich eine Untergrenze beschlossen, die zum 1. Januar 1995 die Mitgliedstaaten verpflichtet, einen Mindestsatz von 700 ECU (etwa 1400 DM) für einen 40-t-Lastzug (zul. Gesamtgewicht) zu erheben. Eine Übergangslösung gilt bis Ende 1997 für Frankreich, Griechenland, Italien, Portugal und Spanien; diese Staaten dürfen zunächst noch unter diesem Mindestsatz bleiben.

- Mit Beginn des Jahres 1995 wurde eine **Straßenbenutzungsgebühr für Lkw eingeführt**, und zwar in Deutschland, Dänemark und den Benelux-Ländern. Diese Gebühren sollen zunächst in einer Übergangszeit noch für bestimmte Zeiträume als Jahresgebühr, Monatsgebühr, Wochengebühr oder als Gebühr für einen Tag erhoben werden. Welche Änderungen in den nächsten Jahren zu erwarten sind, ist zur Zeit noch nicht vorhersehbar.

- Die **zahlenmäßige Marktzugangsbeschränkung für den Binnenverkehr (Kabotage) in anderen Mitgliedstaaten wird schrittweise abgebaut**, indem das EU-Kabotagekontingent auf der Basis (31.12.1994) von 30 000 Genehmigungen ab 1. Januar 1995 jährlich um 30 % erhöht wird. Mit *EWG-Verordnung Nr. 3118/93* vom 25. Oktober 1993 ist bereits festgelegt, daß ab **1. Juli 1998** keine mengenmäßigen Beschränkungen mehr bestehen. Das bedeutet, daß innerhalb der Gemeinschaft jeder zum Güterkraftverkehr zugelassene Unternehmer Beförderungen ohne mengenmäßige Beschränkungen in einem Mitgliedstaat durchführen darf, ohne daß er dort seinen Sitz oder eine andere Niederlassung hat.

Diese Verordnung verpflichtet alle Mitgliedstaaten, die erforderlichen Anpassungen der nationalen Marktordnungen vorzunehmen. Materiell bedeutet das für die deutsche Marktordnung, daß eine **Unterscheidung zwischen Güternah-, Güterfern- und Umzugsverkehr dann nicht mehr haltbar ist** und daß alle Unternehmer, die die Marktzugangsvoraussetzungen erfüllen, **ohne Beschränkungen Güterkraftverkehr auf dem gesamten Gebiet der Gemeinschaft durchführen dürfen**.

Dieser „Fahrplan" bestimmt in den nächsten Jahren den Ablauf der Verkehrspolitik im Rahmen der europäischen Einigungsbestrebungen. Es ist kaum damit zu rechnen, daß sich durch den Beitritt neuer europäischer Staaten erhebliche Verzögerungen ergeben. Daher ist es auch wenig ratsam, noch lange über die Folgen der Deregulierungen und Liberalisierungen zu philosophieren und dem Ende der **kontrollierten Wettbewerbsordnung** innerhalb der nationalen Verkehrsmarktordnung nachzutrauern. Vielmehr ist jetzt jeder Frachtführer und Spediteur gefordert, die ihm durch das *HGB* bereits seit mehr als 90 Jahren zugestandene „Kaufmannsqualifikation" positiv unter Beweis zu stellen. **Sein Marktverhalten hat sich noch stärker nach den Gesetzmäßigkeiten der Marktwirtschaft auszurichten**, indem er in einem fairen Wettbewerb die Qualität seiner Leistungen ständig überprüft, um durch Verbesserungen des Angebots den Anforderungen des Marktes stets gewachsen zu sein. Dabei sind **alle Rationalisierungsmöglichkeiten** für die Leistungserstellung voll zu berücksichtigen, die bisher bei „garantierten Mindestpreisen" und einem „kontingentierten" Laderaumangebot durchaus nicht immer voll ausgeschöpft werden mußten.

Straßengüterverkehr 5.1

Die Bundesregierung und auch alle EU-Administrationen sind sich darüber einig, daß der Weg in den freien Markt sich nicht unbedingt problemlos vollziehen muß. Im Zuge der zunehmenden Verflechtung des nationalen und des internationalen Straßengüterverkehrs und somit der internationalen Märkte ist mit Krisensituationen zu rechnen. Um diesen Entwicklungen entgegenwirken zu können, wurden bereits im **Dezember 1990 mit dem Inkrafttreten der EWG-Verordnung Nr. 3916/90 über Maßnahmen bei Krisen auf dem Güterkraftverkehrsmarkt** die erforderlichen Rechtsgrundlagen geschaffen. Allerdings bedarf es hier zunächst noch der Klarstellung des Begriffs „Krise" und auch der Festlegung des Zeitpunktes, zu dem eine Interventionsmöglichkeit ins Auge gefaßt werden kann.

Für den Bereich der Bundesrepublik Deutschland wurde zumindest durch das am **1. Januar 1994 in Kraft getretene Tarifaufhebungsgesetz** ein erster Schritt getan. Seit diesem Zeitpunkt wurden durch Änderung des *Güterkraftverkehrsgesetzes (GüKG)* dem *Bundesamt für Güterverkehr (BAG)* als Nachfolgebehörde der *Bundesanstalt für den Güterfernverkehr* die Aufgaben der Marktbeobachtung zugewiesen. Im Rahmen dieser Tätigkeit ist die Entwicklung des Marktgeschehens im Güterverkehr zu beobachten, um die Funktionsfähigkeit des mittelständisch strukturierten Verkehrsmarktes zu erhalten, ruinöse Konkurrenz mit dauerhaften Dumping-Frachten zu vermeiden und Ansätze zu struktureller Überkapazität rechtzeitig zu erkennen. Einzelheiten sind an anderer Stelle in diesem Buch ausführlich dargestellt.

Die Marktordnung des Verkehrsträgers „Straßengüterverkehr" hat in den letzten Jahren durch **ständige Veränderungen** im Zuge der dynamischen Entwicklung des europäischen Marktes ein vollkommen neues Gesicht erhalten. Grundlagen unserer „kontrollierten Wettbewerbsordnung" waren bisher im wesentlichen die beiden Säulen | **Neue Marktordnung ab 1.1.1994 in Kurzfassung**

- staatlich vorgeschriebene und kontrollierte **Preise in Form von Tarifen**

- mengenmäßige **Beschränkung des Laderaumangebots** durch eine begrenzte Anzahl von Güterfernverkehrsgenehmigungen.

Dieser staatlich verordnete **Ordnungsrahmen – Preisbindung und Kontingentierung –** sollte eigentlich bereits am 1. Januar 1993 mit Verwirklichung des europäischen Binnenmarktes fallen. Da jedoch die Angleichung der Wettbewerbsbedingungen (Harmonisierung) in den anderen EU-Staaten noch nicht den vorgesehenen Stand erreicht hatte, wurden auch in Deutschland die weiteren Liberalisierungsmaßnahmen nicht so zügig weitergeführt, wie es ursprünglich vorgesehen war. Insoweit wurde zu diesem Zeitpunkt lediglich der grenzüberschreitende Güterkraftverkehr mit einer gemeinsamen Marktordnung ausgestattet.

Nachdem bereits seit dem 1. Januar 1990 nach dem Auslaufen der Margentarifverordnung die Preise für den grenzüberschreitenden Güterkraftverkehr frei vereinbart werden durften und seit dem 1. Juli 1990 der schrittweise Zugang zu den Binnenmärkten durch Einführung einer zahlenmäßig beschränkten Kabotagegenehmigung eröffnet wurde, fiel am 1. Januar 1993 die mengenmäßige Marktzugangsbeschränkung zum grenzüberschreitenden Güterkraftverkehr durch die **Einführung der Gemeinschaftslizenz**. Diese Genehmigung unterliegt **keiner mengenmäßigen Beschränkung** und jeder Unternehmer, der die **Marktzulassungsvoraussetzungen erfüllt**, erhält die Lizenz in der benötigten und der beantragten Anzahl.

Die nun noch erforderlichen Maßnahmen zur Angleichung der nationalen Marktordnung müssen nach derzeitiger Rechtslage spätestens bis zum **1. Juli 1998** verwirklicht werden. Zu diesem Zeitpunkt wird die mengenmäßige Beschränkung für Kabotagebeförderungen ebenfalls aufgehoben und die nationale Marktordnung ist – wie bereits an anderer Stelle ausgeführt – dementsprechend anzupassen.

Der erste Schritt ist bereits seit dem 1. Januar 1994 verwirklicht worden. Mit dem Inkrafttreten des **Tarifaufhebungsgesetzes** ist durch Änderung des Güterkraftverkehrsgesetzes der nationale Ordnungsrahmen dem politisch gewünschten **Ziel einer einheitlichen europäischen Marktordnung** weiter angepaßt worden: Die Säule der staatlich vorgeschriebenen und kontrollierten Preise in Form von Tarifen ist weggefallen. Folgende **Maßnahmen** waren damit verbunden:

- Sämtliche **Vorschriften über die Preisbildung**, wie Errichtung von Tarifkommissionen für den Güternahverkehr, Güterfernverkehr und Umzugsverkehr **wurden aufgehoben**.

- Die **Regelungen über die Festsetzung und Veröffentlichung von Tarifen** und ihre rechtsverbindliche Wirkung durch das Bundesverkehrsministerium **sind weggefallen** und auch die Ermächtigung der Länder zum Erlaß von Landessondertarifen für den Güternahverkehr wird nun nicht mehr benötigt.

- Die **Bestimmungen über den Abschluß von Sonderabmachungen** (Preisvereinbarungen) im Seehafenhinterlandverkehr sind entbehrlich und somit gestrichen worden.

- Die **Regelungen, die den Abfertigungsspediteur und den Vermittler betrafen**, sind ebenfalls nach Einführung der freien Preisbildung überflüssig und aufgehoben worden.

- Die *Bundesanstalt für den Güterfernverkehr*, die unter anderen Aufgaben auch die Tarifüberwachungsfunktion wahrnehmen mußte, **wurde in ein *Bundesamt für Güterverkehr* umgewandelt** und zusätzlich mit neuen Aufgaben und Befugnissen ausgestattet.

Nach Änderung des *Güterkraftverkehrsgesetzes* und weiterer hiermit in Verbindung stehender Rechtsverordnungen ergibt sich eine neue nationale Verkehrsmarktordnung auf der Grundlage des *GüKG*.

Für den eiligen Leser ist diese Marktordnung auf den nächsten Seiten in Kurzfassung dargestellt, die im Verlauf der folgenden Abschnitte ausführlich behandelt ist.

Grundsätzlich wird weiterhin zwischen gewerblichem Verkehr und Werkverkehr unterschieden.

Verkehrsarten im Güterkraftverkehr

- **Gewerblicher Verkehr** ist die Beförderung von Gütern mit Kraftfahrzeugen **für andere**.

- **Werkverkehr** ist die Beförderung von Gütern für **eigene Zwecke**.

Der Unternehmer des gewerblichen Güterkraftverkehrs ist somit Frachtführer im Sinne von § 425 *HGB*, der seine Leistungen im Rahmen seines ausgeübten Gewerbes regelmäßig als **Hauptzweck** vertraglich anbietet.

Werkverkehr darf hingegen nur als Nebenleistung (Hilfstätigkeit) einer Produktions- oder Handelsfirma ausgeübt werden, wenn die Ortsverlagerung der Güter im Zusammenhang ihrer gesamten Tätigkeit steht und eben die Beförderung **nicht Hauptzweck** darstellt.

Obwohl das *GüKG* von dem Grundsatz ausgeht, daß die Fahrzeuge dem Unternehmer gehören müssen oder von ihm auf Abzahlung gekauft sein müssen, dürfen in **beiden Verkehrsarten** aufgrund einer Änderung der *Miet- und Ersatzfahrzeugverordnung-GüKG* seit dem 1. Januar 1994 **zeitlich unbefristet Mietfahrzeuge** eingesetzt werden, und zwar auch dann, wenn durch diese Fahrzeuge nicht nur ein ausgefallenes Fahrzeug vorübergehend ersetzt werden soll. Einzige Voraussetzung ist in diesem Zusammenhang, daß die Fahrzeuge im Geltungsbereich des *GüKG* zugelassen sein müssen. Auch ist für diese Fahrzeuge jeweils eine Standortbescheinigung zu beantragen.

Weder dem gewerblichen Verkehr noch dem Werkverkehr werden die Beförderungen zugerechnet, die entweder gem. § 4 *GüKG* von der Anwendung des Gesetzes direkt ausgenommen sind oder die der ***Freistellungsverordnung-GüKG*** unterliegen. Nach § 4 sind

- sogenannte Hoheitsverkehre durch Bund, Länder, Gemeinden oder andere Körperschaften des öffentlichen Rechts,

- Beförderungen von Gütern mit Krafträdern oder mit Personenkraftwagen,

- die Beförderung von Leichen und

- die Beförderung eines einzelnen beschädigten Fahrzeugs

Beförderungen, nicht erfaßte oder freigestellte

unmittelbar von den Bestimmungen des Gesetzes ausgenommen.

5 Der Spediteur und die Verkehrsträger

Weitere 28 Beförderungsfälle, die aus der Sicht des Gesetzgebers als nicht ins Gewicht fallend angesehen werden, sind durch die *Freistellungsverordnung – GüKG* ebenfalls von den Bestimmungen des Gesetzes ausgenommen. Diese Verordnung wurde im Jahre 1993 bereits den EU-Erfordernissen angepaßt. Die ehemalige Regelung für freigestellte Lastkraftwagen bis 750 kg Nutzlast wurde auf Lkw einschließlich Anhänger mit einem zulässigen Gesamtgewicht von zusammen nicht mehr als 6 t oder einer Gesamtnutzlast von nicht mehr als 3,5 t erweitert, wobei das Gewicht der Ladung ebenfalls auf 3,5 t beschränkt bleibt. Trotz Freistellung ist unter Berücksichtigung einer bis zum 30. Juni 1998 befristeten Übergangsregelung für Beförderungen im gewerblichen Binnenverkehr bei Einsatz dieser Fahrzeuge ein Nachweis durch den Unternehmer zu führen, daß die Bedingungen gem. § 7 der *Berufszugangsverordnung* über die Erfüllung der Voraussetzungen für den Zugang zum Beruf des Güterkraftverkehrsunternehmers erfüllt sind.

Verkehrsbereiche im Güterkraftverkehr

Bei beiden **Verkehrsarten** wird nach wie vor zwischen folgenden **Verkehrsbereichen** unterschieden:

Gewerblicher Güterkraftverkehr	**Werkverkehr**
– Güternahverkehr – Güterfernverkehr – Umzugsverkehr	– Werknahverkehr – Werkfernverkehr

Nahverkehr

Unter **Nahverkehr** versteht der Gesetzgeber generell die **Beförderungen von Gütern innerhalb der Nahzone**, wobei Be- und Entladeort innerhalb der Nahzone liegen müssen, der Beförderungsweg im Zuge der Streckenführung allerdings auch vorübergehend außerhalb der Nahzone verlaufen kann.

Fernverkehr

Dem **Fernverkehr** werden bei beiden Verkehrsarten die Beförderungen zugerechnet, bei denen **entweder der Beladeort oder der Entladeort oder aber beide Orte außerhalb der Nahzone** liegen. Auf die Länge der Beförderungsstrecke kommt es dabei nicht an.

Nahzone im Güterkraftverkehr

Der Radius der Nahzone ist durch Änderung des *GüKG* seit dem 27. Mai 1992 von 50 km auf 75 km erweitert worden. Danach ist die **Nahzone das Gebiet innerhalb eines Umkreises von 75 km**, gerechnet in der Luftlinie vom Ortsmittelpunkt des **Standorts des Kraftfahrzeugs aus**. Zur Nahzone gehören alle Gemeinden mit ihrer gesamten Fläche, sobald ein Ortsmittelpunkt innerhalb dieses Kreises liegt. Die Ortsmittelpunkte werden – je nach Größe der Gemeinden in der Anzahl verschieden – von der jeweils zuständigen Länderbehörde anhand bestimmter Koordinaten festgelegt, so daß vermessungstechnisch (rechnerisch) feststellbar ist, welche Gemeinden im einzelnen noch zu einer Nahzone gehören.

Straßengüterverkehr 5.1

Die Standortregelungen gelten sowohl für den gewerblichen Verkehr als auch für den Werkverkehr unverändert weiter. Für jedes angemeldete oder angemietete Kraftfahrzeug ist nach wie vor eine **Standortbescheinigung von der unteren Verkehrsbehörde** (üblicherweise das Straßenverkehrsamt) zu erteilen. Neben dem „**angenommenen**" **Standort** gibt es weiterhin in Ausnahmefällen den „**vorübergehenden**" **Standort**. Diese Regelungen sind dann entbehrlich, wenn nicht mehr zwischen Nah- und Fernverkehr unterschieden wird.

Standorte im Güterkraftverkehr

Das *GüKG* in Verbindung mit der „*Berufszugangsverordnung – GüKG*" vom 3. Mai 1991 regelt den Marktzugang zum gewerblichen Güterkraftverkehr. Eine Änderung von § 4 dieser Verordnung hat in Angleichung an EG-Recht dazu geführt, daß seit März 1993 nur noch eine **einheitliche Fachkundeprüfung für alle Bereiche** (Nah-, Fern-, Umzugsverkehr und grenzüberschreitender Verkehr) durchgeführt wird; **zuständig** hierfür sind die **Industrie- und Handelskammern**. Das hat zur Folge, daß der Unternehmer, der sich ab diesem Zeitpunkt der Prüfung unterzieht, Kenntnisse für **alle Bereiche des gewerblichen Verkehrs** nachweisen muß. Die vor diesem Zeitpunkt abgelegte „eingeschränkte" Fachkundeprüfung wird nach Absprache aller Bundesländer jedoch als voll gültiger Nachweis der fachlichen Eignung für den **gesamten Güterkraftverkehr** anerkannt.

Marktzugang zum gewerblichen Güterkraftverkehr

Unverändert bleibt der **Nachweis der fachlichen Eignung** durch die

- Abschlußprüfung zum Kaufmann im Eisenbahn- und Straßenverkehr, Fachrichtung: Güterkraftverkehr

- Abschlußprüfung zum Speditionskaufmann

- Abschlußprüfung zur Fortbildung zum Verkehrsfachwirt.

Die weiteren Zulassungsvoraussetzungen wie **persönliche Zuverlässigkeit** und **finanzielle Leistungsfähigkeit** gelten unverändert fort.

Bei Erfüllung dieser subjektiven Voraussetzungen kann der Unternehmer zur Zeit in den Bereichen des gewerblichen Verkehrs tätig werden, in denen der Marktzugang zahlenmäßig nicht mehr beschränkt ist. Die weiteren Regelungen hierzu sehen wie folgt aus:

- Für den **Güternahverkehr** benötigt man eine **Erlaubnis; ebenso ist eine Erlaubnis für den Umzugsverkehr erforderlich**. Diese Erlaubnis ist jeweils bei der zuständigen unteren Verkehrsbehörde (meist Straßenverkehrsamt) zu beantragen und sie wird in der benötigten Anzahl erteilt. Diese Behörde ist auch für die Erteilung der Standortbescheinigung zuständig. Für den Umzugsverkehr ist eine Standortbescheinigung nicht erforderlich, da bei diesen Beförderungen eine räumliche Abgrenzung in Form einer Nahzone nicht besteht.

- Für die **Erteilung einer Gemeinschaftslizenz** liegt die Zuständigkeit seit dem 1. Januar 1994 bei **den Bundesländern**. Hier ist jedoch eine einheitliche Ausgabestelle bisher nicht bestimmt worden, so daß je nach Bundesland die Zuständigkeit auf verschiedene Behörden verteilt ist. Die Gemeinschaftslizenz, die zum grenzüberschreitenden Güterkraftverkehr **zwischen** den EU-Staaten berechtigt, ist zahlenmäßig nicht begrenzt. Sie wird allerdings mit einer Gültigkeit von **5 Jahren** ausgegeben. Vor Ablauf dieser Frist ist sie neu zu beantragen.

Weiterhin **zahlenmäßig begrenzt** sind die **Güterfernverkehrsgenehmigungen**, die **Kabotagegenehmigungen**, die **CEMT-Genehmigungen** und die sogenannten **bilateralen Genehmigungen** für Staaten, die nicht der EU angehören, für die folgende Regelungen gelten:

- Die **Güterfernverkehrsgenehmigung** berechtigt zum unbegrenzten gewerblichen Güterkraftverkehr innerhalb Deutschlands. Es gibt keine farblichen Abstufungen und somit auch keine räumliche oder materielle Begrenzung mehr, das heißt, es gibt nur noch **eine** Art der Güterfernverkehrsgenehmigung. Es sind zur Zeit etwa 61 000 Genehmigungen im Rahmen der Höchstzahlenverordnung verteilt worden. Sollen weitere Genehmigungen ausgegeben werden, so müßte zuerst die *Höchstzahlenverordnung* geändert werden, die jeweils die Anzahl der auszugebenden Genehmigungen vorschreibt. Aufgrund politischer Absichtserklärungen ist damit zu rechnen, daß dieses Kontingent weiter erhöht wird, um auf diese Weise langsam einen Marktsättigungsgrad erreichen zu können, der den Übergang im **Juli 1998** bei einer möglichen Aufhebung der Begrenzung erleichtert. Zuständige Behörde ist nach dem *GüKG* die höhere Landesverkehrsbehörde, in den meisten Bundesländern ist dieses die Bezirksregierung, früher als „Regierungspräsident" bekannt.

- Ebenfalls noch **zahlenmäßig begrenzt ist die Kabotagegenehmigung**, die einem Unternehmer der EU gestattet, in einem Mitgliedstaat Beförderungen durchzuführen, in dem er weder Sitz noch eine Niederlassung hat. Die Genehmigung ist gültig für einen bestimmten Zeitraum (ein oder zwei Monate) und gilt innerhalb der EU für alle Mitgliedstaaten. Diese Genehmigungen werden vom *Bundesamt für Güterverkehr* ausgegeben. An anderer Stelle ist bereits ausgeführt, daß die Anzahl dieser Genehmigungen auch jährlich bis 1998 um jeweils 30 % erhöht wird.

- Eine weitere Genehmigungsart wird mit einer Geltungsdauer von einem Jahr ebenfalls vom *Bundesamt für Güterverkehr* ausgegeben, und zwar die **CEMT-Genehmigung**. Grundlagen für die Erteilung dieser Genehmigungen sind die *Resolution Nr. 26 der Europäischen Konferenz der Verkehrsminister (CEMT) über das Inkrafttreten eines multilateralen Kontingents im internationalen Straßengüterverkehr vom 14. Juni 1973* sowie die *Verordnung über den grenzüberschreitenden Güterkraftverkehr mit CEMT-Genehmigungen vom 17. Juli 1974* in der jeweils gültigen Fassung.

CEMT-Genehmigungen berechtigen grundsätzlich zu allen grenzüberschreitenden Beförderungen zwischen den Mitgliedstaaten der *CEMT*. Neben den 15 EU-

Straßengüterverkehr 5.1

Staaten sind dies die Länder Norwegen, Polen, Schweiz, Slowakische Republik, Tschechische Republik, Türkei, Ungarn und neu: Bulgarien, Estland, Kroatien, Lettland, Litauen, Rumänien und Slowenien. Hier sind weitere Änderungen zu erwarten, so daß ein aktueller Stand an dieser Stelle nicht gehalten werden kann. Für das Jahr 1995 standen für alle Staaten 5419 Genehmigungen zur Verfügung, von denen in Deutschland 513 verteilt werden konnten. Ein Teil dieser Genehmigungen gilt im übrigen nur für umweltfreundliche Lastzüge, sogenannte „green lorries". Die *CEMT-Genehmigung* muß jedes Jahr neu beantragt werden unter Nachweis des Nutzungsgrades.

– Für den **grenzüberschreitenden** Güterkraftverkehr mit den Staaten, die nicht der EU angehören, benötigt man grundsätzlich eine Genehmigung des betreffenden Landes, in das man einfahren will und ebenfalls braucht der Unternehmer dieses Landes eine deutsche Genehmigung für derartige Beförderungen. Zwar sind einige dieser Länder dem *CEMT-Abkommen* beigetreten und diese Genehmigung würde jeweils beide Streckenteile im In- und Ausland abdecken, aber die Anzahl dieser Genehmigungen reicht nicht aus, um den jeweiligen Bedarf decken zu können. Die Bundesrepublik hat daher mit den einzelnen Ländern **zweiseitige – sogenannte bilaterale – Abkommen** abgeschlossen. Auf der Grundlage dieser Verträge wird das Verfahren des gegenseitigen Austausches und die Anzahl der auszugebenden Genehmigungen geregelt und auch gleichzeitig festgelegt, welche Behörde für die Ausgabe der Genehmigungen bestimmt wird. Auch hier gibt es keine einheitliche Ausgabestelle. Diese „bilaterale" Genehmigung deckt jeweils nur den ausländischen Streckenteil ab, so daß der deutsche Unternehmer auf dem deutschen Streckenteil für derartige Beförderungen eine Güterfernverkehrsgenehmigung einsetzen muß, es sei denn, der Unternehmer erreicht mit dem Standort des eingesetzten Kraftfahrzeugs die deutsche Grenze innerhalb der Nahzone, dann kann auf deutscher Strecke die Nahverkehrserlaubnis eingesetzt werden.

Werden bei Beförderungen dieser Art mehrere Länder im Transit durchfahren, so ist für jedes Land gesondert eine entsprechende Genehmigung vorher zu beantragen.

Solange Genehmigungen noch einer zahlenmäßigen Beschränkung unterliegen, ist verständlicherweise auch darüber zu wachen, daß eine mißbräuchliche Ausnutzung weitgehend verhindert wird. Daher hat der Unternehmer des Güterfernverkehrs nach dem Inkrafttreten des *Tarifaufhebungsgesetzes* am 1. Januar 1994 und dem damit verbundenen Wegfall der Tarifüberwachung dennoch je **Genehmigung ein Fahrtenbuch weiterhin zu führen**. Zuständige Stellen für die Ausgabe der Fahrtenbücher sind ab diesem Zeitpunkt die **Außenstellen des *Bundesamtes für Güterverkehr***, in deren Bereich die entsprechende Genehmigung erteilt worden ist.

Die „*Verordnung über die Führung eines Fahrtenbuches nach dem Güterkraftverkehrsgesetz (Fahrtenbuch-Verordnung GüKG – GüKFV) vom 1. März 1994*" **regelt die Ausgabe, Führung und Rückgabe der Fahrtenbücher**. Danach hat der Unternehmer oder die in seinem Geschäftsbetrieb für die Führung des Fahrtenbuches be-

Fahrtenbuch

5 Der Spediteur und die Verkehrsträger

stimmte Person in das Fahrtenbuch alle Beförderungen im Güterfernverkehr, die mit der jeweiligen Genehmigung durchgeführt werden, vor Beginn der Beförderung in zeitlicher Reihenfolge mit den dort vorgeschriebenen Angaben vollständig, unauslöschlich und deutlich lesbar einzutragen.

Die ausgefüllten Erstschriften der Fahrtenbuchblätter sind vom Unternehmer monatlich aus dem Fahrtenbuch herauszutrennen und aufzubewahren (*§ 29 GüKG*). Das nach Eintragung der letzten Beförderung vollständig verbrauchte Fahrtenbuch mit den verbleibenden Durchschriften der Fahrtenbuchblätter ist innerhalb eines Monats an das Bundesamt zurückzugeben. Soweit die Genehmigung zurückgenommen, widerrufen, zurückgegeben worden oder auf andere Weise ungültig geworden ist, muß das Fahrtenbuch ebenfalls innerhalb der vorgeschriebenen Frist zurückgegeben werden.

Ein Fahrtenbuch ist **nicht** zu führen für

1. Genehmigungen nach *§ 19 a des Güterkraftverkehrsgesetzes*, die für eine Einzelfahrt oder für mehrere Einzelfahrten innerhalb von sieben aufeinanderfolgenden Tagen erteilt sind,

2. CEMT-Genehmigungen nach der *Verordnung über den grenzüberschreitenden Güterkraftverkehr mit CEMT-Genehmigungen vom 17. Juli 1974* in der jeweils gültigen Fassung,

3. Kabotage-Genehmigungen nach der *EWG-Verordnung Nr. 3118/93 des Rates vom 25. Oktober 1993*,

4. Gemeinschaftslizenzen nach der *Verordnung über den grenzüberschreitenden Güterkraftverkehr mit Gemeinschaftslizenzen vom 4. Februar 1993*.

Für *CEMT*-**Genehmigungen** und auch für **Kabotage-Genehmigungen**, die ebenfalls noch einer zahlenmäßigen Beschränkung unterliegen, ist anstelle eines Fahrtenbuches ein **Fahrtenberichtsheft** zu führen. Dieses Fahrtenberichtsheft wird bei Erteilung der entsprechenden Genehmigung vom *Bundesamt für Güterverkehr* ausgegeben und ist wie das Fahrtenbuch auch an die Ausgabestelle nach vollständiger Ausfüllung wieder zurückzugeben. Zuwiderhandlungen gegen diese Vorschriften stellen eine Ordnungswidrigkeit dar und werden mit Bußgeld geahndet.

Kombinierter Verkehr (Kombiverkehr) Das ständig wachsende Güteraufkommen im Straßengüterverkehr und der damit verbundene Gedanke, die Straße zu entlasten und die Güter auf andere Verkehrsträger umzulenken, hat bei der **Definition des Kombiverkehrs** im Laufe der Zeit zu einigen Veränderungen geführt. So wurde dieser Begriff im Ergebnis nach und nach erweitert und die Zugangsregelungen wurden gelockert. Insbesondere wurde der grenzüberschreitende Kombiverkehr innerhalb der EU durch Erleichterungen einem größeren Interessentenkreis zugänglich gemacht. Diese Erleichterungen betreffen im wesentlichen die jeweilige An- und Abfuhr auf der Straße zu einem der anderen Verkehrsträger. Die Straßenbeförderung auf deutschem Territorium wäre nämlich nach der deutschen Rechtsordnung vom Grundsatz her genehmigungspflichtig. Diese Genehmigungspflicht wurde zwischenzeitlich aufgehoben, nachdem bereits zuvor die Tarifpflicht und auch die Vorlagepflicht der Unterlagen entfallen ist.

Das *GüKG* in Verbindung mit der *Verordnung über den grenzüberschreitenden kombinierten Verkehr (GüKGrenzKombiV)* bezieht neben dem kombinierten Verkehr Schiene – Straße und Binnenwasserstraße – Straße nunmehr auch den Verkehr Seeschiffahrt – Straße in diese Begriffsbestimmung ein. Entscheidende Erleichterungen betreffen in diesem Zusammenhang vorrangig den grenzüberschreitenden Kombiverkehr, dessen Zugangsregelungen allerdings hier nur abgekürzt wiedergegeben werden können:

Grenzüberschreitender kombinierter Verkehr

Die An- und Abfuhr auf der Straße ist bei Erfüllung der übrigen Voraussetzungen der Verordnung **genehmigungsfrei**, wenn

- für die nachfolgende Schienenbeförderung **der nächstgelegene geeignete Bahnhof** angefahren wird, von dem aus Kombiverkehr der betreffenden Art durchgeführt wird. Ausnahmen können gestattet werden, insbesondere bei Beförderungen mit der rollenden Landstraße;

- die Ladestelle des Gutes nicht weiter als **150 Kilometer** in der Luftlinie vom **Binnenumschlagsplatz** entfernt liegt;

- die Ladestelle des Gutes nicht weiter **als 150 Kilometer** in der Luftlinie vom **Seehafen des Umschlags** entfernt liegt.

Mit dem Inkrafttreten des *Abkommens über den Europäischen Wirtschaftsraum (EWR-Abkommen)* am 1. Januar 1994 wurden neben den EU-Staaten die neuen Mitgliedstaaten **Finnland, Island, Norwegen, Österreich** und **Schweden** ab diesem Zeitpunkt in den **Geltungsbereich der *GüKGrenzKombiV* als EWR-Mitglieder** miteinbezogen. Die Voraussetzungen für den grenzüberschreitenden kombinierten Verkehr Schiene-Straße sind neuerdings auch dann erfüllt, wenn nicht die Eisenbahn eines EU-Staates, sondern auch die eines anderen EWR-Staates benutzt wird. Dies bedeutet, daß im Kombiverkehr Schiene-Straße bei einer Beförderung, die auf der Schiene in einem anderen EWR-Staat außerhalb der EU beginnt oder endet, die An- oder Abfuhr in der Bundesrepublik in dem Bereich **genehmigungsfrei** durchgeführt werden darf, für den der benutzte Bahnhof der nächstgelegene geeignete Bahnhof zur Ladestelle ist.

Die Genehmigungsfreiheit für An- und Abfuhren auf der Straße gilt bei Vorliegen der sonstigen Voraussetzungen der *GüKGrenzKombiV* außer für EU-Unternehmer nun auch für Unternehmer aus den **übrigen EWR-Mitgliedstaaten**.

5 Der Spediteur und die Verkehrsträger

Preisbildung und Marktbeobachtung

Seit dem 1. Januar 1994 vollzieht sich die Preisbildung am Verkehrsmarkt nicht mehr auf der Basis von Tarifen, sondern Unternehmer und Verlader können nunmehr nach einer 60jährigen Ära staatlich regulierter Preise ihre Entgelte im Rahmen der marktwirtschaftlichen Entwicklung wie andere Kaufleute frei vereinbaren. Von „verheerenden Folgen" ist ebenso zu lesen wie von „Vernichtung eines gesamten Berufsstandes".

Bei derartigen Betrachtungen sollte man die gesamte Entwicklung bis in die jüngste Zeit retrospektiv betrachten, denn die Preisfreigabe wurde nicht plötzlich verordnet, sondern der Weg dorthin vollzog sich eigentlich recht langsam über viele Stationen.

Waren doch die Tarife ursprünglich als „Festtarife" verordnet worden, die keinen Spielraum zu Preisvereinbarungen boten, so wurde allmählich diese starre Preisgestaltung ab Mai 1970 durch Einführung sogenannter **Margen** in eine flexible Preisbildung umgestaltet. Zwischen festgelegten und weiterhin überwachten Ober- und Untergrenzen konnten ab dieser Zeit die Preise schon frei vereinbart werden.

Der nächste große Schritt folgte dann am 30. Juni 1975: Die Preise für den Spediteursammelgutverkehr wurden freigegeben. Mehr als 20 Jahre waren bis zu diesem Zeitpunkt die Entgelte in diesem Bereich auf der Basis des Preisgesetzes mit vorgeschriebenen „Kundensätzen" staatlich verordnet und überwacht worden. An die Stelle dieser „administrierten Preise" traten dann die vom *Bundesverband Spedition und Lagerei (BSL)* **empfohlenen *„Bedingungen und Entgelte für den Spediteursammelgutverkehr mit Kraftwagen und Eisenbahn"***. Rechtsgrundlage für diese beim Bundeskartellamt anzumeldenden Preisempfehlungen ist der *§ 99 des Gesetzes gegen Wettbewerbsbeschränkungen*, der Spediteurvereinigungen gestattet, Preisempfehlungen als Orientierungsgröße zu veröffentlichen. Die Aufgabe des Kartellamtes liegt hier lediglich in der Beobachtung, daß keine verbotenen Preisabsprachen im Sinne einer wettbewerbsverhindernden Kartellbildung entstehen.

Auch dieser Übergang von verordneten zu empfohlenen Preisen wurde von großen Teilen der Verkehrswirtschaft mit Sorge und Mißtrauen begleitet. Aber dieser Versuch scheint gelungen zu sein, wie die neueste Ausgabe der Preisempfehlungen vom Januar 1996 in ihren Vorbemerkungen erkennen läßt:

> „Inzwischen haben sowohl die Bedingungen wie auch die Preisempfehlungen für den Spediteursammelgutverkehr ihre Bewährungsprobe bestanden und einen festen Platz im Güterverkehrsmarkt sowie außerdem das „Gütesiegel" der Verladerverbände erhalten."

Bundesamt für Güterverkehr

Mit der Aufhebung der Tarife und somit auch dem Wegfall der Überwachung wurde gleichzeitig die mit diesen Aufgaben betraute Behörde verändert. Mit dem Inkrafttreten des **Tarifaufhebungsgesetzes** am 1. Januar 1994 wurde die *Bundesanstalt für den Güterfernverkehr* in das **Bundesamt für Güterverkehr (BAG)** umgewandelt. Das Bundesamt ist eine **selbständige Bundesoberbehörde im Geschäftsbereich des**

Straßengüterverkehr 5.1

Bundesministeriums für Verkehr mit Sitz in Köln und den Außenstellen in verschiedenen Bundesländern. Es wird aus dem Bundeshaushalt finanziert. Das Bundesamt hat den gesetzlichen Auftrag, Verwaltungsaufgaben des Bundes auf dem Gebiet des Güterkraftverkehrs zu erledigen, die ihm durch das *Güterkraftverkehrsgesetz* oder andere Bundesgesetze zugewiesen werden. Derzeit werden im wesentlichen folgende Aufgaben wahrgenommen:

Sicherheit und Umweltschutz im Straßengüterverkehr

Durch Kontrollen deutscher und ausländischer Lastkraftfahrzeuge auf Autobahnen, Bundes- und Landstraßen wird die Einhaltung folgender Vorschriften überwacht:

- Fahrpersonalvorschriften über die Lenk- und Ruhezeiten
- Gefahrguttransporte
- Abmessungen und Gewichte der Fahrzeuge
- Vorschriften über sichere Container
- Lebensmitteltransporte, Abfalltransporte, Geräusche und Emissionen

Ordnungswidrigkeitenverfahren

Bei der Verfolgung von Ordnungswidrigkeiten wird das Bundesamt als Ermittlungs- und/oder Bußgeldbehörde tätig.

Marktbeobachtung des Güterverkehrs

Fortlaufende verkehrsträgerübergreifende Beobachtung des Güterverkehrs auf der Straße, mit Eisenbahn und Binnenschiff sowie Rohrfernleitungen zur Früherkennung und Vermeidung verkehrswirtschaftlicher Fehlentwicklungen.

Statistik

Das Bundesamt führt im Bereich Straßengüterverkehr Verkehrsstatistiken als Bundesstatistik durch, die Erkenntnisse über Fahrleistungen, Last- und Leerfahrten, Beförderungsentgelte und Unternehmensentwicklungen liefern.

Marktordnung im Straßengüterverkehr

Durch Betriebs- und Straßenkontrollen wird u. a. die Einhaltung der Vorschriften des Marktzugangs in Form von Genehmigungen und Lizenzen überwacht.

Steuern und Abgaben

Das Bundesamt unterstützt die Finanzverwaltung bei der Überwachung der Regelungen über Abgaben, die für das Halten oder Verwenden von Fahrzeugen zur

Straßengüterbeförderung sowie für die Benutzung von Straßen anfallen und bei der Erhebung und Abführung der Umsatzsteuer für Beförderungen im Binnenverkehr durch ausländische Unternehmer.

Befördungsentgelte im Luftverkehr

Seit dem 1. Januar 1996 wurden vom *Bundesministerium für Verkehr* dem *Bundesamt* Aufgaben auf dem Gebiet der Genehmigung, Hinterlegung und Überwachung von Beförderungsentgelten im Luftverkehr übertragen.

Der Teilbereich der **Marktbeobachtung** wird gem. *§ 57 GüKG* künftig eine der bedeutendsten Aufgaben des neuen Bundesamtes sein. Denn die schrittweise Anpassung der nationalen Verkehrsmarktordnung an die Marktordnungen der anderen EU-Partnerstaaten führt zwangsläufig zu einer weiteren Liberalisierung. Die über Jahrzehnte hinweg durch staatliche Einflußnahme und Kontrolle des Marktes geprägte Verhaltensweise der Marktteilnehmer bedarf eines längeren Anpassungsprozesses. Auch muß bedacht werden, daß die arbeitsteilige Wirtschaft, die wachsende internationale Verflechtung und die weiterhin zu erwartende überdurchschnittliche Zunahme des grenzüberschreitenden Verkehrs durch ausländische Lastkraftfahrzeuge zu einem **verschärften Wettbewerb** führen. Damit sich unter diesen Bedingungen ein fairer Wettbewerb entwickeln kann, ist eine fortlaufende Beobachtung des Güterverkehrsmarktes verkehrsträgerübergreifend erforderlich, damit Fehlentwicklungen frühzeitig erkannt werden und entsprechende Abhilfemaßnahmen eingeleitet werden können.

Als Beobachtungsschwerpunkte für Entwicklungsanalysen bieten sich an:

- Angebot und Nachfrage in bezug auf Beförderungskapazität
- Struktur des Verkehrsmarktes
- Ausländischer Marktanteil
- Kabotagebeförderungen
- Struktur von Teilmärkten (z. B. Gefahrguttransporte)
- Entwicklung von Transportketten, wie kombinierter Verkehr
- Preisentwicklung in allen Bereichen
- Ausnutzungsgrade der Verkehrsmittel

Dies soll nur eine beispielhafte Aufzählung sein und sie erhebt selbstverständlich keinen Anspruch auf Vollzähligkeit. Sie soll vielmehr nur einen kleinen Überblick über die Vielgestaltigkeit der künftigen Marktbeobachtung bringen. Die analytisch aufbereiteten Ergebnisse sind in periodischen Abschnitten regelmäßig und auch auf besonderer Anforderung an das **Bundesverkehrsministerium** weiterzuleiten.

Nach der vorangegangenen Kurzübersicht folgt nun die ausführliche Darstellung des Verkehrsträgers „Straßengüterverkehr".

5.1.2.2 Das Güterkraftverkehrsgesetz (GüKG) als grundlegendes Marktordnungsgesetz

Wenn auch auf dem Weg zu einem gemeinsamen Markt im Rahmen der Deregulierung einzelne regelnde Maßnahmen weggefallen sind, so handelt es sich hierbei allerdings nur um einen Bruchteil der den Markt regulierenden Vorschriften. Nach wie vor gilt das vielfach geänderte *Güterkraftverkehrsgesetz (GüKG)* von 1952 mit den auf seiner Basis erlassenen Rechtsverordnungen als grundlegendes Marktordnungsgesetz, und zwar seit dem 1. Januar 1994 mit folgendem Inhalt:

GüKG Inhaltsübersicht

1. Allgemeine Vorschriften

2. Vorschriften für den Güterfernverkehr
   - Genehmigungsvorschriften
   - Pflichten der am Beförderungsvertrag Beteiligten

3. Vorschriften für besondere Verkehre
   - Sondervorschriften für den Umzugsverkehr
   - Sondervorschriften für den Werkverkehr

4. Bundesamt für Güterverkehr

5. Vorschriften für den Güternahverkehr
   - Allgemeiner Güternahverkehr
   - Landwirtschaftliche Sonderverkehre

6. Durchführung bestimmter Vorschriften der Europäischen Gemeinschaften

7. Vorschriften über Geldbuße und Rücknahme der Genehmigung oder der Erlaubnis

8. Schlußbestimmungen

Die auf der nächsten Seite folgende Übersicht in Tabellenform gibt den Inhalt in Kurzform wieder.

Das *GüKG* gilt für die **Beförderung von Gütern** mit Kraftfahrzeugen. Es regelt die Güterbeförderungen mit Kraftfahrzeugen ausschließlich, d. h. es schafft ein einheitliches Bundesrecht. Unter der Beförderung von Gütern mit einem Kraftfahrzeug ist das Fortbewegen der Güter mit Hilfe eines Kraftfahrzeuges zu verstehen. Dabei ist es gleichgültig, ob die Güter auf dem Kraftfahrzeug verladen sind oder ob das Kraftfahrzeug nur als Zugkraft z. B. für einen fremden Anhänger benutzt wird. Der Zweck der Beförderung muß das Fortbewegen sein. Es ist gleich, ob die Beförderung der Güter **für andere** (gewerblicher Güterverkehr) oder **für die eigenen Zwecke** des Fahrzeughalters (Werkverkehr) vorgenommen wird. (§ 1 GüKG)

GüKG Geltungsbereich

5 Der Spediteur und die Verkehrsträger

Übersicht GüKG

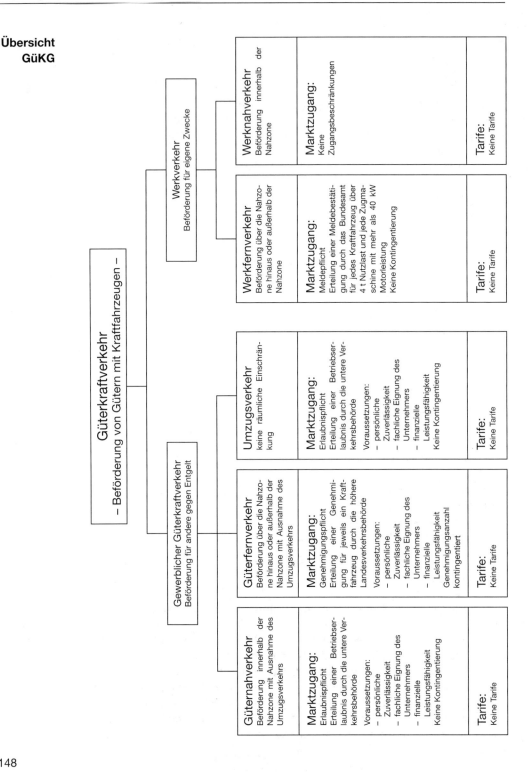

Straßengüterverkehr 5.1

Mitzuführende Beförderungpapiere: – Standortbescheinigung – Erlaubnisurkunde – Frachtbrief im grenzüberschreitenden Verkehr	**Mitzuführende Beförderungpapiere:** – Standortbescheinigung – Genehmigungsurkunde – Frachtbrief – Fahrtenbuch	**Mitzuführende Beförderungpapiere:** – Standortbescheinigung nicht erforderlich – Umzugserlaubnisurkunde – Umzugsvertrag	**Mitzuführende Beförderungpapiere:** – Standortbescheinigung – Meldebestätigung – Beförderungs- u. Begleitpapier	**Mitzuführende Beförderungpapiere:** – Standortbescheinigung
Vorzulegende Prüfungsunterlagen: Keine Vorlagepflicht	**Vorzulegende Prüfungsunterlagen:** Keine Vorlagepflicht	**Vorzulegende Prüfungsunterlagen:** Keine Vorlagepflicht	**Vorzulegende Prüfungsunterlagen:** Monatsübersicht über durchgeführte Beförderungen für jedes Kraftfahrzeug über 4 t Nutzlast und jede Zugmaschine mit mehr als 40 kW Motorleistung beim Bundesamt für Güterverkehr	**Vorzulegende Prüfungsunterlagen:** Keine Vorlagepflicht
Anmeldepflicht: Unternehmen und Fahrzeuge beim Bundesamt für Güterverkehr	**Anmeldepflicht:** Unternehmen und Fahrzeuge beim Bundesamt für Güterverkehr	**Anmeldepflicht:** Unternehmen und Fahrzeuge beim Bundesamt für Güterverkehr	**Anmeldepflicht:** Unternehmen und Fahrzeuge beim Bundesamt für Güterverkehr	**Anmeldepflicht:** Keine Anmeldepflicht

5 Der Spediteur und die Verkehrsträger

Ausnahmen Die Vorschriften des *GüKG* finden keine Anwendung auf:

a) die Beförderung von Gütern durch den Bund, die Länder, die Gemeinden (Gemeindeverbände) und durch andere Körperschaften des öffentlichen Rechts im Rahmen ihrer hoheitlichen Betätigung sowie die Beförderung von Gütern durch die Deutsche Bundespost im Rahmen der ihr übertragenen Aufgaben des Post- und Fernmeldewesens,

b) die Beförderung von Gütern mit Krafträdern oder mit Personenkraftwagen,

c) die Beförderung von Leichen in besonders hierfür eingerichteten und ausschließlich solchen Beförderungen dienenden Kraftfahrzeugen,

d) die Beförderung eines einzelnen beschädigten Fahrzeuges.

Der *Bundesminister für Verkehr (BMV)* ist aufgrund des § 4 Abs. 2 GüKG ermächtigt, weitere, im Rahmen des Gesamtverkehrs nicht ins Gewicht fallende Beförderungsfälle allgemein von den Bestimmungen des *GüKG* auszunehmen oder sie einer anderen Beförderungsart zuzuordnen (*§ 4 GüKG*).

Freistellungsverordnung, GüKG Von dieser Ermächtigung hat der *BMV* durch die *Freistellungsverordnung vom 29. Juli 1969* bereits Gebrauch gemacht. Inzwischen ist diese Freistellungsverordnung auf insgesamt 28 verschiedene Beförderungsfälle erweitert worden, die nach derzeitiger verkehrspolitischer Auffassung den vorgenannten Kriterien entsprechen. Diese Beförderungsfälle fallen somit nicht unter die Bestimmungen des *GüKG*. Das bedeutet aber auch, **daß für diese Fälle die auf der Grundlage dieses Gesetzes erlassenen Rechtsvorschriften mit allgemeinverbindlichem Charakter nicht gelten**. Somit gelten die Bestimmungen der Kraftverkehrsordnung u. a. bezüglich der Haftung und des Versicherungsschutzes nicht automatisch. Hier kann nur allen am Beförderungsvertrag beteiligten Parteien angeraten werden, vor Vertragsabschluß eine klare Regelung bezüglich der Beförderungsbedingungen zu treffen.

Von den insgesamt 28 Beförderungsfällen sollen hier nur die im gewerblichen Güterkraftverkehr häufiger auftretenden Fälle kurz erläutert werden. Da ist zunächst die **gelegentliche Beförderung von Luftfrachtgütern nach und von Flughäfen bei Umleitung der Flugdienste** zu nennen. Hierunter fallen nur die Fälle, die z. B. infolge von Witterungseinflüssen (z. B. Nebel) oder anderen Hinderungsgründen (z. B. Streik) erforderlich werden. Nicht jedoch die Beförderungen, die eine Fluggesellschaft regelmäßig durchführen läßt, wenn sie von einem bestimmten Abgangsort (Flughafen) einen Liniendienst zu einem Bestimmungsort nicht unterhält und daher die Güter auf der Straße zunächst zu einem anderen Flughafen transportieren muß, von dem aus der Linienverkehr betrieben wird.

Generell freigestellt ist auch die Beförderung von Gütern mit Kraftfahrzeugen, deren **zulässiges Gesamtgewicht, einschließlich des Gesamtgewichts des Anhän-**

gers, **6 t** nicht übersteigt oder deren **zulässige Nutzlast, einschließlich der Nutzlast des Anhängers, 3,5 t** nicht übersteigt und deren Ladung, **einschließlich der des Anhängers, nicht mehr als 3,5 t** beträgt.

Die Beförderung von **lebenden Tieren** ist ebenfalls freigestellt.

Der *BMV* ist jedoch bei einer vermeintlich mißbräuchlichen Ausnutzung dieser Vorschriften kurzfristig in der Lage, die *Freistellungsverordnung* zu ändern und Verkehre, die zu einer Marktstörung führen, aus der *Freistellungsverordnung* herauszunehmen und sie wieder den Regelungen des *GüKG* zu unterwerfen.

Somit stellt auch diese Rechtsregelung als flexibles Instrument der Verkehrspolitik ein wichtiges Element unserer Marktordnung dar.

Das *GüKG* teilt den Güterkraftverkehr in zwei Arten ein: Es unterscheidet zwischen dem **gewerblichen Güterkraftverkehr** und dem **Werkverkehr**. Gewerblicher Güterkraftverkehr liegt vor, wenn Güterbeförderungen mit Kraftfahrzeugen **für andere** durchgeführt werden. Der Unternehmer des gewerblichen Güterkraftverkehrs ist somit Frachtführer im Sinne von *§ 425 HGB*, der den Begriff des Frachtführers wie folgt definiert:

Verkehrsarten Güterkraftverkehr

„Frachtführer ist, wer es gewerbsmäßig übernimmt, die Beförderung von Gütern zu Lande oder auf Flüssen oder sonstigen Binnengewässern auszuführen."

Dagegen ist unter Werkverkehr die Beförderung von Gütern mit Kraftfahrzeugen **für eigene Zwecke** zu verstehen. Hierbei darf die Ortsverlagerung der Güter, also die Beförderung, nicht Hauptzweck sein. Sie kann nur eine **Hilfstätigkeit** im Rahmen der gesamten Tätigkeit des Unternehmens darstellen, so zum Beispiel bei Produktions- und Handelsfirmen.

Die beiden Verkehrsarten sind weiterhin noch in jeweils zwei Verkehrsbereiche eingeteilt, und zwar in **Nahverkehr** und **Fernverkehr**.

Verkehrsbereiche Güterkraftverkehr

Zum gewerblichen Verkehr gehört zusätzlich noch der Umzugsverkehr.

Diese weitergehende Differenzierung wurde vom Gesetzgeber gewählt, um auch auf die **unterschiedlichen Wettbewerbsbedingungen der Verkehrsträger** untereinander im Bedarfsfalle schneller und gezielter einwirken zu können. Denn im Hinblick auf die Marktordnung hat die Bundesregierung den gesetzlichen Auftrag, mit dem Ziel bester Verkehrsbedienung darauf hinzuwirken, daß die Wettbewerbsbedingungen der Verkehrsträger angeglichen werden und daß durch einen lauteren Wettbewerb der Verkehrsträger eine volkswirtschaftlich sinnvolle Aufgabenteilung ermöglicht wird. Die Leistungen der verschiedenen Verkehrsträger hat der Bundesminister für Verkehr insoweit aufeinander abzustimmen, als es die Verhinderung eines unbilligen Wettbewerbs erfordert.

5 Der Spediteur und die Verkehrsträger

Nahzone Ortsmittelpunkt im Güterkraftverkehr

Unter **Nahverkehr** versteht der Gesetzgeber **jede Beförderung von Gütern mit einem Kraftfahrzeug innerhalb der Nahzone**. Beförderungen über die Grenzen der Nahzone hinaus oder außerhalb dieser Grenzen werden dem Fernverkehr zugeordnet. Diese Unterscheidung gilt sowohl für den gewerblichen Güterkraftverkehr als auch für den Werkverkehr mit der Ausnahme, daß für den Umzugsverkehr (gewerblicher Verkehr) eine besondere Regelung geschaffen worden ist, die diese Unterscheidung nicht mehr erfordert. Der Umzugsverkehr wird an anderer Stelle dargestellt.

Zunächst bedarf es der Erläuterung des Begriffs „Nahzone". **Die Nahzone ist das Gebiet innerhalb eines Umkreises von fünfundsiebzig Kilometern, gerechnet in der Luftlinie vom Mittelpunkt – Ortsmittelpunkt – des Standorts des Kraftfahrzeugs aus. Zur Nahzone gehören alle Gemeinden, deren Ortsmittelpunkt innerhalb der Nahzone liegt. Gemeinden mit mehr als 100 000 Einwohnern oder mit einer Fläche von mehr als einhundert Quadratkilometern können für die Bestimmung von Ortsmittelpunkten in Bezirke eingeteilt werden. Für jeden Bezirk kann ein Ortsmittelpunkt bestimmt werden. Jeder dieser bezirklichen Ortsmittelpunkte gilt als Ortsmittelpunkt für das gesamte Gemeindegebiet.** Der Ortsmittelpunkt muß ein verkehrswirtschaftlicher Schwerpunkt der Gemeinde oder des Bezirks sein. Je nach Größe der Gemeinde können **bis zu sechs Ortsmittelpunkte** bestimmt werden.

Infolge umfangreicher kommunaler Neugliederungsmaßnahmen ist eine entsprechende Regelung bezüglich der Ortsmittelpunkte notwendig geworden. Diese Regelung dient dem Zweck, Härten zu mildern und den sogenannten Besitzstand zu wahren. Werden Gemeinden oder Gemeindeteile in eine andere Gemeinde eingegliedert oder zu einer neuen Gemeinde zusammengeschlossen, so können für die in ihrem Gebietsumfang geänderte oder neugebildete Gemeinde bis zu drei Ortsmittelpunkte bestimmt werden, auch wenn die neugebildete Gemeinde weniger als 100 000 Einwohner hat oder die Fläche geringer als einhundert Quadratkilometer ist. Dies gilt jedoch nur, wenn es für eine befriedigende Verkehrsbedienung des betreffenden Gebietes und zur Aufrechterhaltung eingerichteter Verkehrsverbindungen, die nach bisherigem Recht Güternahverkehr waren, erforderlich ist.

Für Gemeinden oder Gemeindeteile, die nach dem 31.12.1968 in eine andere Gemeinde eingegliedert oder zu einer neuen Gemeinde zusammengeschlossen worden sind, gilt dies gleichfalls.

Die Landesregierungen bestimmen die Ortsmittelpunkte nach Anhörung des *Bundesamtes für Güterverkehr* durch Rechtsverordnung. Sie können ihre Ermächtigung durch Rechtsverordnung weiter übertragen, in den Fällen der Bestimmung von Ortsmittelpunkten in Großstädten und in den Fällen von Neugliederungsmaßnahmen mit den vorbezeichneten Folgen jedoch nur auf eine oberste Landesbehörde oder auf eine höhere Landesverkehrsbehörde (*§ 2 GüKG*).

Als Grundlage und somit als Ausgangspunkt für die Abgrenzung der Verkehrsbereiche Nahverkehr und Fernverkehr muß für jedes Kraftfahrzeug, das im Güterfernverkehr, im Güternahverkehr oder im Werkverkehr verwendet werden soll – ausgenommen vom *GüKG* nicht erfaßte und freigestellte Fälle –, ein Standort bestimmt werden. Der Unternehmer muß an diesem Standort den Sitz seines Unternehmens oder eine nicht nur vorübergehende geschäftliche Niederlassung haben. Der **Sitz eines Unternehmens** kann nur anerkannt werden, wenn – bezogen auf Art und Umfang des Unternehmens – mindestens folgende **Voraussetzungen** gegeben sind:

Standorte der Kraftfahrzeuge im Güterkraftverkehr

- ein besonderer durch den Unternehmer entsprechend eingerichteter und ständig benutzter Raum, der erforderlich, geeignet und bestimmt ist, Mittelpunkt der geschäftlichen Tätigkeit dieses Unternehmens zu bilden,
- das Vorhandensein einer zu selbständigem Handeln befugten geschäftskundigen Person, soweit der Unternehmer die Geschäfte nicht selbst wahrnimmt,
- eine dem Unternehmenszweck entsprechende Tätigkeit von erheblichem Umfang.

Regelmäßiger Standort im Güterkraftverkehr

Diese **Mindestanforderungen** gelten auch für nicht nur vorübergehende geschäftliche Niederlassungen. Über die Bestimmung des Standortes wird eine amtliche Bescheinigung erteilt, die bei allen Fahrten im Kraftfahrzeug mitzuführen und auf Verlangen den zuständigen Kontrollbeamten zur Prüfung auszuhändigen ist.

Ist ein Standort nach den Vorschriften dieses Gesetzes nicht bestimmt worden, so gilt als Standort der Ort des Sitzes oder der nicht nur vorübergehenden geschäftlichen Niederlassung, von dem aus das Kraftfahrzeug eingesetzt wird.

Dieser nach vorstehenden Regelungen bestimmte Standort gilt für **alle Kraftfahrzeuge** des Sitzes oder der Niederlassung des Unternehmens. Die **Standortbescheinigung** wird für jedes zugelassene Kraftfahrzeug gesondert erteilt, so daß dem Erfordernis des Mitführens im Kraftfahrzeug jeweils entsprochen werden kann. Zuständig für die Erteilung der Bescheinigung ist die untere Verkehrsbehörde. Dabei handelt es sich um die Stadtverwaltung (Gemeindeverwaltung) in kreisfreien Städten (Gemeinden) oder um die Kreisverwaltung bei kreisangehörigen Gemeinden. Hierbei kann es regional bedingte unterschiedliche Bezeichnungen geben. In Nordrhein-Westfalen (NRW) sind diese Behörden üblicherweise als **Straßenverkehrsämter** oder Straßenverkehrsabteilungen bezeichnet (§ 6 *GüKG*).

Die von der Landesregierung bestimmte Behörde **hat auf Antrag des Unternehmers** einen Ort als Standort zu bestimmen, an dem der Unternehmer weder den Sitz seines Unternehmens noch eine geschäftliche Niederlassung hat – **angenommener Standort** –.

Angenommener Standort im Güterkraftverkehr

Der angenommene Standort darf nicht weiter als **fünfundsiebzig Kilometer** in der Luftlinie vom Sitz oder der Niederlassung entfernt liegen. Liegt der Sitz oder eine nicht nur vorübergehende geschäftliche Niederlassung des Unternehmers

a) im Zonenrandgebiet oder

b) nördlich des Nordostseekanals nicht weiter als 40 Kilometer in der Luftlinie von der Westküste des Landes Schleswig-Holstein entfernt,

darf der angenommene Standort auch **für einen Teil der Kraftfahrzeuge** des Sitzes oder der Niederlassung bestimmt werden. Die Entfernungen nach den Sätzen a) und b) werden zum Ortsmittelpunkt des angenommenen Standortes sowie vom Ortsmittelpunkt der Gemeinde aus gemessen, in der sich der Sitz oder die Niederlassung befinden.

Der angenommene Standort ist **für alle Kraftfahrzeuge des Sitzes oder der Niederlassung** zu bestimmen. Ist für einen Teil der Kraftfahrzeuge des Sitzes oder der Niederlassung entgegen Vorstehendem der angenommene Standort nicht bestimmt, so gilt auch für diese Kraftfahrzeuge der angenommene Standort. Die **erneute** Bestimmung eines **angenommenen** Standortes ist erst nach Ablauf eines Jahres zulässig.

Ansonsten gilt der angenommene Standort **unbefristet** für **alle** Kraftfahrzeuge des ehemals regelmäßigen Standorts.

Diese Regelung schließt allerdings nicht aus, daß der Unternehmer bereits **vor Ablauf eines Jahres zu seinem ursprünglich regelmäßigen Standort zurückkehren kann**. Sie soll nur eine mißbräuchliche Inanspruchnahme im Hinblick auf eine **erneute kurzfristige Bestimmung eines angenommenen Standorts** verhindern, zumal eine Ummeldung nicht erfolgt, die Kfz-Kennzeichen daher erhalten bleiben und lediglich die **Standortbescheinigungen ausgetauscht werden**. Seit dem 1.5.1986 ist durch Wegfall der Beschilderungsverordnung die Kennzeichnung des Standorts mit einem seitlich am Kfz angebrachten Schild ebenfalls nicht mehr erforderlich.

Die Wahl eines angenommenen Standorts wird uneingeschränkt sowohl allen Unternehmern des gewerblichen Güterkraftverkehrs als auch den Unternehmern des Werkverkehrs zugestanden. Sinn und Zweck dieser Vorschrift soll sein, Unternehmern in für sie wirtschaftlich schwachen und verkehrsungünstig gelegenen Gebieten die Möglichkeit zu geben, ihre Nahzone durch Verlegung des Standorts so zu verschieben, daß von diesem neuen Standort aus wirtschaftlich interessantere Gebiete erreicht werden können. Dazu zählen auch deutsche Grenzübergänge ins Ausland.

Vorübergehender Standort im Güterkraftverkehr Neben den beiden dargestellten Möglichkeiten der Standortbestimmung hat der Gesetzgeber für **einzelne** Kraftfahrzeuge eine weitere besondere Ausnahmeregelung vorgesehen. Sollen nämlich Kraftfahrzeuge **über die Grenzen der Nahzone** hinaus oder **außerhalb dieser Grenzen im Nahverkehr vorübergehend** verwendet werden, so kann die untere Verkehrsbehörde vorübergehend einen anderen Ort zum Standort erklären, wenn dieses aus wirtschaftlichen Gründen geboten und mit dem öffentlichen Interesse an der Aufrechterhaltung eines geordneten Güterkraftverkehrs vereinbar ist.

Auch für Kraftfahrzeuge, für die ein angenommener Standort bestimmt ist, kann ein vorübergehender Standort bestimmt werden.

Während der angenommene Standort auf Antrag des Unternehmers von der für ihn jeweils zuständigen Verkehrsverwaltung **bestimmt werden muß**, hat hier der Gesetzgeber der unteren Verkehrsbehörde die Entscheidung übertragen, **ob sie dem Antrag stattgibt**. Die Zuständigkeit liegt in diesem Fall auch bei der unteren Verkehrsbehörde, **in deren Bereich der als vorübergehender Standort vorgesehene Ort liegt**. Diese Behörde hat zu prüfen, ob die als Voraussetzungen geforderten Kriterien erfüllt sind. Für die Beurteilung ist insbesondere bedeutsam, daß der Laderaumbedarf durch ortsansässige Unternehmer nicht gedeckt werden kann oder bei Einsatz von Spezialfahrzeugen diese Fahrzeuge dort nicht zur Verfügung stehen.

Die Genehmigung eines vorübergehenden Standorts wird bei Bedarf zunächst nur für die Dauer von **drei Monaten** erteilt. Sie kann auf Antrag dann verlängert werden, wenn der Einsatz des Fahrzeugs über diesen Zeitraum hinaus erforderlich ist.

Für die Zeit des Einsatzes erhält der Unternehmer für den vorübergehenden Standort eine Standortbescheinigung. Die ihm erteilte Standortbescheinigung für den regelmäßigen Standort oder ggf. angenommenen Standort wird für diese Zeit eingezogen. Die für ihn zuständige „Heimatbehörde" erhält hiervon Mitteilung. Mit dieser Maßnahme ist sichergestellt, daß nicht gleichzeitig mehrere Standortbescheinigungen erteilt sind.

Diese Regelung kann jedoch, wie bereits erwähnt, nur für **einzelne** bestimmte Fahrzeuge in Anspruch genommen werden. Für die übrigen Fahrzeuge bleibt der regelmäßige oder angenommene Standort maßgebend (*§ 6 Abs. 4 GüKG*).

Bei einer Beförderung von Gütern, die zu einem Teil innerhalb, zu einem anderen Teil außerhalb des Geltungsbereiches des *GüKG* durchgeführt wird – **grenzüberschreitender Güterkraftverkehr** – gilt für ein Kraftfahrzeug, das nicht im Geltungsbereich des *GüKG* zugelassen ist (ausländisches Kraftfahrzeug), die Gemeinde als Standort, in deren Gebiet das Kraftfahrzeug in diesen Geltungsbereich zuerst einfährt oder ihn zuletzt verläßt.

Grenzübergang als Standort im Güterkraftverkehr

Bei einer Beförderung von Gütern, bei der Be- und Entladestelle innerhalb des Geltungsbereiches des *GüKG* liegen (Binnenverkehr – sogenannte Kabotage –), mit einem Kraftfahrzeug, das nicht im Geltungsbereich des *GüKG* zugelassen ist, gelten die Vorschriften über den Güternahverkehr, wenn ein Standort nach dem *GüKG* bestimmt ist und es sich um Güternahverkehr handelt, in allen übrigen Fällen die Vorschriften über den Güterfernverkehr.

Mit dieser Bestimmung werden die Unternehmer erfaßt, die in der Bundesrepublik Deutschland nicht ansässig sind und denen somit fiktiv ein Standort zugewiesen wird. Im Falle von begangenen Ordnungswidrigkeiten ist eine Zuordnung des Tatbestandes möglich und es sind differenzierte Ahndungsmaßnahmen durchführbar (§ 6 b GüKG).

5.1.3 Der Ordnungsrahmen des gewerblichen Güterkraftverkehrs

Berufszugangsverordnung Der **nationale Ordnungsrahmen des gewerblichen Güterkraftverkehrs** wird in den letzten Jahren immer stärker von den Zielsetzungen der europäischen Verkehrspolitik geprägt. In Erfüllung der Richtlinie des Rates der Europäischen Gemeinschaften über den Zugang zum Beruf des Güterkraftverkehrsunternehmers im innerstaatlichen und grenzüberschreitenden Verkehr vom 12. November 1974 wurde daher die *„Verordnung über den Nachweis der fachlichen Eignung zur Führung von Güterkraftverkehrsunternehmen"* vom 10. Dezember 1985 durch die *„Verordnung über den Zugang zum Beruf des Güterkraftverkehrsunternehmers (Berufszugangs-Verordnung GüKG vom 3. Mai 1991)"* abgelöst.

Diese neue Verordnung soll nunmehr einheitliches Recht in allen EU-Mitgliedstaaten schaffen.

Zulassungsvoraussetzungen Für die Bundesrepublik Deutschland ergeben sich allerdings nach dieser neuen Rechtslage keine grundsätzlichen Veränderungen, denn durch *GüKG* und *„Fachkundeverordnung"* wurden bisher auch schon die nunmehr in dieser Verordnung zusammengefaßten subjektiven Zulassungsvoraussetzungen gefordert:

- **Der Unternehmer und die für die Führung der Geschäfte bestellte Person müssen zuverlässig sein.**

- **Der Unternehmer oder die für die Führung der Geschäfte bestellte Person müssen fachlich geeignet sein.**

- **Die finanzielle Leistungsfähigkeit des Betriebes muß gewährleistet sein.**

Zuverlässigkeit Die neue Rechtsverordnung bringt nun auch weitergehende Erläuterungen zu den vorstehenden Voraussetzungen. So ist z. B. die **Zuverlässigkeit zu verneinen**

1. bei einer rechtskräftigen Verurteilung wegen schwerer Verstöße gegen strafrechtliche Vorschriften einschließlich des Wirtschaftsstrafrechts,

2. bei schweren wiederholten Verstößen gegen

   a) arbeits- und sozialrechtliche Pflichten, insbesondere gegen die Vorschriften über die Lenk- und Ruhezeiten des Fahrpersonals,

b) im Interesse der Verkehrs- und Betriebssicherheit erlassene Vorschriften, insbesondere gegen die Vorschriften über die Abmessungen und Gewichte der Nutzfahrzeuge,
c) Vorschriften des Güterkraftverkehrsgesetzes oder die auf diesem Gesetz beruhenden Rechtsverordnungen,
d) die sich aus unternehmerischer Tätigkeit ergebenden steuerrechtlichen Pflichten,
e) § 1 des *Pflichtversicherungsgesetzes vom 5. April 1965*,
f) umweltschützende Vorschriften, insbesondere des Abfall- und Emissionsschutzrechts.

Die **finanzielle Leistungsfähigkeit** ist gewährleistet, wenn die zur Aufnahme und ordnungsgemäßen Führung des Betriebes erforderlichen finanziellen Mittel verfügbar sind.

Finanzielle Leistungsfähigkeit

Die **Prüfung der finanziellen Leistungsfähigkeit** erfolgt an Hand des Jahresabschlusses des Unternehmens, für Antragsteller, die keinen Jahresabschluß vorlegen können, an Hand einer Vermögensübersicht. Für die Prüfung sind folgende **Merkmale** maßgebend:

1. verfügbare Finanzmittel einschließlich Bankguthaben sowie mögliche Überziehungskredite und Darlehen,
2. als Sicherheit verfügbare Mittel und Vermögensgegenstände,
3. Betriebskapital,
4. Kosten einschließlich der Erwerbskosten oder Anzahlungen für Fahrzeuge, Grundstücke, Gebäude, Anlagen und Ausrüstungen,
5. Belastungen des Betriebsvermögens insbesondere mit Pfandrechten, Grundpfandrechten, Sicherungs- oder Vorbehaltseigentum.

Die finanzielle Leistungsfähigkeit ist insbesondere nicht gewährleistet, wenn

1. erhebliche Rückstände an Steuern oder an Beiträgen zur Sozialversicherung bestehen, die aus unternehmerischer Tätigkeit geschuldet werden;

2. das Eigenkapital und die Reserven des Unternehmens weniger betragen **als 10 000 DM je Fahrzeug oder 500 DM je Tonne des zulässigen Gesamtgewichts** der vom Unternehmer eingesetzten Fahrzeuge. Maßgebend ist der niedrigere der sich bei der Berechnung ergebenden Beträge.

Der Nachweis der finanziellen Leistungsfähigkeit kann durch Vorlage eines Prüfungsberichts oder anderer geeigneter Unterlagen einer Bank, einer öffentlichen Sparkasse, eines vereidigten Wirtschaftsprüfers, eines Steuerberaters oder eines vereidigten Buchprüfers geführt werden. Es müssen aber Angaben zu vorstehenden Merkmalen enthalten sein.

Fachliche Eignung Fachlich geeignet ist, wer über die zur ordnungsgemäßen Führung eines Güterkraftverkehrsunternehmens **erforderlichen Kenntnisse auf den vorgeschriebenen Sachgebieten** verfügt.

Die fachliche Eignung wird durch eine **Prüfung** festgestellt. Sie kann auch durch eine mindestens fünfjährige leitende Tätigkeit im Unternehmen des gewerblichen Güterkraftverkehrs oder in Speditionsunternehmen, welche gewerblichen Güterkraftverkehr betreiben, nachgewiesen werden. Die Tätigkeit muß die erforderlichen Kenntnisse vermittelt haben. Sie ist der Genehmigungs- oder Erlaubnisbehörde durch schriftliche Zeugnisse der Unternehmen, in denen sie geleistet wurde, nachzuweisen. Waren der Antragsteller oder die zur Führung der Geschäfte bestellte Person selbst Unternehmer, ist der Nachweis in anderer geeigneter Form zu erbringen. Die Genehmigungs- oder Erlaubnisbehörde prüft den Nachweis der fachlichen Eignung, soweit dieser durch eine leitende Tätigkeit erbracht wird.

Die Fachkundeprüfungen werden vor der Industrie- und Handelskammer abgelegt, die für dieses Verfahren eine besondere Prüfungsordnung festzulegen hat.

Als Prüfungen der fachlichen Eignung gelten ferner die

– Abschlußprüfung zum Kaufmann im Eisenbahn- und Straßenverkehr, Fachrichtung: Güterkraftverkehr

– Abschlußprüfung zum Speditionskaufmann

– Abschlußprüfung zur Fortbildung zum Verkehrsfachwirt.

(§§ 10, 39 und 81 GüKG)

Güterfernverkehrsgenehmigung Sind vorstehende subjektive Zulassungsbedingungen erfüllt, kann ein Antrag auf Erteilung einer Nahverkehrserlaubnis, Umzugserlaubnis oder Güterfernverkehrsgenehmigung bei der jeweils zuständigen Behörde gestellt werden.

Da die Erlaubnis für den Güternahverkehr und auch diejenige für den Umzugsverkehr **keiner zahlenmäßigen Beschränkung** unterliegen, kann hier der Marktzugang in relativ kurzer Zeit und ohne große Schwierigkeiten erreicht werden.

Erteilung einer Güterfernverkehrsgenehmigung Einem **Antrag auf Erteilung einer Güterfernverkehrsgenehmigung** kann dagegen nur im Rahmen der Höchstzahlenverordnung entsprochen werden, d. h., eine Genehmigung kann nur ausgegeben werden, wenn eine verfügbar ist. Dieses ist jedoch insbesondere nur dann der Fall, wenn ein Unternehmer freiwillig eine Genehmigung zurückgegeben hat, oder wenn eine Genehmigung von der Genehmigungsbehörde zurückgenommen worden ist.

5.1.4 Der Güternahverkehr

5.1.4.1 Begriffsbestimmungen und Marktzugangsregelungen im Güternahverkehr

Nachdem die Regelungen des Zugangs zum Markt im vorangegangenen Abschnitt für den gesamten gewerblichen Güterkraftverkehr in grundsätzlicher Hinsicht behandelt worden sind, bedarf es nunmehr in den weiteren Abschnitten jeweils der Einzelbetrachtung.

Güternahverkehr

Güternahverkehr ist jede Beförderung von Gütern mit Kraftfahrzeugen für andere innerhalb der Nahzone mit Ausnahme des Umzugsverkehrs. Diese Begriffsdefinition stellt nicht auf die Länge der Beförderungsstrecke ab, sondern gestattet jede Beförderung, bei der die **Be- und Entladestellen jeweils innerhalb der Grenzen** der jeweiligen Nahzone liegen. Dabei kommt es nicht darauf an, daß im Verlauf einer Beförderungsstrecke (z. B. bei Benutzung eines Autobahnteilstückes) kurzfristig die Grenze der Nahzone überschritten wird, sondern entscheidend ist, daß Anfangs- und Endpunkte innerhalb der Nahzone liegen und die Beförderungsleistung darauf gerichtet ist, innerhalb der Nahzone durchgeführt zu werden.

Einer Erlaubnis bedarf es nicht, wenn Lastkraftwagen mit einer Nutzlast von bis zu 3,5 t eingesetzt werden (s. hierzu auch Abschnitt Freistellungsverordnung).

Wer Güternahverkehr gewerbsmäßig betreiben will, bedarf der Erlaubnis. Diese Form nennt der Gesetzgeber „allgemeinen Güternahverkehr".

Allgemeiner Güternahverkehr

Die Erlaubnis wird dem Unternehmer für **seine Person zeitlich unbefristet** erteilt; sie kann auf Antrag auf bestimmte Beförderungsfälle beschränkt bleiben. Sie ist **zahlenmäßig nicht begrenzt.**

Für die Erteilung der Erlaubnis ist diejenige **untere Verkehrsbehörde** zuständig, in deren Bezirk der Unternehmer seinen Sitz oder eine gerichtlich eingetragene Zweigniederlassung hat (Erlaubnisbehörde).

Die Erlaubnis wird nur erteilt, wenn

1. der Unternehmer und die für die Führung der Geschäfte bestellte Person zuverlässig sind,

2. der Unternehmer oder die für die Führung der Geschäfte bestellte Person fachlich geeignet ist und

3. die finanzielle Leistungsfähigkeit des Betriebes gewährleistet ist.

Wenn Tatsachen vorliegen, die den Schluß rechtfertigen, daß der Antragsteller oder die für die Führung der Geschäfte bestellte Person nicht den Anforderungen entspricht, die an diese Person gestellt werden müssen, um die Allgemeinheit vor Schäden und Gefahren zu bewahren, ist die Erlaubnis zu versagen.

Die Erlaubnisbehörde ist verpflichtet, vor der Entscheidung über den Antrag als beteiligte Verbände des Verkehrsgewerbes die Vertretungen des Güternahverkehrs, des Möbeltransports und der Spedition und Lagerei zu hören. Außerdem sind die zuständigen Industrie- und Handelskammern sowie die Gewerkschaften am Anhörungsverfahren beteiligt (*§§ 80 bis 83 GüKG*).

5.1.4.2 Der Beförderungsvertrag

Beförderungsbedingungen Da alle **Beförderungsbedingungen** einheitlich von dem Begriff „*Beförderungsvertrag*" ausgehen, soll der gelegentlich noch verwendete Begriff „Frachtvertrag" hier nicht benutzt werden.

Beförderungsverträge werden üblicherweise auf der Grundlage von Beförderungsbedingungen abgeschlossen. Das Recht des Güterkraftverkehrs unterscheidet zwei Arten von Beförderungsbedingungen. Da gibt es zum einen **allgemeinverbindliche** und somit unabdingbare Beförderungsbedingungen und solche, die nur dann als verbindlich anzusehen sind, wenn sie **aufgrund einer Vereinbarung Bestandteil des privatrechtlichen Vertrages** geworden sind.

Eine Sonderstellung nehmen hier die *ADSp* ein, die an anderer Stelle des Leitfadens ausführlich beschrieben sind. Obwohl es sich hierbei nicht um eine Rechtsverordnung mit allgemeinverbindlichem Charakter handelt, hat der *Bundesgerichtshof (BGH)* in ständiger Rechtsprechung und erneut mit Urteil vom 10. Mai 1984 entschieden, daß die *ADSp* auch ohne Kenntnis ihres Inhalts und ohne besonderen Hinweis kraft stillschweigender Unterwerfung Vertragsinhalt werden, wenn der Vertragspartner weiß oder wissen muß, daß der Spediteur nach den *ADSp* arbeitet. **Ein im Inland ansässiger Kaufmann muß wissen, daß deutsche Spediteure ausschließlich nach den *ADSp* arbeiten** *(Aktenzeichen I ZR 52/82).*

Bestehen für bestimmte Beförderungsfälle keine allgemeinverbindlichen Beförderungsbedingungen und sind andere Beförderungsbedingungen nicht vereinbart worden oder treffen die Beförderungsbedingungen für bestimmte Sachverhalte keine Regelung, so ist im Streitfall auf die **Rechtsnormen des *HGB* oder *BGB*** zurückzugreifen. Das bedeutet aber auch, daß in diesem Fall u. a. die dort geregelte Haftung des Frachtführers zum Tragen käme, der im Schadensfall umfassender zu haften hat, als es die verschiedenen Beförderungsbedingungen vorsehen. Insbesondere ist an dieser Stelle darauf hinzuweisen, daß der Transportunternehmer, der Beförderungen durchführt, die nicht unter die Bestimmungen des Güterkraftverkehrsgesetzes fallen (z. B. aufgrund der Freistellungsverordnung) und somit auch keinen allgemeinverbindlichen Beförderungsbedingungen unterworfen sind, bei Abschluß seiner Beförderungsverträge auf die Vereinbarung bestimmter Beförderungsbedingungen zu achten hat.

Straßengüterverkehr 5.1

Für den Güternahverkehr bestehen derzeit vier verschiedene Beförderungsbedingungen:

- *Allgemeine Beförderungsbedingungen für den gewerblichen Güternahverkehr mit Kraftfahrzeugen – AGNB –*   AGNB

- *Beförderungsbedingungen für die Beförderung von Handelsmöbeln in besonders für die Möbelbeförderung eingerichteten Fahrzeugen im Güternahverkehr – GüKUMB*   GüKUMB

- *Übereinkommen über den Beförderungsvertrag im internationalen Straßengüterverkehr – CMR –*   CMR

- *Allgemeine Deutsche Spediteurbedingungen – ADSp –*   ADSp

Diese vier Beförderungsbedingungen stellen nun nicht, wie man zunächst vermuten möchte, gleichrangige miteinander konkurrierende Rechtsgrundlagen dar. Bereits aufgrund ihres unterschiedlichen Rechtscharakters und auch ihres unterschiedlichen Geltungsbereichs wird man feststellen, daß sie sich vielmehr ergänzen und somit auch erforderlich sind.

Zum besseren Verständnis wird nachfolgend § 1 AGNB zitiert, der den Geltungsbereich regelt:

1. Die *AGNB* gelten für alle Beförderungsleistungen im gewerblichen Güternahverkehr.

2. Welche Beförderungsleistungen als Güternahverkehr anzusehen sind, ergibt sich aus § 2 des *Güterkraftverkehrsgesetzes (GüKG) vom 17. Oktober 1952 (BGBl. I S. 697).*

3. Die *AGNB* gelten auch bei Beförderungsleistungen des Güternahverkehrs von und nach dem Auslande, soweit nicht zwingende Rechtsvorschriften entgegenstehen.
   (Diese Regelung ist durch Wiedervereinigung und durch Einführung der *CMR* gegenstandslos geworden.)

4. Die *AGNB* gelten nicht für

   a) die Beförderung von Umzugsgut, Erbgut oder Heiratsgut in Spezialmöbelwagen, die unter die Allgemeinen Beförderungsbedingungen des deutschen Möbeltransportes fällt,

   b) die Speditionsrollfuhr im Nahverkehr, die unter die *ADSp* fällt, und den bahnamtlichen Rollfuhrverkehr.

5 Der Spediteur und die Verkehrsträger

Vertragsrecht im gewerblichen Güterkraftverkehr – Übersicht –

	AGNB	KVO	GüKUMB	CMR
Rechtscharakter	keine Rechtsverordnung verbindlich nur, wenn vereinbart	Rechtsverordnung, daher allgemeinverbindlich und unabdingbar	Rechtsverordnung, daher allgemeinverbindlich und unabdingbar	Internationales Übereinkommen – in der Bundesrepublik durch Gesetz eingeführt – allgemeinverbindlich u. unabdingbar
Geltungsbereich	gewerblicher Güternahverkehr	gewerblicher Güterfernverkehr	a) Umzugsverkehr b) Handelsmöbel im Möbelwagen – Güternah- und Güterfernv. –	grenzüberschreitender Güterkraftverkehr – entgeltlich –
Vertragspartner	Unternehmer – Auftraggeber	Unternehmer – frachtbriefmäßiger Absender	Unternehmer – Auftraggeber	Frachtführer – Absender
Beförderungspapier	keine Frachtbriefpflicht	Frachtbrief, vorgeschrieben dem Inhalt nach, nicht die Form	Umzugsverkehr: kein Frachtbrief, nur Umzugsvertrag Güterfernverkehr: Frachtbrief, vorgeschrieben dem Inhalt nach, nicht Form	Frachtbrief, vorgeschrieben dem Inhalt nach, nicht die Form
Abschluß des Beförderungsvertrags – Zeitpunkt –	Bei Vorliegen übereinstimmender Willenserklärungen – Konsensualvertrag –	Wenn Unternehmer Gut und Frachtbrief übernommen hat. – Realvertrag –	Umzugsvertrag Güterfernv. Güternahv. – Konsensualvertrag –	Bei Vorliegen übereinstimmender Willenserklärungen – Konsensualvertrag –

Straßengüterverkehr 5.1

Haftungsgrundsatz (Prinzip)	Gefährdungshaftung	Gefährdungshaftung	Gefährdungshaftung	Gefährdungshaftung (abgeschwächte Form)
Haftungsumfang	– Schäden u. Verluste am Gute – Vermögensschäden	– Schäden u. Verluste am Gute – Vermögensschäden	– Schäden u. Verluste am Gute – Vermögensschäden	– Schäden u. Verluste am Gute – Vermögensschäden
Haftungshöchstgrenze	– bei Güterschäden bis 100 000 DM – bei Vermögensschäden bis 10 000 DM ggf. anteilig bei mehreren Beteiligten	– bei Güterschäden bis 80,– DM/je kg – bei Vermögensschäden: Ladungsverkehr je Lastzug 30 000,– DM; Stückgutverkehr bis 5000,– je Absender und Lastzug; bei Nachnahmen begrenzt auf 5000,– DM	– bei Güterschäden bis 4000,– DM je Möbelwagenmeter (MWM) – bei Vermögensschäden auf höchstens 5000,– DM begrenzt 1 MWM = 5 m³	– bei Güterschäden bis 8,33 Rechnungseinheiten* je kg (etwa 18,– bis 19,– DM je nach Kurs) – bei Lieferfristüberschreitung nur bis zur Höhe der Fracht – für Fehler bei Einziehung von Nachnahmen bis zur Höhe der Nachnahme
Ausschlußfristen (Erlöschen von Ansprüchen)	Schadensfeststellung: – bei Ablieferung des Gutes – verdeckte Schäden innerhalb einer Woche nach Annahme des Gutes	Schadensfeststellung: – bei Ablieferung des Gutes – verdeckte Schäden binnen einer Woche nach Annahme des Gutes in schriftlicher Form	Schadensfeststellung: – bei Ablieferung des Gutes – verdeckte Schäden binnen 10 Tagen nach Ablieferung des Gutes in schriftlicher Form	Schadensfeststellung: – bei Ablieferung des Gutes – verdeckte Schäden innerhalb von 7 Tagen nach Ablieferung des Gutes in schriftlicher Form
Verjährungsfrist	6 Monate	– 1 Jahr – in bestimmten Fällen auch 3 Jahre	– 1 Jahr bei Schäden – andere Ansprüche (z. B. Fracht) § 196 BGB 2 Jahre	– 1 Jahr – in bestimmten Fällen auch 3 Jahre

* Sonderziehungsrechte (SZR) des Internationalen Währungsfonds (IWF)

5 Der Spediteur und die Verkehrsträger

Die Nummer 3 schreibt vor, daß die *AGNB* bei Beförderungsleistungen u. a. von und nach dem Ausland gelten, soweit nicht zwingende Rechtsvorschriften entgegenstehen. Dieses ist jedoch der Fall, denn für derartige Beförderungen gelten zwingend die Vorschriften der *CMR*. Eine ausführliche Behandlung der *CMR* erfolgt an anderer Stelle.

Ebenfalls gelten die *AGNB* nicht für die Speditionsrollfuhr (Nr. 4 b), die unter die *ADSp* fällt, und den bahnamtlichen Rollfuhrverkehr. Da es sich bei den *AGNB* um **vereinbarungsbedürftige Beförderungsbedingungen** handelt, steht es dem **Spediteur ohnehin frei, seinen Leistungen die *ADSp* zugrunde zu legen, es sei denn, allgemeinverbindliche Beförderungsbedingungen schließen eine derartige Handlungsweise aus.**

Eine Übersicht über das Vertragsrecht im gewerblichen Güterkraftverkehr ist auf den Seiten 162 und 163 dargestellt.

Die eingangs erwähnten Beförderungsbedingungen – abgekürzt *GüKUMB* – haben bereits aufgrund ihres Rechtscharakters allgemeinverbindliche Wirkung; einer besonderen Erwähnung innerhalb der *AGNB* bedarf es daher nicht. Diese Bedingungen gelten gleichzeitig für den Umzugsverkehr und für die Beförderung von Handelsmöbeln in besonders für die Möbelbeförderung eingerichteten Fahrzeugen im Güterfernverkehr und Güternahverkehr. Sie gelten mithin für drei verschiedene Beförderungsleistungen:

- Umzugsverkehr
- Güterfernverkehr
- Güternahverkehr.

Ihre Darstellung erfolgt zweckmäßigerweise im Abschnitt des Umzugsverkehrs, da es nicht sinnvoll ist, sie in Teilbereiche zu zerlegen.

5.1.4.3 Allgemeine Beförderungsbedingungen für den gewerblichen Güternahverkehr mit Kraftfahrzeugen (AGNB)

Die *Arbeitsgemeinschaft Güternahverkehr*, jetzt *BDN – Bundesverband Deutscher Güternahverkehr –*, hat im Jahre 1955 *Allgemeine Beförderungsbedingungen für den gewerblichen Güternahverkehr mit Kraftfahrzeugen – AGNB –* aufgestellt. **Die *AGNB* regeln das Vertragsverhältnis zwischen einem Güternahverkehrs-Unternehmer und seinem Auftraggeber.**

Die *AGNB* gelten aufgrund jeweils zu treffender **Vereinbarung** für alle Beförderungsleistungen im gewerblichen Güternahverkehr. Sie gelten dagegen nicht für die Beförderungsleistungen, die anderen Beförderungsbedingungen unterworfen sind.

Die *AGNB* enthalten folgende Bestimmungen:

Straßengüterverkehr 5.1

§ 1 Geltungsbereich
§ 2 Vertragsgegenstand
§ 3 Beförderungsvertrag
§ 4 Beförderungsart
§ 5 Übergabe des Gutes
§ 6 Beladen, Entladen, Ladearbeit auf dem Fahrzeug
§ 7 Angaben über das Gut, Überlastung
§ 8 Wartezeit
§ 9 Papiere
§ 10 Zeitliche Abwicklung der Aufträge
§ 11 Nachnahme
§ 12 Beförderungshindernisse
§ 13 Ablieferungshindernisse
§ 14 Ersatzpflicht des Unternehmers
§ 15 Ausschlüsse von der Ersatzpflicht
§ 16 Ersatz für andere als Güterschäden
§ 17 Haftungsbeschränkungen
§ 18 Ersatzpflichtiger Wert
§ 19 Haftung für Dritte
§ 20 Aufwendungen bei Schadensfällen
§ 21 Versicherung
§ 22 Erlöschen der Ansprüche aus dem Beförderungsvertrag
§ 23 Pfandrecht des Unternehmers
§ 24 Erfüllungsort und Gerichtsstand
§ 25 Lohnfuhrvertrag
§ 26 Verjährung

Diese Beförderungsbedingungen gelten für alle Beförderungen des Güternahverkehrs im Sinne des *GüKG*. Sie gelten nicht für die Speditionsrollfuhr im Nahverkehr, die unter die *ADSp* fällt, nicht für den bahnamtlichen Rollfuhrverkehr und nicht für Umzüge und Beförderungen von Handelsmöbeln im Güternahverkehr im Sinne des *GüKG*, für die die *GüKUMB* zwingend vorgeschrieben sind. **AGNB, Geltungsbereich**

Für den gewerblichen Nahverkehr hat der Gesetzgeber bisher – außer *GüKUMB* – keine Beförderungsbedingungen zwingend vorgeschrieben, so daß im Grundsatz für diese Beförderungsleistungen die Bestimmungen des allgemeinen Privatrechts (*BGB/HGB*) anzuwenden sind. Da es sich aber hierbei um nachgiebiges Recht handelt, können die Vertragspartner hiervon abweichende Vereinbarungen treffen. Um jedoch auf diesem Gebiet Rechtssicherheit im Rahmen einer bundeseinheitlichen Regelung anbieten zu können, haben sich die Spitzenorganisationen des Güterkraftverkehrsgewerbes und der verladenden Wirtschaft auf eine ausgewogene Vertragsordnung geeinigt. Diese als **AGNB** bezeichnete fertig bereitliegende „Vertragsordnung" steht seit dem 1. Jan. 1956 den Unternehmern und Verladern als Alternative zum allgemeinen Privatrecht zur Verfügung. Es handelt sich hierbei **nicht** um eine Rechtsverordnung mit allgemein-verbindlichem (öffentlich-rechtlichem) **AGNB, Rechtscharakter**

5 Der Spediteur und die Verkehrsträger

Charakter. Somit gelten die Bestimmungen der *AGNB* auch nur, wenn sie **ausdrücklich vereinbart** werden und dann erst bilden sie die Grundlage für den Vertrag. In diesem Fall sind dann beide Vertragsparteien an die Rechtsnormen der *AGNB* gebunden.

AGNB, Vertragsparteien

Der Beförderungsvertrag wird zwischen dem Transportunternehmer und dem Auftraggeber geschlossen.

Vertragsgegenstand

Der Vertrag kann abgeschlossen werden entweder als

- **Beförderungsvertrag**, der die Beförderung von Gütern mit einem Kraftfahrzeug zum Gegenstand hat oder als

Rechtsnatur des Vertrages

- **Lohnfuhrvertrag**, der die Stellung eines mit Fahrpersonal – 1 Fahrer – besetzten Kraftfahrzeugs zur Verwendung nach Weisung des Auftraggebers beinhaltet. Die unternehmerische Verantwortung bleibt nach wie vor beim Unternehmer.

Der Beförderungsvertrag ist rechtlich als Werkvertrag im Sinne von *§ 631 BGB* zu beurteilen; in diesem Falle schuldet der Unternehmer den Erfolg in Form der Ortsverlagerung der Güter. Der Lohnfuhrvertrag wird von der Rechtsprechung und in der Literatur unterschiedlich beurteilt. Einerseits sind Elemente eines Dienst- bzw. auch Mietvertrages zu erkennen, andererseits kann im Rahmen der öffentlich-rechtlichen Bestimmungen der Unternehmer seine Verantwortung nicht auf den Auftraggeber abwälzen, so daß seine Eigenverantwortlichkeit erhalten bleibt.

Form und Inhalt des Frachtbriefes, AGNB

Eine Frachtbriefpflicht nach Form und Inhalt ist nicht vorgesehen. Dennoch hat der Auftraggeber dem Unternehmer **Beförderungs- und Begleitpapiere** mitzugeben, die zur ordnungsgemäßen Durchführung der Beförderungsleistung und ggf. zur Wahrung zusätzlicher Pflichten erforderlich sind.

Abschluß des Vertrages (Beginn)

Der Beförderungsvertrag ist abgeschlossen, wenn sich Unternehmer und Auftraggeber darüber einig sind, daß der Unternehmer ein Gut mit der Sorgfalt eines ordentlichen Frachtführers gegen eine Vergütung vereinbarungsgemäß befördern soll.

Der Lohnfuhrvertrag ist abgeschlossen, wenn sich Unternehmer und Auftraggeber darüber einig sind, daß der Unternehmer ein bemanntes Fahrzeug zur Verwendung nach Weisung des Auftraggebers stellt.

In beiden Fällen handelt es sich um **Konsensualverträge**, die bereits bei Vorliegen übereinstimmender Willenserklärungen zustandekommen. Beide Parteien können unter gewissen Voraussetzungen vom Vertrag zurücktreten. Ist eine Abholzeit vereinbart und dauert die Wartezeit unangemessen lange, so braucht der Unternehmer den Vertrag nicht zu erfüllen. Die ihm entstandenen Kosten sind in diesem Fall angemessen zu vergüten. Hält der Unternehmer eine vereinbarte Abholzeit nicht ein, so braucht der Auftraggeber nach Ablauf einer angemessenen Frist den Vertrag nicht zu erfüllen. In diesem Fall kann der Unternehmer keine Ansprüche stellen. Der ggf. dem Auftraggeber entstandene Schaden ist nach den Regeln des allg. Privatrechts (*BGB/HGB*) geltend zu machen, da die *AGNB* hierüber keine Regelungen enthalten. Eine besondere Lieferfrist ist nicht vorgegeben, es sei denn, eine solche ist ausdrücklich vereinbart worden. Im übrigen ist nur die unverzügliche Ausführung vorgeschrieben, wobei Abholung und Anlieferung in der ortsüblichen Geschäftszeit zu erfolgen hat.

Der Auftraggeber haftet für Schäden, die aus dem **Fehlen von Papieren** oder aus **unrichtigen Angaben** in den von ihm ausgefüllten Beförderungspapieren entstehen. Er haftet auch dann, wenn **der Unternehmer nach den Angaben des Auftraggebers das Papier ausfüllt und der Auftraggeber diese Angaben unterzeichnet**.

Haftung des Auftraggebers

Treten Hindernisse **während der Beförderung** auf (**Beförderungshindernisse**) oder **nach Ankunft des Gutes am Bestimmungsort** (**Ablieferungshindernisse**), so ist der Unternehmer verpflichtet, den Auftraggeber zu benachrichtigen und **Weisung** einzuholen. Je nachdem, wer diese Hindernisse zu vertreten hat, können angefallene Kosten geltend gemacht werden. **Kommt der Unternehmer seiner Pflicht zur Benachrichtigung nicht nach, so haftet er für evtl. auftretende Schäden.**

Beförderungs- und Ablieferungshindernisse

Das nach den Bedingungen vereinbarte Pfandrecht umfaßt sowohl das **konnexe als auch das inkonnexe** Pfandrecht. In diesem Fall geht das vertraglich vereinbarte Pfandrecht über das gesetzliche Pfandrecht hinaus, da es außerdem dem Unternehmer die weitergehende Möglichkeit bietet, aus den sich in seinem Besitz befindlichen Gütern auch **Forderungen aus vorhergehenden Verträgen zu befriedigen**.

Pfandrecht, AGNB

Der Unternehmer haftet für alle an den beförderten Gütern entstehenden Schäden nach dem Prinzip der **Gefährdungshaftung**. **Er haftet also auch, wenn ihn kein Verschulden trifft**, und zwar für folgende Tatbestände:

Haftung des Unternehmers

- direkte Schäden und Verluste
  - durch Transportmittelunfälle
  - durch Betriebsunfälle

- Schäden, die durch gänzlichen oder teilweisen Verlust oder durch Beschädigung des Gutes entstehen.

Es kommt in vorstehenden Fällen bei dieser umfassenden Haftung nicht darauf an, ob die Schäden und Verluste aus **besonderen Gefahren** herrühren, wie z. B. **Regen, Schnee, Eis, Hagel oder Sturm** sowie um Schäden durch **Straßenraub**. Auch in diesen Fällen haftet er.

Neben diesen Sachschäden haftet der Unternehmer auch für **Vermögensschäden**, die nicht im Zusammenhang mit einem Güterschaden entstehen

- durch Falschauslieferung;
- durch Fehler bei der Auftragserledigung von Nachnahmen;

– durch sonstige Verletzungen des Beförderungsvertrages, in diesem Fall jedoch nur bei **Verschulden des Unternehmers**, z. B. bei Nichtbenachrichtigung im Falle von Beförderungs- oder Ablieferungshindernissen.

Der Unternehmer haftet in jedem Fall **für seine Leute und für andere Personen**, deren er sich bei Ausführung der von ihm übernommenen Beförderung bedient.

Haftungszeitraum Der Unternehmer haftet in der Zeit von der **Annahme** der Güter zur Beförderung bis zur **Ablieferung**. Da es sich im Rahmen der Gefährdungshaftung um eine sogenannte **Obhutshaftung oder Gewahrsamshaftung** handelt, kann der Unternehmer nur haftbar gemacht werden in dem Zeitraum, in dem er tatsächlich „Gewalt" über das Gut ausüben kann. Da nach dem Grundsatz der *AGNB* der Unternehmer **nicht** das Beladen und das Entladen vornehmen muß – sofern nichts Abweichendes vereinbart worden ist –, ist unter **Annahme** der Zeitpunkt zu verstehen, wenn das Gut durch den Auftraggeber auf dem Wagenboden abgestellt ist. Der Unternehmer hat die Ladearbeit und die betriebssichere Verladung **auf dem Fahrzeug selbst vorzunehmen**.

Bei der **Ablieferung** handelt es sich um den Vorgang, durch den der Transportunternehmer die für die Beförderung erlangte Obhut an dem Gut wieder aufgibt, indem er die Güter zur Entladung bereitstellt und der Empfänger sich zur Annahme der Güter bereiterklärt. Schäden, die während der Beladung oder Entladung entstehen, fallen somit nicht in den Haftungsbereich des Unternehmers. Ebenso würden Schäden nicht ersetzt, wenn das Fahrpersonal des Unternehmers aus Gefälligkeit bei diesen Tätigkeiten mithilft.

Hat der Unternehmer vertragsgemäß die Beladung und die Entladung vereinbart, so beginnt die Haftung bereits zu dem Zeitpunkt, wenn das Gut zur Verladung bereitgestellt ist und der Unternehmer mit der Beladung beginnen kann und endet zu dem Zeitpunkt, wenn die Entladung beendet ist.

Haftungsumfang, AGNB Wie bereits im Abschnitt **Haftung des Unternehmers** ausgeführt, haftet er neben Güter-/Sachschäden auch für **Vermögensschäden**. Unter Vermögensschäden versteht die *AGNB* – abschließend geregelt – Schäden, die entstanden sind durch

– **Falschauslieferung**,

– **Fehler bei der Auftragserledigung von Nachnahmen**,

– sonstige Verletzungen des Beförderungsvertrages, in diesem Falle jedoch nur bei **Verschulden des Unternehmers**.

Abschließend geregelt heißt, daß die Haftung aus dem Vertrag andere als die **genannten Entschädigungsgründe** nicht vorsieht. Das bedeutet allerdings auch, daß die **gesetzliche** Haftung nach den *§§ 823 ff BGB* wegen **unerlaubter Handlungen** (deliktische Haftung) nicht aufgehoben ist. Hierbei ist jedoch stets zu beweisen, ob eine derartige Handlung vorliegt.

Güterfolgeschäden im Sinne der *SVS/RVS*-Versicherung werden nach dieser Regelung **nicht ersetzt**.

Die weitgehende Gefährdungshaftung bedingt allerdings auch, daß bestimmte Tatbestände zu Haftungseinschränkungen oder Haftungsausschlüssen führen. Insoweit nennt die *AGNB* auch einige konkrete Fälle, die die Haftung entweder **begrenzen** bzw. **ausschließen**. Als wichtige Beispiele sollen nur drei hier angeführt werden:

Haftungsausschluß; AGNB

– **höhere Gewalt, Kriegsereignisse oder Beschlagnahme.**

Der vollständige Katalog ergibt sich aus dem Text der *AGNB*. Wichtig ist, daß **alle Schäden, die ursächlich auf Transportmittelunfälle oder Betriebsunfälle zurückzuführen sind, im Rahmen der Gefährdungshaftung der Ersatzpflicht unterliegen.**

Als Ersatzwert gilt der **Fakturenwert** zuzüglich aller Spesen und Kosten **bis zur Ablieferungsstelle** und zuzüglich des vom Auftraggeber nachzuweisenden entgangenen **Gewinns bis höchstens 10 %** des Fakturenwertes, soweit der Fakturenwert nicht schon den Gewinn einschließt. Ohne Fakturenwert soll der **Zeitwert** (auch gemeiner Wert genannt) im Schadensfalle ersetzt werden. Überschreitet die vorgenannte Summe die Haftungshöchstgrenze, so wird jedoch nur Ersatz **bis zur Höchstgrenze** geleistet.

Ersatzpflichtiger Wert

Es bestehen folgende Höchstgrenzen:

Haftungshöchstgrenze, AGNB

– **Schäden an beförderten Sendungen** (Güterschäden) werden je Schadensereignis im Höchstfall mit **100 000,00 DM** ersetzt.

– **Vermögensschäden** werden je Schadensereignis bis zum Höchstbetrag von **10 000,00 DM** ersetzt.

Übersteigt der Schadensbetrag je Schadensereignis die Summe von

**100 000,00 DM bei Güterschäden oder
10 000,00 DM bei Vermögensschäden,**

so werden die Schäden mehrerer Beteiligter anteilig ersetzt.

Bei der im Rahmen der *AGNB* vereinbarten Versicherung handelt es sich um eine freiwillige Haftpflichtversicherung, da der Gesetzgeber eine öffentlich-rechtliche Versicherungspflicht bisher nicht vorgeschrieben hat. Verletzt der Unternehmer seine vertraglich vereinbarte Pflicht zum Abschluß einer Haftpflichtversicherung im Rahmen seines Haftungsumfangs nach den *AGNB*, so kann er sich im Schadensfall auch nicht auf die Haftungshöchstgrenzen oder etwa weiterer Haftungsbegrenzungen berufen. In diesem Fall ergibt sich wiederum die Haftung nach dem allgemeinen Privatrecht des *BGB/HGB*. Dies gilt jedoch nicht für den Auftraggeber, der sich nach wie vor auf die umfassende Gefährdungshaftung nach den *AGNB* berufen kann.

Versicherung, AGNB

5 Der Spediteur und die Verkehrsträger

Fristen bei Reklamationen – Erlöschen von Ansprüchen –

Mit der Annahme des Gutes durch den Empfänger erlöschen alle Ansprüche **gegen** den Unternehmer aus dem Beförderungsvertrag. Daher sind äußerlich erkennbare Schäden **sofort** bei Annahme der Güter zu reklamieren. **Äußerlich nicht erkennbare Schäden** müssen unverzüglich nach der Entdeckung, spätestens aber innerhalb **einer Woche** nach Annahme des Gutes beim Unternehmer geltend gemacht werden. **Globale Vorbehalte**, die nicht näher konkretisiert sind und einen bestimmten Schaden nicht näher definieren, **sind unwirksam**. Darunter versteht die Rechtsprechung auch insbesondere die vielfach geübte Praxis, daß die Annahme nur vorbehaltlich einer nachträglichen Prüfung der Stückzahl, des Gewichtes und der Beschaffenheit der Güter erfolgt.

Verjährungsfrist, AGNB

Alle Ansprüche aus dem Beförderungs- oder Lohnfuhrvertrag verjähren in **6 Monaten**. Die Verjährung beginnt mit der Fälligkeit des Anspruchs bzw. der Kenntnis des eingetretenen Schadens seitens des Berechtigten, spätestens jedoch mit der Ablieferung des Gutes.

5.1.4.4 Preisbildung im Güternahverkehr

Preisbildung im Güternahverkehr

Der Übergang von der Tarifbindung im gewerblichen Nahverkehr zur tariffreien Zeit begann bereits am 1. Januar 1993. Zu diesem Zeitpunkt wurde für den *Güternahverkehrstarif (GNT)* eine Höchstpreisregelung eingeführt. Danach mußten die Entgelte zwar nach wie vor nach den Berechnungsmerkmalen dieses Tarifs gebildet werden und ein Überschreiten der Richtsätze war nur bis zu 10 % (Höchstgrenze) erlaubt, eine Untergrenze war allerdings nicht mehr vorgeschrieben.

Seit dem 1. Januar 1994 ist dieser Tarif jedoch aufgehoben worden und es gilt nunmehr eine freie Preisgestaltung. Zwar konnte auch dieser Tarif in der Vergangenheit die eigene Kostenrechnung selbst nicht ersetzen, denn die kalkulierten Richtpreise stellten jeweils nur Anhaltswerte dar, die nach der durchschnittlichen Kostenbasis eines mittleren Transportbetriebes gebildet worden waren. Je nach der eigenen Kostenstruktur und der Auftragslage konnten dann im Rahmen der vorgeschriebenen Margenbandbreite die Richtsätze über- oder unterschritten werden.

KURT im Güternahverkehr

Nachdem nun jeder Unternehmer des Güternahverkehrs **nach Wegfall des Tarifs**, der bisher als Orientierungshilfe diente, eigenverantwortlich seine Beförderungsleistungen zu einem markt- aber auch kostengerechten Preis verkaufen muß, hat der *Bundesverband des Deutschen Güternahverkehrs e.V. (BDN)*, Frankfurt/Main, als Hilfestellung für den Einstieg in die tariflose Zeit eine Broschüre für die Preisberechnung herausgegeben. Es handelt sich hierbei um **Kostenorientierte unverbindliche Richtpreis-Tabellen (KURT)**, die den Unternehmern wie im Vorwort hierin ausgeführt

– den Übergang zur eigenverantwortlichen Preisbildung erleichtern,
– die Fähigkeit zur kostenorientierten Preisbildung stärken und
– Richtwerte zur Verbesserung des eigenen Preisbewußtseins

liefern sollen.

Straßengüterverkehr 5.1

Diese Preisvorschläge sollen Klein- und Mittelbetriebe des Güternahverkehrs im Wettbewerb mit Großbetrieben des Güterkraftverkehrs und der Spedition, aber auch in der marktwirtschaftlichen Auseinandersetzung mit den Großbetrieben der verladenden Wirtschaft unterstützen.

Nach derzeitiger Rechtslage dürfen solche **Preisempfehlungen** auch nur unter Berücksichtigung des *„Gesetz gegen Wettbewerbsbeschränkungen"* ausgesprochen werden. Diese Rechtsvorschrift soll gewährleisten, daß z. B. die freie Preisbildung nicht durch verbotene Preisabsprachen umgangen wird und so ggf. dadurch eine marktbeherrschende Stellung erzielt und der Wettbewerb nachhaltig beeinträchtigt wird.

Als **Ausnahme** gestattet das Gesetz u. a. die Preisbildung im Rahmen von Empfehlungen, die von Vereinigungen kleiner oder mittlerer Unternehmen unter Beschränkung auf den Kreis der Beteiligten ausgesprochen werden, wenn die Empfehlungen

a) dazu dienen, die Leistungsfähigkeit der Beteiligten gegenüber den Großbetrieben oder großbetrieblichen Unternehmensformen zu fördern und dadurch die Wettbewerbsbedingungen zu verbessern und

b) gegenüber dem Empfehlungsempfänger ausdrücklich als **unverbindlich** bezeichnet sind und zu ihrer Durchsetzung kein wirtschaftlicher, gesellschaftlicher oder sonstiger Druck angewendet wird.

Sofern von der **Kartellbehörde** (*Bundeskartellamt*) festgestellt wird, daß vorgenannte Voraussetzungen nicht oder nicht mehr vorliegen oder die Empfehlungen einen Mißbrauch der im Gesetz geregelten Möglichkeiten darstellen, können die Empfehlungen für unzulässig erklärt und neue gleichartige Empfehlungen verboten werden. Gleichzeitig werden im Rahmen des Ordnungswidrigkeitenrechts bei Zuwiderhandlungen erhebliche Geldbußen angedroht und zusätzlich ist noch eine „Abschöpfung" des durch die Zuwiderhandlung erlangten Mehrerlöses in mehrfacher Höhe vorgesehen.

Die als *Kurt* bezeichneten **unverbindlichen Preisempfehlungen** sind auf der Grundlage der vom *GNT* her bekannten Systematik aufgebaut und **in Tabellenform dargestellt**. Die ausgewiesenen Richtsätze können **individuell nach der eigenen Kostensituation**, aber auch nach der jeweiligen Marktlage mehr oder weniger **über- oder unterschritten werden**. Dabei ist die **Eigenverantwortlichkeit des Unternehmers** unter Berücksichtigung kaufmännischen Denkens und Handelns entscheidend gefordert. Ober- und Untergrenzen sind ggf. aus der eigenen Kostensituation heraus zu ermitteln und für den eigenen Betrieb selbst festzulegen.

Die **Preistabellen** sollen jeweils der aktuellen Kostenentwicklung angepaßt und neu veröffentlicht werden.

Neben diesen **Preisempfehlungen** enthält die Broschüre auch ein **Kostenrechnungsschema** mit Anleitung zur Erstellung einer Fahrzeugkostenrechnung auf Voll-

5 Der Spediteur und die Verkehrsträger

kostenbasis und eine Musterkostenrechnung, die bereits auf die spezifischen Gegebenheiten des Nahverkehrsunternehmers eingeht.

In Anlehnung an den *GNT* wurden die Preisempfehlungen in vier verschiedenen Tabellen dargestellt, die bereits die typischen Leistungen des Nahverkehrs berücksichtigen:

Preistabelle I

enthält **Tages- und Kilometersätze**, gestaffelt nach der Nutzlast des Fahrzeugs oder des Lastzuges. Hiernach werden Einsatzzeit und die geleisteten **Last- und Leerkilometer** berechnet. Bei Einsatzzeiten von 6 bis 8 Stunden ist ein voller Tagessatz zu berechnen. Für Einsatzzeiten unter 6 Stunden wird 1/8 Tagessatz je angefangene Stunde, mindestens jedoch für 3 Stunden berechnet. Für eine tägliche Einsatzzeit von über 8 Stunden wird je angefangene Stunde 1/8 Tagessatz zusätzlich zum Tagessatz berechnet.

Preistabelle II

enthält **Stundensätze**, ebenfalls gestaffelt nach der Nutzlast des Fahrzeugs. Sie ist nur anzuwenden, wenn die durchschnittliche Fahrleistung des Kraftfahrzeugs **10 Kilometer je Einsatzstunde** nicht überschreitet. Dieser Stundensatz wurde gebildet aus der Summe eines 1/8 Tagessatzes und des km-Satzes für 10 Kilometer.

Preistabelle III

enthält sogenannte **Leistungssätze** in Form eines **Frachtsatzes je Tonne** des geladenen Gewichts. Sie berücksichtigt einerseits das Gewicht der beförderten **Gütermenge** und andererseits die zurückgelegten **Lastkilometer**. Auch wenn die Nutzlast nicht voll in Anspruch genommen wird, die Größe des Fahrzeugs aber für die Art der Güter erforderlich ist, darf für die Frachtberechnung das Gewicht der Sendung bis zur Höhe der Nutzlast des Fahrzeugs erhöht werden. Da es sich nicht um einen obligatorischen Tarif, also nicht um einen zwingend vorgeschriebenen Tarif handelt, sollte zweckmäßigerweise vorher hierüber eine Vereinbarung getroffen werden, um später Auseinandersetzungen zu vermeiden.

Für das sogenannte „Trucking", also das Ziehen eines beladenen oder unbeladenen Anhängers eines Auftraggebers sieht die Tabelle III vor, daß die Fracht mindestens nach der Nutzlast des Zugfahrzeugs, bei Zugmaschinen nach der Nutzlast der gewöhnlich verwendeten Anhänger und höchstens nach dem Gesamtgewicht des beförderten Gutes zu berechnen ist. Die Lastentfernung bestimmt sich in jedem Fall nach der kürzesten **verkehrsüblichen** Verbindung zwischen der Be- und Entladestelle. Werden mehrere Sendungen gleichzeitig befördert, wird die Entfernung über alle Ladestellen bis zur letzten Entladestelle durchgerechnet.

Preistabelle IV

enthält **Leistungssätze für Schüttgüter** in Form von Frachtsätzen je Tonne, gestaffelt nach Entfernungen. Diese Tabelle berücksichtigt ebenfalls wie die Tabelle III die beförderte **Gütermenge** und die zurückgelegte **Laststrecke**. Ihre Anwendung setzt den Einsatz von Kippfahrzeugen voraus, die mechanisch beladen und durch Abkippen entladen werden. Sie unterscheidet außerdem nach dem Einsatz von Kipplastkraftwagen (Solosätze) und mit Anhänger (Zugsätze). Da diese Fahrzeugarten in der Regel nur auf relativ kurzen Strecken eingesetzt werden, endet diese Preistafel in der Staffel bereits bei 30 km für Solofahrzeuge und bei 80 km für Züge.

Sonderregelungen in Form von Preisnachlässen sind vorgesehen bei Hin- und Rückladungen für denselben Auftraggeber, wenn das Entgelt nach der Tabelle III oder IV berechnet wird.

Zusätzliche Entgelte sind zu berechnen, wenn Sonderfahrzeuge oder besondere Geräte eingesetzt werden, die im Rahmen der Preistabellen kostenmäßig nicht berücksichtigt werden konnten, wie beispielsweise Fahrzeuge mit Ladekran, Langmaterialfahrzeuge, Schwerguttransporter und Tank-, Silo- oder Isolierfahrzeuge. Ferner sind Nebenleistungen wie das Be- und Entladen durch den Unternehmer, An- und Abfahrten und außergewöhnlich lange Wartezeiten gesondert zu berechnen. Auch sind die Tabellen nur auf den Einsatz **eines** Fahrers ausgelegt und weiteres Personal ist bei Einsatz somit auch gesondert zu vergüten.

Die nachfolgenden Auszüge aus den Tabellen I - IV – Stand März 1995 – sollen zur Verdeutlichung der Beschreibung beitragen:

	Preistabelle I			**Preistabelle II**
	Tages- und Kilometersätze			Stundensätze
Nutzlast in t bis einschl.	Tagessatz DM	1/8-Tg-Satz DM	km-Satz DM	Stundensatz DM
3	560,40	70,00	0,59	76,00
4	568,60	71,10	0,62	77,30
5	576,70	72,10	0,65	78,60
6	584,90	73,10	0,67	79,90
7	593,10	74,10	0,70	81,10
8	601,30	75,20	0,73	82,40
9	609,50	76,20	0,75	83,70
10	617,60	77,20	0,78	85,00
.	.	.	.	.
.	.	.	.	.
29	732,30	91,50	1,24	104,00
je weitere angefangene t	6,40	0,80	0,02	1,00

5 Der Spediteur und die Verkehrsträger

Preistabelle III
Leistungssätze in DM je Tonne

Entfernung in km bis einschl.	Gewicht der Ladung in t ab									
	3	4	5	6	7	8	9	10	11	29 u. mehr
6	22,75	18,55	16,00	14,29	13,04	12,09	11,34	10,72	10,20	5,70
8	26,21	21,19	18,16	16,12	14,64	13,52	12,63	11,90	11,29	6,24
10	29,63	23,80	20,29	17,93	16,22	14,92	13,90	13,06	12,37	6,77
12	33,01	26,39	22,40	19,72	17,78	16,32	15,16	14,22	13,43	7,30
14	36,36	28,95	24,49	21,49	19,33	17,69	16,41	15,36	14,49	7,82
16	39,67	31,49	26,55	23,24	20,86	19,06	17,64	16,49	15,53	8,34
18	42,95	34,00	28,60	24,98	22,38	20,41	18,86	17,61	16,57	8,85
20	46,20	36,48	30,63	26,70	23,88	21,75	20,08	18,72	17,60	9,36
.	.	.	.	.	.	.	.	.	.	.
200	255,02	196,69	161,67	138,30	121,60	109,05	99,27	91,43	85,01	43,86
je weitere angefangene 10 km	8,84	6,80	5,58	4,77	4,19	3,75	3,41	3,14	2,92	1,54

Preistabelle IV
Leistungsätze für Schüttgüter in DM je Tonne

Entfernung in km bis einschl.	Abteilung A (Solosätze)	Abteilung B (Zugsätze)
0,25	1,86	1,43
0,50	2,21	1,63
0,75	2,56	1,83
1,00	2,91	2,03
1,50	3,31	2,25
2,00	3,70	2,48
2,50	4,10	2,70
3,00	4,50	2,93
.	.	.
30,00	19,43	11,27
35,00		12,65
40,00		14,01
45,00		15,42
50,00		16,80
55,00		18,01
60,00		19,22
65,00		20,42
70,00		21,63
75,00		22,84
80,00		24,05

5.1.5 Der Güterfernverkehr

5.1.5.1 Begriffsbestimmungen und Marktzugangsregelungen im Güterfernverkehr

Güterfernverkehr ist jede Beförderung von Gütern mit einem Kraftfahrzeug für andere über die Grenzen der Nahzone hinaus oder außerhalb dieser Grenzen mit Ausnahme des Umzugsverkehrs. Zum Güterfernverkehr gehört unter bestimmten Voraussetzungen auch der kombinierte Verkehr (*§ 3 GüKG*).

Güterfernverkehr

Bei dieser **Begriffsbestimmung** ist – ebenfalls wie im Güternahverkehr – die **Länge der Beförderungsstrecke nicht ausschlaggebend**, sondern es kommt darauf an, daß die Beförderungsleistung darauf gerichtet ist, Güter über die Grenzen der Nahzone zu verbringen – oder auch umgekehrt – oder daß die Beförderungsleistung gänzlich außerhalb der Nahzone erbracht wird. Selbst die kürzeste Beförderungsleistung würde somit außerhalb der Nahzone Güterfernverkehr darstellen.

Güterfernverkehr ist genehmigungspflichtig. Die Genehmigung für den Güterfernverkehr ist eine **Inhabergenehmigung**. Sie wird dem Unternehmer für seine Person erteilt und berechtigt ihn, jeweils **ein** für den Güterfernverkehr zugelassenes Kraftfahrzeug seiner Wahl einzusetzen. Er kann somit das für die jeweilige Beförderung geeignete Kraftfahrzeug wählen, ohne zuvor die Genehmigung auf ein anderes Kraftfahrzeug durch die Genehmigungsbehörde umschreiben lassen zu müssen. Diese Art der Genehmigung gestattet dem Unternehmer einen größtmöglichen wirtschaftlichen Einsatz seiner Fahrzeuge. Die einzige Einschränkung, die er in diesem Fall hinnehmen muß, besteht darin, daß nur jeweils **Kraftfahrzeuge mit dem in der Genehmigungsurkunde bezeichneten Standort** eingesetzt werden können. Eine Ausnahme bildet der Einsatz eines Fahrzeuges für die An- und Abfuhr im kombinierten Verkehr zum oder vom Verladebahnhof.

Rechtsnatur der Güterfernverkehrsgenehmigung

Nach der am 2. Januar 1973 erlassenen Rechtsverordnung darf auch ein nicht dem Unternehmer gehörendes fremdes Kraftfahrzeug eingesetzt werden. Im zweiten Halbjahr 1986 wurde das *GüKG* und später vorgenannte Rechtsverordnung dahingehend geändert, daß nunmehr im Güterfernverkehr Fahrzeuge angemietet werden dürfen, wenn diese im Geltungsbereich des Güterkraftverkehrsgesetzes zugelassen sind. Es ist nicht erforderlich, daß diese Kraftfahrzeuge auf den Namen des Unternehmers zugelassen sind.

Die Inhabergenehmigung unterscheidet sich sehr wesentlich von der Erlaubnis für den Güternahverkehr oder der Erlaubnis für den Umzugsverkehr. Die Erlaubnis gestattet dem Unternehmer, zahlenmäßig unbegrenzt so viele Kraftfahrzeuge einzusetzen, wie er es bestimmt. Dagegen kann mit einer Inhabergenehmigung zur gleichen Zeit jeweils nur **ein** Kraftfahrzeug im Güterfernverkehr eingesetzt werden.

Die Genehmigung ist nicht übertragbar und wird nur auf Zeit erteilt. Ihre Gültigkeitsdauer beträgt mindestens **acht Jahre**. Für die Erteilung der Genehmigung ist diejenige höhere Landesverkehrsbehörde zuständig, in deren Bezirk das Unternehmen seinen Sitz oder eine gerichtlich eingetragene Zweigniederlassung hat und das Kraftfahrzeug seinen Standort erhalten soll (Genehmigungsbehörde).

Neu zu erteilende Genehmigungen sind öffentlich auszuschreiben; die Ausschreibung kann auf bestimmte Bewerbergruppen oder Gebiete beschränkt werden.

Die Genehmigungsbehörde ist verpflichtet, vor der Entscheidung über den Antrag auf Erteilung einer Genehmigung das Bundesamt für Güterverkehr, die beteiligten Verbände des Verkehrsgewerbes, die fachlich zuständige Gewerkschaft und die zuständige Industrie- und Handelskammer zu hören **(Anhörungsverfahren)**.

Die Genehmigung wird durch Aushändigung einer Genehmigungsurkunde erteilt. Sie muß enthalten:

a) einen Hinweis auf das *GüKG*,

b) die Bezeichnung des Unternehmens und den Sitz des Unternehmens,

c) die Bezeichnung eines Standortes, der für alle Kraftfahrzeuge bestimmt sein muß, für die die Genehmigung verwendet werden soll,

d) die Zeitdauer, für die die Genehmigung erteilt wird, und

e) die Bedingungen, Auflagen oder verkehrsmäßigen Beschränkungen, unter denen die Genehmigung erteilt wird.

Ändert sich die Bezeichnung des Unternehmers oder der Sitz des Unternehmens, so ist die Genehmigungsbehörde unter Vorlage der Genehmigungsurkunde zu unterrichten.

Die **Genehmigung kann nur erteilt werden**, wenn:

a) der Unternehmer und die für die Führung der Geschäfte bestellte Person zuverlässig sind,

b) der Unternehmer oder die für die Führung der Geschäfte bestellte Person fachlich geeignet ist,

c) die finanzielle Leistungsfähigkeit des Betriebes gewährleistet und

d) eine Genehmigung bei der Genehmigungsbehörde zur Erteilung verfügbar ist*).

---

*) Infolge der zahlenmäßigen Beschränkung und der daraus resultierenden Genehmigungsknappheit kann die Genehmigungsbehörde nur dann eine Genehmigung neu ausgeben, wenn durch Rücknahme, Rückgabe oder durch Aufstockung des Kontingents Genehmigungen für die Ausgabe zur Verfügung stehen.

Die Genehmigung berechtigt den Unternehmer, ein Kraftfahrzeug im Güterfernverkehr unter folgenden **Voraussetzungen** einzusetzen **(genehmigtes Kraftfahrzeug)**:

a) Das Kraftfahrzeug muß auf den Namen des Unternehmers zugelassen sein und ihm gehören oder von ihm auf Abzahlung gekauft oder gemietet sein;

b) für das Kraftfahrzeug muß der in der Genehmigungsurkunde bezeichnete Standort bestimmt sein;

c) die Genehmigungsurkunde und das Fahrtenbuch sind auf der gesamten Beförderungsstrecke im Kraftfahrzeug mitzuführen;

d) das amtliche Kennzeichen des Kraftfahrzeuges ist in das Fahrtenbuch einzutragen.

Anstelle einer Genehmigung dürfen dem Unternehmer **mehrere Genehmigungen** erteilt werden, wenn diese Genehmigungen den Unternehmer berechtigen, nur solche Kraftfahrzeuge zu verwenden, die einschließlich Anhänger insgesamt eine Nutzlast von 30 t nicht überschreiten. — *Splitting*

Bei **Aufteilung einer Genehmigung** dürfen nur Kraftfahrzeuge unter den vorstehenden Voraussetzungen im Güterfernverkehr eingesetzt werden, wenn diese zu jeder Zeit den gleichen Standort haben.

Nach dem **Tode des Unternehmers** kann der Erbe den Betrieb vorläufig weiterführen oder das Unternehmen **im ganzen** auf einen Dritten übertragen. Diese Befugnis erlischt, wenn nicht der Erbe binnen drei Monaten nach Ablauf der für die Ausschlagung der Erbschaft vorgesehenen Frist die Genehmigung beantragt hat. — *Übertragbarkeit der Genehmigung*

Eine **Genehmigung kann übertragen werden**, wenn das Unternehmen im ganzen auf einen Dritten übertragen werden soll und die Dauer der Genehmigung nicht über die Dauer der ursprünglich erteilten Genehmigung hinausgeht. Unter Übertragung des Unternehmens im ganzen ist der Geschäftszweig des Güterfernverkehrs zu verstehen (§§ 8 bis 19 a GüKG).

Eine Sonderregelung für den Einsatz von Güterfernverkehrsgenehmigungen muß hier noch erwähnt werden, und zwar der Einsatz beim sogenannten **Stafettenverkehr** (§ 12 Abs. 2 GüKG). Nach dieser Vorschrift darf **derselbe** Unternehmer (nicht jedoch zwei miteinander kooperierende Unternehmer) zu **Beginn oder am Ende einer Beförderung im Güterfernverkehr ein Kraftfahrzeug ohne Genehmigung innerhalb der Nahzone einsetzen**, wenn auf der übrigen Beförderungsstrecke ein anderes Kraftfahrzeug mit einer Genehmigung eingesetzt wird, die die gesamte Beförderungsstrecke deckt. Diese Bestimmung stellt also darauf ab, daß das **Kraftfahrzeug** jeweils gewechselt werden muß. Der Unternehmer kann demzufolge ein Fahrzeug bis zur Grenze der Nahzone dem ankommenden Fahrzeug entgegenschicken, dort — *Stafettenverkehr* die Güter durch Umladung übernehmen und innerhalb der Nahzone mit diesem Fahrzeug zustellen. Die günstigste Art der Übernahme der Güter läge in der Umsattelung eines Sattelanhängers. Das ankommende Kraftfahrzeug könnte in diesem Fall wiederum einen beladenen Sattelanhänger übernehmen und sofort die Fernfahrt beginnen, da das in der Nahzone eingesetzte Kraftfahrzeug die Genehmigung nicht benötigt. Bei einem gut organisierten Verkehr dieser Art kann mit einer Güterfernverkehrsgenehmigung ein erheblicher Kapazitätserweiterungseffekt erzielt werden.

Berechtigungsbescheinigung im Güterfernverkehr
Die Genehmigung für den Güterfernverkehr schließt die Erlaubnis für den Güternahverkehr ein. Der Unternehmer des Güterfernverkehrs benötigt somit nicht eine Erlaubnisurkunde zur Ausübung des Güternahverkehrs. Da er jedoch bei Beförderungen im Güternahverkehr die Güterfernverkehrsgenehmigung nicht mitzuführen braucht, wurde aus Überwachungsgründen eine „Bescheinigung über die Berechtigung zur Ausübung des allgemeinen Güternahverkehrs" eingeführt. Diese sog. **Berechtigungsbescheinigung** ist bei der unteren Verkehrsbehörde zu beantragen, in deren Bezirk der Sitz oder eine gerichtlich eingetragene Zweigniederlassung des Unternehmens liegt.

Will der Unternehmer mehrere Kraftfahrzeuge im Güternahverkehr gleichzeitig einsetzen, so ist für jedes einzusetzende Kraftfahrzeug jeweils eine Ausfertigung der Bescheinigung zu beantragen, da in jedem Kraftfahrzeug **diese Bescheinigung** und die **Standortbescheinigung** mitzuführen ist.

Höchstzahlenverordnung im Güterfernverkehr
Die Anzahl der für den Güterfernverkehr auszugebenden Genehmigungen und ihre Verteilung auf die Bundesländer ist durch die Festsetzung von Höchstzahlen beschränkt. Nach dem derzeitigen Stand der sogenannten *„Höchstzahlenverordnung"* gibt es seit dem 15. März 1992 nur noch Genehmigungen für den allgemeinen Güterfernverkehr. Die Anzahl beträgt zur Zeit 61 000.

Zu demselben Zeitpunkt wurden alle anderen mit bestimmten Beschränkungen ausgegebenen Genehmigungen umgewandelt in Genehmigungen für den allgemeinen Güterfernverkehr ohne jegliche Beschränkungen. Farbliche Unterscheidungen wie z. B. „rot, blau, rosa und weiß" sind somit nicht mehr erforderlich.

Einzelfahrtgenehmigung
Die **Genehmigungsbehörde** kann außerhalb des festgesetzten Kontingents (Höchstzahlen von Genehmigungen) für bestimmte Beförderungsfälle **Genehmigungen für Einzelfahrten** erteilen, wenn und soweit dies zur **Versorgung der Bevölkerung mit lebensnotwendigen Gütern oder zur Vermeidung schwerwiegender volkswirtschaftlicher Nachteile** zwingend geboten ist. Durch diese Ergänzung des *GüKG* (§ 19 a) ist den Genehmigungsbehörden Vollmacht gegeben, im Falle auftretender Beförderungsengpässe über das Kontingent von Fernverkehrsgenehmigungen hinausgehend Einzelfahrten für eine bestimmte Zeitdauer besonders zu genehmigen.

Straßengüterverkehr 5.1

5.1.5.2 Der Beförderungsvertrag

Ähnlich wie im Güternahverkehr, so bestehen für Beförderungsverträge im Güterfernverkehr verschiedene Beförderungsbedingungen. In diesem Fall handelt es sich jedoch durchweg um Rechtsgrundlagen mit **allgemeinverbindlicher** Rechtsnorm. Es bedarf somit in keinem Fall der Vereinbarung, sondern sie gelten in ihrem jeweiligen Geltungsbereich unabdingbar, d. h. **abweichende Vereinbarungen sind unzulässig.** An dieser Stelle wird noch einmal auf die grundsätzlichen Ausführungen an anderer Stelle verwiesen; auch bei Bestehen allgemeinverbindlicher Rechtsnormen gelten die Bestimmungen des *BGB* und *HGB*, wenn diese Beförderungsbedingungen bestimmte Regelungen nicht enthalten.

Beförderungsvertrag; Güterkraftverkehr

Beförderungsverträge im Güterfernverkehr werden – je nach Sachverhalt – auf der Grundlage folgender Bedingungen abgeschlossen:

– *Kraftverkehrsordnung für den Güterfernverkehr mit Kraftfahrzeugen*; im folgenden kurz *KVO* genannt

– *Beförderungsbedingungen für die Beförderung von Handelsmöbeln in besonders für die Möbelbeförderung eingerichteten Fahrzeugen im Güterfernverkehr (GüKUMB)*

– *Übereinkommen über den Beförderungsvertrag im internationalen Straßengüterverkehr (CMR)*

Wie bereits ausgeführt, werden die *GüKUMB* und die *CMR* an anderer Stelle behandelt.

5.1.5.3 Die Kraftverkehrsordnung für den Güterfernverkehr mit Kraftfahrzeugen (KVO) als wesentliche Vertragsgrundlage im Binnengüterfernverkehr

Die für den Beförderungsvertrag, der zwischen dem **Unternehmer** und dem **frachtbriefmäßigen Absender** des Gutes geschlossen wird, maßgebenden Beförderungsbedingungen sind in der *Kraftverkehrsordnung (KVO)* enthalten.

Inhaltsübersicht

Die *Kraftverkehrsordnung (KVO)* enthält folgende Bestimmungen:

I. Eingangsbestimmungen
II. Allgemeine Bestimmungen
III. Bestimmungen über die Beförderungspapiere
IV. Abschluß des Beförderungsvertrages, Berechnung und Zahlung des Beförderungsentgelts, Nachnahmen
V. Abänderung des Beförderungsvertrages
VI. Haftung aus dem Beförderungsvertrag

5 Der Spediteur und die Verkehrsträger

Geltungs- Diese Bedingungen gelten für den **Güterfernverkehr** im Sinne des *Güterkraftver-*
bereich; *kehrsgesetzes (GüKG).*
KVU
Hat ein Spediteur nach den *§§ 412, 413 HGB* Rechte und Pflichten eines Frachtführers, so gelten die Bestimmungen der *KVO* über die Haftung aus dem Beförderungsvertrag nur, soweit der Spediteur das Gut mit **eigenen Kraftfahrzeugen im Güterfernverkehr befördert**.

Rechts- Als Rechtsverordnung regelt sie die **privatrechtlichen** Vertragsverhältnisse des Be-
charakter förderungsvertrages im Güterfernverkehr und somit die **Rechte und Pflichten** der beiden am Beförderungsvertrag beteiligten Parteien. Dennoch erhält sie zugleich **öffentlich-rechtlichen Charakter**, da durch *§ 22 i.V.m. § 26 Güterkraftverkehrsgesetz (GüKG)* die **zwingende Anwendung** vorgeschrieben ist. Sie verdrängt im wesentlichen die Bestimmungen des *HGB/BGB*, die als nachgiebiges Recht nur dann heranzuziehen sind, wenn entsprechende Regelungen in der *KVO* nicht enthalten sind.

Vertrags- Der Beförderungsvertrag wird zwischen dem **Transportunternehmer** und dem
parteien **frachtbriefmäßigen Absender** geschlossen. In diesem Zusammenhang ist klarzustellen, daß nicht nur Spediteure als Vertragspartner des Frachtführers anzusehen sind, sondern jeder, der Güter befördern lassen will, kann **direkt** mit einem Frachtführer einen Beförderungsvertrag abschließen.

Rechts- Rechtlich handelt es sich um einen **Werkvertrag** im Sinne von *§§ 631 ff BGB* mit ggf.
natur des Elementen des Geschäftsbesorgungsvertrages im Sinne von *§§ 675 ff BGB*, z. B. bei
Vertrages der Erledigung von Nachnahmen. Der Inhalt und somit das Wesen des Vertrages besteht darin, daß sich der **vertragschließende Absender als Besteller zur Entrichtung der vereinbarten Vergütung in Form des Beförderungsentgelts verpflichtet und der Frachtführer (Unternehmer)** sich zur „Herstellung des versprochenen Werkes" verpflichtet. Das „Werk" besteht in dem vertraglich gewollten Ortswechel des Gutes, den der Unternehmer durch die Beförderung – mit der Sorgfalt eines ordentlichen Frachtführers – bewirkt. Somit ist nur die eigentliche Beförderung Vertragsinhalt, zu der **nicht das Be- und Entladen der Güter gehört (Ausnahme bei Stückgut s. § 17 KVO)**.

Sendungs- Der Vertrag ist auf die Beförderung jeweils nur **einer** Sendung beschränkt. Der Sen-
begriff der dungsbegriff ergibt sich aus *§ 20 KVO*. Danach ist eine Sendung die Gütermenge,
KVO die dem Unternehmer von **einem Absender** (Vertragspartner) und zur Auslieferung an **einen Empfänger** (Begünstigter) mit **einem Frachtbrief** übergeben wird. Sie darf zwar an mehreren Stellen verladen werden, aber diese müssen **alle in derselben Gemeinde** liegen. Die Sendung ist auf die Größe des eingesetzten Lastzuges begrenzt. Eine Sendung kann nicht mehr auf mehrere Lastzüge verteilt werden; diese neue Regelung gilt seit dem **1. Januar 1994**.

Form und Der **Frachtbrief** dokumentiert den Inhalt des Beförderungsvertrages und hat somit
Inhalt des den Charakter einer Beweisurkunde. Da ein dem *§ 28 Abs. 1 GüKG* entsprechendes
Fracht- Muster/Formular vom Bundesminister für Verkehr bis heute noch nicht vorgeschrie-
briefes, ben worden ist, bleibt die Gestaltung des Frachtbriefes in seiner Form weitgehend
KVO

Straßengüterverkehr 5.1

den Vertragsparteien überlassen. Zwar ist aus öffentlich-rechtlichen Gründen der Frachtbrief zwingend vorgeschrieben, er ist jedoch nicht Wirksamkeitsvoraussetzung für das Zustandekommen eines Beförderungsvertrages in privat-/zivilrechtlicher Hinsicht. Wie es zwischenzeitlich durch Rechtsprechung bestätigt worden ist, hat der Frachtbrief für die zivilrechtliche Haftung des Unternehmers keine Bedeutung, denn nach der öffentlich-rechtlichen Norm des *§ 22 GüKG* ist die Unabdingbarkeit der Haftung nach der KVO zwingend vorgeschrieben. Ein Fehlen des Frachtbriefs ändert somit nicht die Haftung des Unternehmers nach diesen Vorschriften. Insoweit ist dem Frachtbrief keine begründende und errichtende (konstitutive) Bedeutung beizumessen. Bereits 1959 hatte der *BGH* schon entschieden, daß der Beförderungsvertrag nach der *KVO* kein Formalvertrag ist, auch wenn ein Frachtbrief ausgestellt ist.

Der für den Frachtbrief geforderte Inhalt ist gem. *§ 11 KVO* geregelt. Die wesentlichen Angaben hat der Absender in den Frachtbrief einzutragen, für deren Richtigkeit er nach *§ 13 KVO* haftet. Auch wenn der Unternehmer im Auftrag des Absenders die Angaben einträgt, haftet der Absender bei fehlerhafter Ausfertigung wie für eigenes Verschulden, sofern der Unternehmer wiederum mit der Sorgfalt eines ordentlichen Kaufmanns gehandelt hat.

Der Frachtbrief ist somit nur dem **Inhalt** nach **vorgeschrieben**, die **Form** kann **frei** gewählt werden.

Der Beförderungsvertrag ist abgeschlossen, sobald der Unternehmer Gut und Frachtbrief übernommen hat. Er beginnt also erst, wenn die Güter der Sendung von dem Absender vollständig auf dem Lastzug verladen sind und nicht bereits bei Vorliegen von übereinstimmenden Willenserklärungen. Es handelt sich somit um einen **Realvertrag**, bei dem etwas „Reales", nämlich die **Übergabe des Gutes** erfolgen muß, damit er überhaupt zustandekommt; der Konsens, der üblicherweise bei einem Konsensualvertrag durch übereinstimmende Willenserklärungen zum Zustandekommen des Vertrages führt, reicht hier nicht aus.

Abschluß, Beginn und Dauer des Beförderungsvertrags (KVO)

Nach der *KVO* ist zu berücksichtigen, daß man zwischen **Stückgutverkehr** und **Ladungsverkehr** unterscheidet. Liegt Ladungsverkehr vor, so geht dem eigentlichen Beförderungsvertrag ein sogenannter *Wagenstellungsvertrag nach § 14 KVO* voraus. Es handelt sich hierbei um einen für sich selbständigen Vertrag, sozusagen ein **Vorvertrag zum eigentlichen Beförderungsvertrag im Ladungsverkehr**. Für den **Stückgutverkehr gibt es diese Regelung nicht**. Im Rahmen dieses Vorvertrages bestellt **der Absender** beim Unternehmer ein **geeignetes Fahrzeug** unter Angabe näherer Einzelheiten zu der später folgenden Beförderung.
Nimmt der Unternehmer die Bestellung an, so hat er ein entsprechendes Fahrzeug zur bestellten Zeit zu gestellen. Es handelt sich hierbei um einen Konsensualvertrag, der auch im Hinblick auf evtl. Schadensersatzansprüche im Rahmen von § 14 grundsätzlich geregelt ist.
Es besteht keine Pflicht zur Übernahme von Beförderungsverträgen (Vertragsfreiheit).

Ist der Beförderungsvertrag durch Übergabe von Gut und Frachtbrief an den Unternehmer zustandegekommen (abgeschlossen), so hat der Unternehmer die Pflicht, die Ablieferung der Sendung vor Ablauf der vorgeschriebenen **Lieferfrist (je angef. 300 km – 24 Std.)** beim Empfänger abzuliefern. Bei Überschreiten der Lieferfrist, die nach Vereinbarung auch verkürzt werden kann, haftet der Unternehmer im Schadensfall für aufgetretene Vermögensschäden.

Haftung des Absenders Der Absender haftet für die Angaben im Frachtbrief, **auch wenn der Unternehmer in seinem Auftrag den Frachtbrief ausfertigt.**

Verfügungsrecht des Absenders Der Absender kann bis zu dem Zeitpunkt über die Sendung verfügen, bevor der Unternehmer dem Empfänger die Sendung ausliefert. Dies erfolgt durch Übergabe des Frachtbriefes und Bereitstellung der Sendung zur Entladung. Das Entladen ist nicht mehr Aufgabe des Unternehmers. Näheres hierzu unter Abschnitt „Haftungszeitraum".

Recht des Empfängers Nach Ankunft des Gutes hat er das Recht auf Herausgabe der Sendung. Im Rahmen der ihm zugedachten Verfügungsgewalt hat er dann das Recht, das Gut auch an einen anderen Empfänger weiterzuleiten. Hier bestehen jedoch Einschränkungen in bezug auf die Gemeinde unter Berücksichtigung der Sendungsbildung nach § 20 KVO.

Pflicht des Empfängers Generell liegt die Zahlungsverpflichtung aufgrund eines Werkvertrages beim Absender; Fälligkeit und somit Erfüllung des Vertrages ergibt sich spätestens bei Ablieferung der Sendung beim Empfänger. **Durch Annahme der Sendung und des Frachtbriefs wird bei „Unfrei-Sendungen" der Empfänger Zahlungsverpflichteter nach Maßgabe des Frachtbriefs.**

Beförderungshindernisse, Ablieferungshindernisse Hindernisse, die unterwegs oder bei der Ablieferung der Sendung auftreten, sind unverzüglich **dem Absender** zu melden und der **Unternehmer ist verpflichtet, Weisungen einzuholen.** Im Unterlassungsfall haftet der Unternehmer nach § 31 KVO für evtl. auftretende **Vermögensschäden. Eine weitergehende Inanspruchnahme des Unternehmers durch Vereinbaren einer Vertragsstrafe ist hier nicht zulässig.**

Pfandrecht, KVO Die KVO enthält keine besondere Regelung hierüber. Es ist daher auf das allgemeine Privatrecht zurückzugreifen, wie *BGB/HGB*. Es handelt sich in einem solchen Fall dann um das gesetzliche Pfand- und Zurückbehaltungsrecht in Form des **konnexen Pfandrechts.**

Haftung des Unternehmers Der Unternehmer haftet für alle an den beförderten Gütern entstehenden Schäden nach dem Prinzip der **Gefährdungshaftung. Er haftet also auch, wenn ihn kein Verschulden** trifft, und zwar für drei Tatbestände:

- direkte Schäden durch Transportmittelunfälle
- direkte Schäden durch Betriebsunfälle
- Schäden, die durch gänzlichen oder teilweisen Verlust oder durch Beschädigung des Gutes entstehen.

Es kommt in vorstehenden Fällen bei dieser umfassenden Haftung nicht darauf an, ob die Schäden und Verluste aus **besonderen Gefahren** herrühren, wie z. B. Regen, Schnee, Hagel oder Sturm.

Auch im Falle von Diebstahl, Abhandenkommen und Straßenraub, Unterschlagung, Betrug und Untreue liegt die **Ersatzpflicht beim Unternehmer**.

Neben Sachschäden haftet der Unternehmer auch für andere als Güterschäden, sogenannte **Vermögensschäden**, die im Abschnitt „Haftungsumfang" näher beschrieben sind.

Der Unternehmer haftet in jedem Fall für die Personen, deren er sich zur Erfüllung und bei Ausführung seiner Aufgaben bedient.

Der Unternehmer haftet in der Zeit von der **Annahme** des Gutes zur Beförderung bis zur **Auslieferung**. Die Annahme des Gutes ist in dem Falle, in dem der Absender zu verladen hat, erfolgt, sobald das Gut **auf dem Fahrzeug verladen, gestapelt und verstaut ist und der Unternehmer den Frachtbrief übernommen hat**. Hat der Unternehmer **vertragsgemäß** die Beladung vorzunehmen, so beginnt die Haftung bereits zu dem Zeitpunkt, wenn das Gut zur Verladung bereitgestellt ist und der Unternehmer mit der Beladung beginnen kann, also durch Übernahme der tatsächlichen Gewaltausübung (**Obhutshaftung/Gewahrsamshaftung**).

Haftungszeitraum

Bei der Auslieferung endet die Haftung des Unternehmers zu dem Zeitpunkt, wenn das Gut in den Gewahrsam des Empfängers übergegangen ist, d. h. **sobald ihm der Frachtbrief übergeben ist und er über das Gut Gewalt ausüben kann**. Das Abladen selbst gehört nicht zu den vertraglichen Aufgaben des Unternehmers, gleichgültig ob es sich um Stückgut oder Ladungsgut handelt, es sei denn, eine besondere abweichende Vereinbarung über diese Nebentätigkeit wurde vorher getroffen. Diese Auffassung wurde bereits durch Rechtsprechung bestätigt.

Wie bereits im Abschnitt „Haftung des Unternehmers" ausgeführt, haftet er neben den Güter- oder Sachschäden auch für andere als Sachschäden, sogenannte **Vermögensschäden**. Unter Vermögensschäden versteht man solche Schäden, die entstanden sind

Haftungsumfang, KVO

- durch Überschreitung der Lieferfrist
- durch Falschauslieferung
- durch schuldhafte, nicht ordnungsgemäße Ausführung des Beförderungsvertrages
- durch Fehler bei der Einziehung von Nachnahmen.

Güterfolgeschäden werden nicht ersetzt. Auch wird ein Güterschaden nicht ersetzt, der z. B. durch Überschreiten der Lieferfrist entstanden ist.

Daneben ist aber stets die Haftung im Sinne von *§§ 823 ff BGB* (unerlaubte Handlungen/deliktische Haftung –) zu berücksichtigen.

Haftungs- Die weitgehende Gefährdungshaftung bedingt allerdings auch, daß bestimmte Tat-
ausschluß, bestände zu **Haftungsbeschränkungen** oder **Haftungsausschlüssen** führen. Inso-
KVO weit nennt die *KVO* auch einige konkrete Fälle, die die Haftung begrenzen bzw. ausschließen. Als wichtige Beispiele sollen nur drei hier angeführt werden:

– höhere Gewalt, Kriegsereignisse oder Beschlagnahme.

Auch werden **körperliche Schäden** jeglicher Art, **die Personen zugefügt werden, nicht ersetzt**. Schäden durch Einwirkung von Frost und Hitze sind ebenfalls von der Ersatzpflicht ausgenommen, allerdings nur, soweit sie ursächlich nicht auf Transportmittel- oder Betriebsunfälle zurückzuführen sind; in diesem Fall besteht wieder Ersatzpflicht.

Ersatz- Als Ersatzwert gilt der Fakturenwert zuzüglich aller Spesen und Kosten **bis zum Be-**
pflichtiger **stimmungsort** zuzüglich des **nachzuweisenden entgangenen Gewinnes** bis
Wert höchstens 10 % des Fakturenwertes. Ohne Fakturenwert soll der **Zeitwert** (auch „gemeiner Wert") durch Sachverständigengutachten ermittelt werden. Bei **Teilbeschädigung** wird nur der **beschädigte Teil** ersetzt. Übersteigt der Ersatzwert die Haftungshöchstgrenze, so wird nur Ersatz bis zu dieser Grenze geleistet.

Haftungs- Insgesamt werden bei **Sachschäden** (Güterschäden) **je Kilogramm** des in Verlust
höchst- geratenen oder beschädigten Rohgewichts (Bruttogewicht) nicht mehr als **80,00 DM**
grenzen, erstattet.
KVO

Bei **Vermögensschäden** – mit Ausnahme der Nachnahmefehler – ist die Haftungshöchstgrenze wie folgt festgelegt:

– **bei Ladungsgütern bis zu 30.000,00 DM je Lastzug**

– **bei Stückgütern bis zu 5.000,00 DM je Absender und Lastzug.**

Nachnahmefehler werden nur bis zu einer Höhe von **max. 5.000,00 DM je Sendung** ersetzt. Bei Zusammentreffen von Güter- und Vermögensschäden wird insgesamt nicht mehr als **80,00 DM je kg** ersetzt.
Nachnahmefehler werden jedoch auch in diesem Fall separat bis zu 5.000,00 DM ersetzt.
Diese Haftungshöchstgrenzen sind verbindlich. Abweichende Vereinbarungen sind unzulässig und daher auch unwirksam.

Versiche- Die *KVO* schreibt die vertragliche Pflicht vor, daß der Unternehmer sich gegen **alle**
rung, KVO **Schäden**, für die er nach der *KVO* zu haften hat, **zu versichern hat**. Diese vertragliche Pflicht wird jedoch schon durch die **öffentlich-rechtliche Pflicht zum Ab-**

schluß einer Schadenshaftpflichtversicherung über das *GüKG* gewährleistet, denn eine Güterfernverkehrsgenehmigung wird einem Unternehmer durch die zuständige Behörde erst dann ausgehändigt, wenn der Abschluß dieser Versicherung durch den Unternehmer nachgewiesen worden ist. Jeder Spediteur ist gut beraten, wenn er sich vor Abschluß eines Beförderungsvertrages im Güterfernverkehr vom eingesetzten Unternehmer die **Güterfernverkehrsgenehmigung zeigen läßt**. Unterläßt er diese **Sorgfaltspflicht** und der Unternehmer ist nicht im Besitz einer Güterfernverkehrsgenehmigung und eine entsprechende Versicherung liegt nicht vor, so handelt **er grob fahrlässig** und somit kann er sich auch nicht auf Haftungsausschlußgründe nach den *ADSp* berufen. **In einem solchen Fall hat der Spediteur für den Schaden voll einzustehen.** Dieser Rechtsgrundsatz gilt ebenso bei Einsatz eines ausländischen Frachtführers bei Kabotagebeförderungen.

Mit der **Annahme des Gutes** durch den Empfänger sind grundsätzlich alle Ansprüche aus dem Beförderungsvertrag erloschen. Daher sind **äußerlich erkennbare Schäden auch sofort bei Ablieferung zu reklamieren.**
Von diesem Grundsatz sind ausgenommen Entschädigungsansprüche für Schäden, die durch **Vorsatz oder grobe Fahrlässigkeit des Unternehmers** herbeigeführt worden sind und Ansprüche wegen **Lieferfristüberschreitung.**
Äußerlich **nicht erkennbare Schäden**, sogenannte verdeckte Schäden, sind **unverzüglich nach der Entdeckung, spätestens aber binnen einer Woche** nach der Annahme des Gutes, **schriftlich** zu reklamieren.
Die Annahme des Gutes „unter Vorbehalt" oder „vorbehaltlich nachträglicher Prüfung der Stückzahl, des Gewichtes oder der Beschaffenheit" ist nicht wirksam. Einschränkungen bei der Annahme sind hinreichend zu konkretisieren.

Fristen bei Reklamationen

Ansprüche aus dem Beförderungsvertrag verjähren in **einem Jahr**.

Bei Vorsatz des Unternehmers, bei Auszahlung einer Nachnahme und bei Ansprüchen auf Auszahlung des Erlöses eines vom Unternehmer vorgenommenen Verkaufs beträgt die Frist **drei Jahre**.
Der Beginn der Frist ist je nach Anspruch unterschiedlich geregelt. So kann sie z. B. mit Ablauf des Tages beginnen, an dem das Gut zur Beförderung übernommen worden ist, aber auch mit Ablauf des Tages der Ablieferung. Ebenfalls kann der Zahlungstermin der Fracht maßgebend sein. In diesen Fällen ist jeweils der genaue Tatbestand mit dem Text der *KVO* abzustimmen.

Verjährungsfrist, KVO

5.1.5.4 Preisbildung im Güterfernverkehr

Seit dem 1. Januar 1994 ist auch der *Güterfernverkehrstarif (GFT)* aufgehoben worden und statt der verordneten Entgelte trat an diese Stelle die **eigenverantwortliche Preiskalkulation**. Im Rahmen dieser Tarifaufhebung ist jedoch wichtig, daß die als *Teil I – Kraftverkehrsordnung* – staatlich vorgeschriebenen Beförderungsbedingungen (*KVO*) mit geringfügigen Änderungen weitergelten. Da die Entgelte nunmehr frei vereinbar

Preisbildung im Güterfernverkehr

sind, war daher die Möglichkeit der Verteilung einer Sendung auf mehrere Fahrzeuge (Teilladung) zur Erlangung einer günstigeren Gewichtsklasse für die Gesamtsendung überflüssig geworden. Auch ist mit **Wegfall des „Entfernungswerks"** der Begriff „Gemeindetarifbereich" entbehrlich und die Sendungsbildung mit mehreren Ladestellen und mehreren Entladestellen ist jetzt auf das Gebiet **einer** Gemeinde festgelegt. Weiterhin gilt auch noch gem. *Güterkraftverkehrsgesetz (GüKG)* die Versicherungspflicht für den Güterfernverkehr im Rahmen der Haftungsbestimmungen nach der *KVO*.

Anders als im Güternahverkehr hat sich der *Bundesverband des Deutschen Güterfernverkehrs (BDF)* gegen die Veröffentlichung von Preisempfehlungen entschieden. Die Bedenken richteten sich in erster Linie gegen bestimmte Annahmen, die bei der Kalkulation dieser Art als Grundlage heranzuziehen wären. Sowohl der benötigte Zeitaufwand als auch die Auslastung des Fahrzeugs wären von grundlegender Bedeutung und sie könnten so nicht als ausgewogene Größen Berücksichtigung finden. Ferner würde zur Ermittlung der reinen Fahrzeit eine Durchschnittsgeschwindigkeit von 60 km/h unterstellt und mit den Be- und Entladezeiten würde in gleicher Weise verfahren. In diesen Fällen müßten Durchschnittswerte in die Kalkulation von Richtpreisen eingehen, unabhängig davon, ob beispielsweise ein Industrie- oder Handelskunde mit höchst unterschiedlichen Warte- und Abfertigungszeiten bedient würde. Ebenfalls wäre der zugrundezulegende Leerfahrtanteil in einer Richtpreistabelle nur über einen Durchschnittswert zu kalkulieren. Da jedoch täglich wechselnde und höchst unterschiedliche Einsatzbedingungen vorkommen, könne man mit Hilfe von Durchschnittswerten pauschal nicht kalkulieren. Eine Reduzierung der Durchschnittsgeschwindigkeit von 60 km/h auf 40 km/h führe so schon zu Mehrkosten in zweistelliger Höhe. Individuelle auftragsbezogene Abweichungen von den Durchschnittswerten bewirken, daß die tatsächlich bei der Transportabwicklung entstandenen Kosten über den in den Richtpreistabellen ausgewiesenen und mit dem Kunden vereinbarten Abrechnungssätzen lägen. Der Unternehmer könne somit bei Anwendung empfohlener Richtpreise keine Kostendeckung und erst recht keinen Gewinn erzielen.

Kosteninformationssystem

Aus diesen Grundüberlegungen heraus hat der *BDF* zur Unterstützung der mittelständischen Transportunternehmen ein **Kosteninformationssystem** entwickelt.

Kernstück dieses Informationssystems ist die **regelmäßige Ermittlung und Weitergabe von durchschnittlichen Kalkulationssätzen** für bestimmte Fahrzeugtypen, für das Fahrpersonal und für Neben- und Zusatzleistungen. Konkret zum Ausweis kommen Kostenverrechnungssätze aus gutgeführten Transportunternehmen für bestimmte Fahrzeugtypen und bestimmte Einsatzarten, Personalkostenverrechnungssätze für den Fahrer und Beifahrer sowie Kostenrichtwerte für standardisierbare Neben- und Zusatzleistungen. Im Vergleich hierzu zitiert der *BDF* das „Handwerk", bei dem eine derartige Praxis in Form der Veröffentlichung von Verrechnungssätzen seit Jahren üblich sei.

Zur Ermittlung und Berechnung der aktuellen Kostenverrechnungssätze im Gewerbe werden regelmäßig in gutgeführten Unternehmen **Kalkulationseckdaten** durch den

BDF erhoben. Diese Kalkulationseckdaten werden unter Wahrung des Datenschutzes in Durchschnittswerten zusammengefaßt und dann in Form von Kostenverrechnungssätzen zur Veröffentlichung bereitgestellt.

Der *BDF* sieht in diesem System gegenüber von Empfehlungspreisen folgende Vorteile:

- der Unternehmer wird in die Lage versetzt, auf Basis der aktuellen auftragsspezifischen Kostensituation Angebote zu kalkulieren;

- bei der Angebotserstellung werden die jeweiligen individuellen Leistungsbedingungen berücksichtigt – so z. B. Wartezeiten zur Be- und Entladung, Fahrzeiten, Auslastungsgrade, etc.;

- es gibt keine „ausgerechneten Preise" und damit auch keine sogenannten „marktgegebenen" oder „marktüblichen" Prozentabschläge; die Marktpartner werden veranlaßt, über Mengengerüste, Leistungen und deren Kosten zu verhandeln und nicht nur über Prozentabschläge auf fiktive Durchschnittspreise.

Zu diesem **Kosteninformationssystem** hat der *BDF* zusätzlich eine Anleitung in Form eines Leitfadens herausgegeben, mit dem die Anwendung dieses Systems erläutert wird.

Der gleichen Zielsetzung dient das EDV-Programm **Kalif (Kalkulation im Güterfernverkehr)**. Gegenüber dem manuellen System hat diese EDV-gestützte Lösung den Vorteil, daß nur die Eckdaten einer Tour bzw. eines Umlaufs vom Anwender eingegeben werden müssen. Kalif ermittelt daraufhin automatisch die zeitoptimale Route, die Gesamtentfernung sowie den für die Durchführung zu veranschlagenden Zeitaufwand. Mit Hilfe von *Kalif* kann eine komplette Kalkulation in wenigen Sekunden durchgeführt werden. Wie bei dem manuellen System können betriebsindividuelle Werte oder die Kostensätze des *BDF*-Kosteninformationssystems verarbeitet werden. Da die Daten einer ständigen Veränderung unterliegen, ist eine Veröffentlichung in diesem Rahmen hier wenig sinnvoll.

Kalif

Beide Systeme können über den *BDF–Infoservice* in Frankfurt bezogen werden.

5.1.6 Der Umzugsverkehr

5.1.6.1 Begriffsbestimmungen und Marktzugangsregelungen

Die Beförderung von **Umzugsgut, Erbgut und Heiratsgut** mit einem Kraftfahrzeug für andere (Umzugsverkehr) ist erlaubnispflichtig. Die Erlaubnis wird dem Unternehmer für seine Person **zeitlich und zahlenmäßig unbeschränkt** erteilt (*§ 37 GüKG*).

Umzugsverkehr

Mit dieser Definition wurde durch das *Dritte Änderungsgesetz zum GüKG* ab 1. April 1983 eine grundlegende Neuregelung des sogenannten Möbelverkehrs eingeführt. Dabei war unter Berücksichtigung der Rechtsprechung des Bundesverfassungsgerichts der Umzugsverkehr von der Genehmigungspflicht befreit worden.

Seit diesem Zeitpunkt ist Umzugsverkehr erlaubnispflichtig, jedoch mit dem entscheidenden Unterschied zum Güternahverkehr, daß die Umzugserlaubnis dem Unternehmer gestattet, **ohne räumliche Einschränkung Umzüge innerhalb der gesamten Bundesrepublik Deutschland durchzuführen**. Es wird also im Umzugsverkehr nicht zwischen Nah- und Fernverkehr unterschieden; das Mitführen einer Standortbescheinigung ist in diesem Fall nicht mehr erforderlich.

Für die Erteilung der Umzugserlaubnis gelten die gleichen Voraussetzungen und Zuständigkeiten, die auch für die Erteilung der Nahverkehrserlaubnis vorgeschrieben sind. Die bisherige Voraussetzung, daß das Fahrzeug besonders für die Möbelbeförderung eingerichtet sein muß, ist für den Umzugsverkehr nicht mehr vorgeschrieben. Dagegen wurde mit der Neuordnung eine **Versicherungspflicht** eingeführt, nach der die Umzugserlaubnis nur einem Unternehmer erteilt wird, der den **Abschluß der vorgeschriebenen Versicherung nachgewiesen hat**.

5.1.6.2 Beförderungsbedingungen für den Umzugsverkehr und für die Beförderung von Handelsmöbeln in besonders für die Möbelbeförderung eingerichteten Fahrzeugen im Güterfernverkehr und Güternahverkehr (GüKUMB)

Geltungsbereich, GüKUMB

Diese Beförderungsbedingungen regeln 3 Bereiche des gewerblichen Güterkraftverkehrs:

- Beförderungen von **Umzugsgut** (einschl. Erbgut und Heiratsgut)
- Beförderungen von **Handelsmöbeln im Güternahverkehr** bei Einsatz eines Möbelfahrzeugs
- Beförderungen von **Handelsmöbeln im Güterfernverkehr** bei Einsatz eines Möbelfahrzeugs

Sie gliedern sich daher auch in 3 Abschnitte:

- Allgemeine Bedingungen (für alle Bereiche)
- Bedingungen für den Umzugsverkehr
- Bedingungen für Handelsmöbel

Rechtscharakter, GüKUMB

Als Rechtsverordnung regeln die Bedingungen wie die *KVO* zwar die privatrechtlichen Vertragsverhältnisse des Beförderungsvertrages für o. a. Beförderungen und sie schreiben somit die Rechte und Pflichten den beiden Vertragsparteien vor. Das *GüKG* verleiht aber auch diesen Bedingungen durch *§ 41 i. V. m. § 26* gleichzeitig **öffentlich-rechtlichen** Charakter, so daß eine **zwingende Anwendung** vorgeschrieben ist und anderslautende Vereinbarungen unzulässig sind. Auch hier sind die Bestimmungen

Straßengüterverkehr 5.1

des *HGB/BGB* als nachgiebiges Recht weitgehend verdrängt worden und sie sind nur heranzuziehen, wenn die *GüKUMB* entsprechende Regelungen nicht enthalten.

Der Vertrag wird zwischen dem **Unternehmer** und dem **Auftraggeber** geschlossen. **Vertrags-**
parteien,
Auch hier handelt es sich, wie bei allen anderen Beförderungsverträgen, um einen **GüKUMB**
Werkvertrag im Sinne des *BGB*. Einzelheiten hierzu sind bei der *KVO* ausführlich dargelegt.

Anders als nach der *KVO* hat nach den Grundsätzen der *GüKUMB* der Unternehmer das **Be- und Entladen vertragsgemäß** vorzunehmen. Bei Handelsmöbeln gehört allerdings im Gegensatz zum Umzugsverkehr das Heranbringen zum Fahrzeug und das Fortschaffen vom Fahrzeug nicht zum Be- oder Entladevorgang.

Sowohl im Umzugsverkehr als auch bei Handelsmöbeln wird der Vertrag über eine **Sendungs-**
Sendung abgeschlossen. **begriff,**
Als **eine Sendung** gelten die Güter, die für **einen Auftraggeber** von **einem Versand- GüKUMB**
ort** an **einen Empfänger** nach **einem Bestimmungsort** bei **einer Fahrt** befördert und an dem **Bestimmungsort entladen** werden.

Im Umzugsverkehr ist für jede Sendung ein **Umzugsvertrag** abzuschließen und in **schriftlicher Form** festzuhalten.
Für die Beförderung von **Handelsmöbeln im Güterfernverkehr** ist ein **Frachtbrief** **Form und**
vorgeschrieben. **Inhalt des**
Fracht-
Für beide Dokumente kann die **Form frei gewählt werden**, jedoch ist der Inhalt in **briefes,**
den *GüKUMB* fest **vorgeschrieben**. **GüKUMB**
Für die Beförderung von Handelsmöbeln im Güternahverkehr gelten keine besonderen Vorschriften für die Beförderungspapiere. Üblicherweise ist hier im Sinne des *HGB* zu verfahren, indem dem Unternehmer die zur Durchführung des Vertrages erforderlichen Papiere durch den Auftraggeber auszuhändigen sind.
Da es sich auch hier in allen Fällen **nicht um Formalverträge handelt**, berührt das Fehlen oder die Mangelhaftigkeit eines Dokuments nicht den Bestand des Vertrages.

Im Gegensatz zur *KVO* gehen diese Beförderungsbedingungen in allen 3 Bereichen von **Konsensualverträgen** aus. Ein Vertrag ist also bereits bei Vorliegen von übereinstimmenden Willenserklärungen wirksam zustandegekommen.

Wie bei allen anderen Beförderungsbedingungen haftet auch hier der Unternehmer **Haftung**
nicht für Schäden, die durch Verschulden des Auftraggebers oder des Weisungsbe- **des Auf-**
rechtigten entstanden sind. Das gilt auch für die Richtigkeit und Vollständigkeit der **traggebers**
Angaben im Umzugsvertrag oder im Frachtbrief.

Der Auftraggeber darf nachträgliche Weisungen erteilen. Er kann insbesondere den **Weisungs-**
Unternehmer anweisen, die Sendung an einem anderen als dem vorgesehenen Ort **recht des**
oder an einen anderen als den im Vertrag angegebenen Empfänger abzuliefern oder **Auftrag-**
die Sendung unterwegs anzuhalten. **gebers**

189

5 Der Spediteur und die Verkehrsträger

Rechte des Empfängers, GüKUMB Dieses Recht erlischt, wenn der Empfänger die Sendung angenommen hat. Von diesem Zeitpunkt an hat der Unternehmer die Weisungen des Empfängers zu befolgen. Der Empfänger kann nur verlangen, daß die Sendung am Bestimmungsort ganz oder zum Teil an einer anderen Stelle als der vereinbarten Stelle oder an einen Dritten abgeliefert wird. Der Dritte kann jedoch keine weiteren Weisungen erteilen.

Der Unternehmer kann die Ausführung einer nachträglichen Verfügung ablehnen, wenn der gewöhnliche Betrieb seines Unternehmens gehemmt oder andere Auftraggeber geschädigt werden. In diesem Fall hat er unverzüglich den Weisungsgeber zu benachrichtigen.

Ein Teil der Rechte wurde bereits unter dem vorhergehenden Abschnitt aufgeführt. Ein weiteres Recht des Empfängers besteht in der Übergabe der Sendung gegen Empfangsbescheinigung.

Eine Besonderheit enthalten die Regeln der *GüKUMG* hinsichtlich der Fälligkeit des Rechnungsbetrages im Umzugsverkehr:
Der Rechnungsbetrag ist, sofern keine abweichende Vereinbarung getroffen wurde, bei Inlandstransporten **vor Beendigung der Ausladung**, bei Auslandstransporten **vor Beginn der Beladung fällig**.

Beförderungshindernisse Ablieferungshindernisse Auch nach diesen Bedingungen besteht für den Unternehmer grundsätzlich die Pflicht, Weisungen unverzüglich einzuholen. Erhält er in angemessener Frist keine Weisungen oder sind diese nicht ausführbar, so kann er nach *§ 437 Abs. 2 und 3 HGB* die Güter einlagern oder bei verderblichen Gütern sogar den Verkauf vornehmen.

Pfandrecht, GüKUMB Im Rahmen des Umzugsvertrages besteht für den Unternehmer nur das **gesetzliche Pfandrecht** nach *§ 440 HGB*. Hier ist jedoch durch *GüKUMB* die Fälligkeit des Rechnungsbetrages bereits vertraglich vor Auslieferung des Umzugsgutes festgelegt und somit sichergestellt, daß der Unternehmer die Güter noch in seinem Gewahrsam hat, wenn nicht der Rechnungsbetrag vorher bezahlt wird. In diesem Fall hat der Unternehmer jedoch darauf zu achten, daß er nur Güter bis etwa zur Höhe des Rechnungsbetrages zurückbehält. Durch Rechtsprechung wurde bereits festgelegt, daß sich dieses Zurückbehaltungsrecht **nicht immer auf das gesamte Umzugsgut** erstrecken kann, sondern **in etwa der Höhe der Forderungen** angepaßt sein muß.
Bei Beförderungen von Handelsmöbeln sehen die *GüKUMB* allerdings auch das **inkonnexe** Pfandrecht vor, so daß ein Unternehmer wegen unbestrittener Forderungen aus früheren Beförderungsverträgen desselben Auftraggebers sein Pfandrecht geltend machen kann.

Haftung des Unternehmers Der Unternehmer haftet nach dem Prinzip der **Gefährdungshaftung**
1. für **Verlust oder Beschädigung** des Gutes, auch wenn der Verlust oder die Beschädigung auf Fahrzeugmängeln oder auf den den Straßen eigentümlichen Gefahren beruht, sofern der Verlust oder die Beschädigung während der dem Unternehmer obliegenden Behandlung oder Beförderung des Gutes eintritt. Dies gilt auch für verkehrsbedingte Vor-, Zwischen- und Nachlagerungen;

2. für **sonstige Schäden (Vermögensschäden)**

   a) aus der Überschreitung einer im Vertrag enthaltenen Lieferfrist;

   b) durch Falschauslieferung;

   c) aus schuldhafter, nicht ordnungsgemäßer Ausführung des Beförderungsvertrages;

   d) durch **Fehler** bei der Einziehung von Nachnahmen.

Er haftet üblicherweise in diesem Rahmen auch für seine Bediensteten und für andere Personen, deren er sich bei Ausführung der von ihm übernommenen Leistungen bedient.
Der Unternehmer haftet nicht für Schäden, die als Folge des Verlustes oder der Beschädigung des Gutes eintreten.

Im Rahmen dieser Bedingungen haftet der Unternehmer zeitlich innerhalb der sogenannten Obhuts-/Gewahrsamshaftung, das heißt, er hat für Schäden aufzukommen, die in seinem Gewahrsam eintreten.

Wie bereits im Abschnitt „Haftung des Unternehmers" ausgeführt, erstreckt sich die Haftung auf Güterschäden (Sachschäden) und Vermögensschäden, nicht jedoch auf Güterfolgeschäden.

Wie bei anderen Bedingungen, die von der Gefährdungshaftung ausgehen und somit eine sehr weitgehende Haftung gewährleisten, sind auch hier einige Ereignisse von der Haftung ausgeschlossen. Das ist generell der Fall, wenn ein Verschulden auf der Seite des Auftraggebers oder des Weisungsberechtigten vorliegt. Darüber hinaus haftet der Unternehmer nicht für Schäden, entstanden

– durch **Krieg oder durch kriegsähnliche Ereignisse** sowie Verfügungen von hoher Hand, insbesondere durch **Beschlagnahme**;

– durch **Kernenergie** und

– an **radioaktiven Stoffen**.

Bei weiteren aufgeführten Fällen haftet er nur, wenn ihn **ein Verschulden** trifft.

Bei Verlust ist der gemeine Handelswert und in dessen Ermangelung der gemeine Wert zu ersetzen, welches Gut derselben Art und Beschaffenheit am Ort der Ablieferung zu dem Zeitpunkt hatte, in welchem die Ablieferung zu bewirken war.

Bei Beschädigung richtet sich die Entschädigung nach dem Unterschied zwischen dem Verkaufswert des Gutes in beschädigtem Zustand und dem gemeinen Handelswert oder dem gemeinen Wert, welchen das Gut ohne die Beschädigung am Ort und zur Zeit der Ablieferung gehabt haben würde; hiervon kommt in Abzug, was infolge der Beschädigung an Zöllen und sonstigen Kosten erspart ist.

Haftungshöchstgrenzen, GüKUMB
Die Haftung des Unternehmers für **Verlust und Beschädigung** von Gütern ist beschränkt

1. auf den Betrag von 4000,00 DM je **Möbelwagenmeter (MWM)**, der zur Erfüllung des Vertrages benötigt wird. Ein Möbelwagenmeter entspricht dem Volumen von 5 Kubikmetern.

2. auf den vom Auftraggeber im Vertrag angegebenen Wert der Sendung, wenn dieser höher ist, als der nach Nr. 1 errechnete Betrag.

Bei dieser Haftungsbegrenzung ist es von Bedeutung, daß der Gesetzgeber den Unternehmer verpflichtet, den Auftraggeber über die Haftungsbestimmungen und über die mit der Angabe des Wertes der Sendung verbundenen Rechtsfolgen schriftlich zu unterrichten.

Bei Vermögensschäden ist die Haftung generell auf höchstens 5000,00 DM begrenzt.

Versicherung, GÜKUMB
Der Unternehmer hat sich nach dem *GüKG* für den Haftungsumfang im **Umzugsverkehr** zu versichern. Das gleiche gilt auch für die Haftung bei Beförderung von Handelsmöbeln im **Güterfernverkehr**. Bei Beförderung von Handelsmöbeln im **Güternahverkehr** ist zwar die Haftung zwingend vorgeschrieben, es besteht in diesem Bereich jedoch **keine Versicherungspflicht**.

Fristen bei Reklamationen
Mit der Annahme des Gutes durch den Empfänger erlöschen alle Ansprüche gegen den Unternehmer. Das bedeutet für **äußerlich erkennbare Schäden**, daß zu diesem Zeitpunkt eine schriftliche Mängelrüge zu erfolgen hat.

Äußerlich nicht erkennbare Schäden, also **verdeckte Schäden**, müssen innerhalb einer Frist von **zehn Tagen** nach der Annahme des Gutes schriftlich angezeigt werden und der Ersatzberechtigte muß zudem noch beweisen, daß der Schaden während der dem Unternehmer obliegenden Behandlung des Gutes entstanden ist.

Vermögensschäden müssen innerhalb **eines Monats**, gerechnet vom Tage der Ablieferung, schriftlich geltend gemacht werden.

Wie bei der Haftung, so ist der Unternehmer auch bei Ablieferung des Gutes verpflichtet, **den Empfänger auf die Rechtsfolgen der Annahme des Gutes, auf die Rügepflicht sowie die Schriftform und die Frist der Rüge hinzuweisen.**

Unterläßt er diesen Hinweis, so kann er sich nicht auf die Fristen berufen, die für das Erlöschen von Ansprüchen vorgesehen sind.

Schadensersatzansprüche aus dem Vertrag verjähren in einem Jahr.

Die Frist beginnt mit dem Tage der Ablieferung der Sendung, bei gänzlichem Verlust drei Monate nach der Annahme der Sendung zur Beförderung.

Verjährungsfrist, GüKUMB

Die Verjährungsfrist anderer Ansprüche aus dem Vertrag regelt sich nach den allgemeinen gesetzlichen Vorschriften. Hiermit ist insbesondere nach § 196 BGB die **zweijährige Verjährungsfrist** gemeint.
Diese Frist beginnt mit Ablauf des Jahres, in welchem der Anspruch entstanden ist.

5.1.6.3 Die Preisbildung im Umzugsverkehr und für die Beförderung von Handelsmöbeln

Ebenfalls mit Wirkung vom 1. Januar 1994 sind für diesen Bereich des gewerblichen Güterkraftverkehrs die Tarifvorschriften weggefallen und die freie Preisbildung ist eingeführt worden. Wie im Güterfernverkehr sind jedoch die Beförderungsbedingungen (*Teil I des GÜKUMT*) weiterhin gültig und sie werden nun mit der Abkürzung *GÜKUMB* bezeichnet. Auch hier gilt weiter gem. *GÜKG* die Versicherungspflicht im Rahmen der Haftungsbestimmungen der *GÜKUMB*.

An die Stelle der Berechnungsvorschriften sind von der *Arbeitsgemeinschaft Möbeltransport Bundesverband e. V. (AMÖ)* den diesem Verband angeschlossenen Möbelspediteuren Preisempfehlungen mit der Bezeichnung *Mittelstandsempfehlungen* als Orientierungshilfe zur unverbindlichen Anwendung vorgeschlagen worden. Die Preisempfehlungen, die über vorgenannten Verband zu beziehen sind, lassen sich in Kurzfassung wie folgt darstellen:

Beförderungen bis 50 km
(Entfernungsermittlung nach dem Entfernungszeiger „Von Ort bis Ort")
Berechnung nach Zeitaufwand für Personal und Fahrzeug plus zusätzliche Leistungen (Packmaterial u. a.)

Beförderungen von 51 – 125 km
(Entfernungsermittlung nach dem Entfernungszeiger „Von Ort bis Ort")
a) Berechnung nach Zeitaufwand für Personal und Fahrzeug plus zusätzliche Leistungen (Packmaterial u. a.)
b) zusätzlich: Fracht lt. Frachttabelle = für den gesamten Arbeitsvorgang vom Betriebshof zum Betriebshof, also auch einschließlich der Fahrtzeit von der Be- zur Entladestelle

5 Der Spediteur und die Verkehrsträger

Beförderungen ab 126 km
(Entfernungsermittlung nach dem Entfernungszeiger „Von Ort bis Ort")
a) Berechnung nach Zeitaufwand für Personal und Fahrzeug plus zusätzliche Leistungen (Packmaterial u. a.)
b) zusätzlich: Fracht lt. Frachttabelle = für den gesamten Arbeitsvorgang, aber ohne Fahrzeit von der Be- zur Entladestelle
Die Fracht lt. Tabelle enthält keine Abgeltung für den Be- und Entladevorgang.

AMÖ-Mittelstandsempfehlungen – Preisermittlungsschema

Leistung	Beförderung bis 50 km	Beförderung von 51 bis 125 km	Beförderung ab 126 km
Anfahrt + Beladen	Berechnung n. Zeitaufwand je Person u. angef. Std. (Tariflohn + Zuschlag 2,35fache) für Kfz. je angef. Std. DM 45,– für Anh. je angef. Std. DM 26,–	Berechnung n. Zeitaufwand je Person u. angef. Std. (Tariflohn + Zuschlag 2,35fache) für Kfz. je angef. Std. DM 45,– für Anh. je angef. Std. DM 26,– Entgelt lt. Frachttabelle	Berechnung n. Zeitaufwand je Person u. angef. Std. (Tarif. + Zuschlag 2,35fache) für Kfz. je angef. Std. DM 45,– für Anh. je angef. Std. DM 26,–
Beförderung			Entgelt lt. Frachttabelle oder lt. Frachttabelle für Einzelfahrten (Nr. 2.4.3) nach entsprechender Vereinbarung
Entladen + Abfahrt			Berechnung n. Zeitaufwand je Person u. angef. Std. (Tarifl. + Zuschlag 2,35fache) für Kfz. je angef. Std. DM 45,– für Anhänger je angef. Std. DM 26,–
zusätzliche Leistungen	je Person u. angef. Stunde für Personalgestellung (Packen, Demontieren, Montieren, andere Handwerkerdienste) – Packmaterial – Schwergutzuschlag, Entsorgung, Hilfsmittelgestellung u. ä.		

Bei Unternehmen, die im Handelsmöbelverkehr tätig sind, erfolgt ebenfalls eine Unterteilung des Gesamtentgeltes. Für die Leistungen des Möbelspediteurs für die Überwindung der Strecke einschließlich Be- und Entladung hat der Möbelspediteur die Möglichkeit, das Entgelt aus einer Tabelle in den unverbindlichen Preisempfehlungen der *AMÖ* abzulesen. Das Entgelt errechnet sich in Abhängigkeit von Entfernung und Umfang des Transportgutes. Dies ist eine Ermittlungsart, die auch bereits in der Vergangenheit praktiziert worden ist. Für Leistungen, die in der Tabelle nicht berücksichtigt werden, bieten die unverbindlichen Preisempfehlungen der *AMÖ* Kalkulationshilfen für verschiedene Bereiche an. Auch ist es vielfach Praxis, zwischen Kunden und Möbelspediteur ausgehandelte Tarife anzuwenden.

Langfristig wird jeder Möbelspediteur, sofern dies nicht bereits Praxis ist, eigene Haustarife unter Berücksichtigung der Anforderungen des Marktes und der eigenen Kostensituation entwickeln und anwenden.

5.1.7 Arten und Beispiele der Fahrzeugkostenrechnung

Die Kosten- und Leistungsrechnung des Spediteurs wird umfassend im Teil 2 des Leitfadens behandelt, so daß an dieser Stelle nur kurz die Fahrzeugkostenrechnung als Teilbereich der gesamten Kostenrechnung vorgestellt wird.

Die **Kostenrechnung im Transportgewerbe** kann – je nach Größe des Betriebes – im wesentlichen auf die **Fahrzeugkostenrechnung** beschränkt bleiben oder darauf aufbauen. Bei dieser Rechnungsart wird die Kalkulation im Grundsatz von den Kosten ausgehen, die direkt durch den Betrieb eines Kraftfahrzeugs entstehen. Die allgemeinen Verwaltungskosten, wie z. B. Miete, Telefon, Werbung, Postgebühren usw., sind im Falle einer Vollkostenrechnung allerdings auch zu berücksichtigen. Diese Kosten weisen in mittleren bis größeren Betrieben wegen der individuell umfangreicheren Angebotspalette auch einen wesentlich größeren Anteil auf und sie nehmen somit auch einen höheren Stellenwert im Rahmen der Kostenrechnung ein. Da sie bei kleineren Betrieben überschaubarer sind und sich diese Kosten mit der Anzahl der Fahrzeuge nicht proportional verändern, d. h. sie entwickeln sich nicht je Fahrzeug in der gleichen Größe, können pauschale Werte angenommen werden.

Bei der Fahrzeugkostenrechnung kennt man einerseits die **Vollkostenrechnung** und andererseits die **Teilkostenrechnung**. Der Unterschied wird bereits durch die beiden Begriffe selbst definiert:

Im Rahmen der **Vollkostenrechnung** werden nämlich sämtliche anfallenden Kostenarten erfaßt und dem Fahrzeug voll zugerechnet. Hierzu zählen dann nicht nur die Kosten, die allein durch den Betrieb des Fahrzeugs entstehen und die **direkt** dem Fahrzeug zugeordnet werden können, sondern hinzu kommen auch alle anderen Kosten, die unter „Gemeinkosten" zusammengefaßt werden, wie Verwaltungs-/Bürokosten und andere kalkulatorische Kosten, die als **indirekte** Kosten bezeichnet werden; für diese Kosten ist dann allerdings bei Einsatz von mehreren Fahrzeugen ein entsprechender Verteilerschlüssel festzulegen. Als Basis für die Preisbildung würde diese Art der Kostenrechnung verständlicherweise zu einem optimalen Betriebsergebnis führen.

Bei der **Teilkostenrechnung** werden nur die **direkten Kosten** berücksichtigt; die indirekten Kosten werden nicht in die Kalkulation miteinbezogen. Geht man bei der Preisbildung von dieser Rechnungsart aus, so wird hierbei auch nur ein Teil der anfallenden Gesamtkosten gedeckt.

Beide Rechnungsarten stellen keine Alternativlösung dar, sondern sie sind im Rahmen einer vernünftigen Betriebsführung stets nebeneinander anzuwenden. Denn einerseits wird man den über die Vollkostenrechnung gebildeten Transportpreis naturgemäß nicht zu jeder Zeit am Markt durchsetzen können, andererseits kann logischerweise auf Dauer ein Betrieb nicht überleben, wenn nur ein Teil der Gesamtkosten unter Anwendung der Deckungsbeitragsrechnung erlöst wird.

Vollkostenrechnung Als Basisdaten benötigen wir neben den **Kapitalwerten** noch weitere **Kalkulationsdaten**.

Unter **Kapitalwerten** verstehen wir den **Kaufpreis des Fahrzeugs** und das **betriebsnotwendige Kapital** (Vermögen) einschließlich des **Umlaufkapitals** (Umlaufvermögen). Als betriebsnotwendiges Kapital bezeichnet man **das Vermögen, das durchschnittlich während des gesamten Nutzungszeitraumes gebunden ist und daher auch entsprechend verzinst werden muß**. Als Grundwert rechnet man üblicherweise hierfür 50 % des Fahrzeugkaufpreises einschließlich Bereifung oder bei einem voll vorfinanzierten Fahrzeug die tatsächlich anfallenden Zinsen. Darüber hinaus ist als Umlaufvermögen die Summe der durchschnittlichen geldlichen Leistungen des Unternehmers zu berücksichtigen, für die er in Vorlage tritt, wie z. B. Kfz.-Steuern, Versicherungen, Fahrerlöhne/ -spesen u. a., bevor er über die entsprechenden Einnahmen überhaupt verfügen kann. Für diese Fälle ist auch eine entsprechende Verzinsung zu kalkulieren. Hier gibt es verschiedene Möglichkeiten der kalkulatorischen Bewertung: Man kann den durchschnittlichen Monatsumsatz eines Lastzuges heranziehen oder etwa 1000,- DM je Tonne des zulässigen Gesamtgewichtes des Lastzuges ansetzen. Das sind bei einem *Eurozug* mit einem zulässigen Gesamtgewicht von 40 t somit 40 000,- DM. Als Durchschnittswert ist in der später folgenden Tabelle ein Betrag von 35 000,- angesetzt worden.

Als weitere **Kalkulationsdaten** benötigen wir noch

- die Fahrleistung pro Jahr in km
- die Einsatztage pro Jahr
- die Lebensdauer des Lastzuges in Jahren
- die Lebensdauer des Lastzuges in km
- die Laufleistung der Reifen in km
- die Anzahl und den Einzelpreis der Reifen
- den Kraftstoffverbrauch in l/je 100 km
- den Kraftstoffpreis.

Im Rahmen der Auswertung unter Berücksichtigung vorstehender Daten sind ferner die variablen Kosten (km-abhängige Kosten), sowie die noch nicht aufgeführten Fahrpersonalkosten und die übrigen festen Fahrzeugkosten in die Kalkulation einzubeziehen. Als letztes sind die Gemeinkosten und der Gewinn in die Berechnung einzubringen.

Die verkehrswirtschaftliche Praxis hat verschiedene Ausprägungen der **Deckungs-** **Deckungs-**
beitragsrechnung entwickelt, die nicht in allen Fällen mit den wirtschaftswissen- **beitrags-**
schaftlich erarbeiteten Grundlagen der Deckungsbeitragsrechnung übereinstimmen. **rechnung**
Auf diese sachlich fachlichen Differenzen zwischen Praxis und Wissenschaft soll hier
nicht weiter eingegangen werden.

Diese Art der Kostenrechnung berücksichtigt bei der Kalkulation jeweils nur einen
Teil der Gesamtkosten und entsprechend dem erzielten Frachterlös wird später der
sogenannte Grad des Deckungsbeitrages festgestellt. Da bekanntlich nicht zu jeder
Zeit am Markt ein Preis auf der Basis der Vollkostenrechnung durchsetzbar ist, kann
im Rahmen der Deckungsbeitragsrechnung unter Berücksichtigung der dem jeweiligen Auftrag zurechenbaren Einzelkosten zumindest ein Teil der anfallenden Gesamt-/
Fixkosten gedeckt werden. Selbstverständlich würde auf lange Sicht bei ausschließ-
licher Anwendung dieser Rechnungsart die Existenz eines Betriebes vernichtet werden. Für kurzfristige Entscheidungen ist es allerdings unerläßlich, hiervon Gebrauch
zu machen, insbesondere dann, wenn dadurch anfallende Leerfahrten vermieden
werden, bei denen naturgemäß nicht einmal ein Teil der Kosten erlöst wird.

Eine erschöpfende Beschreibung dieser beiden Arten der Kostenrechnung ist vom
Umfang her im Rahmen dieser Darstellung nicht möglich. Die Vielschichtigkeit und
die Bedeutung von weiteren Kosteneinflußgrößen, wie z. B. Dauer der Be- und Entladezeiten und Anzahl der Be- und Entladestellen eines Auftrages, die Dauerbeschäf-
tigung für einen Großauftraggeber oder die Einflüsse der Konjunkturentwicklung mußten verständlicherweise ausgelassen werden. In diesem Zusammenhang ist nur zu
empfehlen, sich je nach der Art des Informationsbedürfnisses hinsichtlich Fahrzeug-
kostenrechnungen an die jeweiligen **Bundesverbände des privaten Verkehrsgewerbes** zu wenden, die im Einzelfall ausführliche Unterlagen zur Verfügung stellen können.

So hat z. B. die *Bundeszentralgenossenschaft Straßenverkehr (BZG)* in Frankfurt eine
ausführliche Ausarbeitung vorgestellt, die „Aufbau und Anwendung von betriebsin-
ternen Haustarifen zur kostengerechten und rationellen Abrechnung von nationalen
und internationalen Transporten" unter Berücksichtigung der Fahrzeugkostenrechnung behandelt.

Die nachfolgenden Grafiken und Darstellungen sind mit freundlicher Genehmigung
dieser Broschüre entnommen und mit ihrer Hilfe können nun die verbalen Ausführungen zur Kostenrechnung in Tabellenform nachvollzogen werden. Sowohl die
Fahrzeugkostenrechnung in der Art der Vollkostenrechnung als auch in der Art der
Deckungsbeitragsrechnung sind dargestellt und sie geben einen praktischen Einblick durch Verwendung von Annäherungswerten, die jedoch im Einzelfall durch die
tatsächlichen Werte eines Betriebes jeweils ersetzt werden müssen.

5 Der Spediteur und die Verkehrsträger

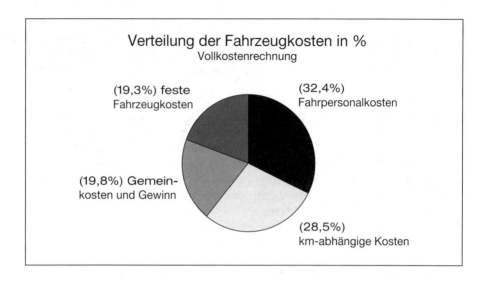

FAHRZEUGKOSTENRECHNUNG

VOLLKOSTENRECHNUNG

Berater:	MY			
Erstellt am:	01.09.93			
Firma:	A-B-C			MUSTER
Ort:	60487 Frankfurt			

Fahrzeugnummer:	001				
Fahrzeuggruppe:	1				
Einsatzart:	FV				

		Motorwagen Sattelzugmaschine	Anhänger Auflieger	Lastzug Sattelzug	Bemerk.
A.	**Technische Angaben**				
1	Amtl. Kennzeichen	BZ-G 93			
2	Fabrikat	XY			
3	Typ	AB			
4	Baujahr	1993	1993		
5	Anschaffungsjahr	1993	1993		
6	Leistung in kW/PS	350			
7	zul. Gesamtgewicht in to	16,00	24,00	40,00	
8	Nutzlast in to	8,50	18,50	27,00	
9	Reifengröße	315/80R22,5	365/80R22,5		
10	Anzahl Achsen	2	3	5	
11	Anzahl Reifen	6	6	12	

Straßengüterverkehr 5.1

AUSWERTUNG FAHRZEUGKOSTEN

Amtl. Kennzeichen: BZ-G 93

		Motorwagen DM/Jahr	Anhänger DM/Jahr	Zug DM/Jahr	Pf/km
B.	**Kalkulationsdaten**				
12	km-Leistung/Jahr	125000	125000		
13	Einsatztage/Jahr	235	235		
14	Lebensdauer in Jahren	5,0	8,0		
15	Lebensdauer in km	625000	1000000		
	Laufleistung Reifen				
16	Vorderachse	120000	250000		
17	Hinterachse	180000	250000		
	Einzelpreis Reifen				
18	Vorderachse	680	730		
19	Hinterachse	680	730		
	Kraftstoff				
20	Verbrauch l/100 km	34,00			
21	Preis Eigentankung	0,850			
22	Preis Fremdtankung	0,970			
23	Anteil Eigentankung %	70			
24	Durchschnittspreis	0,886			
C.	**Kapitalwerte**				
25	Wiederbeschaffungspreis	0	0	0	
26	Restwert	0	0	0	
27	Nettokaufpreis	170000	65000	235000	
28	Kaufpreis Bereifung	4080	4380	8460	
29	Kaufpreis ohne Bereifung	165920	60620	226540	
30	Umsatz/Einsatztag			0	
31	Geldeingang in Tagen			0	
32	Umlaufvermögen			35000	
33	Betriebsnotw. Vermögen	120000	32500	152500	
D.	**Auswertung**				
34	Abnutzung % 50	16592	3789	20381	16,30
35	Treibstoff	37655		37655	30,12
36	Schmierst. K % 3,0	1130		1130	0,90
37	Reifenkosten	3306	2190	5496	4,40
38	Fremdreparaturkosten	25625	0	25625	20,50
39	Eigenreparaturkosten	0	0	0	0,00
40	Sonstige km-abh. Kosten	0	0	0	0,00
41	**km-abhängige Kosten**	84307	5979	90286	72,23
			DM/Jahr	DM/Jahr	DM/Tag
42	Fahrerlohn, Brutto		51600		219,57
43	Urlaubsgeld		580		2,47
44	Weihnachtsgeld		700		2,98
45	Personalfaktor 1,40		52880	74032	90,01
46	Sozialaufw. % 25,00			18508	78,76
47	Fahrerspesen			10152	43,20
48	sonst. Personalkosten			0	0,00
49	**Fahrpersonalkosten**			102692	436,99

5 Der Spediteur und die Verkehrsträger

AUSWERTUNG FAHRZEUGKOSTEN

Amtl. Kennzeichen: BZ-G 93

			Motorwagen DM/Jahr	Anhänger DM/Jahr	Zug DM/Jahr	Pf/km
			DM/Jahr	DM/Jahr	DM/Jahr	DM/Tag
50	Entwertung %	50	16592	3789	20381	86,73
51	Zins %	10,25	12300	3331	15631	66,52
52	Kfz-Steuer*		9365	0	9365	39,85
53	Haftpflicht		8305	106	8411	35,79
54	Kasko		6214	1199	7413	31,54
55	Reserveauflieger/-anhänger		0		0	0,00
56	sonst. feste Kosten		0	0	0	0,00
57	**Feste Fahrzeugkosten**		52776	8425	61201	260,43
58	**Einsatzkosten (100 %)**				254179	
			% Einsatzkosten		DM/Jahr	DM/Tag
59	Allgem. Verwaltungskosten		10,5%		26783	113,97
60	Unternehmerlohn		6,0%		15251	64,90
61	Unternehmensrisiko		2,0%		5084	21,63
62	Unternehmensgewinn		4,0%		10167	43,26
63	Gebühren		1,7%		5386	22,92
64	WAV/Provision		0,0%		0	0,00
65	Sonstiges		0,0%		0	0,00
66	**Gemeinkosten und Gewinn**				62671	266,68
67	**Gesamtkosten**				316850	

AUSWERTUNG GESAMTKOSTEN

Amtl. Kennzeichen: BZ-G 93

E.	Gesamtkosten	%	DM/Jahr	Pf/km	DM/Tag
68	km-abhängige Kosten	28%	90286	72,23	
69	Fahrpersonalkosten	32%	102692		436,99
70	Zwischensumme	61%	192978	72,23	436,99
71	Feste Fahrzeugkosten	19%	61201		260,43
72	**Einsatzkosten**	80%	254179	72,23	697,42
73	Gemeinkosten u. Gewinn	20%	62671		266,68
74	**Gesamtkosten**	100%	316850	72,23	964,10
75	Frachteinnahmen		316850		
76	Fahrzeugerfolg		0		

* Autobahnbenutzungsgebühren blieben unberücksichtigt, dafür wurde einfachheitshalber eine höhere Kfz-Steuer zur Kalkulation herangezogen.

Straßengüterverkehr 5.1

KALKULATIONSSÄTZE

		Pf/km		DM/Tag
77	Einsatzkosten (direkte Kosten)	72,23	plus	697,42
78	Einsatzkosten (Vollkosten)	72,23	plus	964,10

LEISTUNGSWERTE

		Soll	Ist
79	km-Leistung/Jahr	125000	//
80	Einsatztage/Jahr	235	//

FAHRZEUGKOSTENRECHNUNG

DECKUNGSBEITRAGSRECHNUNG

Amtl. Kennzeichen: BZ-G 93

E.		Motorwagen/ Sattelzugmaschine	Anhänger/ Auflieger	Lastzug/ Sattelzug	
81	Dechungsbeitragsstufen Frachteinnahmen			DM/Jahr 316850	
	./. km-abhängige Kosten:	DM/Jahr	DM/Jahr	DM/Jahr	Pf/km
82	Abnutzung % 50	16592	3789	20381	16,30
83	Treibstoff	37655		37655	30,12
84	Schmierst. K. % 3,00	1130		1130	0,90
85	Reifenkosten	3306	2190	5496	4,40
86	Fremdreparaturkosten	25625	0	25625	20,50
87	Eigenreparaturkosten	0	0	0	0
88	Sonstige km-abh. Kosten	0	0	0	0
89	Deckungsbeitrag I			226564	
	./. Fahrpersonalkosten		DM/Jahr	DM/Jahr	DM/Tag
90	Fahrerlohn, Brutto		51600		219,57
91	Urlaubsgeld		580		2,47
92	Weihnachtsgeld		700		2,98
93	Personalfaktor 1,40		52880	74032	90,01
94	Sozialaufw. % 25,00			18508	78,76
95	Fahrerspesen			10152	43,20
96	sonst. Personalkosten			0	0
97	Deckungsbeitrag II			123872	

5 Der Spediteur und die Verkehrsträger

FAHRZEUGKOSTENRECHNUNG
DECKUNGSBEITRAGSRECHNUNG

Amtl. Kennzeichen: BZ-G 93

	./. feste Fahrzeugkosten	DM/Jahr	DM/Jahr	DM/Jahr	DM/Tag
98	Entwertung % 50	16592	3789	20381	86,73
99	Zins % 10,25	12300	3331	15631	66,52
100	Kfz-Steuer*	9365	0	9365	39,85
101	Haftpflicht	8305	106	8411	35,79
102	Kasko	6214	1199	7413	31,54
103	Reserveauflieger/-anhänger	0		0	0,00
104	sonst. feste Kosten	0	0	0	0,00
105	**Deckungsbeitrag III**			**62671**	
	./. Gemeinkosten			DM/Jahr	DM/Tag
106	Allgem. Verwaltungskosten			26783	114
107	Gebühren			5386	23
108	WAV/Provisionen			0	0
109	Sonstiges			0	0
110	Unternehmernsrisiko			5084	22
111	**Deckungsbeitrag IV**			**25418**	
	./. Gewinn			DM/Jahr	DM/Tag
112	Unternehmerlohn			15251	65
113	Unternehmensgewinn			10167	43
114	**Vollk. über-/-unterdeckung**			**0**	

TOURENKALKULATION

Amtl. Kennzeichen: BZ-G 93

	115 Kalkulationssätze:	DM/Tag	964	Pf/km	72
		Tour 1	Tour 2	Tour 3	Tour 4
116	Gefahrene km	500	500	500	500
117	Einsatztage	0,75	1,00	1,25	1,50
118	**Frachterlös**	**1084**	**1325**	**1566**	**1807**
119	Sonderkosten der Tour	0	0	0	0
120	km-abhängige Kosten	361	361	361	361
121	**Deckungsbeitrag I**	723	964	1205	1446
122	Fahrpersonalkosten	328	437	546	655
123	**Deckungsbeitrag II**	**395**	**527**	**659**	**790**
124	Feste Fahrzeugkosten	195	260	326	391
125	**Deckungsbeitrag III**	**200**	**266**	**333**	**400**
126	Gemeinkosten	119	159	198	238
127	**Deckungsbeitrag IV**	**81**	**108**	**135**	**162**
128	Gewinn	81	108	135	162
129	**Vollk. über-/-unterdeckung**	**-0**	**-0**	**-0**	**-0**
130	Angaben zur Tour				

* siehe Anmerkung bei der Vollkostenrechnung

5.1.8 Besondere Formen des gewerblichen Güterkraftverkehrs

5.1.8.1 Der grenzüberschreitende Güterkraftverkehr

Die Problemstellung des grenzüberschreitenden internationalen Güterkraftverkehrs ergibt sich in erster Linie aus der Überwindung der unterschiedlichen Rechtsvorschriften der einzelnen Staaten. Nach dem sogenannten „Territorialitätsprinzip" unterliegt nämlich **jeder Unternehmer regelmäßig den gesetzlichen Vorschriften des Staates, auf dessen Territorium er sich jeweils bewegt.**

Verwaltungs- oder Regierungsabkommen

Somit hat sich jedes in die Bundesrepublik Deutschland einfahrende Fahrzeug und so der Unternehmer den **Vorschriften des GüKG** zu unterwerfen, da gem. § 1 GüKG die Beförderung von Gütern mit Kraftfahrzeugen **ausschließlich** durch dieses Gesetz geregelt wird. Dadurch wird eine **Gleichstellung der ausländischen Unternehmer mit den deutschen Unternehmern erzielt** und sogenannte Diskriminierungen deutscher Unternehmer verhindert.

Gleichzeitig ist aber zu berücksichtigen, daß in anderen Staaten aufgrund anderer verkehrs- und wirtschaftspolitischer Zielsetzungen derartige umfassende Regelungen, wie sie die Bundesrepublik Deutschland vorsieht, nicht immer bestehen. So wird in anderen Staaten beispielsweise nicht zwischen Nah- und Fernverkehr unterschieden und der Marktzugang u. a. nicht durch Genehmigungskontingente eingeschränkt. Deutsche Unternehmer könnten bei einer derartigen Rechtslage ohne besondere Genehmigungen in diese Staaten einfahren; dies käme dann wiederum einer Benachteiligung der dort ansässigen Unternehmen gleich.

Gleichwohl bleiben deutsche Unternehmer bei Beförderungen im grenzüberschreitenden Güterkraftverkehr für den deutschen Streckenteil zunächst dem deutschen Verkehrsrecht unterworfen. Sie können demnach nur unter Einhaltung der Vorschriften des *GüKG* deutsches Territorium verlassen. Das bedeutet im Grundsatz für die Unternehmer des Nahverkehrs, daß sie innerhalb ihrer jeweiligen Nahzone einen Grenzübergang erreichen müssen, um grenzüberschreitende Beförderungen überhaupt durchführen zu können. Keine Schwierigkeiten haben dagegen die Unternehmer des unbeschränkten Güterfernverkehrs oder des Umzugsverkehrs, die jederzeit alle Grenzübergänge erreichen können.

Die Bundesrepublik Deutschland hat daher mit den meisten europäischen Staaten zweiseitige (bilaterale) Verwaltungs- oder Regierungsabkommen getroffen. Ziel dieser Vereinbarungen ist es, auf der Basis gemeinsamer Regeln einen Ausgleich zu finden, der einen möglichst reibungslosen grenzüberschreitenden Güterkraftverkehr zuläßt. So wird im wesentlichen im Rahmen dieser Abkommen das Verfahren des gegenseitigen Austausches und die **Anzahl der Genehmigungen** geregelt und gleichzeitig festgelegt, welche Beförderungen von der Genehmigungspflicht befreit werden. Ferner verpflichten sich die Vertragsstaaten, die jeweiligen Rechtsvorschriften des anderen Staates einzuhalten und keine Beförderungen durchzuführen, bei denen sowohl Be- als auch Entladestelle auf dem Gebiet des anderen Vertragsstaates liegen; hierbei handelt es sich um Binnenverkehr, der in der Fachsprache auch als **Kabotage** bezeichnet wird.

Bilaterale Genehmigungen
Die Genehmigungen werden je nach Bedarf als Einzelfahrtgenehmigungen oder auch als Zeitgenehmigungen ausgegeben und sind während der Fahrt im Fahrzeug mitzuführen. Es handelt sich dabei um **nicht übertragbare Inhabergenehmigungen**, mit denen wiederum der Unternehmer eigene Fahrzeuge seiner Wahl einsetzen kann. Der Antrag auf Erteilung einer Genehmigung ist bei den **deutschen Landesverkehrsbehörden** zu stellen, die in den jeweiligen Abkommen als zuständig benannt sind. Die deutschen Behörden geben somit auf Antrag die Genehmigungen des jeweiligen Vertragsstaates aus und umgekehrt. Jeder Güterkraftverkehrsunternehmer, der unter Berücksichtigung seines Standortes und seiner verkehrsrechtlichen Möglichkeiten grenzüberschreitenden Güterkraftverkehr betreiben darf, kann im Rahmen des jeweils zur Verfügung stehenden Kontingents Genehmigungen eines anderen Landes beantragen. Werden anläßlich einer Beförderung weitere Länder durchfahren, so benötigt der Unternehmer auch für diese Länder eine sogenannte **Transitgenehmigung**.

Diese Regelung gilt ab dem 1. Januar 1993 nur noch für Nicht-EU-Staaten, da ab diesem Zeitpunkt für die EU-Mitgliedsländer jegliche mengenmäßigen Beschränkungen im Rahmen der Einführung der neuen EU-Lizenz als Gemeinschaftslizenz aufgehoben worden sind.

Gemeinschaftskontingent EU-Lizenz
Mit der Verordnung *VO EWG Nr. 1018/68 vom 19.7.1968* des Rates der Europäischen Gemeinschaften *(EG)* war die Bildung eines Gemeinschaftskontingentes ab 1.1.1969 für den Güterkraftverkehr zwischen den Mitgliedstaaten der EG beschlossen worden. Die aufgrund dieser *VO* erteilten Genehmigungen *(EWG-Genehmigungen)* berechtigten ihre Inhaber, Beförderungen im gewerblichen grenzüberschreitenden Güterkraftverkehr zwischen den Mitgliedsstaaten (nicht nur zwischen zwei, sondern zwischen allen), unter Ausschluß jeglichen Inlandsverkehrs im Hoheitsgebiet eines Mitgliedsstaates, durchzuführen. Es war nicht erforderlich, ein Fahrzeug mit einer Güterfernverkehrsgenehmigung (zusätzlich zur *EWG-Genehmigung*) auszustatten.

Nach derzeitiger Rechtslage sind am 1. Januar 1993 jegliche mengenmäßigen Beschränkungen weggefallen, so daß jeder Unternehmer gewerblichen grenzüberschreitenden Güterkraftverkehr betreiben kann, der die geltenden subjektiven Marktzulassungsvoraussetzungen erfüllt.

Diese neue Regelung betrifft jedoch nur den grenzüberschreitenden Güterkraftverkehr zwischen den EU-Mitgliedstaaten. Im Verkehr mit Nicht-EU-Staaten sind nach wie vor für den ausländischen Streckenteil entsprechende Genehmigungen für das betreffende Land vorher zu beantragen und während der Beförderung im Fahrzeug mitzuführen. **Diese sogenannten bilateralen Genehmigungen unterliegen weiterhin einer mengenmäßigen Beschränkung.** Die Regelung gilt während einer Über-

Straßengüterverkehr 5.1

gangszeit bis Ende 1996 auch noch mit dem neuen EU-Mitgliedsstaat **Österreich**, für den die EU-Lizenzen noch keine Gültigkeit besitzen. Seit Oktober 1995 kann ein deutscher Unternehmer für Beförderungen mit Österreich auf dem deutschen Streckenteil bereits die EU-Lizenz einsetzen.

Wie bereits erwähnt, wurde die Gemeinschaftsgenehmigung von der neuen EU-Lizenz am 1. Januar 1993 abgelöst, die aufgrund der *Verordnung (EWG) Nr. 881/92* vom 26. März 1992 ausgegeben wird. Diese Lizenz gilt zunächst nur im **grenzüberschreitenden Güterkraftverkehr**; die **Kabotagebeförderungen bedürfen nach wie vor einer besonderen Genehmigung**. Da die EU-Lizenz zahlenmäßig nicht begrenzt ist, kann jeder Unternehmer, der die geforderten subjektiven Zulassungsvoraussetzungen erfüllt, diese Lizenz für alle Fahrzeuge beantragen, über die er aufgrund von Eigentum, Ratenkauf, Miete oder Leasing verfügt. Er erhält ein Original und für jedes Fahrzeug eine beglaubigte Abschrift, die jeweils während der Fahrt im Fahrzeug mitzuführen ist. Die Lizenz wird auf den Namen des Unternehmens ausgestellt und ist nicht übertragbar. Sie wird zunächst für eine Frist von **5 Jahren** erteilt, kann dann immer wieder für den gleichen Zeitraum verlängert werden. Der Antrag der Lizenz ist bei der zuständigen Behörde des Landes zu stellen, in dem der Unternehmer eine Niederlassung betreibt.

Bereits seit 1. Juli 1990 wurde für Unternehmer innerhalb der EU der schrittweise Zugang zu den jeweiligen Binnenmärkten dahingehend eröffnet, daß auf der Grundlage einer weiteren EWG-Verordnung ein sogenanntes Kabotagekontingent eingeführt wurde. Danach können mit besonderen Genehmigungen Beförderungen auf dem Gebiet eines Mitgliedstaates von dort nicht ansässigen Unternehmern durchgeführt werden, sogenannte **Kabotagebeförderungen**. Die Unternehmer unterliegen dann den jeweiligen Rechtsvorschriften des betreffenden Gastlandes (Territorialitätsprinzip). Das bedeutet für ausländische Unternehmer, die in der Bundesrepublik Deutschland Güter befördern, daß die hier geltenden Vorschriften (z. B. *KVO*) zwingend anzuwenden sind und u. a. auch die Versicherungspflicht gilt. Insgesamt wurden zunächst für diese Beförderungen 15 000 Genehmigungen ausgegeben, von denen deutsche Unternehmer 2073 Genehmigungen erhalten hatten. Auch dieses Kontingent wurde jährlich erhöht.

Kabotage

Die Höhe des Kontingents und die Verteilung der Kabotagegenehmigungen für die Jahre 1995 bis zum 30. Juni 1998 ergibt sich aus der nachstehenden Tabelle. **Nach derzeitiger Rechtslage wird am 1. Juli 1998 die zahlenmäßige Beschränkung vollständig aufgehoben.**

5 Der Spediteur und die Verkehrsträger

	1995	1996	1997	1. Januar bis 30. Juni 1998
Belgien	3647	4742	6223	4045
Dänemark	3538	4600	6037	3925
Deutschland	5980	7774	10203	6632
Griechenland	1612	2096	2751	1789
Spanien	3781	4916	6453	4194
Frankreich	4944	6428	8436	5484
Irland	1645	2139	2808	1826
Italien	4950	6435	8445	5490
Luxemburg	1699	2209	2899	1885
Niederlande	5150	6695	8786	5711
Österreich	0	0	4208	2736
Portugal	2145	2789	3661	2380
Finnland	1774	2307	3029	1969
Schweden	2328	3027	3973	2583
Vereinigtes Königreich	3103	4034	5295	3442
	46296	60191	83206	54091

Es handelt sich bei vorstehenden Genehmigungen um solche mit einer Gültigkeitsdauer von jeweils 2 Monaten.

EU und EWR Eine weitere grundlegende Veränderung hat sich im Jahre 1994 ergeben. Am 1. Januar 1994 ist das *Abkommen über den Europäischen Wirtschaftsraum (EWR)* in Kraft getreten. **Zum Europäischen Wirtschaftsraum haben sich die EU-Mitgliedstaaten und die Staaten Island und Norwegen zusammengeschlossen.** Im **EU-Mitgliedstaat Österreich** gelten viele Regelungen des *EWR-Abkommens* noch nicht. Hierzu zählen insbesondere die Regelungen des Verkehrsbereichs. Bereits mit Wirkung vom 1. Juli 1994 an ist ein Teil der EU-Regelungen für den gesamten *EWR*-Bereich anwendbar geworden. Dazu zählen Beförderungen zwischen den Staaten dieses Abkommens und auch die Kabotagebeförderungen innerhalb der einzelnen Staaten. **Diese Regelung erfaßt jedoch nicht die Unternehmen mit Sitz in Österreich und bei grenzüberschreitenden Beförderungen nach, durch oder aus Österreich auf die in Österreich zurückgelegte Strecke.** Hier gelten weiterhin die Regelungen des Transitvertrages zwischen der Europäischen Union und Österreich, in dem das sogenannte Ökopunktesystem vereinbart worden ist. Auch sind die anderen mit Österreich abgeschlossenen bilateralen Vereinbarungen weiterhin zu berücksichtigen. Zusammengefaßt ergibt sich nunmehr folgende Situation:

Mit Ausnahme von Österreich erhalten alle Staaten des *EWR* Gemeinschaftslizenzen für den grenzüberschreitenden Verkehr zwischen diesen Staaten und auch Kabotagegenehmigungen, diese allerdings nur im Rahmen des jeweils bestehenden Kontingentes. Seit dem 1. Januar 1995 sind die Staaten Finnland, Schweden und Österreich der Europäischen Union beigetreten, so daß ab diesem Zeitpunkt nur noch die Staaten Island und Norwegen als *EWR*-Staaten noch nicht der EU beigetreten sind.

Straßengüterverkehr 5.1

Dennoch muß an dieser Stelle darauf hingewiesen werden, daß eben noch nicht alle Regelungen der EU im Verkehr mit Österreich gelten, obwohl Österreich zwischenzeitlich Mitgliedstaat der EU geworden ist.

Das Kontingent der Kabotagegenehmigungen wurde aufgrund der *EWR-Regelung* für Finnland, Island, Norwegen und Schweden – bezogen auf das Jahr 1994 – um insgesamt 2175 Zweimonatsgenehmigungen und für die EU-Mitgliedstaaten um weitere 2816 Zweimonatsgenehmigungen erhöht. Von 1995 bis zum 30. Juni 1998 erfolgt für die einzeln genannten Staaten wie für die EU-Mitgliedstaaten eine jährliche Kontingentserhöhung um jeweils 30 %. Zu diesem Termin sieht die „*Kabotageverordnung*" die Freigabe dieser Beförderungen vor, so daß dann eine zahlenmäßig nicht mehr begrenzte Gemeinschaftslizenz für sämtliche Verkehrsarten ausreicht.

Eine weitere Genehmigungsart erleichtert ebenfalls den grenzüberschreitenden Güterkraftverkehr in Europa. Es handelt sich hierbei um die sogenannten *CEMT-Genehmigungen*. Diese Genehmigungen sind mit Wirkung vom 18. Juli 1974 aufgrund einer Resolution des *Rates der Europäischen Konferenz der Verkehrsminister (CEMT)* eingeführt worden. Die *CEMT-Genehmigung* wird jeweils nur für ein Jahr und nur an Unternehmer ausgegeben, die Inhaber einer Genehmigung für den Güterfernverkehr oder einer Gemeinschaftslizenz sind. Voraussetzung ist, daß die Genehmigung für multilaterale Beförderungen genutzt wird und nicht nur für Beförderungen mit **einem** *CEMT*-Mitgliedsstaat. Die Ausgabe erfolgt durch das Bundesamt für Güterverkehr entsprechend den dafür bestehenden Richtlinien.

CEMT-Genehmigungen

Das Kontingent wurde 1995 auf insgesamt 5419 Genehmigungen erhöht. Aus diesem Kontingent erhielt Deutschland 513 Genehmigungen. *CEMT-Genehmigungen* berechtigen grundsätzlich zu allen **grenzüberschreitenden Beförderungen zwischen den Mitgliedstaaten der *CEMT*.** Neben den 15 EU-Staaten (seit dem 1. Jan. 1995 gehören Österreich, Finnland und Schweden dazu) sind dies die Länder Norwegen, Polen, Schweiz, Slowakische Republik, Tschechische Republik, Türkei, Ungarn und neu hinzugekommen sind die Länder Bulgarien, Estland, Kroatien, Lettland, Litauen, Rumänien und Slowenien. Dies ist der Stand seit Anfang 1995.

Der Geltungsbereich für einen Teil dieser Genehmigungen ist jedoch eingeschränkt: Mit ihnen können nur sogenannte „green lorries" (LKW mit niedrigen Emmissionswerten) eingesetzt werden. Außerdem gelten die verteilten Genehmigungen nicht mit der gesamten Anzahl für alle Länder.

Alle Inhaber einer *CEMT-Genehmigung* haben je Genehmigung ein Fahrtenberichtsheft zu führen. Die einzelnen Fahrtenberichte sind als Nachweis des Einsatzes der Genehmigung in Deutschland der Ausgabestelle (*Bundesamt für Güterverkehr*) ausgefüllt einzureichen.

Als Beförderungsbedingungen im grenzüberschreitenden Güterkraftverkehr gelten zwingend die Bestimmungen der *CMR*. Es handelt sich hierbei um das

CMR

5 Der Spediteur und die Verkehrsträger

„Übereinkommen über den Beförderungsvertrag im internationalen Straßenverkehr" (*C*onvention relative au contrat de transport international de *m*archandises par *r*oute – CMR –)

Geltungsbereich der CMR
Die *CMR* ist ein völkerrechtliches Übereinkommen, das durch die von der Bundesrepublik Deutschland vorgenommene Ratifizierung mit anschließender Überleitung am 5. Februar 1962 durch Gesetz nationales deutsches Recht geworden ist. Nach deutschem Recht ist daher im grenzüberschreitenden entgeltlichen Straßengüterverkehr dieses Abkommen anzuwenden, wenn die Voraussetzungen des *Artikel 1 CMR* gegeben sind, und zwar wenn der **Ort der Übernahme des Gutes** und der **für die Ablieferung vorgesehene Ort**, wie sie im Vertrag angegeben sind, **in zwei verschiedenen Staaten liegen**, von denen **mindestens einer ein Vertragsstaat ist**. Diesem Übereinkommen waren bis Anfang 1995 folgende Staaten beigetreten:

Alle 15 EU-Mitgliedstaaten, ferner in der zeitlichen Reihenfolge des Beitritts:
– Jugoslawien, Polen, Gibraltar, Norwegen, Insel Man, Schweiz, Ungarn, Insel Guernsey, Rumänien, Tschechoslowakei, Bulgarien, UdSSR, Slowenien, Kroatien, Belarus, Litauen, Moldau-Republik, Lettland, Tunesien, Kasachstan, Türkei, Marokko und Usbekistan. Einige Änderungen sind aufgrund neuer Staatenbildungen noch zu erwarten.

Für diese Beförderungsverträge gilt nicht die *KVO*, soweit die *CMR* einen Tatbestand abschließend regelt. Trifft die *CMR* keine abschließende Regelung oder läßt sie für einen Tatbestand eine Regelung überhaupt vermissen, gilt ergänzungsweise das jeweils geltende nationale Recht wie z. B. *KVO* oder auch *BGB/HGB*, ggf. auch *ADSp*.

Während die *KVO* nur für den Güterfernverkehr mit Kraftfahrzeugen gilt, besagt die *CMR*, daß sie für **jeden Vertrag** über die **entgeltliche** Beförderung von Gütern mittels Kraftfahrzeugen gilt, wenn der Ort der Übernahme und der Ort der Ablieferung des Gutes in zwei verschiedenen Staaten liegen, von denen mindestens einer Vertragsstaat der CMR ist. **Eine Unterscheidung in Güternah- bzw. Güterfernverkehr besteht demzufolge nicht**. Im grenzüberschreitenden Umzugsverkehr gilt die *CMR* nicht, wohl dagegen bei der Beförderung von Handelsmöbeln und für den kombinierten Verkehr, sofern das Gut nicht umgeladen wird.

Inhaltsübersicht der CMR
Die *CMR* enthält folgende Bestimmungen:

Kapitel	I	Geltungsbereich
Kapitel	II	Haftung des Frachtführers für andere Personen
Kapitel	III	Abschluß und die Ausführung des Beförderungsvertrages
Kapitel	IV	Haftung des Frachtführers
Kapitel	V	Reklamationen und Klagen
Kapitel	VI	Beförderung durch aufeinanderfolgende Frachtführer
Kapitel	VII	Nichtigkeit von dem Übereinkommen widersprechenden Vereinbarungen
Kapitel	VIII	Schlußbestimmungen.

Straßengüterverkehr 5.1

:chtlichen Vertragsverhältnisse des Beförde-
id Pflichten der beiden am Beförderungsver-
ber das *GüKG* die öffentlich-rechtliche Wirk-

zwischen dem **Unternehmer (Frachtführer)**
ige Regelungen betreffen auch den Empfän-
:e einräumt, ihm aber auch gleichfalls **ver-**

ier um einen Werkvertrag mit ggf. Elementen
nzelheiten hierzu siehe *KVO*.

griff der *KVO*, bei dem die Sendung auf eine
iehr kann nach Art. 5 *CMR* das Gut auch auf
. Allein aus der Inhaltsangabe des Fracht-
id **ein** Empfänger vorgegeben sind und der
ssen wird. Diese Formulierung schließt wie-
chtführer als sogenannte Unterfrachtführer in
den Vertrag eintreten können. Daraus ergibt sich dann eine **gesamtschuldnerische Haftungsverpflichtung für alle beteiligten Frachtführer.**

Der Vertrag wird zwar in einem Frachtbrief festgehalten, dessen **Form** aber nicht vorgeschrieben ist, wohl der **Inhalt**. Fehlt der Frachtbrief oder ist er unvollständig ausgefüllt, so wird weder der Bestand noch die Gültigkeit des Beförderungsvertrages hiervon berührt. Somit hat der Frachtbrief **keine** konstitutive Bedeutung. Allein die übereinstimmenden Willenserklärungen begründen den Vertrag. Die Übernahme des Gutes und das Unterschreiben des Frachtbriefes ist in diesem Fall nicht erforderlich, wie z. B. nach der *KVO*. Es handelt sich daher um einen reinen **Konsensualvertrag** und nicht um einen Formal- und Realvertrag. **Form und Inhalt des Frachtbriefes nach CMR**

Der Vertrag kommt somit bei Vorliegen **übereinstimmender** Willenserklärungen zustande. Die Übergabe von Gut und Frachtbrief ist nicht gefordert. Ein Wagenstellungsvertrag wie bei der *KVO* ist hier nicht vorgesehen. Bei nicht fristgemäßer vereinbarter Stellung des Fahrzeugs ist Schadensersatz nach den allgemeinen Regelungen des *BGB/HGB* zu leisten.

Eine Pflicht zur Übernahme von Beförderungsaufträgen besteht in diesem Bereich nicht; insoweit gilt auch hier die Vertragsfreiheit wie im Rahmen der *KVO*.

Eine Lieferfrist wie bei der *KVO* ist hier ebenfalls nicht vorgesehen, es sei denn, die Vertragsparteien hätten eine solche vereinbart. Im übrigen wird dem Unternehmer die Frist zugebilligt, die ein sorgfältiger Frachtführer für die Ausführung der Beförderung benötigt. In diesem Zusammenhang ist zu berücksichtigen, daß der Unternehmer nicht gegen andere straßenverkehrsrechtliche Vorschriften verstoßen darf.

5 Der Spediteur und die Verkehrsträger

Haftung und Verfügungsrecht des Absenders nach CMR
Der Absender haftet für alle Kosten und Schäden, die dem Unternehmer entstehen, z. B. infolge unrichtiger Angaben im Frachtbrief oder auch durch mangelhafte Verpackung.

Das Verfügungsrecht besteht solange, bis der Frachtführer dem Empfänger ein Frachtbriefexemplar ausgehändigt hat und somit das Gut in die Verfügungsgewalt des Empfängers übergegangen ist.

Nach Ankunft beim Empfänger hat dieser das Recht auf Herausgabe des Gutes. Er kann auch verfügen, daß der Frachtführer das Gut an einen Dritten ausliefert.

Generell liegt die Zahlungsverpflichtung aufgrund eines Werkvertrages beim **Absender**; Fälligkeit und somit Erfüllung des Vertrages ergibt sich spätestens bei Ablieferung des Gutes beim Empfänger. Durch Annahme der Sendung wird bei **„Unfrei-Sendungen"** der Empfänger Zahlungsverpflichteter. Das bedeutet aber auch, daß der Unternehmer nach Ablieferung der Sendung an den Empfänger die Fracht nicht mehr vom Absender kassieren kann, wenn nachträglich Zahlungsschwierigkeiten auftreten.

Hindernisse, die **unterwegs** (Beförderungshindernisse) **oder bei der Ablieferung** (Ablieferungshindernisse) der Sendung auftreten, sind unverzüglich dem Absender zu melden und der Frachtführer ist verpflichtet, Weisungen einzuholen. Im Unterlassungsfall haftet er für den Schaden in **voller Höhe**, es gibt dann keine Begrenzung der Haftung. Holt er Weisungen ein, hat er jedoch Anspruch auf Ersatz sämtlicher Kosten, wie z. B. Standgelder bei Streik an der Grenze.

Pfandrecht CMR
Die *CMR* enthält keine besondere Regelung hierüber. Es ist daher auf nationales Recht zurückzugreifen, und zwar auf das *BGB/HGB*. Es handelt sich in einem solchen Fall dann um das gesetzliche Pfand- und Zurückbehaltungsrecht in Form des **konnexen** Pfandrechts.

Haftung des Unternehmers
Der Unternehmer haftet nach dem Prinzip der **Gefährdungshaftung** in einer abgeschwächten Form, eine insoweit **eingeschränkte Gefährdungshaftung**. Dabei kann er sich von der Haftung befreien, **wenn er beweist**, daß der eingetretene Schaden durch Umstände verursacht worden ist, die er nicht vermeiden und deren Folgen er nicht abwenden konnte. Generell ist dem Frachtführer daher eine **verschärfte Sorgfaltspflicht** auferlegt worden, so daß auch schon ein **geringfügiges Verschulden** die Annahme eines unabwendbaren Ereignisses – höhere Gewalt – ausschließt.

Er haftet also nicht wie bei der *KVO* generell für die dem Kraftwagen eigentümlichen Gefahren bei Transportmittelunfällen oder Betriebsunfällen, sondern nur dann, wenn er seine **Sorgfaltspflicht** verletzt hat.

Ein besonderer Katalog über Haftungsausschlußgründe (z. B. höhere Gewalt oder Beschlagnahme) ist in der *CMR* nicht aufgeführt. Es wird hier zwischen **bevorrechtigten**

Straßengüterverkehr 5.1

und **nichtbevorrechtigten Haftungsausschlüssen** unterschieden. Bei den nichtbevorrechtigten Haftungsausschlüssen liegt daher auch die Beweislast beim Frachtführer, wenn er sich auf solche Ereignisse beruft. Gegenbeweis kann angetreten werden.

Bei den **bevorrechtigten Haftungsausschlüssen** liegt zwar auch die Beweislast beim Frachtführer, aber in diesen Fällen muß er nur den Tatbestand darlegen, um eine Vermutung für die Richtigkeit seiner Angaben zu begründen. Auch hier ist der Gegenbeweis natürlich zulässig.

Im Grundsatz haftet er dabei außerdem für alle Handlungen und Unterlassungen seiner Bediensteten und aller anderen Personen, deren er sich bei Ausführung der Beförderung bedient.

Der Zeitraum der Haftung erstreckt sich von der Übernahme des Gutes bis zur Ablieferung. Es handelt sich auch hier um eine sogenannte **Obhutshaftung/Gewahrsamshaftung**. — **Haftungszeitraum**

Der Unternehmer haftet demnach nur, solange sich das Gut noch **vertragsgemäß in seinem Gewahrsam** befindet.

Er haftet für Sachschäden:	**gänzlicher oder teilweiser Verlust und Beschädigung**	**Haftungsumfang;**
und Vermögenschäden:	**Überschreitung der Lieferfrist und Fehler bei Nachnahmen.**	**CMR**

Güterfolgeschäden werden nach diesen Bestimmungen nicht ersetzt.

Er haftet nicht bei Verschulden des Verfügungsberechtigten und für Umstände, die der Frachtführer nicht vermeiden und deren Folgen er nicht abwenden konnte. Mit dieser Formulierung wird u. a. im wesentlichen der Begriff der **höheren Gewalt** bzw. der des **unabwendbaren Ereignisses** umschrieben. — **Haftungsausschluß nach CMR**

Ersatzpflichtiger Wert ist der Wert des Gutes **am Ort und zur Zeit der Übernahme zur Beförderung** (also ohne entgangenen Gewinn). Übersteigt der Wert des Gutes die Haftungshöchstgrenze, so wird nur Ersatz bis zu dieser Grenze geleistet. — **Ersatzpflichtiger Wert**

Die Haftung ist begrenzt auf 8,33 Rechnungseinheiten für jedes fehlende Kilogramm des Rohgewichtes. Bei diesen Rechnungseinheiten handelt es sich um die sogenannten **Sonderziehungsrechte des Internationalen Währungsfonds**. Der Kurs wird regelmäßig im Bundesanzeiger und der einschlägigen Fachpresse – z. B. der *DVZ (Deutsche Verkehrs-Zeitung)* – veröffentlicht. Er schwankt nach vorstehendem Berechnungsmodus zwischen etwa 18,00 und 20,00 DM je kg. Dieser Wert gilt nur für **Sachschäden**. — **Haftungshöchstgrenze, CMR**

Bei Lieferfristüberschreitungen wird der Schaden nur bis zur **Höhe der vereinbarten Fracht** ersetzt.

5 Der Spediteur und die Verkehrsträger

Bei Nachnahmefehlern haftet der Unternehmer bis zur **Höhe der Nachnahme**.

Der Absender kann gegen Zahlung eines zu **vereinbarenden Zuschlages** zur Fracht für Verlust, Beschädigung oder Überschreitung der vereinbarten Lieferfrist eine Abweichung von dieser Höchstgrenze vereinbaren. Durch **Eintragung in den Frachtbrief** kann er den Betrag eines **besonderen Interesses an der Lieferung** festlegen. Dieser Betrag kann den Wert des eigentlichen Gutes somit erheblich überschreiten. Hierbei ist jedoch zu berücksichtigen, daß die Haftung im Rahmen einer solchen besonderen Vereinbarung von einer normalen *CMR*-Versicherungspolice nicht abgedeckt wird. In diesem Fall ist auch eine Vereinbarung mit der Versicherungsgesellschaft besonders zu treffen.

Versicherung, CMR

Die *CMR* schreibt **keine Versicherungspflicht** vor, so daß nicht in jedem Fall darauf vertraut werden kann, daß der Frachtführer auch eine seinem Haftungsumfang entsprechende Versicherung eingedeckt hat. Bei deutschen Güter**fern**verkehrsunternehmern ist allerdings durch eine kombinierte *KVO/CMR*-Versicherungspolice in aller Regel die Gewähr für Versicherungsschutz gegeben.

Erlöschen der Ansprüche

Äußerlich erkennbare Schäden sind bei Ablieferung des Gutes **sofort** festzustellen und zu reklamieren.

Verdeckte Schäden müssen binnen **7 Tage** – ohne Sonn- und Feiertage – in schriftlicher Form reklamiert werden.

Die **Überschreitung der Lieferfrist** ist binnen 21 Tage nach Ablieferung schriftlich beim Frachtführer zu reklamieren. Nach Ablauf vorstehender Fristen sind alle Schadensersatzansprüche erloschen.

Verjährungsfristen, CMR

Ansprüche aus dem Beförderungsvertrag verjähren in **einem Jahr**.

Bei Vorsatz und Verschulden beträgt die Frist **drei Jahre**.

Die Frist beginnt:

– bei teilweisem Verlust, Beschädigung, Überschreitung der Lieferfrist mit dem Tage der Ablieferung.
– bei gänzlichem Verlust mit dem 30. Tage nach Ablauf einer vereinbarten Lieferfrist, ohne Lieferfrist mit dem 60. Tage nach Übernahme des Gutes durch den Frachtführer.
– sonst allgemein mit dem Ablauf einer Frist von **drei** Monaten nach dem Abschluß des Beförderungsvertrages.

5.1.8.2 Der kombinierte Verkehr

Zum Geltungsbereich des *GüKG* gehört auch der kombinierte Verkehr. Darunter versteht man im allgemeinen die **durchgehende Transportkette von Ladeeinheiten durch verschiedene Verkehrsträger, ohne daß dabei das Gut selbst umgeladen wird**. Es bestanden Zweifel über die Zuordnung zum Güternahverkehr oder Güterfernverkehr, wenn die An- und Abfuhr innerhalb der Nahzone des für die An- und Abfuhr eingesetzten Kraftfahrzeuges erfolgte. Das Gesetz hat daher folgende Abgrenzung und Klarstellung geschaffen:

Kombinierter Verkehr

Werden Güter für andere auf einem Teil der Strecke mit einem Kraftfahrzeug, auf einem anderen Teil der Strecke mit der Eisenbahn, einem Binnenschiff oder einem Seeschiff in einem Kraftfahrzeug, einem Anhänger oder deren Aufbauten (Huckepackverkehr) oder in Behältern befördert und wird der Vertrag über die Beförderung auf der Gesamtstrecke durch einen Unternehmer geschlossen, der im Besitz einer Genehmigung für den Güterfernverkehr ist, die die Beförderung auf der Gesamtstrecke deckt, so sind die Vorschriften für den Güterfernverkehr mit folgender Maßgabe entsprechend anzuwenden:

1. Wird die An- oder Abfuhr **innerhalb der Nahzone des eingesetzten Kraftfahrzeugs** durchgeführt, so gelten hierfür die Bestimmungen des *§ 12* nicht.

2. Wird die An- oder Abfuhr **über die Grenzen der Nahzone des eingesetzten Kraftfahrzeugs hinaus oder außerhalb dieser Grenzen** durchgeführt, so

   a) kann abweichend von *§ 12 Abs. 1 Nr. 3* an Stelle der Genehmigungsurkunde eine Bescheinigung der *Deutschen Bahn AG* über deren Hinterlegung mitgeführt werden und

   b) gilt die Beschränkung des *§ 12 Abs. 1 Nr. 2* nicht.

3. Die Beförderung auf der Gesamtstrecke gilt mit der Genehmigung durchgeführt, die der Unternehmer bei der *Deutschen Bahn AG* hinterlegt oder die er für die An- oder Abfuhr verwendet (*§ 3 GüKG*).

Die *Kombiverkehr, Deutsche Gesellschaft für kombinierten Güterverkehr mbH & Co. KG* mit Sitz in Frankfurt/Main, ist für den Güterfernverkehrsunternehmer oder Kraftwagenspediteur der Partner für seine Beteiligung am kombinierten Verkehr.

Die *Kombiverkehr* informiert auf Anfrage über alle erforderlichen Einzelheiten, wie Anmeldeadresse, Lage und Kapazität der Umschlagbahnhöfe, das Huckepacknetz (Kombinetz), den Kombifahrplan (Inland und International), Preise, technische Anforderungen, Beladehinweise und weitere Bestimmungen. Sofern die gesetzlichen Voraussetzungen – nach dem *GüKG* – gegeben sind, gilt für die Berechnung des Beförderungsentgeltes gegenüber dem Kunden des Fernverkehrsunternehmers und

Kraftwagenspediteurs eine freie Preisvereinbarung wie bei allen Beförderungen auf der Straße. Bezüglich der Haftung gilt dann im gleichen Verhältnis die *KVO* oder die *CMR*.

Im Vertragsverhältnis zur *Kombiverkehr* gelten die von dieser erlassenen Rahmenbestimmungen und die zwischen der Kombiverkehr und der *Deutschen Bahn AG* vereinbarten Entgelte. Die Haftung richtet sich nach der *EVO* bzw. *COTIF (CIM)*. Ohne Hinterlegung der Genehmigungsurkunde des Güterfernverkehrs bei der *DB AG* werden nicht die zwischen der Kombiverkehr und der *DB AG* vereinbarten Entgelte berechnet, sondern ein um 100,- DM erhöhtes Entgelt. Ohne Hinterlegung der Genehmigungsurkunde bei der *DB AG* kann es sich ggf. auch nicht um Güterfernverkehr im Sinne des *GüKG* handeln. Dies ist von besonderer Bedeutung bezüglich der Versicherung und Haftung, denn Güterschadenspflichtversicherung besteht nur bei **genehmigtem Güterfernverkehr** und das ist jeweils nur der Fall, wenn der Vertrag über die **gesamte Beförderungsstrecke** geschlossen wird. In diesem Zusammenhang wird auf die anderen Abschnitte verwiesen, die ebenfalls den kombinierten Verkehr behandeln.

Grenzüberschreitender kombinierter Verkehr Schiene/Straße

Die „*Verordnung über den grenzüberschreitenden kombinierten Verkehr vom 18. Februar 1988*" regelt die Beförderungsfälle des Kombi-Verkehrs, wenn

1. Güter für andere in einem Kraftfahrzeug, Anhänger, Fahrzeugaufbau, Wechselbehälter oder in einem Container von mindestens 6 m Länge auf einem Teil der Strecke mit einem Kraftfahrzeug und auf einem anderen Teil der Strecke mit der Eisenbahn eines Mitgliedstaates der Europäischen Union oder eines anderen Vertragsstaates des Abkommens über den Europäischen Wirtschaftsraum befördert werden und

2. die Gesamtstrecke zum Teil innerhalb und zum Teil außerhalb des Geltungsbereichs des Güterkraftverkehrsgesetzes liegt und

3. die Beförderung auf der Straße innerhalb des Geltungsbereichs des Güterkraftverkehrsgesetzes lediglich zwischen Belade- oder Entladestelle und nächstgelegenem geeignetem Bahnhof durchgeführt wird (An- oder Abfuhr). Der nächstgelegene geeignete Bahnhof ist der Bahnhof, der über Einrichtungen der notwendigen Umschlagart des kombinierten Verkehrs verfügt, von dem regelmäßig kombinierter Verkehr der entsprechenden Art und Richtung durchgeführt wird und der die kürzeste, verkehrsübliche Straßenverbindung zur Be- oder Entladestelle hat.

Die mehrfache Neufassung dieser Verordnung bringt seit Jan. 1994 eine vollkommene Neuordnung:

Danach dürfen nunmehr alle Verkehrsunternehmer aus den Mitgliedstaaten der EU und den übrigen EWR-Staaten sowohl grenzüberschreitende als auch innerstaatliche An- und Abfuhren auf der Straße im Rahmen des **grenzüberschreitenden kombinierten Verkehrs** durchführen. Das bedeutet für diese Beförderungsfälle eine

Angleichung an die Bedingungen des durchgehenden grenzüberschreitenden Straßengüterverkehrs innerhalb der EU. An- und Abfuhren im unbegleiteten grenzüberschreitenden Kombiverkehr werden somit als Teil der Gesamtbeförderung bewertet und es kommt im einzelnen nicht auf die Vertragsgestaltung an.

An- und Abfuhren im Binnenland sind somit für alle Unternehmer der EU und der EWR-Staaten genehmigungsfrei, wenn

1. die Unternehmer die Voraussetzungen für den Zugang zum Beruf und Markt erfüllen und

2. die übrigen Voraussetzungen für die Anwendung der Kombi-Verordnung (z. B. nächstgelegener Bahnhof usw.) vorliegen.

Weiterhin wird nun nicht mehr unterschieden nach deutschen und ausländischen Unternehmern, sondern nur noch nach Unternehmern aus den Mitgliedstaaten der EU und EWR und Unternehmern aus Staaten außerhalb der EU. Damit sind die deutschen Unternehmer und die Unternehmer aus den anderen Mitgliedstaaten der EU und EWR gleichgestellt.

Auch Unternehmer aus Nicht-EU-Staaten dürfen künftig An- und Abfuhren, bei denen weder die Grenze auf der Straße überschritten wird, noch das Kraftfahrzeug auf der Eisenbahn mitbefördert wird, durchführen (sogen. Kabotage), wenn bei derartigen Beförderungen eine **besondere auf solche An- und Abfuhren beschränkte Genehmigung** mitgeführt wird. Es handelt sich dann um Kabotagegenehmigungen, deren Form, Inhalt und Höhe des Kontingents in besonderen mit anderen Staaten noch abzuschließenden bilateralen Abkommen festgelegt werden müssen.

Diese Neuregelung bringt die Aufhebung der Genehmigungspflicht (nur für EU/EWR-Staaten) mit der Folge, daß für Fernverkehrsbeförderungen ein Fahrtenbuch nicht mehr zu führen ist, wenn die An- und Abfuhr nach dieser Verordnung durchgeführt wird. Unberührt hiervon bleibt die Pflicht zum Mitführen eines Frachtbriefes im Fernverkehr und im grenzüberschreitenden Verkehr nach den übrigen Rechtsgrundlagen.

Seit dem 10. Dezember 1983 sind diese Regelungen grundsätzlich auch auf den kombinierten Verkehr Binnenwasserstraße/Straße anzuwenden. Zunächst konnte die An- bzw. Abfuhr auf der Straße genehmigungsfrei nur innerhalb der Nahzone des Binnenumschlagplatzes durchgeführt werden. Seit dem 5. August 1992 ist diese Erleichterung für An- bzw. Abfuhren innerhalb eines Umkreises von 150 Kilometern um den Binnenhafen ausgedehnt worden. Seit dem 26. März 1994 ist diese Verordnung mit denselben Bedingungen für den Seehafen in Kraft getreten. **Kombiverkehr Binnenwasserstraße/ Straße, Seehafen/ Straße**

Der Unternehmer ist auch in diesem Falle verpflichtet, nachzuweisen, daß grenzüberschreitender kombinierter Verkehr im Sinne der Verordnung vorliegt. Bei der Anfuhr ist eine **Reservierungsbestätigung des Schiffahrtsunternehmens** mitzu-

5 Der Spediteur und die Verkehrsträger

führen. Vor der Abfuhr muß der Unternehmer sich in dem mitzuführenden Beförderungs- und Begleitpapier von der Hafenverwaltung bestätigen lassen, daß vorher mit einem Binnen- oder Seeschiff befördert worden ist.

Wird die An- oder Abfuhr **über** den Umkreis von 150 km um den Hafen durchgeführt, so handelt es sich nicht mehr um Kombi-Verkehr, der unter diese Verordnung fällt und somit auch nicht die Erleichterungen genießt. Diese Beförderungen stellen für deutsche Unternehmer dann normalen Güternah- bzw. Güterfernverkehr dar, der nach den Grundsätzen des *GüKG* zu beurteilen ist. Für ausländische Unternehmer handelt es sich um Kabotagebeförderungen, für die nach den Rechtsvorschriften der EU eine Kabotagegenehmigung erforderlich ist. Für andere Unternehmer sind derartige Beförderungen zur Zeit noch nicht zulässig.

5.1.9 Die Kraftwagenspedition

5.1.9.1 Begriffsbestimmung

Kraftwagenspeditionen
Die **Vielfalt der speditionellen Tätigkeiten** hat im Laufe der Zeit dazu geführt, daß sich unter dem Oberbegriff „Spediteur" **immer mehr „Spezialisten"** herausgebildet haben. Die **besondere Leistungsfähigkeit** auf einem ganz bestimmten Gebiet wird bereits dadurch zum Ausdruck gebracht, daß die Firmenbezeichnung einen spezifischen Werbeeffekt für einen bestimmten Verkehrsträger enthält. So bezeichnen sich Spediteure als „Kraftwagenspediteure", die sich insbesondere des Verkehrsmittels Lastkraftwagen bedienen. Das kann in verschiedener Art und Weise geschehen, nämlich mit und ohne eigene Lastkraftwagen.

5.1.9.2 Der Spediteur als Transportunternehmer

Selbsteintritt des Spediteurs
Jeder Spediteur ist berechtigt, sich auch als Transportunternehmer zu betätigen. Macht er von seinem sogenannten **Selbsteintrittsrecht** im Sinne von *§ 412 HGB* Gebrauch, so hat er zugleich auch die Rechte und Pflichten eines Frachtführers, und zwar neben den Rechten und Pflichten nach den *ADSp*. Er kann in diesem Fall entweder eigene Kraftfahrzeuge einsetzen oder sich auch nur als Hauptfrachtführer betätigen und andere Unternehmer als Unterfrachtführer mit Kraftfahrzeugen die Beförderung ausführen lassen. Er hat insofern die Rechte nach *§ 432 HGB*.

Die Rechte und Pflichten des Frachtführers sind wiederum geregelt in der *Kraftverkehrsordnung (KVO)* und die Unabdingbarkeit der *KVO* ist nach *§ 26 GüKG* vorgeschrieben. Unter Berücksichtigung dieser Rechtslage kann der Spediteur bei Einsatz **eigener Kraftfahrzeuge** im Güterfernverkehr von der *KVO* abweichende Haftungsbeschränkungen **nicht vereinbaren**. Der Spediteur kann in den Fällen der *§§ 412, 413*

Straßengüterverkehr 5.1

HGB Haftungsvereinbarungen nur wirksam treffen, soweit er bei der Beförderung des Transportgutes **nicht eigene Kraftfahrzeuge im Güterfernverkehr** einsetzt. Diese Rechtslage hat der *BGH* mit Urteil vom *10.2.1983 I ZR 133/81 VRS 65, 15* bestätigt.

5.1.10 Der Werkverkehr

Der **Werkfernverkehr** nahm in den vergangenen Jahren in weit stärkerem Maße zu, als es bei dem gewerblichen Güterfernverkehr der Fall war. Entsprechend der jeweiligen Interessenlage liegen verständlicherweise die Auffassungen über die Beweggründe zum Betreiben von Werkverkehr sehr weit auseinander. Während die Verkehrswirtschaft regelmäßig nach stärkerer staatlicher Einflußnahme zur Eindämmung des Werkverkehrs ruft, wird von der verladenden Wirtschaft die zu starre Marktordnung im Güterkraftverkehr kritisiert und als Ursache für die Expansion des Werkverkehrs angesehen.

Werk-
verkehr

Die von den jeweiligen Regierungen und letztendlich von dem Verkehrsminister in der Vergangenheit eingeführten Regelungen haben jeweils nur unerhebliche Änderungen gebracht und zu einer Eindämmung des Werkverkehrs nicht geführt. Hier ist natürlich – wie an anderer Stelle schon ausgeführt – auch die verkehrspolitische Zielsetzung zu berücksichtigen und die Fragestellung, ob ein derartiges Ziel überhaupt angestrebt wird.

In der augenblicklichen Zeit, in der die Verkehrspolitik von dem Schlagwort „Liberalisierung" getragen wird, ist sicherlich mit gezielten Maßnahmen zur Eindämmung des Werkfernverkehrs vorerst nicht mehr zu rechnen. Hier sind die Spediteure und die Unternehmer des Güterfernverkehrs aufgerufen, durch weitere Verbesserung ihres Angebots, insbesondere im Hinblick auf
- Schnelligkeit,
- Flexibilität,
- technische Ausstattung der Fahrzeuge,
- Transportabwicklung,
- Serviceleistungen

Gütermengen des Werkverkehrs für sich zu gewinnen, nachdem mit Aufhebung der Tarife und mit Einführung der freien Preisvereinbarung einer der Hauptgründe **für** den Werkverkehr weggefallen ist.

Werkverkehr ist nach *§ 48 des Güterkraftverkehrsgesetzes (GüKG)* jede Beförderung von Gütern für eigene Zwecke. Er ist nur zulässig, wenn folgende Voraussetzungen erfüllt sind:

Werk-
verkehr,
Begriff

- Die beförderten Güter müssen zum Verbrauch oder zur Wiederveräußerung erworben oder zum Eigengebrauch oder zur gewerbsmäßigen Vermietung oder zur Veredelung oder Bearbeitung oder Verarbeitung bestimmt oder bestimmt gewesen oder von dem Unternehmen erzeugt, gefördert oder hergestellt sein. Die Güter werden nur dann zur Wiederveräußerung erworben, wenn sie im Rahmen einer geschäftlichen Tätigkeit gekauft werden, die ein selbständiges, innerhalb üblicher Geschäftsbeziehungen unabhängiges Handeln des Unternehmens darstellt und nicht von anderen wahrgenommen wird, die an Geschäften über diese Güter beteiligt sind (*§ 48 a GüKG*).
- Die Beförderung muß der Heranschaffung der Güter zum Unternehmen, ihrer Fortschaffung vom Unternehmen oder ihrer Überführung entweder innerhalb des Unternehmens oder zum Zwecke des Eigengebrauchs außerhalb des Unternehmens dienen.
- Die Kraftfahrzeuge müssen bei der Beförderung von Angehörigen des Unternehmens, die nicht Angestellte anderer Unternehmen oder selbständige Unternehmer sein dürfen, bedient werden. Werden im Huckepackverkehr die Güter mit der Eisenbahn oder mit einem Binnenschiff in einem Kraftfahrzeug befördert, so darf das Unternehmen bei der An- oder Abfuhr zu oder von der Eisenbahn oder einem Binnenschiff sich auch anderer als der in Satz 1 genannten Personen bedienen.
- Die Kraftfahrzeuge müssen auf den Namen des Unternehmers zugelassen sein und ihm gehören oder von ihm auf Abzahlung gekauft sein. Abweichend hiervon dürfen unter den Voraussetzungen der Miet- und Ersatzfahrzeug-Verordnung *GüKG* Kraftfahrzeuge ohne zeitliche Begrenzung gemietet und für Beförderungen im Werkverkehr verwendet werden.
- Die Beförderung darf nur eine Hilfstätigkeit im Rahmen der Gesamttätigkeit des Unternehmen darstellen.
- Unter bestimmten Voraussetzungen unterliegt den Vorschriften über den Werkverkehr auch die Beförderung von Gütern durch Handelsvertreter, Handelsmakler oder Kommissionäre (*§ 49 GüKG*).

Freigestellte Beförderungen Durch *§ 4 GüKG* und die *Verordnung über die Befreiung bestimmter Beförderungsfälle von den Bestimmungen des Güterkraftverkehrsgesetzes – Freistellungs-Verordnung GüKG* sind bestimmte Beförderungen von den Vorschriften des Güterkraftverkehrsgesetzes ausgenommen. In diesen Fällen gelten die hier genannten Vorschriften nicht.

Standort Für jedes Kraftfahrzeug – auch für ein angemietetes –, das im Werkfernverkehr verwendet werden soll, muß ein Standort bestimmt werden. Die Standortbestimmung ist vor Einsatz des Kraftfahrzeugs **bei der unteren Verkehrsbehörde** zu beantragen. Dies entfällt für Lastkraftwagen mit einer Nutzlast von nicht mehr 4 t und Zugmaschinen mit einer Leistung von nicht mehr als 40 kW. Für diese Kraftfahrzeuge gilt der im Fahrzeugschein für den Unternehmer als Fahrzeughalter eingetragene regelmäßige Standort (*§ 23 StVZO*) als Standort im Sinne des Güterkraftverkehrsgesetzes. In diesem Fall ist eine Standortbestimmung nur zu beantragen, wenn ein angenommener

Standort (§ 51 Abs. 1, § 6 a GüKG) oder ein vorübergehender Standort (§ 51 Abs. 3 GüKG) gewählt wird. Die für ein Kraftfahrzeug erteilte **Standortbescheinigung** ist bei allen Fahrten im Kraftfahrzeug mitzuführen und auf Verlangen der zuständigen Kontrollbeamten zur Prüfung auszuhändigen.

Die Nahzone ist das Gebiet innerhalb eines Umkreises von 75 km, gerechnet in der Luftlinie vom Mittelpunkt des Standorts des Kraftfahrzeugs (Ortsmittelpunkt) aus. Den Bereich der Nahzone kann man bei der unteren Verkehrsbehörde (Zulassungsstelle) erfragen. — *Nahzone*

Soll ein Lastkraftwagen mit mehr als 4 t Nutzlast oder eine Zugmaschine mit einer Leistung über 40 kW für Beförderungen im Werkfernverkehr verwendet werden, so **muß der Unternehmer das Kraftfahrzeug beim Bundesamt anmelden**. Die Anmeldung ist mit der **Meldekarte** für Werkfernverkehr bei derjenigen Außenstelle des *Bundesamtes für Güterverkehr* vorzunehmen, in deren Bereich das Kraftfahrzeug eingesetzt wird, oder eingesetzt werden soll. Meldekarten sind bei der Außenstelle anzufordern. Der Unternehmer erhält vom Bundesamt eine **Meldebestätigung** (§ 52 Abs. 4 GüKG). Die Meldebestätigung ist auf allen Fahrten mitzuführen und auf Verlangen der zuständigen Kontrollbeamten zur Prüfung auszuhändigen. — *Anmeldepflicht, Werkverkehr*

Nach § 52 GüKG sowie nach der *Verordnung über Beförderungs- und Begleitpapiere und zusammenfassende Übersichten der Beförderungsleistungen im Werkfernverkehr – Werkfernverkehrs-Verordnung GüKG –* sind bei Beförderungen im Werkfernverkehr Beförderungs- und Begleitpapiere mitzuführen. Beförderungs- und Begleitpapiere können im Fachhandel als Vordrucke bezogen werden. Zugelassen sind auch im Betrieb übliche Papiere, sofern sie die vorgeschriebenen Angaben enthalten. — *Beförderungs- und Begleitpapiere*

Für jede Meldebestätigung ist einmalig eine Anmeldegebühr entsprechend den Bestimmungen der *Kostenverordnung für den Güterkraftverkehr* zu entrichten. — *Anmeldegebühr*

Die nach § 52 Abs. 2 GüKG zur Zeit noch beim Bundesamt vorzulegenden Monatsübersichten sollen im Verlauf des Jahres 1996 wegfallen. — *Monatsübersichten*

Im grenzüberschreitenden Werkverkehr sind auch die Verwaltungsvereinbarungen mit den entsprechenden Staaten zu beachten. Auskünfte über Einzelfragen, insbesondere über eine etwaige Genehmigungspflicht und die erforderlichen Beförderungs- und Begleitpapiere bei Beförderungen in einen anderen Staat, erteilt das *Bundesamt für Güterverkehr* in 50525 Köln, Cäcilienstraße 24, Postfach 29 03 51. — *Grenzüberschreitender Werkverkehr*

5.1.11 Die Sozialvorschriften

Sozialvor- Die Sozialvorschriften stellen einen wesentlichen Faktor im Bereich des Güterkraft-
schriften verkehrs dar. **Ziel** dieser Vorschriften ist die **Harmonsierung der Bedingungen des Wettbewerbs** zwischen Landverkehrsunternehmen, insbesondere im Straßenverkehr, sowie die Verbesserung der Arbeitsbedingungen und der Sicherheit im Straßenverkehr.

Da die bestehenden Vorschriften aufgrund ihrer Weiterentwicklung ständigen Änderungen unterworfen sind, ist es nicht möglich, den jeweils aktuellen Stand im Rahmen eines Buches zu gewährleisten.

Dessen ungeachtet soll jedoch nachstehend kurz auf die wichtigsten Bestimmungen eingegangen werden.

Die dem Arbeitnehmerschutz dienenden Vorschriften sind die *Arbeitszeitordnung (AZO)*, die *Ausführungsverordnung zur Arbeitszeitordnung (AVAZO)* und das *Gesetz über das Fahrpersonal von Kraftfahrzeugen (Fahrpersonalgesetz-FPersG)*. Für den internationalen Verkehr geltende Vorschriften erfassen in gewissem Umfang auch den Arbeitnehmerschutz (Sozialvorschriften), sie dienen jedoch auch der Verkehrssicherheit, wie z. B. *Europäisches Übereinkommen über die Arbeit des im internationalen Straßenverkehr beschäftigten Personals (AETR), Verordnung (EWG) Nr. 3820/85 über die Harmonisierung bestimmter Sozialvorschriften im Straßenverkehr, Verordnung (EWG) Nr. 3821/85 (Kontrollgeräte-Verordnung)*.

Mit einigen Leitsätzen soll eine Verdeutlichung erfolgen; sie dient dem Zweck, aus der Vielzahl der geltenden Vorschriften das Wichtigste in Erinnerung zu rufen, bzw. darauf aufmerksam zu machen.

Die *AZO* trifft Aussagen über die **regelmäßige Arbeitszeit**, über die höchstzulässige Arbeitszeit, über die ungleichmäßige Verteilung der Arbeitszeit, über die Mindestdauer der Pausen innerhalb bestimmter Bezugszeiträume, über die Ruhezeit, über Maßnahmen in Notfällen, über die Beschäftigung von Frauen und über die Arbeitszeitnachweise und deren Aufbewahrung.

Die *AVAZO* trifft in den Nummern 50 – 53 ausschließlich auf das **Fahrpersonal** bezogene Regeln, soweit dieses in abhängiger Arbeit steht.

Das **Fahrpersonalgesetz** enthält Rechtsgrundlagen für die Organisation, das Verfahren und die Mittel der Überwachung der Durchführung der *VO EWG Nr. 3820/85*.

Tarifverträge (z. B. *BMT-Fernverkehr*) sind Gestaltungsmöglichkeiten, den in der *AZO* enthaltenen arbeitszeitrechtlichen Rahmen unter Berücksichtigung der Besonderheiten des Verkehrsgewerbes zu verändern.

VO EWG Nr. 3820/85 und *AETR* erfassen die Fahrzeuge mit einem zulässigen Gesamtgewicht von mehr als 3,5 t mit Ausnahme der in *Art. 4 VO EWG 543/69* beschriebenen Fahrzeuge.

VO EWG Nr. 3821/85 regelt Art und Umfang der Tätigkeitsnachweise für das Fahrpersonal.

Begriffsdefinitionen:

Arbeitszeit ist die Zeit von Beginn bis Ende der Arbeit einschließlich der Arbeitsbereitschaft, ausschließlich der Pausen, bzw. die Zeit, in der der Arbeitnehmer seinem Arbeitgeber seine Arbeitskraft aufgrund eines Arbeitsvertrages zur Verfügung stellt.

Arbeitsbereitschaft ist die Zeit der wachen Achtsamkeit im Zustand der Entspannung (so *RAG*), bzw. die Zeit, in der der Arbeitnehmer in der Verwendung seiner Zeit frei ist (so Denecke. Neumann AZO 9. Aufl. S. 129).

Ruhepause ist die Zeit

– von mindestens 15 Minuten,
– in der der Arbeitnehmer von jeder Arbeitsleistung befreit ist,
– in der der Arbeitnehmer frei über seine Zeit verfügen kann.

Gemäß § 12 Abs. 2 AZO muß bei einer Arbeitszeit von mehr als 6 Stunden mindestens eine halbstündige Ruhepause gewährt werden. Eine Aufteilung in zwei viertelstündige Ruhepausen ist zulässig.

Arbeitsschicht ist die Zeit von Beginn bis Ende der Arbeit einschließlich der Pausen bzw. die Zeit, die zwischen zwei Tagesruhezeiten liegt.

Ruhezeit ist die Zeit

– in der das Fahrpersonal von jeder Arbeitsleistung befreit ist,
– in der das Fahrpersonal über seine Zeit völlig frei verfügen kann,
– in der das Fahrpersonal sich völlig frei bewegen kann,
– die zusammenhängend gewährt werden muß,
– die einen bestimmten Zeitraum umfaßt.

Bei der Ruhezeit wird zwischen der Tages- und der Wochenruhezeit unterschieden.

Lenkzeit ist die Zeit, in der der Fahrer das Fahrzeug lenkt. Es wird unterschieden zwischen der

- ununterbrochenen Lenkzeit,
- Tageslenkzeit,
- Wochenlenkzeit und der
- Doppelwochen-Lenkzeit.

Unter **ununterbrochener Lenkzeit** wird begriffsjuristisch mehr als nur die reine Lenkzeit, also der reine Dienst am Steuer, verstanden. Zu ihr werden neben dem eigentlichen Lenken auch sonstige Arbeitsverrichtungen, wie z. B. Be- und Entladen und zu kurze Lenkzeitunterbrechungen (Pausen) gerechnet. Der Gesetzgeber bedient sich insoweit eines zulässigen juristischen „Tricks", indem er sonstige Arbeitsverrichtungen und zu kurze Lenkzeitunterbrechungen dem Lenken gleichstellt (man spricht von einer „Fiktion"). Die Rechtfertigung für ein solches Vorgehen sieht der Gesetzgeber in der Tatsache, daß derjenige, der Kraftfahrzeuge mit einem zulässigen Gesamtgewicht von mehr als 3,5 t im öffentlichen Verkehr lenkt, im Interesse der Erhaltung und Förderung der Verkehrssicherheit mindestens nach 4 Stunden einer ausreichenden Erholung bedarf, unabhängig davon, ob er ausschließlich gefahren ist oder ob er zwischenzeitlich auch andere Arbeiten verrichtet hat.

Zur ununterbrochenen Lenkzeit zählen also

- Lenken,
- sonstige Arbeitsverrichtungen, wie beispielsweise Be- und Entladen,
- zu kurze Lenkzeitunterbrechungen (Pausen).

Tageslenkzeit

Im Gegensatz zur ununterbrochenen Lenkzeit wird der Tageslenkzeit nur das eigentliche Lenken, also der reine Dienst am Steuer, zugeordnet. Gleiches gilt für die wöchentliche Lenkzeit und für die Lenkzeit in der Doppelwoche.

Lenkzeitunterbrechung

Unter Lenkzeitunterbrechung versteht man die Zeit

- in der der Fahrer sein Fahrzeug nicht lenkt,
- in der der Fahrer keine sonstigen Arbeiten verrichtet,
- die eine bestimmte Mindestdauer umfaßt.

Straßengüterverkehr 5.1

Mit dem *AETR* wurde die **Führung eines persönlichen Kontrollbuches** zum Zwecke der **Überwachung der beruflichen Tätigkeiten und der Ruhezeiten des Fahrpersonals** vorgeschrieben. Durch die *VO (EWG) Nr. 3820/85* wurden weitere Regelungen zur Harmonisierung bestimmter Sozialvorschriften im Straßenverkehr eingeführt. Es hatte sich jedoch alsbald herausgestellt, daß mit der Verpflichtung des Fahrpersonals zur ordnungsgemäßen Führung des Kontrollbuches nicht die optimale Lösung des Problems erreicht werden konnte.

So war es abzusehen, daß es zur **Einführung eines Kontrollgerätes** kommen mußte. Mit der *VO (EWG) Nr. 1463/70* wurde das Kontrollgerät mit exakten Einzelheiten bezüglich Bauart, Einbau, Benutzung und Prüfung als zwingend notwendig bezeichnet und mit gewissen Übergangsfristen ab 1.7.1979 obligatorisch. Diese Verordnung wurde ab 29. Sept. 1986 durch die Verordnung *(EWG) Nr. 3821/85* ersetzt, ohne sich jedoch im wesentlichen zu verändern.

Die nachfolgenden Übersichten sollen einen Einblick in den materiellen Gehalt dieser komplizierten Vorschriften vermitteln:

VO (EWG) Nr. 3820/85	AETR
Tageslenkzeit (Höchstdauer)	
9 Stunden bei allen Fahrzeugen 2 × wöchentlich Erhöhung auf 10 Stunden möglich (Artikel 6 Abs. 1)	**8 Stunden bei leichten Fahrzeugen (Artikel 10)** 2 × wöchentlich Erhöhung auf 9 Stunden möglich (Artikel 7 Abs. 1 u. 2)
Lenkzeit zwischen zwei wöchentlichen Ruhezeiten (Höchstdauer)	
56 Stunden Die wöchentliche Lenkzeit ist nicht ausdrücklich geregelt. Die 56 Stunden ergeben sich daraus, daß nach höchstens 6 Tageslenkzeiten eine wöchentliche Ruhezeit einzulegen ist. (Artikel 6 Abs. 1)	**48 Stunden** (Artikel 7 Abs. 3)
Lenkzeit innerhalb von zwei aufeinanderfolgenden Wochen (Höchstdauer)	
90 Stunden (Artikel 6 Abs. 2)	**92 Stunden** (Artikel 7 Abs. 3)
Unterbrechungen der Lenkzeit (Mindestdauer)	
nach **4½ Stunden Lenkzeit** – bei allen Fahrzeugen: **45 Minuten** Aufteilungsmöglichkeiten in bis zu 3 Abschnitte. Jeder Abschnitt muß mindestens 15 Minuten dauern. (Artikel 7)	nach 4 Stunden ununterbrochener Lenkzeit – schwere Fahrzeuge: **60 Minuten** Aufteilungsmöglichkeit in 2 × 30 Minuten – leichte Fahrzeuge: **30 Minuten** Aufteilungsmöglichkeit in 2 × 20 Minuten oder 3 × 15 Minuten (Artikel 8)

5 Der Spediteur und die Verkehrsträger

VO (EWG) Nr. 3820/85	AETR
tägliche Ruhezeit (Mindestdauer)	

bei Personen- und Güterverkehr:
11 Stunden
3 × wöchentlich Verkürzung auf 9 Stunden möglich. Bis zum Ende der folgenden Woche muß dann ein entsprechender Ausgleich durch Ruhezeit erfolgen. Wenn von der Verkürzung auf 9 Stunden kein Gebrauch gemacht wird, kann die Tagesruhezeit in zwei oder drei Abschnitte aufgeteilt werden. Die Gesamtdauer der täglichen Ruhezeit erhöht sich dann auf 12 Stunden. Die Abschnitte müssen innerhalb eines Zeitraumes von 24 Stunden liegen. Einer der Abschnitte muß mindestens 8 Stunden betragen.
Doppelbesetzung:
8 Stunden innerhalb von 30 Stunden
 	
(Artikel 9)
	Güterverkehr:
	11 Stunden
	2 × wöchentlich Verkürzung auf 9 Stunden am Standort oder auf 8 Stunden außerhalb des Standortes möglich.
	Personenverkehr:
	10 Stunden oder
	11 Stunden + 2 × 10 Stunden + 2 × 9 Stunden
	
	Doppelbesetzung:
	– mit Schlafkabine
	   8 Stunden innerhalb von 30 Stunden
	– ohne Schlafkabine
	   10 Stunden innerhalb von 27 Stunden
	(Artikel 6)

wöchentliche Ruhezeit (Mindestdauer)	
45 Stunden einschließlich einer Tagesruhezeit, Verkürzung möglich auf – 36 Stunden am Standort oder am Heimatort des Fahrers – 24 Stunden außerhalb dieser Orte, Ausgleich erfolgt bis zum Ende der auf die betreffende Woche folgenden Dritten Woche. Somit ergeben sich insgesamt 180 Stunden wöchentliche Ruhezeit innerhalb von 4 Wochen. Sonderregelungen für grenzüberschreitenden Personenverkehr: Die Wochenruhezeit einer Woche darf vollständig auf die folgende Woche übertragen werden. Keine saisonale Begrenzung. (Artikel 8)	**24 Stunden** zuzüglich einer Tagesruhezeit Sonderregelung für grenzüberschreitenden Personenverkehr gilt nur vom 1. April bis 30. September des jeweiligen Jahres: **60 Stunden** zuzüglich einer Tagesruhezeit in 14 Tagen (Artikel 9)

Straßengüterverkehr 5.1

5.1.12 Bundesamt für Güterverkehr

Mit dem Inkrafttreten des *Tarifaufhebungsgesetzes vom 13. August 1993 (BGBl. I S. 1489)* am 1. Januar 1994 wurde die *Bundesanstalt für den Güterfernverkehr* in das **Bundesamt für Güterverkehr (BAG)** umgewandelt.

Als **selbständige Bundesoberbehörde** mit Sitz in Köln ist das Bundesamt dem Geschäftsbereich des *Bundesministeriums für Verkehr* zugeordnet und wird aus dem Bundeshaushalt finanziert. Nach dem Organisationserlaß des Bundesministeriums für Verkehr unterhält das *BAG* seit dem 1. Januar 1996

- 8 Außenstellen mit Sitz in Schwerin, Hannover, Münster, Erfurt, Dresden, Mainz, Stuttgart und München
- 3 Außenstellen mit Schwerpunktaufgaben mit Sitz in Kiel, Bremen und Saarbrücken.

Während einer Übergangszeit – längstens bis zum 31. Dezember 2000 – werden noch Nebenstellen in Hamburg, Düsseldorf, Wiesbaden, Halle und Berlin unterhalten.

Das *Bundesamt für Güterverkehr* erledigt **Verwaltungsaufgaben des Bundes** auf dem Gebiet des Güterkraftverkehrs, die ihm durch das *GüKG*, durch andere Bundesgesetze oder aufgrund dieser Gesetze zugewiesen werden. **BAG, Aufgaben**

Das *Bundesamt für Güterverkehr* hat darüber zu wachen, daß

1. in- und ausländische Unternehmen des gewerblichen Güterkraftverkehrs und alle anderen am Beförderungsvertrag Beteiligten die ihnen nach diesem Gesetz obliegenden Pflichten erfüllen,

2. Werkfernverkehr nicht in unzulässiger Weise betrieben und die auf *§ 52 GüKG* beruhenden Verpflichtungen eingehalten werden,

3. die Rechtsvorschriften über

    a) die Beschäftigung und die Tätigkeiten des Fahrpersonals auf Kraftfahrzeugen,
    b) die zulässigen Abmessungen sowie die zulässigen Achslasten und Gesamtgewichte von Kraftfahrzeugen und Anhängern,
    c) die im internationalen Güterkraftverkehr verwendeten Container gemäß Artikel VI Abs. 1 des *Internationalen Übereinkommens über sichere Container (CSC)* in der Fassung der Bekanntmachung vom 27. Januar 1977 (BGBl. II S. 41),
    d) die Abgaben, die für das Halten oder Verwenden von Fahrzeugen zur Straßengüterbeförderung sowie für die Benutzung von Straßen anfallen,

5 Der Spediteur und die Verkehrsträger

  e) die Umsatzsteuer, die für die Beförderung von Gütern im Binnenverkehr durch ausländische Unternehmer oder mit nicht im Geltungsbereich dieses Gesetzes zugelassenen Fahrzeugen anfällt,
  f) die Beförderung gefährlicher Güter auf der Straße,
  g) die Beschaffenheit, Kennzeichnung und Benutzung von Beförderungsmitteln und Transportbehältnissen zur Beförderung von Lebensmitteln und Erzeugnissen des Weinrechts,
  h) das Mitführen einer Ausfertigung der *Genehmigungsurkunde nach § 12 Abs. 4 des Gesetzes über die Kontrolle von Kriegswaffen in der Fassung der Bekanntmachung vom 22. November 1990 (BGBl. I S. 2506),*
  i) die Beförderung von Abfall mit Fahrzeugen zur Straßengüterbeförderung im Hinblick auf die abfallrechtlichen Bestimmungen,
  j) die zulässigen Werte für Geräusche und für verunreinigende Stoffe im Abgas von Kraftfahrzeugen zur Güterbeförderung,

eingehalten werden, soweit diese Überwachung im Rahmen der Maßnahmen nach § *55 Abs. 1 Nr. 4* durchgeführt werden kann. In den Fällen der Buchstaben d und e hat das Bundesamt ohne Ersuchen den zuständigen Finanzbehörden die zur Sicherung der Besteuerung notwendigen Daten zu übermitteln.

Seit dem 1. Januar 1996 wurden vom *Bundesministerium für Verkehr* dem Bundesamt Aufgaben auf dem Gebiet der Genehmigung, Hinterlegung und Überwachung von Beförderungsentgelten im Luftverkehr übertragen.

Der *Bundesminister für Verkehr* erläßt mit Zustimmung des *Bundesrates* die zur Durchführung der dem *Bundesamt für Güterverkehr* nach dieser Vorschrift übertragenen Aufgaben und die zur Regelung des Zusammenwirkens mit den Behörden der Länder erforderlichen allgemeinen Verwaltungsvorschriften.

Allgemeine Verwaltungsvorschriften werden außerdem vom *Bundesminister für Verkehr* und vom *Bundesminister für Umwelt, Naturschutz und Reaktorsicherheit* erlassen.

BAG, Befugnisse Zur Durchführung der Überwachungsaufgaben hat das *Bundesamt für Güterverkehr* folgende Befugnisse:

  1. Es kann durch Beauftragte die erforderlichen Ermittlungen anstellen, auch Einsicht in die Bücher und Geschäftspapiere einschließlich der Unterlagen über den Fahrzeugeinsatz nehmen lassen, und zwar bei

      a) Eigentümern und Besitzern von Kraftfahrzeugen zur Güterbeförderung,
      b) allen an der Beförderung Beteiligten und
      c) den Beteiligten an Handelsgeschäften über die beförderten Güter.

  2. Das *Bundesamt für Güterverkehr* und seine Beauftragten können von den in Nummer 1 genannten Beteiligten und den in deren Geschäftsbereichen tätigen

Personen Auskunft über alle Tatsachen verlangen, die für die Durchführung der Überwachung von Bedeutung sind. Die Auskunft ist wahrheitsgemäß nach bestem Wissen und Gewissen zu erteilen. Der zur Auskunft Verpflichtete kann die Auskunft auf solche Fragen verweigern, deren Beantwortung ihn selbst oder einen der in *§ 383 Abs. 1 Nr. 1 bis 3 der Zivilprozeßordnung* bezeichneten Angehörigen der Gefahr strafgerichtlicher Verfolgung oder eines Verfahrens nach dem *Gesetz über Ordnungswidrigkeiten* aussetzen würde.

3. Seine Beauftragten können Grundstücke und Geschäftsräume der in Nummer 1 genannten Beteiligten betreten, um an Ort und Stelle innerhalb der üblichen Geschäfts- und Arbeitsstunden Ermittlungen durchzuführen. Die in Nummer 2 genannten Personen haben ihnen hierbei jede Auskunft und Nachweisung zu erteilen, derer sie bedürfen.

4. Es kann auch außerhalb der Geschäftsräume der Beteiligten, insbesondere auf Straßen, auf Autohöfen und an Tankstellen Überwachungsmaßnahmen durchführen. Zu diesem Zweck dürfen seine Beauftragten das Fahrpersonal von Kraftfahrzeugen zur Güterbeförderung anhalten. Die Zeichen und Weisungen der Beauftragten des *Bundesamtes für Güterverkehr* sind zu befolgen, entbinden den Verkehrsteilnehmer jedoch nicht von seiner Sorgfaltspflicht.

5. Auf Antrag eines Landes können Beauftragte des *Bundesamtes für Güterverkehr* zur Überwachung von Rechtsvorschriften über die Beschäftigung und die Tätigkeit des Fahrpersonals auf Kraftfahrzeugen Kraftomnibusse anhalten.

Verwaltungszwang

Das *Bundesamt* kann die Durchführung der im Rahmen ihrer Überwachungsaufgaben erforderlichen Verwaltungsmaßnahman nach den für die Durchsetzung von Verwaltungsmaßnahmen allgemein geltenden Bestimmungen erzwingen. Soweit es zur Wahrnehmung der ihm nach *§ 54 Abs. 2 Nr. 1* oder *3 GüKG* übertragenen Aufgaben erforderlich ist, kann das *Bundesamt* die Weiterfahrt eines Kraftfahrzeuges untersagen.

Marktobachtung, BAG

Das *Bundesamt für Güterverkehr* beobachtet die Entwicklung des Marktgeschehens im Güterverkehr (Marktbeobachtung), um die Funktionsfähigkeit des mittelständisch strukturierten Verkehrsmarktes zu erhalten, ruinöse Konkurrenz mit dauerhaften Dumping-Frachten zu vermeiden, Ansätze zu struktureller Überkapazität rechtzeitig zu erkennen und zur Durchführung internationaler Abkommen sowie von Verordnungen, Richtlinien und Entscheidungen des *Rates* und der *Kommission der Europäischen Union*.

Statistik

Zur **Beurteilung der Struktur und der Entwicklung des Straßengüterverkehrs** werden bei Unternehmen, die Straßengüterverkehr betreiben, durch das *Bundesamt für Güterverkehr* und durch das *Kraftfahrt-Bundesamt* repräsentative Erhebungen von Verkehrsleistungs-, Preis- und Unternehmensangaben über wirtschaftliche Tätigkeiten, Umsatz, Beschäftigte, Investitionen und Fuhrpark als Bundesstatistik mit Auskunftspflicht durchgeführt.

5 Der Spediteur und die Verkehrsträger

Die Unternehmer des Güterfernverkehrs, des Umzugsverkehrs und des Güternahverkehrs haben ihre Unternehmen und auf Verlangen des *Bundesamtes* die verwendeten Kraftfahrzeuge und Anhänger bei dem *Bundesamt für Güterverkehr* anzumelden. Das Bundesamt hat über sämtliche Unternehmen vorstehender Verkehrsbereiche Register zu führen.

Entsprechendes gilt auch für die im Werkfernverkehr verwendeten Kraftfahrzeuge und Anhänger mit mehr als 4 t Nutzlast und Zugmaschinen mit einer Leistung von mehr als 40 kW.

Das Bundesamt ist berechtigt, die Register als Auswahlgrundlage für die Durchführung der statistischen Stichprobenerhebungen zu nutzen.

5.1.13 Ordnungswidrigkeiten und Ahndungsmaßnahmen

Bußgeld, Ausschluß vom Verkehrsmarkt

Nach der Bestimmung des *§ 1 Gesetz über Ordnungswidrigkeiten (OWiG)* ist eine Ordnungswidrigkeit eine **rechtswidrige und vorwerfbare Handlung**, die den Tatbestand eines Gesetzes verwirklicht, das die Ahndung mit einer Geldbuße zuläßt.

Die staatliche Rechtsordnung kann sich an den Bürger mit Geboten oder Verboten richten. Zuwiderhandlungen können mit Strafe (Freiheitsstrafe oder Geldstrafe) oder mit Geldbuße bedroht sein. Je nach der angedrohten Rechtsfolge stellen begangene Zuwiderhandlungen **Straftaten** oder **Ordnungswidrigkeiten** dar. Als Ordnungswidrigkeiten hat der Gesetzgeber meistens Verstöße gegen verwaltungsrechtliche Ordnungsvorschriften eingestuft. Die gesetzlichen Vorschriften, die Tatbestände von Ordnungswidrigkeiten enthalten, stehen daher regelmäßig innerhalb der für ein Rechtsgebiet getroffenen Regelung, also in einem Spezialgesetz. So sind z. B. Verstöße gegen die Vorschriften des Güterkraftverkehrsgesetzes auch innerhalb des *GüKG (§§ 99 ff. GüKG)* geregelt.

Das Verfahren für die Verfolgung und Ahndung von Ordnungswidrigkeiten ist hingegen einheitlich im 1. und 2. Teil des *Gesetzes über Ordnungswidrigkeiten (OWiG)* geregelt. Während die Verfolgung und Ahndung von Straftaten grundsätzlich bei Staatsanwaltschaft und Gericht liegen, sind für die Verfolgung und Ahndung von Ordnungswidrigkeiten grundsätzlich die Verwaltungsbehörden zuständig *(§ 35 OWiG)*. In dieser Funktion werden sie auch als Bußgeldbehörden bezeichnet. Welche Verwaltungsbehörde im Einzelfall die Aufgaben wahrzunehmen hat, regelt die sachliche Zuständigkeit *(§ 36 OWiG)*. Sie wird regelmäßig durch eine besondere gesetzliche Vorschrift bestimmt. Diese findet sich häufig in dem jeweiligen Spezialgesetz im Zusammenhang mit den dort geregelten Ordnungswidrigkeit-Tatbeständen; Beispiel: *§§ 101, 102, 102 a GüKG*.

In anderen Fällen wird die Bestimmung durch eine selbständige Zuständigkeitsregelung in einem besonderen Gesetz oder einer Verordnung betroffen.

Nach den vorgenannten Beispielen ist gem. *§ 101 GüKG* bei Verstößen gegen Bestimmungen, die den Güterfernverkehr betreffen, zuständige Verwaltungsbehörde im Sinne des *OWiG* die höhere Landesverkehrsbehörde. Bei Verstößen gegen Bestimmungen, die den allgemeinen Güternahverkehr oder den Umzugsverkehr betreffen, ist zuständige Verwaltungsbehörde gem. *§ 102 GüKG* die untere Verkehrsbehörde.

Gem. *§ 102 a* ist zuständige Verwaltungsbehörde das Bundesamt, wenn ein Verstoß in einem Unternehmen begangen wird, das im Geltungsbereich des *GüKG* (also in der Bundesrepublik Deutschland) weder Sitz noch eine geschäftliche Niederlassung hat, und auch der Betroffene im Geltungsbereich des Gesetzes keinen Wohnsitz hat.

Die Ahndungsmaßnahmen reichen von der mündlichen Verwarnung, Verwarnungsgeld, Bußgeld bis zur Rücknahme oder Widerruf der Erlaubnis oder der Genehmigung. Diese äußersten Maßnahmen bedeuten somit, zumindest in dem Tätigkeitsbereich, in dem die Ordnungswidrigkeiten begangen worden sind, den **Ausschluß vom Verkehrsmarkt**.

Aber nicht nur der Unternehmer wird von diesen Maßnahmen betroffen, auch die in seinem Geschäftsbetrieb tätigen Personen oder sonst am Beförderungsvertrag Beteiligten, die entsprechende Ordnungswidrigkeiten begehen, können mit Geldbußen bis zu zehntausend Deutsche Mark belegt werden. Auch kann es in Verbindung mit einer Ordnungswidrigkeit durchaus zu einer strafbaren Handlung kommen, die Ahndungsmaßnahmen noch größeren Ausmaßes nach sich ziehen kann. Der *Bundesgerichtshof (4 StR 578/85)* bestätigte eine Freiheitsstrafe ohne Bewährung, die das *Landgericht Stuttgart* gegen die Prokuristin einer Spedition verhängt hatte. Sie war dort für die Abwicklung des Fernverkehrs zuständig und machte sich strafbar, da sie ihren Berufskraftfahrern Routen und Arbeitszeiten vorschrieb, die nur unter Verstoß gegen Geschwindigkeitsbeschränkungen und Arbeitszeitvorschriften einzuhalten waren. Dabei war es zu einem folgenschweren Unfall gekommen, bei dem mehrere Menschen den Tod fanden.

Derartige Sachverhalte geben immer wieder Veranlassung, bereits bei der Berufsausbildung darauf hinzuweisen, daß der bestehende Ordnungsrahmen nicht nur aus bloßen Formvorschriften besteht. **Ein umfassendes Wissen ist unumgänglich, da bekanntlich Unkenntnis nicht vor Strafe schützt und in diesem Fall „Vorbeugen" besser als „Heilen" ist.**

5.2 Eisenbahngüterverkehr

5.2.1 Die wirtschaftliche Bedeutung des Schienengüterverkehrs

Rückblick Mit der Inbetriebnahme der ersten Eisenbahn auf deutschem Boden zwischen Nürnberg und Fürth vor mehr als 150 Jahren begann ein **Zeitalter neuer Mobilität**. Von ihr gingen starke Impulse auf die in Deutschland Mitte des 19. Jahrhunderts einsetzende Industrialisierung aus.

Noch 80 Jahre später, das Schienennetz hatte nach einer stürmischen Entwicklung das Ausmaß von 57 000 km Streckenlänge, **war die Beförderung von Personen und Gütern fast ausschließlich Sache der Eisenbahn**. Doch der technische Fortschritt des Automobils, aber auch Kriegsereignisse, Kriegsfolgelasten, Wirtschaftskrisen u. a. stellten die Eisenbahn in den folgenden Jahrzehnten vor fast unlösbare Probleme. Die folgenden Jahre brachten weitere strukturelle Veränderungen am Markt; insbesondere im Massengutbereich. **Der Marktanteil der Eisenbahn wurde immer geringer**.

Die Folge waren **immer höhere Defizite** des im Eigentum des Bundes stehenden Unternehmens.

Privatisierung DBAG Die Vereinigung beider deutscher Staaten und die Zusammenführung der *Deutschen Reichsbahn* und der *Deutschen Bundesbahn* brachte weitere Probleme. Die Angleichung der Infrastruktur an den Standard der *Deutschen Bundesbahn* verursachte hohe Kosten und einen hohen Investitionsbedarf. Auch deshalb wurde die *Deutsche Bundesbahn* und *Deutsche Reichsbahn* **privatisiert**.

Mit dem Datum 31.12.1993 endete die Existenz der *Deutschen Bundesbahn* und der *Deutschen Reichsbahn*. **Die beiden Bahnen, die bis zu dem Zeitpunkt als Sondervermögen des Bundes geführt wurden, wurden zum 01.01.1994 in eine Aktiengesellschaft mit dem Namen „Deutsche Bahn AG" umgewandelt**. Alleiniger Aktionär ist der Bund.

Ausblick Europa ist in den letzten Jahren immer mehr zu einer wirtschaftlichen Einheit zusammengewachsen. Während Westeuropa bereits weitgehend die Voraussetzungen für die wirtschaftliche Einheit geschaffen hat, sind durch die Veränderungen in Osteuropa neue Herausforderungen entstanden. Diesen Herausforderungen und den veränderten Bedürfnissen des Marktes muß sich die *Deutsche Bahn AG* stellen. Sie muß sich den Entwicklungen und Bedürfnissen anpassen. Dazu ist eine **noch intensivere kooperierende Partnerschaft mit dem Spediteur**, der die Eisenbahn ja in den letzten Jahren schon recht intensiv begleitet hat, **unverzichtbar**.

Eisenbahngüterverkehr 5.2

Die Voraussetzungen, losgelöst von staatlichen Rahmenbedingungen und einer eingefahrenen Behördenstruktur, ihre Angebote flexibler zu gestalten, auf Veränderungen am Markt schneller zu reagieren und **nach marktwirtschaftlichen Grundsätzen zu handeln**, sind durch die Umwandlung in eine Aktiengesellschaft gegeben. Es liegt nun an der *Deutschen Bahn AG*, daraus das Beste zu machen.

5.2.2 Unternehmensstruktur der Deutschen Bahn AG im Güterverkehr

Mit der Umwandlung der *Deutschen Bundesbahn* und der *Deutschen Reichsbahn* in die *Deutsche Bahn AG (DB AG)* wurde auch gleichzeitig eine **neue Unternehmensstruktur** eingeführt. Wesentliche Kompetenzen wurden aus dem Zentralbereich in die operative Ebene verlagert. Der Unternehmensbereich Güterverkehr wurde in die Geschäftsbereiche Ladungsverkehr und Stückgutverkehr aufgeteilt. Die nachstehenden Grafiken zeigen die Unternehmensstruktur der *DB AG*:

Deutsche Bahn AG

Unternehmensstruktur der Deutschen Bahn AG

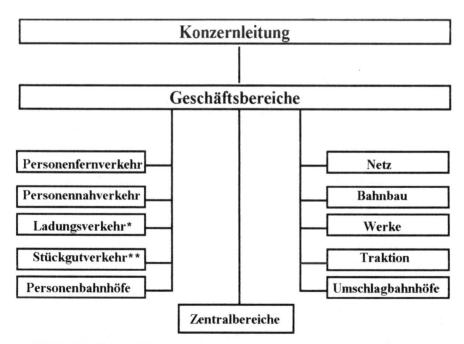

*   ab 01.01.1997 DB Cargo AG
** wird nach und nach in Bahntrans überführt

231

5 Der Spediteur und die Verkehrsträger

DB Cargo AG

Mit Wirkung vom 01.01.1997 wird der Geschäftsbereich Ladungsverkehr in eine eigenständige Aktiengesellschaft mit dem Namen „DB Cargo AG" umgewandelt.

Damit ist der Ladungsverkehr der erste Bereich, der gemäß der gesetzlichen Forderung (*Gesetz über die Gründung der* DB AG; *Kapitel 5.2.4 Seite 259*) ausgegliedert wird.

Die Struktur des Unternehmens DB Cargo AG entnehmen Sie der Grafik.

Struktur des Untenehmens *DB Cargo AG* ab 01.01.1997

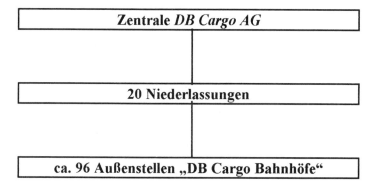

Struktur des Vertriebs von DB Cargo

Der Vertrieb wurde in fünf Marktbereiche umstrukturiert.

1. Marktbereich „Montan" für Eisen, Stahl, Metalle, Schrott, Kohle, Eisenerze und Zuschlagstoffe.

2. Marktbereich „Baustoffe/Entsorgung" für Baustoffe, mineralische Rohstoffe, Tonverkehre und Entsorgung.

3. Marktbereich „Chemische Produkte/Mineralöl" für Mineralöl, Mineralölprodukte, Chemische Produkte und Düngemittel.

4, Marktbereich „Industriegüter" für Maschinen, Fahrzeuge, Fahrzeugteile, Haushaltswaren und palettierte Güter.

5. Marktbereich „Kaufmannsgüter/Land- und Forstwirtschaft" für textile und tierische Rohstoffe, Halb- und Fertigwaren, land- und forstwirtschaftliche Produkte sowie Kühlgut; einschließlich kombinierter Verkehr und nationaler Containerverkehr.

Für den Transitverkehr (Eisenbahngüterverkehr durch Deutschland) wird ein eigener Führungsbereich geschaffen.

5.2.3 Vertriebspartner der Deutschen Bahn AG

Die **Kooperation zwischen den Verkehrsträgern Straße und Schiene** ist eine wesentliche Voraussetzung, die kommenden Aufgaben auf dem Transportsektor zu bewältigen. Dabei gilt es, die **Systemvorteile** jedes einzelnen Verkehrsträgers auszunutzen. Das heißt:

— Die **Leistungsfähigkeit des Lkw bei der Sammlung und Verteilung in der Fläche** mit den Vorteilen der Schiene im Fernverkehr zu verknüpfen

— Die **Umweltbelastung und den Energieverbrauch durch die Beförderung mit der Eisenbahn** wesentlich **zu verringern** und

— Die **Sicherheit, Schnelligkeit und Zuverlässigkeit durch die Kombination Schiene und Straße zu erhöhen**.

Diese Aufgaben sind nur zu realisieren, wenn die Bahn mit Partnern zusammenarbeitet, die die Voraussetzungen für das Gelingen mitbringen.

Im Jahre 1967 gründeten 24 europäische Bahnen die *Internationale Gesellschaft für den Containerverkehr* – genannt *Intercontainer* – mit Sitz in Basel. Sie hat die Aufgabe, **den Containerverkehr in ganz Europa überregional zu organisieren, zu akquirieren und zu vermarkten**.

Systemvorteile

Intercontainer

Die *Transfracht „Deutsche Transportgesellschaft mbH"* (TFG) nimmt neben den **nationalen Aufgaben als deutscher Vertreter** auch die **Interessen von *Intercontainer* im grenzüberschreitenden Verkehr** wahr. Die *Transfracht* hat ihren Sitz in Frankfurt (Main), mehrere Zweigniederlassungen, Verkaufsbüros, Betriebsstellen sowie Regionalbüros. Mehr als 700 *Transfracht*-Agenturen bei Niederlassungen, Umschlagbahnhöfen und Transfracht-Umschlagplätzen **erledigen den Transport im Containergeschäft**. Die *Transfracht* hält dafür ca. 6000 Container unterschiedlicher Bauarten vor.

Transfracht GmbH

5 Der Spediteur und die Verkehrsträger

BahnTank Das Unternehmen *BahnTank Transport GmbH* mit Sitz in Frankfurt (Main) **wickelt Logistikbeförderungen für Güter, die sich zur Beförderung in Tankcontainern eignen, ab.**

Kombi KG Die *„Deutsche Gesellschaft für kombinierten Güterverkehr mbH & Co. KG"* oder kurz *„Kombi KG"* genannt, **realisiert die Idee, den Straßen- und Schienenverkehr sinnvoll miteinander zu verbinden.** Im Kombiverkehr werden Wechselbehälter, Sattelanhänger und komplette Lastkraftwagen auf langen Strecken zwischen Umschlagterminals mit der Eisenbahn befördert.

An der Firma sind Speditions- und Straßentransportunternehmen als Kommanditisten beteiligt. Komplementär ist die *Deutsche Gesellschaft für kombinierten Güterverkehr mbH* in Frankfurt (Main).

Kombi KG ist Mitglied der *Internationalen Vereinigung der Huckepackgesellschaften UIRR (Union Internationale des societes de transport combine Rail-Route)*. UIRR ist die Dachorganisation der Gesellschaften des Kombinierten Verkehrs in Europa.

Interfrigo/ Die *internationale Gesellschaft der Eisenbahnen für Kühltransporte (Interfrigo)* mit
Trans- Sitz in Basel **stellt Kühl- und Maschinenkühlwagen zum Transport von Gütern,**
thermos **die Kälte- oder Wärmeschutz benötigen, zur Verfügung.** Interfrigo ist seit 1993 mit *Intercontainer* zusammengelegt und hat auch den Kühlwechselbehälter-Verkehr übernommen. Das Unternehmen wurde im Jahre 1949 gegründet.

Leistungsangebote:

- Kühlwagengestellung einschließlich Beeisung
- Kühl- und Maschinenkühlwagengestellung sowie Kontrolle des Transportablaufs und Temperaturüberwachung bei Maschinenkühlwagen
- langfristige Vermietung von Wagen
- Transport von Kühlgroßcontainern einschließlich Abhol- und Zustelldienst

TRANSA Die *TRANSA Spedition* ist ein Beteiligungsunternehmen der *Deutschen Bahn AG* und mittelständischer Transportunternehmer. Sie **bietet den Bahnkunden markt- und wettbewerbsgerechte Speditionslösungen** an. Das Unternehmen ist durch ca. 90 Niederlassungen und Agenturen in Deutschland und im europäischen Ausland vertreten.

Die Geschäftsabwicklung der *TRANSA* erfolgt über 3 Verkehrssparten:

- **Straßengüterverkehr**
  Sie erledigt mit eigenen Mitarbeitern die Aufgaben des Transports auf der Straße

- **Schienengüterverkehr**
  Sie ist zur Stärkung der Speditionsaktivitäten im Schienengüterverkehr tätig.

Eisenbahngüterverkehr 5.2

– **Logistische Projekte**
Sie erstellt in Zusammenarbeit mit den Logistikberatern der Bahn kundenbezogene Gesamtangebote für Schiene und Straße.

Die „*Collico Verpackungslogistik und Service GmbH*" **vermietet** an Bahnkunden für den Kleinguttransport auf der Schiene **spezielle Verpackungen**. Sie ist ein Tochterunternehmen der *Deutschen Bahn AG* und hat ihren Sitz in Solingen-Ohligs.

Collico

Die *BahnTrans GmbH* wurde Ende des Jahres 1994 gegründet. Gesellschafter des Unternehmens sind die *Deutsche Bahn AG (DB AG)* mit einem Geschäftsanteil von 49 % und die *Thyssen Handelsunion AG* mit einem Geschäftsanteil von 51 %.

BahnTrans

Der Firmensitz ist Duisburg, in Mainz befindet sich eine Zweigniederlassung.

Die Geschäftsführung wird von der Firma *Thyssen Handelsunion AG* wahrgenommen.

Die *DB AG* wird ihr gesamtes Stückgutgeschäft nach und nach in die Euro-Stückgutgesellschaft der *Thyssen Haniel Logistik GmbH (THL)* einbringen.

Dadurch ist eine der **führenden Stückgutspeditionen** in Europa **mit einem Transportvolumen von etwa 5 Millionen Tonnen** entstanden.

Ziel des Unternehmens ist es, etwa 70 % des Transportaufkommens auf der Schiene abzuwickeln. Dieses wird über 41 zum Teil bereits vorhandene, zum Teil noch zu bauende **Frachtzentren** realisiert. Die Frachtzentren sollen im Nachtsprung direkt miteinander verbunden werden.

BahnTrans ist in die von der *THL* initiierte flächendeckende europäische Verkehrsallianz *TEAM (Trans-European Alliance Members)* eingebunden. Das Unternehmen kooperiert außerdem mit den übrigen *THL*-Produktbereichen Euro-Carrier, Euro-Logistik, Luftfracht, Seefracht und Binnenschiffahrt und hat damit Zugang zum *THL*-Weltnetz.

Mit der Kooperation erfolgte bei der *DB AG* eine Trennung zwischen Transportlogistik und Speditionslogistik. Dadurch ergeben sich für die *DB AG* bessere Möglichkeiten für eine Zusammenarbeit mit Spediteuren.

5.2.4 Gesetzliche Grundlagen für den Eisenbahngüterverkehr

Im *Grundgesetz* ist die Gesetzgebungskompetenz von Bund und Ländern festgelegt. Folgende Artikel des *Grundgesetzes* betreffen die Eisenbahnen:

Grundgesetz

5 Der Spediteur und die Verkehrsträger

Artikel 73
Ausschließliche Gesetzgebung des Bundes
Der Bund hat die ausschließliche Gesetzgebung über den Verkehr der Eisenbahnen, die ganz oder mehrheitlich im Eigentum des Bundes stehen, ... sowie über die Erhebung von Entgelten für die Benutzung der Schienenwege.

Artikel 74
Konkurrierende Gesetzgebung des Bundes
Die Länder können von ihrem Gesetzgebungsrecht Gebrauch machen, solange und soweit der Bund von seinem Recht keinen Gebrauch macht, bei den Schienenbahnen, die nicht Eisenbahnen des Bundes sind, mit Ausnahme der Bergbahnen.

Artikel 80
Erlaß von Rechtsverordnungen
Durch Gesetz können die Bundesregierung, ein Bundesminister oder die Landesregierung ermächtigt werden, Rechtsverordnungen zu erlassen. Der Zustimmung des Bundesrates bedürfen ... Rechtsverordnungen über die Grundsätze der Erhebung des Entgelts für die Benutzung der Einrichtungen der Eisenbahnen des Bundes, den Bau und Betrieb der Eisenbahnen ...

Artikel 87
Gegenstände bundeseigener Verwaltung
Aus dem Artikel sind die Bundeseisenbahnen gestrichen. Sie werden nicht mehr unter bundeseigener Verwaltung geführt.
Es wurde ein neuer Artikel 87e aufgenommen.

Artikel 87e
1. Die Eisenbahnverkehrsverwaltung für Eisenbahnen des Bundes wird in bundeseigener Verwaltung geführt.
2. Der Bund nimmt die über den Bereich der Eisenbahnen des Bundes hinausgehenden Aufgaben der Eisenbahnverkehrsverwaltung wahr, die ihm durch Bundesgesetz übertragen werden.
3. Eisenbahnen des Bundes werden als Wirtschaftsunternehmen in privat-rechtlicher Form geführt.
4. Der Bund gewährleistet, daß dem Wohl der Allgemeinheit, insbesondere den Verkehrsbedürfnissen ... Rechnung getragen wird.

Artikel 143a
Der Bund hat die ausschließliche Gesetzgebung über alle Angelegenheiten, die sich aus der Umwandlung der in bundeseigener Verwaltung geführten Bundeseisenbahnen in Wirtschaftsunternehmen ergeben. Beamte der Bundeseisenbahnen können durch Gesetz unter Wahrung ihrer Rechtstellung und der Verantwortung des Dienstherrn einer privat-rechtlich organisierten Eisenbahn des Bundes zur Dienstleistung zugewiesen werden.

Eisenbahnneuordnungsgesetz Der Inhalt des *Gesetzes über die Neuordnung des Eisenbahnwesens (Eisenbahnneuordnungsgesetz ENeuOG)* ist der Übersicht auf der nächsten Seite zu entnehmen.

Gesetz über die Zusammenführung und Neugliederung der Bundeseisenbahnen Das *Gesetz über die Zusammenführung und Neugliederung der Bundeseisenbahnen* enthält die Regelungen über das *Bundeseisenbahnvermögen (BEV)*. Die **Vermögensbestände sowie die Verbindlichkeiten** der ehemaligen *Deutschen Bundesbahn* und *Deutschen Reichsbahn* gingen auf das *BEV* über. Somit konnte die *Deutsche Bahn AG* zum 01.01.1994 **schuldenfrei starten**.

Die Aufgaben des *BEV* bestehen in der Verwaltung der Beamten der ehemaligen *Deutschen Bundesbahn*, die der *DB AG* zugewiesen sind sowie der Verwaltung des

236

Vermögens, der Verbindlichkeiten, und der Verwertung der Liegenschaften, die nicht bahnnotwendig sind.

Das *BEV* ist berechtigt und verpflichtet, der *DB AG* aus dem Bestand des *BEV* **alle Liegenschaften und sonstiges Vermögen zu übertragen**, wenn dieses für das Erbringen von Eisenbahnverkehrsleistungen und das Betreiben von Eisenbahninfrastruktur notwendig ist. Die **Liegenschaften gehen auf die *DB AG* über**.

Bundeseisenbahnvermögen (BEV)

Die Bundesregierung wird ermächtigt, frühestens 10 Jahre nach Inkrafttreten des Gesetzes das *BEV* **aufzulösen** und die Aufgaben einer anderen Bundesbehörde zu übertragen.

Das *Gesetz über die Gründung einer Deutschen Bahn Aktiengesellschaft (Deutsche BahnGründungsgesetz – DBGrG)* regelt zunächst die **Errichtung der Gesellschaft**. Die **Liegenschaften**, die zur Erbringung von Eisenbahnverkehrsleistungen und zum Betreiben von Eisenbahninfrastruktur notwendig sind, werden aus dem *BEV* ausgegliedert und der *DB AG* überlassen. Die *DB AG* wird in das **Handelsregister** eingetragen.

Gegenstand des Unternehmens sind das Erbringen von Eisenbahnverkehrsleistungen zur Beförderung von Gütern und Personen, das Betreiben der Eisenbahninfrastruktur, sowie die Geschäftstätigkeiten in dem Eisenbahnverkehr verwandten Bereichen.

5 Der Spediteur und die Verkehrsträger

Gesetz über die Neuordnung des Eisenbahnwesens (ENeuOG)

Artikel 1	Artikel 2	Artikel 3	Artikel 4	Artikel 5	Artikel 6
Gesetz zur Zusammenführung und Neugliederung der Bundeseisenbahnen	Gesetz über die Gründung der Deutschen Bahn Aktiengesellsch.	Gesetz über die Eisenbahnverkehrsverwaltung des Bundes	Gesetz zur Regionalisierung des öffentlichen Personennahverkehrs	Allgemeines Eisenbahngesetz	Anpassung anderer Rechtsvorschriften
• Sondervermögen der DB und DR werden zusammengeführt und vom Bund unter dem Namen Bundeseisenbahnvermögen (BEV) zusammengefaßt. • unmittelbar nach Zusammenführung wird DB AG gegründet • Das BEV umfaßt nur noch den Verwaltungsbereich • Einrichtung eines Eisenbahn-Bundesamtes (EBA) zur Wahrnehmung hoheitlicher Aufgaben	• Ausgliederung des unternehmerischen Bereichs aus dem BEV. • Personal wird auf DB AG übergeleitet. Beamte bleiben beim BEV, werden aber Kraft Gesetz der DB AG zugewiesen. • Bereiche Personenverkehr, Güterverkehr und Fahrweg sind frühestens nach 3, spätestens nach 5 Jahren organisatorisch und rechnerisch zu trennen.	• Einrichtung des Eisenbahn-Bundesamtes (EBA) als Bundesoberbehörde. • Aufgaben der Eisenbahnverkehrsverwaltung • hoheitliche Aufgaben • Planfeststellung • Eisenbahnaufsicht • Erteilung und Widerruf von Betriebsgenehmigungen	• Das Gesetz behandelt die Finanzierung und Organisation des öffentlichen Personennahverkehrs.	• Neugliederung des Eisenbahnwesens • Vorschriften über Eisenbahnaufsicht • Betriebsgenehmigungen • Zugang für private Eisenbahnverkehrsunternehmen zur Benutzung der Eisenbahninfrastruktur • Beförderungspflicht • Tarife • Rechtsverordnungen	• Auf den Inhalt der Anpassung der einzelnen Rechtsvorschriften wird hier nicht besonders eingegangen

Der Gegenstand des Unternehmens kann durch Änderung der Satzung erweitert werden. Die Gesellschaft kann sich an Unternehmen gleicher oder verwandter Art beteiligen sowie solche Unternehmen gründen und erwerben.

Innerhalb der *DB AG* sind mindestens die **Bereiche Personennahverkehr, Personenfernverkehr, Güterverkehr und Fahrweg organisatorisch und rechnerisch voneinander zu trennen.**

Aus der *DB AG* sind frühestens in drei, spätestens in fünf Jahren nach der Eintragung ins Handelsregister die Bereiche Personennahverkehr, Personenfernverkehr, Güterverkehr und Fahrweg auf dadurch neu gegründete Aktiengesellschaften auszugliedern.

Das Gesetz über die Eisenbahnverkehrsverwaltung des Bundes regelt die Errichtung des *Eisenbahn-Bundesamtes*. Das *Eisenbahn-Bundesamt (EBA)* wird als **selbständige Bundesoberbehörde** für Aufgaben der Eisenbahnverkehrsverwaltung errichtet. Es untersteht dem *Bundesverkehrsministerium*. **Eisenbahn-Bundesamt (EBA)**

Aufgaben des Eisenbahn-Bundesamtes sind
- Aufsichts- und Genehmigungsbehörde nach dem Allgemeinen Eisenbahngesetz
- Planfeststellung für Schienenwege von Eisenbahnen des Bundes
- Ausübung der Eisenbahnaufsicht
- Erteilung und Widerruf von Betriebsgenehmigungen
- hoheitliche Aufgaben nach Maßgabe anderer Gesetze oder Verordnungen
- fachliche Untersuchung von Störungen im Eisenbahnbetrieb

Das *Allgemeine Eisenbahngesetz (AEG)* **gilt für Eisenbahnen**. Das sind öffentliche Einrichtungen oder privatrechtlich organisierte Unternehmen, die **Eisenbahnverkehrsleistungen erbringen**. Es wird nach öffentlichen und nichtöffentlichen Eisenbahnen unterschieden (siehe die nachstehende Grafik). Das Gesetz gilt nicht für andere Schienenbahnen wie Magnetschwebebahnen, Straßenbahnen oder ähnliche Bahnen, Bergbahnen und sonstige Bahnen besonderer Bauart. **Allgemeines Eisenbahngesetz (AEG)**

5 Der Spediteur und die Verkehrsträger

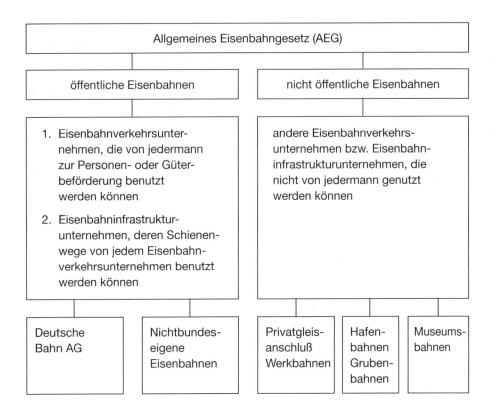

Eisenbahn-aufsicht Die Eisenbahnen des Bundes unterliegen der **Aufsicht des Bundes**. Die Aufgabe wird vom *Eisenbahn-Bundesamt* wahrgenommen.
Nichtbundeseigene Eisenbahnen werden von dem Bundesland, in dem sie ihren Sitz haben, beaufsichtigt. Das Land kann die Aufsicht dem *Eisenbahn-Bundesamt* übertragen.

Sicher-heitsvor-schriften Die Eisenbahnen sind verpflichtet, ihren Betrieb sicher zu führen und die Eisenbahninfrastruktur, Fahrzeuge und Zubehör **sicher zu bauen und in betriebssicherem Zustand zu halten**.

Beförde-rungs-pflicht Die **Beförderungspflicht** gilt nur für öffentliche Eisenbahnverkehrsunternehmen, die dem Personenverkehr dienen. Die Beförderungspflicht bezieht sich nur auf die Beförderung von Personen und Reisegepäck. Das bedeutet, daß die Beförderungspflicht im Güterverkehr für öffentliche Eisenbahnverkehrsunternehmen (*DB AG* und Nichtbundeseigene Eisenbahnen) seit dem 01.01.1994 aufgehoben ist.

Tarifpflicht Tarife sind die Beförderungsentgelte und Beförderungsbedingungen der Eisenbahnverkehrsunternehmen. Die Pflicht, Tarife aufzustellen, besteht bei öffentlichen

Eisenbahnverkehrsunternehmen nur für die Beförderung von Personen. Für den Güterverkehr besteht eine Tarifpflicht nur hinsichtlich der Beförderungsbedingungen, aber nicht für die Beförderungsentgelte.

Die **Tarifhoheit** liegt für Beförderungsbedingungen einer Eisenbahn des Bundes beim Bund, im übrigen bei den Ländern. Ohne Genehmigung der Beförderungsbedingungen dürfen Eisenbahnverkehrsleistungen nicht erbracht werden.

Eine **Betriebspflicht**, die bisher für öffentliche Eisenbahnen festgelegt war, **besteht nicht mehr**. Bei einer beabsichtigten Stillegung einer Strecke oder eines für die Betriebsabwicklung wichtigen Bahnhofs muß das Eisenbahninfrastrukturunternehmen die Stillegung bei der zuständigen Behörde beantragen (*Eisenbahn-Bundesamt* oder Landesbehörde). Die Behörde entscheidet dann über die Stillegung bzw. Schließung. — **Betriebspflicht**

Wenn öffentliche Eisenbahnen sowohl Eisenbahnverkehrsleistungen erbringen als auch eine Eisenbahninfrastruktur betreiben, müssen in der **Rechnungsführung** beide Bereiche **getrennt** werden. Dies ist bei der *DB AG* maßgebend.

Durch die Neufassung des *AEG* wird erstmals allen Eisenbahnverkehrsunternehmen die diskriminierungsfreie Benutzung der Eisenbahninfrastruktur von Eisenbahninfrastrukturunternehmen erlaubt. Das heißt, daß das **Schienennetz der DB AG auch von anderen Eisenbahnverkehrsunternehmen genutzt werden kann**. Dadurch wird ein **Wettbewerb** zwischen Eisenbahnverkehrsunternehmen möglich. — **Zugang zur Eisenbahninfrastruktur**

Einzelheiten über den Zugang, insbesondere über Zeitpunkt und Dauer der Nutzung, das zu entrichtende Nutzungsentgelt und die sonstigen Nutzungsbedingungen, werden zwischen den Eisenbahnverkehrsunternehmen und den Eisenbahninfrastrukturunternehmen vereinbart.

Kommt eine Vereinbarung nicht zustande, entscheidet auf Antrag eines der beteiligten Unternehmen das *Eisenbahn-Bundesamt* über die Nutzung.

Das Bundesministerium für Verkehr wird ermächtigt, zur **Gewährleistung von Sicherheit und Ordnung im Eisenbahnverkehr** mit Zustimmung des Bundesrates für öffentliche Eisenbahnen **Rechtsverordnungen zu erlassen über den Bau, Betrieb und Verkehr** (*Eisenbahn-Bau- und Betriebsordnung* = EBO, *Eisenbahn-Signalordnung* = ESO, *Eisenbahn-Verkehrsordnung* = EVO).

Die **Sicherheit des Betriebes** der Eisenbahnen wird durch die Bestimmungen der §§ *315* und *316 Strafgesetzbuch* geschützt. Danach werden Beschädigungen an Bahnanlagen, Signaleinrichtungen u.a.m., die die Sicherheit des Betriebes gefährden, sowie fahrlässig verursachte Beschädigungen unter schwere Strafe gestellt. — **Strafgesetzbuch**

5 Der Spediteur und die Verkehrsträger

Haftpflicht-gesetz Wird bei dem Betrieb einer Schienenbahn oder einer Schwebebahn ein **Mensch** getötet, der Körper oder die Gesundheit eines Menschen verletzt **oder eine Sache** beschädigt, so ist der **Betriebsunternehmer** dem Geschädigten **zum Ersatz** des daraus entstandenen Schadens **verpflichtet**.

Handels-gesetz-buch (HGB) Für die **Beförderung von Personen und Gütern** mit Eisenbahnen des öffentlichen Verkehrs gelten die Bestimmungen der *§§ 453/460 des HGB*. Der *§ 458* bildete die Rechtsgrundlage für die *Eisenbahn-Verkehrsordnung (EVO)*, die die ausführlichen und bis ins Detail gehende Bestimmungen für den gesamten Personen- und Güter-

EVO verkehr mit den Eisenbahnen enthält. Auf den Inhalt der *EVO* wird im Abschnitt „Eisenbahnfrachtgeschäft" näher eingegangen.

5.2.5 Verkehrswege und Verkehrsmittel der Eisenbahn

5.2.5.1 Verkehrswege

Schienen-netz Das **Schienennetz der Bahnen** in der Bundesrepublik Deutschland hat z. Zt. eine Länge von **ca. 40 400 km**. Davon sind ca. 40 % elektrifiziert.

Spurweite Die **Normalspurweite** des **deutschen Schienennetzes** entspricht mit **1435 mm** der Spurweite der meisten mitteleuropäischen Eisenbahnen. Die Schmalspur beträgt 1000 mm. Sie ist bei einigen Privatbahnen oder Bergbahnen anzutreffen. Die Breitspur in Finnland und den Staaten der ehemaligen UdSSR beträgt 1524 mm; in Spanien und Portugal 1676 mm.

Im Eisenbahnverkehr nach Spanien, Portugal, Finnland und den Staaten der ehemaligen UdSSR können die Normalspurwagen der *DB AG* nicht verwendet werden. Die *Transfesa* in Madrid besitzt jedoch Güterwagen, die an der französisch-spanischen Grenze durch Radsatzwechsel auf die Breitspur bzw. Normalspur umgesetzt werden können.

Lademaß **Als Lademaß wird die Begrenzung bezeichnet, die eine Ladung im geraden Gleis nicht überragen darf**. Bei jedem Transport ist das kleinste Lademaß auf der zu durchfahrenden Strecke für die Verwendung des Wagens maßgebend. Im wesentlichen werden 2 Lademaße unterschieden:

Eisenbahngüterverkehr 5.2

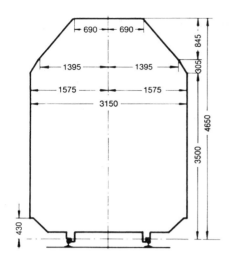 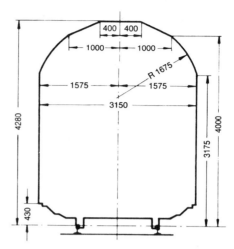

Lademaß der deutschen Eisenbahnen   Internationales Lademaß

a) **das Lademaß der Deutschen Eisenbahnen**
 entspricht auch dem Lademaß der Bahnen Bulgariens, Dänemarks, Griechenlands, der Staaten des ehemaligen Jugoslawiens, Luxemburgs, der Niederlande, Österreichs, Polens, Rumäniens, Sloweniens, Tschechiens und Ungarns.

b) **das internationale Lademaß**
 gilt für die übrigen Eisenbahnen bis auf Großbritannien.

Im Verkehr mit Großbritannien gilt ein besonderes Lademaß mit einer Breite von 2692 mm und einer Höhe von 3861 mm über Schienenoberkante.

Für den **Einsatz der Güterwagen** auf dem Streckennetz der beteiligten Bahnen gibt **Strecken-**
es für bestimmte Strecken und für bestimmte Wagentypen **gewisse Einschränkun- klassen
gen.** Diese betreffen z. B. die Radsatzlast, die Meterlast, den Achsstand oder das Lademaß. Dabei bestimmt der Streckenunterbau die Belastbarkeit der Schienenwege. **Maßstäbe für die beförderte Last in einem Güterwagen sind die höchstzulässige Radsatzlast (Achslast) und das höchstzulässige Fahrzeuggewicht je Längeneinheit** (Meterlast).

Die Strecken der Bahnen sind deshalb hinsichtlich der **Belastbarkeit** (zulässige Radsatzlast und Meterlast) in sogenannte **Streckenklassen** eingeteilt. Jede Bahn hat eine Normalstreckenklasse. Diese Streckenklasse ist diejenige, die der überwiegenden Streckenlänge dieser Bahn entspricht.

Übersicht über die jeweilige Streckenklasse mit den entsprechenden höchstzulässigen Radsatz- bzw. Meterlasten:

5 Der Spediteur und die Verkehrsträger

Die Strecken der Bahnen sind hinsichtlich der Radsatzlast und Meterlast in folgende Klassen eingeteilt:

Streckenklasse	Höchstzulässige Radsatzlast	Höchstzulässige Meterlast
1	2	3
A	16,0 t	5,0 t
B_1	18,0 t	5,0 t/
B_2	18,0 t	6,4 t/m
C_2	20,0 t[1])	6,4 t/m
C_3	20,0 t[1])	7,2 t/m
C_4	20,0 t[1])	8,0 t/m
D_2	22,5 t	6,4 t/m
D_3	22,5 t	7,2 t/m
D_4	22,5 t	8,0 t/m
Zusätzlich für den Verkehr im Bereich der DB AG einschließlich der nichtbundeseigenen Eisenbahnen des öffentlichen Verkehrs:		
CE[2])	20,0 t	kein konstanter Höchstwert; die jeweiligen Werte ergeben sich aus dem Brückenberechnungsverfahren.

Die Radsatzlast eines Wagens ist gleich der Summe von Eigengewicht des Wagens und Gewicht der Ladung geteilt durch die Zahl der Achsen.

Die Meterlast ist gleich der Summe von Eigengewicht des Wagens und Gewicht der Ladung geteilt durch die Länge des Wagens in Metern über die nicht eingedrückten Puffer gemessen.

5.2.5.2 Güterwagen, die Transportmittel der Eisenbahnen

Bahneigene Güterwagen Etwa **200 000 bahneigene Güterwagen** sowie eine Vielzahl Wagen fremder Eisenbahnverwaltungen stehen den Verladern zum Transport der Güter zur Verfügung. Die Güter haben unterschiedliche Strukturen und erfordern **besondere Fahrzeuge für die unterschiedlichen Be- und Entladetechniken**. Diese Forderungen werden durch die Vorhaltung von unterschiedlichen gedeckten, offenen oder flachen Wagen sowie einer großen Anzahl von Spezialwagen realisiert.

Privatgüterwagen Etwa **85 000 Privatgüterwagen** sind bei der *Deutschen Bahn AG* eingestellt. Aufgrund ihrer Spezialeinrichtungen stellen sie eine nicht unwesentliche Bereicherung des Gesamtfahrzeugangebots dar. Im wesentlichen sind es Kesselwagen, Staubgut- und Schüttgutwagen, Autotransportwagen und kurzgekuppelte Wageneinheiten.

Eisenbahngüterverkehr 5.2

Die für die **Benutzung der Privatgüterwagen** interessierten Verlader haben folgende Möglichkeiten:

- Beschaffung von Privatwagen mit Genehmigung des Eisenbahn-Bundesamtes zur Eigennutzung oder zur Vermietung an Dritte.
- Anmietung von Privatwagen bei Wagenvermietgesellschaften

Für den Nutzer von Privatgüterwagen ergeben sich eine Reihe von Vorteilen:

- bei der Fracht wird ein Privatwagenabschlag in Höhe von 8 bzw. 15 % abgerechnet
- für die Leerbeförderung wird nur eine ermäßigte Fracht berechnet
- ermäßigtes Wagenstandgeld, wenn die Ladefrist im öffentlichen Ladegleis überschritten wird. Ansonsten kein Wagenstandgeld.
- geringes Entgelt für das Abstellen der leeren Wagen

Die Güterwagen werden vom *internationalen Eisenbahnverband (UIC)* in **13 Gattungsgruppen** unterteilt. Die **Unterteilung erfolgt nach Großbuchstaben**, dem Gattungsbuchstaben. Der Gattungsbuchstabe sagt etwas über die allgemeinen Eigenschaften des Güterwagens aus.

Arten von Güterwagen

Gattungsbuchstaben für Güterwagen

E	=	Offene Wagen in Regelbauart, stirn- und seitenkippbar mit flachem Boden
F	=	Offene Wagen in Sonderbauart
G	=	Gedeckte Wagen in Regelbauart mit mindestens 8 Lüftungsöffnungen
H	=	Gedeckte Wagen in Sonderbauart
I	=	Wagen mit Temperaturbeeinflussung (Kühlwagen)
K	=	Flachwagen mit 2 Radsätzen in Regelbauart mit 2 klappbaren Borden
L	=	Flachwagen mit unabhängigen Radsätzen in Sonderbauart
O	=	Gemischter Offen-Flachwagen in Regelbauart mit 2 oder 3 Radsätzen, mit umklappbaren Borden und Rungen (bei der DB AG nicht vorhanden)
R	=	Drehgestell-Flachwagen in Regelbauart, mit klappbaren Stirnborden und Rungen
S	=	Drehgestell-Flachwagen in Sonderbauart
T	=	Wagen mit öffnungsfähigem Dach
U	=	Sonderwagen, die nicht unter die Gattungen F, H, L, S oder Z fallen
Z	=	Kesselwagen, mit Behältern aus Metall, für den Transport von flüssigen oder gasförmigen Erzeugnissen

5 Der Spediteur und die Verkehrsträger

Freizügig- Die Güterwagen können im Verkehr zwischen allen Ladestellen des Bundesgebietes
keit verwendet werden. **Es besteht also der Grundsatz der Freizügigkeit.** Dadurch werden unnötige Leerläufe vermieden.

Auch international besteht weitgehend Freizügigkeit bei der Benutzung der Güterwagen.

Bedingung ist jedoch, daß die jeweilige Bahn dem *internationalen Güterwagenverband (RIV = Regolamente Internazionale Veicoli)* angehört. Diese Bahnen haben ein Übereinkommen über die gegenseitige Benutzung der Güterwagen getroffen.

Einige Mitgliedsbahnen des *RIV-Verbandes* haben darüber hinaus ein besonderes „Übereinkommen über die gemeinschaftliche Benutzung von Güterwagen" (EUROP-Übereinkommen) abgeschlossen. Ziel dieses Übereinkommens ist es, Leerläufe zwischen den beteiligten Ländern zu vermeiden. Die Güterwagen aller am Übereinkommen beteiligten Bahnen können wie eigene Wagen verwendet werden.

Güter- Das Anschriftenbild ist sozusagen die **„Visitenkarte" des Güterwagens**. Das An-
wagenan- schriftenbild befindet sich an der linken Seite des Wagenkastens; bei Güterwagen
schriften ohne Wagenkasten am Langträger. Die Anschriften geben dem Verlader und der Eisenbahn Auskunft über betriebliche und technische Einrichtungen und Eigenschaften des Wagens.

Wagen- Nachstehend ist die Wagennummer mit Gattungszeichen beispielhaft erläutert:
Nummer

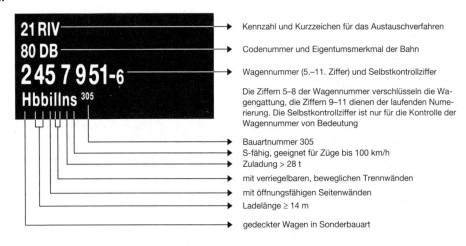

21 RIV → Kennzahl und Kurzzeichen für das Austauschverfahren

80 DB → Codenummer und Eigentumsmerkmal der Bahn

245 7 951-6 → Wagennummer (5.–11. Ziffer) und Selbstkontrollziffer

Die Ziffern 5–8 der Wagennummer verschlüsseln die Wagengattung, die Ziffern 9–11 dienen der laufenden Numerierung. Die Selbstkontrollziffer ist nur für die Kontrolle der Wagennummer von Bedeutung

Bauartnummer 305
S-fähig, geeignet für Züge bis 100 km/h
Zuladung > 28 t
mit verriegelbaren, beweglichen Trennwänden
mit öffnungsfähigen Seitenwänden
Ladelänge ≥ 14 m
gedeckter Wagen in Sonderbauart

Eisenbahngüterverkehr 5.2

Beispiel für einen **internationalen Lastgrenzenraster**: **Lastgrenzenraster**

	A	B	C	D	
90	40,5t	48,5t	56,5t	66,5t	**
S	40,5t	48,5t	56,5t		
120		00,0t			

Die Lastgrenzen geben die Höchstlademasse an, bis zu der ein Wagen bei der Beförderung über Strecken der angegebenen Klassen beladen werden darf.

Die Lastgrenze gemäß obenstehendem Beispiel beträgt auf Strecken der Klasse A: 40,5 t, B: 48,5 t, C: 56,5 t, D: 66,5 t.

Bei Einstellung des Wagens in Züge mit einer Geschwindigkeit über 90 km/h bis 100 km/h – Beförderungsart S – vermindert sich die Lastgrenze der Streckenklasse D auf 56,5 t.

Die Geschwindigkeit 120 km/h darf brems- und lauftechnisch uneingeschränkt nur mit leerem Wagen gefahren werden.

Sternchen neben dem Lastgrenzenraster bedeuten:

* = lauftechnische Eignung für 100 km/h,

** = lauftechnische Eignung für 120 km/h,

auf bestimmten Strecken der *DB AG* unter Nutzung der in den Streckenklassen angegebenen Lastgrenzen.

Die Streckenklassen legen die maximal zulässige Radsatzlast und die Masse je Längeneinheit fest:

Klasseneinteilung → Radsatzlast = P					
Fahrzeugmasse je Längeneinheit = p		A	B	C	D
		16 t	18 t	20 t	22,5 t
1	5,0 t/m	A	B 1		
2	6,4 t/m		B 2	C 2	D 2
3	7,2 t/m			C 3	D 3
4	8,0 t/m			C 4	D 4

p = Fahrzeugmasse je Längeneinheit, das heißt Summe der Wagen- und Lademasse geteilt durch die Wagenlänge, gemessen über die nicht eingedrückten Puffer.

5 Der Spediteur und die Verkehrsträger

Weitere wichtige Anschriften mit den entsprechenden Erläuterungen:

Lfd. Nr.	Anschriften und Zeichen	Bedeutung
1	⊢15,5 m⊣	Länge über Puffer
2	13 900 kg	Eigenmasse
3	14,2 m	Ladelänge
4	⟨33,2 m²⟩	Bodenfläche
5	50 m³	Laderaum
6	50 000 l	Fassungsraum der Behälterwagen
7	→ 8,00 m ←	Zeichen für den Abstand zwischen – den Endradsätzen in Drehgestellen – den Endradsätzen von Wagen ohne Drehgestelle – den Drehzapfen von Drehgestellwagen

Wagenbestellung **Bestellungen** sind **bei jeder** *DB Cargo Niederlassung* der Eisenbahnen möglich. Die Bestellung sollte bis ca. 10 Uhr vorliegen, damit der leere Wagen auch am nächsten Tag zur Beladung verfügbar ist. Nachträgliche Bestellungen werden selbstverständlich noch entgegengenommen und wenn möglich, auch bis zum nächsten Tag realisiert.

Bei der Bestellung sind folgende **Angaben** erforderlich:

– Verladetag ggf. mit Uhrzeit des Verladebeginns
– Name des Bestellers
– ggf. Anzahl und Gattung der benötigten Wagen
– Art des zu verladenden Gutes
– gewünschte Transportart
– ggf. Hinweis auf Verladestelle
– Gewicht des Gutes
– Empfangsbahnhof; bei Sendungen ins Ausland auch das Empfangsland

Die **Leerwagendisposition** erfolgt bei der *DB AG* mit Hilfe eines EDV-Systems. Die Niederlassungen geben örtlich bis zu einem bestimmten Zeitpunkt den Bedarf und Bestand an Güterwagen ein und übertragen die Daten an ein Großrechnersystem.

Der Großrechner sorgt dann aufgrund seiner Disposition für den wirtschaftlichen Ausgleich der Leerwagen. Die Niederlassungen können das Ergebnis der Disposition gegen Mittag abrufen.

5.2.5.3 Lademittel der Eisenbahnen

Beim Transport der Güter ist sehr oft eine **Verpackung** erforderlich. Die Verpackung soll die Güter selbst und andere Güter vor Beschädigungen sowie die Menschen, die mit den Gütern umgehen, vor Verletzungen schützen. Verpackungen kosten viel Geld und belasten nach dem Gebrauch die Umwelt. **Verpackung**

Die Eisenbahn bietet deshalb den Versendern Mehrwegverpackungen wie Paletten, Kleincontainer, Collico, Well- und Paltainer und die Logistikbox an.

Die Nutzung bietet einige Vorteile:

- Die Eisenbahnen erfüllen weitgehend die gesetzlichen Bestimmungen, die in der „*Verordnung über die Vermeidung von Verpackungsabfällen (Verpackungsverordnung)*" vom 01.12.1991 gefordert werden.

- Bildung von durchgehenden Transportketten vom Versender bis zum Empfänger

- Kostenersparnis für Verpackungsmittel und Lagerraum

- Erfüllung der Bestimmungen über die Rücknahmepflicht von Transportverpackungen

- Verringerung der Kosten für Entsorgung und Leerrückführung von Einwegverpackungen

- Das Beschädigungsrisiko während des Transports verringert sich erheblich

- Bei der Frachtberechnung wird das Eigengewicht/die Eigenmasse nicht zur Frachtberechnung herangezogen.

Paletten sind stapelbare Lademittel, die mit Gabelstapler oder Gabelhubwagen unterfahren und bewegt werden können. **Paletten**

Es wird unterschieden nach Paletten ohne Seitenaufbauten (Flachpaletten) oder mit Seitenwänden (Boxpaletten).

Eisenbahngüterverkehr 5.2

Boxpalette (oben) und Flachpalette (unten)

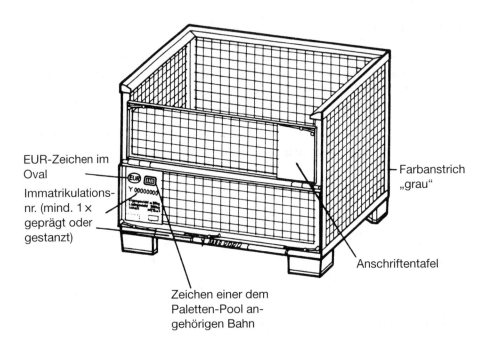

EUR-Zeichen im Oval
Immatrikulationsnr. (mind. 1 × geprägt oder gestanzt)
Zeichen einer dem Paletten-Pool angehörigen Bahn
Farbanstrich „grau"
Anschriftentafel

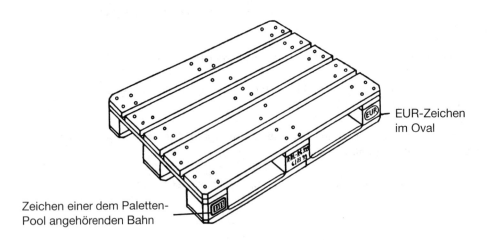

Zeichen einer dem Paletten-Pool angehörenden Bahn
EUR-Zeichen im Oval

250

Die **Paletten sind international genormt**, haben ein Basismaß von 1200 mm x 800 mm und eine Tragfähigkeit von 1500 kg (im Stückfrachtverkehr nur bis 1000 kg zugelassen). Sie sind an folgenden **Merkmalen** zu erkennen:

- am geschützten Warenzeichen *EUR*
- am Zeichen einer dem europäischen Palettenpool angeschlossenen Bahnen (z. B. *DB AG*)
- am *RAL*-Zeichen
- an der Nummer des Herstellers und am Herstellungsjahr.

Die Paletten sind nicht nur im Inland, sondern auch im grenzüberschreitenden Verkehr einsetzbar. In Europa haben sich 17 Bahnen in einem **Europäischen Paletten-Pool** zusammengeschlossen. Zwischen diesen Bahnen sind die Paletten unter den jeweiligen Bedingungen einsetzbar. Unwirtschaftliche Rücktransporte leerer Paletten werden dadurch vermieden.

Palettenpool

Für den Kunden gibt es folgende Möglichkeiten, Paletten einzusetzen:

Paletteneinsatz

- Tauschen
   Es gelten die „*Allgemeinen Bedingungen über den Tausch von EUR-Paletten in der Bundesrepublik und im Europäischen Paletten-Pool*". Die Niederlassungen der Bahn tauschen mit dem Kunden entweder sofort Palette gegen Palette oder nachträglich.

   Im Soforttausch sind Flach- und Boxpaletten des Stückfracht- und Partiefrachtverkehrs sowie Flachpaletten im Ladungsverkehr einbezogen. Dabei erhält der Versender bei der Auflieferung die für den Tausch vorgesehenen Paletten sofort zurück oder eine Gutschrift auf seinem Palettenkonto.

   Der nachträgliche Tausch gilt für Boxpaletten im Ladungsverkehr und für Flach- und Boxpaletten im Großcontainerverkehr. Der Versender erhält die Paletten zurück oder eine Gutschrift auf seinem Palettenkonto, wenn er den mit einer Rückgabebestätigung der Empfangsniederlassung versehenen Palettenscheck bei seiner Niederlassung vorlegt.

- Überlassen
   Das Überlassen von Paletten ist nur bei Stückfracht möglich. Es ist für Kunden, die keine eigenen Paletten haben und somit nicht tauschen können. Dem Kunden werden leere Paletten überlassen, die er beladen zurückgibt.

– **Übergeben**
Im Stückfracht-, Ladungs- und Großcontainerverkehr werden beladene Paletten im Empfang an Kunden übergeben, die ebenfalls nicht tauschen. Die Bahn erhält die Paletten nach der Entladung zurück.

Die Eisenbahnen übernehmen damit

- die Palettenvorhaltung für die Transportdauer
- die Rückgabeüberwachung
- die Qualitätskontrolle
- den Ausgleich für leere Paletten.

Paletten-Entgelte

Für den Tausch der Paletten wird differenziert nach Flach- oder Boxpaletten ein **Tauschentgelt** erhoben.

Bei Überschreitung der Rückgabefristen erhebt die Eisenbahn ein **Verzögerungsentgelt**.

Dadurch ist es möglich, den ökologisch sinnvollen Palettentausch wirtschaftlich im Interesse der Verlader zu erhalten.

Private Paletten

Die Versender können ihre Güter auch in **eigenen Paletten** befördern lassen. Diese Paletten gelten als Privatpaletten und können nicht getauscht werden.

Als **private Paletten** können befördert werden:

- EUR-Flach- und Boxpaletten

- Paletten mit den Maßen 800 mm x 1200 mm und 1000 mm x 1200 mm nach den Bestimmungen des *UIC-Merkblattes 435-1*. Diese Paletten müssen von der Eisenbahn genehmigt sein und können dann im Stückfracht- und Ladungsverkehr eingesetzt werden.

Zur Unterscheidung von bahneigenen Paletten müssen die Paletten folgende **Kennzeichnung** tragen:

- das Zeichen der Bahn, die die Paletten zugelassen hat
- das Zeichen „P" für privat
- das Eigengewicht/die Eigenmasse in kg
- den Namen oder eine Kurzbezeichnung des Eigentümers
- ggf. eine besondere farbliche Kennzeichnung (ausgenommen die Farbe grau)

– Sonderpaletten mit anderen Maßen, die den speziellen Erfordernissen des zu befördernden Gutes entsprechen. Diese Paletten dürfen nur im Ladungs- und Großcontainerverkehr eingesetzt werden.

Eisenbahngüterverkehr 5.2

Kleincontainer in Standardbauart sind geschlossene Behälter, die rollbar sind oder mit einem Kran oder Gabelstapler bewegt werden können. Das eigene Fahrwerk bietet Beweglichkeit auf engstem Raum. Sie sind mit einer Feststellvorrichtung ausgerüstet, die einen sicheren Stand während des Transports oder beim Abstellen im Lager gewährleistet. Sie lassen sich zollsicher verplomben oder verschließen.

Kleincontainer

Die Bahnen bieten drei Typen von Kleincontainern an:

Typ A mit einem Fassungsraum von 1 m^3
Typ B mit einem Fassungsraum von 2 m^3
Typ C mit einem Fassungsraum von 3 m^3

Die Be- und Entladung der Kleincontainer ist sehr einfach und bequem. Eine Seitenwand hat 3 bzw. 4 Einsteckbretter, die ganz oder teilweise herausgenommen werden können. Der Deckel kann halbseitig aufgeklappt werden und gibt so den Laderaum von oben frei.

Die Kleincontainer tragen an der Stirnwand folgende **Kennzeichnung**:

Kennzeichnung

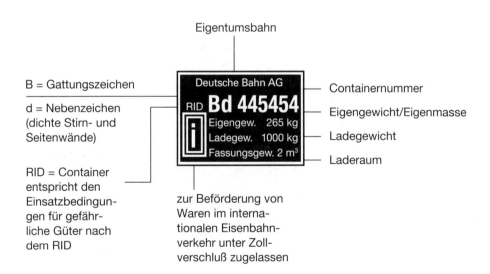

5 Der Spediteur und die Verkehrsträger

Vorteile der Kleincontainer

Für den Kunden ergeben sich bei der Benutzung von Kleincontainern folgende Vorteile:

- Einsparung von Versandverpackungen
- Frachtermäßigung, das Eigengewicht/die Eigenmasse wird bei der Frachtberechnung nicht berücksichtigt
- Einsparung von Lade- und Verpackarbeiten
- keine Kennzeichnung der Einzelstücke
- Verringerung des Beschädigungsrisikos, besonders bei stoß- und bruchempfindlichen Gütern

Für die Benutzung von Kleincontainern gelten die **„Bedingungen für die Beförderung und Benutzung bahneigener Kleincontainer"**. Diese sind vom Kunden vor der ersten Inanspruchnahme schriftlich anzuerkennen. Hier ist u. a. auch das **Benutzungsentgelt** sowie das **Verzögerungsentgelt** bei verspäteter Rückgabe festgelegt.

Rauminhalte der Kleincontainer

Für die **Frachtberechnung** bei Kleincontainern werden **je nach Typ festgesetzte Rauminhalte** zugrunde gelegt.

Typ A   1330 dm^3
Typ B   2330 dm^3
Typ C   3330 dm^3

Das Frachtberechnungsgewicht beträgt mindestens 1,5 kg je angefangene 10 dm^3 Rauminhalt.

Die Bahnkunden **bestellen** die Kleincontainer mindestens 1 Tag vor dem Versandtag bei der Stückfrachtniederlassung. Dabei ist der gewünschte Typ, der Verwendungszweck, die Art und das Gewicht des zu verladenden Gutes anzugeben.

Private Kleincontainer

Wie bei privaten Paletten, können Bahnkunden **auch private Kleincontainer** befördern lassen, wenn sie die Bedingungen für die Einstellung in den Containerpark erfüllen.

Es sind hier insbesondere Kleincontainer, die **zum Transport von speziellen Gütern** erforderlich sind, für die die Eisenbahnen das entsprechende Transportgefäß nicht vorhalten. Das sind z. B. Tank- oder Silocontainer für flüssige, gas- oder staubförmige Güter.

Auch bei privaten Kleincontainern wird das Eigengewicht/die Eigenmasse des Containers nicht zur Frachtberechnung herangezogen. Leere Container werden zu einer ermäßigten Fracht befördert.

Eisenbahngüterverkehr 5.2

Auch Collico gehören zu den **wiederverwendbaren, umweltfreundlichen Verpackungen**.   **Collico**

Es sind leichte, nicht zusammenlegbare **Leichtmetallkoffer** mit Nutzlasten zwischen 25 und 40 kg oder zusammenlegbare Collico aus Aluminiumblech mit Nutzlasten zwischen 150 und 1000 kg. Die Bahnkunden können zwischen ca. **30 verschiedenen Typen** wählen, die unterschiedlichen Ansprüchen genügen:

- die **Norm- und Standardtypen** sind besonders geeignet für schutzbedürftige Güter wie Glas, Porzellan, Keramik, elektrotechnische und optische Geräte sowie chemische und pharmazeutische Erzeugnisse. Die Abmessungen sind so genormt, daß die Collico auf EUR-Poolpaletten untergebracht werden können.

- **Isolierboxen** zur Beförderung von temperaturempfindlichen oder tiefgekühlten Gütern.

- **Unterfahrbare Faltboxen** für Schüttgüter mit einem trichterförmigen oder geraden Boden sowie unterschiedlichen Vorrichtungen zum Entladen.

- Die **fahrbare Großbox** mit 3980 Litern Rauminhalt ist eine Ergänzung der Kleincontainer der Eisenbahnen.

Collico lassen sich einfach und ohne Hilfsmittel zusammenklappen und wieder aufstellen. Sie können von der Breitseite und von oben be- und entladen werden. Die Verriegelung erfolgt durch Spannverschlüsse, die auch zum Anlegen von Plomben geeignet sind. Zur eindeutigen Identifizierung ist die Typenbezeichnung und eine Ordnungsnummer in das Blech eingestanzt.   **Collico – Handhabung**

Die Collico werden von der *COLLICO Verpackungslogistik und Service GmbH* in Solingen-Ohligs in der Regel für 1 Jahr **vermietet**. Der Kunde kann sich an eine Niederlassung der Bahn oder an eines der zahlreichen Collico-Kontore in Deutschland wenden.   **Collico – Miete**

Im Mietpreis sind in der Regel auch Reparaturkosten für den defekten Collico enthalten.

Das **Eigengewicht**/die Eigenmasse des Collico wird beim Lasttransport **nicht zur Frachtberechnung herangezogen**. Auch die **Rückbeförderung des leeren Collico** zum Versender ist **kostenlos**. Dafür muß der Versender beim Lasttransport einen **Collico-Begleitschein** beigeben.   **Collico – Transport**

Das Angebot der Eisenbahnen betreffend den Laderaum beschränkte sich bisher auf Güterwagen und Container bzw. für Kleingüter auf Paletten und Kleincontainer. Der Markt hat gezeigt, daß auch zwischen diesen Einheiten Verpackungsbedarf besteht, der sich **gleichermaßen für den Transport auf Straßen- und Schienenfahrzeugen**   **Logistik-Box** eignet. Ein solches Transportgefäß muß natürlich **mehrfach genutzt werden können** und damit **verpackungssparend** sein. Es wurde die **LogistikBox** konzipiert. Es gibt sie in 2 Größen:

LogistikBox 4, ein 4-Paletten-Behälter mit einer Nutzlast von 3000 kg

LogistikBox 6, der 6-Paletten-Behälter mit einer Nutzlast von 4500 kg

Vorteile der LogistikBox:

- Die Boxen sind mit 2 platzsparenden Rolltoren ausgerüstet, dadurch ist ein beidseitiges Be- und Entladen sowie ein Durchladen möglich.

- Profilleisten im Innenraum erhöhen den Transportschutz

- Es können Zwischenböden eingelegt werden, dadurch kann eine weitere Palettenlage untergebracht werden

- Optimale Zugriffsmöglichkeit durch rundum vorhandene Gabelstaplertaschen

Der Transport der LogistikBox **im Nahbereich** erfolgt entweder mit Wechselbrücken-Lkw oder auf mit Hubladetechnik ausgerüstete Fahrzeugen. Im **Fernbereich** werden die Boxen mit Zügen des Kombinierten Ladungsverkehrs befördert, die im Nachtsprung ihr Ziel erreichen. Die Logistik-Box wird zur Zeit von der *DBAG* wieder aus dem Markt genommen.

5.2.6 Leistungsangebote der Eisenbahnen im Güterverkehr

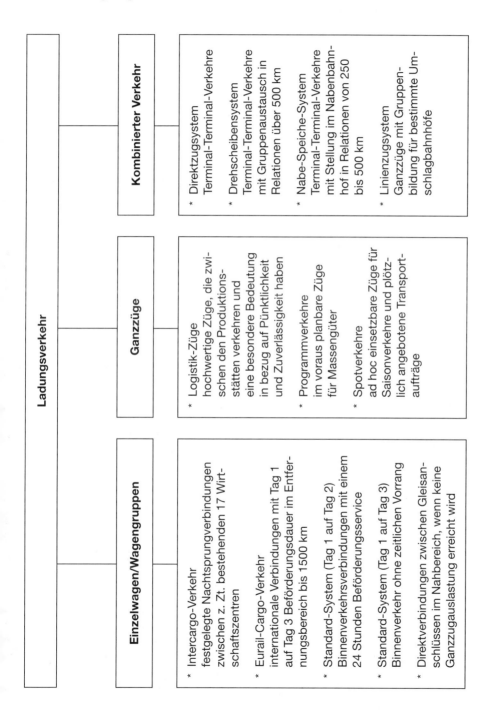

5 Der Spediteur und die Verkehrsträger

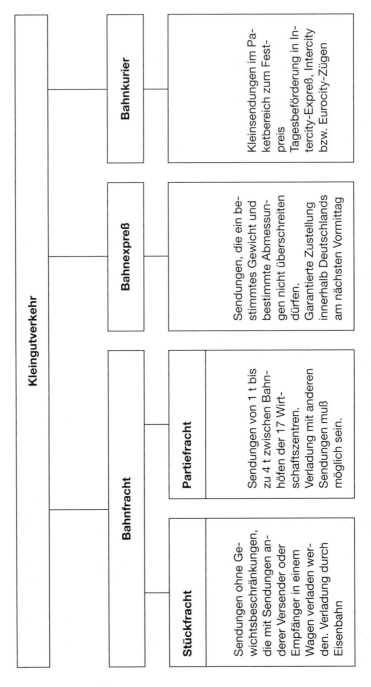

Der *DB*-Kleingutverkehr wird innerhalb der nächsten 2 Jahre auf die Bahntrans GmbH übertragen. Er hört danach als eigenständiger Leistungsbereich der *DBAG* zu existieren auf.

Eisenbahngüterverkehr 5.2

5.2.7 Beförderungssystem der Eisenbahnen im Ladungsverkehr

Der Transport von Gütern als Ladungen ist eine der Hauptaufgaben von DB Cargo AG und somit die wichtigste Einnahmequelle des Unternehmens. Die Beförderung der einzelnen Ladungen vom Versandbahnhof bis zum Bestimmungsbahnhof ist aus wirtschaftlichen Erwägungen nicht möglich. Die Ladungen müssen unterwegs umgestellt und in neue Züge eingestellt werden, um einen gewissen Auslastungsgrad bei den Güterzügen zu erreichen. **Knotenpunktsystem**

Ein sorgfältig ausgearbeitetes Knotenpunktsystem sorgt dafür, daß die Ladungen mit möglichst wenig Umstellungen und ohne großen Zeitverlust vom Versand- bis zum Bestimmungsbahnhof befördert werden.

Den **Transportablauf** soll die folgende **Übersicht** erläutern:

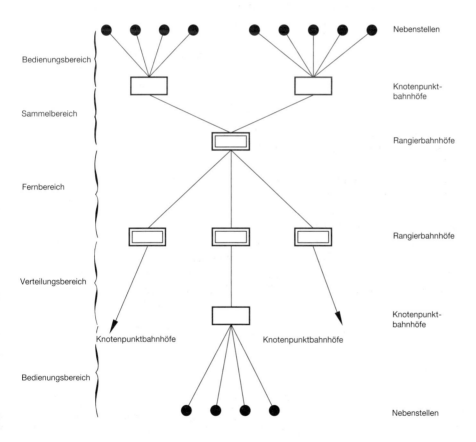

Die **Abholung** von den Nebenstellen geschieht je nach Bedarf ein- oder mehrmals täglich. In den **Knotenpunktbahnhöfen** werden die Wagen in Züge eingestellt, die die Ladungen bis zu einem Rangierbahnhof befördern.

Zwischen den **Rangierbahnhöfen** verkehren Schnellgüterzüge, InterCargo-Züge oder TEEM mit einer Höchstgeschwindigkeit bis zu 160 km/h. Weniger eilbedürftige Sendungen werden in Durchgangsgüterzügen mit einer Höchstgeschwindigkeit bis zu 100 km/h befördert.

Im letzten Rangierbahnhof vor dem Ziel beginnt dann die Verteilung der Ladungen an die entsprechenden Knotenpunktbahnhöfe und von dort wieder zu den diesen Knotenpunktbahnhöfen angeschlossenen Nebenstellen.

5.2.8 Beförderungssystem der Eisenbahn für Bahnfracht-Sendungen

Partie-fracht — Die Bahn holt die Partiefrachtsendungen in der Regel vom Versender ab, fährt sie über Nacht in InterCargo-Zügen zum Empfangsbahnhof und stellt dort die Sendung dem Empfänger zu. **Das Netz verbindet nur sogenannte Partiefrachtbahnhöfe in bestimmten Wirtschaftszentren.**

Durch großflächige Sammlung und Verteilung auf der Straße sind sehr viele Orte in dieses Leistungsangebot einbezogen.

Die Sendungen werden dem jeweiligen Zielbahnhof vorgemeldet, damit die Güter rechtzeitig zugestellt werden können.

Stück-fracht — Stückfracht-Sendungen werden bundesweit innerhalb von 48 Stunden vom Haus des Absenders bis zum Haus des Empfängers befördert. Auch hier gibt es eine sinnvolle Aufgabenteilung zwischen der Straße und der Schiene. Die Abholung und Zustellung in der Fläche erfolgt auf der Straße durch den Lkw. Die langen Beförderungswege im Fernbereich legt das Gut im Güterwagen auf der Schiene zurück.

5.2.9 Das Eisenbahnfrachtgeschäft

5.2.9.1 Handelsgesetzbuch (HGB) und Eisenbahnverkehrsordnung (EVO)

Die Rechtsgrundlagen für die Beförderung von Personen und Gütern mit Eisenbahnen des öffentlichen Verkehrs sind im siebenten Abschnitt der *§§ 453/460 HGB* enthalten.

Grundlagen des Eisenbahnfrachtgeschäfts

Im § *458 des HGB* wird der Verkehrsminister ermächtigt, die übrigen Bestimmungen über die Güterbeförderung mit den Eisenbahnen in der *Eisenbahn-Verkehrsordnung (EVO)* zu treffen.

Die *EVO* hat durch Herausgabe des *Allgemeinen Eisenbahngesetzes (AEG)* von 1951, zuletzt geändert am 01.01.1994, allerdings eine neue Rechtsgrundlage erhalten. Im *AEG* wird der Bundesverkehrsminister ermächtigt, Rechtsverordnungen über den Bau, Betrieb und Verkehr zu erlassen. Damit gilt das **AEG als das jüngere Recht als die eigentliche Rechtsgrundlage für die *EVO*.**

Aus den Betriebsreglements der ehemaligen Staatseisenbahnen wurde in den Jahren 1872/74 das *„Betriebsreglement für die Eisenbahnen Deutschlands"* geschaffen. An dessen Stelle trat am 01.01.1893 die *„Verkehrsordnung für die Eisenbahnen Deutschlands"*.

Mit der Einführung des neuen *HGB* am 10.05.1897 und des *BGB* am 01.01.1900 wurde eine den geänderten Gesetzen entsprechende *EVO* herausgegeben, deren letzte Ausgabe vom 01.01.1938 in der Fassung nach der letzten Verordnung zur Änderung der *EVO* vom 01.01.1994 heute für alle Eisenbahnen des öffentlichen Verkehrs in der Bundesrepublik Deutschland gültig ist.

Die *EVO* gilt für die Beförderung von Personen, Reisegepäck, Expreßgut, Tieren und Gütern. Sie ist in 8 Abschnitte gegliedert:

EVO Inhaltsübersicht

- Abschnitt I = Allgemeine Bestimmungen
- Abschnitt II = bleibt frei
- Abschnitt III = Beförderung von Personen
- Abschnitt IV = Gepäckträger, Gepäckaufbewahrung
- Abschnitt V = Beförderung von Reisegepäck
- Abschnitt VI = Beförderung von Expreßgut
- Abschnitt VII = Beförderung von lebenden Tieren
- Abschnitt VIII = Beförderung von Gütern

Die *EVO* hat außerdem eine Anlage mit näheren Bestimmungen über die Verladung und Beförderung von lebenden Tieren.

5 Der Spediteur und die Verkehrsträger

EVO, Ausführungsbestimmungen Die Eisenbahn kann mit Genehmigung des Bundesverkehrsministers **Ausführungsbestimmungen** zur *EVO* erlassen. Die Ausführungsbestimmungen sind in die Beförderungsbedingungen der Eisenbahn aufzunehmen. Die Genehmigung muß aus den Beförderungsbedingungen ersichtlich sein.

EVO, Beförderungsausschluß **Von der Beförderung ausgeschlossen** (§ *54 EVO*) sind:

1. Sendungen, deren Beförderung der Deutschen Bundespost vorbehalten ist (§ *2 PostG*)

2. Gegenstände, deren Beförderung nach gesetzlicher Vorschrift oder aus Gründen der öffentlichen Ordnung verboten ist

3. Gegenstände, die sich wegen ihres Umfangs, ihres Gewichts oder ihrer Beschaffenheit nach der Anlage oder dem Betrieb der beteiligten Eisenbahn zur Beförderung nicht eignen

4. Stoffe und Gegenstände, die nach der Verordnung über die innerstaatliche und grenzüberschreitende Beförderung gefährlicher Güter mit der Eisenbahn (*Gefahrgutverordnung Eisenbahn – GGVE*) von der Beförderung ausgeschlossen sind.

Darüber hinaus bestimmt die *EVO*, welche Güter, Gegenstände oder Stoffe nur bedingt zur Beförderung zugelassen sind.

Frachtbrief (EVO) Der **Absender muß jeder Sendung einen Frachtbrief** nach dem in den Beförderungsbedingungen festgesetzten Muster **beigeben** (§ *55 EVO*). Das Muster ist als Anlage in den Beförderungsbedingungen für den Eisenbahn-Güterverkehr enthalten.

Der Frachtbrief hat **mehrere Funktionen**. Er ist **Begleitpapier, Beweisurkunde** für die Beförderung und für die Klageberechtigung und er wird nach der Annahme durch die Eisenbahn eine **Urkunde mit Beweiskraft** und steht ab dem Zeitpunkt unter dem Urkundenschutz des *StGB*.

Der **Frachtbrief besteht aus einem Formularsatz mit 4 Blättern**. Die Blätter haben folgende Bezeichnung:

Versandblatt	für die Eisenbahn
Frachtbriefdoppel	für den Absender
Empfangsblatt	für die Eisenbahn
Frachtbrief	für den Empfänger

Das **Versandblatt** bleibt bei der Versandniederlassung der Eisenbahn.

Das **Frachtbriefdoppel** wird nach der Auslieferung der Sendung an den Absender zurückgegeben.

Das **Empfangsblatt** und der Frachtbrief begleiten die Sendung zur Empfangsniederlassung der Eisenbahn.

Dort verbleibt auch das Empfangsblatt.

Der **Frachtbrief** wird mit der Sendung dem Empfänger ausgehändigt.

Auf die **Beigabe eines Frachtbriefdoppels** kann vom Absender verzichtet werden. In diesem Fall muß er im Frachtbrief in dem dafür vorgesehenen Feld den Vermerk „Verzicht auf Frachtbriefdoppel" anbringen.

Frachtbriefdoppel (EVO)

Rechtlich ist das Frachtbriefdoppel eine zweite Ausfertigung des Frachtbriefs. Bei Abweichungen geht allerdings der Frachtbrief vor. Das **Frachtbriefdoppel ist Empfangsbescheinigung, Beweisurkunde und Sperrpapier**. Besondere Bedeutung erhält das Frachtbriefdoppel im Zusammenhang mit

- Feststellung von Gewicht und Stückzahl (*§ 58 EVO*)
- Einverständnis mit Einlagerung (*§ 64 EVO*)
- Berechnung der Fracht (*§ 68 EVO*)
- Frachterstattung (*§ 70 EVO*)
- Nachnahme (*§ 71 EVO*)
- Nachträglicher Verfügung (*§ 72 EVO*)
- Beförderungshindernissen (*§ 73 EVO*)
- Ablieferungshindernissen (*§ 80 EVO*)
- Geltendmachung der Rechte (*§ 95 EVO*)

Der Inhalt des Frachtbriefs ist in *§ 56 EVO* geregelt und in der Übersicht auf der nächsten Seite dargestellt.

Inhalt des Frachtbriefs

Der Absender **haftet** nach *§ 57 EVO* für die Richtigkeit der von ihm in den Frachtbrief aufgenommenen Angaben und Erklärungen.

Haftung für die Angaben im Frachtbrief

Die Eisenbahn ist berechtigt, nachzuprüfen, ob die Sendung mit den Angaben im Frachtbrief übereinstimmt.

Die Eisenbahn kann nach *§ 60 EVO* in folgenden Fällen **Frachtzuschläge** erheben:

Frachtzuschläge

- bei unrichtiger, ungenauer und unvollständiger Angabe des Inhalts

- bei unrichtiger Angabe des Gewichts oder der Stückzahl einer Sendung

- bei unrichtiger Angabe der Gattung des verwendeten Wagens oder seiner Lastgrenze für die maßgebende Streckenklasse

- bei Wagenüberlastung eines vom Absender beladenen Wagens.

Die Frachtzuschläge werden neben einem etwaigen Frachtunterschied erhoben.

Abschluß des Frachtvertrages
Der Frachtvertrag ist abgeschlossen, wenn die Eisenbahn das Gut mit dem Frachtbrief angenommen hat (*§ 61 EVO*).

Als Zeichen der Annahme sind der Frachtbrief und die ggf. beigefügten Zusatzblätter nach vollständiger Auslieferung des Gutes und Zahlung der vom Absender übernommenen Kosten **mit dem Tagesstempel oder dem maschinellen Buchungsvermerk sowie mit einem Zeichen für die Übernahme des Gutes zu versehen.**

Eisenbahngüterverkehr 5.2

	Inhalt des Frachtbriefes
Mußangaben (Mindesangaben)	**Feld des Frachtbriefes:** (10) Absender Postanschrift ggf. mit Kundennummer (15) Empfänger Postanschrift (30) Bestimmungsbf (Bahnhofsverzeichnis) (31) Anzahl (31) Inhalt (handelsüblich, tarifmäßig) GGVE (34) Gewicht der Sendung (24) Zahlungsvermerk (ZV) (21) Gattung, Nummer und Eigentumsmerkmal des Wagens, (55) Lastgrenze für die maßgebende Streckenkklasse (31) in Spalte Verpackung „Wagenladung"

Kannangaben
– für die Eisenbahn **verbindlich**
	(13) Andere vorgeschriebene oder zulässige Erklärungen, Begleitpapiere
	z. B. „Verzicht auf Frachtbriefdoppel" § 56(11) Befbed Güterverkehr
	        „Verpackungsmängel" § 62(2) Befbed Güterverkehr
	        „Befreiung von der U-Steuer" § 68(1) Befbed Güterverkehr
	        „Verzicht auf Benachrichtigung" § 75(8) Befbed Güterverkehr
	        „Fernschriftliche Benachrichtigung
	        von der Einziehung der Nachnahme" § 71(3) Befbed Güterverkehr
	(14a) Referenznummer des Absenders (max. 10stellige Nr.) bei Teilnahme
	         an der Zentralen Frachtberechnung
	(14b) Referenznummer des Empfängers
	(37) Lieferwert (nur bei Wagenladungen) § 89 Befbed Güterverkehr
	(38) Barvorschuß § 71 Befbed Güterverkehr
	(39) Nachnahme § 71 Befbed Güterverkehr

– für die Eisenbahn **unverbindlich**	(23) unverbindliche Vermerke, die die Sendung betreffen
	     z. B. „Im Auftrage des N.N."
	          „Zur Verfügung des N.N."
	          „Zur Weiterbeförderung an N.N."
	          „Für Schiff N.N."
	          „Versichert bei N.N."
	     (vgl. Rückseite des Frachtbriefes Ziffer (8)

5 Der Spediteur und die Verkehrsträger

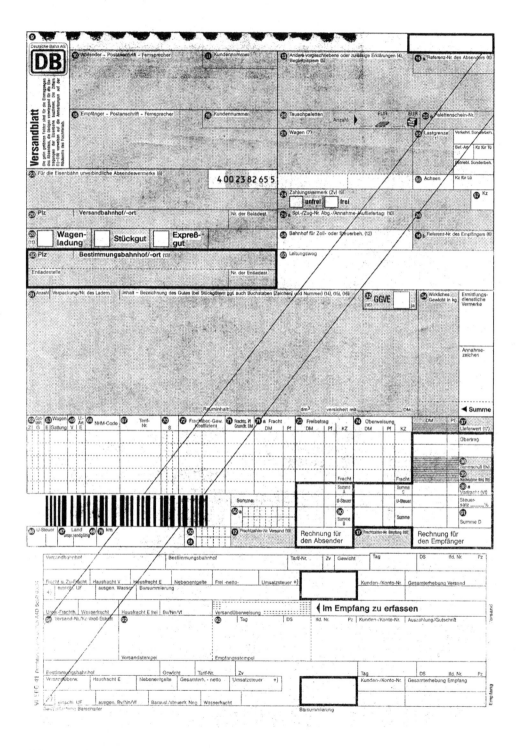

Der abgestempelte Frachtbrief gilt als **Beweis für den Frachtvertrag.**

Der Absender hat das Gut, soweit dessen Natur eine Verpackung erfordert, **zum Schutz gegen gänzlichen oder teilweisen Verlust oder gegen Beschädigung** sowie zur Verhütung einer Beschädigung von Personen, Betriebsmitteln oder anderen Gütern **sicher zu verpacken** (§ 62 EVO). — **Verpackung**

Ist der Absender dieser Pflicht nicht nachgekommen, so kann die Eisenbahn die Annahme des Gutes ablehnen oder verlangen, daß der Absender im Frachtbrief das Fehlen oder die Mängel der Verpackung anerkennt.

Das Anerkenntnis kann auch durch Abgabe der *„Allgemeinen Erklärung über Fehlen oder Mängel der Verpackung"* (Anlage IV der Beförderungsbedingungen für den Eisenbahn-Güterverkehr) hinterlegt werden.

Die Eisenbahn hat die **Frachtberechnung** vorzunehmen, die sich nach dem am Tage des Abschlusses des Frachtvertrages ermittelten Kosten ergeben (§ 68 EVO). Sind am Frachtvertrag mehrere Eisenbahnen beteiligt, so kann eine Bedingung vorsehen, daß die Fracht über die kürzeste Entfernung berechnet wird. — **Frachtberechnung**

Die Eisenbahn hat die Beträge für Fracht, Nebenentgelte und etwaige Frachtzuschläge in den **Frachtbrief**, in einer periodischen Rechnung oder in das Frachtbriefdoppel einzutragen.

Die Beträge sind grundsätzlich **umsatzsteuerpflichtig**.

Der Absender hat die Wahl, ob er **die Kosten bei der Aufgabe des Gutes bezahlen** oder **auf den Empfänger überweisen will** (§ 69 EVO). — **Zahlung der Fracht**

Er hat deshalb in dem dafür vorgesehenen Feld im Frachtbrief durch Angabe des Zahlungsvermerks zu dokumentieren, ob er die Kosten ganz, teilweise oder gar nicht übernehmen will.

Folgende **Zahlungsvermerke** sind möglich:

„Frei Fracht",
wenn der Absender die Fracht übernehmen will

„Frei Fracht einschließlich ..." (Bezeichnung der Kosten),
wenn der Absender neben der Fracht noch andere, bestimmte Kosten übernehmen will

„Frei",
wenn der Absender die Fracht sowie alle Kosten, die bei der Versandniederlassung berechnet werden können, übernehmen will

„Frei ..." (Bezeichnung der Kosten),
wenn der Absender nur bestimmte Kosten übernehmen will

„Frei ... DM. ..Pf" (Betrag in Buchstaben),
wenn der Absender nur einen bestimmten Betrag übernehmen will; der Betrag ist der Nettobetrag.

„Frei aller Kosten",
wenn der Absender alle Kosten, die während der Beförderung entstehen, übernehmen will

„Unfrei",
wenn die Fracht und alle sonstigen Kosten auf den Empfänger überwiesen werden sollen.

Die Eisenbahn kann bei Gütern, die schnell verderben und bei geringwertigen Gütern, die die Kosten nicht decken, eine **Vorauszahlung** verlangen.

Wenn die vom Absender zu übernehmenden Kosten bei der Auslieferung nicht genau festgestellt werden können, so kann die Eisenbahn die Hinterlegung eines Betrages als **Sicherheit** fordern.

Nachnahme Der Absender kann das **Gut bis zur Höhe des Wertes mit Nachnahme belasten** (*§ 71 EVO*). Die Eisenbahn verpflichtet sich, den Nachnahmebetrag bei der Ablieferung des Gutes vom Empfänger einzuziehen und an den Absender auszuzahlen.

Im allgemeinen sind Nachnahmen erst ab einem Betrag von 50,- DM zugelassen. Bis 50,- DM nur dann, **wenn** ein **Barvorschuß nicht gewährt wird.**

Als Bescheinigung über die Belastung des Gutes mit Nachnahme dient der abgestempelte Frachtbrief, das Frachtbriefdoppel oder eine sonst zugelassene Bescheinigung über die Auflieferung des Gutes.

Nachnahmebegleitschein Die Eisenbahn kann die **Beigabe eines Nachnahmebegleitscheines** verlangen, wenn sie nicht eine besondere Zahlungsweise mit dem Absender vereinbart hat.

Außerdem kann die Eisenbahn auf Antrag des Absenders auf die Beigabe eines Nachnahmebegleitscheins verzichten.

Nachnahmeauszahlung Die **Nachnahme wird an den Absender ausgezahlt**, sobald der Empfänger die Nachnahme bezahlt hat oder nach einer besonderen Vereinbarung in einer periodischen Rechnung gutgeschrieben bzw. summarisch nach Ablauf der Dekade überwiesen oder, wenn keine besondere Vereinbarung vorliegt und auf die Beigabe des Nachnahmebegleitscheins verzichtet wurde, am 10. Tag nach der Auflieferung des Gutes.

Eisenbahngüterverkehr 5.2

Barvorschüsse werden bei der Auflieferung des Gutes sofort ausgezahlt oder periodisch in einer Rechnung gutgeschrieben.

Barvorschuß

Barvorschüsse werden bis zu einer Höhe von 50,- DM gewährt, wenn sie nach dem Ermessen der Eisenbahn durch den Wert des Gutes sicher gedeckt sind. Der Betrag der Nachnahme oder des Barvorschusses ist in das dafür vorgesehene Feld des Frachtbriefs einzutragen.
Für die Einziehung und Auszahlung der Nachnahme oder des Barvorschusses erhebt die Eisenbahn ein Nebenentgelt.

Der Absender kann den Frachtvertrag nachträglich ändern (*§ 72 EVO*).

Nachträgliche Verfügung

Folgende **Möglichkeiten** sind zugelassen:

1. Das Gut soll auf dem Versandort zurückgegeben werden
2. Die Ablieferung des Gutes soll ausgesetzt werden
3. Das Gut soll an einen anderen Empfänger ausgeliefert werden
4. Das Gut soll auf einem anderen Bestimmungsbahnhof/Bestimmungsort abgeliefert werden
5. Das Gut soll nach dem Versandort zurückgesandt werden
6. Eine Nachnahme soll nachträglich aufgehoben werden.

Verfügungen anderer Art sind nicht zugelassen. Ebenso Verfügungen, die sich auf einzelne Teile einer Sendung beziehen.

Die Verfügungen sind **schriftlich**, auf einem dafür vorgesehenen **Vordruck** (*Anlage VI der Beförderungsbedingungen für den Eisenbahngüterverkehr*), an die Versandniederlassung zu richten.

Frachtberechnung; Eisenbahn

Der Absender muß weiterhin das von der Eisenbahn bescheinigte Frachtbriefdoppel vorlegen, die Verfügung darin eintragen und sie unterschreiben. Das gilt nicht, wenn der Absender auf das Frachtbriefdoppel verzichtet hat.

Die Versandniederlassung bestätigt die Entgegennahme der nachträglichen Verfügung durch Abstempeln des Frachtbriefdoppels unter der Eintragung des Absenders.

Das **Verfügungsrecht des Absenders erlischt**, sobald der Empfänger den Frachtbrief angenommen hat oder ihm das Gut abgeliefert worden ist oder sobald eine Empfängeranweisung wirksam geworden ist.

Führt die Eisenbahn eine nachträgliche Verfügung aus, obwohl der Empfänger den Frachtbrief angenommen hat, haftet die Eisenbahn gegenüber dem Empfänger für einen daraus entstandenen Schaden.

5 Der Spediteur und die Verkehrsträger

Lieferfrist

Für die Bearbeitung der nachträglichen Verfügung kann die Eisenbahn ein Nebenentgelt berechnen.

Die *EVO* sieht im Rahmen des Frachtvertrages **Lieferfristen vor, innerhalb derer die Eisenbahn dem Empfänger das Gut zuzustellen oder bereitzustellen hat** (§ 74 EVO).

Die **Lieferfrist beginnt um Mitternacht des Tages, an dem das Gut zur Beförderung angenommen wurde.** Wenn der folgende Tag ein Sonn- oder Feiertag ist, beginnt sie 24 Stunden später, jedoch generell nicht vor Zahlung der vom Absender übernommenen Kosten.

Die Lieferfrist setzt sich aus der Abfertigungsfrist und der Beförderungsfrist zusammen.

Die Lieferfristen betragen:

    a) für Ladungen

Abfertigungsfrist	24 Stunden
Beförderungsfrist für die ersten 200 Kilometer	24 Stunden
darüber hinaus für je angefangene 300 Kilometer	24 Stunden

    b) für Stückfrachtsendungen

Abfertigungsfrist	24 Stunden
Beförderungsfrist für je angefangene 200 Kilometer	24 Stunden

Die **Abfertigungsfrist** wird unabhängig von der Zahl der am Transport beteiligten Eisenbahnen nur einmal berechnet. Die Beförderungsfrist wird nach der Gesamtentfernung zwischen Versand- und Empfangsort berechnet.

Für bestimmte Leistungsangebote z. B. Partiefracht, Expreßfracht, Bahnkurier (IC-Kurierdienst), InterCargo sind andere Lieferfristen im Rahmen besonderer Beförderungsbedingungen mit teilweise garantierten Beförderungszeiten geregelt.

In folgenden Fällen **ruht die Lieferfrist**:

    a) Während des Aufenthalts, der durch Zoll- oder sonstige verwaltungsbehördliche Maßnahmen verursacht wurde

b) Bei einer durch nachträgliche Verfügung des Absenders verursachten Verzögerung der Beförderung

c) Bei einem ohne Verschulden der Eisenbahn eingetretenen Beförderungshindernisses

d) Bei einer angeordneten Sperrmaßnahme, durch die der Beginn oder die Fortsetzung der Beförderung verhindert wird

e) Bei der durch Abladen eines Übergewichts erforderlichen Zeit

f) Bei einem Aufenthalt, der ohne Verschulden der Eisenbahn dadurch entstanden ist, daß am Gut oder an der Verpackung Ausbesserungsarbeiten vorgenommen werden mußten oder vom Absender verladene Sendungen um- oder zurechtgeladen werden mußten.

g) Bei der Umladung einer Sendung auf eine Eisenbahn mit einer anderen Spurweite.

Die Lieferfrist ruht an Sonn- und Feiertagen sowie an Samstagen.

Der Empfänger einer Sendung kann der Empfangsniederlassung vor Ankunft des Gutes oder nach Annahme des Frachtbriefs Anweisungen erteilen (§ 75 EVO).

Empfängeranweisung

Der Empfänger kann **Anweisung erteilen**, daß

– ihm der Frachtbrief gegen Zahlung der sich aus dem Frachtvertrag entstehenden Kosten, das Gut aber beim Bestimmungsort einem Dritten ausgeliefert wird.

– ihm der Frachtbrief, das Gut aber gegen Zahlung der sich aus dem Frachtvertrag ergebenden Kosten beim Bestimmungsort einem Dritten ausgeliefert wird.

– das Gut nach Zahlung oder gegen Nachnahme der sich aus dem Frachtvertrag ergebenden Kosten mit neuem Frachtbrief von dem Bestimmungsort an einen anderen Ort gesandt wird.

Für die Bearbeitung der Empfängeranweisung kann die Eisenbahn ein Nebenentgelt erheben.

Der Frachtvertrag endet mit der Erfüllung, d. h. durch Übergabe des Gutes und des Frachtbriefes an den Empfänger (§§ 75, 77, 79 EVO).

Ablieferung; Eisenbahn allgem.

Die Eisenbahn ist verpflichtet, den Frachtbrief und das Gut gegen Zahlung der sich aus dem Frachtvertrag ergebenen Forderungen am Bestimmungsort zu übergeben.

Durch die Annahme des Frachtbriefs verpflichtet sich der Empfänger, die sich ergebenden Kosten zu bezahlen.

Das Gut ist **als verloren zu betrachten**, wenn es nicht innerhalb eines Monats nach Ablauf der Lieferfrist abgeliefert oder zur Abholung bereitgestellt werden konnte.

Der Empfänger kann Rechte nur dann geltend machen, wenn er den Frachtbrief angenommen hat.

Ladungen sind grundsätzlich vom Empfänger auszuladen, nachdem sie im Gleisanschluß oder einer Ladestelle der Empfangsniederlassung bereitgestellt worden sind. Auf Antrag des Empfängers übernimmt die Eisenbahn gegen Zahlung eines Entgeltes das Ausladen.

Kleingut (Stückfracht, Partiefracht, Expreßfracht) wird grundsätzlich durch einen Vertragsunternehmer zugestellt und am Haus des Empfängers abgeliefert. Die Selbstabholung ist nur unter bestimmten Voraussetzungen möglich.

Die von der Eisenbahn zur Abholung bereitgestellten Güter sind **innerhalb von 24 Stunden** nach der Bereitstellung bzw. Benachrichtigung des Empfängers abzunehmen.

Der Lauf der Abnahmefrist ruht an Sonn- und Feiertagen.

Wird das Gut nicht innerhalb der Frist abgenommen, ist **Lagergeld bzw. Wagenstandgeld zu zahlen**.

Ablieferungshindernisse Wenn das Gut nicht abgeliefert werden kann, ist der Absender unverzüglich zu benachrichtigen und seine Anweisung einzuholen (*§ 80 EVO*).

Ein **Ablieferungshindernis** liegt vor, wenn

1. Der Empfänger des Gutes
   - nicht zu ermitteln ist oder
   - ausdrücklich die Annahme verweigert oder
   - den Frachtbrief nicht innerhalb von 24 Stunden bei leichtverderblichen Gütern bzw. 30 Stunden bei sonstigen Gütern annimmt

2. vor Annahme des Frachtbriefes durch den Empfänger das Gut aus anderen Gründen nicht abgeliefert werden kann.

Der Absender kann für den Fall eines Ablieferungshindernisses bereits im Frachtbrief **bestimmte Anweisungen** erteilen.

Wenn keine Anweisung eingetragen ist, wird der Absender von der Eisenbahn benachrichtigt.

Der Absender muß innerhalb einer bestimmten Frist eine für die Eisenbahn ausführbare Anweisung erteilen. Wenn innerhalb der Frist keine ausführbare Anweisung eingeht, kann die Eisenbahn

- das Gut auf Lager nehmen oder hinterlegen, soweit die Kosten aus dem Gut gedeckt sind

- das Gut einen Monat nach Ablauf der Abnahmefrist bestmöglich verkaufen

- das Gut an den Absender zurücksenden

- unverwertbares Gut vernichten

Wenn die Lagerkosten nicht gedeckt sind bzw. es sich um leichtverderbliches Gut handelt, kann die Eisenbahn das Gut sofort verkaufen. Der Absender wird von dem Verkauf möglichst benachrichtigt.

Gefährliche Güter, die der Empfänger nicht abgenommen hat, muß der Absender stets zurücknehmen.

Wird ein **teilweiser Verlust oder eine Beschädigung** von der Eisenbahn festgestellt oder vermutet, so hat die Eisenbahn den Zustand des Gutes, das Gewicht und soweit möglich auch Ausmaß, Ursache des Schadens sowie den Zeitpunkt des Entstehens unverzüglich **durch eine Tatbestandsaufnahme festzustellen** (§ 81 EVO).	**Feststellen eines Schadens**

Der Kunde der Bahn kann den Schaden am Gut auch durch amtlich ernannte Sachverständige feststellen lassen. Dazu ist die Eisenbahn einzuladen.

Die **Eisenbahn haftet für den Schaden**, der a) durch gänzlichen oder teilweisen Verlust oder b) durch Beschädigung des Gutes	**Haftung; Eisenbahn allgemein**

in der Zeit von der Annahme bis zur Ablieferung des Gutes entstanden ist (§ 82 EVO).

Ebenso **haftet die Eisenbahn bei Überschreitung der Lieferfrist.**

Die Eisenbahn haftet grundsätzlich ohne Rücksicht auf Verschulden (Gefährdungshaftung). Der Geschädigte braucht nur den Beweis anzutreten, das Gut unversehrt aufgeliefert zu haben sowie den Schaden und dessen Höhe nachzuweisen. Um Ansprüche geltend machen zu können, muß der Schaden bahnamtlich festgestellt werden.

Wenn die Eisenbahn die Haftung ablehnt, muß sie den Gegenbeweis antreten.

Die Eisenbahn **haftet nur für unmittelbare Güterschäden, nicht für ideelle Schäden oder Vermögensschäden.**

Wenn die Eisenbahn Gut nach den Bestimmungen der *EVO* einlagert, hat sie dafür mit der Sorgfalt eines ordentlichen Kaufmanns einzustehen.

Haftungsausschlüsse; Eisenbahn

Die **Haftung der Eisenbahn wird** durch folgende allgemeine Haftungsausschlüsse **eingeschränkt**:

- Wenn der Schaden durch Verschulden oder eine nicht von der Eisenbahn verschuldete Anweisung des Verfügungsberechtigten

oder

- durch besondere Mängel des Gutes (innerer Verderb, Schwinden, gewöhnlicher Rinnverlust)

oder

- durch höhere Gewalt

entstanden ist, **haftet die Eisenbahn nicht.**

Unter einem Verschulden oder einer vom Verfügungsberechtigten verschuldeten Anweisung wird jede Fahrlässigkeit des Absenders oder Empfängers verstanden.

Haftungsbeschränkung; Eisenbahn

Neben den allgemeinen Haftungsausschlüssen gibt es weitere Haftungsbeschränkungen bei besonderen Gefahren und bei Gewichtsverlusten (*§§ 83, 84 EVO*).

Die Eisenbahn haftet nicht bei folgenden Ursachen

1. aus der mit der Beförderung in offenen Wagen verbundenen Gefahr für Güter

2. aus der mit dem Fehlen einer Verpackung oder mit der mangelhaften Beschaffenheit der Verpackung verbundenen Gefahr für die Güter

3. aus der mit dem Ver- und Ausladen oder mit mangelhafter Verladung verbundenen Gefahr für Güter, die vom Absender verladen und vom Empfänger entladen werden

4. aus der besonderen Gefahr des gänzlichen oder teilweisen Verlustes oder Beschädigung, namentlich durch Bruch, Rosten, inneren Verderb, außergewöhnlichen Rinnverlust, Austrocknen u.a.m.

5. aus der Gefahr, die dadurch entsteht, daß der Absender Güter, die von der Beförderung ausgeschlossen sind, unter unrichtiger Bezeichnung aufgibt oder daß er Güter, die nur bedingt zur Beförderung zugelassen sind, unter unrichtiger Bezeichnung oder unter Außerachtlassung der vorgeschriebenen Vorsichtsmaßregeln aufgibt

6. aus der für lebende Tiere mit der Beförderung verbundenen besonderen Gefahr

7. aus der Gefahr, deren Abwendung durch die Begleitung von lebenden Tieren oder von Gütern bezweckt wird, wenn diese Tiere oder Güter nach den Bestimmungen der *EVO* oder nach einer im Frachtbrief vorgenommenen Vereinbarung mit dem Absender begleitet werden müssen.

Muß die Eisenbahn für gänzlichen oder teilweisen Verlust des Gutes Schadenersatz leisten, so wird die Entschädigung wie folgt berechnet (*§ 85 EVO*): **Höhe der Entschädigung**

Entweder nach

- dem Börsenpreis oder nach
- dem Marktpreis oder nach
- dem gemeinen Wert.

Der **Höchstbetrag** beläuft sich für jedes fehlende Kilogramm des Bruttogewichts auf 100,- DM.

Bei Beschädigungen hat die Eisenbahn den Betrag der Wertminderung zu erstatten, höchstens jedoch den Betrag, der im Falle des Verlustes zu zahlen gewesen wäre.

Bei **Überschreitung der Lieferfrist** hat die Eisenbahn den nachgewiesenen Schaden bis zur Höhe des Dreifachen der Fracht zu ersetzen (*§ 88 EVO*). **Entschädigung bei Überschreitung der Lieferfrist**

Bei **gänzlichem Verlust** des Gutes kann keine besondere Entschädigung für Lieferfristüberschreitung verlangt werden.

Bei **Beschädigung** wird neben dem Schaden auch eine Entschädigung für die Lieferfristüberschreitung gezahlt.

Der **Lieferwert** (Interesse an der Lieferung) ist der Wert, den der Absender der fristgemäßen Lieferung der unversehrten Ladung über den Wert hinaus beimißt, den die Eisenbahn bei gänzlichem oder teilweisem Verlust oder bei Beschädigung zu zahlen hätte (*§§ 89, 90 EVO*). **Lieferwert**

Der Lieferwert wird in DM in dem dafür vorgesehenen Feld im Frachtbrief eingetragen. Er ist in der Höhe nicht begrenzt.

Die Eisenbahn haftet bei Angabe des Lieferwertes

  a) wie bei gänzlichem oder teilweisem Verlust oder bei Beschädigung und
  b) außerdem bei nachgewiesenem Schaden bis zur Höhe des Lieferwertes.

Wird nur die Lieferfrist überschritten, haftet die Eisenbahn

  a) bei nachgewiesenem Schaden bis zur Höhe des Lieferwertes
  b) wenn ein Schaden nicht nachgewiesen werden kann, für jeden Tag, den die Lieferfrist überschritten ist, ein Fünftel der Fracht, höchstens die ganze Fracht.

Haftung bei Vorsatz Ist der Schaden **durch Vorsatz der Eisenbahn entstanden**, so hat sie den nachgewiesenen Schaden zu ersetzen (*§ 91 EVO*).

Bei **grober Fahrlässigkeit** hat die Eisenbahn den nachgewiesenen Schaden jeweils zum doppelten der in der *EVO* genannten Höchstbeträge zu ersetzen.

Erlöschen der Ansprüche Die **Ansprüche** gegen die Eisenbahn aus dem Frachtvertrag **erlöschen** mit der Annahme des Gutes durch den Empfänger (*§ 93 EVO*).

Hiervon **ausgenommen** sind:

  1. Entschädigungsansprüche für Schäden, die durch Vorsatz oder grobe Fahrlässigkeit der Eisenbahn herbeigeführt worden sind

  2. Entschädigungsansprüche wegen Lieferfristüberschreitung, wenn sie innerhalb eines Monats schriftlich geltend gemacht worden sind

  3. Entschädigungsansprüche wegen teilweisen Verlusts oder wegen Beschädigung:

      a) wenn der Schaden vor der Annahme des Gutes durch den Empfänger nach *§ 81* festgestellt worden ist

      b) wenn die Feststellung des Schadens nur durch Verschulden der Eisenbahn unterblieben ist

      c) wenn eine Ladung neu aufgegeben und der Schaden bei der Ablieferung an den letzten Empfänger festgestellt worden ist

4. Entschädigungsansprüche wegen solcher Schäden, die bei der Annahme des Gutes durch den Empfänger äußerlich nicht erkennbar waren unter folgenden Voraussetzungen:

   a) daß der Empfänger unverzüglich, spätestens aber binnen einer Woche nachdem er das Gut angenommen hat, den Schaden anzeigt

   b) daß er beweist, daß der Schaden beim Transport bei der Eisenbahn entstanden ist

5. Ansprüche auf Rückerstattung geleisteter Zahlungen oder Nachnahmen.

Die Ansprüche aus dem Frachtvertrag **verjähren in einem Jahr** (*§ 94 EVO*). Die Verjährungsfrist beträgt indes **drei Jahre**: **Verjährung; Eisenbahn**

   a) bei Ansprüchen des Absenders auf Auszahlung einer Nachnahme, welche die Eisenbahn vom Empfänger eingezogen hat

   b) bei Ansprüchen auf Auszahlung des Erlöses eines von der Eisenbahn vorgenommenen Verkaufs

   c) bei Ansprüchen wegen eines durch Vorsatz verursachten Schadens.

Die Rechte aus dem Frachtvertrag kann nur der geltend machen, der das Verfügungsrecht über das Gut hat (*§ 95 EVO*). **Rechte – Geltendmachung**

Das Verfügungsrecht hat der Absender, es sei denn, es ist durch

   – Annahme des Frachtbriefs
   – Ablieferung des Gutes oder
   – Wirksamwerden einer Empfänger-Anweisung

auf den Empfänger übergegangen.

Ist ein **Frachtbriefdoppel** ausgestellt, so kann der Absender Ansprüche aus dem Frachtvertrag nur geltend machen, wenn er das Doppel in Urschrift vorlegt.

Der Empfänger hat bei Geltendmachung von Ansprüchen aus dem Frachtvertrag den Frachtbrief in Urschrift vorzulegen.

5.2.9.2 Beförderungsbedingungen der Eisenbahn im Binnenverkehr

Mit dem Inkrafttreten des Tarifaufhebungsgesetzes am 01.01.1994 begann für die Eisenbahnen bezüglich der Tarifpflicht ein **neues Zeitalter**.

Sowohl die Beförderungspflicht als auch die Tarifpflicht, die bis zu dem Zeitpunkt Bestandteil der *EVO* waren, sind weggefallen.

Eine Tarifpflicht besteht bei den öffentlichen Eisenbahnverkehrsunternehmen nur hinsichtlich der Beförderungsbedingungen, nicht aber für die Beförderungsentgelte.

Die **Tarifhoheit** liegt für Beförderungsbedingungen einer Eisenbahn des Bundes beim Bund, im übrigen bei den Ländern. Ohne Genehmigung der Beförderungsbedingungen durch den Bund oder die Länder dürfen Eisenbahnverkehrsleistungen nicht erbracht werden.

Die Eisenbahnen können somit die **Beförderungspreise** den Marktbedürfnissen einerseits und den für die Erbringung der Leistungen anfallenden Kosten andererseits anpassen und jederzeit **selbst festlegen**.

Dadurch ist auch die Eisenbahn in ihrer Preisgestaltung endlich **flexibler** geworden.

Durch das Inkrafttreten des Tarifaufhebungsgesetzes wurde auch die Bezeichnung „Tarif", wo bisher die Beförderungsbedingungen und die Beförderungspreise (*Deutscher Eisenbahn Gütertarif – DEGT –*) festgelegt waren, aufgehoben. Die Übersicht auf der nächsten Seite zeigt die Teile der Beförderungsbedingungen der Eisenbahnen im Güterverkehr mit stichwortartigen Inhalten.

Die Beförderungsbedingungen bedürfen bis zu ihrer Gültigkeit der Veröffentlichung und treten frühestens mit dem Zeitpunkt ihrer Veröffentlichung in Kraft.

Die **Veröffentlichung** erfolgt im *„Tarif- und Verkehrsanzeiger (TVA) der Eisenbahnen des öffentlichen Verkehrs im Gebiet der Bundesrepublik Deutschland"*. Der *TVA* dient der rechtswirksamen Verkündung von Rechtsverordnungen und zur Veröffentlichung der Einführung, Änderung, Ergänzung und Aufhebung der Beförderungsbedingungen und sonstigen Verkehrsmaßnahmen.

Der *TVA* erscheint wöchentlich.

5.2.9.3 Beförderungsbedingungen für den Eisenbahngüterverkehr

Die ***Beförderungsbedingungen für den Güterverkehr auf Eisenbahnen des öffentlichen Verkehrs*** sind in den *§§ 48 – 96 der EVO* enthalten. Diese Bedingungen sowie die *§§ 1, 3 – 5 und 7* sind mit den dazu erlassenen Ausführungsbestimmungen in den *„Beförderungsbedingungen für den Eisenbahngüterverkehr"* enthalten. (Siehe Abschnitt Handelsgesetzbuch und Eisenbahn-Verkehrsordnung)

Eisenbahngüterverkehr 5.2

Unterlagen für die Beförderung von Gütern mit der Eisenbahn

Grundlagen für den Ladungs- und Stückfrachtverkehr

Beförderungsbedingungen für den Eisenbahn-Güterverkehr

Inhalt:
- EVO Abschn. I, VII u. VIII
- ABest. der Eisenbahn
- Anl. zur EVO:
  Näheres Best. üb. die Verladg. u. Beförderung von leb. Tieren

Anlagen:
- I = Frachtbrief
- III = Beladevorschriften (Sonderdruck)
- IV = Allg. Erklärung über Fehlen u. Mängel der Verpackung
- VI = Nachträgl. Verfügung
- VII = Zuschlagfristen zur Lieferfrist
- VIII = Leichenpaß

Sonderdruck: GGVE

Grundlagen für die Preisermittlung im Ladungsverkehr

Anwendungsbedingungen für die allgem. u. besonderen Preislisten

Inhalt:
- 1 = Allgem. Bestimmungen Besondere Bestimmungen
- 2 = Frachtentafel/Koeffizientabelle
- 3 = Bestimmungen für AT *)
- 4 = Güterverzeichnis
- 5 = Nebenentgelte
- 6 = Ortsfrachten u. örtl. Entgelte

Anlagen:
- 1 = Verz. der Grenzbfe u. Grenzübergangspunkte
- 2 = Verz. der Seehäfen
- 3 = Verz. der Kohlenversandbfe

Anhänge:
- I Verz. der Ausnahmetarife *)
- II Sammlg. der Ausnahmetarife *) Kennz. für die Datenerfassung

*) = Besondere Preislisten für bestimmte Teilmärkte

Grundlagen für den Stückfrachtverkehr

Stückgutbeförderungsbedingungen

Inhalt:
- I = Allgem. Bestimmungen
- II = Leistungsangebot
- III = Frachtvertrag
- IV = Frachtberechnung
- V = Änderung des Frachtvertrages/Empfängeranweisungen
- VI = Haftung der Eisenbahn
- VII = Besonderheiten

Anlagen:
- 1 = Ausgeschlossene od. nur bedingt zugelassene Güter auf der Straße
- 3*) = Nebenentgelte
- 4*) = Schienenfrachten
- 5*) = Hausfrachten
- 6 = Priv. Wgdecken u. Deckenträger
- 7 = Priv. Ladegeräte, Wärme- u. Kälteschutzmittel
- *) = Kein Tarif Listenpreischarakter

KLOV = Kleingutortsverzeichnis (Verzeichnis)

Grundlage für die Berechnung der Preise

Bahnhofsverzeichnis

Inhalt:
- I = Bestimmungen für die Entfernungsermittlung Verzeichnisse der Güterverkehrsstellen (Bahnhofsverzeichnisse)

Zuschlagentgelte im Verkehr mit NE

Zuschlagfrachten

Inhalt:
- A = Eingangsbestimmungen
- B = Zuschlagfrachten
- C = Anstoßfrachten
- D = Entgelte für besondere Leistungen
- E = Anwendung der Zu-Blätter

279

5.2.9.4 Grundlagen für die Preisermittlung im Ladungsverkehr

Preisermittlung im Ladungsverkehr; Eisenbahnen

Die **Bestimmungen für das Leistungsangebot Ladungsverkehr** sind in den *„Grundlagen für die Preisermittlung im Ladungsverkehr"* enthalten.

Sie enthält die allgemeinen Bedingungen für den Ladungsverkehr. **Die Bedingungen gelten im Binnenverkehr und im Wechselverkehr mit den nichtbundeseigenen Eisenbahnen.**

1. **Allgemeine Bestimmungen**
   - Begriff der Sendung im Ladungsverkehr
   - Grundlagen der Frachtberechnung
   - Umsatzsteuer, Rundung

2. **Besondere Bestimmungen**
   - Schienenfahrzeuge auf eigenen Rädern
   - Lange Gegenstände auf mehreren Wagen, Schutzwagen
   - lebende Tiere
   - Gefährliche Güter
   - Gebrauchte Packmittel
   - Private Paletten, Ladegeräte
   - Güter in Privatwagen

3. **Frachtentafel/Koeffiziententabelle**
   - Frachtentafel 1 — Grundfrachten
   - Koeffiziententabelle — für die Abwandlung der Grundfrachten
   - Frachtentafel 2 — für private Paletten Ladegeräte, leere Privatwagen

4. **Bestimmungen für die besonderen Preislisten (Ausnahmetarife)**
   - Besondere Anwendungsbedingungen
   - Geltungsbereich
   - Grenzüberschreitender Verkehr
   - Frachtberechnung

5. **Güterverzeichnis**

6. **Nebenentgelte**

7. **Ortsfrachten und örtliche Entgelte**

Eisenbahngüterverkehr 5.2

8. **Anlagen**
   - Verzeichnis der Grenzbahnhöfe und Grenzübergangspunkte
   - Verzeichnis der Seehäfen mit mehreren Güterverkehrsstellen
   - Verzeichnis der Güterverkehrsstellen für den Kohlenversand

9. **Anhänge**
   - Verzeichnis und Sammlung der besonderen Preislisten (Ausnahmetarife)

Die Beförderung von Gütern als Ladung setzt die **Bestellung** eines zur ausschließlichen Benutzung vorgesehenen Güterwagens bei der Versandniederlassung voraus. **Annahme und Beförderung**

Das Gut wird vom Absender oder seinem Beauftragten selbst verladen und vom Empfänger entladen.

Die **Beladung** erfolgt entweder im Anschlußgleis oder in öffentlichen Ladestellen der Eisenbahnen.

Der Güterwagen wird ohne Umladung des Gutes unmittelbar zu dem vom Absender im Frachtbrief bezeichneten Bestimmungsbahnhof geleitet.

Das **Gewicht der Sendung** ist vom Absender im Frachtbrief anzugeben; ansonsten wird der Wagen von der Eisenbahn kostenpflichtig gewogen.

Für Sendungen, die im InterCargo oder InterCargo-Express Beförderungssystem befördert werden, garantiert die Eisenbahn eine Beförderungszeit. Die Sendung muß der Eisenbahn bis zu einem festgelegten Zeitpunkt nachmittags versandbereit übergeben werden. **Beförderungszeit, Garantie**

Die **Garantie umfaßt** grundsätzlich:

die montags bis freitags aufgelieferten Sendungen werden jeweils am folgenden Tag bis 9.00 Uhr dem Empfänger entladebereit gestellt.

Wird die Zeit überschritten, leistet die Eisenbahn ohne Schadensnachweis eine **Entschädigung** in Höhe von 10 % der Fracht, bei nachgewiesenem Schaden bis zur Höhe der Fracht.

Die in oder auf einem Wagen aufgelieferten Güter bilden eine **Sendung**. Als Sendung gelten auch solche Güter, die wegen ihrer Größe mehr als einen Wagen beanspruchen, oder für die Schutz-/Zwischenwagen verwendet werden. **Sendungsbegriff**

5 Der Spediteur und die Verkehrsträger

Grundlagen der Frachtberechnung im Ladungsverkehr

Die Fracht wird für jede Sendung gesondert berechnet. **Grundlagen** hierfür sind:

- das Gewicht in Kilogramm
- die Entfernung
- die Grundfracht für ein Gewicht von 25 t in Achsenwagen
- die Koeffizienten für die Abwandlung der Grundfracht nach Gewichtsstufen und Güterwagen

Ladungsgewicht

Das **Gewicht der Sendung** umfaßt alles, was zur Beförderung aufgeliefert wird (wirkliches Gewicht).

Das **Frachtberechnungsgewicht** kann durch Erhöhung (Rundung, Gewichtszuschläge, Mindestgewichte) oder Verminderung vom wirklichen Gewicht abweichen.

Das **wirkliche Gewicht** wird ansonsten für die Frachtberechnung kaufmännisch auf volle Tonnen gerundet.

Fracht im Ladungsverkehr; DBAG

Die Grundfracht nach der **Frachtentafel 1** wird mit dem Koeffizienten für die Gewichtsstufe und den verwendeten Wagen vervielfacht.

Beispiel: Grundfracht bei einer Entfernung von 300 km für 25 t   1742 DM
Koeffizient bei einem Ladungsgewicht von 18 t   0,821
Fracht somit 1742 x 0,821   1430 DM

Rundung im Ladungsverkehr

Die Fracht wird kaufmännisch auf volle DM gerundet. Wird die Fracht gekürzt oder erhöht, so wird dieser Betrag ebenfalls kaufmännisch gerundet.

Die Frachten können erhöht oder unter Berücksichtigung der eigenwirtschaftlichen Kriterien ermäßigt werden.

Entfernung

Die **Entfernung** wird aus der Grundlage für die Berechnung der Preise entnommen. Hier sind auch die Bestimmungen für die **Entfernungsberechnung** enthalten.

Umsatzsteuer

Die genannten **Frachten und Entgelte enthalten keine Umsatzsteuer.** Sie wird vom steuerpflichtigen Gesamtbetrag berechnet.

Gefahrgut

Für Wagen mit Stoffen und Gegenständen der Klasse 1, Unterklassen 1.1, 1.2, 1.3 und 1.5 der Anlage zur *GGVE* wird für die ganze Sendung neben der Fracht ein **Zuschlag (Sicherheitszuschlag)** erhoben.

Für Wagen mit radioaktiven Stoffen der Klasse 7, die in den Blättern 9 bis 13 der Anlage zur *GGVE* aufgeführt sind, wird für die gesamte Sendung ein Zuschlag von 50 % der Fracht berechnet.

Außerdem sind der Eisenbahn die für die **Bewachung** dieser Sendungen in den Bahnhöfen entstandenen Kosten und sonstige Auslagen zu ersetzen.

Frachtentafel 1

Grundfrachten des Regeltarifs für ein Gewicht von 25 t in Achsenwagen

1	2	3	4	1	2	3	4
Entfernungen	Allgemeine Wagenladungen	Schienenfahrzeuge auf eigenen Rädern als Gegenstand eines Frachtvertrags § 6 (1)	Gebrauchte Packmittel in leer laufenden Heimat-/Privatwagen mit Volllaufnachweis §§ 11, 15 (10)	Entfernungen	Allgemeine Wagenladungen	Schienenfahrzeuge auf eigenen Rädern als Gegenstand eines Frachtvertrags § 6 (1)	Gebrauchte Packmittel in leer laufenden Heimat-/Privatwagen mit Volllaufnachweis §§ 11, 15 (10)
		Es gilt in der Koeffiziententabelle die Spalte 2.				Es gilt in der Koeffiziententabelle die Spalte 2.	
bis km	DM	DM	DM	bis km	DM	DM	DM
7	244	183	91	250	1531	1148	573
10	262	196	98	260	1573	1180	589
13	279	210	105	270	1615	1212	605
16	297	223	111	280	1658	1243	621
19	315	236	118	290	1700	1275	636
22	333	250	125	300	1742	1306	652
25	351	263	131	310	1781	1336	667
28	368	276	138	320	1818	1364	681
31	386	290	145	330	1855	1391	694
34	404	303	151	340	1892	1419	708
37	422	316	158	350	1928	1446	722
40	440	330	165	360	1965	1474	736
43	457	343	171	370	2002	1501	749
46	475	356	178	380	2038	1529	763
49	493	370	185	390	2075	1556	777
52	511	383	191	400	2112	1584	791
55	528	396	198	420	2160	1620	809
58	546	410	205	440	2219	1664	831
61	564	423	211	460	2279	1709	853
64	582	436	218	480	2338	1753	875
67	600	450	225	500	2397	1798	897
70	617	463	231	520	2453	1840	918
73	635	476	238	540	2505	1878	938
76	653	490	245	560	2556	1917	957
79	671	503	251	580	2608	1956	976
82	689	516	258	600	2660	1995	996
85	706	530	264	620	2710	2033	1015
88	724	543	271	640	2759	2069	1033
91	742	556	278	660	2808	2106	1051
94	760	570	284	680	2856	2142	1069
97	778	583	291	700	2905	2179	1087
100	795	596	298	720	2943	2207	1102
105	817	613	306	740	2971	2228	1112
110	844	633	316	760	2998	2249	1122
115	871	654	326	780	3026	2269	1133
120	898	674	336	800	3053	2290	1143
125	926	694	347	820	3080	2310	1153
130	953	714	357	840	3108	2331	1163
135	980	735	367	860	3135	2351	1174
140	1007	755	377	880	3162	2372	1184
145	1034	775	387	900	3189	2392	1194
150	1061	795	397	920	3217	2412	1204
155	1088	816	407	940	3244	2433	1214
160	1115	836	417	960	3271	2453	1225
165	1142	856	427	980	3298	2474	1235
170	1169	876	438	1000	3326	2494	1245
175	1196	897	448	1050	3373	2530	1263
180	1223	917	458	1100	3441	2581	1288
185	1250	937	468	1150	3510	2632	1314
190	1277	958	478	1200	3578	2683	1339
195	1304	978	488	1250	3646	2734	1365
200	1331	998	498	1300	3714	2785	1390
210	1363	1022	510	1350	3782	2837	1416
220	1405	1054	526	1400	3850	2888	1441
230	1447	1085	542	1450	3918	2939	1467
240	1489	1117	557	1500	3986	2990	1492

Mindestfracht je
a) | 300 | 300 |
b) | 420 | 300 |

a) = Achsenwagen; b) = Drehgestellwagen sowie Wageneinheiten/Gelenkwagen.

5 Der Spediteur und die Verkehrsträger

Koeffiziententabelle

Koeffizienten

1	2	3	4	5	6	1	5	6
für Gewichtsstufe	Achsenwagen	bei Verwendung von Drehgestellwagen			Wageneinheiten und Gelenkwagen mit einer Ladelänge unter 27 m	für Gewichtsstufe	bei Verwendung von Drehgestellwagen	Wageneinheiten und Gelenkwagen mit einer Ladelänge unter 27 m
		Gedeckte Wagen mit einer Ladelänge unter 22 m	übrige					
t	alle	Gattung(en) Ga, Ha Ia		alle		t	Gattungen alle	
5*	0,488					35	1,400	
6	0,514					36	1,440	
7	0,539					37	1,480	
8	0,565					38	1,520	
9	0,590					39	1,560	
10	0,616					40	1,600	
11	0,642					41	1,640	
12	0,667					42	1,680	
13	0,693					43	1,720	
14	0,718					44	1,760	
15	0,744	0,780				45	1,800	
16	0,770	0,806				46	1,840	
17	0,795	0,831				47	1,880	
18	0,821	0,857				48	1,920	
19	0,846	0,882				49	1,960	
20	0,872	0,908		1,016		50	2,000	
21	0,898	0,934		1,042		51	2,040	
22	0,923	0,959		1,067		52	2,080	
23	0,949	0,985		1,093		53	2,120	
24	0,974	1,010		1,118		54	2,160	
25	1,000	1,036		1,144		55	2,200	
26	1,040	1,062		1,170		56	2,240	
27	1,080	1,087		1,195		57	2,280	
28	1,120	1,120		1,221		58	2,320	
29	1,160	1,160		1,246		59	2,360	
30	1,200	1,200		1,272		60	2,400	
31		1,240		1,298				
32		1,280		1,323				
33		1,320		1,349				
34		1,360		1,374				

Für weitere Gewichtsstufen erhöht sich der Koeffizient um 0,040 je Gewichtsstufe

Zu Spalten 2 bis 6:
Maßgebend ist die am Güterwagen angeschriebene Ladelänge.

Für Wageneinheiten/Gelenkwagen mit einer Ladelänge von 27 m und mehr wird die Frachtberechnung außertariflich geregelt.

Wageneinheiten sind Wagen, die durch eine im Betrieb nicht lösbare Kupplung zu einer Einheit verbunden sind.
Gelenkwagen sind Wagen oder deren Teile, die zur Herstellung einer größeren Ladefläche durch ein Gelenk miteinander verbunden sind. Sie haben mindestens drei Achsen oder mindestens drei Drehgestelle.

* nur anwendbar für gebrauchte Packmittel in leer laufenden Heimat-/Privatwagen

Eisenbahngüterverkehr 5.2

Für Schienenfahrzeuge, die auf **eigenen Rädern** befördert werden, wird die Fracht je Fahrzeug (Eigengewicht) ggf. einschließlich des zugeladenen Gutes nach Frachtentafel 1 berechnet. Es gelten die Koeffizienten für Achsenwagen.

Schienenfahrzeuge auf eigenen Rädern

Sind die zu einer Sendung gehörenden Gegenstände wegen ihrer Länge **auf mehreren Wagen verladen**, so wird jeder Wagen als zu gleichen Teilen belastet angesehen. Das gleiche gilt bei der Verwendung von Schutz- oder Zwischenwagen.

Lange Gegenstände

Private Paletten müssen von der Eisenbahn zur Beförderung zugelassen sein. Der Absender hat die Paletten im Frachtbrief als „Private Paletten" zu bezeichnen.

Private Paletten

Für den Lastlauf werden die Paletten frachtfrei befördert, wenn das Gewicht der Paletten 10 % des wirklichen Gewichtes des Gutes, für das sie verwendet werden, nicht übersteigt.
Ist das Gewicht der Paletten höher, wird das Mehrgewicht dem wirklichen Gewicht des Gutes zugeschlagen und zur Frachtberechnung herangezogen.

Für die Leerbeförderung wird für jeden Wagen die Fracht nach Frachtentafel 2 berechnet.

Für **bestellte Sonderzüge** wird die Fracht zwischen dem Besteller und der Eisenbahn gesondert vereinbart. Eine Mindestfracht ist vorgesehen.

Sonderzüge

Für **Privatgüterwagen**, die nach den Bestimmungen für die vertragliche Einstellung von Privatgüterwagen in den Güterwagenpark eines Eisenbahnverkehrsunternehmens eingestellt werden, gelten folgende Bedingungen:

Privatgüterwagen

- die Fracht für beladene Privatwagen wird zunächst wie für einen bahneigenen Wagen berechnet und dann um den Privatwagenabschlag gekürzt.
  Der Abschlag beträgt in der Regel 15 %.
  Bei speziellen Privatwagen (z. B. Großraum-Selbstentladewagen) 8 %.

- für leere Privatwagen wird die Fracht nach der Frachtentafel 2 berechnet.

Für **bestimmte Teilmärkte** gibt es **Vergünstigungen** bezüglich der Fracht, die

Besondere Preislisten

- aus Wettbewerbsgründen

- betriebs- und volkswirtschaftlichen Gründen

gewährt werden.

Sie können ein wichtiges Instrument zur **Förderung bestimmter Regionen oder Industriezweige** sein.

Besondere Preislisten gibt es auch für den **Ein- und Ausfuhrverkehr über die Seehäfen.**

Sie sind nur anzuwenden für die entsprechende Gutart und in der entsprechenden Relation, für die sie vorgesehen sind. Die besonderen Preislisten werden in Blattform herausgegeben.

Frachtberechnung, besondere Preislisten

Die **besonderen Preislisten** enthalten **Grundfrachten** für ein Gewicht von 25 t in Achsenwagen sowie die zur Ermittlung der Frachten maßgebenden Koeffiziententabellen oder aber ausgerechnete Frachten je Wagen, Großcontainer oder Zug.

Ordnungszahlen, besondere Preislisten

Die „Besonderen Preislisten" werden **durch Ordnungszahlen gekennzeichnet**, die je nach Art der Güter bestimmten Reihen entnommen werden.

Güterverzeichnis

Das **Güterverzeichnis** ist alphabetisch geordnet und enthält neben der Bezeichnung der Güter eine Güterartnummer. Diese Codierung ist aus dem *„Harmonisierten Güterverzeichnis"* entnommen.

Außerdem sind Hinweise auf die „Besonderen Preislisten" in das Güterverzeichnis aufgenommen.

Das *„Harmonisierte Güterverzeichnis"* enthält

- ein Positionsverzeichnis
- ein analytisches Güterverzeichnis und
- ein alphabetisches Güterverzeichnis.

Das *„Harmonisierte Güterverzeichnis"* ist ein eigenständiges Verzeichnis.

Nebenentgelte im Ladungsverkehr

Der Abschnitt 5 der **Grundlagen für die Preisermittlung im Ladungsverkehr** nennt u. a. Nebenentgelte für folgende Leistungen:

1. Erbringen von Nebenleistungen durch die Eisenbahn
2. Lagergeld
3. Erfüllung der Zollvorschriften usw.
4. Nachnahmen, Barvorschüsse, verauslagte Zölle und Steuern
5. Wiegegeld
6. Wagenstandgeld, Abbestellen noch nicht bereitgestellter Wagen, Abstellen von leeren Privatwagen
7. Entseuchung, Reinigung
8. Angabe des Lieferwertes

Ortsfrachten und örtliche Entgelte

Die Bestimmungen und Entgelte für die **Beförderung einer Ladung zwischen zwei Bahnhöfen eines Ortes** – Ortsfrachten – und für die Beförderung **innerhalb eines Bahnhofes** – örtliche Entgelte – sind im Abschnitt 6 aufgenommen.

Ortsfrachten und örtliche Entgelte werden zum Beispiel für:

- die Beförderung zwischen zwei Bahnhöfen eines Ortes
- das Umstellen und Befördern von Ladungen innerhalb eines Bahnhofs
- das Umstellen von Wagen nach der Bereitstellung zu einer anderen Ladestelle des Bahnhofs

berechnet.

5.2.9.5 Stückgutbeförderungsbedingungen

Als Stückgut oder Stückfracht bezeichnet man die Beförderung von Kleingütern, die mit Sendungen anderer Absender und Empfänger zusammen von der Eisenbahn in die regelmäßig im Stückgutverkehr verwendeten Wagen verladen werden und für die der Absender nicht die ausschließliche Verwendung eines Wagens verlangt.

Begriff Stückgut

Eine Gewichtsgrenze nach oben gibt es bei Stückgut zwar nicht, jedoch müssen die Frachtstücke mit den **üblichen Förderhilfsmitteln** (Gabelstapler oder andere mechanische Flurfördergeräte) **durch die Seitentüren eines gewöhnlichen gedeckten Güterwagens ein- und ausgeladen werden können.**

Gefährliche Güter der Klasse 1, Unterklassen 1.1, 1.2, 1.3 und 1.5 der Anlage zur *GGVE* werden nur bis zu einer Höchstmenge von 1000 kg Nettoexplosivmasse je Sendung angenommen.

Wirtschaftliche Gründe und die Notwendigkeit einer Leistungsverbesserung veranlaßten die *DB AG*, das Angebot neu zu organisieren.

Stückgut-Neuordnung

Ende 1994 wurde ein neues Unternehmen gegründet, die *BahnTrans GmbH* (siehe Abschnitt Vertriebspartner und Vertriebswege). Die *BahnTrans* ist Vertragspartner des Kunden.

Die Leistungen werden von *BahnTrans* beim weiter bestehenden Geschäftsbereich Stückgut eingekauft. Die Produktion der Leistungen wird zunächst in der bestehenden Organisation weitergeführt.

BahnTrans übernimmt zunächst nur die kommerzielle Abwicklung des Stückgutverkehrs.

Der Bereich wird dann in seiner Produktionsstruktur schrittweise aufgebaut, bis hin auf das *BahnTrans* System.

5 Der Spediteur und die Verkehrsträger

Stückgut-Unternehmer
Die **Zuführung** der an den schienen- und straßenbedienten Stückgutniederlassungen ankommenden Sendungen zu den Empfängern sowie die **Abholung** der Sendungen beim Versender wird **bundesweit flächendeckend von Stückgutunternehmern durchgeführt.**

Der Stückgutunternehmer ist **Erfüllungsgehilfe** der Eisenbahn.

Beförderungsbedingungen im Stückgutverkehr
Die **Beförderungsbedingungen für Stückgut** sind zunächst weiterhin gültig. Sie enthalten folgende Abschnitte:

I. Allgemeine Bestimmungen

II. Leistungsangebot

III. Frachtvertrag

IV. Frachtberechnung

V. Änderung des Frachtvertrags, Anweisung des Empfängers

VI. Haftung der Eisenbahn, Entschädigung, Garantieleistung

VII. Besonderheiten

Folgende **Anlagen** sind aufgenommen:

1. Von der Beförderung auf der Straße ausgeschlossene oder nur bedingt im Hausverkehr zugelassene Güter.
2. *Kleingutortsverzeichnis (KLOV)* (Sonderdruck)
3. Nebenentgelte
4. Frachten und Frachtsätze für die Beförderungsstrecke auf der Schiene
5. Hausfrachten für die Beförderung auf der Straße
6. Bedingungen für die Beförderung privater Wagendecken und Deckenträger
7. Bedingungen für die Beförderung privater Ladegeräte und Deckenträger

Kleingutortsverzeichnis
Die **Stückgutorte**, zwischen denen die Eisenbahn Stückgut **von Haus zu Haus** befördert, sind im **Kleingutortsverzeichnis** aufgeführt.

Es enthält außerdem die für den jeweiligen Stückgutort zuständigen Stückgutniederlassungen und die nächstgelegene Expreßgutniederlassung.

Eisenbahngüterverkehr 5.2

Annahme von Stückgut

Soweit der Absender das Stückgut nicht selbst bei einer Niederlassung aufliefert, **holt der Stückgutunternehmer die Sendung beim Kunden ab** und fährt sie zur für diesen Bedienungsbereich zuständigen Niederlassung.

Es wird grundsätzlich zu den ortsüblichen Geschäftszeiten am Haus des Absenders abgeholt.

Bei **Sendungen bis 30 kg, die aus einem Stück bestehen**, ist der Ort der Übernahme:

a) bei Wohnhäusern die Wohnungstür

b) bei Geschäftshäusern die Eingangstür zu den Geschäftsräumen bzw. zum Lager

c) in ausgedehnten Anlagen (z. B. Fabriken, Lagerhäuser) ein mit dem Absender vereinbarter Ort.

Beförderungspapier im Stückgutverkehr

Jeder Stückgutsendung ist ein **Frachtbrief** oder ein **Speditionsauftrag** als Beförderungspapier beizugeben. Er gilt für die gesamte Beförderungsstrecke.

Im Beförderungspapier und in der Bezeichnung des Gutes ist vom Absender die Bahnanschrift anzugeben. Sie enthält:

– die Postleitzahl mit der Postanschrift des Empfängers

– den Bestimmungsort mit Postleitzahl

Abschluß des Frachtvertrages im Stückgutverkehr

Der **Frachtvertrag ist abgeschlossen**, wenn die Eisenbahn das Gut und den Beförderungspapier zur Beförderung angenommen hat (siehe *§ 61 EVO*).

Der Frachtvertrag gilt als **nicht abgeschlossen**, wenn die Eisenbahn im Hausverkehr beim Absender Gut und Beförderungspapier zur Beförderung angenommen hat, die Versandniederlassung aber feststellt, daß das Gut nicht zur Beförderung angenommen werden durfte.

Frachtberechnung im Stückgutverkehr

Die Fracht wird für die Beförderung auf der Schiene nach der Anlage 4 der *Stückgutbeförderungsbedingungen*, für die Beförderung auf der Straße nach der Anlage 5 berechnet.

Grundlagen für die Frachtberechnung:

1. das wirkliche Gewicht bzw. der Rauminhalt der Sendung
2. die Entfernung für die Beförderung auf der Schiene
3. die Ortsklasse des Versand- und Bestimmungsortes nach dem Kleingutortsverzeichnis

5 Der Spediteur und die Verkehrsträger

4. bei Sendungen bis 30 kg die Zahl der Versandstücke, aus denen die Sendung besteht
5. bei Sendungen bis 25 kg, die aus einem Versandstück bestehen, die in den Beförderungsbedingungen genannten Voraussetzungen.

Die in der Anlage 4 ausgerechneten Frachten gelten für Sendungen mit einem Frachtberechnungsgewicht bis 1000 kg.

Bei Sendungen mit einem höheren Gewicht sind die in der Anlage 4 aufgeführten Frachtsätze anzuwenden.

Die dort aufgeführten Frachten sind Listenpreise und haben Empfehlungscharakter.

Die Frachten und Nebenentgelte enthalten keine Umsatzsteuer.

Hausfracht Für die Beförderung auf der Straße sind in der Anlage 5 **Hausfrachten** aufgenommen.

Sie werden

- im Versand für die Abholung der Sendungen beim Absender (Hausfracht Versand),
- im Empfang für die Zustellung beim Empfänger (Hausfracht Empfang)

erhoben. Sie sind nach **Ortsklassen** gestaffelt.

Rundung in der Stückgutfracht Die ermittelten Frachten und Nebenentgelte werden **kaufmännisch gerundet**, und zwar

- ausgerechnete Frachten für Sendungen bis 1000 kg und Hausfrachten auf volle 10 Pfennig
- Frachten, die nach Frachtsätzen (Sendungen über 1000 kg) berechnet werden, auf volle DM.

Gewicht im Stückgut Das **Gewicht** einer Sendung umfaßt alles, was zur Beförderung aufgeliefert wird.

Fehlt die Angabe des Gewichts im Beförderungspapier, ermittelt die Eisenbahn das Gewicht unentgeltlich.

Zahlungsvermerke im Stückgutverkehr Der **Absender kann zwischen bestimmten Zahlungsvermerken wählen** (siehe § 69 EVO).

Zusätzlich zu den dort aufgeführten Zahlungsvermerken sind im Stückgutverkehr noch folgende Zahlungsvermerke möglich:

Eisenbahngüterverkehr 5.2

- frei einschließlich ..... Bezeichnung der Kosten, wenn der Absender neben den Kosten, die unter dem Zahlungsvermerk „frei" fallen, noch weitere Kosten übernehmen will

- frei Haus
  wenn der Absender auch die Kosten für die Zustellung der Sendung übernehmen will

- frei Haus einschließlich ....Bezeichnung der Kosten, wenn der Absender zu den unter „frei Haus" fallenden Kosten noch weitere übernehmen will

- frei Hausfracht Versand
  wenn der Absender nur die Hausfracht Versand übernehmen will.

Güter, die ein **großes Volumen** in Anspruch nehmen, aber relativ leicht sind, werden als **sperrig** bezeichnet. Für sie gelten **besondere Frachtberechnungsbestimmungen**. **Sperriges Gut**

Stückgüter gelten als sperrig, wenn das wirkliche Gewicht unter 150 kg je m^3 Rauminhalt liegt.

Der **Rauminhalt** wird aus größter Länge, größter Breite und größter Höhe – rechtwinklig zueinander gemessen – berechnet. Bei Sendungen aus mehreren Stücken können diese so günstig wie möglich zusammengestellt werden.

Der Absender hat den Rauminhalt in Kubikdezimetern im Beförderungspapier einzutragen.

Fehlt der Rauminhalt oder ist der angegebene Rauminhalt falsch, ermittelt die Eisenbahn den Rauminhalt. Dafür wird ein Entgelt erhoben.

Für die Frachtberechnung wird ein Gewicht von 1,5 kg je angefangene 10 dm^3 Rauminhalt zugrunde gelegt (Frachtberechnungsgewicht).

Für Sendungen von 1 t bis 4 t zwischen Orten, die nach dem Kleingutortsverzeichnis Partiefrachtniederlassungen zugeordnet sind, kann der Absender mit der Eisenbahn die Beförderung als „Partiefracht" vereinbaren. **Partiefracht**

Das Gut wird dann in einer besonderen Beförderungsorganisation transportiert. Die Abholung und Zustellung der Sendungen übernehmen Auftragsunternehmer.

Ein **wichtiges Merkmal der Partiefrachtbeförderung** ist die **kurze Beförderungszeit**; die Sendungen werden innerhalb einer **garantierten Beförderungszeit** ausgeliefert.

Die Frachtberechnung erfolgt nach einer besonderen Preisliste (*AT*) mit der Nummer 480.

Die Sendungen werden den Empfängern am Tag nach der Auflieferung bis spätestens 18.00 Uhr (garantierte Bereitstellungszeit) (außer samstags) zugestellt.

Hält die Eisenbahn die garantierte Bereitstellungszeit nicht ein, zahlt die Eisenbahn auf Antrag des Forderungsberechtigten ohne Schadensnachweis 30 % der Fracht zurück. Ein nachgewiesener Schaden wird bis zur Höhe der Fracht ersetzt.

Ablieferung bei Partiefracht
Die **Ablieferung der Sendungen** erfolgt durch den Stückgutunternehmer am **Haus des Empfängers**.

Für Sendungen bis 30 kg, die aus einem Stück bestehen, ist der Ort der Übergabe:

a) bei Wohnhäusern die Wohnungstür,

b) bei Geschäftshäusern die Eingangstür zu den Geschäftsräumen bzw. zum Lager,

c) in ausgedehnten Anlagen (z. B. Fabriken, Lagerhäusern) ein mit dem Empfänger vereinbarter Ort.

Selbstabholung bei Stückgut
Selbstabholung ist nur unter bestimmten Voraussetzungen und mit Genehmigung der Eisenbahn möglich.

Voraussetzungen für die Selbstabholung sind:

1. der Kunde muß ein größeres Stückgutaufkommen haben

2. die Bereitstellung muß aufgrund der örtlichen Gegebenheiten bei der Niederlassung möglich sein

3. die Wirtschaftlichkeit des Hausverkehrs darf im Interesse aller Kunden nicht beeinträchtigt werden.

Der Frachtvertrag endet mit der Übergabe von Frachtbrief und Gut an den Empfänger.

5.2.9.6 Grundlage für die Berechnung der Preise

Eine **Grundlage** für die Frachtberechnung im Güterverkehr ist die **Entfernung**.

Die Entfernungen und die zur **Entfernungsermittlung** erforderlichen Angaben sind in der Grundlage für die Berechnung der Preise enthalten.

Eisenbahngüterverkehr 5.2

Das **Entfernungswerk** ist in wie folgt aufgebaut:

- Teil I – Bestimmungen für die Entfernungsermittlung und Verzeichnisse der Güterverkehrsstellen (Bahnhofsverzeichnisse, alphabetisch und numerisch)
- Teil II – Ortsentfernungen (Dreiecke)
- Teil III – Knotenentfernungen (50 Abschnitte, je Abschnitt bis zu 20 Knoten).

Entfernungswerk; Eisenbahn

Die **Bestimmungen für die Entfernungsermittlung** im Teil I beschreiben u. a. den Geltungsbereich für das *Entfernungswerk*, definieren die in den Bahnhofsverzeichnissen enthaltenen Güterverkehrsstellen und enthalten die Grundsätze der Entfernungsermittlung.

Der Teil II – **Ortsentfernungen** – enthält in Dreiecken die Entfernungen der Güterverkehrsstellen untereinander, die zwischen benachbarten Knoten liegen oder an einer von einem Knoten ausgehenden Stichstrecke. Von einem Knoten gehen im allgemeinen mindestens drei Strecken aus.

Der Teil III – **Knotenentfernungen** – besteht aus 50 Abschnitten, in denen die Entfernungen zwischen allen Knoten aufgeführt sind.

Im Anlagenteil enthält das *Entfernungswerk* als

Anlage 1 das Verzeichnis der dem öffentlichen Verkehr dienenden Eisenbahnen in der Bundesrepublik Deutschland

Anlage 2 Besondere Verkehrsbeschränkungen der Regel und Schmalspurbahnen

Anlage 3 Beispiele zur Entfernungsermittlung

Das alphabetische Bahnhofsverzeichnis enthält:

- alle Güterverkehrsstellen der Eisenbahnen

- die auf dem Gebiet der Bundesrepublik Deutschland liegenden Güterverkehrsstellen ausländischer Eisenbahnen

- die Abfertigungsbefugnisse für die Güterverkehrsstellen

- die zur Entfernungsermittlung erforderlichen Angaben

5.2.9.7 Zuschlagsentgelte im Verkehr mit den Nichtbundeseigenen Eisenbahnen

Zuschlag- **Im Verkehr mit den Nichtbundeseigenen Eisenbahnen (NE),** die sich den Beför-
frachten derungsbedingungen für den Eisenbahn-Güterverkehr angeschlossen haben, **werden Zuschlagfrachten oder Anstoßfrachten berechnet.** Sie beinhalten die Abgeltung der Leistungen, die die NE bei den Transporten erbringen.

Die **Entgelte sind** für die betreffenden Bahnen in einzeln herausgegebenen Blättern, **den Zu-Blättern aufgeführt.**

Bei den Bahnhöfen, bei denen Zu-Blätter zu beachten sind, ist im alphabetischen Bahnhofsverzeichnis und in den besonderen Preislisten (AT) auf das jeweils entsprechende Zu-Blatt hingewiesen.

5.2.9.8 Beförderungsbedingungen der Eisenbahn im internationalen Verkehr

Übereinkommen über den internationalen Eisenbahnverkehr – COTIF

Nach § 1 (2) EVO gilt die *Eisenbahn-Verkehrsordnung* im **Verkehr mit ausländischen Bahnen** nur insoweit, als dieser Verkehr nicht durch besondere Bestimmungen geregelt ist.

Im **internationalen Güterverkehr,** d. h. also für Sendungen, die mit durchgehendem Frachtbrief aufgegeben werden, gilt das *„Übereinkommen über den internationalen Eisenbahnverkehr (COTIF)"**), wenn auf dem Weg der Sendung die Gebiete **mindestens zweier Vertragsstaaten** berührt werden und die Beförderung ausschließlich Strecken umfaßt, die dem Übereinkommen unterstellt sind.

Anhang B zu diesem Übereinkommen sind die *„Einheitlichen Rechtsvorschriften für den Vertrag über die internationale Eisenbahnbeförderung von Gütern (CIM)"***) mit den *„Einheitlichen Zusatzbestimmungen (DCU)"****).

Die GUS und die Ostblockstaaten haben ein besonderes *„Ostabkommen"* für den internationalen Eisenbahnverkehr abgeschlossen, das nach verschiedenen Überarbeitungen unter der Abkürzung *SMGS (Soglaschenje Meschdunarodnoje Grusowoje Ssoobschtschenije)* am 1.11.1951 in Kraft getreten ist. Ihm sind u. a. Bulgarien, Polen, Rumänien, Tschechien, Slowakei und Ungarn angeschlossen, die auch das Übereinkommen *COTIF* unterzeichnet haben.

---

*) COTIF: Convention relative aux transports internationaux ferroviares
**) CIM: Convention Internationale concernant le transport des Marchandises par chemin de fer
***) DCU: Dispositions complementaires uniformes

Eisenbahngüterverkehr 5.2

Mit dem Tag des Inkrafttretens des „*Übereinkommens über den internationalen Eisenbahnverkehr" (COTIF)* am 1.5.1985 wurden von der Deutschen Bundesbahn die „*Einheitlichen Rechtsvorschriften für den Vertrag über die internationale Eisenbahnbeförderung von Gütern (CIM)"* – Anhang B zum Übereinkommen COTIF – und die „*Einheitlichen Rechtsvorschriften über die internationale Eisenbahnbeförderung von Personen und Gepäck (CIV)"* – Anhang A zum Übereinkommen *COTIF* – herausgegeben. Hierdurch wurden die älteren Abkommen *CIM* und *CIV* vom 1.1.1970 ersetzt. **Übereinkommen COTIF, Anhang B-CIM**

Die für den internationalen Eisenbahnverkehr in Europa neue Rechtsgrundlage *COTIF* wurde bisher von 22 Staaten in Europa, Nordafrika und im Nahen Osten ratifiziert, von der Bundesrepublik Deutschland im Februar 1985.

Nach *Artikel 2* des Übereinkommens *COTIF* ist es vor allem Zweck der Organisation, eine **einheitliche Rechtsordnung für die Beförderung von Personen, Gepäck und Gütern im durchgehenden internationalen Verkehr zwischen den Mitgliedstaaten** auf Eisenbahnlinien aufzustellen sowie die Durchführung und Fortentwicklung dieser Rechtsordnung zu erleichtern. Sie kann auch auf durchgehende internationale Beförderungen angewendet werden, die außer auf Eisenbahnlinien auch auf Linien (früher Strecken) zu Land, zur See und auf Binnengewässern erfolgen.

Die zuvor (*Artikel 2*) genannten Linien, auf denen die Beförderungen durchgeführt werden, erscheinen in der Liste der Linien *CIV* und der Liste der Linien *CIM*.

Die Einheitlichen Rechtsvorschriften *CIV* und *CIM* sind mit ihren Anlagen Bestandteil des Übereinkommens.

Die für die Eisenbahnbeförderung von Gütern maßgebenden einheitlichen Rechtsvorschriften *CIM* gliedern sich wie folgt:

Titel I	Allgemeine Bestimmungen
Titel II	Abschluß und Ausführung des Frachtvertrages
Titel III	Abänderung des Frachtvertrages
Titel IV	Haftung
Titel V	Geltendmachung von Ansprüchen
Titel VI	Beziehungen der Eisenbahnen untereinander
Titel VII	Ausnahmebestimmungen

Dem jeweiligen Text der Einheitlichen Rechtsvorschriften eines Artikels folgen Einheitliche Zusatzbestimmungen (*DCU*).

Als Anlagen zu den Einheitlichen Rechtsvorschriften *CIM* sind einbezogen

I	Ordnung für die internationale Eisenbahnbeförderung gefährlicher Güter *(RID)*
II	Ordnung für die internationale Eisenbahnbeförderung von Privatwagen *(RIP)*
III	Ordnung für die internationale Eisenbahnbeförderung von Containern *(RICO)*
IV	Ordnung für die internationale Eisenbahnbeförderung von Expreßgut *(RIEx)*

5 Der Spediteur und die Verkehrsträger

Fracht- Für den internationalen Güterverkehr ist ein **fünfteiliger Frachtbrief** eingeführt wor-
brief; CIM den. Der Absender muß jeder unter das *Übereinkommen über den internationalen Eisenbahnverkehr (COTIF)* fallenden Sendung einen im Durchschreibeverfahren ausgefüllten Frachtbrief beigeben.

Im **internationalen Frachtbrief** sind die vom Absender auszufüllenden Felder im oberen Teil zusammengefaßt. Auf die Bedeutung des Feldes 24 – Bestimmungsbahnhof – und 33 – *RID* – wird durch die rote Umrahmung besonders hingewiesen.

Der **Frachtbriefsatz** (dreisprachig: deutsch – französisch – italienisch) besteht aus fünf Teilen: Frachtbrieforiginal, Frachtkarte, Empfangsschein, Frachtbriefdoppel und Versandschein.

5.2.10 Möglichkeiten der Frachtzahlung

Fracht- Der Eisenbahnkunde kann, wie üblich, die Frachten und Entgelte bei den Kassen der
zahlung Niederlassungen **in bar oder per Scheck bezahlen**.

Eine weitere Möglichkeit ist die **Teilnahme am Frachtstundungsverfahren**.

Fracht- Im **Frachtstundungsverfahren** verpflichtet sich die *Deutsche Verkehrsbank – DVB –* ,
stundungs- die für den Kunden jeweils in einer Dekade anfallenden Schulden gegenüber der
verfahren Bahn bis zu einem vereinbarten Höchstbetrag zu bezahlen.

Der Kunde kann die Beträge bei der Niederlassung in eine Stundungsrechnung eintragen lassen.

Die Frachtstundung bezieht sich auf die Frachten und sonstigen Forderungen (Nachnahmen, Barvorschüsse, Nebenentgelte), die der Bahn aus dem Frachtgeschäft zustehen.

Der Stundungszeitraum ist jeweils eine Dekade und zwar

für die Zeit vom 01. bis 10. (erste Dekade)
vom 11. bis 20. (zweite Dekade)
und vom 21. bis zum Letzten des Monats.

Das **Zahlungsziel** beträgt sieben Tage.

Der **Stundungshöchstbetrag** soll dem Betrag entsprechen, der normalerweise für zwei Dekaden anfällt. Er wird zwischen dem Kunden und der *DVB* vereinbart. Hierfür hat der Kunde eine **Sicherheit** zu stellen.

Die *DVB* übersendet vor Beginn einer jeden Dekade der vom Kunden angegebenen Niederlassung eine **Frachtstundungsliste**, in der die vom Kunden zu zahlenden Beträge bis zum Stundungshöchstbetrag eingetragen werden.

Reicht der Stundungshöchstbetrag nicht aus, so beantragt die Niederlassung bei der *DVB* eine **Zwischenaufwertung**.

Mit dem Gesamtbetrag der Stundungsrechnung zuzüglich einer Stundungsgebühr in Höhe von 1 % der Stundungssumme wird das Frachtstundungskonto des Kunden bei der *DV*B belastet.

Der Betrag ist am **Wertstellungstag** (sieben Tage nach Dekadenende) fällig und bis zu diesem Termin an die *DVB* zu zahlen.

Der Kunde, der am Frachtstundungsverfahren teilnehmen will, beantragt bei der *DVB* den Anschluß an das Verfahren.

Die Bank richtet dann für ihn ein Frachtstundungskonto ein, das ausschließlich der Verrechnung der anfallenden Beträge dient.

Die zentrale Frachtberechnung (ZF) ist ein EDV-Verfahren für Berechnung und Abrechnung von Frachten und Entgelten.

Zentrale Frachtberechnung

Seine Bedeutung wird im Zeitalter der EDV zunehmend größer. Bereits jetzt werden in einer Dekade über 300 000 Sendungen erfaßt.

In die *ZF* kann grundsätzlich jeder Kunde einbezogen werden, der ein Frachtstundungskonto bei der *DVB* hat.

Sie erfaßt den Inlands-Ladungsverkehr und den internationalen Ladungs- und Stückgutverkehr.

Die Frachten werden nicht mehr bei der Niederlassung berechnet, sondern zentral von der EDV ermittelt und mit den übrigen Beträgen, die sich aus dem Frachtbrief ergeben, dem Kunden je Dekade in Rechnung gestellt.

Werden von einem Kunden bei verschiedenen Niederlassungen Sendungen aufgeliefert oder kommen sie bei verschiedenen Niederlassungen an, können je Niederlassung auf Wunsch getrennte Rechnungen ausgestellt werden.

Die Gesamtbeträge aus den Dekadenrechnungen werden von der Bahn mit der *DVB* abgerechnet. Die *DVB* belastet ihrerseits wiederum die Stundungskonten der beteiligten Kunden.

Die Rechnungen werden dem Kunden zugesandt.

5 Der Spediteur und die Verkehrsträger

Großkunden können die Rechnungsdaten auch auf **Datenträgern** erhalten. Dadurch besteht die Möglichkeit, die Daten mit eigenen EDV-Anlagen weiter zu verarbeiten.

Dieses ermöglicht eine rationellere und produktivere Arbeitsorganisation und Abwicklung im Rechnungswesen.

5.2.11 Beförderung von Expreßgut (Expreßfracht)

Die **Beförderung von Expreßgut** richtet sich nach der *EVO* und nach dem *Deutschen Eisenbahn-Personen-Gepäck- und Expreßguttarif Teil I (DPTI)*. Die Bestimmungen sind weitgehend mit den Bestimmungen im Leistungsangebot Stückgut identisch, deshalb wird hier auch nur auf einige Abweichungen eingegangen.

Expreßgut Expreßgut ist ein **Angebot der Eisenbahnen für eilbedürftige Kleingüter**. Das Gewicht und die Maße für Versandstücke unterliegen bestimmten Einschränkungen.

Frachtberechnung im Expreßgut Die Frachtberechnung erfolgt nach Entfernungsstufen (4 Stufen) und dem Gewicht der Sendung. Es gibt drei unterschiedliche Frachten.

1. Die **Bahnhof-Bahnhof-Fracht**, wenn die Sendung weder abgeholt noch zugestellt werden soll.

2. Die **Bahnhof-Haus-** oder **Haus-Bahnhof-Fracht**, wenn die Sendung entweder abgeholt oder zugestellt werden soll.

3. Die **Haus-Haus-Fracht**, wenn die Sendung vom Expreßunternehmer abgeholt und zugestellt werden soll.

Sperrige Expreßgüter Als **sperrig** gelten Sendungen mit einem Raumgewicht von weniger als 100 kg je Kubikmeter. Als Frachtberechnungsgewicht wird 1 kg je angefangene 10 dm^3 Rauminhalt zugrunde gelegt.

Beförderung von Expreßgut Bis zum Jahre 1990 wurde Expreßgut überwiegend in Reisezügen als Mitläuferverkehr befördert. Seitdem steht diesem Angebot ein eigenes Beförderungssystem zur Verfügung.

Das System stellt einen flächendeckenden Hausverkehr sicher mit Zustellung des Gutes beim Kunden bis spätestens 12.00 Uhr am Tag nach der Auflieferung.

Intern. Expreßgutverkehr Im **internationalen Expreßgutverkehr** gelten die einheitlichen *Rechtsvorschriften für die Eisenbahnbeförderung von Expreßgut* – Anlage IV der *CIM* – (siehe Abschnitt Intern. Eisenbahngüterverkehr).

5.2.12 IC-Kurierdienst

Das Angebot ist **für besonders eilige Kleingüter. Die Güter werden in den Spitzenzügen des Personenverkehrs – IntercityExpress, Intercity und Eurocity – befördert**. Diese Züge verkehren tagsüber mindestens im Stundentakt.

IC-Kurierdienst

Befördert werden handliche und leicht transportierbare Güter bis 10 kg, einer Länge von max. 1 m und einem Umfang von max. 2 m.

Die Güter können zwischen allen Haltebahnhöfen der oben aufgeführten Züge befördert werden. Außerdem sind einige Bahnhöfe in der Schweiz ebenfalls einbezogen. Bei Bedarf werden die Güter unterwegs umgeladen.

Verbindungen im IC-Kurierdienst

Der Preis ist ein **Festpreis**. Im Inlandsverkehr kostet die Beförderung z. Zt. 140 DM je Stück.

Preise im IC-Kurierdienst

Jeder Sendung ist eine **IC-Kuriergutkarte** beizugeben. Beim Erwerb der Karte wird der Beförderungspreis erhoben.

Die Sendungen können bis 30 Minuten vor Abfahrt des Zuges aufgeliefert werden. Wenn es besonders eilig ist, kann die Sendung auch noch unmittelbar am Zug übergeben werden.

Auflieferung im IC-Kurierdienst

Die Sendung wird spätestens 15 Minuten nach der Ankunft des Zuges, mit dem sie zu befördern war, zur Abholung bereitgestellt. Auch hier ist es möglich, die Sendung durch Vermittlung eines örtlichen Mitarbeiters der Bahn direkt am Zug abzuholen.

Ablieferung im IC-Kurierdienst

Bei Bedarf holen örtliche Kurierdienste die Sendungen auch ab oder stellen sie im Empfang wieder zu.

Die Leistungsbereiche Expreßgut und IC-Kurierdienst gehen wie der Stückgüterverkehr in den Zuständigkeitsbereich der *Bahntrans GmbH* über.

5.2.13 Benutzung der Eisenbahninfrastruktur durch Eisenbahnverkehrsunternehmen

In der **Richtlinie der EG Nr. 91/440 aus dem Jahre 1991** zur künftigen Entwicklung der Eisenbahnunternehmen wird der **diskriminierungsfreie Zugang aller Eisenbahnverkehrsunternehmen zur Eisenbahninfrastruktur gefordert**. Diese Forderung wurde mit der Bahnreform und der damit verbundenen Novellierung des *Allgemeinen Eisenbahngesetzes (AEG)* vom Gesetzgeber umgesetzt.

Trassenbenutzung; Grundlagen

5 Der Spediteur und die Verkehrsträger

Die **Öffnung des Schienennetzes für Dritte** ist eine wichtige Voraussetzung für die Erreichung eines wichtigen Zieles der Bahnreform, mehr Verkehr auf die Schiene zu bringen.

Trassen-Entgelte
Für die Benutzung der Eisenbahninfrastruktur ist vom Nutzer ein Entgelt zu zahlen. Die **Entgelte** werden zwischen dem Kunden und dem Betreiber der Eisenbahninfrastruktur vereinbart. Die *DB AG* als größtes Eisenbahninfrastrukturunternehmen in der Bundesrepublik hat für ihren Bereich die Entgelte festgelegt.

Trassen-Preissystem
Der **Grundgedanke des Trassenpreissystems** der *DB AG* ist eine **Risikoteilung zwischen Nutzer und Betreiber**:

– Das Risiko des Nutzers besteht aus der Inanspruchnahme der von ihm gekauften Trassen und der Auslastung seiner Züge.

– Das Risiko des Betreibers – des Geschäftsbereichs Netz der *DB AG* – besteht in der Auslastung aller vorhandenen Strecken.

Trasse
Als **Trasse** wird die **zeitlich begrenzte Nutzung der Infrastruktur zwischen zwei Orten, einschließlich der Nutzung der festen Einrichtungen und der Bereitstellung des für den Betrieb notwendigen technischen und personellen Aufwandes**, bezeichnet. In bestimmtem Umfang gehört auch die Nutzung der Bahnhöfe dazu.

Trassenpreise
Für die Berechnung des **Trassenpreises** sind die **Strecken** für den Güterverkehr auf Streckenkarten dargestellt. Die Strecken sind zwischen zwei Knoten jeweils mit einer Ordnungsnummer versehen. Zusätzlich sind die **Züge je nach Wertigkeit in Zugpreisklassen eingeteilt** worden.

Verkehrspotential, Kapazität
Die **Strecken sind nach Verkehrspotential und Kapazität in drei Gruppen** unterteilt:

Einteilung nach Verkehrspotential/Netzfunktion

Kategorie	Bedeutung
A	Großräumige Verbindung der Ballungsräume auf Schnellstrecken
B	Verbindung der Oberzentren (auch Seehäfen, Feriengebiete)
C	Übrige Strecken wie: ● Verbindung der Mittelzentren, ● Erschließung der Ballungsräume, ● Erschließung in der Region

Eisenbahngüterverkehr 5.2

Weiterer Maßstab ist die jeweilige Streckenqualität. Das ist die für die jeweilige Stecke festgelegte maximale Steckengeschwindigkeit. Dabei wird wie folgt differenziert: **Streckenqualität**

Einteilung nach Streckenqualität
Bezug: Leitgeschwindigkeit

Geschwindigkeitsbereich (km/h)	relevante Kostensprünge
> 200 – 250	besondere Streckenausstattung, Linienzugbeeinflussung (LZB), Trassierung, Fahrleitung
> 160 – 200	LZB, keine Bahnübergänge (BÜ), Weichen, Flankenschutz, Fahrleitung
> 120 – 160	Nachholbedarf Oststrecken, BÜ-Sicherung
> 100 – 120	Signaltechnik, Indusi, Fahrleitung
> 80 – 100	Signaltechnik
> 50 – 80	technische BÜ-Sicherung
50	Zugleitbetrieb

Aus der Kombination von Verkehrspotential und Streckenqualität ergeben sich dann 10 Streckenkategorien von A250 bis C50.

Die folgende Abbildung zeigt die entsprechende Matrix:

				Streckenqualität				
Verkehrspotential		240	200	160	120	100	80	50
	A	A250	A200	A160	A120			
	B			B 160	B 120			
	C				C 120	C100	C80	C50

5 Der Spediteur und die Verkehrsträger

Streckenkategorie Der aus den **Streckenkategorien entstehende Preis wird mit Faktoren entsprechend dem Verschleiß und der erforderlichen Fahrplanqualität multipliziert.** Der Faktor liegt zwischen 0,9 bei leichten und 1,1 bei sehr schweren Zügen. Der Faktor für die Fahrplanqualität – der geforderten Pünktlichkeit – liegt zwischen 0,8 und 1,2. Insgesamt ergibt sich eine mögliche Spreizung der Preise von 0,72 bis 1,32 des Grundpreises. Siehe nachstehende Übersicht:

Preisbildung: Qualitäts- und Verschleißfaktoren

Faktor für Qualität	0,8	bis	1,2
Faktor für Verschleiß	0,9	bis	1,1
Spreizung	$0,8 \times 0,9 = 0,72$		

Zugpreisklassen Die Faktoren für Verschleiß und Fahrplanqualität sind in den Zugpreisklassen G1 bis G5 eingearbeitet.

Die Zugpreisklasse 1 entspricht zum Beispiel dem Produkt InterCargo Express. Entsprechend sind die Güterzüge den Zugpreisklassen zugeordnet (siehe Übersicht).

Preisnachlaß Preisnachlässe werden Großkunden und Dauerkunden gewährt. Der Preisnachlaß für Großkunden erfordert die Abnahme einer Mindestmenge an Zugkilometern und steigt dann linear.

Bei Dauerkunden, die sich vertraglich eine längere Zeit binden, wird ebenfalls ein Preisnachlaß gewährt. Der Preisnachlaß ist gestaffelt und richtet sich nach der Vertragsdauer.

Zugpreisklassen

für Personenverkehr:
- P1 für Hochgeschwindigkeitsverker
- P2 für schnellen Personenfernverkehr
- P3 für schnellen Personenfernverkehr mit regionalem Bezug
- P4 für langsamen Personenfernverkehr
- P5 für regionalen Schienenpersonennahverkehr
- P6 für lokalen Schienenpersonennahverkehr
- P7 für S-Bahnen

für Güterverkehr:
- G1 für schnellen und hochwertigen Güterverkehr
- G2 für hochwertigen Güterverkehr
- G3 für schweren Güterverkehr
- G4 für sonstige Frachtzüge
- G5 für die Bedienung des Nahbereichs

5.3 Binnenschiffahrt

5.3.1 Der Verkehrsträger Binnenschiffahrt auf dem Güterverkehrsmarkt

5.3.1.1 Die qualitativen Leistungsmerkmale der Binnenschiffahrt

Leistungsmerkmale der Binnenschiffahrt

Das Verkehrsmittel Binnenschiff eignet sich besonders für den **Transport großer Gütermengen über große Entfernungen in einem bestimmten Zeitabschnitt,** wir sprechen in diesem Zusammenhang auch von einer **hohen Mengen- oder Massenleistungsfähigkeit des Binnenschiffes.** Das Binnenschiff eignet sich in besonderer Weise auch für den **Transport besonders sperriger und schwerer Einzelstücke.**

Das **energiesparsamste Verkehrsmittel** ist das Binnenschiff. Wissenschaftliche Untersuchungen haben ergeben, daß die Eisenbahn bei gleicher Transportleistung 20 % mehr Energie als das Binnenschiff und der Lkw sogar 250 % mehr Energie verbraucht. Diese Kostenvorteile schlagen sich in relativ **niedrigen Preisen** nieder und fördern den Transport von großströmigen Massengütern. Ferner ist das Binnenschiff der **umweltfreundlichste Verkehrsträger;** Abgas- und Lärmbelästigungen sind relativ gering. Der Verkehrsträger Binnenschiffahrt verfügt über **große Kapazitäten,** man hat ermittelt, daß der Verkehrsträger Binnenschiffahrt seiner Kapazitäten kurzfristig um 100% erhöhen kann. Gutachterlich wurde festgestellt, daß das von Eisenbahnen und Lkw auf das Binnenschiff verlagerbare Gütervolumen zwischen 70 Mill. t. und 100 Mill. t liegt. Weitere besondere Eigenschaften sind die **hohe Verkehrssicherheit** (u. a. Eignung für den Transport gefährlicher Güter), die weitgehende **Nutzung natürlicher Verkehrswege,** ein **günstiges Verhältnis von Nutzlast zu Totallast,** der **Einsatz von wenig Personal,** die **Großräumigkeit der Schiffe.** Im **kombinierten Verkehr Wasser – Schiene/Straße** steht das Binnenschiff erst am Anfang der Entwicklung **(Containereinsatz/roll-on, roll-off-Verkehre).** Mit dem Binnenschiff können die meisten Groß- und Hafenstädte der Bundesrepublik erreicht werden. **56 von 74 deutschen Großstädten haben Wasserstraßenanschluß.**

Die Wasserstraßen der Bundesrepublik Deutschland umfassen eine Länge von rd. 7700 km. Daraus erfolgt, daß die Dichte des Verkehrsnetzes für die Binnenschiffahrt gegenüber dem Straßen- und dem Eisenbahnverkehr relativ gering ist; **gebrochene Verkehre** bzw. der Zwang zur Umladung von Gütern sind in der Binnenschiffahrt häufig anzutreffen. 6400 km der 7 700 km Bundeswasserstraßen stellen klassifizierte Wasserstraßen dar (vgl. Ziff. 5.3.3.2). Entsprechend dem von der *ECE* 1992 beschlossenen neuen Klassifizierungssystem für die europäischen Binnenwasserstraßen entfallen davon 25% auf Wasserstraßen mit regionaler Bedeutung (Klasse I bis III) und 75% auf Wasserstraßen mit internationaler Bedeutung (Wasserstraßenklasse IV bis VI).

Als Nachteile der Leistung des Binnenschiffes werden die gegenüber anderen Verkehrsträgern **hohe Transportdauer** und **ungünstige Transportberechenbarkeit** angegeben. Eisgang, Hochwasser und Niedrigwasser sind in bestimmten Jahreszeiten gewichtige Störfaktoren der Binnenschiffahrt. Dagegen ist das Argument der zweifelsohne langen Transportzeiten in der Binnenschiffahrt gegenüber anderen Verkehrsmitteln zu relativieren; insbesondere hat das Binnenschiff gegenüber der Beförderung von Gütern in Ganzzügen bei der Eisenbahn zeitliche Nachteile, beim Transport von Gütern in Einzelwagen der Eisenbahn kann das Binnenschiff jedoch schneller sein. In Anbetracht des Sonntagsfahrverbots im Straßengüterverkehr kann das Binnenschiff auch gegenüber dem Lkw in bestimmten Relationen und zu bestimmten Zeiten schneller sein. Die Ausrüstung der Binnenschiffe mit modernen Radar-Anlagen ermöglicht einen **"Rund-um-die Uhr"-Betrieb** und erhöht damit die Transportberechenbarkeit und verkürzt die Transportzeit.

5.3.1.2 Die quantitativen Leistungsmerkmale der Binnenschiffahrt

Gütermengen in der Binnenschiffahrt

Das Güterverkehrsaufkommen der Bundesrepublik Deutschland umfaßte hinsichtlich des Verkehrsträgers Binnenschiffahrt im Jahre 1994 ca. 234 Millionen Tonnen, die Verkehrsleistung umfaßte 62,7 Mrd. Tonnenkilometer. Rund 1200 Unternehmen sind im Güterverkehr der deutschen Binnenschiffahrt tätig, sie bieten auf dem Güterverkehrsmarkt mit rd. 3400 Schiffseinheiten (Motorgüterschiffe, Tankmotorschiffe, Schubleichter, Tankschubleichter, Schleppkähne, Tankschleppkähne, Trägerschiffsleichter, Schubboote, Schlepper) Laderaum mit einer Tragfähigkeit von rd. 3,4 Mio. Tonnen an. Rd. 30 % der Transportgüter der Binnenschiffahrt entfallen auf Kies, Sand, Steine und sonstige Baustoffe, rd. 20 % auf Mineralöle, Gase, rd. 20 % auf Erze und Schrott, rd. 10 % auf Stein- und Braunkohlen, um die wichtigsten Transportgüter zu nennen.

5.3.1.3 Historischer Rückblick

Der Verkehrsträger Binnenschiffahrt ist der älteste Verkehrsträger. Bereits 10 000 Jahre v. Chr. verkehrten auf dem Nil Flöße. Auf dem Rhein verkehrten die ersten Floßschiffe 2000 v. Chr. In der Zeit der sogenannten Stadtwirtschaften vom 12. – 17. Jahrhundert wurden auf den natürlichen Wasserläufen Treidelschiffe eingesetzt, die zum Teil von menschlicher oder tierischer Arbeitskraft gezogen, bis zu 40 t Güter beförderten. **1757** wurde der heute **größte deutsche Binnenhafen Duisburg-Ruhrort gegründet.** 1815 forderte der Wiener Kongreß erstmalig die Freiheit der Schiffahrt auf allen Strömen. Das erste deutsche Dampfschiff *"Die Weser"* verkehrte 1816. **Der Mittellandkanal wurde 1938 eröffnet.** Während bis 1950 die Schlepp-Schiffahrt vorherrschend war, verkehrten ab diesem Zeitpunkt größere Motorgüterschiffe (das bekannteste ist das Europaschiff mit einer Tragfähigkeit von 1350 t) und insbesondere ab 1960 Schubverbände (bestehend aus einem Schubschiff und bis zu 6 Schubleichtern) mit einer Tragfähigkeit von bis zu 17 000 t pro Schubverband.

Im September 1992 wurde der Main-Donau-Kanal mit einer Länge von 171 km eröffnet. Damit steht ein durchgehender Binnenschiffahrtsweg über 3500 km von Rotterdam bis zum Schwarzen Meer zur Verfügung.

5.3.1.4 Die Marktordnung in der Binnenschiffahrt

Eine Marktordnung in der nationalen Güterverkehrswirtschaft zeichnet sich aus durch kapazitätsregulierende Maßnahmen und durch qualitative Marktzugangsbeschränkungen (fachliche Eignung, persönliche Zuverlässigkeit, finanzielle Leistungsfähigkeit).

Marktordnung

Grundsätzlich gibt es in der Binnenschiffahrt nur **wenige Beschränkungen beim Marktzugang.** Verlangt werden lediglich Befähigungsnachweise zur Führung eines Binnenschiffes. Der Tatbestand des relativ freien Marktzuganges und die noch zu behandelnde *„Freiheit der Binnenschiffahrt"* führen dazu, daß der Verkehrsträger Binnenschiffahrt tendenziell Überkapazitäten aufweist, die durch staatliche Aktionen (Abwrackprämien) abgebaut werden.

Nach *Artikel 89 des Grundgesetzes* ist der **Bund Eigentümer der Bundeswasserstraßen.**

Im *„Gesetz über die Aufgaben des Bundes auf dem Gebiet der Binnenschiffahrt (Binnenschiffahrtsaufgabengesetz – BinSchAufG)"* sind die Aufgaben des Bundes im einzelnen angesprochen; u. a. Förderung der Binnenflotte und des Binnenschiffsverkehrs im allgemeinen deutschen Interesse, Abwehr von Gefahren für die Sicherheit des Verkehrs sowie Verhütung von der Schiffahrt ausgehender Gefahren (Schiffahrtpolizei), die Schiffseichung auf den Bundeswasserstraßen, die Erteilung der Erlaubnis zur Fahrt auf den Bundeswasserstraßen für Wasserfahrzeuge.

Weitere im Binnenschiffsverkehr zu beachtende Gesetze und Verordnungen sind das *Gesetz über Rechte an eingetragenen Schiffen und Schiffsbauwerken,* die *Schiffsregisterordnung,* die *Verordnung über die Eichung von Binnenschiffen,* das *Gesetz betreffend die privatrechtlichen Verhältnisse über die Eichung von Binnenschiffen,* das *Gesetz betreffend die privatrechtlichen Verhältnisse der Binnenschiffahrt (BinSchG),* das *Gesetz über das gerichtliche Verfahren in Binnenschiffahrtssachen (BinSchVerfG),* die *Binnenschiffahrtsstraßen-Ordnung (BinSchO),* die *Rheinschiffahrtspolizeiverordnung (RheinSchPVO),* die *Moselschiffahrtspolizeiverordnung (MoselSchPVO),* die *Verordnung über die Beförderung gefährlicher Güter auf dem Rhein (ADNR),* die *Rheinschiffs-Untersuchungsordnung (RheinSchVO),* die *Binnenschiffs-Untersuchungsordnung (BinSchVO).* Die BinSchVO ist Basis für die Verkehrszulassung in der Form der Erteilung des Schiffsattests/Schiffszeugnisses. Ferner gilt die *Binnenschiffahrt-Patentverordnung.* Wer sich als „Schiffer" betätigen will, d. h. wer ein eigenes oder fremdes Schiff auf Binnengewässern führen will, bedarf dazu eines Befähigungsnachweises. Es wird ihm ein **„Schifferpatent"** ausgestellt.

5 Der Spediteur und die Verkehrsträger

Tarifaufhebungsgesetz Durch das ***Tarifaufhebungsgesetz*** wurden die Tarife im Binnenschiffsverkehr zum 1.1.1994 aufgehoben. Eine Reihe von Gesetzen und Verordnungen aus dem Binnenschiffahrtsbereich wurde durch das *Tarifaufhebungsgesetz* geändert bzw. ersatzlos aufgehoben.

Eine **Änderung** haben folgende Gesetze erfahren:

- Das *„Gesetz betreffend die privatrechtlichen Verhältnisse der Binnenschiffahrt (Binnenschiffahrtsgesetz – BinSchG)"*, welches insbesondere das Frachtgeschäft in der Binnenschiffahrt regelt.

- Das *„Gesetz über die Aufgaben des Bundes auf dem Gebiet der Binnenschiffahrt (Binnenschiffahrtsaufgabengesetz – BinSchAufgG)"*, welches die Aufgaben und Zuständigkeiten der Bundesbehörden regelt. Das Aufgabengesetz wurde z. B. um einen Passus erweitert, wonach die Bundesregierung mit dem Ziel bester Verkehrsbedienung darauf hinzuwirken hat, daß die Wettbewerbsbedingungen der Verkehrsträger angeglichen werden und daß durch einen lauteren Wettbewerb der Verkehrsträger eine volkswirtschaftlich sinnvolle Aufgabenteilung ermöglicht wird.

Vollständig aufgehoben wurden u. a. folgende Gesetze und Verordnungen:

- Das *„Gesetz über den gewerblichen Binnenschiffsverkehr (Binnenschiffsverkehrsgesetz – BinSchVG)"*, welches u. a. die Frachtenbildung durch die Frachtenausschüsse der Binnenschiffahrt geregelt hatte;

- Die *Verordnung über die gebietliche Zuständigkeit der Frachtenausschüsse in der Binnenschiffahrt;*

- die *Verordnung über die Überwachung der festgesetzten Entgelte für Verkehrsleistungen und die Erhebung von Beiträgen in der Binnenschiffahrt;*

- die *Verordnung über die Errichtung von erweiterten Frachtenausschüssen der Binnenschiffahrt;*

- die aufgrund des *Binnenschiffahrtsgesetzes* erlassenen *Verordnungen über die Lade- und Löschzeiten in der Binnenschiffahrt*. Hierbei handelte es sich um die pauschale Aufhebung verschiedener Not- und Kriegsverordnungen aus den 40er Jahren.

Durch die Aufhebung des *Binnenschiffsverkehrsgesetzes* **entfiel die gesetzliche Grundlage für die Tätigkeit der Frachtenausschüsse in der Binnenschiffahrt.** Die paritätisch mit Vertretern der Schiffahrt und der Verladerschaft (u. a. Binnenschiffahrtsspedition) besetzten Frachtenausschüsse bestimmten die **Entgelte** für Verkehrsleistungen der Schiffahrt zwischen deutschen Lade- und Löschplätzen (Transportsätze, Schiffsanteilfrachten, Schlepplöhne, Schiffsmieten, Vergütungen für sonstige mit der Schiffsbeförderung unmittelbar zusammenhängende Nebenleistungen). Des weiteren setzten die Frachtenausschüsse **Liegegelder** fest sowie die den Beförderungsentgelten zugrundeliegenden **Lade- und Löschzeiten.**

Die Tätigkeit der Frachtenausschüsse endete damit am 31.12.1993. Dies bedeutete in der Folge nicht nur den **Wegfall des Tariffestsetzungsverfahrens,** sondern auch den Fortfall der von den Frachtenausschüssen einvernehmlich festgelegten Lade- und Löschzeiten. Ebenso fehlte damit eine Festsetzung über die Höhe der Liegegelder, nachdem bereits im Jahr 1986 der frühere § 32 im *Binnenschiffahrtsgesetz* über die Höhe des Liegegeldes zugunsten der Festsetzung durch die Frachtenausschüsse weggefallen war. Das *Binnenschiffahrtsgesetz 1993* enthielt damit keine bzw. nur sehr unzureichende oder nicht mehr zeitgemäße Regelungen über die Lade- und Löschzeiten sowie die Höhe der Liegegelder. Daher wäre das Frachtrecht in der Binnenschiffahrt zunächst teilweise auf Not- und Kriegsrecht aus den 40er Jahren zurückgefallen; aus diesem Grund wurden diese Verordnungen, soweit sie noch gesetzliche Gültigkeit besaßen, durch das Tarifaufhebungsgesetz pauschal aufgehoben. Für die Liegegelder und die Lade- und Löschzeiten wurde eine später noch zu behandelnde neue Regelung gefunden.

Ab 1.1.1993 besteht auf den Wasserstraßen im EU-Bereich für in der EU beheimatete Binnenschiffe Kabotagefreiheit.

Der Bund verwaltet die Bundeswasserstraßen durch eigene Behörden. **Zuständig für die Verwaltung der Bundeswasserstraßen und für die Aufgaben der Binnenschiffahrt ist der Bundesminister für Verkehr.**

Die dem Bundesministerium für Verkehr (BMV) zur Verwaltung der Bundeswasserstraßen nachgeordnete **Wasser- und Schiffahrtsverwaltung (WSV)** gliedert sich in Mittelinstanz und Unterinstanz. Die Mittelinstanz besteht aus den Wasser- und Schiffahrtsdirektionen (WSDen) Nord (Kiel), Nordwest (Aurich), Mitte (Hannover), West (Münster), Südwest (Mainz), Süd (Würzburg) und Ost (Berlin). Ferner gibt es Sonderstellen mit zentralen Aufgaben für den Gesamtbereich der WSV, so z. B. das Seezeichenversuchsfeld in Koblenz und die Sonderstelle „Ölunfälle See/Küste" in Cuxhaven.

Wasserstraßen- und Binnenschiffahrtsbehörden

Den Wasser- und Schiffahrtsdirektionen sind als Unterinstanz insgesamt 39 Wasser- und Schiffahrtsämter (WSÄ), 6 Wasserstraßen-Maschinenämter (WMÄ) sowie 8 Wasserstraßenneubauämter (WNÄ) nachgeordnet. Den Wasser- und Schiffahrtsämtern sind regional Außenbezirke mit Betriebsstellen, wie z. B. Schleusen, Hebewerke sowie Bauhöfe zugeordnet.

In der internationalen Binnenschiffahrt gelten die folgenden Regelungen:

Auf dem *Wiener Kongreß* wurde bereits 1815 die **Freiheit der Binnenschiffahrt** proklamiert. Die Bemühungen der Anliegerstaaten schiffbarer Ströme, den Binnenschiffsverkehr von willkürlichen Sperrungen, Behinderungen und Einschränkungen

Freiheit der Binnenschiffahrt

5 Der Spediteur und die Verkehrsträger

zu befreien, fanden ihren Niederschlag in verschiedenen **internationalen Stromakten bzw. Schiffahrtsakten.**

Mannheimer Akte
Von besonderer Bedeutung war und ist die **Mannheimer Akte** für das Rheinstromgebiet (1831 in Mainz beschlossen und 1868 in Mannheim revidiert). Die *Mannheimer Akte* gestattet Schiffen aller Nationen, **Binnenschiffstransporte auf dem Rhein und seinen Ausflüssen von Basel bis ins offene Meer abgabenfrei durchführen zu können.** Zur gemeinsamen Beratung über die Angelegenheiten der Rheinschiffahrt besteht die **Zentralkommission für die Rheinschiffahrt** mit dem Sitz in Straßburg. Ihr Aufbau und ihre Rechtstellung gründen sich auf die *Mannheimer Akte.* In der *ZKR* werden die von den einzelnen Staaten zu erlassenden Verkehrs- und Schiffssicherheitsvorschriften beschlossen sowie wichtige Baumaßnahmen im Strom (Fahrwasserverbesserung) und seiner Umgebung (z. B. Brücken) begutachtet. Vertragsstaaten der *Rheinschiffahrtsakte (Mannheimer Akte)* sind die Schweiz, Frankreich, Bundesrepublik Deutschland, Niederlande, Belgien, Großbritannien; die Rechtswirkungen der *Rheinschiffahrtsakte* gelten darüber hinaus für alle EU-Mitgliedsstaaten. Durch ein von den Vertrags-Ländern unterzeichnetes Zusatzprotokoll zur *Mannheimer Akte* ist die absolute Schiffahrtsfreiheit auf dem Rhein zugunsten der **rheinanliegenden Vertragsstaaten der** *Mannheimer Akte* **sowie der Mitgliedsstaaten der EU eingeschränkt** worden. Es war befürchtet worden, daß nach Fertigstellung des *Main-Donau-Kanals* die Binnenschiffahrtsflotte der Oststaaten sich gemäß Artikel 1 der *Mannheimer Akte* freien Zugang zum Rhein verschafft hätte und dann mit Dumping-Preisen in funktionsfähige Märkte zu Lasten der Binnenschiffahrt der Anliegerstaaten eingebrochen wäre.

Nach dem **Zusatzprotokoll ist im Geltungsbereich der** *Mannheimer Akte* **die kleine Kabotage (innerhalb eines Landes) und die große Kabotage (grenzüberschreitend) für Schiffe von Nichtunterzeichnerstaaten verboten.** Bedingungen für die Zulassung setzt die *ZKR.* Für die deutschen Wasserstraßen außerhalb des Rheinstromgebietes hat die Bundesrepublik Deutschland mit den Oststaaten Abkommen getroffen, wonach die Kabotage ebenfalls verboten ist, aber in Einzelfällen erlaubt werden kann. Der Transitverkehr durch Deutschland ist für Schiffe der Oststaaten nach dem Abkommen frei.

Konventionen
Im grenzüberschreitenden Verkehr können **Frachtübereinkünfte (Konventionen)** zwischen den am Binnenschiffsverkehr beteiligten Reedereien gebildet werden. Auch im grenzüberschreitenden Verkehr muß das eingesetzte Schiff bestimmten Tauglichkeitsvorschriften genügen, der Schiffer muß den Befähigungsnachweis mit sich führen.

Lizensierung Tour-de-Rôle
Abgesehen von den Einschränkungen für die Schiffe aus Oststaaten ist der Rheinschiffahrtsmarkt der einzige freie Verkehrsmarkt in Europa. Die grenzüberschreitenden Verkehre zwischen den Niederlanden, Belgien und Frankreich sowie der Binnenschiffsverkehr innerhalb dieser Länder ist strengen Reglementierungen unterworfen **(Lizensierung und Tour-de-Rôle-System:** an den dortigen Frachtbörsen erhalten

die Binnenschiffer in der Reihenfolge ihres Erscheinens zu festen Frachtraten Transporttonnage zugeteilt). Über dieses System ist in der EU ein heftiger Streit entbrannt. Es soll nunmehr nur noch zeitlich befristet gelten.

5.3.1.5 Die Betriebsformen in der Binnenschiffahrt

Die Art und Weise, die Organisation des Einsatzes der Binnenschiffe für die Produktion von Verkehrsleistungen finden ihren Niederschlag in der Betriebsform. Wir unterscheiden den sogenannten **Partikulier,** auch Klein-, Einzel- oder Privatschiffer genannt, von der **Reederei**.

Der **Partikulier** setzt in aller Regel bis zu drei Schiffe ein. **Das Schiff dient ihm als Wohn- und Arbeitsstätte zugleich.** Als Schiffseigner ist er Eigentümer des Schiffes, als Ausrüster setzt er ein ihm nicht gehörendes Schiff zum Zwecke des Erwerbs durch die Binnenschiffahrt ein. Der Partikulier verfügt über **keine kaufmännische Landorganisation,** er übernimmt für eigene Rechnung Ladungen in seinem Stromgebiet dort auf, wo er sie findet. Partner des Partikuliers ist häufig der Spediteur, der über das entsprechende Ladungsangebot verfügt. — Partikulier

Die Partikuliere haben sich zu **Genossenschaften** zusammengeschlossen, deren Aufgabe es ist, die Genossen (Partikuliere) mit entsprechender Ladung zu versorgen. Die Genossenschaften übernehmen darüber hinaus auch andere Funktionen wie gemeinsamer Einkauf, betriebswirtschaftliche Betreuung u. a. Die Genossenschaften sind ein Mittel zur Erhaltung der Existenz der Partikuliere.

Eine andere Betriebsform stellen die sogenannten **Reedereien** dar. Darunter verstehen wir zumeist **große Schiffahrtsunternehmen, die gewerbsmäßig die Ausführung von Transporten durch eigenen und/oder fremden Schiffsraum unter Einsatz eigener oder fremder Triebkräfte übernehmen** und **die von Land aus geleitet werden.** Das Wesensmerkmal einer Reederei ist die **Trennung von kaufmännischer Organisation** und **technischer Transportdurchführung.** — Reederei

Eine klare Trennung zwischen gewerblichem Verkehr und Werkverkehr, wie wir sie beispielsweise im Straßengüterverkehr kennen, gibt es in der Binnenschiffahrt nicht. Schiffe von Werksreedereien führen in aller Regel auch gewerblichen Verkehr durch. Betreibt ein Schiffseigner neben dem Werkverkehr (das ist die Beförderung von eigenen Gütern für eigene Zwecke des Unternehmens mit eigenen Schiffen) Schiffahrt zu gewerblichen Zwecken, so wird der gesamte Schiffahrtsbetrieb als gewerbliche Schiffahrt angesehen. — Gewerblicher Verkehr / Werkverkehr

In der Praxis der Binnenschiffahrt wird derjenige „Befrachter" genannt, der, ohne eigenen Schiffsraum zu besitzen, Frachtverträge mit dem Absender abschließt und dann Partikuliere als Unterfrachtführer einsetzt. Hier handelt es sich also weniger um eine betriebswirtschaftlich-technische Kategorie einer Betriebsform, im Vordergrund — Befrachter stehen hier Fragen des Abschlusses des Frachtvertrages im allgemeinen und der Beteiligten am Frachtvertrag im besonderen.

5.3.1.6 Die gewerbepolitische Organisation der Binnenschiffahrt

Bundesverband der deutschen Binnenschiffahrt Der *Bundesverband der deutschen Binnenschiffahrt e. V.* in Duisburg ist die **Gewerbe- und Wirtschaftsvertretung** aller Unternehmen der deutschen Binnenschiffahrt und hat die Aufgabe, die Mitglieder des Verbandes zu betreuen, sie in jeder das Gewerbe berührenden Frage zu beraten und bei allen in Betracht kommenden Behörden, Organisationen und politischen Institutionen zu vertreten.

Im *Bundesverband der Selbständigen, Abteilung Binnenschiffahrt, Bonn, (BDS)*, hat sich eine **Gruppe von Partikulieren zusammengefunden** in der Zielsetzung, dort insbesondere ihre mittelständischen Interessen vertreten zu lassen. Zum Teil besteht eine Doppelmitgliedschaft im *Bundesverband der Deutschen Binnenschiffahrt*.

Die internationale **Binnenschiffahrts-Union** mit dem Sitz in **Brüssel** ist die Spitzenorganisation der Binnenschiffahrt der westeuropäischen Länder Belgien, Großbritannien, Bundesrepublik Deutschland, Frankreich, Luxemburg, Italien, Niederlande und Schweiz. Sie bezweckt die Wahrung der Interessen und die Vertretung der westeuropäischen Binnenschiffahrt auf internationaler Grundlage und die Behandlung von Fragen, die internationale Auswirkungen haben können.

Bundesverband der öffentlichen Binnenhäfen Die öffentlichen Binnenhäfen sind im *Bundesverband der öffentlichen Binnenhäfen (BöB)* zusammengeschlossen.

5.3.2 Verkehrsmittel der Binnenschiffahrt

5.3.2.1 Schiffsarten/Schiffstypen

Es gibt

Schiffstypen

a) **Schiffe, die keinen eigenen Laderaum haben,** sondern nur der Fortbewegung anderer antriebsloser Schiffe dienen, das sind **Schlepper** (ziehende Fortbewegung) und **Schubboote** (schiebende Fortbewegung).

b) **Schiffe, die nur über Laderaum verfügen,** das sind **Schubleichter** und **Schleppkähne,**

c) **Schiffe, die gleichzeitig über eigenen Antrieb und Laderaum verfügen (Motorgüterschiff).**

Binnenschiffahrt 5.3

Ein alleinfahrendes Motorgüterschiff wird auch als Selbstfahrer bezeichnet. Zieht ein Motorgüterschiff ein antriebsloses Schiff, dann sprechen wir von einem **Motorgüterschiff-Schleppverband;** eine relativ selten vorkommende Kombination. Schiebt ein Motorgüterschiff ein antriebsloses Schiff, wenn also Motorschiff und Kahn aneinandergekoppelt sind, spricht man von einem **Koppelverband.**

Insbesondere auf dem Rhein gewinnt die Schubschiffahrt an Bedeutung. Ein Schubverband besteht aus einem Schubboot (Motorleistung bis zu 6000 PS), das bis zu sechs Schubleichter mit einem Fassungsvermögen von rd. 17 000 t schieben kann. Rund 80 % der deutschen Binnenschiffe gehören zu der Kategorie der Motorgüterschiffe. Zu den bekanntesten Selbstfahrern zählte bisher das sogenannte **Europaschiff,** das mit einer Länge von 85 m, einer Breite von 9,50 m und einem Tiefgang von 2,50 m eine Tragfähigkeit von 1350 t hat.

Binnenschiffe fahren mit niedrigen Geschwindigkeiten von 8 – 10 km/h in der Bergfahrt und 18 – 20 km/h in der Talfahrt. Moderne Containerbinnenschiffe benötigen für die Fahrt von Frankfurt (M) nach Rotterdam 26 – 28 Stunden, im Vergleich dazu benötigt der Lastkraftwagen 8 – 10 Stunden und die Eisenbahn bei Einsatz eines Ganzzuges 14 – 19 Stunden, bei Einzelwagenbeförderung 36 – 48 Stunden (mit Rangieren etc.).

Seit Anfang der 80er Jahre sind in der Entwicklung der Binnenschiffahrtsflotte **zwei Trends** zu erkennen. **Erstens werden zunehmend Schiffe als Koppelverbände gefahren,** bei denen in der Regel ein Schiff mit Eigenantrieb ein oder mehrere motorisierte oder unmotorisierte Schiffe schiebt bzw. längsseits nimmt. **Zweitens werden die Neubauten erheblich größer.** Das Europaschiff verliert zunehmend an Bedeutung und wird durch das **Großmotorschiff** mit einer Länge von 110 m und einer Tragfähigkeit bis zu 3000 t verdrängt.

Eine Übersicht über die wichtigsten Schiffstypen ist im folgenden abgebildet; die Darstellung wurde einem Prospekt des *Bundesverbands der deutschen Binnenschiffahrt* entnommen:

	Länge m	Breite m	Tiefgang m	Tragfähigkeit t	Leistung PS
Motorgüterschiff für trockene Ladung	38,5– 110,0	5,0– 11,4	2,0– 3,5	220 3000	100– 3000
Tankmotorschiff	50,0– 110,0	6,6– 11,4	2,2– 3,5	400– 3200	250– 2000
Koppelverband*	150,0– 186,5	9,5– 11,4	2,5– 3,5	2530– 5000	800– 3000
Schubboot	10,0– 40,0	7,6– 15,0	1,4– 2,2		500– 6000
Schubleichter	70,0– 76,5	9,5– 11,4	2,5– 4,0	1240– 2800	

Die größten Schubboote schieben sechs Leichter = 15.600 t)

* (Schiebendes Motorschiff mit Leichter)

5.3.2.2 Die Schiffspapiere

Schiffs- Der Schiffer muß bei der Transportdurchführung mitführen:
papiere

1. Die **Transportpapiere** (Frachtbrief oder Ladeschein, Ladeverzeichnis).

2. Die **Schifferdienstbücher** (jeder Schiffsmann muß im Besitz eines auf seinen Namen lautenden Schifferdienstbuches sein).

3. **Schifferpatent** (Rheinschifferpatent, Binnenschifferpatent, Donauschifferpatent), **Schiffszeugnis** (Rheinschiffsattest, Binnenschiffsattest), **Eichschein, Bordbuch** (nur auf dem Rhein), **Fahrtenbuch, Ölkontrollbuch** und gegebenenfalls **Radarschiffer-Zeugnis, Sprechfunkzeugnis** sowie die nach *ADNR* erforderlichen Urkunden.

4. **Rheinschiffahrtszugehörigkeitsurkunde** für Binnenschiffe aus Ländern der EU und der Schweiz, ausgestellt von der zuständigen Wasser- und Schiffahrtsverwaltung.

Die Tragfähigkeit eines Schiffes wird in Gewichtstonnen gemessen, über das Ergebnis der amtlichen Eichung wird ein **Eichschein** ausgestellt. Bei der Eichung selbst geht man von der Schwimmlage des unbeladenen, aber voll ausgerüsteten, bemannten und mit Vorräten versehenen Schiffes aus. Diese untere „**gesetzte Wasserlinie**" wird auch Leergang genannt. Die obere Eichebene ist diejenige Wasserlinie, bis zu welcher das Schiff höchstens beladen werden darf. Der höchstzulässige Tiefgang hängt von dem **einzuhaltenden Freibord** ab, das ist diejenige Seitenbordfläche, mit der das beladene Schiff noch über die Wasserlinie hinausragen muß. An den Schiffen wird die Eichskala bzw. der Tiefganganzeiger mit Markierungen in Abständen von zwei Zentimetern angebracht. Mit Hilfe dieser **Eichskala,** die auch im Eichschein vermerkt wird, kann später auf das Ladegewicht geschlossen werden. Das **Schiffszeugnis** trifft Aussagen über die Tauglichkeit des Schiffes zum Befahren bestimmter Wasserstraßen. Nach der **Schiffsregisterordnung** muß über jedes Schiff ein **Schiffsbrief** ausgestellt sein. Ein **Schiffsregister** ist vergleichbar mit dem Grundbuch für das Eintragen von Liegenschaften und wird bei bestimmten Amtsgerichten geführt. Das Schiffsregister und der Schiffsbrief geben über die Eigentums- und Pfandrechte an dem Schiff eine verläßliche Auskunft. Der Spediteur sollte, die Interessen seines Auftraggebers wahrend, Bedeutung und Inhalt der Schiffspapiere kennen.

5.3.2.3 Der Containerverkehr/der Ro-Ro-Verkehr

Container- Der Verkehrsträger Binnenschiffahrt hatte die hochwertigen Kaufmannsgüter fast
verkehr ganz an die Verkehrsträger Straße und Eisenbahn verloren. Dies änderte sich ab Mitte der 70er Jahre grundlegend durch den sich verstärkenden Einsatz des Contai-

ners. **Container sind Großbehälter, die es erlauben, im kombinierten Verkehr durch wechselnden Aufsatz auf verschiedene Verkehrsmittel** (Lkw, Eisenbahn, Binnenschiff, Seeschiff, Flugzeug) **eine integrierte Transportkette ohne Umladung der einzelnen Güter herzustellen.** Die arbeits- und kostenintensiven Umschlagsvorgänge der einzelnen Güter entfallen. Umschlag und Transport der Container sind betriebswirtschaftlich-technisch vergleichbar mit Umschlag und Transport großströmiger Güterverkehre bzw. Massengüter. Der Container funktioniert insofern Stückgut in Massengut um, in dem er als Lademittel relativ viele kleine Stückgutsendungen und Teile von Ladungen, die früher alle einzeln umgeschlagen werden mußten, zu einer kompakten Sendung/zu einer Partie zusammenfaßt, die leicht durch leistungsstarke Containerumschlagsanlagen umgeschlagen werden kann. Den Nachteil geringer Transportgeschwindigkeiten korrigiert die Binnenschiffahrt insbesondere durch den sogenannten Continue-Einsatz der Binnenschiffe, der Tag- und Nachtfahrten durch den Einsatz moderner Radaranlagen erlaubt. **Große Containerschiffe können bis zu 300 Container TEU befördern.** Bei Einsatz von Schubverbänden können es bis zu 460 Container TEU sein.

Wurden auf dem Rhein im Jahr 1975 rd. 10 000 Container TEU transportiert, so strebt im Jahre 1996 die Zahl gegen 800.000 Container TEU. Leistungsstarke Containerumschlagsanlagen in den Seehäfen Rotterdam und Antwerpen, sowie rd. 30 Containerumschlagsanlagen am Rhein und seinen Nebenflüssen erlaubten diese stürmische Entwicklung.

Die Häfen für den Containerumschlag, die für den Spediteur wichtig sind, können der Übersicht auf der gegenüberliegenden Seite entnommen werden.

Neue Perspektiven ergeben sich für die Binnenschiffahrt durch die sogenannte **Ro-Ro-Technik.** Hier werden Straßenfahrzeuge wie beim Huckepackverkehr Straße/Schiene per Binnenschiff transportiert. Eine regelmäßige Ro-Ro-Verbindung besteht derzeit zwischen Rotterdam und den Häfen Mannheim und Mainz, ferner gibt es auf der Donau gut funktionierende Ro-Ro-Verkehre. Der Ro-Ro-Verkehr hat eine große Bedeutung für den Pkw-Umschlag von Neufahrzeugen.

Ro-Ro-Verkehr

Der kombinierte Verkehr auf Binnenwasserstraßen findet in Anbetracht zunehmender Kapazitätsengpässe auf Straße und Schiene die besondere Aufmerksamkeit der Güterverkehrstreibenden und der Bundesregierung.

Das Speditions- und Lagereigewerbe plant die Gründung einer sogenannten „**Wasserkombi**", unter der eine Einkaufsgesellschaft für alle Dienstleistungen des kombinierten Verkehrs Wasser – Schiene/Straße zu verstehen ist, mit der Zielsetzung, durch eine Bündelung der Nachfrage günstige Einkaufspreise zu erzielen.

Wasserkombi

5 Der Spediteur und die Verkehrsträger

Häfen für Containerumschlag

- Kran mit Spreader 5
- Hafen mit Containerbrücke 18
- Hafen mit mehreren Co-Terminals 7

Stand Dez. 1991

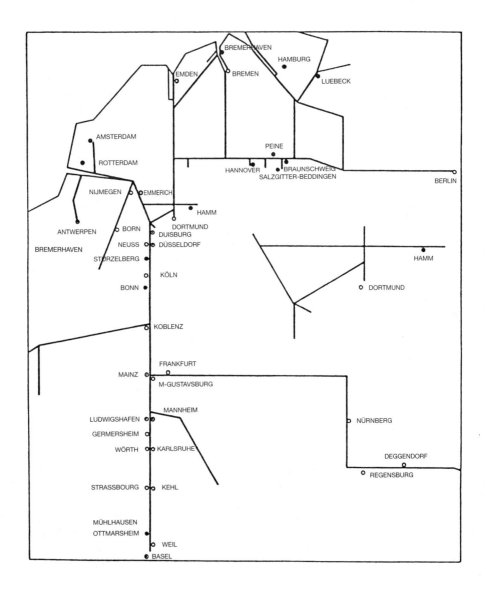

Die Bundesregierung hat zur Intensivierung des kombinierten Verkehrs auf den Binnenwasserstraßen folgende Maßnahmen beschlossen:

Ab dem 1. Januar 1992 erfolgte auf der Basis einer EG-Richtlinie die **Liberalisierung des Straßenvorlaufs und -nachlaufs im grenzüberschreitenden Kombinierten Verkehr Binnenwasserstraße/Straße** im Umkreis von 150 km Luftlinie von den Binnenwasserumschlagplätzen; Befreiung von Genehmigungspflicht und Kontingentierung.

Ebenso ab dem 1. Januar 1992 kam es zu **folgenden Verbesserungen für den grenzüberschreitenden Kombinierten Verkehr**:

- Freigabe der Huckepackkabotage im Kombinierten Verkehr zwischen Mitgliedstaaten hinsichtlich Straßenvor- und -nachlauf;

- Erleichterung des Zugangs des Werkverkehrs zum Kombinierten Verkehr.

5.3.3 Binnenschiffahrtsverkehrswege

5.3.3.1 Das deutsche Wasserstraßennetz

Bundeswasserstraßen werden entsprechend ihrer überwiegenden Verkehrsnutzung in **Binnenschiffahrtsstraßen** und **Seeschiffahrtsstraßen** unterteilt. Das Netz der Bundeswasserstraßen umfaßt 7 700 km. Hiervon entfallen 6 900 km auf Binnenwasserstraßen und rund 800 km auf Seeschiffahrtsstraßen. Etwa 3/4 der Netzlänge sind natürliche Wasserstraßen und rund 1/4 künstliche.

Natürliche und künstliche Wasserstraßen

Die Seeschiffahrtsstraßen, die von der seewärtigen Begrenzung des Küstenmeeres bis tief hinein in die Unterläufe der Flüsse sowie in die Förden und Buchten des Meeres reichen, dienen in erster Linie der deutschen und der internationalen Seeschiffahrt als Zufahrten zu den deutschen Seehäfen.

Zu den natürlichen Wasserstraßen gehören die Flüsse (Rhein, Donau, Ems, Weser, Elbe nebst Nebenflüssen), Seen und die Seen-Wasserstraßen an der Küste. Künstliche Wasserstraßen sind die Kanäle, sie ergänzen und/oder verbinden die natürlichen Wasserstraßen. Das Netz der Binnenwasserstraßen des Bundes finden Sie auf der folgenden Seite abgebildet. In Anbetracht der zunehmenden Bedeutung der Schiffahrt/Binnenschiffahrt bilden wir auch die bedeutenden europäischen Wasserstraßen ab. Sie werden feststellen können, daß Güter beispielsweise per Binnenschiff von Basel bis nach Warschau befördert werden können.

5 Der Spediteur und die Verkehrsträger

Netz der Binnenwasserstraßen des Bundes und bedeutende europäische Wasserstraßen

Binnenschiffahrt 5.3

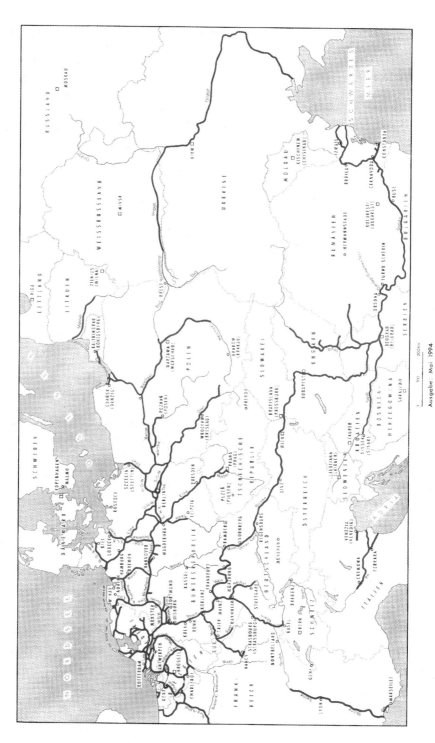

Bedeutende europäische Wasserstraßen

Ausgabe: Mai 1994

Vertrieb: Drucksachenstelle der Wasser- und Schiffahrtsverwaltung des Bundes bei der Wasser- und Schiffahrtsdirektion Mitte, Postfach 63 07, 30063 Hannover

5 Der Spediteur und die Verkehrsträger

straßennetz wird mit erheblichen Mitteln ausgebaut, sei es, daß die Flüsse kanalisiert, der Wasserstand durch den Einbau von Staustufen und Schiffshebewerken möglichst über das ganze Jahr hinweg konstant gehalten wird, die Fahrrinne vertieft wird oder sei es, daß neue Kanäle gebaut werden. Der verkehrsreichste Strom der Welt und zugleich das Rückgrat der deutschen Binnenwasserstraßen ist der **Rhein**. Als Großschiffahrtsweg wurden auf ihm im Jahre 1994 rd. 200 Mio. Tonnen Güter transportiert. Mit **Duisburg-Ruhrort** verfügt er auch über den größten europäischen Binnenhafen.

Die deutschen Binnenwasserstraßen können wie folgt eingeteilt werden:

1.	Rheinstromgebiet	mit Rhein, sowie den schiffbaren Nebenflüssen Neckar, Main, Mosel, Lahn und Ruhr.
2.	Westdeutsches Kanalgebiet	mit Rhein-Herne-Kanal (RHK), Wesel-Datteln-Kanal (WDK), Datteln-Hamm-Kanal (DHK), Dortmund-Ems-Kanal, Küstenkanal, Mittellandkanal.
3.	Weserstromgebiet	mit Weser, Fulda, Aller sowie der unteren Hunte.
4.	Elbestromgebiet	mit Elbe, Elbe-Lübeck-Kanal, Trave, Nord-Ostseekanal, Elbe-Seitenkanal.
5.	Donaustrom	mit Donau und Main-Donau-Kanal.
6.	Märkische Wasserstraßen	mit Elbe-Havel-Kanal, Spree, Teltwo-Kanal, Oder-Spree-Kanal, Havel-Oder-Kanal
7.	Oderstromgebiet	mit Oder, Peene, Uecker.

Die Länge der Bundesstraßen ergibt sich aus der folgenden Übersicht:

Binnenschiffahrt 5.3

Länge der Bundeswasserstraßen

Rhein und Nebenflüsse	**1 804 km**
Rhein (Rheinfelden – niederländische Grenze)	695 km
Neckar (Mdg. Rhein – Ausbauende)	201 km
Main (Mdg. Rhein – Ausbauende)	387 km
Main-Donau-Kanal (Mdg. Main – Mdg. Donau)*⁾	171 km
Mosel (französische Grenze – Mdg. Rhein)	242 km
Saar (französische Grenze – Mdg. Mosel)	108 km
Wasserstraßen zwischen Rhein und Elbe	**1 422 km**
Ruhr (Mdg. Rhein – Ausbauende)	12 km
Rhein-Herne-Kanal (Mdg. Rhein – Mdg. DEK)	46 km
Wesel-Datteln-Kanal (Mdg. Rhein – Mdg. DEK)	60 km
Datteln-Hamm-Kanal (Mdg. DEK – Schmehausen)	47 km
Dortmund-Ems-Kanal und Untere Ems (Dortmund – Seegrenze)	292 km
Küstenkanal und Untere Hunte (Mdg. DEK – Seegrenze)	95 km
Mittellandkanal (Mdg. DEK – Mdg. Elbe)	325 km
Weser und Unterweser (Hannoversch-Münden – Seegrenze)	430 km
Elbe-Seitenkanal (Mdg. Mittellandkanal – Mdg. Elbe)	115 km
Elbegebiet	**1 039 km**
Nord-Ostsee-Kanal (Mdg. in die Elbe – Kieler Förde)	99 km
Elbe-Lübeck-Kanal (Mdg. Elbe – Lübeck)	60 km
Trave (Lübeck – Seegrenze)	29 km
Elbe (CSFR-Grenze – Seegrenze)	727 km
Saale (Leuna-Kreypau – Mündung in die Elbe)	124 km
Wasserstraßen zwischen Elbe und Oder	**1 502 km**
Berliner Haupt- und Nebenwasserstraßen	181 km
Havel-Oder-Wasserstraße und Nebengewässer	489 km
Spree-Oder-Wasserstraßen und Nebengewässer	258 km
sonstige Teilstrecken	574 km
Oder (Grenze Polen – Abzw. Westoder)	**162 km**
Gewässer an der Ostseeküste	**474 km**
Donau	**210 km**
Sonstige Binnenwasserstraßen	**1 182 km**
Gesamt	**7 795 km**

*⁾ ab September 1992   Abkürzungen: Mdg.: Mündung; DEK: Dortmund-Ems-Kanal

5 Der Spediteur und die Verkehrsträger

5.3.3.2 Die Klassifizierung des Binnenwasserstraßennetzes, der Pegel

Einteilung der Binnenwasserstraßen

Um die Befahrbarkeit der Binnenwasserstraßen für bestimmte Schiffstypen zu bezeichnen, hat man sie in Klassen I – VI eingeteilt. Hinter dieser Klassifizierung verbergen sich in erster Linie technische Daten wie die Wassertiefe, Breite des Flußbettes, Schleusen etc. Die Wasserstraßenklassen richten sich insbesondere nach der Befahrbarkeit durch folgende charakteristische Schiffstypen: Penische, Kempenaar, Gustav-Königs-Schiff, Europaschiff und Großmotorschiff.

Die folgende vom Bundesminister für Verkehr erstellte Übersicht veranschaulicht die Klassifizierung.

Zuordnung von Schiffsgrößen zu Wasserstraßenklassen

Die vorstehende Tabelle enthält die generelle Zuordnung von Schiffs- und Verbandsgrößen zu Wasserstraßenklassen als Erläuterung der in der Beschreibung der Wasserstraßen genannten Angaben. Soweit dies noch möglich war, sind die Festlegungen einer *Sachverständigenkommission der Europäischen Verkehrsminister-Konferenz (CEMT)* und die Empfehlungen einer *Arbeitsgruppe für die Entwicklung der gesamteuropäischen Wasserstraßen der Wirtschaftskommission für Europa (ECE)* berücksichtigt worden.

Sowohl die schiffbautechnische Entwicklung als auch die Tendenz zu einer stärkeren Ausnutzung der Wasserstraßen erfordern jedoch eine Fortschreibung der ursprünglichen Klasseneinteilung der Wasserstraßen durch Berücksichtigung des Großmotorgüterschiffes und der modernen Schubverbandsformationen unter Einbeziehung des schiebenden Motorgüterschiffs. Bei Beachtung der Grundprinzipien der *CEMT* wurden die unbedingt notwendig erscheinenden Änderungen weitestgehend an die bestehenden Regelungen angepaßt. Der Begriff der „**Charakteristischen Tragfähigkeit**" wurde beibehalten und auch auf Schubverbände angewendet.

Soweit die jeweiligen örtlichen Verhältnisse Einschränkungen erfordern oder Erweiterungen ermöglichen, kann die Tabelle als Anhalt für die auf einer Wasserstraße in Betracht kommenden Schiffsgröße dienen. In Einzelfällen kann die Anwendung dieses Schemas zu einer Höherstufung, kaum aber zu einer Herabsetzung bestehender Wasserstraßen führen. Die Schubverbandsformationen sind für die einzelnen Wasserstraßenklassen den geometrischen und Verkehrsverhältnissen der freien Strecke, nicht den Abmessungen etwa vorhandener Abstiegsbauwerke zugeordnet.

Darüber hinaus ist die vorstehende Darstellung als wichtiger Beitrag für die bei der *ECE* und der *CEMT* beginnende Diskussion einer Novellierung der Klasseneinteilung der Wasserstraßen anzusehen, mit der sich ebenfalls eine Arbeitsgruppe des internationalen *Ständigen Verbands der Schiffahrtskongresse (PIANC/AIPCN)* befaßt. Der bisherigen wie der zukünftigen Entwicklung der Notwendigkeit zur weiteren Vereinheitlichung und zugleich auch der Förderung weiterer Ausbauplanungen wird mit dieser **Zuordnung von Schiffsgrößen zu Wasserstraßenklassen** Rechnung getragen.

Die Entwicklung der Klasseneinteilung der Wasserstraßen seit 1953 bis zu den diesem neuen Zuordnungsschema zugrunde liegenden Überlegungen ist von *Prof. Dr.-Ing. Martin Hager* in einem Beitrag „*Zuordnung von Schiffsgrößen zu Wasserstraßenklassen*" in der Zeitschrift für *Binnenschiffahrt und Wasserstraßen, Nr. 1 Februar 1987*, Seite 26 ff. ausführlich beschrieben. Dieser Veröffentlichung können weitere wichtige Hinweise entnommen werden.

Für die Beladung der Schiffe ist die Fahrwassertiefe von Bedeutung. Es ist Aufgabe der Wasser- und Schiffahrtverwaltung, die Fahrwassertiefe zu regulieren und die Schiffahrtstreibenden über Veränderungen der Fahrrinne und des Wasserstandes zu unterrichten.

Die Wasserstände werden von Pegeln abgelesen. **Pegel sind Meßeinrichtungen für den Wasserstand.** Gewöhnlich ist ein Pegel eine senkrecht an gut gegründeten Ufermauern oder Brückenpfeilern errichtete Skala aus Holz oder Flacheisen, die nach Zentimetern oder Doppelzentimetern eingeteilt ist. Der Nullpunkt der Skala wird an Strömen so tief verlegt, daß auch bei niedrigen Wasserständen negative Ablesungen unter Null vermieden werden.

Pegel

Die Wasserstände an den Hauptpegeln der Ströme werden täglich in Rundfunk und Presse verbreitet. Die so bekanntgegebenen Wasserstände sind für die Bestimmung der Abladermöglichkeiten der Schiffe maßgebend. Bei der Frachtberechnung bestimmen sie die Höhe der **Kleinwasserzuschläge.**

5 Der Spediteur und die Verkehrsträger

5.3.4 Die Binnenhäfen und ihre Funktionen

Binnenhäfen Die Binnenhäfen sind als **Verteilungszentrum für Rohstoffe und massenhafte Vorprodukte** Bindeglieder zwischen Erzeugung und Verbrauch. Zu den **schiffahrtseigenen Anlagen** und Einrichtungen zählen die Wasserfläche, die Wassertiefe und die Uferanlagen. Zu den **landseitigen Anlagen** der Häfen zählen Lagerhäuser, Umschlagsanlagen, Freilagerflächen, Siloanlagen, Krananlagen, Hafenbahnen, Container-Terminals, Lageranlagen für die Lagerung flüssiger Güter u. a. **Wichtigster Partner des Binnenhafens ist heute das Verkehrsmittel Lastkraftwagen.** Insofern gehen in aller Regel die Verkehrsträger Binnenschiffahrt, Eisenbahn und Straße im Binnenhafen eine enge Verbindung ein, so daß ein hochqualifiziertes Großverkehrszentrum entsteht. Für den Spediteur ist der alternative Zugriff auf die einzelnen Verkehrsträger von großer Bedeutung.

Das Dienstleistungsspektrum der Binnenhäfen hat sich gewandelt und erweitert. Der Nutzen eines Binnenhafens kann nicht alleine aus dem wasserseitigen Umschlag abgeleitet werden. Immer mehr erfüllen die Binnenhäfen zusätzliche Funktionen als **Drehscheiben der Landverkehrsträger** und ermöglichen dem Organisator von Logistikketten jede gewünschte effiziente Kombination von Wasser, Schiene und Straße. Das Dienstleistungsangebot der Häfen deckt die Spannbreite vom Massengutumschlag bis hin zum Stückgut- und Spezialtransport und zur wasserstrombegleitenden Logistikdienstleistung ab.

In der Bundesrepublik Deutschland gibt es rd. 330 Häfen, von denen rd. 180 öffentliche Binnenhäfen und rd. 150 Privathäfen sind. Die **öffentlichen Binnenhäfen** sind mit ca. 70 % an dem Schiffsgüterumschlag in den Binnenhäfen beteiligt, sie liegen in der Verwaltung der öffentlichen Hand (Stadt, Land u. a.) und dienen dem öffentlichen Verkehr. In **Privathäfen oder Werkshäfen** darf dagegen nur für eigene Zwecke des Betreibers umgeschlagen werden. In den öffentlichen Binnenhäfen wurden 1993 137 Mio. t Güter umgeschlagen. Größter deutscher Binnenhafen ist der **Hafen Duisburg-Ruhrort**.

Zu den großen deutschen Binnenhäfen zählen, bezogen auf das Umschlagsvolumen 1995:

Duisburger Häfen	45,8
Karlsruhe	10,3
Hamburg	10,2
Köln	9,6
Ludwigshafen	8,2
Mannheim	7,8
Frankfurt (M)	5,3
Dortmund	4,9
Gelsenkirchen	4,8
Bremen	4,7
Neuss	4,5

5.3.5 Der Frachtvertrag in der Binnenschiffahrt

5.3.5.1 Die rechtlichen Grundlagen des Frachtvertrages

Gegenstand des Frachtvertrages ist die Beförderung von Gütern mit dem Binnenschiff gegen Entgelt auf Flüssen und sonstigen Binnengewässern. Da der Vertrag auf die Herbeiführung eines bestimmten Erfolges durch Dienstleistungen ausgerichtet ist, ist der Frachtvertrag seiner rechtlichen Natur nach ein **Werkvertrag**. An eine besondere Form ist der Abschluß des Frachtvertrages nicht gebunden, er kann mündlich oder schriftlich zustandekommen.

Abschluß des Frachtvertrages

In der Binnenschiffahrt wird aber regelmäßig ein schriftlicher Frachtvertrag (Frachtbrief, Ladeschein) ausgefertigt. Der Frachtvertrag in der Binnenschiffahrt ist kein Realvertrag (wie z. B. bei der Eisenbahn), sondern ein Konsensualvertrag.

Die gesetzlichen Grundlagen für die Abwicklung des Frachtvertrages in der Binnenschiffahrt finden wir in dem *„Gesetz betreffend die privatrechtlichen Verhältnisse der Binnenschiffahrt" (BinSchG)*, kurz: *Binnenschiffahrtgesetz*. Dieses Gesetz enthält im 4. Abschnitt alle das Frachtgeschäft betreffenden Bestimmungen. Wegen des Charakters des Frachtvertrages in der Binnenschiffahrt als Werkvertrag gelten ergänzend die Bestimmungen des *Bürgerlichen Gesetzbuches (BGB)*.

Binnenschiffahrtsgesetz

Nach § 26 BinSchG finden auf das Frachtgeschäft bestimmte Vorschriften des *Handelsgesetzbuches* über das Landfrachtrecht unmittelbare Anwendung. Dies erklärt sich aus der früheren gemeinsamen Regelung des Land- und Binnenschiffahrtsfrachtgeschäftes im *Allgemeinen Deutschen Handelsgesetzbuch*.

Beim **Binnenschiffahrtsgesetz** und beim *Handelsgesetzbuch* handelt es sich um sogenanntes **dispositives oder nachgiebiges Recht,** d. h., die Bestimmungen dieser Gesetze können durch privatrechtliche Vereinbarungen aufgehoben, eingeschränkt oder erweitert werden. Von dieser Möglichkeit wird im Frachtgeschäft der Binnenschiffahrt häufig Gebrauch gemacht. Der Frachtführer (Reederei, Partikulier) vereinbart mit dem Absender als seinem Vertragspartner in aller Regel sogenannte „Verlade- und Transportbedingungen", häufig auch Konnossementsbedingungen genannt, die den gesetzlichen Vorschriften vorgehen.

In der verkehrswirtschaftlichen Praxis kommt diesen **Verlade- und Transportbedingungen eine erhebliche Bedeutung zu.** Der Inhalt der Konnossementsbedingungen unterliegt dem *Gesetz zur Regelung des Rechts der allgemeinen Geschäftsbedingungen (AGB-Gesetz)*. Die einzelnen Reedereien haben in den Verlade- und Transportbedingungen individuelle Geschäftsbedingungen zur Ausgestaltung und Abwicklung des Frachtvertrages in der Binnenschiffahrt entwickelt, die in aller Regel aus den sogenannten *Oberrheinischen Konnossementsbedingungen (ORKB)* abgeleitet worden sind. Die *ORKB* galten früher in der gesamten, auch der ausländi-

Verlade- und Transportbedingungen

schen, Rheinschiffahrt, sie wurden darüber hinaus auch im Stromgebiet der Weser und im westdeutschen Kanalnetz benutzt.

Das *Binnenschiffahrtsgesetz* **gilt nur für die nationale Binnenschiffahrt.** Mit dem *Binnenschiffahrtsgesetz* vergleichbare gesetzliche Regelungen gibt es in der Schweiz und in den Niederlanden. Der **Frachtvertrag für den internationalen grenzüberschreitenden Verkehr wird überwiegend durch die vorgenannten Verlade- und Transportbedingungen mit Inhalt ausgefüllt.** Es gibt in der verkehrswirtschaftlichen Praxis aber auch Fälle, in denen auf das *Binnenschiffahrtsgesetz* Bezug genommen wird und es insofern per Vertrag Gegenstand des Frachtvertrages wird. Der Parteiwille bestimmt im grenzüberschreitenden Binnenschiffsverkehr die rechtliche Ausgestaltung des Frachtvertrages. Ist ein solcher Parteiwille **(Wille der am Frachtvertrag Beteiligten)** nicht zu ermitteln, so gilt das Recht des Erfüllungsortes, das wäre dann von Deutschland ausgehend das in dem jeweiligen Zielland (z. B. Niederlande) geltende Recht. Für den Spediteur ist somit wichtig, daß er beim Abschluß des Frachtvertrages gerade im internationalen Verkehr klare und unzweifelhafte Regelungen zur Abwicklung des Frachtvertrages trifft.

5.3.5.2 Die Beteiligten am Frachtvertrag

Frachtführer

Absender

Der **Frachtvertrag in der Binnenschiffahrt** wird zwischen dem **Absender** und dem **Frachtführer** abgeschlossen. Absender ist der Hersteller oder der Verkäufer des zu transportierenden Gutes, aber auch der Spediteur, der im eigenen Namen für fremde Rechnung Frachtverträge abschließt.

Schiffseigner

Ausrüster

Frachtführer kann sein der **Schiffseigner,** das ist nach dem Binnenschiffahrtsgesetz der Eigentümer eines für die Schiffahrt auf Flüssen oder sonstigen Binnengewässern bestimmten und hierzu von ihm zu verwendenden Schiffes. Es kann aber auch sein der **Ausrüster,** das ist derjenige, der ein ihm nicht gehörendes Schiff zur Binnenschiffahrt verwendet und es entweder selbst führt oder die Führung einem Schiffer anvertraut.

Absender und Frachtführer schließen einen Frachtvertrag zu Gunsten eines Dritten, des Empfängers, ab.

Schiffer

Schiffer ist nach dem Binnenschiffahrtsgesetz der Führer des Schiffes. Er hat bei allen Dienstverrichtungen, namentlich bei der Erfüllung der von ihm auszuführenden Verträge, die Sorgfalt eines ordentlichen Schiffers anzuwenden.

Agent

Frachtverträge werden in der Binnenschiffahrt **unmittelbar** oder **mittelbar** abgeschlossen. Bei dem unmittelbaren Vertragsabschluß schließt der Hersteller, Verkäufer der Ware, mit dem Frachtführer einen Vertrag ab. Beim mittelbaren Vertragsabschluß kann sich der Ladungseigentümer an einen **Agenten** wenden, der durch einen Agenturvertrag mit der Reederei verbunden ist und sie nach außen hin vertritt. Selten ist in der Binnenschiffahrt der **Schiffsmakler** anzutreffen, der einen Frachtvertrag zwischen dem Absender und dem Frachtführer vermittelt.

Schiffsmakler

Der **Binnenschiffahrtsspediteur** schließt mit der Reederei im eigenen Namen zu Lasten seines Auftraggebers einen Frachtvertrag ab, er ist mit seinem Auftraggeber durch einen Speditionsvertrag verbunden.

Binnenschiffahrtsspediteur

Auch **von Partikulieren gebildete Genossenschaften** schließen im eigenen Namen mit dem Ladungseigentümer Frachtverträge in der Binnenschiffahrt ab. Schifferbörsen, auf denen durch Ladungsangebot und Laderaumnachfrage Preise gebildet und Frachtverträge zustandekommen, gibt es im nationalen Bereich nicht mehr.

Genossenschaften

5.3.5.3 Die Arten der Verfrachtung

Unter „**Arten der Verfrachtung**" verstehen wir den **Gegenstand des Frachtvertrages**. Gegenstand des Frachtvertrages kann sein:

Verfrachtung, Arten in der Binnenschiffahrt

1. Die Überlassung des gesamten Schiffes, dann sprechen wir von einer **Gesamtverfrachtung**.

2. Die Überlassung von bestimmten Räumen oder eines verhältnismäßigen Teiles eines Schiffes, dann sprechen wir von **Teilverfrachtung**.

3. Der Transport eines bestimmten Gutes und einer bestimmten Menge, dann sprechen wir von **Stückgutverfrachtung**.

Eine **Gesamtverfrachtung** kann erfolgen:

1. „**In Fracht**", dann gilt der Vertrag für eine Fahrt über eine bestimmte Transportstrecke, das Entgelt bestimmt sich nach dem Gewicht der Ladung.

2. „**In Miete**", dann wird der Frachtberechnung die Tragfähigkeit des Schiffes und die Vertragszeit zugrundegelegt.

Sendungen, die nach Zahl, Maß oder Gewicht gekennzeichnet und nicht Teilladungen oder Schiffsladungen sind, werden als **Stückgüter** bezeichnet. Im allgemeinen gelten Sendungen im Gewicht bis 300 t als Stückgüter, wenn hierfür nicht ein Frachtvertrag für die Verfrachtung von Schiffen im ganzen oder auf eine Teilverfrachtung geschlossen ist.

Für Stückgutverfrachtungen und Teilladungen gelten in bezug auf die Ladezeit, das Liegegeld, die Fehlfracht und die Löschzeit Bestimmungen, die von den Bestimmungen für ganze Schiffsladungen abweichen.

5 Der Spediteur und die Verkehrsträger

Tages- | In der verkehrswirtschaftlichen Praxis spricht man von **Tagesgeschäften,** wenn die
geschäft | Frachtverträge nach den relevanten Preisen von Fall zu Fall abgeschlossen werden. **Sogenannte Kontrakte** werden vereinbart, wenn Binnenschiffstransporte regel-
Kontrakte | mäßig und über einen längeren Zeitraum durchgeführt werden. Hier geht es quasi um die Sicherung von Transportraum.

5.3.5.4 Die Frachtpapiere

Frachtbrief | Nach *Binnenschiffahrtsgesetz § 26* in Verbindung mit *HGB § 426 Abs. 1* kann der
in der | Frachtführer von dem Absender die Ausstellung eines Frachtbriefes verlangen. Der
Binnen- | **Frachtbrief** stellt eine **Beweisurkunde** über den Inhalt des zwischen dem Frachtfüh-
schiffahrt | rer und dem Absender geschlossenen Frachtvertrages dar; er wird vom Absender ausgestellt und dann dem Frachtführer übergeben. Sein Inhalt hat Bedeutung für das Rechtsverhältnis zwischen Frachtführer und Absender. Der Absender haftet dem Frachtführer gegenüber für die Richtigkeit und Vollständigkeit der in den Frachtbrief aufgenommenen Angaben. Der Inhalt des Frachtbriefes ist im *Handelsgesetzbuch* im einzelnen festgelegt. Da es sich hierbei jedoch um dispositives Recht handelt, gibt es in der verkehrswirtschaftlichen Praxis unterschiedliche Frachtbriefformulare. Veranlassung zur Ausstellung eines Frachtbriefes kann in der Binnenschiffahrt in der Regel nur dann vorliegen, wenn die Vereinbarungen über die Abwicklung des Frachtvertrages zwischen Absender und dem Frachtführer sich auf das Verhältnis zwischen diesen beiden beschränken und dem Empfänger gegenüber keine Wirksamkeit haben sollen.

Ladeschein | Dem Absender ist auf sein Verlangen von dem Frachtführer nach Verladung der Güter ein **Ladeschein** auszustellen, durch welchen der **Frachtführer sich zur Auslieferung**
Konnosse- | **der Güter an den legitimierten Besitzer des Scheins verpflichtet.** Das Verlangen ist
ment | vor Beginn der Verladung der Güter zu stellen. Der **Ladeschein** ist das in der Binnenschiffahrt **übliche Transportdokument.** In der verkehrswirtschaftlichen Praxis spricht man in bezug auf den Ladeschein auch häufig von dem sogenannten **Konnossement.**

Inhalt des | Der Ladeschein soll nach *Binnenschiffahrtsgesetz § 72* in Verbindung mit *HGB § 445*
Lade- | folgenden Inhalt haben:
scheines

    1. Den Ort und den Tag der Ausstellung;

    2. den Namen und den Wohnort des Frachtführers;

    3. den Namen des Absenders;

    4. den Namen desjenigen, an welchen oder an dessen Order das Gut abgeliefert werden soll; als solcher gilt der Absender, wenn der Ladeschein nur an Order gestellt ist;

    5. den Ort der Ablieferung;

6. die Bezeichnung des Gutes nach Beschaffenheit, Menge und Merkzeichen;

7. die Bestimmungen über die Fracht und über die auf dem Gute lastende Nachnahme, sowie im Falle der Vorausbezahlung der Fracht einen Vermerk über die Vorausbezahlung.

Der Ladeschein muß von dem **Frachtführer unterzeichnet** sein.

Der **Ladeschein** ist **nicht nur eine Beweisurkunde** über den Abschluß des **Frachtvertrages**, er stellt gleichzeitig dar

1. eine **Empfangsbescheinigung** für die übernommenen Güter hinsichtlich ihrer Zahl, ihrer Maße und ihres Gewichtes, es sei denn, der Frachtführer hat auf dem Ladeschein den Zusatz angebracht „Zahl, Maß, Gewicht unbekannt".

2. ein **Beförderungsversprechen** für den Transport der übernommenen Güter,

3. ein **Ablieferungsversprechen** gegenüber dem legitimierten Besitzer des Ladescheines.

Die Bedeutung des Ladescheines liegt in seiner Wirksamkeit für die **Rechtsbeziehungen zwischen dem Frachtführer und dem Empfänger** (dem legitimierten Besitzer des Scheines), während der Frachtvertrag das Rechtsverhältnis zwischen Frachtführer und Absender bestimmt. In der Regel wird der Inhalt des Ladescheines mit dem Frachtvertrag übereinstimmen, da in dem Ladeschein Bezug genommen wird auf die frachtrechtlichen Bestimmungen. Der Frachtführer hat das Original des Ladescheines nach Ausstellung dem Absender auszuhändigen. Der Originalladeschein dient dem legitimierten Besitzer zum **Nachweis seiner Empfangsberechtigung.** Seine Begebung ersetzt die Übergabe der Frachtgüter, der Frachtführer ist nur gegen seine **Rückgabe zur Ablieferung der Güter verpflichtet.** _{*Bedeutung des Ladescheines*}

In der verkehrswirtschaftlichen Praxis erhält der Absender den vom Frachtführer handschriftlich unterschriebenen Originalladeschein zurück, der Frachtführer benutzt eine Kopie des Ladescheines quasi als Frachtbrief. Derjenige, der den Originalladeschein besitzt, hat die Verfügungsgewalt über die darin bezeichneten Güter; die Weitergabe des Ladescheines ersetzt die Übergabe der Güter. Wir unterscheiden folgende Ladescheine/Konnossemente:

1. Ist der Ladeschein auf den Namen des Empfängers ausgestellt, dann handelt es sich um ein sogenanntes **Namenspapier (Rektaladescheine)**. Nur der Empfänger oder sein Rechtsnachfolger sind zum Empfang der Güter berechtigt. Für die Abtretung der Rechte aus dem Namensladenschein ist eine besondere Zession erforderlich, in der der Erwerber der Zession allerdings nur diejenigen Rechte erhält, die im Zeitpunkt der Veräußerung dem Abtretenden gegenüber dem Frachtführer verblieben sind. Der Namensladeschein ist in der verkehrswirtschaftlichen Praxis relativ selten anzutreffen.

Rektaladeschein

5 Der Spediteur und die Verkehrsträger

Orderladeschein

2. Lautet der Ladeschein „An Order" bzw. an einen Empfänger oder an dessen Order, so handelt es sich um einen **Orderladeschein**. Die im Orderladeschein bezeichneten Güter können von dem Inhaber des Papiers an einen anderen Empfangsberechtigten per **Indossament** eigentumsmäßig übertragen werden. Bei dem Indossament handelt es sich um eine Erklärung, mit der der jeweilige **Inhaber des Ladescheines (Indossant)** die Rechte aus dem Ladeschein auf den von ihm im Indossament-Vermerk **genannten Berechtigten (Indossator)** überträgt. Der **Orderladeschein** ist das in der Praxis des Binnenschiffsverkehrs übliche Dokument.

Inhaberladeschein

3. Schließlich ist es auch zulässig, den Ladeschein auf den Inhaber, also ohne Bezeichnung eines bestimmten Empfängers, auszustellen; dann bestimmt sich die Empfangsberechtigung aus dem Besitz des Ladescheins, wir sprechen dann von einem **Inhaberladeschein**.

Durchladeschein

4. Von einem **Durchladeschein** oder **Durchkonnossement** sprechen wir, wenn an der Binnenschiffahrtsbeförderung mehrere Frachtführer (Hauptfrachtführer, Unterfrachtführer) beteiligt sind und eine **durchgehende Haftung/Gesamthaftung aller Frachtführer** gegeben sein soll.

Meldeadresse

Nach *Binnenschiffahrtsgesetz § 72 Abs. 3* kann der Frachtführer die Angabe einer sogenannten **„Meldeadresse"** verlangen, wenn der Ladeschein an die Order einer Person ausgestellt ist, die am Ablieferungsort weder ihren Wohnsitz noch eine Niederlassung hat. Die Aufnahme einer solchen **Meldeadresse** soll den **Zweck** haben, **dem Frachtführer die Ermittlung des Empfängers zu erleichtern,** sie soll ferner sicherstellen, daß der Frachtvertrag ordnungsgemäß abgewickelt wird.

Bei dem Orderladeschein kann der Frachtführer dem Empfänger bzw. berechtigten Inhaber nur solche Einwendungen entgegenhalten, die sich aus dem Inhalt der Urkunde ergeben (Hinweise auf Mengen- und Gewichtsangaben), die die Gültigkeit seiner Erklärung im Ladeschein betreffen (Echtheit der Unterschrift) und die dem Frachtführer unmittelbar gegen den Ladescheininhaber zustehen (z. B. Aufrechnung von Forderungen).

Haftung des Frachtführers aus dem Ladeschein

Der Frachtführer haftet für die Richtigkeit der im Ladeschein (Konnossement) enthaltenen Zahl, der Maße oder des Gewichtes. Die Ermittlung des Umfanges der verladenen Frachtgüter muß unter der Kontrollmöglichkeit des Frachtführers vorgenommen sein.

Haftung des Frachtführers für die Bezeichnung der Güter

Ist die Ermittlung des Umfanges der Frachtgüter bei der Einladung entweder überhaupt nicht oder nicht ordnungsgemäß möglich, so ist der Frachtführer nicht verpflichtet, einen reinen, vorbehaltlosen Ladeschein zu zeichnen. Er muß in diesem Falle den Zusatz vermerken: „Zahl, Maß, Gewicht unbekannt".

Der Frachtführer haftet für die Richtigkeit der im Ladeschein (Konnossement) enthaltenen Bezeichnungen der Güter.

Darunter wird die Bezeichnung nach Gattung, Art und Beschaffenheit verstanden, z. B. „gesunder, trockener amerikanischer Mais". Der Frachtführer kann sich von der Haftung für die Bezeichnung der Güter im Ladeschein entlasten, wenn die Unrichtigkeit der Bezeichnung bei Anwendung der Sorgfalt eines gewöhnlichen (einfachen) Frachtführers nicht zu erkennen war. Es ist also keine kaufmännische Sach- und Warenkenntnis des äußerlich erkennbaren Zustandes der Güter vom Frachtführer verlangt.

Aufbau und Inhalt eines Ladescheines sind aus dem nebenstehenden Muster zu ersehen. Die Verlade- und Transportbedingungen, die untrennbar damit verbunden sind, können wegen ihres Umfangs nicht dargestellt werden.

Ladeschein, Muster

5.3.5.5 Die Abwicklung des Frachtvertrages

Bei der **Abwicklung eines Frachtvertrages** in der Binnenschiffahrt sind hinsichtlich der **Organisation** drei Komplexe zu beachten. Diese sind:

1. Der **Vor- und der Nachlauf**
2. Der **Umschlag**
3. Der **Binnenschiffahrtstransport**

Die Vor- und Nachlaufproblematik ist wegen der geringen Netzdichte des Verkehrsträgers Binnenschiffahrt in aller Regel wichtiger als bei den anderen Verkehrsträgern. Es sind zum Teil erhebliche Entfernungen per Lastkraftwagen oder per Eisenbahn zurückzulegen, **wobei in aller Regel der Lastkraftwagen der wichtigere Partner der Binnenhäfen ist**. Die Landverkehrsmittel sind so zu disponieren, daß die angelieferten oder übernommenen Güter möglichst direkt umgeschlagen werden können. Unabhängig davon kann sich in Abhängigkeit von der Transportentwicklung auch der indirekte Umschlag (Zwischenlagerung im Binnenhafen) als notwendig erweisen. Für den Umschlag selbst ist dafür Sorge zu tragen, daß die erforderlichen technischen Geräte (z. B. Kräne) der Art, der Anzahl und der Leistung nach sowie das erforderliche Umschlagspersonal bereitstehen.

Beim Binnenschiffahrtstransport selbst muß das richtige Schiff der Art, der Tragfähigkeit, der Abladetiefe und den Abmessungen nach disponiert werden, gegebenenfalls ist auch darauf zu achten, daß das Schiff für Tag- und Nachtfahrten geeignet ist. Hinsichtlich der zu benutzenden Wasserstraßen müssen die Wasserstände, die Wasserstraßenklasse, die Schleusenöffnungszeiten und die Fahrtbeschränkungen beachtet werden. Bei gefährlichen Gütern ist die *„Verordnung über die Beförderung gefährlicher Güter auf dem Rhein" (ADNR)* zu beachten.

Im *ADNR* werden alle Personen angesprochen, die mittelbar oder unmittelbar mit der Beförderung gefährlicher Güter auf dem Wasser befaßt sind. Angesprochen sind die Industrie im weitesten Sinne (z. B. die Mineralölwirtschaft, die Chemische Indu-

5 Der Spediteur und die Verkehrsträger

LADESCHEIN   **ORIGINAL**   Sped.-Nr. _____

Schiff: .... Schiffsführer: ....

Absender: ....

Ladehafen: .... Ladestelle: ....

Empfänger: ....

Meldeadresse: ....

Löschhafen: .... Löschstelle: ....

Frachtvorschrift: ....

Grenzabfertigung: ....

Markierung	Anzahl und Art	Inhalt	angebliches Gewicht kg

Der Schiffsführer ist verpflichtet, uns jeden außergewöhnlichen Aufenthalt sofort fernmündlich zu melden.

Pos.-Nr.: .... Güterklasse: ....

Bestimmungs-/Herkunftsland: ....

für/ex Seeschiff: .... vom: .... 1. Lade-/Löschtag: ....

Allen gegenwärtigen und zukünftigen Transporten für den Frachtnehmer/Frachtzahler liegen unsere umseitig abgedruckten Verlade- und Transportbedingungen zugrunde; dies gilt auch dann, wenn wir abweichenden Bedingungen oder Gegenbestätigungen, die wir hiermit ausdrücklich ablehnen, nicht widersprechen.

Vermerke

Im Ladehafen

angekommen: .... Uhr
gemeldet: .... Uhr
geladen: .... von .... bis .... Uhr
.... von .... bis .... Uhr
.... von .... bis .... Uhr
.... von .... bis .... Uhr

.... den .... 199...

für den/der Schiffsführer: ....

Folie-Druck

strie, Petro-Chemie), die Verlader, die Frachtführer und Spediteure, der Schiffseigner und die übrige Schiffsbesatzung. Alle genannten Personenkreise sind im *ADNR* in irgendeiner Form verantwortlich gestellt, **damit durch das gefährliche Gut niemand, und zwar weder die an der Beförderung Beteiligten noch die Unbeteiligten (die Bevölkerung) in irgendeiner Form geschädigt werden.**

ADNR in der Binnenschiffahrt

Das *ADNR* erfaßt alle gefährlichen Güter und legt fest, ob und wie sie auf den Wasserstraßen befördert werden dürfen; es enthält Vorschriften über die Art der Verpackung der gefährlichen Güter, regelt die Zusammenladung der verschiedenen Güter, schreibt vor, welche besonderen Bedingungen hinsichtlich Bau und Ausrüstung der Schiffe (Binnenschiffe und Seeschiffe) zu erfüllen sind, wie sich ein Fahrzeug mit gefährlichen Gütern während der Fahrt und beim Stilliegen sowie beim Laden und Löschen zu verhalten hat (Betriebsvorschriften).

Eine enge Verknüpfung zwischen allgemeinem Untersuchungsrecht und den Vorschriften über die Beförderung gefährlicher Güter ist dadurch gegeben, daß Fahrzeuge, die für die Beförderung gefährlicher Güter bestimmt sind, nur dann bestimmte gefährliche Güter befördern dürfen, wenn sie ein **Zulassungszeugnis** nach dem *ADNR* besitzen. Erst dann erhalten sie ein Schiffsattest nach der *RheinSchUO* oder der *BinSchUO*. Für Fahrzeuge, die nur gelegentlich bestimmte andere gefährliche Güter in Versandstücken befördern sollen, trifft dies nicht in vollem Umfang zu.

Im Hinblick auf die Beförderung gefährlicher Güter per Binnenschiff wird es künftig aus formaljuristischen Gründen zwei Verordnungen geben. Es handelt sich zum einen um die

„Verordnung zur Inkraftsetzung der Verordnung über die Beförderung gefährlicher Güter auf dem Rhein und der Verordnung über die Beförderung gefährlicher Güter auf der Mosel".

Diese sogenannte **ADNR-Verordnung** dient der völkerrechtlich verbindlichen Umsetzung des *Übereinkommens über die Beförderung gefährlicher Güter auf dem Rhein (ADNR)*.

Die *ADNR*-Verordnung trat auf dem Rhein am 01. Januar 1995, auf der Mosel am 01. Juli 1995 in Kraft.

Die **Gefahrgutverordnung Binnenschiffahrt** *(GGVBinSch)* dehnt die Vorschriften des *ADNR* auf die übrigen schiffbaren Binnengewässer aus. Die *GGVBinSch* wurde im *BGBl I,* Seite 3971, veröffentlicht und ist am 01. Januar 1995 in Kraft getreten.

Nach dem *Binnenschiffahrtsgesetz* hat der Absender gepackte Güter auf das Schiff, lose Güter in das Schiff zu liefern, umgekehrt sind gepackte Güter auf dem Schiff und lose Güter im Schiff zu übernehmen. Der Frachtführer hat die eventuell weitere Verladung der Güter im Schiff zu bewirken. In der Praxis werden **zwischen dem Absender und dem Frachtführer Vereinbarungen über das Ein- und Ausladen ge-**

Beladung des Schiffes

troffen. Lautet beispielsweise die Klausel „Frei Schiff", so wird damit zum Ausdruck gebracht, daß der Absender die Kosten der Beladung zu tragen hat. Im allgemeinen sind die Bestimmungen über die Beladung/Entladung und die Kostentragung in den Konnossementsbedingungen der Reederei geregelt.

Ladeort, Ladeplatz
Der **Ladeort** ist der Ort (Hafen), an dem nach dem Frachtvertrag die **Übernahme der Frachtgüter** erfolgen soll.
Der **Ladeplatz ist die Stelle am Ladeort,** die der Frachtführer zur Einladung der Frachtgüter aufzusuchen hat.
Ist das Schiff im ganzen verfrachtet, hat es der Frachtführer zur Übernahme der Ladung an den vom Absender ihm **angewiesenen Platz** hinzulegen. Hat der Frachtvertrag Güter im Gewicht von weniger als 10 000 kg zum Gegenstand, so legt der Frachtführer am **ortsüblichen Ladeplatz** an.

Ladebereitschaft
Sobald der Frachtführer zur Annahme der Ladung bereit ist, hat er dies dem **Absender anzuzeigen,** und das Schiff muß zu diesem Zeitpunkt wirklich ladebereit sein. Eine besondere Form für die Meldung der Ladebereitschaft ist nicht vorgeschrieben; sie

Meldetag
kann persönlich, fernmündlich oder schriftlich erfolgen. **Die Meldung muß innerhalb der ortsüblichen Geschäftszeiten vorgenommen werden.** Endet die ortsübliche Geschäftszeit vor 18.00 Uhr, kann der Frachtführer die Anzeige der Ladebereitschaft nach Voranmeldung innerhalb der Geschäftsstunden noch bis 18.00 Uhr bewirken.

Ladezeit
Mit dem auf die **Anzeige der Ladebereitschaft folgenden Tag beginnt die Ladezeit.** Die Ladezeit ist per Verordnung festgelegt. Sie ist die Frist, die der Frachtführer dem Absender **ohne besondere Vergütung** zu gewähren hat, damit die Ladung eingenommen werden kann. Zwischen dem Frachtführer und dem Absender kann eine von den gesetzlichen Ladezeiten abweichende Ladezeit vereinbart werden. Für Teilladungen und Stückgutverfrachtungen gelten andere Ladezeiten als für Schiffe, die im ganzen verfrachtet worden sind.

Liegegeld
Wird die Beladung nicht innerhalb der Ladezeit vollendet, weil der Absender die Ladung nicht rechtzeitig liefert, so hat der Frachtführer **Anspruch auf Liegegeld** für jeden Tag, um welchen die Ladezeit überschritten wird. Die Liegegelder sind im *BinSchG § 32* festgelegt worden.

Überliegezeit
Die **Überliegezeit** ist eine **vereinbarte Verlängerung der Ladezeit.** Sie unterscheidet sich von der Ladezeit dadurch, daß die Ladezeit unentgeltlich gewährt wird, während für die Überliegezeit Liegegeld entrichtet werden muß. Die Dauer der Überliegezeit unterliegt der Vereinbarung. Liegt eine solche Vereinbarung nicht vor, so beträgt die Überliegezeit höchstens eine Woche.

Wartezeit beim Laden
Hat der Absender innerhalb der Ladezeit oder der etwa vereinbarten Überliegezeit die Ladung nicht geliefert, so ist der Frachtführer nicht verpflichtet, noch länger zu warten. Er muß jedoch dem Absender erklären, nicht länger warten zu wollen. Die Dauer der Wartezeit muß zumindest der der Ladezeit gleichkommen. Die Erklärung

des Frachtführers entspricht also einer Kündigung, und die Wartezeit hat die Rechtsnatur einer **gesetzlichen Kündigungsfrist,** die mindestens einen Werktag, zwei Werktage oder längstens drei Werktage, je nach Ladungsmenge, betragen muß.

Hat der Absender bis zum Ablauf der Wartezeit keine Ladung geliefert, so ist der Frachtführer an den Vertrag nicht länger gebunden und ist befugt, von dem Absender ein Drittel der bedungenen Fracht als Entschädigung zu verlangen. Im Falle der Stückgutverfrachtung erhöht sich die Forderung auf die Hälfte der Fracht. Dieser Betrag heißt **Fehlfracht** (Fautfracht oder Reufracht) und stellt eine **gesetzlich festgesetzte Vergütung für die Nichterfüllung des Frachtvertrages durch den Absender dar.** Fehlfracht

Der **Löschort ist der Bestimmungsort** (Hafen, Ablieferungsort), der im Frachtvertrag bestimmt und im Ladeschein als solcher bezeichnet worden ist. Der **Löschplatz ist die Stelle am Ablieferungsort,** an der die Frachtgüter zu löschen sind. Auch der Löschplatz ist im Frachtvertrag oder im Ladeschein zu bezeichnen. Der Empfänger hat auf Aufforderung einen geeigneten Löschplatz zu bezeichnen. Tut er dies nicht, so legt der Frachtführer an einem der ortsüblichen Löschplätze an. Bei der Wahl des Löschplatzes hat er das Interesse des Empfängers tunlichst zu berücksichtigen. Löschort
Löschplatz

Sobald der Frachtführer zum Löschen bereit ist, hat er dies dem Empfänger in der ortsüblichen Geschäftszeit anzuzeigen. Die Anzeige der Löschbereitschaft ist an eine bestimmte Form nicht gebunden. Der Frachtführer kann über die Mitteilung der Löschbereitschaft eine Empfangsbescheinigung mit genauer Zeitangabe verlangen. Löschbereitschaft

Die **Löschzeit beginnt mit dem auf die Anzeige der Löschbereitschaft folgenden Tag.** Es kommen die durch Verordnung festgesetzten Löschzeiten zur Anwendung. Löschzeit

Übernimmt der Empfänger die Ladung nicht bis zum Ablauf der Löschzeit, so hat der Frachtführer **Anspruch auf Liegegeld** für jeden Tag, um welchen die Löschzeit überschritten wird. Liegegeld nach Löschzeit

Außer dem Liegegeld kann der Frachtführer auch den Ersatz eines höheren Schadens verlangen, welcher ihm durch die Überschreitung der Löschzeit erwächst.

Die Überliegezeit ist eine vereinbarte Verlängerung der Löschzeit. Für die Überliegezeit ist Liegegeld zu entrichten. Überliegezeit

Nach Ablauf der Löschzeit und der etwa vereinbarten Überliegezeit ist der Frachtführer nicht mehr verpflichtet, auf die Löschung länger zu warten. Er muß jedoch seinen Willen, nicht länger zu warten, vor Ablauf der Löschzeit oder der Überliegezeit dem Empfänger erklären. Die Wartezeit hat die gleiche Zeitdauer wie die Löschzeit. Wartezeit beim Löschen

Für die Wartezeit beim Löschen gelten in bezug auf die Dauer und die Kündigungsfristen die gleichen Bestimmungen wie für die Wartezeiten beim Laden.

5 Der Spediteur und die Verkehrsträger

Löschung der Frachtgüter
Sofern keine andere Vereinbarung vorliegt, hat der Empfänger gepackte Güter auf dem Schiffe, lose Güter in dem Schiffe abzunehmen und die weitere Entladung zu bewirken. Diese Regelung gilt für Gesamt-, Teil- und Stückgutverfrachtungen.

Der Frachtführer hat sein Schiff an den Löschplatz zu legen und löschbereit zu stellen. Er hat sein Schiff für die Abnahme der Frachtgüter bereit zu halten und ist an der Entladung selbst nicht völlig unbeteiligt, sondern hat insofern mitzuwirken, **als er die Güter im Schiff dem Empfänger anweisen und ihm zugänglich machen muß. Der Frachtführer und seine Schiffsbesatzung haben gegebenenfalls mit dem Empfänger der Ware Hand in Hand zu arbeiten und die ihnen hierbei obliegenden Leistungen auszuführen und die Kosten hierfür zu tragen.**

Lade- und Löschfristen

Liegegeld
Die betroffenen Gewerbeverbände der Binnenschiffahrt und der Spedition haben im Jahr 1993 beim Bundesverkehrsministerium darauf gedrängt, im Rahmen des *Binnenschiffahrtsgesetzes* eine Regelung der Lade- und Löschbestimmungen sowie der Liegegeldhöhe herbeizuführen. Das ist in dem Bewußtsein geschehen, daß es sich beim Frachtrecht der Binnenschiffahrt zwar um sogenanntes **dispositives Recht** (d. h. die Parteien können abweichende Vereinbarungen treffen) handelt; jedoch kommen solche Vereinbarungen zwischen den Beteiligten einer Binnenschiffsbeförderung in vielen Fällen nicht zustande, so daß es einer grundsätzlichen Regelung bedarf, die immer dann zur Anwendung kommt, wenn anderslautende Vereinbarungen nicht getroffen wurden.

Verordnung über Lade- und Löschtag
Der Gesetzgeber hat das *Binnenschiffahrtsgesetz* um eine *Verordnungsermächtigung* ergänzt, wonach das Bundesverkehrsministerium „unter Berücksichtigung der örtlichen Gegebenheiten in den Häfen sowie der Erfordernisse eines beschleunigten Verkehrsablaufs und des jeweils technischen Fortschritts" Lade- und Löschzeiten sowie den Beginn und das Ende des Lade- und Löschtags festsetzen kann. Diese Verordnungsermächtigungen finden sich jetzt in *§ 29 Abs. 4 BinSchG* für das Laden sowie in *§ 48 Abs. 4 BinSchG* entsprechend für das Löschen. Die *in § 29 Abs. 2 BinSchG* genannten Fristen (z. B. vier Lade- bzw. Löschtage für Ladungen bis zu 100 t!) stammen aus der Entstehungszeit des Gesetzes (1895) und sind damit total veraltet.

Auf der Grundlage der neuen Verordnungsermächtigungen im *Binnenschiffahrtsgesetz* wurde im *Bundesgesetzblatt I 1994, S. 160*, die *„Verordnung über den Lade- und Löschtag sowie die Lade- und Löschzeiten in der Binnenschiffahrt"* (im folgenden Lade- und Löschverordnung genannt) veröffentlicht; sie ist am 05. Februar 1994 in Kraft getreten. Die neue Verordnung **unterscheidet zwischen Trockenschiffahrt und Tankschiffahrt.**

Für die **Trockenschiffahrt** wurde unverändert zur bisherigen Frachtenausschußregelung grundsätzlich festgelegt, daß der Lade- und Löschtag um 6.00 Uhr beginnt und um 20.00 Uhr endet. **Kernpunkt der neuen Lade- und Löschverordnung sind die Lade- und Löschzeiten,** die allerdings im Vergleich zur bisherigen Regelung durch die Frachtenausschüsse generell **halbiert** worden sind.

Die Lade- und Löschzeiten betragen somit bei Ladungen

- bis 300 Tonnen einen Tag,
- bis 750 Tonnen zwei Tage,
- bis 1 500 Tonnen drei Tage,
- bis 2 600 Tonnen vier Tage,
- über 2 600 Tonnen fünf Tage.

Um eventuellen Mißverständnissen vorzubeugen, wurde klargestellt, daß **Schub- und Koppelverbände als eine Schiffseinheit** zählen und die Lade- oder Löschzeit sich nach der Summe der Ladetonnen der einzelnen Schiffe des Verbandes richtet.

Der Meldetag besteht unverändert fort, da er bereits in § 28 i. V. m. § 29 Abs. 1 BinSchG für das Laden bzw. § 47 i. V. m. § 48 Abs. 1 BinSchG für das Löschen verankert ist. Eine Regelung im Rahmen der neuen Lade- und Löschverordnung war somit überflüssig. **Weggefallen** ist allerdings die Regelung der **Voranmeldung.** Sehr unvollständig ist jetzt die Regelung über Teilladungen, die in der Verordnung nur noch in bezug auf die anteilige Lade- oder Löschzeit angesprochen sind; der **Meldetag/die Voranmeldung bei Teilladungen** sind nicht mehr geregelt.

Die in der Lade- und Löschverordnung enthaltene Regel über die Berechnung des Liegegeldes wurde inhaltlich unverändert aus dem bisherigen *FTB* übernommen.

Für die Tankschiffahrt werden die Lade- und Löschzeiten nicht mehr nach der Tragfähigkeit des betreffenden Schiffs (Eichtonnen), **sondern nach Ladetonnen berechnet.** Der Lade- und Löschtag beträgt in der Tankschiffahrt 24 Stunden.
Besonders ist darauf hinzuweisen, daß die Bestimmungen in der neuen Lade- und Löschverordnung – wie im übrigen auch diejenigen im *BinSchG* – **dispositiven Rechtscharakter haben; das bedeutet, daß die beteiligten Parteien davon abweichende Vereinbarungen treffen können.** Es ist daher im Einzelfall möglich, wenn auch in der Praxis u. U. schwierig, längere als die in der Verordnung genannten Lade- oder Löschzeiten mit dem jeweiligen Auftraggeber zu vereinbaren. **Grundsätzlich ist zu empfehlen, der Vereinbarung der Lade- und Löschzeiten bereits im Vorfeld verstärkte Aufmerksamkeit zu schenken.** Der Binnenschifffahrtsspediteur, der am Frachtvertrag beteiligt ist bzw. als Befrachter auftritt, sollte im Hinblick auf die löschende Umschlagstelle eine entsprechende Vereinbarung treffen. Dem reinen Umschlagspediteur ist dringend anzuraten, vor Übernahme des Umschlagauftrags nachzufragen, auf der Basis welcher Löschzeiten der Auftrag abgeschlossen wird, um dies in die Kalkulation des Umschlagentgelts einbeziehen zu können. Insbesondere die in manchen Fällen bisher übliche Vereinbarung von z. B. „1/2 dt. gesetzlicher" Löschzeit ist unbedingt an die neue Verordnungslage anzupassen und dann ggf. in „dt. gesetzlich" abzuändern.

Die *Verordnung über den Lade- und Löschtag sowie die Lade- und Löschzeiten* in der Binnenschiffahrt lautet wie folgt:

5 Der Spediteur und die Verkehrsträger

Abschnitt 1
Trockenschiffahrt

§ 1
Lade- und Löschtag

(1) Der Lade- und Löschtag beginnt um **6.00 Uhr** und endet um **20.00 Uhr**. Wird – auch nur zeitweise – zwischen 20.00 Uhr und 6.00 Uhr geladen oder gelöscht, so wird hierfür ein voller Lade- oder Löschtag angerechnet. Die Zeit von 20.00 Uhr bis 6.00 Uhr wird auch dann als ein voller Lade- oder Löschtag angerechnet, wenn zwar nicht geladen oder gelöscht wird, aber der Absender oder der Empfänger eine Anweisung zur Lade- oder Löschbereitschaft erteilt hat und das Schiff in dieser Zeit lade- oder löschbereit ist.

(2) Beträgt die Lade- oder Löschzeit mehr als einen Tag und wird vereinbart, daß über 20.00 Uhr hinaus geladen oder gelöscht wird, ohne daß dadurch ein neuer Lade- oder Löschtag beginnt, so verkürzt sich die zur Verfügung stehende Lade- oder Löschzeit um die insgesamt zusätzlich gewährten Stunden.

§ 2
Lade- und Löschzeiten

(1) Abweichend von *§ 29 Abs. 2* und *§ 48 Abs. 2* des Binnenschiffahrtsgesetzes beträgt die Lade- oder Löschzeit bei Ladungen

- bis 300 Tonnen einen Tag,
- bis 750 Tonnen zwei Tage,
- bis 1 500 Tonnen drei Tage,
- bis 2 600 Tonnen vier Tage,
- über 2 600 Tonnen fünf Tage.

Schub- und Koppelverbände zählen als eine Schiffseinheit. Die Lade- oder Löschzeit richtet sich nach der Summe der Ladetonnen der einzelnen Schiffe des Verbandes.

(2) Wird an dem Tag, an dem der Frachtführer seine Lade- oder Löschbereitschaft anzeigt, geladen oder gelöscht, wird die Lade- oder Löschzeit mit dem Beginn des Ladens oder Löschens in Lauf gesetzt. Bei mehreren aufeinanderfolgenden Lade- oder Löschtagen endet die Lade- oder Löschzeit am letzten Lade- oder Löschtag zu derselben Uhrzeit, zu der am ersten Tag mit dem Laden oder Löschen begonnen wurde.

(3) Werden bei der Verfrachtung eines Schiffes im ganzen **Teilladungen** im Auftrage eines oder mehrerer Absender an einen oder mehrere Empfänger befördert, beträgt die Lade- oder Löschzeit für jede Teilladung die Zeit, die dem Anteil der jeweiligen Teilladung an der gesamten Ladung entspricht, mindestens jedoch eine Stunde. Bruchteile bis zu einer viertel Stunde sind auf eine halbe Stunde nach unten, von mehr als einer viertel Stunde auf eine halbe Stunde nach oben zu runden. Bei der Berechnung der einzelnen Lade- oder Löschzeiten bleiben die Zeiten außer Ansatz, die für die Fahrt zwischen Lade- oder Löschplätzen des gleichen Hafens oder verschiedener Häfen und Orte benötigt werden.

§ 3
Berechnung des Liegegeldes

(1) Wird das Be- oder Entladen eines Schiffes innerhalb der Lade- oder Löschzeit nicht vollendet und wird das Liegegeld nach Tagen berechnet, gebührt dem Frachtführer für jede zwischen 6.00 Uhr und 20.00 Uhr angefangene Stunde, um welche die Lade- oder Löschzeit überschritten wird, ein Zehntel des Liegegeldes, jedoch insgesamt nicht mehr als ein volles Liegegeld für diesen Tag.

(2) Wird nach Überschreitung der Lade- oder Löschzeit in der Zeit zwischen 20.00 Uhr und 6.00 Uhr geladen oder gelöscht, ist ein volles Liegegeld zu gewähren. Beschränkt sich das Laden oder Löschen auf einen Zeitraum zwischen 20.00 Uhr und 24.00 Uhr, ist ein halbes Liegegeld zu gewähren. Wird das Laden oder Löschen zwischen 20.00 Uhr und 24.00 Uhr endgültig beendet, ist für jede angefangene Stunde lediglich ein Zehntel Liegegeld zu gewähren.

Abschnitt 2
Tankschiffahrt

§ 4
Lade- und Löschtag

Der Lade- und Löschtag beträgt 24 Stunden. Der erste Lade- oder Löschtag beginnt, sofern nicht etwas anderes vereinbart ist, nicht in der Zeit zwischen 16.00 Uhr und 7.00 Uhr.

§ 5
Lade- und Löschzeiten

(1) Abweichend von § 29 Abs. 2 und § 48 Abs. 2 des Binnenschiffahrtsgesetzes beträgt die Lade- und Löschzeit insgesamt bei Ladungen

- bis 1100 Tonnen 24 Stunden,
- bis 1500 Tonnen 26 Stunden,
- bis 2000 Tonnen 30 Stunden;

je weitere angefangene 500 Tonnen erhöht sich die Lade- und Löschzeit um vier Stunden.

(2) Die für das Laden oder Löschen benötigte Zeit ist getrennt festzustellen; angefangene Stunden, die sich bei der Summe der Lade- und der Summe der Löschzeiten ergeben, sind auf volle Stunden aufzurunden.

(3) Beträgt die Mindestpumpenkapazität eines Tankschiffes weniger als 200 Kubikmeter pro Stunde, erhöht sich die Lade- und Löschzeit nach Absatz 1 um die effektive Stundenleistung während des Lade- und Löschvorgangs.

(4) Schub- und Koppelverbände zählen als eine Schiffseinheit. Die Lade- und Löschzeit richtet sich nach der Summe der Ladetonnen der einzelnen Schiffe des Verbandes.

(5) Die erforderliche Aufheizzeit wird auf die Lade- und Löschzeit angerechnet.

(6) Auf die Lade- oder Löschzeit sind nicht anzurechnen:

1. die Zeit zwischen Samstag 13.00 Uhr und Montag 7.00 Uhr, sofern bis Samstag 13.00 Uhr die Lade- und Löschzeit noch nicht abgelaufen ist,

2. gesetzliche Feiertage, soweit sie für das gesamte Bundesgebiet gelten, sowie die Zeit bis zu dem folgenden Werktag 7.00 Uhr,

3. die Zeit zwischen 13.00 Uhr und 24.00 Uhr am 24. und 31. Dezember, soweit diese Tage auf einen Werktag fallen.

§ 6
Berechnung des Liegegeldes

Wird das Be- und Entladen eines Schiffes innerhalb der Lade- und Löschzeit nicht vollendet und wird das Liegegeld nach Tagen bemessen, gebührt dem Frachtführer je angefangene Stunde ein Vierundzwanzigstel des Liegegeldes für diesen Tag.

§ 7
Anwendungsbereich

Die §§ 4 bis 6 finden auf die Beförderung gasförmiger Güter in Tankschiffen keine Anwendung.

Abschnitt 3
Inkrafttreten

§ 8
Inkrafttreten

Diese Verordnung tritt am Tage nach der Verkündung in Kraft.

(5. Februar 1994, Anmerkung des Autors)

Liegegeld Nach den Bestimmungen des **Binnenschiffahrtsgesetzes** hat der Frachtführer nach Überschreiten der vereinbarten Lade- oder Löschzeit einen **Anspruch auf Liegegeld.** Nachdem – wie oben dargelegt – die Festlegung der Liegegeldhöhe im *FTB* zum 31.12.1993 weggefallen war, sollte ursprünglich eine ersatzweise Festlegung von Liegegeldern der Höhe nach durch den Gesetzgeber nicht erfolgen. Diese ursprüngliche Absicht wurde damit begründet, daß in Zeiten der Tarifliberalisierung die Festsetzung von Liegegeldern dem politisch gewollten freien Preiswettbewerb widersprechen würde.

Diesbezüglich hat im politischen Raum aber offensichtlich ein Meinungswechsel stattgefunden. Ende des Jahres 1993 wurde nämlich aus der Mitte des Bundestages ein Gesetzentwurf für eine entsprechende Änderung bzw. Ergänzung des *Binnenschiffahrtsgesetzes* eingebracht.

Durch das im *Bundesgesetzblatt* veröffentlichte „Gesetz zur Änderung des Binnenschiffahrtsgesetzes" wird der (schon bis zum 31.05.1986 vorhandene) *§ 32 BinSchG* wieder eingeführt. Der neue *§ 32 BinSchG* regelt differenziert nach Trocken- und Tankschiffahrt die **Höhe des Liegegeldes in Abhängigkeit von der Tragfähigkeit des Schiffes (Eichtonnen).** Dabei wurde die bisherige Abstufung verändert; die Liegegelder erhöhen sich jetzt nach jeweils angefangenen 500 Eichtonnen.

Der § 32 *BinSchG* wird folgenden Wortlaut haben:

„§ 32

(1) Das Liegegeld beträgt für jeden Kalendertag bei Schiffen mit einer

Tragfähigkeit	Trockenschiffahrt Deutsche Mark	Tankschiffahrt Deutsche Mark
bis 500 Eichtonnen	750	1100
von 501 bis 1000 Eichtonnen	1 200	2 500
von 1001 bis 1500 Eichtonnen	1 400	3 500
je weitere angefangene 500 Eichtonnen erhöht sich das Liegegeld um	150	450

(2) Das Bundesministerium für Verkehr wird ermächtigt, durch Rechtsverordnung im Einvernehmen mit dem Bundesministerium der Justiz das Liegegeld der allgemeinen Preisentwicklung anzupassen."

Auch die gesetzliche Regelung über das Liegegeld stellt **dispositives Recht** dar. Es bleibt den Parteien somit unbenommen, ein davon abweichendes Liegegeld zu vereinbaren.

Insgesamt kann festgestellt werden, daß mit der neuen Lade- und Löschverordnung sowie dem neuen § 32 im *Binnenschiffahrtsgesetz* in wichtigen Teilbereichen Anschlußregelungen für die aufgehobenen Vereinbarungen der Frachtenausschüsse geschaffen wurden. Diese wurden jedoch inhaltlich teilweise wesentlich verändert und decken die bis 1993 im Rahmen des *FTB* festgelegten Beförderungsbedingungen nicht in vollem Umfang ab, so daß die **Bedeutung ausdrücklicher Vereinbarungen zwischen den Beteiligten gewachsen ist.**

5.3.5.6 Besondere Einzelheiten des Frachtvertrages

Der Frachtführer haftet für den Schaden, der seit der Empfangnahme bis zur Ablieferung durch Verlust oder Beschädigung entstanden ist. **Seine Haftung ist auf schuldhafte Handlungen beschränkt.** Der Frachtführer muß aber den Entlastungsnachweis führen und das Nichtvorliegen eines Verschuldens beweisen.

Haftung im Binnenschiffahrtsverkehr

Für den Verlust oder die Beschädigung von Kostbarkeiten, Kunstgegenständen, Geld und Wertpapieren haftet der Frachtführer nur dann, wenn ihm die Beschaffenheit oder der Wert des Gutes bei der Übergabe zur Beförderung angegeben worden ist.

Der **Frachtführer haftet in folgenden Fällen nicht:**

Haftung für bestimmte Güter

a) für Schäden an Gütern, die nach Vereinbarung mit dem Absender auf Deck verladen oder in Schiffen ohne Verdeck befördert worden sind, sofern der Schaden aus der mit dieser Beförderungsweise verbundenen Gefahr entstanden ist,

b) für Schäden an Gütern, welche unverpackt oder in mangelhafter Verpackung aufgegeben sind, obgleich ihre Art eine Verpackung zum Schutze gegen Verlust oder Beschädigung erfordert, wenn der Schaden aus der mit dem Mangel oder der mangelhaften Beschaffenheit der Verpackung verbundenen Gefahr entstanden ist.

c) für Schäden an Gütern, deren Verladung und Ausladung von dem Absender oder Empfänger besorgt wird, wenn der Schaden aus einer mit dem Verladen und Ausladen verbundenen Gefahr entstanden ist.

d) für Schäden an Gütern, die wegen ihrer natürlichen Beschaffenheit besonderen Gefahren ausgesetzt sind, wenn der Schaden aus einer dieser Gefahren entstanden ist (Bruch, Rost, innerer Verderb, außergewöhnliche Leckage).

Ist ein Schaden eingetreten, der nach den Umständen des Falles aus einer der bezeichneten Gefahren entstehen konnte, so wird bis zum Beweis des Gegenteils vermutet, daß der Schaden aus der betreffenden Gefahr entstanden ist. Ist der Schaden durch Verschulden des Frachtführers oder seiner Leute entstanden, dann kann eine Befreiung von der Haftpflicht aufgrund der vorstehenden Bestimmungen nicht geltend gemacht werden.

Erlöschen der Ansprüche

Nach der Annahme des Gutes durch den Empfänger können Ansprüche wegen Schäden, die bei der Annahme äußerlich erkennbar waren, nur geltend gemacht werden, wenn vor der Annahme der Zustand durch **bestellte Sachverständige** festgestellt worden ist.

In solchen Fällen hat der Empfänger zur Erhaltung der Ansprüche aus einer Beschädigung oder Minderung ein **Feststellungsverfahren** durch einen amtlich bestellten Sachverständigen zu veranlassen.

War der Schaden bei der Annahme äußerlich nicht erkennbar, so muß er unverzüglich nach der Entdeckung, spätestens innerhalb einer Woche nach der Annahme, im Feststellungsverfahren festgestellt werden.

Amtliche Sachverständige

Sachverständige, Dispacheure, Eichaufnehmer, Messer, Zähler und Wieger werden von den **zuständigen Industrie- und Handelskammern öffentlich bestellt und vereidigt.**

Lieferfrist Der Frachtführer haftet für den durch **verspätete Ablieferung des Gutes entstandenen Schaden,** es sei denn, daß die Verspätung auf Umständen beruht, die durch die Sorgfalt eines ordentlichen Frachtführers nicht abgewendet werden konnten. Wenn die Fracht und die sonstigen auf dem Gute ruhenden Forderungen bezahlt sind und das Gut angenommen ist, kann ein Anspruch wegen Verspätung nur dann erhoben werden, wenn diese durch Vorsatz oder grobe Fahrlässigkeit des Frachtführers herbeigeführt worden ist.

Das *Binnenschiffahrtsgesetz* hat von der Festsetzung von Beförderungsfristen Abstand genommen. Haftausschließend wirken Verzögerungen, die durch Witterungs- oder Wasserstandsverhältnisse entstanden oder auf behördliche Anordnungen usw. zurückzuführen sind.

Ende des Frachtvertrages Die Ansprüche gegen den Frachtführer aus einer Beschädigung oder Minderung der Frachtgüter enden mit der **Annahme des Gutes.** Die Ansprüche aus einer verspäteten Ablieferung erlöschen mit der Annahme der Güter und der Zahlung der Fracht. Damit ist der Frachtvertrag beendet.

Dagegen erlöschen die auf sonstige Haftungsvorschriften gestützten Ansprüche, wie z. B. auf Rückerstattung zuviel bezahlter Fracht, nicht. Die **gesetzlichen Verjährungsfristen** regeln sich nach dem *Binnenschiffahrtsgesetz,* sofern nicht vertraglich andere Verjährungsfristen vereinbart sind. Die meisten mit Schiffsgläubigerrechten ausgestatteten Forderungen **verjähren nach einem Jahr,** beginnend mit dem Schluß des Jahres, in dem die Forderung fällig geworden ist.

Pfandrecht, Binnenschiffahrt **Das Pfandrecht entsteht mit der Übergabe der Frachtgüter an den Frachtführer zum Zwecke der Beförderung.** Der Frachtführer hat wegen aller durch den Frachtvertrag begründeten Forderungen ein **Pfandrecht** an dem Gute.

Auch nach der Ablieferung dauert das Pfandrecht fort, sofern der Frachtführer es binnen **drei Tagen** nach der Ablieferung gerichtlich geltend gemacht hat und das Gut noch im Besitz des Empfängers ist.

Dem Frachtführer steht das Pfandrecht wegen aller durch den Frachtvertrag begründeten Forderungen zu. Hierzu gehört in erster Linie die Fracht, einschließlich der Fehlfracht (Fautrecht). Ferner fallen hierunter die Liegegelder, die am Abgangs- oder Ablieferungsort entstehen. Auch die Auslagen für Zölle, Benutzung von Schleusen, Kanälen, Hafen- und Uferanlagen sowie etwaige auf das Gut geleistete Vorschüsse und Nachnahmen gehören zu den pfandberechtigten Forderungen des Frachtführers.

Enthält der Ladeschein die Bestimmung, daß der Frachtführer **franko** abzuliefern hat, so steht dies im Zweifel der Geltendmachung des Pfandrechts des Frachtführers wegen der Zollgelder sowie wegen der sonstigen Auslagen und Liegegelder für die Zeit nach dem Antritt der Reise nicht entgegen.

5 Der Spediteur und die Verkehrsträger

Hat der Frachtführer die Verpflichtung übernommen, die Ladung **franko oder frei von Fracht** an den Empfänger auszuliefern, so kann er das Pfandrecht wegen der Fracht nicht gegen den Empfänger geltend machen, wenn dies nicht im Frachtvertrag vereinbart wurde.

Die Forderungen des Frachtführers werden außergerichtlich im Wege der öffentlichen Versteigerung der Güter befriedigt. **Dem Pfandverkauf muß eine Androhung an den Empfänger vorausgehen.** Wenn dieser nicht zu ermitteln ist oder die Annahme verweigert, ist sie an den Absender zu richten. Der Verkauf darf nicht vor dem Ablauf einer Woche nach der Androhung erfolgen.

Er ist im Wege der öffentlichen Versteigerung nach den Bestimmungen des *BGB* über den Pfandverkauf durchzuführen.

Havarie Unter **Havarie werden die Schäden verstanden, die ein Schiff und seine Ladung während der Schiffsreise treffen können sowie die eigentlichen Schiffahrtskosten der Binnenschiffahrt.** Man unterscheidet drei Arten der Havarie:

Die große Havarie (Havarie-grosse),
die besondere Havarie und
die kleine Havarie

Die Havarie in der Binnenschiffahrt korrespondiert mit der Havarie im Seerecht und wird in dem Teil Seeschiffahrt ausführlich behandelt. Hier wird lediglich auf die Fundstellen der Bestimmungen über die Havarie und die eigentlichen Schiffahrtskosten im *Binnenschiffahrts-Gesetz* hingewiesen.

Große Havarie Die Bestimmungen über die **große Havarie (Havarie-grosse)** sind in dem Fünften Abschnitt §§ 78 – 91 BSchG geregelt. Hier werden der Begriff große Haverie bestimmt und die Fälle der großen Havarie, der Havariekosten und Havariekostenbeteiligung, die Havariekostenabrechnung (Dispache) u. a. m. behandelt. **Die große Havarie (Havarie-grosse) umfaßt alle Schäden, die einem Schiff oder der Ladung zur Errettung aus einer gemeinsamen Gefahr vorsätzlich zugefügt werden,** und alle Kosten, die dabei aufgewendet werden. **Die große Havarie wird von Schiff und Ladung gemeinschaftlich getragen. Die Havarieverteilung tritt nur ein, wenn sowohl das Schiff als auch die Ladung ganz oder teilweise wirklich gerettet worden sind.**

Dispache Die Zusammenstellung der Vergütungsansprüche nach den Aufwendungen und den beitragspflichtigen Werten erfolgt in einer **Dispache,** die mit einem **Verteilungsplan** abschließt, **aus dem jeder berechtigte oder verpflichtete Beteiligte an der Havarie-grosse im einzelnen ersehen kann, was er erhalten bzw. zu zahlen hat.**

Bevor es zur Beauftragung eines Dispacheurs kommt, der in aller Regel von der zuständigen **Industrie- und Handelskammer** öffentlich bestellt und vereidigt ist, muß aus dem vom Schiffsführer erhobenen Protest (Unfallbericht) hervorgehen, daß die

Voraussetzungen einer Havarie-grosse gegeben sind. Der beauftragte Dispacheur, dessen Benennung sich der Frachtführer/Reeder nach dessen Frachtvertrags-(Konnossements-)Bedingungen vorbehält, verlangt von den Ladungseignern vor der Herausgabe der geretteten Güter die Unterzeichnung eines **Reverses (Verpflichtungsscheines)** mit allen erforderlichen Angaben über die Güter sowie über die Höhe der Beitragswerte. Nach Eingang der Reverse fordert der Dispacheur Vorschüsse (Haverieeinschüsse) von den Beteiligten in Höhe der voraussichtlich auf sie entfallenden Beitragsanteile an.

Sobald die Dispache erstellt ist und auf Gesetz- und Ordnungsmäßigkeit von der zuständigen Dispacheprüfungsstelle geprüft worden ist (für das Rheinstromgebiet ist dies z. B. *die Internationale Vereinigung des Rheinschiffsregisters in Rotterdam*), werden die Restbeträge (Havariebeiträge) angefordert und die Vergütungsbeträge ausgezahlt. Verzögert der Frachtführer/Reeder die Aufstellung einer Dispache, so kann jeder Beteiligte die Aufstellung verlangen. Sie muß dann spätestens an dem Ort erfolgen, an dem die Reise endet.

Das Schiff (Kasko) kann u. a. gegen das Havarie-grosse-Risiko durch die **Fluß-Kaskoversicherung,** die **Ladung durch die Transportversicherung geschützt werden.**

Aus der Begriffsbestimmung der großen Havarie (Havarie-grosse) ergibt sich die Abgrenzung zur **besonderen Havarie.** Besondere Havarie sind also alle nicht zur großen Havarie gehörigen, **durch einen Unfall verursachten Schäden und Kosten, ohne daß eine gemeinsame Gefahr bestanden hat.** Diese Kosten werden von dem Eigentümer des Schiffes und der Ladung **von jedem für sich allein getragen.** Das Risiko ist versicherbar, da es sich hierbei um einen echten Schadensfall handelt, den entweder das Schiff (z. B. durch einen Zusammenstoß) oder die Ladung (z. B. durch einen Stauungsfehler), erleiden kann. Gegen derartige Schäden kann sich der Schiffseigner wegen des Schiffes (Kasko) durch eine Fluß-Kaskoversicherung, der Ladungseigner durch eine Transportversicherung schützen.

Besondere Havarie

Nach § 66 BSchG hat der Frachtführer die bei der Ausführung der Beförderung regelmäßig entstehenden „eigentlichen Schiffskosten" zu tragen, während ihm besondere Aufwendungen, die nur im Interesse der Ladung notwendig sind oder auf Verlangen der Ladungsbeteiligten entstehen, erstattet werden müssen. § 66 BSchG lautet:

Kleine Havarie

„In Ermangelung einer besonderen Vereinbarung fallen die Kosten der Schiffahrt, insbesondere die Hafen-, Schleusen-, Kanal- und Brückengelder, die Lotsengebühren sowie die im regelmäßigen Verlaufe der Reise aufgewandten Kosten für Schlepplohn und Ableichterung dem Frachtführer zur Last; dagegen gehören die Ufer-, Kran- und Wiegegelder, dergleichen die Kosten einer auf Verlangen der Ladungsbeteiligten vorgenommenen Auseisung sowie die besonderen Kosten, welche durch die auf Verlangen der Ladungsbeteiligten bewirkte Übernahme oder Ablieferung der Güter bei Eis, Sturm, Hochwasser, zur Nachtzeit und an Sonntagen und allgemeinen Feiertagen entstehen, zu denjenigen Auslagen und Aufwendungen, deren Ersatz der Frachtführer verlangen kann. Die Fälle der großen Havarie werden durch die vorstehenden Bestimmungen nicht berührt."

Der Hinweis darauf, daß die in § 66 genannten „eigentlichen Schiffahrtskosten" die Bestimmungen der großen Havarie nicht berühren, mag dazu geführt haben, daß diese Schiffahrtskosten als „kleine Havarie" bezeichnet werden.

Die **kleine Haverie ist** also im eigentlichen Sinne kein Schadensfall, sondern ein **Kostenfall,** der je nach der getroffenen Vereinbarung den Frachtführer oder den Ladungsbeteiligten (Versender oder Empfänger) betrifft. Derartige Kosten zählen zu den üblicherweise **nicht versicherten Risiken.**

5.3.6 Die Frachtberechnung in der Binnenschiffahrt

Berechnung der Fracht — Wenn die Fracht nach Maß, Gewicht oder Menge der Güter bedungen ist, so ist die Angabe in dem Ladeschein über Maß, Gewicht oder Menge für die Berechnung der Fracht entscheidend. In Ermangelung solcher Angaben ist anzunehmen, daß Maß, Gewicht oder Menge der abgelieferten Güter, nicht der übernommenen, für die Höhe der Fracht entscheiden sollen.

Distanzfracht — Für Güter, die durch Unfall verlorengegangen sind, ist die Fracht nach dem Verhältnis des z. Z. des Unfalls bereits zurückgelegten Teils der Reise zur ganzen Reise zu entrichten.

Diese Fracht heißt Distanzfracht. Bei der Bemessung der Höhe der Distanzfracht können außer den zurückgelegten Entfernungen auch noch die Aufwendungen an „Kosten, Zeit und Mühe, die durchschnittlich mit dem vollendeten und nicht vollendeten Teil der Reise verbunden sind", berücksichtigt werden.

Der Verlust der Frachtgüter muß nach deren Einladung und vor der Auslieferung entstanden sein. Der Frachtführer trägt die Beweislast für die durch den Unfall verlorengegangenen Güter.

Fracht-/ Preisermittlung; Binnenschiffahrt — Die **Entgelte für Verkehrsleistungen der Schiffahrt zwischen deutschen Lade- und Löschplätzen** werden ab 01.01.1994 zwischen Absender und Frachtführer **frei vereinbar**t. Der vor dem 01.01.1994 gültige *Frachten- und Tarifanzeiger der Binnenschiffahrt (FTB)* ist heute bestenfalls noch ein **Orientierungsrahmen.** Zum Inhalt des FTB gehörten Schiffsanteilsfrachten, die Schub- und Schlepplöhne, die Schiffsmieten sowie Vergütungen für sonstige mit der Schiffsbeförderung unmittelbar zusammenhängende Nebenleistungen.

Binnenschiffahrt 5.3

Neben den Schiffsfrachten werden je nach Sachlage berechnet | **Entgelte, sonstige**

- Umschlagsentgelte an den Lade- und Löschplätzen
- Kaigebühren
- Werft- oder Ufergelder
- Krangebühren
- Hafenbahnfrachten
- Hafenanliegergebühren
- Lagergelder
- Schiffahrtsabgaben; Kanal- und Schleusengebühren

Für die Benutzung der **abgabenpflichtigen Bundeswasserstraßen** durch Wasserfahrzeuge werden **Schiffahrtsabgaben** erhoben. Abgabenpflichtig sind die meisten stauregelten (kanalisierten) Flüsse und die Kanäle. Der Rhein, die Elbe, die Oder sowie die Mündungsstrecken von Weser und Ems sind abgabenfrei. Die Schiffahrtsabgaben sind ein Beitrag zu den laufenden Ausgaben der Wasser- und Schiffahrtsverwaltung für Betrieb, Unterhaltung und allgemeine Verwaltung der Bundeswasserstraßen. | **Schiffahrtsabgaben**

Der *Bundesverband der deutschen Binnenschiffahrt* hat die Absicht, für sein Mitgliedsunternehmen ein Kostenmodell für den Einsatz der unterschiedlichen Schiffstypen als Orientierungsrahmen zu erarbeiten/zu publizieren. Im Zeitpunkt der Drucklegung dieses Buches waren diese Arbeiten noch nicht abgeschlossen.

Durch den Wasserstand wird die mögliche **Tauchtiefe** des Fahrzeugs bestimmt. Unter größter Tauchtiefe versteht man die größtmögliche Eintauchung eines Schiffes, das während der Fahrt auf der entsprechenden Wasserstraßenstrecke keine Grundberührung bekommen soll. Sinkt der Wasserstand soweit ab, daß das Fahrzeug nicht mehr voll abgeladen (eingetaucht) werden kann, weil es sonst zur Grundberührung kommen würde, so muß zur wirtschaftlichen Betriebsführung zu den Grundfrachten ein Zuschlag erhoben werden. Dieser Zuschlag hieß **Kleinwasserzuschlag.** Für die Berechnung des Kleinwasserzuschlages kommen verschiedene Stichtage in Betracht. Im allgemeinen wird die Berechnung in der Bergfahrt nach dem niedrigsten Wasserstand am letzten Ladetag vorgenommen. | **Kleinwasserzuschläge**

Auch **Hochwasser** beeinträchtigt die Binnenschiffahrt. Die Ladefähigkeit der Binnenschiffe wird zwar von Hochwasser nicht betroffen, dagegen wird der Schleppbetrieb erschwert und erfordert höhere Aufwendungen. Hier wurden besondere **Hochwasserzuschläge zu** den Sätzen der Schlepplohntarife in der Bergfahrt berechnet. | **Hochwasserzuschläge**

Eiszuschläge können bei Erschwerung der Binnenschiffahrt festgelegt werden, um den Mehraufwand und die besonderen Gefahren bei Behinderung der Binnenschiffahrt durch Eis oder Eisgefahr abzugelten. | **Eiszuschläge**

Die Zuschläge wurden früher durch sogenannte Frachtenausschüsse offiziell/amtlich festgelegt. Ob und inwieweit sie nach der Tariffreigabe am 01.01.1994 noch berechnet werden, wird die Praxis zeigen.

Umschlag- und Hafentarife
Für die Ermittlung der Gesamtkosten eines Binnenschiffahrtstransportes sind neben den Schiffsfrachten die Umschlagkosten und Hafengebühren zu berücksichtigen. Die Umschlagkosten setzen sich zusammen aus den Kosten, die die Binnenhafen-Spediteure im eigenen Betrieb für Arbeitslöhne, Verwendung der Umschlageinrichtungen u. a. m. aufwenden müssen, und den Gebühren, die sie an die Hafenverwaltungen (Krangelder, Wertgebühren, Anschlußgleisgebühren u. a. m.) abzuführen haben. Die Gebühren der Hafenverwaltungen sind in den Gebührentarifen dieser meist staatlichen oder kommunalen Unternehmen enthalten. Die **Umschlagtarife der Binnenhafen-Spediteure sind teils für einzelne Häfen, teils für gewisse Gebiete** (z. B. die niederrheinischen Häfen von Bonn bis Emmerich) **aufgestellt; es handelt sich dabei um Preisfestsetzungen auf kartellmäßiger Ebene im Sinne einer Preisempfehlung.**

5.3.7 Der Spediteur in der Binnenschiffahrt

Binnenschiffahrts-/ Binnenumschlagspediteur
Zur Einschaltung des Spediteurs bei Binnenschiffahrtsbeförderungen kommt es immer dann, wenn

– der Absender oder Empfänger keinen eigenen Wasseranschluß hat, **also**
– **auf einen anderen Verkehrsträger umgeschlagen werden muß,**
– die Güter **zwischengelagert und/oder bearbeitet werden müssen** und keine eigenen Umschlageinrichtungen zur Verfügung stehen,
– es sich um keine großen Transportmengen handelt – mehrere Empfänger oder Absender vorhanden sind, die **Ware gesammelt oder verteilt werden muß,**
– es sich um **kein homogenes Massengut,** sondern um schwieriger umzuschlagendes Stückgut handelt und
– **in diesem Zusammenhang klassische Speditionsleistungen,** wie Zollabfertigung, Wiegen, Neutralisieren, Verpacken etc. **gefordert werden.**

Spediteure prägen in nicht wenigen Fällen das Bild der Hafenwirtschaft von Binnenhäfen. Neben der Besorgung des Hafenumschlages (Binnenumschlagsspedition) besorgen sie auch Binnenschiffstransporte. **Die Entgelte der Binnenumschlagsspediteure können nach dem *Gesetz gegen Wettbewerbsbeschränkungen* § 99 von Spediteurvereinigungen empfohlen werden. Der Binnenschiffahrts- und Binnenumschlagsspediteur wickelt seine Geschäfte – wie jeder andere Spediteur auch – auf der Basis der *ADSp* ab.**

5.4 Seeschiffahrt

Der internationale Handel ist auf leistungsfähige Seeverkehrsverbindungen angewiesen, da 3/4 der Erdoberfläche mit Wasser bedeckt sind.
Aufgrund raschen Wachstums der Erdbevölkerung, ständig fortschreitender internationaler Arbeitsteilung, Verbesserung der Produktivität und steigenden Energiebedarfs ist das **über See bewegte Gütervolumen in den zurückliegenden Jahrzehnten außerordentlich dynamisch gewachsen.** Der EU-Außenhandel wird zu 90 Prozent, der EU interne Seehandel zu 30 Prozent, über See abgewickelt.

Im gleichen Umfang wurden in den vergangenen Jahren auch neue Schiffstonnagen und neue Schiffstechnologien bereitgestellt. Neben den traditionellen Schiffahrtsnationen der Industrieländer erweiterten besonders die aufstrebenden Staaten der Dritten Welt ihre Handelsflotten.

5.4.1 Seeverkehrswege und Seehäfen

5.4.1.1 Seeverkehrswege

Die Seeverkehrswege werden durch die Lage der Häfen, die am Anfang oder am Ende der Schiffahrtsverbindung liegen, bestimmt. Bestimmte Teile der Meere, durch die ein dichter Schiffsverkehr läuft, werden im übertragenen Sinn als Straßen bezeichnet, z. B. Straße von Calais/Dover, Straße von Gibraltar, Straße der Dardanellen/Bosporus, Straße von Malakka und Straße von Hormuz. Daneben gibt es künstlich angelegte Schiffahrtskanäle, z. B. den Nord-Ostsee-Kanal, den Suez-Kanal, den Panama-Kanal, den Welland-Kanal (Kanada) und den Kanal von Korinth (Griechenland).

Nautische Engpässe und Seegebiete mit hohem Verkehrsaufkommen können im Rahmen einer sicheren Schiffsverkehrsabwicklung mit straßenähnlichen Verkehrstrennungsgebieten (gegenläufiger Schiffsverkehr) ausgestattet sein.

Generell ist jeder Nation das Befahren der Weltmeere nach dem Grundsatz der „Freiheit der Meere" möglich, der erstmals 1625 von dem holländischen Rechtslehrer *Grotius* aufgestellt wurde. Dieser internationale Grundsatz soll einen freien Güteraustausch über See ermöglichen. — **Freiheit der Meere**

Sowohl das Seehafenstatut als auch die *Genfer UN-Seerechtskonferenz* von 1958 erweiterten diesen **Freiheitsgrundsatz** wie folgt: — **UN-Seehafenstatut**

- die Freiheit der Schiffahrt soll es jedem Handelsschiff erlauben,

- ungehindert auf hoher See zu verkehren,

- den freien Zugang zu den Handelshäfen zu erlangen und

- dort nach dem Prinzip der Inländerbehandlung abgefertigt zu werden (keine Beschränkung der Lade- und Löschrechte).

Weitere Freiheitsempfehlungen sind:

- die Freiheit, die hohe See ungehindert mit Zivilflugzeugen zu überfliegen und

- die Freiheit, Unterseekabel und Rohrleitungen zu verlegen und die Freiheit des Fischfanges.

Hoheitsgewässer Im 18. Jahrhundert hat sich die sogenannte **Drei-Seemeilen-Zone** (= Reichweite eines Kanonenschusses) als staatliche Souveränitätsgrenze herausgebildet. Diese wurde seit den 70iger Jahren von einer Reihe von Staaten einseitig ausgedehnt.

Nach der **3. UN-Seerechtskonferenz** von 1982 erlaubt eine UN-Konvention den Zeichnerstaaten die Ausdehnung ihres **Hoheitsgebietes auf 12 Seemeilen** von der Küste an gerechnet.

Durch die 12-Seemeilen-Hoheitsgewässer-Regelung wurden über 100 Meerengen zu Territorialgewässern, wobei aber einige Meerengen den Status von „Transit-Meerengen" erhielten, so daß die freie Durchfahrt für alle Handelsschiffe (auch Überflug von Zivilflugzeugen) sichergestellt ist.

Weiterhin gibt es eine **24-Seemeilen-Anschlußzone,** die zwar nicht zum Staatsgebiet zählt, in der aber gewisse Überwachungs- und Polizeibefugnisse des Anrainer-Staates bestehen.

200 Seemeilen Wirtschaftszonen Die UN-Seerechtskonvention räumt den Küstenstaaten ein ausschließliches Kontroll- und Verfügungsrecht über die lebenden und nicht lebenden **Ressourcen des Meeres** (z.B. Fische, Bodenschätze) auf **offener See** ein. Diese Wirtschaftszone von 200 Seemeilen kann im Bereich des Festlandsockels bis maximal 350 Seemeilen betragen. Sie unterliegt nicht der Staatsgewalt des Anrainerstaates (Freiheit für Schiffahrt, Luftfahrt).

Diese exklusive Wirtschaftszone führt oft zu politischen Verwicklungen (z.B. Ägäis/Griechenland/Türkei).

Auf offener See (über 200 Seemeilen) regelt die *Internationale Meeresboden-Behörde* in Jamaika den Rohstoffabbau am Meeresboden.

Seeschiffahrt 5.4

Die **Bundesrepublik Deutschland** dehnte 1985 das bisher 3 Seemeilen breite Küstenmeer in der Deutschen Bucht/Nordsee auf teilweise 12 Seemeilen aus. Nach der Vereinigung galt in der Ostsee ein 3 bis 12 Seemeilen breiter Streifen des Küstenmeeres als Hoheitsgewässer, wobei internationale Seeschiffahrtsstraßen nicht zu Territorialgewässern wurden. **Ab 1.1.1995 wurde in der Nordsee das Hoheitsgebiet auf 12 Seemeilen ausgeweitet.** Im Bereich der Ostsee blieben die bisherigen Hoheitsgewässer fast unverändert bestehen.

Deutsche Hoheitsgewässer

Küstengewässer

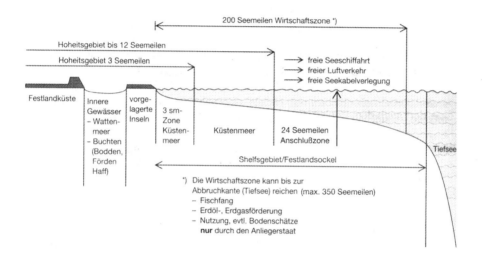

5.4.1.2 Seehäfen

Seehäfen sind die Versand- und Empfangsorte im Seehandel. Die Bundesrepublik hat an Nord- und Ostsee folgende internationale Seehäfen: Hamburg, Bremische Häfen (Bremen und Bremerhaven), Brake, Nordenham, Wilhelmshaven, Emden, Brunsbüttel, Lübeck, Kiel und Flensburg, Rostock, Stralsund und Wismar. Hamburg und die Bremischen Häfen sind für den überseeischen Bereich die traditionellen Stückguthäfen. Wilhelmshaven wickelt hauptsächlich die Erdölimporte per Tankschiff ab. Rostock hat sich auf Ro/Ro-Verkehre im Ostseeraum spezialisiert.

Über Duisburg, dem größten deutschen Binnenschiffahrtshafen, werden regelmäßige Seetransporte nach allen europäischen Relationen in der Küstenschiffahrt angeboten.

Die Verkehrsbranche dieser Seehäfen lebt weitgehend vom Außenhandel über See. Neben den Arbeitsplätzen im Hafen (Hafenbetriebe, Werften und Zulieferindustrien) bieten die Seehäfen Arbeitsplätze in Speditionen und Reedereien, wobei z. B. Hamburg ca. 36 000 Arbeitsplätze in diesen Branchen vorweisen kann.

Wie hoch die arbeitspolitische Bedeutung des Hafens für Hamburg ist, zeigen die aktuellen Zahlen: Danach hängen insgesamt 140 000 oder 15 Prozent aller Arbeitsplätze in Hamburg direkt oder indirekt vom Hafen ab.

Neben den obigen deutschen Seehäfen werden Import- und Exportverkehre über die sogenannten **Westhäfen Rotterdam, Amsterdam und Antwerpen** geroutet, die durch den Rhein bzw. diverse Kanäle mit den deutschen Industriezentren an Rhein, Mosel, Main, Main-Donau-Kanal, Neckar eng verbunden sind.

Als **Südhäfen** bezeichnet man die **Mittelmeerhäfen Marseille, Genua, Venedig, Triest, Koper (Slowenien)** und **Rijeka (Kroatien)**. Der süddeutsche Raum nutzt diese Häfen für Transporte im Levante-Bereich aber auch für Überseetransporte.

Hafen- **Hafenanlagen bieten den ein- und auslaufenden Seeschiffen an Liegeplätzen**
anlagen **der verschiedenen Hafenbecken die Möglichkeit zum Ladungsumschlag.** Das Laden und Löschen wird mit Kaikränen oder schiffseigenem Geschirr (Bordkränen) vorgenommen. Schiffsgeschirr/Bordkräne dürfen nur mit Zustimmung der Hafenverwaltung eingesetzt werden. Die Lagerung der Exportgüter bis zur Schiffsabfahrt erfolgt in **Kaischuppen,** die auch gelöschte Importladung bis zur Auslieferung zwischenlagern. Diese Kaischuppen sind **reine Durchgangslager.** Sie sind für einen schnellen Güterumschlag konzipiert. Daneben verfügen Seehäfen über **Lagerhäuser, Kühlhäuser, Lagerplätze** im Freien, die für eine längere Einlagerung eingerichtet sind.

Der Ladungsumschlag in und aus Seeschiffen kann wasserseitig in/ex Schuten, Leichtern und Binnenschiffen und landseitig in/ex Eisenbahnwaggons und Lastkraftwagen erfolgen. Schwerkolli werden mit Schwimmkränen umgeschlagen. Ferner werden besondere Umschlaganlagen für Getreide und Futtermittel, Mineralöle, Chemikalien, Südfrüchte, Kühl- und Tiefkühlgüter, Kohle, Erz, Kali und andere Massengüter wie Holz, Zellulose und Papier bereitgestellt.

Freihäfen Um die nationalen Zollbestimmungen nicht im gesamten Hafengebiet anwenden zu müssen, wurden **Zollfreigebiete** eingerichtet, die besser unter dem Begriff **Freihafen** bekannt sind. Bremen, Bremerhaven, Hamburg, Kiel, Emden und Cuxhaven verfügen über Freihafengebiete. Binnenländische Freihäfen gibt es in Deggendorf (Donau) und Duisburg (Rhein).

In diesem Freihafengebiet werden Ein- und Ausfuhren sowie Transitverkehre für ausländischer Güter abgewickelt, die im Bedarfsfalle auch bearbeitet werden können.

Ro/Ro-An- Roll-on/Roll-off (Ro/Ro): Das Ladegut wird mittels Radfahrzeug (Ladepritsche/Flat)
lagen über die Schiffsrampe in das Ro/Ro-Schiff gefahren.

Im Ro/Ro-Verkehr zwischen Nord- und Ostsee-Häfen befördert man Sattelauflieger und komplette Lastkraftwagen mit Speditionsgütern. Im Überseeverkehr kommt dies kaum vor. Hier werden rollfähige Güter (Baumaschinen, Generatoren, Neu-LKW, etc.) neben oben erwähntem Stückgut (= auf Ladepritschen) verschifft.

Alle Welthäfen haben sehr weitläufige **Seehafenterminals** gebaut. Die Containerschiffe schlagen die unterschiedlichen Containergrößen (20', 30', 35', 40' und 45') mittels eines verstellbaren Spreaders an den **Container-Umschlagsbrücken um.** Pro Containerbrücke wurden schon 90 Umschlagbewegungen als maximale Stundenleistung erreicht. **Containerterminals (CY = Container Yard)**

Für die **Zwischenlagerung** der auf Verladung wartenden Container benötigt man große Vorstauflächen, die eine reibungslose und stauplangerechte Containerbeschickung der **Container-Umschlagbrücken** garantieren. Der Transport zwischen Vorstaufläche und Schiffsliegeplatz erfolgt mit **Portalhubwagen (straddle-carrier)**, die den gesamten Flächenverkehr innerhalb eines Terminals ausführen. Alternativ kann innerhalb eines Container-Terminals auch mit einem Chassis-System und Zugmaschinen gearbeitet werden.

Jeder **Terminal** bietet große Lagerflächen für Leercontainer, die auf ihren Einsatz warten, sowie beladene Container, die zur Verschiffung oder Empfängerabnahme anstehen. Für Kühlcontainer müssen während der Zwischenlagerung terminaleigene Kühlanschlüsse verfügbar sein, damit eine konstante Kühltemperatur garantiert ist.

Angelieferte Stückgüter, die keine Vollcontainer-Ladung ausmachen, werden in **Packstationen (Container Freight Stations = CFS)** im Reedereiauftrag in **Pier/Pier-Container** gestaut (gestufft), so daß auch im Container-Verkehr der bisherige konventionelle Stückgut-Service geboten wird. Einkommende **Pier/Pier-Container** werden an diesen Packstationen entladen (gestrippt) und werden dort an die Einzelempfänger ausgeliefert.

5.4.2 Transportmittel der Seeschiffahrt

5.4.2.1 Die deutsche Handelsflotte, Flaggen- und Registerrecht

Die deutsche Handelsflotte hatte ein wechselvolles Schicksal. Ein planvoller Aufbau erfolgte mit Gründung des Deutschen Kaiserreichs 1871. Zu Beginn des Ersten Weltkriegs umfaßte die Handelsflotte 5,1 Mill. BRT und lag auf Platz 3 der Weltrangliste. **Deutsche Handelsflotte**

1920 verfügte die deutsche Handelstonnage nur noch über 419 000 BRT. Trotz staatlicher Ausgleichszahlungen für Kriegsverluste – die allerdings in der Inflation wirkungslos verpufften – ging der zweite Wiederaufbau nur schleppend vonstatten. Die Autarkie-Bestrebungen des nationalsozialistischen Deutschland waren einem schnellen Wachstum nicht förderlich (1939 = 4,5 Mill. BRT).

Nach dem Zweiten Weltkrieg standen noch 120 000 BRT zur Verfügung. Nachdem 1951 die letzten Beschränkungen der Siegermächte fielen, begann der dritte Neuaufbau im geteilten Deutschland.

1977 erreichte die bundesrepublikanische Handelsflotte mit 10,8 Mill. BRT ihre höchste Tonnage und lag auf Platz 11 der Weltrangliste (2,7 % der Welttonnage).

In den folgenden Jahren reduzierte sich die Tonnagezahl der BR Deutschland stetig

40 deutsche Reedereien bieten dem Außenhandel rund 100 internationale Liniendienste. Aufgrund ihres geringen Alters (durchschnittlich unter 10 Jahre) und ihres hervorragenden technischen Standards zählen sie zu den leistungsfähigsten Handelsflotten, wobei die Containerschiffahrt (Platz 3 in der speziellen Statistik) besonders hervorzuheben ist.

Am **Ladungsaufkommen** des deutschen Außenhandels über See ist die **deutsche Handelsflotte** mit 10 bis 15 Prozent beteiligt. Vor 20 Jahren lag der Anteil bei 40 bis 50 Prozent.

Handelsflotte *Nach Artikel 27 Grundgesetz* bilden alle deutschen Kauffahrteischiffe eine einheitliche Handelsflotte, die nach *Artikel 22 GG* die schwarz-rot-goldene Bundesflagge am Mast führen.

Bundesflagge Alle Seehandelsschiffe, deren Eigentümer Deutsche sind, die ihren ständigen Wohnsitz in Deutschland haben, müssen nach dem *Flaggenrechtsgesetz vom 8.2.1951* die Bundesflagge führen, wenn der Raumgehalt des Schiffes über 50 m^3 liegt. Reedereien in den Gesellschaftsformen OHG, KG, GmbH und AG sind dieser Vorschrift entsprechend zu behandeln, wenn Deutsche in der Geschäftsführung die Mehrheit haben.

Seeschiffsregister Seeschiffe, die zur Passagier- und/oder Güterbeförderung eingesetzt werden, nennt man **Handelsschiffe**. Diese Schiffe müssen im **Seeschiffsregister** ihres **Heimathafens** eingetragen werden. Diese Eintragung wird durch das **Schiffszertifikat** beurkundet, womit das **Recht zur Führung der Nationalflagge** nachgewiesen ist.

Deutsches Seeschiffsregister **Deutsche Seeschiffsregister** werden bei den Amtsgerichten der Seehäfen und einigen binnenländischen Amtsgerichten (z. B. Duisburg-Ruhrort, Mannheim, Saarbrücken, St. Goar, Wiesbaden) geführt. Sie sind analog dem Grundbuch für Immobilien in drei Abteilungen eingeteilt.

Nach§ 7 *Flaggenrechtsgesetz (1951)* können deutsche Seeschiffe für 2 Jahre befristet ausgeflaggt werden, wobei sie allerdings weiterhin im hiesigen Seeschiffsregister geführt werden. Sie sind somit immer noch Betriebsvermögen deutscher Reedereien, was für ausgeflaggte, auslandsregistrierte Seeschiffe nicht gilt.

Seeschiffahrt 5.4

Ca. 100 Reedereien managen ca. 1500 Seeschiffe mit ca. 11 Mill. BRT/BRZ. Davon fahren ca. 770 Schiffe mit 5,3 Mill. BRT/BRZ im deutschen Register; ca. 540 Schiffe mit 2,8 Mill. BRT/BRZ sind befristet ausgeflaggt und ca. 450 Schiffe mit 4 Mill. BRT/BRZ sind im Zweitregister eingetragen. **Deutsche Reedereien**

Die Interessen der deutschen Seeschiffahrt werden vom VDR Verband Deutscher Reeder, Hamburg (früher nur für die weltweite Seeschiffahrt (Deep-Sea) zuständig) wahrgenommen. Der VDK Verband Deutscher Küstenschiffer (Short international voyage) ist im VDR integriert worden. **Deutscher-Reeder-Verband**

Aufgrund der Kostensituation (Gewerbe- und Vermögenssteuer, Einkommenssteuer und Sozialaufwendungen für die Besatzung und sonstige gesetzlichen Auflagen) **flaggten** deutsche Reedereien **aus,** d. h. diese **Seeschiffe wurden in die Schiffsregister von Billigflaggenländer** eingetragen. Sie unterliegen dort **den Rechtsvorschriften dieser Registrierländer,** d. h. geringere Besatzungsanzahl, niedrigere Heuer (Lohn für Seeleute) und Sozialkosten. Betriebssteuern und Registrierkosten werden ebenfalls gespart. **Ausflaggung**

Viele Billigflaggenländer führen „**offene Schiffsregister**". Jeder ausländische Reeder kann dort Schiffe registrieren lassen. Diese zogen wiederholt Alttonnage mit erheblichen Sicherheitsmängeln an. **Billigflaggenländer**

Wenige Billigflaggenländer begegneten dieser Entwicklung (schlechter Ruf ihrer Handelsflotte) mit der Einführung „**geschlossener Schiffsregister**", d. h. limitiertes Schiffsalter, Firmensitz im Flaggenstaat unter Beteiligung von Staatsangehörigen im Firmenmanagement, Quotenvorgabe hinsichtlich Beschäftigung von einheimischen Seeleuten. **Offene/geschlossene Schiffsregister**

Deutsche Reedereien machten aus Kosten- und Wettbewerbsgründen hiervon ebenfalls Gebrauch. Ungefähr 700 Seeschiffe = 5,7 Mill. BRT/BRZ sind in Antigua, Costa-Rica, Honduras, Liberia, Panama, Singapur, Zypern, etc. registriert.

Um diesen Ausflaggungstrend zu stoppen, wurde vom Bundestag ein **deutsches Zweitregister 1989** per Gesetz installiert. Es ermöglicht deutschen Reedereien, ausgeflaggte Seeschiffe wieder der deutschen Handelsflotte zuzuführen. Wichtigste strittige Regelung war die Beschäftigung von ausländischen Seeleuten zu deren niedrigeren Heimatlohnbedingungen. Gewerkschaften und einige Bundesländer hatten Verfassungsbeschwerde beim Bundesgerichtshof in Karlsruhe eingelegt, da man einen Arbeitsplatzverlust für deutsche Seeleute befürchtet. Der BGH verwarf am 10.1.1995 diese Beschwerde. Das deutsche Internationale Schiffsregister ist verfassungskonform. **Zweitregister**

Im deutschen Zweitregister werden 450 Handelsschiffe mit 4,0 Mill. BRT/BRZ geführt. Der deutsche Gesetzgeber folgte hier nur den Initiativen anderer europäischer Schiffahrtsländer (z. B. Norwegen, Dänemark, Schweden).
England, Frankreich, Niederlande, Portugal und Spanien bieten ihren Reedereien Überseegebiets- oder lokale Inselflaggen (Isle of Man, Azoren, Kan. Inseln) als Zweitregister an.

5 Der Spediteur und die Verkehrsträger

Welthandelsflotte Die **Welthandelsflotte** verfügte über ca. 35 000 Schiffe (ab 300 BRT/BRZ) mit ca. 718 Mill. Tragfähigkeitstonnen. Bei einer Statistik ab 100 BRT/BRZ waren es ca. 82 890 Handelsschiffe, wobei sich die Tonnage nicht gravierend erhöhen würde.

EU-Handelsflotte Die **Handelsflotten der EU-Staaten** umfassen ca. 5500 Seeschiffe (über 300 BRT/BRZ) = 72 Mill. BRT/BRZ, wobei die griechische Handelsflotte den größten Anteil hat. Sie nimmt auch den 3. Platz in der Weltrangliste ein. EU-Institutionen sind bemüht, ein europäisches Zweitregister „EUROS" einzuführen, um die Ausflaggung europaweit in den Griff zu bekommen und einzelstaatliche Regelungen zu erübrigen.

Laderechte Flaggendiskriminierung und -protektionismus Schon mit der engl. *Navigationsakte* von 1651 (erst 1848 aufgehoben) beschränkte Oliver Cromwell den Grundsatz der **„Freiheit der Meere"**. Bis heute können ausländische Schiffe nicht in jeden Hafen der Welt Güter laden oder löschen. Weiterhin schränken Zoll-, Devisen-, Import-Lizenz- und Akkreditiv-Vorschriften die freie Ladungsakquisition für ausländische Schiffe ein.
Dann spricht man von **Flaggendiskriminierung** (= ausländischer Schiffe) oder von **Flaggenprotektionismus** (= Bevorzugung der eigenen Schiffe).

UNCTAD-Code Um international eine Chancengleichheit zu erreichen, wurde der **UNCTAD-Code 40 : 40 : 20** (*United Nations Conference of Trade and Development* = UN-Welthandelskonferenz) verkündet. Nach dieser Formel sollen im Außenhandel zwischen 2 Ländern die Ladungsmengen, die mit Schiffen einer Schiffahrtskonferenz befördert werden, zu jeweils 40 Prozent von den Schiffen dieser Länder und 20 Prozent von Drittland-Konferenztonnage gefahren werden. Dies ist keine Monopolisierung der Konferenzschiffe, da die Laderechte der Outsider hiervon nicht betroffen sind. Allerdings greift diese sinnvolle Ladungsteilungsregelung kaum. Meistens werden auf bilateraler Ebene (= Regelungen zwischen 2 Staaten) andere Mengenteilungen vereinbart, somit wird der *UNCTAD-CODE unterlaufen.*

Crosstrader Werden Schiffe im internationalen Linienverkehr eingesetzt, ohne hierbei einen Hafen des Heimatlandes anzulaufen, so spricht man von **Cross-Tradern**.

Kabotage Wie bei anderen Verkehrsträgern ist es ausländischen Schiffen verboten, Ladung zwischen 2 binnenländischen Häfen zu befördern = **Kabotage**. Auch hier will die EU ein einheitliches Kabotage-Recht verwirklichen.

5.4.2.2 Arten der Seeschiffe

Handelsschiffe unterscheiden sich nach Größe und Verwendungszweck. Nach ihrem Verwendungszweck unterscheidet man Küstenschiffe folgendermaßen:

- kleines Küstenmotorschiff bis 650 t Tragfähigkeit
- Küstenmotorschiff bis 1906 t Tragfähigkeit
- großes Küstenmotorschiff mit einer Tragfähigkeit von 2800 bis 6000 tons (Küstenmotorschiffe werden in der Nord- und Ostsee, in der westeuropäischen Küstenfahrt, in der Irischen See, im Mittelmeer und im Schwarzen Meer eingesetzt.)

Küstenschiff (Kümo)

Küstenschiffe erbringen wichtige Feederfunktionen sowohl für konventionelle Frachter als auch im Container-Verkehr (Sammel- und Verteiler-Funktion).

Der traditionelle Schiffstypus ist der konventionelle Frachter, der in den letzten drei Jahrzehnten zu einem Mehrzweckfrachter (Multi-Purpose-Ship) entwickelt wurde.

Konventioneller Frachter

Seine verdienenden Teile sind:

- die Laderäume, der Decksraum (besser Decksfläche)
- evtl. Ladeguttanks, Pluskühls- und Gefrierräume.

Die **Umschlagsleistung** bestimmen:

- schiffseigenes Geschirr (Ladebäume) und Deckskräne
- mehrere Luken nebeneinander, die sich in den Unterräumen fortsetzen
- faltbare Lukendeckel, die sich hydraulisch/mechanisch öffnen lassen
- Gabelstapler in den Laderäumen, die den Transport zum Stauplatz ausführen
- evtl. Seitenpforten (Übergabe der Ladung von Kai- an Schiffsgabelstapler).

Durch diese Vorrichtungen wurde der zeit- und personalaufwendige Umschlagprozeß entscheidend rationalisiert.

1966 kam der **Containerverkehr** mit den 35'-Containern der Reederei Sealand nach Europa. Ab 1967/68 setzen auch europäische Reedereien Vollcontainerschiffe mit 500 bzw. 736 Teus Kapazität im Verkehr nach den USA ein **(teu = twenty foot equivalent unit/20'-Container-Verrechnungseinheit).**

Containerschiff

Containerschiffe haben in den Laderäumen keine Deckeinteilung. In jeder Luke befinden sich Gleitschienenkonstruktionen (Cellguides) mit 4 Eckleitschienen, in die die Container übereinander (unter Deck bis max. 9 Container) abgestellt werden. Diese Cellguides sind jeweils fest auf die Containerlängen ausgelegt. Auf Deck können die Container in mehreren Lagen (2, 3, 4 bis 5) gefahren werden. Die Sicherung dieser

Deckscontainer erfolgt mittels Laschspannseilen über Kreuz von den Eckpfostenbeschlägen aus, gelegentlich auch in Cellguides.

Nedlloyd Lines, Rotterdam, setzen seit 1992 Containerschiffe ohne Lukendeckel ein, d. h. die Cellguides sind durchlaufend vom Laderaum bis über Deck. Leistungsfähige Lenzpumpen sorgen für einen trockenen Laderaumboden.

Je nach **Containerstellplatzkapazitäten** unterscheidet man zwischen Vollcontainerschiffen

    der 1. Generation (bis 1000 teus)
    der 2. Generation (bis 2000 teus)
    der 3. Generation (bis 3000 teus)
    der 4. Generation (bis 5000 teus).

Containerschiffe von 6000 bis 8000 teus sind schon im Gespräch. Vollcontainerschiffe mit einer maximalen Breite von 32,20 Meter können noch die Schleusen des Panama-Kanals passieren (Panama-Max.-Schiffe).

Liegezeiten sollen kurz sein – ein Containerschiff liegt oftmals nur Stunden in einem Hafen –, damit möglichst viele produktive Seetage von diesem Schiffstyp erarbeitet werden können. Das Verhältnis 20 Hafenliegetage zu 80 Seetagen drückt anschaulich den Rationalisierungserfolg aus, da bei einem konventionellen Frachter auf 50 Hafenliegetage auch 50 Seetage im Überseeverkehr kommen.
Im Shortsea-/Feederdienst greift dieser Vorteil nicht (= kurze Hafenfolge).

Da in manchen Containerfahrtgebieten die Hafeninfrastruktur hinsichtlich des Containerumschlages noch nicht den Standard von Industrienationen hat, werden die Vollcontainerschiffe hier mit bordeigenen Containerbrücken ausgerüstet, die das Laden und Löschen der Container auf Kai besorgen. Allerdings verliert hier das Schiff durch den Containerkran Containerstellplätze an Deck.

Ro/Ro-Systeme   Ebenfalls unter dem Aspekt kurzer Hafenliegezeiten und eines schnellen Ladungsumschlags in den Seehäfen ist das **Roll-on/Roll-off-System** zu sehen.

System-Mutter ist hier das bekannte Fährschiff, das schon seit Jahrzehnten im Kurzstreckenverkehr nach England, Skandinavien etc. eingesetzt wird.

Ro/Ro-Schiffe   Diese Ro/Ro-Schiffe verfügen über Bug-, Heck- und/oder Seitenpforten, über die am Kai oder im Schuppen vorgestaute Ladung mittels Radfahrzeugen (Ladepritschen/Flats) in die einzelnen Decks der Laderäume befördert wird. Das Schiff ist durch schiffseigene Laderampen mit dem Kai verbunden. Innerhalb des Schiffes wird das rollende Gut entweder mit Fahrstühlen oder über bewegliche Rampen auf die einzelnen Decks gefahren und dort verzurrt. **Der sonst vertikale Umschlagvorgang wird durch einen horizontalen Umsetzungsvorgang ersetzt.**

Auf kurzen Trajekten befördert man auch Sattelauflieger und Lkw's. Im Ro/Ro-Überseeverkehr beschränkt man sich auf die angeführten umschlagbeschleunigenden Lademittel. Allerdings ist rollendes Ladegut, wie Baumaschinen etc. für diesen Schiffstyp ein besonders gern gesehenes Transportgut, obwohl an Deck auch Container gestaut werden können.

In Tidehäfen wurden schwimmende Pontons an den Ro/Ro-Anlegestellen installiert, damit auch bei wechselndem Wasserstand keine starken Neigungswinkel der Rampen entstehen, die ein Befahren unmöglich machen.

Barge-Carrier sind Mutterschiffe beziehungsweise Trägereinheiten, die Leichter über See transportieren. Grundgedanke des Transportkonzeptes ist ebenfalls die radikale Kürzung der Hafenliegezeiten und Hafenkosten, wie auch beim Ro/Ro- und Containerschiff-System. **Barge-Carrier-Systeme**

Diese **Leichter** (am. barges) sind größengenormt/kastenförmig, die von den Seehäfen über ein entsprechendes Fluß- oder Kanal-System in Schubverbänden zu inländischen Hafenplätzen befördert werden können.. Daher sind Leichter nach deutschen Vorschriften als Binnenschiffe anzusehen.

Die Leichter werden im Seehafen an Bord der Mutterschiffe gegeben, die nur als Trägerschiffe während der Seereise fungieren.

Neben dem Vorteil kurzer Hafenliegezeiten kann das Barge-Carrier-System auch verstopfte Häfen bedienen (ohne lange Wartezeiten für das Mutterschiff) bzw. Häfen mit geringem Tiefgang, da der Barge-Umschlag auf Reede bzw. im Mündungsbereich eines Flusses geschieht.

Die Entladung der Leichter am Kai erfolgt später, wobei diese Kaianlagen nur einen geringen Tiefgang für die Leichter benötigen. Zusammenfassend kann gesagt werden, daß die Barge-Carrier-Idee ihre Existenzberechtigung durchaus bewiesen hat, doch konnte sie sich von der Schiffsanzahl nicht annähernd so durchsetzen wie Container- und Ro/Ro-Schiffe.

Das Lash-Schiff (Lash = lighter-aboard-ship) ist mit einem bordeigenen Portalkran (ca. 500 tons Eigengewicht) ausgestattet, der die Barges am Heck mit einem Spreader aus dem Wasser nimmt und in die einzelnen Luken oder auf Deck absetzt. Dieser Portalkran fährt auf 2 Schienen über das Schiff in Längsrichtung. Eine solche Lash-barge kann ca. 380 tons/ca. 570 m^3 Ladung fassen. Bei einem Eigengewicht von ca. 90 tons hat sie folgende Abmessungen: 18,75 × 9,50 × 3,96 Meter. **Lash-Schiff**

Bacoliner = Barge Container-Liner: Bei diesen Systemen erfolgt der Barge-Umschlag bei geflutetem Mutterschiff, d. h. die Leichter werden wie bei einem Trockendock eingeschwommen. Anschließend werden die Ballasttanks gelenzt, und das Mutterschiff schwimmt auf. Die Container werden auf Deck befördert. **Bacoliner**

5 Der Spediteur und die Verkehrsträger

Übersicht über die Handelschiffe

Stückgut-schiffe	Spezial-schiffe	Massengutschiffe (Bulk-Carrier)
– Konventioneller Frachter (Mehrzweckfrachter, Semi-Containerfrachter – Feeder-Küstenmotorschiffe – Eisenbahnfährschiffe – Ro/Ro-Fähren – Containerschiffe – Barge-Carrier – Ro/Ro-Schiffe	– Autotransporter (Pure-car-Carrier) – Kühlschiffe – Viehtransporter – Off-shore-Schiffe (Shortsea) – Schwergutschiffe (Dock-/Openhatch) – Hochseeschlepper (Bergungsschlepper) – Hafenschlepper	– Tanker – Produktentanker – Gastanker – Massengutfrachter (Erz-, Kohle-, Getreide/Trockenladung) – OBO-Frachter (Oil-Bulk-Ore = wechselweise Flüssig- oder Trockenladung)
Shortsea: Nr. 2, 3, 4 Deepsea: Nr. 1, 5, 6, 7		

5.4.2.3 Seeschiffsvermessung

Registerronne Um einen Schiffsgrößenvergleich zu ermöglichen, wird bei der Schiffsvermessung, die einer Eintragung in das Schiffsregister vorangeht, das internationale Schiffsgrößenmaß, die **Registertonne**, angewandt. **Die Registertonne ist ein Raummaß und entspricht 100 cbf = 2,8313 m³.**

Bruttoregistertonne/BRT Bei der Vermessung nach **Bruttoregistertonnen/BRT** ist der gesamte Schiffsraum eingemessen worden mit Ausnahme des Doppelbodens, des Ruderhauses, der Niedergänge, der Licht- und Luftschächte, der Kombüse und der Wasch- und Toilettenräume.

Nettoregistertonne/NRT Der für die Ladung und Passagiere verbleibende Nutzraum wird mit **Nettoregistertonnen/NRT** bezeichnet. (BRT ÷ Besatzungs- und Proviantträume, Maschinenraum, Schiffsausrüstungsräume, Wasserballasttanks, Bunkeröltanks = NRT).

Bruttoraumzahl/BRZ

Nettoraumzahl/NRZ Ab Mai 1982 wurde mit einer Übergangszeit von 12 Jahren das neue internationale Schiffsgrößenmaß, die **Bruttoraumzahl/BRZ** (= Gesamtraumgehalt aller geschlossenen Schiffsräume auf Innenkante Außenhaut) und Nettoraumzahl/NRZ (= Gesamtraumgehalt aller Laderäume auf Innenkante Außenhaut) eingeführt. Seit dem 18. Juli 1992 haben Brutto-/Nettoraumzahl BRT/NRT abgelöst. Um eine gewisse Vergleichbarkeit zwischen BRT/NRT und BRZ/NRZ zu erreichen, wird einer Tabelle ein Umrechnungsfaktor entnommen, so daß die zu erwartende BRZ/NRZ im Mittel in der Nähe der derzeitigen BRZ/NRZ-Zahl liegt, bei 10 000 BRT erhält man eine vergleichbare BRZ von 10 000. **Es handelt sich somit bei BRZ/NRZ um eine dimensionslose Größe, die keinem Maßsystem zugeordnet werden kann.** Da Ägypten und Panama Einbußen bei den Kanalgebühren befürchten, erkennen sie diese Vermessungsrichtlinien als Berechnungsgrundlage für die Kanalgebühren nicht an.

Moderne Frachtschiffe dagegen, Fähren und Ro/Ro-Schiffe, bei denen die alte Vermessung große Räume teilweise außer acht ließ, verfügen jetzt über eine zum Teil sehr viel größere **Bruttoraumzahl.**

So wurde in Deutschland die Lotsenannahmepflicht ab 1.000 BRT jetzt auf die Länge (90 m) und Breite (13 m) des Seeschiffs abgestellt.

Das vom Schiff verdrängte Wasser wird in Tonnen zu 1000 kg oder 1016 kg/longtons gemessen (= Wasserverdrängung). — Wasserverdrängung

Bei der **Tragfähigkeit/tons deadweight all told** – tdwat handelt es sich um die Wasserverdrängung des beladenen Schiffes abzüglich der Wasserverdrängung des leeren Schiffes, gemessen in Gewichtstonnen. — Tragfähigkeit

Wenn von der Tragfähigkeit Einzelgewichte wie Brennstoff- und Schmierölvorräte, der Proviant, die Ausrüstung, Wasch-, Trink- Kessel- und Ballastwasser, die Besatzung mit ihren Effekten abgezogen werden, so erhält man die Ladefähigkeit/deadweight carrying capacity – tdwcc –, auch Nutzlast genannt. — Ladefähigkeit

Zur Kennzeichnung der maximalen Tragfähigkeit eines Schiffes, dient die **Freibordmarkierung** an den Seiten des Schiffes (Freibord = mittschiffs und senkrecht gemessener Abstand zwischen dem obersten durchlaufenden Deck und der Wasseroberfläche). Diese Freibordmarkierung ist nach Wasser (Seewasser/Süßwasser) und Verkehrsgebiet (Tropen/Nordatlantik mit Sommer- und Wintereinteilung) unterschiedlich und soll eine Überladung des Schiffes sichtbar machen (Sicherheit des Schiffes, seiner Besatzung und der Ladung). — Freibordmarkierung

5.4.2.4 Schiffsklassifikation

Sowohl die Versicherung des Schiffes als auch die der Ladungsgüter gegen die Gefahren der See setzen eine **objektive Beurteilung/Klassifikation des Schiffs nach Art und Unterhaltungszustand nach einem einheitlichen Bewertungsmaßstab** voraus. Hierbei beurteilt man den technischen Zustand eines Seeschiffes (Grad der Modernität, der Abnutzung und der Betriebsfähigkeit). Hiernach werden die Schiffe nach Gebrauchsverschleiß in Güteklassen eingeteilt. — Schiffsbegutachtung

5 Der Spediteur und die Verkehrsträger

Germanischer Lloyd (GL) — Der *Germanische Lloyd* (Kurzzeichen GL) in Hamburg **übernimmt diese hoheitsrechtliche Aufgabe auf dem Gebiet der Schiffssicherheit**. 85 Länder haben den GL autorisiert, staatliche Schiffsicherheitsaufgaben durchzuführen. Der GL klassifiziert fast 4000 Seeschiffe mit 18 Mill. BRT/BRZ und über 1100 Binnenschiffe mit 1,1 Mill. tdw aus mehr als 113 Ländern. Es erfolgen eine Bauüberwachung/Materialprüfung mit anschließenden periodischen Untersuchungen und eine Überwachung gravierender Reparaturen.

Internationale Klassifizierungsgesellschaften — Weitere Klassifizierungsgesellschaften nach Gründungsjahren sind

- *Lloyd's Register,* London (1760)
- *Bureau Veritas,* Paris (1828)
- *Registro Italiano Navale* (1861)
- *American Bureau of Shipping* (1862)
- *Det Norske Veritas,* Oslo (1864)
- *Japanese Marine Corporation* (1900).

Versicherungsprämie — Die Prämienhöhe bei einer Seetransportversicherung ist abhängig von der Schiffsklassifikation und vom Schiffsalter (z. B. Schiffe nicht älter als 15 Jahre).

5.4.3. Betriebsformen der Seeschiffahrt

5.4.3.1 Organisatorische Seeschiffahrtsformen

Linienschiffahrt — Die **Linienschiffahrt wickelt den Stückgutverkehr nach einem festen Fahrplan in einem bestimmten Verkehrsgebiet mit festgelegten Lade- und Löschhäfen** ab. Häfen eines bestimmten Gebietes werden als Range-Häfen bezeichnet, z. B. Hamburg-Antwerpen-Range (Hamburg, Bremen, Bremerhaven, Amsterdam, Rotterdam und Antwerpen).

Range-Häfen

Linienschiffahrt wird von Konferenzreedereien und Outsidern betrieben und setzt ein Tarifgefüge voraus, das gegenüber jedem Ladungsbeteiligten (Befrachter) angewandt wird.

Massengutschiffahrt — **Massengutverkehre** mit flüssiger und fester Ladung (Erdöl, Getreide, Erz, Kohle, Phosphate, Holz, Metalle, Düngemittel, Zement, Bauxit etc.) **werden von der Trampschiffahrt ausgeführt**. Sie steht – bezogen auf die Transportkapazität des einzelnen Schiffs – während einer Reise nur mit einem oder wenigen Befrachtern in ökonomischer Beziehung. Sie bedient im Zeitablauf jedoch unterschiedliche Befrachter. Der Einsatz richtet sich nach dem Transportbedarf im Einzelfall und wechselt häufig hinsichtlich der Relation und der transportierten Gutarten (Angebot und Nachfrage).

Trampschiffahrt

Die **Spezialfahrt/Kontraktfahrt** ist durch eine langfristige Bindung ihrer Transportkapazität an einen Befrachter aufgrund eines regelmäßig auftretenden umfangreichen Transportbedarfs über einen längeren Zeitraum hinweg charakterisiert. Zum Einsatz kommen stark spezialisierte Schiffe (z. B. Tanker, Erzfrachter etc.). **Kontraktfahrt**

Sind Befrachter und Reederei in einen Industriekonzern eingebunden, auch wenn die Reederei einen anderen Namen führt, dann spricht man von **Werkschiffahrt**. **Werkschiffahrt**

5.4.3.2 Tarifarische Seeschiffahrtsformen

Eine Schiffahrtskonferenz besteht aus mehreren Linienschiffsreedereien, die auf einer bestimmten Route zwischen den Häfen eines klar abgegrenzten Verkehrsgebietes operieren, um den Befrachtern/Abladern (Verladern) einen regelmäßigen Dienst zu gleichen und festen Seefrachtraten für allgemeine Stückgüter zu bieten. Schiffahrtskonferenzen sind Verkehrsgemeinschaften internationalen Charakters/internationale Kartelle. Schiffahrtskonferenzen sind sowohl aus der deutschen Kartellgesetzgebung *(§ 99 GWB = Gesetz gegen Wettbewerbsbeschränkungen)* herausgenommen, als auch nach *§ 85, 1 des EU-Vertrages* vom Kartellverbot freigestellt. **Linienkonferenzen**

Sie haben **folgende Aufgabenstellung:**

- Aufrechterhaltung eines regelmäßigen Linienverkehrs
- Erlaß von Tarif- und Preisvorschriften (Ratengestaltung)
- Überwachung der Einhaltung der Konferenzbestimmungen und evtl. Kontrakte
- Abwehr von Outsider-Aktivitäten zum Zweck der Ratenstabilität.

Alle **Konferenzen** im USA-Verkehr sind aufgrund der amerikanischen „Anti-Trust-Gesetzgebung" **offen,** d. h. jeder Reeder, der dies wünscht, kann dieser USA-Schiffahrtskonferenz beitreten. **Offene Konferenzen**

Geschlossene oder regulierte Konferenzen (weltweit) nehmen neue Mitglieder nur mit Mehrheitsbeschluß auf. Man will hiermit eine Überkapazität/Overtonnage vermeiden, die die vorhandene Ladung noch mehr aufsplittet. **Regulierte Konferenzen**

Es gibt **weltweit ca. 250 Schiffahrtskonferenzen,** wobei ca. 30 Konferenzen von und nach Nordkontinenthäfen operieren. Je nach Verkehrsrichtung kann es in einem Fahrgebiet je eine Export- bzw. Import-Konferenz geben.

1875 wurde die erste Konferenz im Verkehr zwischen England und Kalkutta/Indien wegen des Teehandels gegründet. Traditionell haben die meisten Konferenzen ihren Sitz in London und Liverpool.

5 Der Spediteur und die Verkehrsträger

Outsider/ Independent Carrier Reedereien, die in einem Konferenzfahrtgebiet ebenfalls einen mehr oder weniger dichten Liniendienst unterhalten, werden aus Konferenzsicht als **Outsider/Außenseiter** bezeichnet. Diese Outsider verwenden für ihre Aktivitäten den Begriff „**konferenzunabhängiger Liniendienst**". Normalerweise setzen Outsider einen ebenso guten Schiffspark wie Konferenzliniendienste ein. Gelegentlich fährt ein Outsider nur in einer Verkehrsrichtung eines Fahrgebietes als Outsider (z. B. ausgehend als Konferenzlinie und heimkehrend wieder als Outsider)!

Die Outsider-Seefrachtraten liegen teilweise beträchtlich unter den Konferenztarifen.

5.4.3.3 Seeverlader-Komitees (Shippers Councils)

Seeverladerkomitee Damit der einzelne Befrachter als Einzelkunde den Schiffahrtskonferenzen nicht machtlos gegenübersteht, haben sich ab 1955 die Verlader/Befrachter zu **nationalen Seeverladerkomittees** zusammengeschlossen, die in fast allen westlichen europäischen Ländern, in Japan und USA, etabliert wurden.

Die Komitees vertreten auf übergeordneter nationaler und internationaler Ebene die Interessen ihrer Mitglieder gegenüber den Schiffahrtskonferenzen und anderen Gremien.

5.4.3.4 Kooperationsformen der Seeschiffahrt

Pools Im Rahmen eines gemeinsamen Liniendienstes mit einheitlichen Tarifbedingungen können mehrere Reedereien einen **Pool mit dem Ziel, die transportierte Ladung und/oder die vereinnahmten Seefrachten nach einem vereinbarten Schlüssel untereinander aufzuteilen,** gründen. Man unterscheidet Geld(Frachten)- und Ladungspools.

Overcarrier Wenn eine Poolreederei mehr als ihren vertragsgemäßen Ladungs- und/oder Seefrachtanteil befördert bzw. einfährt, nennt man diese **Overcarrier**. Liegt sie unter **Undercarrier** ihren Vertragsverpflichtungen, ist sie **Undercarrier**. Der Overcarrier hat den Undercarrier zu entschädigen, wenn dieser seinen Verpflichtungen in bezug auf eine vertragsgemäße Schiffsraumgestellung nachgekommen ist.

Es gibt **reine Frachten/Geldpools** und **reine Ladungspools**. Meistens werden aber sowohl die Frachteinnahmen als auch die Ladungsmengen gepoolt (Kombination beider Poolarten).

Reederei-Pools können innerhalb oder außerhalb des Konferenzsystems existieren. Innerhalb einer Konferenz kann ein solcher Pool sich nur auf einige Konferenzmitglieder beschränken.

Die beträchtlichen Investitionen im Bereich der Containerschiffahrt (Containerschiffe und Container-Equipment etc.) haben zu einer Zusammenarbeit zwischen einzelnen Reedereien geführt, die vormals häufig Konkurrenten waren. Ziel dieser Zusammenarbeit ist, die Investitionslasten und -risiken auf mehreren Schultern zu verteilen, ohne dabei die eigene Identität preiszugeben.

Reedereikonsortien

Diese Zusammenschlüsse multinationaler Reedereien führten zu einer Gemeinschaftsdienstform, die weit über den Poolgedanken hinausging. Mit den eingebrachten Schiffen aller Konsortial-Partner wird ein Liniendienst konzipiert, der am Markt (Ladung und Frachten) in der Form des „Separate-Marketing" verkauft wird.

Da jeder Konsortial-Partner in den Ländern des Fahrtgebietes eine eigene Verkaufsorganisation unterhält, spricht man von **„Separate-Marketing"**. Diese verschiedenen Organisationen bieten unabhängig voneinander den Befrachtern und Ladungsempfängern für das gleiche Schiff/die gleiche Abfahrt ihre Dienste zu gleichen Konditionen an. Die Zusammenarbeit erstreckt sich nur auf gemeinsame Hafen- und Schiffsoperationen. Jede Verkaufsorganisation erhält auf jeder Schiffsabfahrt ein bestimmtes Allotment/Slotanteil (Laderaum/Stellplatz).

Separate-Marketing

Kooperationsform der Seeschiffahrt

Separate-Marketing			
	Hafen	Inlandsbüro	Überseehäfen
Reederei AB	MV „Express" AB-Makler	MV „Express" AB-Agent	MV „Express" AB-Makler
Reederei BB	MV „Express" BB-Makler	MV „Express" BB-Agent	MV „Express" BB-Makler
Reederei CB	MV „Express" CB-Makler	MV „Express" CB-Agent	MV „Express" CB-Makler

5.4.3.5 Reeder und deren Vertreter

„**Reeder ist der Eigentümer eines ihm zum Erwerb durch die Seefahrt dienenden Schiffes**" **(§ 484 HGB).**

Reeder

Ist der Reeder Eigner nur eines Schiffes und befehligt dieses als Kapitän, so ist er im Sprachgebrauch Kapitänsreeder. Dies kommt nur in der Küstenschiffahrt vor.

„Wird von mehreren Personen ein ihnen gemeinschaftlich zustehendes Schiff zum Erwerbe durch die Seefahrt für gemeinschaftliche Rechnung verwendet, so besteht eine Reederei" *(§ 489 HGB).*

Reederei

5 Der Spediteur und die Verkehrsträger

Im allgemeinen Sprachgebrauch wird ein Unternehmen (OHG, KG, GmbH, AG oder andere), das die Geschäfte eines Reeders betreibt, als Reederei bezeichnet.

Parten- Mehrere Miteigentümer eines Seeschiffs bilden eine **Partenreederei**. Partenreeder
reederei sind Mitunternehmer, die entsprechend ihrem Schiffspart (Schiffsanteil) zu den Kosten der Partenreederei beitragen. Dementsprechend werden auch Gewinne und Verluste verteilt.

Schiffs- Bei der **Abwicklung von Seefrachtgeschäften** bedient sich der Reeder traditionell
makler/ des **Schiffsmaklers oder Reederei-/Linienagenten.**
Reederei-
agenten Je nach Maklervertrag zwischen Schiffsmakler und Reederei erfolgt die Geschäftsabwicklung auf Basis des § 93 HGB in Form eines Handelsmakler-Geschäftes oder eines Agentur-Geschäftes (§§ 84 + 92 c HGB – Handelsvertreter). Im allgemeinen Sprachgebrauch wird auch die Agenturtätigkeit eines Hafenagenten als Schiffsmaklertätigkeit bezeichnet.

Der Schiffsmakler ist Mittler zwischen Befrachter/Ablader/Empfänger und Verfrachter/Reederei. Seine **Funktionen für den Verfrachter** sind: Schiffsabfertigung im Hafen/Besorgung der Lade- und Löschoperationen, Beauftragung der Stauerei, Empfang und Ablieferung der Ladung, Einzug der Seefrachten und Überweisung an den Verfrachter *(Delkredere-Haftung § 86 b HGB)*, Erstellung der Lade- und Frachtmanifeste, Erledigung der Zollformalitäten für das Schiff, Ein- und Ausklarierung des Schiffs im Hafen (Liegeplatz, Schlepper- und Festmacherhilfe, Zahlung der Lotsengelder und Hafenliegegelder, Quarantänebestimmungen), evtl. Besorgen von Treibstoff und Proviant, Frachtverkauf (Frachtraumbuchung, Abschluß von Seefrachtverträgen, Zeichnung der Konossemente bzw. der Charterpartie).

Der Schiffsmakler in den deutschen Seehäfen übt **keine Speditionstätigkeit** aus.

Schiffs- Für den **Frachtverkauf im Binnenland** unterhalten Groß-Reedereien meistens **eige-**
frachten- **ne Frachtkontore.** Andere Reedereien sind durch unabhängige Schiffsfrachtenkon-
kontor tore (Agentur-Vertretungen) präsent. Diese Inlandsvertretungen beraten die verladende Wirtschaft, die Speditionen, nehmen Schiffsraumreservierungen und Seefrachtvertragsabschlüsse vor.

Schiffsmakler, Reedereiagenturen als auch Schiffsfrachtenkontore arbeiten auf Provisionsbasis.

5.4.4 Seefrachtgeschäft

5.4.4.1 Grundlegende gesetzliche Regelungen

Bestimmungen über das Frachtgeschäft zur Beförderung von Gütern über See sind im *HGB* (Teil Seehandel) enthalten. Im Rahmen einer internationalen Vereinheitlichung wurden die **Haager Regeln von 1924** in einer dem deutschen Recht angepaßten Form 1937 in das *Handelsgesetzbuch* als **4. Buch Seehandel** übernommen (gültig ab **1940 bis Mitte 1986**).

In 11 Abschnitten regelt es die Rechtsbeziehung zwischen den Vertragsbeteiligten (*§§ 474 bis 905*, wobei diverse Paragraphen zwischenzeitlich aufgehoben wurden.

Mit dem *zweiten Seerechtsänderungsgesetz vom 25.7.1986* wurden im Bereich der Haftung gravierende Veränderungen vorgenommen. **Seit diesem Zeitpunkt wird das Seehandelsrecht im 5. Buch des *HGB* behandelt.**

Solange nicht bei einzelnen Paragraphen deren Anwendung explizit/ausdrücklich als unabdingbar, also zwingend vorgeschrieben ist (= **normatives Recht**), kann man diese durch Privatvereinbarungen abändern (= **nachgiebiges/dispositives Recht**).

Die vereinbarten Transportbedingungen sind identisch mit den Konnossementsbedingungen auf der Vorderseite des B/L. (Seite 1 des B/L. = Konnossementsbedingungen – Seite 2 des B/L = Angaben zum Schiff, zur Ladung, zu den Vertragsbeteiligten). — **Konnossementsbedingungen**

Die Konnossementsbedingungen sind um so wichtiger, als man es im Seefrachtgeschäft mit einer Vielzahl internationaler Reedereien zu tun hat, die nicht den deutschen Gesetzesbestimmungen unterliegen und deren nationale Gesetzgebung – trotz versuchter internationaler Vereinheitlichung – dann maßgeblich ist (anglo-amerikanisches Recht, russisches Recht, japanisches Recht etc.). **Die Konnossementsbedingungen haben somit den Charakter von Allgemeinen Geschäftsbedingungen (AGB) und gehen in Deutschland dem dispositiven Recht/Gesetz des *HGB* vor.**

Die Beteiligten am Seefrachtgeschäft sind der Verfrachter, der Befrachter, der Ablader – nur im deutschen Recht – und der Empfänger.

5.4.4.2 Beteiligte des Seefrachtgeschäftes

Der **Verfrachter/Carrier** übernimmt die Beförderung der Güter zur See. Er schuldet den Beförderungserfolg. Wenn der Verfrachter hierzu sein eigenes Schiff einsetzt, dann ist er gleichzeitig Reeder. Verwendet er ein gemietetes/gechartertes Schiff, dann ist er Verfrachter und Charterer zugleich. In diesem Fall ist er auch Be- — **Verfrachter/Carrier** frachter, nämlich im Hinblick auf den zwischen ihm und dem Schiffseigentümer geschlossenen Chartervertrag. Muß er das gemietete Schiff noch mit Besatzung, Proviant, Frischwasser, Treibstoff und technischem Schiffsbedarf ausrüsten, spricht man von „Bare-Boat-Charter". Der Charterer wird somit zum **Ausrüster**. Im Chartergeschäft heißt der Verfrachter „Owner".

Verfrachterpflichten Eine Verpflichtung des Verfrachters aus dem Seefrachtvertrag *(§ 559 HGB)* ist die anfängliche Ladungs- und Seetüchtigkeit zum Ladebeginn, sowie die Reisetüchtigkeit während der Seereise. Diese Verpflichtungen des Verfrachters fallen beim Abschluß eines Stückgutfrachtvertrages sicher nicht ins Auge, daher hier auch keine ausführliche Behandlung. Beim Abschluß von Charterpartien sind sie von hervorragender Bedeutung.

Befrachter/Shipper Der Befrachter/Shipper ist der Vertragspartner (Kontrahent) des Verfrachters. Er verpflichtet sich zur Gut-Anlieferung und schuldet die vereinbarte Seefracht. Befrachter kann sein: Hersteller, Exporteur – ja nach Lieferbedingungen des Kaufvertrages – und evtl. der Spediteur, wenn dieser Befrachtereigenschaften annimmt. Die Benennung im Chartergeschäft für den Befrachter lautet „Charterer".

Ablader, Shipper Nur das **deutsche Seefrachtrecht** kennt neben dem Verfrachter – im Landgeschäft Frachtführer genannt – und dem Befrachter – im Landgeschäft Absender genannt – noch einen **dritten Beteiligten am Frachtgeschäft, den Ablader. Der Ablader/Shipper übernimmt trotz eigenen Verfügungsrechts im Auftrag des Befrachters die Beförderung und Anlieferung der Güter zum Schiff.** Ist der Seefrachtvertrag zwischen Befrachter und Verfrachter noch nicht abgeschlossen, so kann der Ablader als Vertreter des Befrachters den Seefrachtvertrag durch die Gutanlieferung abschließen. Übernimmt der Verfrachter die Güter, so entsteht zwischen ihm und dem Ablader ein besonderes Schuldverhältnis. **Der Ablader wird Reiseinteressent und Ladungsbeteiligter, er hat Anspruch auf das Konnossement und bestimmt den Adressaten. Als Besitzer aller B/L-Exemplare kann er alleine über die Ladung verfügen.**

Ein Spediteur, der sowohl den Seefrachtvertrag abgeschlossen als auch die Ware an das Schiff herangebracht hat, ist Befrachter und Ablader zugleich, wenn er im Konnossement als „Shipper" auftritt.

Fertigt er dagegen das Konnossement unter seinem Namen aus und ergänzt „as agent", dann zeigt er hiermit seinen Abladerstatus an. Deutsche Verfrachter verlangen hier gelegentlich die Nennung des Befrachters.

Da ein Ablader nach englischem Seehandelsrecht mit keinem der obigen Rechte ausgestattet ist, besteht auch keine Veranlassung, ihn namentlich zu kennzeichnen (Befrachter/Ablader = Shipper).

Der Empfänger/Consignee/Receiver ist der Begünstigte aus dem Seefrachtvertrag und kann seine im Vertrag verbrieften Rechte geltend machen, wenn er sich durch das Konnossement legitimieren kann, d. h. er hat einen einklagbaren Auslieferungsanspruch, wenn das Schiff im Bestimmungshafen angekommen ist. Hierzu muß er das Konnossement dem Verfrachter, dessen Vertreter, präsentieren.

Empfänger

5.4.4.3 Seefrachtverträge

Der Seefrachtvertrag bezieht sich entweder auf das Schiff im Rahmen eines Raumfrachtvertrages oder auf einzelne Güter (Stückgutfrachtvertrag). Es besteht keine Formvorschrift. Raumfrachtverträge sind Beförderungsverträge mit einer gewissen Ähnlichkeit zum Mietvertrag. Der Stückgutfrachtvertrag ist juristisch ein Werkvertrag.

Arten des Seefrachtgeschäftes

Der **Raumfrachtvertrag bezieht sich auf:**

Chartervertrag

– das Schiff im ganzen   = **Voll- oder Ganzcharter**
– einen verhältnismäßigen Teil   = **Teilcharter,** z. B. 1/2 Schiff, bestimmter Tragfähigkeitsanteil, bestimmter Stellplatzanteil

– einen bestimmten, bezeichneten Raum   = **Raumcharter,** z. B. Luke 1,2 und 3
– einen bestimmten, unbezeichneten Raum   = **Raumcharter,** z. B. 2.000 to/ 3000 cbm Ladung

Zu jedem Chartervertrag kommt eine Zeitkomponente:

Reisecharter

– für eine ausgehende Reise (One-Way) = **Reisecharter**
– für eine bestimmte Rundreise   = **Reisecharter**
– für eine bestimmte Anzahl aufeinanderfolgender (konsekutiver) Reisen   = **Reisecharter**
– für eine bestimmte Zeit   = **Zeitcharter**

Bei der Reisecharter ist der Vertragszeitraum nur durch die Nennung der Reiseanzahl bestimmt, unabhängig, wie lange eine solche Reise dauern mag. Die Zeitcharter nennt einen genauen Vertragszeitraum, unabhängig von der Reiseanzahl, die realisiert werden kann.

Der Reeder/Verfrachter schließt mit dem Charterer/Befrachter einen Chartervertrag/Charterpartie/Charter Party kurz C/P. Die C/P enthält Bedingungen und regelt die Rechtsbeziehungen zwischen den Beteiligten.

5 Der Spediteur und die Verkehrsträger

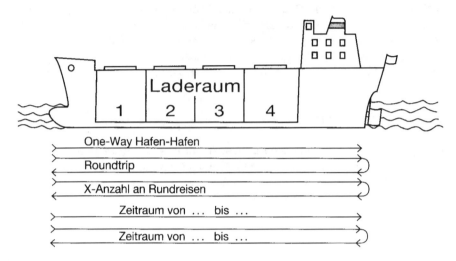

Charterformen **Reise- und Zeitcharter-Formen**
Im Chartergeschäft bestehen für bestimmte Güterarten und für bestimmte Verkehrsrelationen Standardformen mit Kurzbezeichnungen für Gutart und Verkehrsverbindung.

Charter-Party
Centrocon C/P	= für Getreide von Rio de la Plata
Deuterz-neu C/P	= für Erzladungen von Skandinavien nach deutschen Häfen
Genorecon C/P	= für Erzladungen aus allen Teilen der Welt nach deutschen Häfen
C (Ore) 7 C/P	= für Erzladungen vom Mittelmeer

Solche Standardformen von Charterverträgen werden vom *Documentary Council der International Baltic and Maritime Conference (BIMCO)*, Kopenhagen, dem bedeutendsten Zusammenschluß europäischer Reedereien und Schiffsmakler, herausgegeben.

Charterbestimmungen Owner/Verfrachter verpflichten sich, einen **bestimmten Schiffstyp** (Antriebsart, Lukenanzahl, Containerstellplatzkapazität, Ladegeschirr etc.) **mit gewissen Eigenschaften** (Klassifizierung, Trag- und/oder Raumfähigkeit, Geschwindigkeit) **in einer bestimmten Position bei Vertragsabschluß verfügbar zu haben,** der rechtzeitig zur vereinbarten Zeit im Ladehafen vorgelegt wird. Die Charter-Partie regelt weiterhin die Kostenseite (Lade- und Löschkosten, Liegegelder und Fehlfracht), die Lade- und Überliegezeit, die Wartezeit. **Der Befrachter ist verpflichtet, eine bezeichnete Ladungsmenge und -art in einem bestimmten Zeitraum anzuliefern bzw. durch den Empfänger abnehmen zu lassen.** Der Lade- und Löschplatz muß diesem Schiffstyp frei zugänglich sein. Die Charterfrachten unterliegen in ihrer Höhe dem Ladungs- oder Schiffsraumangebot und sind demzufolge starken Schwankungen unterworfen. Sie werden unter anderem an den Schiffsfrachtenbörsen in den wichtigen Welthandelszentren ermittelt. In der DVZ gibt es hierzu laufende Veröffentlichungen.

Das Charter-Geschäft gehört nicht zu den allgemein üblichen Geschäften der Spediteure, so daß es nur kurz angesprochen wurde.

Alle im Schiffslinienverkehr beförderten Ladegüter – unabhängig von der Größe (Gewicht/Volumen) – **sind Stückgüter, wenn hierfür ein Konnossement gezeichnet wird,** d. h. 3000tons Zement werden auch als **Stückgutladung** bezeichnet.

Stückgutfrachtvertrag

Der Abschluß eines Seefrachtvertrages bedarf keiner bestimmten Form. Er kann mündlich, fernmündlich, schriftlich, per Telefax oder durch konkludentes (schlüssiges) Handeln der Beteiligten zustandekommen, z. B. Anlieferung der Güter am Schuppen durch den Befrachter/Ablader und Übernahme dieser Güter an Bord durch den Verfrachter. Der Kaiannahmeschein/dock-receipt dokumentiert keinen Vertragsabschluß.

Normalerweise kommt der Vertrag durch die Frachtraumbuchung bei dem Verfrachter oder dessen Vertreter zustande. Auch wenn keine Buchungsnote erteilt wird, ist der Vertrag geschlossen. Die Buchungsnote/Ladungsanmeldung sollte einen Hinweis auf die derzeitigen Konnossements- und Tarifbedingungen enthalten, damit diese einwandfrei Vertragsbestandteil sind. Das Konnossement hat dann nur noch eine zusätzliche Beweisfunktion. **Mit der Buchung übernimmt der Verfrachter eine Transportverpflichtung** nach einem bestimmten Hafen gegen Zahlung einer bestimmten Fracht für ein benanntes Gut. Das Konnossement bescheinigt demzufolge zusätzlich den Empfang und gibt ein Auslieferungsversprechen.

Buchungsnote/Ladungsanmeldung

Eine **Festbuchung** bewirkt zwischen Verfrachter und Befrachter einen Seefrachtvertragsabschluß über einen Transport zu einer bestimmten Seefrachtrate, die benannt sein muß. Dies setzt eine genaue Bezeichnung des Transportgutes (Konnossementsdeklaration) voraus. Ist das Ladegut nur allgemein umschrieben, wird auch der Verfrachter nur die Anwendung der Tarifkonditionen bestätigen, ohne eine bestimmte Ratenhöhe festzuschreiben. Der Befrachter geht ein Anlieferungsversprechen ein, das bei Nichterfüllung einen **Fehlfrachtanspruch** begründet. Der Befrachter schuldet die Seefrachtzahlung sowohl bei prepaid als auch collect.

Festbuchung

Bei einer **konditionellen Buchung** wird dagegen ein solches Anlieferungsversprechen juristisch nicht manifestiert. Der Befrachter hat die Absicht einer Güteranlieferung, doch kann er ohne Begründung davon Abstand nehmen. Dann ist der Seefrachtvertrag annulliert worden. Es besteht auch kein Fehlfrachtanspruch. Normalerweise wird bei konditionellen Buchungen eine Erklärungsfrist (x Tage vor Schiffsabgang im Ladehafen) vereinbart. Wird diese vom Befrachter nicht wahrgenommen, so gilt die konditionelle Buchung als storniert.

Konditionelle Buchung

Der Verfrachter kann diese konditionelle Buchung vor der Erklärungsfrist nicht stornieren. **Wie bei einer Festbuchung hat der Verfrachter kein willkürliches Kündigungsrecht.**

Konditionelle Buchungen sind für Befrachter von Interesse, die in Kürze mit einem Kaufvertragsabschluß rechnen, der sich allerdings noch zerschlagen kann. Sie sichern sich mit dieser Buchung nicht nur den Schiffsraum, sondern auch die derzeit gültigen Tarifkonditionen (Seefrachtratenhöhe). Gemäß Konferenztarifbedingungen werden **die Tarifbedingungen mit einer Buchung für den laufenden und zwei weitere Monate festgeschrieben;** auch hier kann es weltweit zu unterschiedlichen, kürzeren Fristen kommen.

Optionspartien Steht der Löschhafen bei Buchung nicht fest, kann eine **Optionsverladung** erfolgen, z. B. Löschhafen: Option New York / Baltimore / Norfolk. Hier muß das Ladegut optionell gestaut werden, was einen Seefrachtzuschlag (Optionszuschlag) bewirkt.

Außerdem hat der Empfänger die Verpflichtung einer vertraglich vereinbarten Erklärungsfrist (z. B. 48 Stunden / 5 Tage / 10 Tage vor Schiffsankunft im ersten Options-Löschhafen), d. h. er muß zu diesem Zeitpunkt seine Option erklären / den endgültigen Löschhafen benennen. Falls er dieser Fristvereinbarung nicht nachkommt, kann der Verfrachter in einem Optionshafen seiner Wahl löschen, wobei dies dann meistens der letztgenannte Optionshafen sein wird.

5.4.4.4 Zurückbehaltungsrecht des Verfrachters

Solange der Verfrachter die vereinbarte Seefracht nicht erhält – unabhängig vom vereinbarten Frachtzahlungsort –, **hat er ein gesetzliches Zurückbehaltungsrecht.** Er kann z.B. die Konnossementsausgabe verweigern. Dies gilt vor allem bei „Collect-/Freight payable at Destination"-Sendungen, wenn der Empfänger sich nur durch Präsentation eines Originalkonnossementes legitimiert, aber die Seefrachtsumme nicht zahlt.

Werden „Prepaid-Konnossemente" ohne Seefrachtzahlung an den Befrachter gegeben, dieser zahlt nicht oder sehr verspätet, dann besteht gegenüber dem Empfänger kein Zurückbehaltungsrecht (Empfängerschutz).

Wenn ihm aus anderen und früheren Frachtverträgen noch Forderungen gegen den Befrachter oder Empfänger zustehen, dann kann er die Güter auch wegen jener Forderungen zurückbehalten, die in einem „inneren natürlichen wirtschaftlichen Zusammenhang mit den Forderungen stehen", wegen derer das Zurückbehaltungsrecht ausgeübt wird, z. B. bei ständiger Geschäftsverbindung. Dies gilt auch für das **Pfandrecht**.

Bei Havarie-grosse ist der Verfrachter gesetzlich verpflichtet, die Güter erst dann auszuliefern, wenn die Bezahlung der Kosten sichergestellt ist.

Seeschiffahrt 5.4

Übersicht über das Seefrachtgeschäft

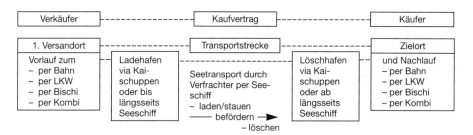

(Bischi = Binnenschiff; Kombi = Kombi-Verkehr (Bahn/LKW/Bischi) soweir diese landseitig für Vor- und/oder Nachlauf gegeben sind)

FOB – Kaufvertrag gemäß INCOTERMS	
Verkäufer liefert FOB – Ladehafen und wird damit Ablader. Hiermit kann auch ein Spediteur beauftragt werden; der FOB-Spediteur.	Käufer ist gleichzeitig Empfänger und muß den Abschluß des Seefrachtvertrages veranlassen. Er kann einen Direktabschluß beim Verfrachter oder dessen Vertreter /Schiffsmakler/Linienagent/Reederei-Inlandsvertretung) tätigen. Er wird somit Befrachter. Mittels Speditionsvertrag kann er einen Spediteur im Verschiffungsland mit dem Seefrachtvertragsabschluß beauftragen. Dieser Verschiffungsspediteur wird selbst zum Befrachter oder zum Erfüllungsgehilfen des Befrachters/Käufers; je nach Inhalt des Speditionsvertrages.

CFR- oder CIF-Kaufvertrag gemäß INCOTERMS	
Verkäufer muß den Abschluß des Seefrachtvertrages bis zum Löschhafen veranlassen. Er kann dies direkt beim Verfrachter oder dessen Vertreter (Schiffsmakler/Linienagent/Reederei-Inlandsvertretung) tätigen. Er ist somit Befrachter. Mittels Speditionsvertrag kann er einen Spediteur mit dem Abschluß des Seefrachtvertrages beauftragen. Als FOB- und Verschiffungsspediteur kann dieser selbst zum Befrachter werden oder zum Erfüllungsgehilfen des Befrachters/Verkäufers; je nach Inhalt und Umfang des Speditionsvertrages.	Käufer/Empfänger ist der Begünstigte des Seefrachtvertrages. Er kann nach Schiffsankunft im benannten Löschhafen durch Präsentation von 1/3 Originalkonnossement sich zum Gutempfang legitimieren; dies ist ein einklagbarer Auslieferungsanspruch.

Seefrachtvertragsabschluß bei FOB

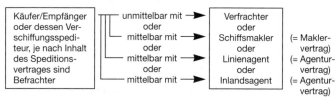

Seefrachtvertragsabschluß bei CFR oder CIF

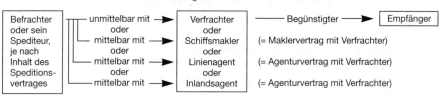

5 Der Spediteur und die Verkehrsträger

5.4.4.5 Pfandrecht des Verfrachters

Der Verfrachter hat wegen der Fracht und aller sonstigen Forderungen nach Maßgabe des Frachtvertrages/der Konnossementsbedingungen ein gesetzliches Pfandrecht, das die Ablieferung um 30 Tage überdauert.

Pfandrecht (Verfrachter) — Frachtschuldner ist zunächst der Befrachter (auch bei „collect"). Reicht der Empfänger die Konnossemente zum Abstempeln – für die Auslieferung – ein, so sieht die Praxis hierin einen **kummulativen (anhäufenden) Schuldeintritt**. Nimmt der Empfänger die Güter an, so wird er **alleiniger Frachtschuldner**. Die Konnossementsbedingungen lassen jedoch auch alle übrigen Ladungsbeteiligten weiterhaften und enthalten ein vertragliches Pfandrecht, das die Ablieferung überdauert.

Wenn ein Empfänger die „collect-Fracht" nicht bezahlt und die Abnahme verweigert, kann der Verfrachter ohne Benachrichtigung der Ladungsbeteiligten einen privaten Pfandverkauf veranlassen. Bei leicht verderblichen Gütern ist sofortiges Handeln angezeigt. Normalerweise wird er vorher den Befrachter in Kenntnis setzen.

5.4.4.6 Ende des Seefrachtvertrages

Auslieferung — Der Frachtvertrag wird regulär durch die Auslieferung des Gutes im Bestimmungshafen und die Zahlung der Seefracht beendet.

Auflösung des Seefrachtvertrages — Die gesetzlichen Bestimmungen der §§ 628 – 641 HGB berühren im wesentlichen die Auflösung des Frachtvertrages bei Charterverträgen. Wenn Schiff und Ladung durch Zufallsereignisse verlorengehen, ist keine der Vertragsparteien zu einer Entschädigung verpflichtet. Ausnahme: **Die volle Seefracht ist zu zahlen, wenn die Güter durch ihre eigene Beschaffenheit untergehen** (z. B. Auslaufen lecker Fässer). **Eine Distanzfracht ist zu zahlen, wenn das Schiff untergeht (strandet) und die an Bord befindlichen Güter gerettet werden. Die Konnossementsbedingungen sehen jedoch vor, daß in jedem Fall die volle Fracht zu zahlen ist.**

Eine Kündigung aus wichtigem Grund, d. h. bei jeder objektiven Vereitelung des Vertragszweckes, ist jederzeit möglich.

Das deutsche Seehandelsrecht gewährt nur dem Befrachter die Befugnis, unter Zahlung eines bestimmten Teils der Seefracht (= Fautfracht) den Seefrachtvertrag aus beliebigem (willkürlichem) Anlaß zu kündigen. Dieses Recht kann auch der Ablader ausüben, wenn die Ladung bereits angeliefert ist.

Anders dagegen im anglo-amerikanischen Seehandelsrecht. Die Nichtanlieferung der Ladung bedeutet hier immer den Bruch des Seefrachtvertrags, der den Verfrachter zu Schadensersatzansprüchen berechtigt. Der Begriff der Fautfracht ist daher in diesen Ländern unbekannt.

Die Frachtforderung verjährt in 2 Jahren.

Die Haftung für Verluste und Beschädigung verjährt jedoch innerhalb eines Jahres.

Verjährung, Seefrachtvertrag

5.4.5. Seefrachtberechnung

5.4.5.1 Grundsätzliche Seefrachtberechnungsarten

Der Seefrachtanspruch des Verfrachters gegenüber dem Befrachter/Charterer wird durch die Bedingungen der Charter-Partie geregelt. **Hinsichtlich der Frachthöhe bestimmten auch hier Angebot und Nachfrage den Preis.**

Seefracht im Chartergeschäft

Wird zu einem festen Gesamtbetrag für die Ladung ohne Rücksicht auf Gewicht oder Raummaß abgeschlossen, spricht man von einer Pauschalfracht/Lumpsum. Bei einer Zeitcharter wird die Vergütung pro Tonne Tragfähigkeit und Zeiteinheit (Monat zu 30 Tagen) oder einer Pauschalsumme pro Zeiteinheit (meist per Tag) festgelegt. Die jeweils geladene Ladungsmenge ist auf die Zeitfracht ohne Einfluß. Dagegen wird die Seefracht bei einer Reisecharter meist als Gewichtsfracht unter Berücksichtigung der Ladefähigkeit des Schiffes in Gewichtstonnen berechnet.

Die in den Seefrachttarifen der Konferenzlinien und Outsider ausgewiesenen Beförderungspreise heißen Seefrachtrate. Ein Seefrachttarif deckt ein geographisch klar abgegrenztes Verkehrsgebiet ab, d. h. er nennt die Lade- und Löschhäfen. Weiterhin werden der Gültigkeitszeitraum und die beteiligten Reedereien aufgeführt. **Er beinhaltet die Tarifbedingungen/rules and regulations, ein Artikel- und Ratenverzeichnis/commodity and rate section. Die ausgewiesenen Seefrachtraten sind weltweit Minimumraten,** d. h. sie dürfen nicht unterschritten werden. Dies gilt nur für Konferenztarife. Outsider können ihre Tarifraten jederzeit ermäßigen/erhöhen. Im **USA-Verkehr** handelt es sich allerdings um **Festfrachten,** die weder von Outsidern noch von Konferenzreedereien über- oder unterschritten werden dürfen. (Derzeitige US-Schiffahrtsgesetzgebung.)

Seefrachttarif im Stückgutfrachtgeschäft

Minimum-/ Festtarife

Die Seefrachttarife werden im allgemeinen nicht veröffentlicht. Die meisten Tarife können bei den Konferenzen bzw. Herausgebern bezogen werden. Wegen der Vielzahl der Seefrachttarife und des umfangreichen Änderungsdienstes lohnt sich der Kauf nur für Firmen/Spediteure, die über ein starkes Relationsgeschäft in einem Fahrtgebiet verfügen.

Wenn eine Tarifunterschreitung mit dem Ziel einer Frachteinsparung geschieht, nennt man dies **Malpractice.** Malpractice kann sein: Falschdeklaration, falsche Maß- und/oder Gewichtsangaben und zu niedrige Wertdeklaration.

Malpractice, Tarifverstöße

Meistens begeht der Befrachter/Ablader einen solchen Tarifverstoß. Unter Wettbewerbsaspekten kann hieran sich auch der Verfrachter/der Schiffsmakler/die Reedereivertretung beteiligen. Konferenztarife werden unterlaufen, man kauft sich Ladungsanteile.

Verschiedene Konferenzen haben neutrale **Tarifüberwachungsbüros** beauftragt, Ladung und Frachtpapiere zu kontrollieren und gegen die hieran Beteiligten mit Strafen vorzugehen. **Im Seefrachtverkehr von und nach USA-Häfen sind Tarifverstöße strafbare Handlungen nach US-Gesetzen.** Gesetzesverstöße können nicht nur für den Verfrachter sondern auch für den Befrachter/Spediteur/Empfänger unangenehme Strafen nach sich ziehen.

5.4.5.2 Seefrachtratenarten/-regeln

Seefrachtrate, Frachtberechnung in Schiffswahl Die Seefrachtrate stellt den Beförderungspreis pro Frachteinheit dar. Die Frachteinheit wird Frachttonne (frt, F/T) genannt. Zur Abrechnung kommt die Frachteinheit/Frachttonnen (Maß oder Gewicht), die der Reederei die höhere **Frachteinnahme bringt,** z. B.:

1 Kiste = 1600 kg = 2,4 m³/Abrechnung: Rate $\times$ 2,4 m³ = **Maßabrechnung**
1 Kiste = 1800 kg = 1,6 m³/Abrechnung: Rate $\times$ 1,8 to = **Gewichtsabrechnung**

Diese **Frachteinheit** wird wie folgt dokumentiert:

– **Maß/Gewicht – (M/G) – in Schiffswahl** oder
– **weight/measurement – (w/m) – in ship's option**

Tarifliche Maß- und Gewichtssysteme: 1000 kg oder 1 m³ – evtl. auch 1 longton oder 2240 lbs (pounds) – 1016 kg oder 40 cbf (= 1,132 m³).

Line-by-Line Line-by-Line-Abrechnung unterstreicht nochmals die Basisaussage; **die höhere Frachteinnahme für die Reederei ist maßgebend.** Besteht eine Sendung aus 2 oder mehr Kolli, so ist jedes Kollo einzeln abzurechnen, wenn sie nicht gleichmaßig und gleichgewichtig sind. Das obige Beispiel (Totalsendung 2 Kisten 3400 kg = 4,0 m³) zeigt auf, daß durch die Einzelabrechnung (4,2 Frachttonnen) eine höhere Frachteinnahme erzielt wird, als bei einer Abrechnung nach dem Effektivmaß der 2 Kolli. Dies ist der Hintergrund für das Verlangen einer Kolli-, Maß- und Gewichtspezifikation.

Höchsttarifierungsregel Da die Seefrachtrate artikelabhängig ist, wird bei unterschiedlichem Inhalt und unterschiedlichen Ratenhöhen von Mehr-Kolli-Sendungen auch differenziert pro Kollo und Artikelinhalt abgerechnet. Ist eine Differenzierung pro Kollo nicht möglich, so gilt auch hier die Höchsttarifierungsregel. Daher werden bei Mehr-Kolli-Sendungen Aufstellungen über Maß, Gewicht und Kolloinhalt verlangt.

Seeschiffahrt 5.4

Neben Seefrachtraten mit Maß/Gewichtsabrechnung in Schiffswahl enthalten die Seefrachttarife auch

Gewichtsraten/ Maßraten

- **reine Gewichtsraten:** (z. B. per 1000 kg) unabhängig vom Raummaß der Sendung
- **reine Maßraten:** (z. B. per 1 m^3) unabhängige vom evtl. höheren Gewicht der Sendung
- **Seefrachtraten mit Wertstaffel für einen benannten Artikel:** z. B.
  bis   US-Dollar 1000,- per frt   = Seefrachtrate $ 100,- w/m
  über US-Dollar 1000,- per frt   = Seefrachtrate $ 125,- w/m
  über US-Dollar 1500,- per frt   = Seefrachtrate $ 140,- w/m

Wertstaffeln gibt es in Verbindung mit Maß/Gewichtsraten, reinen Maßraten, reinen Gewichtsraten (auch Mischformen sind möglich).

Wertstaffeln

Maßgeblich ist immer der FOB-Wert, der durch eine Handelsrechnung evtl. nachgewiesen werden muß. Im Konnossement eingedruckte Werterklärungen – explizit nur für die Seefrachtfestlegung – erhöhen nicht die Verfrachterhaftung.

FAK-Raten (freight all kinds) sind artikelunabhängige Pauschalfrachten (gelegentliche Quotierung bei Container-Ladungen). Die Mehrzahl der Verfrachter lehnt FAK-Raten ab. Mixed-CBR werden fälschlich als FAK-Raten angesehen.

FAK-Raten

Lumpsum-Raten werden als Pauschalfrachten per Ladeeinheit für einen benannten Artikel (z. B. pro Pferd/pro Motorrad, etc.) quotiert.

Lumpsum-Raten

Commodity-Box-Raten im Containerverkehr sind artikelabhängige Pauschalfrachten per Container-Einheit (20' oder 35' oder 40'). Bei **Mixed-Comodity-Box-Raten** werden mehrere Artikel/Produkte in einem Container geladen. Die Mixed-CBR wurde für Kaufhaus-/Versandhandelsunternehmen eingeführt.

Commodity-Box-Raten (CBR)

Für **Spediteur-Sammelgut-Container** werden auch CBR-Raten quotiert, dabei müssen mindestens 3 Versender und 3 Empfänger ladungsmäßig vorhanden sein.

Für jedes Konnossement ist eine **Mindestfracht,** die Minimale, zu zahlen. Für Gefahrgut und Kühlgut kommen höhere Mindestfrachten zur Anwendung. Für Mustersendungen, Kleinsendungen ohne Handelswert (eine bestimmte Wertgrenze ist festgelegt) werden günstigere **Parcelfrachten** – als die B/L-Minimale – erhoben, wenn ein Parcelschein (parcel-receipt) von der Reederei ausgestellt wurde. Parcelscheine unterliegen nicht den *Haager Regeln* und somit der Haftung nach *HGB*.

Minimalfrachten/ Parcelfrachten

Handelt es sich bei einer Verschiffung um besonders wertvolle Güter unabhängig vom Gewicht oder Volumen der Sendung – kann der Seefrachttarif eine Wertfracht vorschreiben, die in Prozenten vom FOB-Wert berechnet wird (meistens 3 Prozent). Dies bedeutet keine Erhöhung der Verfrachterhaftung.

Wertfrachten

5 Der Spediteur und die Verkehrsträger

Liner-Terms Die Seefrachtraten basieren auf den **Liner-terms-Bedingungen** (praktisch mit den Konnossementsbedingungen identisch): Schiff bestimmt Lade- und Löschplatz, Kosten für Laden/Stauen und Löschung trägt die Reederei (Ausnahmen fahrtgebietsweise möglich).

Gewichtsgut Maßgut Beanspruchen 1000 kg eines Transportgutes weniger als 1 m³ Schiffsraum, so spricht man von **Gewichtsgut**. Liegt dagegen das Raummaß über dem Gewichtsmaß, handelt es sich um **Maßgut**.

Beispiel 1 Kiste 1500 kg = 1,0 m³ = Gewichtsgut
1 Kiste 1000 kg = 1,5 m³ = Maßgut

X-mal messend Das Verhältnis zwischen Raum- und Gewichtsmaß nennt man „**mal-messend**". Demzufolge ist die 1. Kiste „0,666mal-messend" (1000 : 1500 =) und die 2. Kiste „1,5mal-messend" (1500 : 1000 =).

5.4.5.3 Seefrachtzu- und -abschläge

Neben der Grundseefracht sieht der Seefrachttarif folgende Zu- und Abschläge vor, die fahrtgebietsweise vorkommen können:

Schwergewichtszuschläge
1. **Schwergewichtszuschläge/heavy lifts (H/L)**
meistens ab 5 tons Stückgewicht, evtl. ab 20 tons
(nicht im Haus/Haus-Containerverkehr, bei Haus/Pier und Pier/Haus werden nur halbe heavy lifts berechnet)

Längenzuschläge
2. **Längenzuschläge/long lenghts (L/L)** – meistens ab 12 m Kollolänge

3. **Palettenabschläge,** Rabatte für palettisierte Ladung, die den Ladungsumschlag beschleunigt

4. **Maßabschläge** (gelegentlich) bei hochvolumiger Ladung und einer W/M-Rate

Währungszu- und -abschläge/ CAF
5. **Währungszuschläge/currency adjustment factor (CAF)** – in Prozenten je nach Verkehrsrichtung unterschiedlich (gelegentlich auch negative CAF's = Abschläge) sollen starke Wechselkursschwankungen zu den jeweiligen Tarifwährungen ausgleichen.

6. **Bunkerölzuschläge/bunker adjustment factor (BAF)** – in Prozenten oder per frt oder getrennt als W-Zuschlag und M-Zuschlag „as freighted". Bei Containerverladungen unterschiedlichen BAF je Container-Einheit.

7. **Verstopfungszuschläge/congestion surcharge**/port delay charge – je nach Verkehrsrichtung unterschiedlich, sonst wie unter Punkt 6 — **Verstopfungszuschläge**

8. **Optionszuschläge** bei optioneller Stauung für verschiedene Bestimmungshäfen.

9. **Outport-/Transshipment additionals** kommen zur Abrechnung, wenn der Bestimmugnshafen nicht zu den tarifarischen Baseports zählt.

10. **Winter- und Eiszuschläge** (z. B. nach Finnland)

11. **Kanalzuschläge** (z.B. Seaway tolls für den Welland-Kanal in Kanada)

12. **Hafenkosten der Verfrachter** — **Hafenkosten der Verfrachter**

    – Hafengebühren (port/harbour dues)
    – Kai- und Löschgelder (wharfage charges)
    – Ladungsgebühren (landing charges)
    – Auslieferungszuschläge (delivery charges)
    – Port-Liner-Term-Charges und LCL-Breakbulk-Service-Charges
    – Container-Service-Charges und Terminal-Handling-Charges

As freighted: Bei Seefrachtzu- und -abschlägen werden diese auf gleicher Maß- oder Gewichtsbasis berechnet, die der angewandten Seefrachtgrundrate entspricht. — **As-freighted**

5.4.5.4 Seefrachtabrechnung im Containerverkehr

Im Rahmen der betriebswirtschaftlichen Darstellung des Containerverkehrs werden aus Verständnisgründen auch die tarifarischen Aspekte dargestellt. Siehe 5.4.6.2.

5.4.5.5 Rabattierung in der Seefracht

Schiffahrtskonferenzen sind an einer langfristigen Bindung der Verlader an die jeweilige Konferenz interessiert. **Der Befrachter,** der in den Genuß eines Frachtpreisnachlasses kommen wollte, mußte früher meistens einen **Kontrakt zeichnen. In diesem** verpflichtete er sich, seine gesamten Transporte dieser Relation ausschließlich mit Konferenzschiffen zu verladen. In der Praxis ist dieses System kaum noch in Reinform zu finden. — **Kontrakt-Raten-System Dual-rate-system**

Der **Sofortrabatt** in Höhe von 9,5 Prozent wird bei der Seefrachtabrechnung unmittelbar berücksichtigt, d. h. abgezogen. — **Sofortrabatt**

5 Der Spediteur und die Verkehrsträger

Zeitrabatt Bei einem Zeitrabatt erfolgt die Rabattauszahlung von 10 Prozent erst auf Antrag zu einem späteren Zeitpunkt. Die Rabattgewährung erfolgt grundsätzlich nur auf der Grundseefracht, demzufolge bleiben Zuschläge jeglicher Art unberücksichtigt.

5.4.5.6 Basisregeln in der Seefracht

Main ports Outports Seefrachtraten decken nur den Seetransport zwischen den im Tarif benannten **Haupthäfen (= base ports)** in Europa und Übersee ab. **Nebenhäfen (= outports)** werden mittels **Feeder-Service (Zubringerdienste)** an die Haupthäfen angebunden. Diese Vor- und/oder Nachläufe werden als **Outport-/Transshipment Additionals (Umladungszuschläge)** in Addition zur Seefracht in Rechnung gestellt.

Distanzfracht Die „**Seefracht gilt als verdient, sobald das Gut an Bord ist**", d. h. es gibt keinen Anspruch auf Erstattung einer Distanzseefracht bei Seeschlag/besonderer Havarie und Havarie grosse und Schiffsuntergang. Diese Klausel findet man in jedem Konnossement.

Konnossementsnachnahmen **Konnossementsnachnahmen** (keine Warenwertnachnahme!) für Nebenkosten/Disbursements (z. B. Kosten bis fob) sind möglich, soweit dies in den Transportbedingungen vorgesehen ist. Eine hohe Nachnahmegebühr/Collection Fee soll abschrecken.

Notstandsklauseln/ Kriegsklauseln **Notstandsklausel (= Contingency Clause)** und **Kriegsklausel (= War Clause)** begründen nach Konnossements- und Tarifbedingungen außerordentliche Seefrachtzuschläge bei höherer Gewalt und Krieg.

Ratenerhöhung Generelle Ratenerhöhungen müssen innerhalb der **Quotierungsfristen** (meistens laufender Monat plus 2 Monate) angekündigt werden. Stichtagsüberschneidende Schiffe werden von dieser Erhöhung aufgrund einer Konferenzmitteilung ausgenommen.

5.4.5.7 Seefrachtzahlung

Prepaid Seefrachten sind grundsätzlich alle im Ladehafen **im voraus** (bei Konnossementsausgabe) **zu zahlen = prepaid**. Bestimmte Güter (temperaturempfindliche Güter, Umzugsgut/persönliche Effekte, gebrauchte Pkw, Tiere und Leichen etc.) sind grundsätzlich prepaid abzufertigen. Eventuell kann ein Depotscheck beim Verfrachter bis zur Seefrachtzahlung im Löschhafen hinterlegt werden (eine reine Kannlösung verfrachterseitig).

Collect **Collect-Seefrachten (freight payable at destination) bedeuten eine Frachtkreditierung durch den Verfrachter.** Trotzdem schuldet der Befrachter die Bezahlung der

Seeschiffahrt 5.4

Collect-Seefracht, bis der Empfänger durch Konnossementseinreichung (1/3 Original-B/L) im Löschhafen und Seefrachtzahlung in den Seefrachtvertrag eintritt.

Nach bestimmten devisenschwachen Ländern oder bei nicht frei konvertierbarer Währung werden von den Verfrachtern keine Collect-Seefrachten akzeptiert = **Frankaturzwang**. — **Frankaturzwang**

Der Zahlungsanspruch des Verfrachters setzt sowohl bei Prepaid als auch Collect keine vorherige Rechnungslegung voraus. — **Seefrachtfakturierungen**

5.4.5.8 Währungen in der Seefracht

Jeder Seefrachttarif hat eine **Tarifwährung:** meistens US-Dollar, auch DM (Mittel- und Südamerika), Canada-Dollar (Canada), ECU (Fahrtgebiete pazifischer/indischer Ozean). Bei Verkehren ausschließlich von/nach UK auch engl. Pfund. — **Tarifwährungen**

Seefrachtzahlungen erfolgen meistens in den Landeswährungen des Lade- oder Löschhafens. Diese Landeswährung muß **frei konvertierbar** sein, damit eine Verrechnung/Überweisung zwischen Verfrachter und Reedereiagenten erfolgen kann. — **Zahlwährungen**

Die Tarif-/Zahlwährungen werden mit einem **Stichtagkurs** umgerechnet und durch den jeweiligen Reedereiagenten fakturiert. **Zahlung bedeutet Barzahlung oder Geldgutschrift auf dem Verfrachterkonto bzw. Konto des Agenten.** Ein Seefrachtscheckakzept bedeutet nur eine praxisgerechte Kannlösung. Eventuell kann mit Verfrachterzustimmung auch in der Tarifwährung gezahlt werden, wenn der Stichtagsumrechnungskurs nicht vom Zahltagsumrechnungskurs negativ abweicht!

Der **Umrechnungskurs** auf Basis eines Stichtagkurses liegt meistens bei prepaid einige Tage vor dem angezeigten oder bei collect einige Tage nach dem angezeigten Verschiffungsdatum des Ladehafens. Es gibt aber auch monatlich festgelegte Umrechnungskurse (z. B. beim ECU), wenn die Tarifwährung keine großen täglichen Kursschwankungen hat. — **Umrechnungskurse**

5.4.5.9 Incoterms/Spesenklauseln in der Seefracht

Seetransporte hängen immer mit überseeischen Außenhandelsgeschäften (Export, Import) zusammen, die durch die *Incoterms 1990* in handelsüblichen Vertragsformen international geregelt sind. Nachstehend die beim Seetransport anwendbaren Klauseln in Kurzform: — **Incoterms 1990**

- FAS = free alongside ship: frei längsseits Schiff im benannten Verschiffungshafen

- FOB = free on board: frei an Bord benannten Verschiffungshafen
- CRF = cost and freight: Kosten und Fracht benannter Bestimmungshafen
- CIF = cost, insurance, freight: Kosten, Versicherung, Fracht benannter Bestimmungshafen
- DES = delivered ex ship: geliefert ab Schiff benannter Bestimmungshafen
- DEQ = delivered ex Quay (duty paid): geliefert ab Kai Bestimmungshafen (verzollt)

Kosten- und Gefahrenübergang der obigen Incoterms-Klauseln werden im Teil 2 des Lorenz detailliert dargestellt.

Spesen- **Kaufverträge werden analog den Incoterms-Bedingungen abgeschlossen. Der**
klauseln **Seefrachtvertrag kann hierzu abweichend nach folgenden Spesenklauseln abgeschlossen werden.** Diese Spesenklauseln weichen ebenfalls von den „Liner-Terms-Bedingungen" ab:

- FIO = FREE-IN/FREE-OUT = Lade und Löschkosten trägt der Ablader/Befrachter und Empfänger. Da die Staukosten nicht genannt sind, können diese zu einem Streitpunkt werden. Besser sind:
- FIOS = FREE-IN /FREE-OUT = STOWED (= gestaut) oder
- FIOT = FREE-IN /FREE-OUT = TRIMMED (= getrimmt)
- LINER-IN/FREE-OUT = Laden und Stauen nach Liner-Terms/
  Löschen FREE-OUT
- FREE-IN/LINER-OUT auch LINER-DISCHARGE = Ladekosten wie oben (Staukosten?) / Löschen auf Basis Liner-Terms, d. h. das Schiff muß das Anschlagen des Umschlagsgeschirrs im Laderaum veranlassen/Löschkosten bezahlen.

5.4.5.10 Ratenanfragen in der Seefracht

Fracht- **Seefrachtraten werden** auf Anfrage vom Verfrachter, dem Linienagenten und dem
offerte Schiffsfrachtenkontor **notiert,** d. h. man kann eine schriftliche, fernschriftliche oder telefonische Ratenauskunft erhalten. Diese **Ratenauskünfte sind freibleibend bis zur Festbuchung,** sie sind also keine verbindliche Beförderungspreisauskunft, wenn nicht Gegenteiliges – unter Nennung eines Zeitpunktes, z. B. gültig bis ... – vereinbart ist.

Telefoni- Gemäß § 147 Abs. 1 BGB muß ein telefonisches Frachtangebot sofort angenommen
sche werden. Wurde dagegen telefonisch eine Frist vereinbart, so kann die Angebotsan-
Raten- nahme nur innerhalb dieser Frist erfolgen (§ 148 BGB). Sollte die telefonische Raten-
auskunft auskunft dagegen später in eine Buchung einmünden, so handelt es sich hier nach § 150 BGB um ein Vertragsangebot des Befrachters/Abladers an den Verfrachter. Die dann gültigen Tariffrachten werden hier Vertragsbestandteil.

Das Bestehen von Seefrachttarifen, die Abgabe von Seefrachtofferten mit Nennung von Abfahrtsdaten begründet keine gesetzliche, tarifarische Beförderungspflicht.

In der Praxis kann dies bedeuten: Ratenauskunft heute, artikelbezogene Ratenveränderungen morgen – war am Auskunftstag dem Auskunftserteilenden nicht bekannt –, Festbuchung übermorgen. Bei Nichtvereinbarung einer Laufzeit für diese Quotierung ist die am Tag der Festbuchung gültige (evtl. höhere) Seefrachtrate anzuwenden. In diese Richtung ist auch der *§ 619 HGB* zu interpretieren, da die Mehrzahl der Ratenanfragen fernmündlich eingeholt werden, dem Quotierenden oftmals nur ungenügende Artikelbezeichnungen, Maß-, Gewichts- und Wertangaben genannt werden können, soll nachstehende Auflistung eine Hilfestellung geben, **welche gutbezogenen Einzelheiten tariflich wichtig sind:**

- **Geographische Fakten:** Verschiffungshafen, Anlieferungsart: Bahn/Lkw/Binnenschiff (evtl. Direktumschlag), Löschhafen, evtl. Endbestimmungsort (kostengünstiger Nachlauf im Containerverkehr)

- **Produktbezogene Fakten:** Warenname, Verwendungszweck, aus welchen Materialien besteht das Produkt, technischer bzw. chemischer Name, BTN-Nummer, englische Warenbezeichnung, Konnossements- bzw. Akkreditiv-Deklaration

Verladetechnische Angaben, etc. für Seefrachtofferten

- **Wareneigenschaften:** fester oder flüssiger Stoff, spezifisches Gewicht, evtl. Gefährlichkeit nach IMDG-Code, Temperaturbereich bei Kühlgut, Flammpunkt

- **Verpackungsangaben:** unverpackt, verpackt (Nennung, ob Kisten, Fässer, Säcke, Kartons etc.) palettisiert oder auf Schlitten (wegen Frachtabschlägen)

- **Maß/Gewichtsangaben:** Gewichte pro Kollo (wegen evtl. Schwergewichtszuschläge), Maße pro Kollo (wegen evtl. Längenzuschläge), Maß-Gewichtsverhältnis

- **Wertangaben:** fob-Wert in DM, evtl. US-Dollar, Wert per Frachttonne

- **Frachtzahlung:** Frachtzahlungsort, Kontraktzeichnung

- **Verladeart:** Stückgut, evtl. Voll-Container-Ladung (ob Spezial-Container)

Diese Aufstellung soll zeigen, welche Kriterien bei einer Offertenstellung von Bedeutung sein können, d. h. sich kostenmäßig auswirken.

5.4.6 Container-Seeverkehr

5.4.6.1 Containerarten und Containergrößen

Bei einem Container handelt es sich um einen ISQ-genormten Behälter (lat. continere = umschließen), **der dauerhaft gebaut und mehrmals einsetzbar ist.** Er ist speziell konstruiert, um beim Transport von Gütern ohne Umladung der Güter mehrere Verkehrsträger zu durchlaufen.

Container

5 Der Spediteur und die Verkehrsträger

Er ist versehen mit Vorrichtungen für eine einfache und rasche Handhabung (Umsetzung von einem Verkehrsträger zum anderen) und so konstruiert, daß er leicht be- und entladen werden kann.

Containergrößen Im Seeverkehr werden 20'-, 30'- (nur im England-Verkehr), 35'-, 40'- und 45'-Container eingesetzt, die alle eine Iso-Normbreite von 8' = 2,435 m haben, wobei die Höhe variabel ist, z. B. 4' = half-height, 8'6", 9'6" = high-cube. Die 45'-Container haben eine Höhe von 9'6" (= 2,895 m) und können in Europa nur mit Spezialchassis auf der Straße gefahren werden. Sie sind hervorragend für großvolumige Güter geeignet (bis 85,7 cbm pro 45').

Containerarten Die Container sind aus den Werkstoffen Stahl, Aluminium oder glasfaserverstärktem Kunststoff (Plywood) und haben eine Boden- und Wandbelastbarkeit von 2,5 tons pro m².

Je nach Einsatz- und Verwendungsart gibt es: **Standard-, Open top-, Flatrack-, Open-side-, Tank-, Isolier-, Kühl- (mit/ohne Kühlaggregat), Bulk-, Conair-(Frucht-)Container. Platforms**/Flats/Artificial Tweendecks werden nur auf Pier/Pier-Basis eingesetzt.

Hapag-Lloyd hat neben Open-tops (mit üblicher Planenabdeckung) auch Hard-tops (mittels Kran abnehmbarem, festem Dach) im Einsatz, die sich durch besondere Witterungsunabhängigkeit auszeichnen und daher auch für hochwertiges Stückgut einsetzbar sind.

5.4.6.2 Containerverlademodi

Full-Container-Load Im Rahmen des Intermodalen Containerverkehrs werden Container mit Lkw, Bahn und Binnenschiff im Inland von der Beladestelle zum Ladehafen bzw. vom Löschhafen zur Entladestelle befördert. **Dieser Transportmodus hat neue Begriffsbestimmungen geprägt:**

FCL/Full-Container-Load: = volle Containerladung wird am Container-Yard (CY) angeliefert bzw. abgeholt

Less-than-Container-Load **LCL/Less-than-Container-Load = keine (volle) Containerladung** wird an der Container-Freight Station (CFS) (= Packing Center) gestaut und/oder gestrippt.

Demzufolge versteht man unter einem

– **FCL/FCL-Verkehr** (auch CY/CY) einen **Haus/Haus-Containerverkehr** und unter einem

– **LCL/LCL-Verkehr** (auch CFS/CFS) einen **Pier/Pier-Verkehr** (gleich einer konventionellen Seeschiffsverladung).

Seeschiffahrt 5.4

Auch gibt es folgende **Mischformen:**

- **FCL/LCL** = **Haus/Pier-Containerverkehr** (auch CY/CFS)
- **LCL/FCL** = **Pier/Haus-Containerverkehr** (auch CFS/CY)

Bei FCL/FCL wird das Beladen und die Ladungssicherung durch den Befrachter und das Entladen des Containers durch den Empfänger besorgt. Der Container verläßt den Hafenbereich (CY) zum Beladen oder Entladen.

Spediteur-Sammelgut-Container, hier handelt es sich auch um FCL/FCL-Verschiffungen, werden jetzt auch im Hafenbereich gestaut, d.h. das Packing-Center erhält einen Stauauftrag des Spediteurs. Gleiches gilt auch für ein evtl. Strippen.

Bei LCL/LCL (CFS/CFS) veranlaßt bzw. bezahlt der Verfrachter: das Beladen/stuffen oder Entladen/strippen des Containers im Lade- bzw. Löschhafen.

Die **Seefrachtrate im Containerverkehr** bzw. Commodity-Box-Rate (Lumpsum-Fracht pro Container, allerdings artikelbezogen!) gilt nur für die **reine Seetransportstrecke,** also Ladehafen/Löschhafen (Baseport/Baseport).

Man spricht von „Multi-Factor-Rates", da THC/CSC und Vor- und Nachlaufkosten für den Landtransport (carriers haulage/merchants haulage) noch hinzugerechnet werden.

Während der Seereise entsteht keine Containermiete.   Container-miete

Demurrage entsteht, wenn **Container im Löschhafen verspätet vom Empfänger abgenommen werden** (wenn die **Freizeit/Free Time** nach Schiffslöschung abgelaufen ist).   Demurrage

Demurrage kann aber auch anfallen, wenn ein beladener Container im Ladehafen gelagert werden soll und nicht mit dem nächsten erreichbaren Schiff dieser Reederei verladen werden darf, d. h. eine oder mehrere Abfahrten sollen überschlagen werden.

Grundsätzlich sind Hafenstandzeiten bis zum nächsten Schiff in dieser Relation des Verfrachters demurrage-frei.

Für Spezial-Equipment (Kühl-, Open top-, Bulk-Container, etc.) kann die Freizeit verkürzt sein, bzw. je nach Containertyp werden höhere Demurrage-Charges berechnet (progressive Containermietgebühren zwecks Beschleunigung des Container-Umlaufs!).

5 Der Spediteur und die Verkehrsträger

5.4.6.3 Containervor- und/oder -nachläufe

Inter-/Multimodaler Containerverkehr

Von den Reedereien wurden **Inter-/Multimodale Verkehrsabläufe (Seetransport/Landtransport mit Bahn/Lkw/Binnenschiff) aufgebaut,** die der Verladerschaft einen echten **Tür-zu-Tür-Verkehr** bieten. Diverse Untersuchungen zeigen, daß bis zu 75 % der Transportkosten auf der Landseite entstehen können, d. h., der Seetransport erbringt nicht mehr den erhofften Gewinn, oftmals wird noch nicht einmal eine Kostendeckung erzielt.

Der Vortransport bzw. der Nachlauf im Containerverkehr kann landseitig in Carriers Haulage oder Merchants Haulage ausgeführt werden.

Das Speditionsgewerbe sieht in den Vor- und Nachlaufregeln (Carriers und Merchants Haulage) eine Benachteiligung und Beschneidung des Wettbewerbs. Trotzdem können Speditionsofferten auch auf Basis Merchants Haulage dem Versender/Empfänger Kostenvorteile bieten.

Carriers Haulage

Carriers Haulage = Mit Bahn, Lkw, kombiniertem Verkehr (Bahn/Lkw oder Binnenschiff/Lkw) oder Binnenschiff führt der Verfrachter den Vorlauf oder Nachlauf aus, d. h.

- im Export: Gestellung des Leercontainers an der Ladestelle und Lastlauf zum Ladehafen (ex nächstgelegenem Reederei-Container-Depot oder aus Import-Carriers-Haulage).

- im Import: Zustellung des Vollcontainers zur Entladestelle und Leerrückführung zum Seehafen/zum Reederei-Container-Depot oder sofortige Gestellung zur nächsten Export-Ladestelle.

Die Reederei vermeidet hiermit Deadheadings/Transport von Leercontainern. Der Containerumlauf wird beschleunigt und rationalisiert.

Detention-Charge

Wird der Container nicht prompt beladen oder entladen, entstehen neben evtl. **Waggonstandgelder/Lkw-Wartezeiten** (2 bis 4 Stunden können frei sein) noch **Detention-Charges** (im USA-Verkehr auch „per diem-charges" genannt) für den Container (auch hier eine progressive Containermietgebühr zwecks Beschleunigung des Container-Umlaufs).

Container stellen keinen billigen Lagerraum dar. Demurrage- und Detentions-Charges haben den gleichen (tarifarischen) Hintergrund. Sie unterscheiden sich nur hinsichtlich ihrer Art des Anfalls (Zurechnung zum Hafen oder Zurechnung zum Vor-/Nachlauf).

Merchants Haulage

Beim Merchants Haulage ist der Verkehrsträgereinsatz wie bei Carriers Haulage, allerdings nicht im Reedereiauftrag. Hier übernimmt der Befrachter/der

Empfänger den Leer- und Lastlauf des Containers. Er beauftragt mit der Durchführung seinen Spediteur.

- im Export: Abnahme des Leercontainers im Ladehafen, Zustellung zur Ladestelle mit anschließendem Lastlauf zum Ladehafen.

- im Import: Übernahme des beladenen Containers im Löschhafen, Zustellung zur Entladestelle und anschließend Rückführung des Leercontainers zum Löschhafen.

(Diese Merchants Haulage-Bedingungen sind Konferenzregeln, d. h. Outsider können die Abnahme bzw. Rückgabe der Leercontainer anders handhaben.)

Die **Abnahme des Leercontainers im Ladehafen** – und nicht beim nächstgelegenen Inlandsreederei-Depot oder Aufnahme des nächstgelegenen Leercontainers – sowie die Rückführung des Leercontainers zum Löschhafen (auch hier sinngemäß Rücklieferung zum Inlandsdepot) verursachen beim Spediteur **Leerlauffrachten,** die sein Auftraggeber normalerweise nicht honoriert. Um hier kostendeckend zu arbeiten, muß eine zusätzliche Befrachtung erfolgen, z. B. Loko-Gut zum Seehafen oder Sammelladungsgüter zum Inlandsplatz.

Um das **Container-Equipment** zügig wieder in Reederei-Regie zurückzuerhalten, wird je nach Entfernung zum Lade/Löschhafen eine **gestaffelte Freizeit** zugestanden, die sich nach dem eingesetzten Verkehrsträger richtet. **Freizeit-Überschreitungen** begründen die Berechnung von Dentention Charges.

Beim **Mixed Arrangement werden die Carriers und Merchants Haulage Elemente bei Bahn- und Binnenschiffahrtstransporten gemischt,** d. h. die oben gemachten Aussagen hinsichtlich der Abholung bzw. Rücklieferung des Leercontainers werden aufgehoben. Die Abnahme bzw. Rücklieferung unterbleibt, da die Reederei ihr Equipment für den Leerlauf übernimmt/selbst disponiert, meistens greifen 2 Lastläufe lückenlos ein.

Mixed-Arrangements

5.4.6.4 Frachtkostenelemente im Containerverkehr

Folgende Frachtkostenelemente sind im Containerverkehr üblich:

- **Positioning Charges bei Carriers Haulage,** d. h. kilometerunabhängige Pauschalfracht für die Leergestellung (Bei EZC bereits inkludiert).

- **Lift-on/Lift-off-Charge oder Equipment-Hand-over-Charge bei Merchants Haulage** beinhalten die Auf- und Absetzkosten im Seehafen.

- **Lastlauffrachten bei Carriers Haulage** z. B. nach dem *European-Zone-Charge-Tariff (EZC)*. Je nach Konferenzfahrtgebiet mit unterschiedlichen Frachten bei gleicher Wegstrecke und Containerart.

- **Lastlauffrachten bei Merchants Haulage** nach Kosten-/Leistungsrechnung der jeweiligen Frachtführer.

- **Hafenumschlagskosten** sowohl in Europa als auch Übersee sind:

  - **LCL-Break-Bulk-Service-Charges** im Pier/Pier-Verkehr (LCL/LCL, CFS/CFS) (plus Kaigebühren der deutschen Häfen).

  - **Container-Service-Charges/Terminal-Handling-Charges** bei FCL/FCL, CY/CY (plus Kaigebühren der deutschen Seehäfen).

  Die tarifarischen Benennungen divergieren in den Konferenztarifen.

- **Seefrachtratensystem im Containerverkehr:**

  - CBR-Seefrachtraten (Commodity-Box-Rate) = Ausweisung einer Seefrachtsumme pro 20'/35'/40'/45' Container nach Art des Ladegutes. (CBR-Raten vereinfachen das Tarifsystem des Containerverkehrs, da man hier keine Minimum-Auslastungen mit entsprechender „Short-Fall"-Berechnung durchführen muß, wenn ein Container nicht die vorgegebenen Minimalen erreicht).

  - Seefrachtrate für FCL-Verladungen (diese liegt unter der LCL-Seefrachtrate) × Frachttonnen = Seefrachtsumme
    - evtl. Minimum-Auslastungen und/oder Mindestseefrachtsumme

  - Normalseefrachtrate (wenn kein CBR-Tarif) × Frachttonnen = Seefrachtsumme
    - evtl. minus FCL-Abatments/Allowances = Ratenabschläge
    - evtl. vorgeschriebene Tarif-Minimum-Auslastung (z. B. 20' = 17 tons oder 21 m^3/40' = 19 tons oder 45 m^3) oder Mindestseefrachtsumme pro 20' oder 40' Container
    - Mindestauslastungen/Mindestseefrachten pro Container sind je nach Konferenzfahrtgebiet unterschiedlich. Für Spezial-Equipment (Tank-, Kühl-Container, etc.) gibt es Sonderregelungen.

Befrachter-/Verfrachtereigene Container Diese Regeln und Tarifmöglichkeiten beziehen sich nur auf reedereigene Container/Carriers owned Containers. Befrachtereigene Container/Shippers owned Containers können als Verpackungseinheit angesehen werden, d. h. die Seefrachtberechnung erfolgt auf das Containeraußenmaß/wie bei einer Kiste „über alles", oder es wird ein pauschaler Zuschlag pro unterschiedlicher Containergröße zur Tariffracht addiert.

Seeschiffahrt 5.4

Übersicht der Containervor- und/oder -nachläufe und Transportmodi

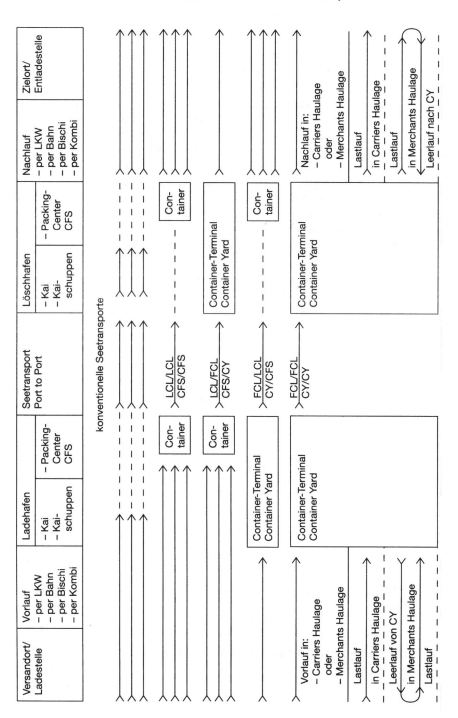

5.4.7 Seefrachtdokument/Konnossement

5.4.7.1 Grundsätzliche Bedeutung des Konnossements

Konnossement/Bill of Lading

Das Konnossement ist der Seefrachtbrief, der die Empfangnahme bestimmter Güter seitens des Verfrachters bescheinigt und die Auslieferung derselben im Bestimmungshafen an den Empfänger verspricht. Es ist Beweisunterlage für den Frachtvertrag und dessen Inhalt, aber keinesfalls eine Vertragsurkunde – siehe „Stückgutfrachtvertrag". **Der Verfrachter, sein Bevollmächtigter (Linienagent) bzw. der Kapitän anerkennen** (lat. cognoscere = daher auch Konnossement) die **Empfangnahme von Gütern** (spezifiziert nach Menge, Art und Zustand) und **dokumentieren einen Auslieferungsanspruch des legitimierten Empfängers.** Hierdurch wird es zum **Wertpapier, einem Traditions- oder Dispositionspapier (§ 650 HGB), das die Ware repräsentiert.** Das Konnossement gleicht einem Wechsel, es **kann weitergegeben, verkauft, gekauft und verpfändet werden,** da es die **Ware während der Seereise vertritt.**

Konnossements-Inhalt

Das *HGB* schreibt in *§ 643* nicht fest, wie das Konnossement abgefaßt werden muß. Es umschreibt den wesentlichen Inhalt in 11 Ziffern als Sollvorschriften – nicht als Mußvorschriften – wie folgt:

1. Name des Verfrachters
2. Name des Kapitäns – meistens nicht mehr genannt
3. Name und Nationalität des Schiffes – Nationalität meistens nicht genannt
4. Name des Abladers
5. Name des Empfängers/zusätzlich Notadresse = notify address
6. Abladehafen
7. Löschhafen
8. Art der an Bord genommenen Güter, deren Maß, Zahl oder Gewicht (nur 1 Quittungsfunktion), ihre Merkzeichen und ihre äußerlich erkennbare Verfassung und Beschaffenheit
9. Bestimmungen über die Fracht/Seefrachtbetrag/Frankatur
10. Ort und Tag der Ausstellung
11. Zahl der ausgestellten Ausfertigungen (Original-B/L).

Das Fehlen einzelner Angaben beeinträchtigt nicht die Gültigkeit dieser Beweisurkunde.

Die Konnossementsbedingungen befinden sich auf Seite 1 des B/L (fälschlich als Rückseite des B/L bezeichnet), demzufolge befinden sich obige Angaben auf der Seite 2 (fälschlich auch als Vorderseite bezeichnet).

Der Ablader teilt vor Beginn des Einladens dem Verfrachter mit, welche Angaben hinsichtlich Maß, Gewicht, Anzahl, Art der Güter und Merkzeichen in das Konnossement aufgenommen werden sollen.

Der Verfrachter kann nach deutschem Recht nur begründete Zusätze **(Unbekanntklausel § 646 HG)** hinzufügen, z. B. „Merkzeichen unleserlich", „Gewicht unbekannt, da nicht gewogen", „Gewicht nicht kontrolliert, da aus Leichter übernommen".

Werden, wie in der Praxis üblich, zwei Mengenangaben in das Konnossement aufgenommen, so kann der Verfrachter einer dieser Angaben eine einfache (unbegründete) Unbekanntklausel hinzufügen, z. B. Gewicht unbekannt/said to weight. Diese Unbekanntklausel macht ein Konnossement nicht unrein.

Um die Quittungsfunktion zu erfüllen, muß mindestens eine genau bezeichnete Mengenangabe (Maß/Gewicht/Anzahl der Kolli) aufgenommen werden.

Hinsichtlich der Art der Güter ist der Verfrachter nicht an die Angaben des Abladers gebunden. Er kann stets verlangen, daß die tarifmäßige Bezeichnung in das Konnossement aufgenommen wird, da sich hiernach die Frachtberechnung richtet. Meistens erhalten Inhaltsangaben (Warenbenennungen) den Zusatz „said to contain", da die Skriptur-Haftung nach *§ 656 HGB* durch diese Unbekannt-Klausel aufgehoben wird.

Als **reines Konnossement** wird ein B/L bezeichnet, das keine Vermerke über Schäden an den abgeladenen Gütern bzw. deren Verpackung enthält. Solche Vermerke nennt man **Abschreibungen,** die wie folgt aussehen können: „Kisten beschädigt = cases damaged", „Säcke zerrissen = bags torn", „8 Fässer leck = 8 barrels leaking". **Reines Konnossement**

Solche Vermerke machen ein Konnossement unrein und **für das Akkreditivgeschäft unbrauchbar.**

Wenn Ladungsmängel vorliegen, versuchen Ablader trotzdem, ein reines B/L (clean B/L) gegen Zeichnung eines **Reverses** zu erhalten. Mit dieser Revers-Zeichnung verpflichtet sich der Ablader, den Verfrachter gegen etwaige Schadenersatzansprüche späterer Konnossementsinhaber freizustellen.

Mit der Unterzeichnung der gleichlautenden Originale eines Konnossementes (international gebräuchlich sind 3 Originale, kurz 3/3 B/L) quittiert der Verfrachter den Empfang einer benannten Sendung, die er an den benannten Empfänger oder sich legitimierenden Empfänger ausliefern muß. Mit der Unterzeichnung durch den Verfrachter und Übergabe an einen Dritten (= Begebung) wird es **zum handelbaren Transportdokument.** Es reist nicht mit dem Schiff. **Konnossement als Quittung**

Anspruch auf Ausstellung des Konnossementes hat nach deutschem Recht nur der Ablader, nicht der Befrachter. Die Ausstellung muß unverzüglich nach Übernahme bzw. Abladung der Güter vorgenommen werden. **Das B/L-Datum muß wahrheitsgemäß sein,** daher haftet der Verfrachter für vorsätzliche Falschdatierungen. **Konnossementsausstellung**

Ausstellung bedeutet: **der Ablader/sein Spediteur erstellt (= schreibt) das Konnossement, der Verfrachter/der Vertreter unterzeichnet es.** Durch die Übergabe an den Ablader/Spediteur wird es erst zum **Transportdokument.**

5 Der Spediteur und die Verkehrsträger

Original Konnossement-Verlust Grundsätzlich sollten **Originalkonnossementen nie in einem Briefumschlag gemeinsam versandt** werden, auch wenn dies per Einschreiben geschieht. Man sollte vielmehr 2/3 Originale mit der ersten Post und 1/3 Original-B/L mit der 2. Post einen oder mehrere (bei Luftpost mit geringer Abflugfrequenz) Tage später versenden, damit nach menschlichem Ermessen sichergestellt ist, daß eine Postsendung auch ankommen wird. **Geraten** trotzdem **alle Ausfertigungen eines Original-Konnossementes in Verlust,** dann sollen oftmals neue „Original-Konnossemente" ausgestellt werden. Die verlustgegangenen Original-B/L müssen auf Verfrachterverlangen, was kaum angewandt wird, per **Aufgebotsverfahren bei Gericht** für ungültig erklärt werden, was nicht nur mehrere Monate dauern kann, sondern auch Kosten verursacht. **Praxislösung: Gegen Zeichnung eines Reverses mit Bankgarantie** werden „**neue Originalkonnossemente**" ausgefertigt, evtl. mit dem Zusatz: Zweitausfertigung.

Nachträgliche Verfügung, Seefracht Eine **nachträgliche Verfügung** für eine unterwegs befindliche oder bereits im Bestimmungshafen angekommene Sendung darf der Verfrachter nur befolgen, wenn der **Konnossementsinhaber sämtliche Ausfertigungen des Original-B/L zurückgibt.**

Auslieferung gegen Konnossement Für die **Auslieferung der Güter im benannten Löschhafen** – dieser Anspruch ist einklagbar – benötigt man **nur ein Original-Konnossement.** Die restlichen (meistens 2/3) Originale werden aufgrund der **kassatorischen Klausel** (Kassation = für ungültig erklären, vernichten, entwerten) ungültig, sobald 1/3 B/L vorgelegt wird.

Bei Order-Konnossement muß der Verfrachter bzw. der Agent nur die Richtigkeit des ersten Indossaments und die Lückenlosigkeit der Indossamentskette sowie die Identität des Einreichers/letzten Indossanten überprüfen.

Sollte bei Schiffsankunft bzw. nach Löschung der Güter der Warenempfänger noch nicht im Besitz eines Originals sein, so kann er einen **Revers/Letter of Indemnity** zeichnen, um die Güter ausgeliefert zu bekommen. Er hat keinen Anspruch auf Akzept eines Reverses durch den Verfrachter. Auch sollte der Verfrachter vor Akzept eines Reverses/einer Bankgarantie den Befrachter erklären lassen, daß der Garantiegeber auch der berechtigte Empfänger ist.

Auslieferungsansprüche mehrerer Konnossements-Inhaber Beanspruchen mehrere legitimierte Inhaber eines Orderkonnossementes die Auslieferung des Gutes, bevor einem von ihnen das Gut ausgehändigt worden ist, dann ist der **Verfrachter verpflichtet, alle, die einen Anspruch erheben, zurückzuweisen und die Güter in einem öffentlichen Lagerhaus zu hinterlegen.** Die Konnossementsinhaber sind dann zu benachrichtigen. Der Verfrachter ist berechtigt, aber nicht verpflichtet, über den Vorgang, das Verfahren und die Gründe hierzu eine öffentliche Urkunde zu erstellen, deren Kosten zu Lasten der Ware gehen.

Treten verschiedene Konnossementsinhaber auf, die Ansprüche auf die Auslieferung der Güter erheben können, dann gehen die Rechte desjenigen vor, dessen Konnossementsausfertigung von dem gemeinsamen Vormann, der mehrere Ausfertigungen an verschiedene Personen übertragen hat, zuerst abgegeben worden ist.

Seeschiffahrt 5.4

Diese Ausführungen zeigen die Wichtigkeit auf, **immer im Besitz aller Originalausfertigungen eines Konnossements zu sein, wenn man durch Konnossement repräsentierte Ware kauft oder zum Pfand erhält.** Dieser letzte Satz bezieht sich auch auf das Namens-/Rekta-Konnossement, auch wenn diese durch Zession übertragen wird.

5.4.7.2 Garantieverträge im Seefrachtgeschäft

Der **Revers ist ein Garantievertrag, in dem der Reverszeichner den Verfrachter in schriftlicher Form von irgendwelchen Schadensersatzansprüchen freizeichnet.** Reverse werden gezeichnet vom Ablader wegen „Ausstellung eines reinen B/L" und „Rückdatierung des Konnossementes" und „Erstellung eines Zweitsatzes von Original-B/L bei Verlust des 1. Originalsatzes." Empfänger zeichnen Reverse wegen „Auslieferung ohne B/L-Vorlage". Revers/Letter of Indemnity

Um dem Verfrachter eine Realisierung seiner Forderung gegenüber dem Reverszeichner zu erleichtern, sind solche **Garantieverträge meistens mit Bankgarantien gekoppelt,** deren Besorgung und Kosten dem Reverszeichner obliegen. Diese **Bankgarantien** sind meistens über 150 bis 200 Prozent des Warenwertes der Sendung (der Prozentsatz wird vom Verfrachter festgesetzt) auszustellen. Bankgarantie

Ein Reversvertrag ist sittenwidrig, wenn Ablader und Verfrachter wußten, daß das Konnossement geeignet ist, einen späteren Konnossementsinhaber über den Zustand der Güter oder das Abladedatum zu täuschen. Ob diese Sittenwidrigkeit des Reversvertrages auch die Nichtigkeit des Vertrages zur Folge hat, ist umstritten. Der Verfrachter hat zumindest einen teilweisen Ausgleichsanspruch gegenüber dem Reverszeichner aus dem Gesichtspunkt der gemeinschaftlich begangenen unerlaubten Handlung gemäß *§ 826 BGB* (sittenwidrige Schäden). sittenwidrige Reserve

5.4.7.3 Bord-/Übernahme-Konnossement

Nach den Arten des Empfangsbekenntnisses (der Quittung) unterscheidet man Bord- und Übernahmekonnossemente.

Das **Bordkonnossement** hat daher den Vermerk „shipped on board the above ocean vessel – kurz: shipped on board oder actually on board". Es **wird erst nach vollständiger Abladung der betreffenden Partie ausgestellt.** Bei den meisten Verschiffungen ist dieses Bord-B/L erforderlich, weil **Banken eine Akkreditiveinlösung** davon abhängig machen, daß die verkauften Güter in die Obhut des Seeschiffes übergegangen sind. Bord-Konnossement

Wird dagegen eine An-Bord-Bescheinigung verlangt, so stellt der Ladungsoffizier nach erfolgter Verladung an Bord ein *Mate's Receipt* aus, das zum Empfang von Mate's Receipt

Bordkonnossementen berechtigt. Das *Mate's Receipt* ist nicht unbedingt eine Voraussetzung für den Erhalt von Bord-Konnossementen.

Übernahme-Konnossement
Das Übernahmekonnossement bescheinigt, daß die Güter zur Beförderung (Received for Shipment) angenommen wurden (im Kaischuppen oder als Carriers Haulage-Container), aber noch nicht an Bord sind. Die Form des Übernahmekonnossements ist gebräuchlich, wenn sich Verfrachter und Ablader darüber einig sind, daß bereits vor Verladung an Bord ein Konnossement ausgestellt wird.

Ein Übernahmekonnossement steht dem Bordkonnossement gleich, wenn später in ihm vermerkt wird, wann die Güter an Bord genommen worden sind. Durch den Stempelaufdruck und Datumsnennung „shipped on board" bzw. „actually on board" bzw. „since shipped", der unterschrieben sein muß, erfolgt die **Umwandlung in ein Bordkonnossement.** Im Containerverkehr sind die Konnossementsbedingungen automatisch auf „received for shipment" abgestellt. Im Unterschied zu den Bordkonnossementen enthalten sie gewöhnlich eine **Substitutionsklausel,** die es erlaubt, die Güter auf ein anderes als das im Übernahmekonnossement vorgesehene Schiff zu verladen. Die Ausstellung eines Übernahmekonnossement ist zuerst zulässig, wenn der Verfrachter in Besitz der Güter gelangt ist (Kaischuppen = Übergabe des Kaiempfangsscheins oder im Containerverkehr = Containerübergabe im Inland an den Verfrachter).

5.4.7.4 Order-, Namens-, Inhaber-Konnossement

Das *HGB* unterscheidet in *§ 647* Order- und Rekta-(Namens-)Konnossemente.

Order-Konnossement
Das Orderkonnossement herrscht in der Praxis vor und wird erst durch die Orderklausel zum Orderpapier. Auf Verlangen des Abladers ist das B/L, wenn nicht das Gegenteil vereinbart ist, **an die Order des Empfängers oder lediglich an Order zu stellen.** Im letzteren Fall ist unter der Order die Order des Abladers zu verstehen. Hierzu ist eine positive Orderklausel, z. B. „an Order", „to order or assigns", „order of" erforderlich. Nach einigen ausländischen Rechten ist das Konnossement stets Orderpapier, wenn es keine negative Orderklausel (z. B. non negotiable) enthält.
Auf das Order-/B/L kommt eine Reihe wechselrechtlicher Bestimmungen zur Anwendung, die es mit wertpapierrechtlichen Wirkungen ausstatten.

Indossament
Seine **Übertragung erfolgt** regelmäßig durch das **Indossament,** z. B. „für mich an X" oder einfach „an X". Das Indossament muß auf das Konnossement (Seite 1 = Konnossementsbedingungen) ersetzt und vom Indossanten oder dessen Vertreter eigenhändig unterschrieben werden. Das vorstehende Indossament ist ein **Vollindossament,** d. h. der nächste Bezogene (= Indossatar) ist namentlich genannt.

Erster Indossant ist der im Konnossement benannte Empfänger oder bei einem nur an „Order" gestellten B/L der Ablader. Ist im Indossament der Name des Indossatars

("X") nicht genannt, so handelt es sich um ein **Blanko-Indossament**. Ist der Indossant eine GmbH, so muß als GmbH indossiert werden. Das lediglich mit seinem Namen gezeichnete Indossament des Geschäftsführers genügt nicht. **Generell sollen alle Originalausfertigungen eines Order-B/L indossiert werden,** doch reicht auch ein Indossament auf nur einer Ausfertigung des Konnossements, das dann bei der Auslieferung vorgelegt werden muß.

Das Indossament hat Legitimationswirkung, d. h. eine ununterbrochene Reihe von Indossamenten bewirkt

- zugunsten des Inhabers: Seine Besitzberechtigung wird vermutet.
- zugunsten des Erwerbers: Sein guter Glaube an die Berechtigung des Veräußerers heilt nach heute herrschender Meinung alle Mängel des Erwerbsaktes (z. B. Veräußerer hat das B/L gestohlen).
- zugunsten des Schuldners/Verfrachters: Er darf die Güter an den formell legitimierten Inhaber herausgeben (mit Einschränkung des § 615 HGB bei Havarie).

Dem Indossament kommt Transportwirkung zu, es bewirkt die Übertragung aller Rechte, die sich aus dem Konnossement ergeben. Siehe hierzu auch: Auslieferungsansprüche mehrerer Konnossementsinhaber und das Konnossement als Quittung.

Beim Order-Konnossement gibt die **Notify-Adresse** dem Agenten im Löschhafen die Möglichkeit, dieser **Meldeadresse** eine Ankunftsanzeige zu geben.

Notify-Adresse

Das **Namens-(Rekta-)Konnossement/Straight Bill of Lading enthält den Namen des Empfängers ohne Orderklausel.** Die Ansprüche werden nicht durch Indossament, sondern nach bürgerlichem Recht (*§§ 398 ff. BGB* – **Forderungsabtretung**) durch **Einigung, Zession/Abtretung und Übergabe des Papiers** abgetreten. Die Abtretung hat in der Form einer Zession wie beim Namenslagerschein zu erfolgen.

Namenskonnossement

Ist auf einem Namenskonnossement trotzdem ein Indossament zu finden, ist dies ein Indiz für eine solche Abtretung nach bürgerlichem Recht, die aber nicht die spezifischen wertpapierrechtlichen Wirkungen wie ein Indossament hat.

Das **Inhaberkonnossement** enthält weder eine Orderklausel noch den Namen des Empfängers. Es wird durch Einigung über den Eigentumsübergang der Urkunde und durch Übergabe derselben übertragen. Es kommt sehr selten vor. Der jeweilige Inhaber des Konnossementes legitimiert sich für die Auslieferung.

Inhaber-Konnossement

5.4.7.5 Multiple-, Through-, Combined Transport Bill of Lading

Teilkonnossemente

Multiple Bills of Lading/Part-B/L/Teilkonnossemente werden nicht von allen Reedereien gezeichnet bzw. sind nicht von allen Konferenzen zugelassen.

Durch **Teilkonnossemente können mehrere Einzelpartien in einem Haus/Haus-, Haus/Pier- und Pier/Haus-Container dokumentenmäßig (auch per Akkreditiv) abgewickelt werden:**

- ein Befrachter/ein Empfänger = FCL/FCL (auch CY/C/Y)
- ein Befrachter/mehrere Empfänger = FCL/LCL (auch CY/CFS)
- mehrere Befrachter/ein Empfänger = LCL/FCL (auch CFS/CY)

Die Auslieferung im Löschhafen erfolgt gegen Vorlage von (1/3) Teilkonnossement:
- bei FCL gleichzeitige/gemeinsame Vorlage
- bei LCL keine gleichzeitige Vorlage nötig.

Eine nachträgliche Verfügung ist nur bei gleichzeitiger/gemeinsamer Vorlage aller (3/3) Original-Teilkonnossemente möglich.

Durchkonnossement oder Durchfrachtkonnossement

Für Schiffstransporte, an denen zwei oder mehrere Verfrachter beteiligt sind, kann ein Verfrachter ein Durchkonnossement über die gesamte Transportstrecke zeichnen. Nach deutschem Recht wird nur für die Beförderung mit See- und Binnenschiff ein Durchkonnossement ausgestellt. Da auch der Ladeschein die Traditionswirkung des Konnossementes hat (indossables Dispositionspapier), ist das Durchkonnossement für diesen Gesamttransport gültig.

Combined Transport Bill of Lading

Sofern bei einem Durchfrachtvertrag außer einem Seeschiff auch ein Landtransportmittel (Bahn/Lkw) benutzt wird, kann nach deutschem Recht kein Durchkonnossement *(Through Bill of Lading)* ausgestellt werden, da für Landtransporte ausschließlich Frachtbriefe ausgefertigt werden.

Bei kombinierten Transporten mit Seeschiff und anderen Transportmitteln (Lkw/Bahn) werden sogenannte *Combined Transport Bills of Lading* – auch *Intermodal Bills of Lading* genannt – herausgegeben.

5.4.7.6 Seefrachtbrief, Sea-Waybill

Sea-Waybill (non-negotiable)

Das Sea-Waybill-System wurde geschaffen, um Verzögerungen, die durch lange Postwege im Vergleich zu den schnellen Transitzeiten der Containerschiffe bei der Auslieferung der Güter entstehen, weitgehend zu vermeiden.

Sea-Waybill enthalten eine Empfangsbestätigung des Verfrachters, die zwar nach Art des Konnossementsformulars gestaltet, aber nicht übertragbar ist,

Seeschiffahrt 5.4

Übersicht über die Fracht-Verschiffung mit Konnossementen

Konventionelle Verschiffung

Ladestelle	Vorlauf: Bahn/LKW	Ladehafen	Seetransport	Löschhafen	Nachlauf: Bahn/LKW	Entladestelle
	←Frachtbrief→		←Konnossement Port to Port→		←Frachtbrief→	

Inter-Multimodale Containerverschiffung

Ladestelle des Containers	Vorlauf: Bahn/LKW	Ladehafen: Container Yard	Seetransport	Löschhafen: Container Yard	Nachlauf: Bahn/LKW	Entladestelle des Containers
	←Frachtbrief→				←Frachtbrief→	
Place of Acceptance	Carriers Haulage	Port of Loading	Sea-Carriage	Port of Discharge	Carriers Haulage	Place of Delivery
		←Multimodal or Combined Transport Bill of Lading→				

Durchfracht-Verschiffung

Ladehafen	Seetransport	Umladehafen	Seetransport	Umladehafen	Seetransport	Löschhafen
	←Lokal-konnossement→*)				←Lokal-konnossement→*)	
		←Durch- (Durchfracht-) Konnossement Through Bill of Lading→				

*) Lokalkonnossement kann auch ein Ladeschein nach deutschem Recht sein.

395

sondern beim Ablader verbleibt. Die benötigten Daten werden mittels Datenfernübertragung an die Computerzentren der Anlaufhäfen weitergegeben. Hier wird für den Empfänger eine Ankunftsnotiz ausgestellt, die Instruktionen über die Abnahme der Güter enthält. Die Ladung kann vom Empfänger gegen Vorlage der Ankunftsnotiz (arrival notice) abgeholt werden.

Der Verfrachter übernimmt auch bei diesem System grundsätzlich die volle Haftung gemäß Konnossementsbedingungen. Er haftet aber nicht für die fehlerhafte Eingabe oder Übermittlung von Daten in bzw. durch das Computersystem.

Sea-Waybill bieten vor allem langjährigen Geschäftsverbindungen zwischen Exporteur und Importeur große Abwicklungsvorteile im Dokumentenbereich. Sie können nicht an Order gestellt werden und sind somit **nicht akkreditiv-fähig** (non-negotiable).

Gegen Rückgabe der Empfangsbestätigung vor Gutauslieferung kann eine nachträgliche Verfügung ausgesprochen werden oder man kann einen Satz (3/3) Originalkonnossemente erhalten.

5.4.7.7 Konnossementsteilscheine

Delivery-Order
Konnossementsteilscheine sind Urkunden über Teilmengen aus einem Konnossement, über die gesondert verfügt werden kann. Sie geben dem Abnehmer eine eigene **Empfangslegitimation** und werden gewöhnlich auf Antrag des Empfängers vom Verfrachteragenten gegen Rückgabe eines (1/3) Konnossementes aufgestellt. Sie enthalten eine an das Schiff oder die Kaiverwaltung gerichtete **Auslieferungsanweisung über die benannte Teilmenge.** Die Teilscheine werden gelegentlich auch vom Inhaber des Originalkonnossementes ausgestellt und nach dessen Rückgabe vom Reedereiagenten mit einer Einverständniserklärung versehen.

5.4.7.8 Seefracht-Formulare

Buchungsnote/Booking-Note
Ladungsanmeldung und Container-Buchungsprogramm, vom Verfrachteragenten ausgestellt, können als Booking Note angesehen werden.

Schiffzettel
Der Schiffszettel ist der Antrag des Befrachters/Abladers – er wird vom Spediteur ausgestellt – **an die Kaiverwaltung zur Übernahme des Transportgutes.** Er wird auch Verladeschein, Übernahmeschein oder Shipping-Order genannt. **Der Kai-**

Kaiempfangsschein
Empfangsschein (auch Kai-Receipt, Dock-Receipt) **ist Teil des Schiffszettels und Empfangsbestätigung der Kaiverwaltung.** Er ist somit Quittung, Beweisurkunde und Legitimationspapier für den Ablader, der daraufhin die Übernahme-Konnossemente vom Schiffsmakler ausgehändigt bekommt. Wichtig: Der Kaiempfangsschein bestätigt nicht die Anbordnahme der Güter.

Das **Manifest** gibt als **Ladungsverzeichnis** über alle an Bord befindlichen Transportgüter Auskunft. Zusammen mit den Kopie-Konnossementen wird es für die zolltechnische Ein- und Ausklarierung des Seeschiffes benutzt. Das Frachtmanifest bildet gegenüber dem Verfrachter/der Reederei die Abrechnungsgrundlage der Seefrachten mit den jeweiligen Linienagenten. Der Stauplan zeigt an, in welchem Laderaum und wo dort ein bestimmtes Gut gestaut ist. Gefahrgüter werden in einem separaten Gefahrgutstauplan zusammengefaßt.

Manifest, Frachtmanifest, Stauplan

5.4.8. Haftung des Verfrachters

5.4.8.1 Grundsätze der Haftung im Seefrachtverkehr

Bei Schiffsunfällen (Ölverschmutzung, Hebung/Beseitigung haverierter Schiffe, Beseitigung/Unschädlichmachung von Ladung, etc.) haftet der Schiffseigner für alle Folgen. Die Haftung wurde summenmäßig beschränkt (siehe *§ 486 ff. HGB*). Sie ist analog der Kfz-Haftpflicht im Straßengüterverkehr zu sehen.

Reederhaftung

Der Begriff Reederhaftung wird häufig fälschlich auch bei Verfrachterhaftung verwandt.

Die Verletzung vertraglich übernommener Pflichten begründet die Haftung des Schädigers/Verfrachters (= Verschuldensprinzip).

Verfrachterhaftung

Der Verfrachter haftet für den Schaden, der durch Verlust oder Beschädigung der Güter in der Zeit von der Annahme bis zur Ablieferung entstanden ist. Voraussetzung für die Zwangshaftung ist nach *HGB*, daß bei einem Stückgutfrachtvertrag ein Konnossement ausgestellt wird. Diese Zwangshaftung kann auf das Einladen, Stauen, Behandeln, Befördern und Ausladen der Güter beschränkt werden, was in den Konnossementsbedingungen festgelegt wird.

Bei einem **Ladungsschaden, der auf mangelnde anfängliche Ladungs- und Seetüchtigkeit des Schiffes bzw. mangelnde Ladungsfürsorge (Stauung nach gutem Seemannsbrauch)** zurückzuführen ist, haftet der Verfrachter sowohl für **eigenes Verschulden als auch das Verschulden seiner Leute.**

Ausgeschlossen ist eine Haftung
  – bei Feuer,
  – bei nautisch/technischem Verschulden.

Bei nachgewiesenem Vorsatz und bei kommerziellem Verschulden greift keine Haftungsbeschränkung; der Verfrachter haftet voll, d. h. auch für Vermögensschäden.

5 Der Spediteur und die Verkehrsträger

Haftungsausschlüsse und **Freizeichnungsklauseln** grenzen die Haftung für Ladungsschäden ein.

Güterfolge- und Vermögensschäden sind im Rahmen dieser Haftung für schuldhaft verursachte Ladungsschäden **nicht gedeckt**.

Haftungszeitraum bei konventioneller und LGL-Verladung

Ladehafen	Seetransporthaftung	Löschhafen
– ex Kai – ex Kaischuppen – ex längsseits Seeschiff (= Landschäden bis Anschlagen des Krangeschirrs)	– Laden/Stauen >——— Befördern ———> – Löschen „Tackle to Tackle-Kausel"	– auf Kai – in Kaischuppen – bis längsseits Seeschiff (= Landschäden ab Lösen des Krangeschirrs)
Packing Center (CFS) – Laden/Stauen (Stuffen)	– Container laden >——— Befördern ———> – Container löschen	Packing Center (CFS) – Entladen (Strippen)
Haftung von Annahme bis Abnahme bei LCL/LCL-(CFS/CFS-)Verladung		

5.4.8.2 Haftungsbeschränkungen

Der Verfrachter haftet nach § 656, 2 HGB (= Skriptur-Haftung) für den im Konnossement beschriebenen Inhalt der Güter, wenn er nicht den Zusatz „Inhalt unbekannt" (said to contain) ins Konnossement aufnimmt (= unbegründete Unbekannt-Klausel § 646 HGB).

Durch obigen Zusatz bewirkt der Verfrachter eine **Rezepturhaftung,** d. h. daß das Gut an Bord keine Wandlung erfährt. So wie es angenommen wurde, so wird es auch ausgeliefert.

Haftungsausschluß; Seefracht

Von der **Haftung ausgeschlossen** sind Schäden, die entstehen:

a) aus Gefahren oder Unfällen der See oder anderer schiffbarer Gewässer

b) aus kriegerischen Ereignissen, Unruhen oder Verfügung von hoher Hand sowie aus Quarantänebeschränkungen

c) aus gerichtlicher Beschlagnahme

d) aus Streik, Aussperrung oder sonstigen Arbeitsbehinderungen

e) aus Rettung oder dem Versuch der Rettung von Menschen oder Eigentum zur See

f) aus Schwund an Raumgehalt oder Gewicht oder aus verborgenen Mängeln oder der eigentümlichen natürlichen Art der Beschaffenheit des Gutes(z.B. Leckage bei Fässern).

Für Bereiche, die ein besonderes Risiko für den Verfrachter darstellen, kann er sich freizeichnen. **Unter Freizeichnung versteht man Vertragsklauseln, mit denen der Verfrachter gesetzliche Regelungen bezüglich Haftung und Beweislast zu seinen Gunsten abändert.** Freizeichnungsregelungen bestehen für: **Freizeichnung von Haftung**

- den Seetransport lebender Tiere,

- Decksladung, wenn dies zwischen Ablader und Verfrachter vereinbart ist. Auch die stillschweigende Duldung des Decksvermerks „shipped on deck" gilt als solche Vereinbarung,

- die Schiffsbesatzung **(Himalaya-Klausel)**, d. h. ein Ladungsbeteiligter, der mit der Höchsthaftungssumme entschädigt wurde, kann seine Mehrforderungen nicht mehr gegen Besatzungsangehörige vorbringen.

5.4.8.3 Schadensabwicklung mit dem Verfrachter

Dem Verfrachter oder seinem Vertreter im Löschhafen sind **Rügefristen**

- offene Mängel spätestens bei beendeter Auslieferung
- versteckte Mängel spätestens 3 Tage danach schriftlich anzuzeigen.

Der Verfrachter muß nachweisen, daß eine Schadensursache vorliegt, für die er nicht haftet oder Schadenersatz leistet.

Verstreichen diese Fristen, so wird vermutet, daß der Verfrachter den Schaden nicht zu vertreten hat. Der Geschädigte hat nachzuweisen, daß der Schaden auf Ursachen zurückzuführen ist, für die der Verfrachter haften muß (Umkehrung der Beweislast).

Auslieferung bedeutet, das Gut geht in die Obhut des Empfängers oder seines Beauftragten (z. B. Spediteur) über. Die Verfrachter können durch Vertragsklauseln bestimmen, daß die Güter ausgeliefert sind, wenn sie den Kaiverwaltungen übergeben wurden, unabhängig von einer späteren Abnahme durch den Empfänger.

5 Der Spediteur und die Verkehrsträger

Schadensfeststellung Bei der Schadensfeststellung ist die Gegenpartei (Verfrachter oder Empfänger) hinzuzuziehen. Sie sollte durch einen amtlichen Gütersachverständigen oder eine zuständige Behörde bzw. durch einen vom Transportversicherer benannten Havarie-Kommissar erfolgen.

Schadensanzeige Der Schaden ist allgemein zu benennen. Die Schadensanzeige unterliegt keiner Formvorschrift. Sie kann unterbleiben, wenn der Schaden im Beisein beider Parteien festgestellt und protokolliert wurde. **Ansprüche der Ladungsbeteiligten bei Verlust oder Beschädigung erlöschen spätestens nach einem Jahr, nachdem die Güter ausgeliefert wurden.** Damit geht eine verspätete Abnahme des auslieferbereiten Gutes zu Lasten des Empfängers.

Verjährung Die Verjährung kann unterbrochen werden durch Klage vor Gericht oder man einigt sich mit dem Verfrachter über eine entsprechende Nachfrist (Verjährungshemmung).

Besichtigungskosten Die Kosten der Schadensfeststellung (= **Besichtigung**) trägt der Antragsteller. Letztlich hat aber die Partei diese Kosten zu zahlen, die auch den Schaden zu tragen hat.

Wertfeststellung des Schadens Für die **Schadensreklamation ist der FOB-Wert gemäß Handelsrechnung maßgebend.** Seefrachtsumme, Hafen- und eventuelle Nachlaufkosten, Zölle und Steuern sowie Entsorgungsaufwendungen werden im Rahmen der Höchsthaftungssummen berücksichtigt. Der entgangene Gewinn durch den Mindererlös oder Nichtverkauf des beschädigten Gutes wird nicht ersetzt.

5.4.8.4 Höchsthaftungssummen der internationalen Übereinkommen

Haager Regeln 1924 Nach *Haager Regeln* von 1924 betrug die Höchsthaftungssumme engl. Pfund 100,- Goldwert (= 798,8 Gramm 11/12 reines Goldes). Die Goldwertbindung endete 1931. Durch Übernahme in verschiedene nationale Gesetzgebungen ergaben sich folgende verschiedene Valutabeträge (lawfull money): USA = US-Dollar 500,-/Deutschland RM 1250,-/Belgien bfrs. 17 500,- und engl. Pfund 100,- nach *Haager Regeln*. Haftungssumme jeweils pro Packung oder Einheit.

Wertklärung im Konnossement Wenn jedoch der Ablader einen höheren Wert vor dem Einladen angibt und dieser im B/L aufgenommen wird, was einen Frachtzuschlag nach sich zieht, dann haftet der Verfrachter bis zum angegebenen Wert.

Visby-Regeln 1963 Haager-Visby-Regeln 1968 Aufgrund der inflationären Entwicklung aller Währungen sollten die **Visby-Regeln** von 1963 wieder zu einer einheitlichen Haftungssumme führen. Die Seerechtskonferenz von 1968 beschloß eine Höchsthaftung für den Verfrachter von 10 000 Poincaré-Francs (ca. DM 2650,-) pro Packung oder Einheit bzw. 30,- Poincaré-Francs (ca. DM 7,65) pro Kilo. Der jeweils höhere Haftungsbetrag sollte maßgeblich sein. DM-Umrechnung auf Basis 1968.

Das 1968 gezeichnete Abkommen trat am 1977 in Kraft. Allerdings wurde es noch nicht von allen Staaten ratifiziert, d. h. in die nationale Gesetzgebung übernommen. Diese neuen Regeln gelten z.B. in England, Frankreich, den Niederlanden, den skandinavischen Ländern und ab 25.7.1986 in Deutschland, Japan seit 1993.

Beispielsweise gelten in den USA noch die *Haager-Regeln,* wie in vielen Ländern der Welt, also ein Nebeneinander von *Haager Regeln* und *Haager-Visby-Regeln.*

Die *Haager-Regeln* wurden bis 1982 von 40 Staaten ratifiziert. Ungefähr 30 Staaten haben die Haager-Visby-Regeln verabschiedet, wobei hier auch einige Staaten früher die *Haager-Regeln* ratifiziert hatten. **Paramount-Konnossements-Klausel**

150 Staaten betreiben internationale Seeschiffahrt. Somit kommt es zu Überschneidungen dieser Regelwerke bzw. zu regelfreien Räumen. Diese können durch die *Paramount-Klausel* behoben werden, **die den Seetransport entweder den**
 – **gesetzlichen Regeln des Verschiffungslandes (präziser Konnossementszeichnungsort)**
 – **danach den gesetzlichen Regeln des Empfängerlandes oder**
 – **der Originalfassung der** *Haager-Regeln* **von 1924 bzw. den** *Haager-Visby Regeln* **1968 unterstellt.**

Basierend auf den *Haager Regeln* waren DM 1250,- pro Packung oder Einheit bis 24.7.1986 anzuwenden. **Deutsche Verfrachterhaftung**

Obwohl die Bundesregierung die *Haager-Visby-Regeln* von 1968 nicht ratifizierte, erhielten diese mit dem zweiten Seerechtsänderungsgesetz ab 25.7.1986 Gültigkeit.
Nach § 660 HGB haftet der Verfrachter zwingend für Verlust oder Beschädigung der Güter in jedem Fall höchstens bis zu einem Betrag von 666,67 Rechnungseinheiten für das Stück oder die Einheit oder einem Betrag von 2 Rechnungseinheiten für das Kilogramm des Rohgewichtes der verlorenen oder beschädigten Güter, je nachdem, welcher Betrag höher ist.

Rechnungseinheit ist das Sonderziehungsrecht des Internationalen Währungsfonds und entspricht ungefähr einem Wert von DM 2,21024 (Stand 6.5.1996). In der *Deutschen Verkehrszeitung (DVZ)* werden diese Sonderziehungsrechte regelmäßig veröffentlicht.

Werden in einem Konnossement bei Container/Behälter- und Platten-Verladung einzelne Kolli-Stückzahlen angegeben, so haben diese Zahlen trotz des Zusatzes „said to contain" entsprechende Auswirkung auf die Höhe der Haftung.

Wenn man die SZR anderer Währungen (hfl, ffr, nkr, dkr, bfr, etc.) mit den jeweiligen Devisenkursen zur DM umrechnet, **so herrscht in den Ländern, die die** *Haager-Visby-Regeln* **übernommen haben, summenmäßig Haftungsgleichheit.**

Hamburger Regeln von 1978 Am 31.3.1978 verabschiedeten 78 UN-Mitglieder **in Hamburg folgende Neuerungen** hinsichtlich der Haftung im Seetransport:

- Haftung für Feuer und nautische Fehler
- Haftung des Verfrachters bei Warenbeschädigung an Land
- Haftungserweiterung bei Durchfrachtverschiffungen
- Haftung für Schäden bei verspäteter Schiffsankunft/Verzögerungsschäden
- Haftung bei Deckladung und lebenden Tieren
- Erhöhung der Haftungsgrenzen bei Verlust und Beschädigung auf SZR 835,00 pro Packung oder Einheit oder SZR 2,50 pro Brutto-Kg.

Diese internationale Übereinkunft wurde von ca. 20 Staaten ratifiziert. Bis jetzt haben diese Regeln kaum internationale Bedeutung, da es sich meistens um Dritte-Welt-Länder handelt. Österreich, Ungarn, Ägypten, Marokko und Chile sind die bedeutendsten Zeichnerstaaten.

5.4.8.5 Havarien im Seeverkehr

Haverei/Havarie Unter Havarie werden Schäden verstanden, **die das Schiff und/oder die Ladung während einer Seereise treffen, sowie gewöhnliche und ungewöhnliche Kosten der Schiffahrt.** Man unterscheidet drei Arten:

- die kleine Havarie
- die besondere Havarie
- die Havarie-grosse (große – gemeinschaftliche – Haverei).

Kleine Havarie/Havarei Die kleine Havarie hat mit einem Schaden an Schiff und Ladung nichts zu tun. Sie ist in § 621 HGB definiert. Hierbei handelt es sich um **Frachtzuschläge, also gewöhnliche Kosten der Schiffahrt,** wie Lotsengelder, Hafengelder, Leuchtfeuergelder, Schlepplohn, Quarantänegelder, Auseisungskosten, die zu Lasten des Verfrachters gehen.

Besondere Havarie/Haverei Unter besonderer Havarie (Particular Average) versteht man alle Schäden, die **ein Schiff oder eine Ladung zufällig treffen,** z. B. durch allgemeine Gefahren der See (Ladung an Deck wird über Bord gespült oder die Maschinenanlage fällt aus oder Leck durch Schiffskollission, Ladung wird durch Wassereinbruch beschädigt).

Jeder für sich, das Schiff oder die Ladung, haben die anfallenden Kosten alleine zu tragen.

Der Schiffseigner deckt hierfür eine Seekaskoversicherung ein. Der Ladungseigner sollte eine Transportversicherung eingedeckt haben.

Auf hoher See bilden Schiff und Ladung eine Gefahrengemeinschaft, beide sind den Gefahren der See gleichermaßen ausgesetzt. Wird eine solche gemeinsame Gefahr akut, z. B. durch Schiffskollision, Maschinen- und Ruderschaden (Schiff droht Strandung), Feuer an Bord, Seeschlag, und der Kapitän muß bestimmte Maßnahmen zur Rettung von Schiff und Ladung ergreifen, z. B.: Ladungsteile über Bord werfen, Schlepperhilfe annehmen, einen Nothafen anlaufen, so handelt es sich um eine gemeinsame Gefahr, deren Opfer und Kosten ebenso gemeinschaftlich zu tragen sind. Dies ist in den **York-Antwerp-Rules (YAR 1950)** geregelt, die nach der Fassung von 1974 die gesetzlichen Vorschriften ersetzen. (Letztmalige Änderung 1990).

Große Havarie/Haverei Havariegrosse

Bei der **Havarie-grosse (General Average)** werden also die Opfer und die Aufwendungen vorsätzlich erbracht, um Schiff und Ladung aus gemeinschaftlicher Gefahr zu retten.

Fälle der großen Havarie sind:

- wenn Ladung, Schiffsteile oder Gerätschaften über Bord geworfen werden. Die Schäden selbst sowie die durch diese Maßnahmen an Schiff und Ladung verursachten Schäden gehören dazu

- wenn eine Leichterung von Ladung oder Schiffszubehör (z. B. Abgabe von Bunkeröl) erfolgt. Der Leichterlohn und die Schäden, die hierbei entstehen, gehören dazu

- wenn das Schiff absichtlich auf Grund gesetzt wird, um es vor dem Sinken zu bewahren. Die Kosten für das Flottmachen gehören dann ebenfalls dazu

- wenn das Schiff einen Nothafen anlaufen muß. Kosten der Bergungsschlepperhilfe gehören dazu

- wenn das Schiff gegen Feinde oder Seeräuber verteidigt wird oder wenn Schiff und Ladung freigekauft werden müssen

- wenn durch die Beschaffung der zur Deckung der großen Haverei während der Reise erforderlichen Gelder Verluste und Kosten entstehen.

Bei der **Schadensberechnung** bleiben die Verluste für Beschädigungen außer Ansatz, wenn es sich

- um auf Deck verladene Güter
- um Güter, über die kein Konnossement ausgestellt ist und die im Manifest nicht aufgeführt sind
- um Kostbarkeiten, Kunstgegenstände, Geld, Wertpapiere, die dem Kapitän nicht mehr gehörig gezeichnet worden sind

handelt *(§ 708 HGB)*.

5 Der Spediteur und die Verkehrsträger

Havarie-Kosten-beiträge Das *HGB* regelt in den §§ *709 – 726* sehr ausführlich die Vergütungsansprüche und Havarie-grosse-Beiträge. **Beitragskapital** haben einzubringen

- **das Schiff** (Wert des Schiffes am Reiseende und bei Beginn der Löschung minus evtl. Havarie-grosse-Schäden an Schiff und Schiffszubehör)
- **die Ladung** (unabhängig, ob am Reiseende noch vorhanden oder beschädigt) laut Spezifikation an Hand der Handelsrechnungen
- **die Seefrachtgelder** (siehe § *721 HGB*). Wenn die Konnossementsbedingungen die Klausel „...ship and/or cargo lost or not lost ..." enthalten, dann entfällt die Seefracht, da sie nicht im Risiko der Reise steht.

5.4.8.6 Dispache im Seeverkehr

Dispache, Dispacheur Nach allen Unfällen, die zur Beschädigung des Schiffes und der Ladung führen, muß der Kapitän unverzüglich im nächsten Hafen bei einem örtlichen Gericht oder bei einem Konsul des Heimatflaggenlandes ein **Beweissicherungsverfahren** beantragen und seine Schuldlosigkeit darlegen und eidesstattlich erklären. Diese Verfahren nennt man **Verklarung**. Die Amtsstelle erklärt die Havarie-grosse (Havarie-See-Protest) und bestellt den unabhängigen Sachverständigen, den **Dispacheur**. Dieser **Dispacheur hat die Aufgabe, den Verteilungsplan des Havarie-grosse-Schadens, die Dispache, zu erstellen.**

Jeder Beteiligte ist verpflichtet, die zur Aufmachung der Dispache erforderlichen Urkunden, insbesondere die Wertangaben, Versicherungssummen etc., dem Dispacheur bekanntzugeben.

Der Dispacheur verlangt von allen Ladungsbeteiligten einen **Havarie-grosse-Anteil**, der in Form eines gezeichneten **Havarie-grosse-Verpflichtungsscheins (General Average Bond)** erbracht werden kann. Bei beträchtlichen Havarie-grosse-Aufwendungen kann der Dispacheur neben dem Verpflichtungsschein eine provisorische Einschußzahlung (General Average Deposit) verlangen.

Abschließend erstellt der Dispacheur einen Schlußbericht und eine Schlußabrechnung (General Average Statement). Eine solche Havarie-grosse-Abwicklung erstreckt sich oftmals über Jahre.

Zahlenbeispiel:

a) Havarie-grosse-Kosten (Schlepperkosten 100 000,- DM, Nothafenkosten/Entladung und Sortierung der Ladung 20 000,- DM, Reparatur der beim Ladungswurf beschädigten Reling 10 000,-, Schäden an diversen Ladungspartien 30 000,- DM) total 160 000 DM

b) Beitragskapital (Schiffswerte 2 500 000,- DM, Ladungswert laut Handelsrechnung 3 500 000,- DM, Seefracht 200 000,- DM) total 6 200 000,- DM

c) Errechnung der Beitragsquoten:

Formel: $\dfrac{\text{Havarie-grosse Schäden} \times 100}{\text{Beitragskapital}} = $ Beitragsquote in %

$$\dfrac{\text{DM } 160\,000{,-} \times 100}{\text{DM } 6\,200\,000{,-}} = \dfrac{\text{DM } 16\,000\,000{,-}}{\text{DM } 6\,200\,000{,-}} = 2{,}5806451\ \%$$

d) Ermittlungen der Beitragssummen

	Beitragswerte	Beitragsquote 2,5806451 %
das Schiff	DM 2 500 000,-	DM 64 516,13
die Ladung	DM 3 500 000,-	DM 90 322,58
die Seefracht	DM 200 000,-	DM 5 161,29
	DM 6 200 000,-	DM 160.000,-

Zur Leistung der Havarie-grosse-Beiträge werden also das Schiff, die Ladung und die Seefracht herangezogen. Die Auftraggeber der Spediteure müssen im Havariefalle die auf die Ladung und die Seefracht entfallenden Havarie-Kostenbeiträge leisten. Da Spediteure gegenüber dem Verfrachter oft als Befrachter und Ablader auftreten, werden sie somit Havarie-Beteiligte, indem sie der Dispacheur mit dem Einzug der Havarie-grosse-Verpflichtungsscheine, der Havarie-grosse-Vorschüsse und schließlich der Havarie-Beiträge nach Abschluß des Dispache-Verfahrens beauftragt. **Havarie-Beteiligte**

Daher ist es ratsam, der Spediteur empfiehlt seinem Auftraggeber die Eindeckung einer entsprechenden Seetransportversicherung, die auch Havarie-grosse-Schäden einschließt.

5.4.9 Gefährliche Seefrachtgüter

Früher war der Gefahrgutanteil am Seetransportvolumen 10 Prozent, der im Laufe der Jahre sich beträchtlich erhöhte. Damals hatte man wenige – aber gewichts- und volumenmäßig größere – Gefahrgutpartien an Bord. Heute handelt es sich um viele Kleinpartien mit Gefahrgütern unterschiedlicher IMDG-Einstufungen, die den Bearbeitungsaufwand hinsichtlich einer korrekten Abwicklung vervielfachen. Hinzu kommt, daß immer mehr Produkte mit besonders gefährlichen Eigenschaften oder mit mehreren gefährlichen Eigenschaften gleichzeitig zu transportieren sind.

5 Der Spediteur und die Verkehrsträger

Gefahrgut-Verordnung-See
Der Gesetzgeber setzt am 5.7.1978 die Verordnung über die Beförderung gefährlicher Güter mit Seeschiffen (Gefahrgut-V-See) in Kraft.

Diese *Gefahrgutverordnung-See* ist eingebunden in das *Internationale Übereinkommen von 1960 zum Schutz des menschlichen Lebens auf See (Gesetz zum internationalen Schiffssicherheitsvertrag vom* 17.6.1960).

Der Versand von Gefahrgut muß in anerkannten oder zugelassenen Verpackungen erfolgen, wobei die Versandstücke mit Label und Container mit Placards gekennzeichnet werden müssen. Außerdem müssen Beförderungspapiere und Unfallmerkblätter die Gefahrgutsendung begleiten.

Verstöße sind vorsätzliche oder fahrlässige **Ordnungswidrigkeiten,** die bestraft werden. Hierbei wird klar unterschieden zwischen der Verantwortlichkeit des

- Herstellers oder Vertreibers (Verlader/Ablader)
- Ausstellers des Verladescheins/Schiffszettels (Spediteur)
- Verantwortlichen für den Umschlag (Hafenbetrieb/Stauer)
- Kapitäns (Schiffsführung und Operating-Organisation an Land, z. B. Reedereiagenten/Stau-Planung)
- Kapitäns (Schiffsführung) während der Seereise
- Verfrachters (Reederei).

Eine Telefon-„Hotline" der Hersteller, Vertreiber, Empfänger soll zur Schadensbegrenzung bei Unfällen beitragen.

5.4.9.1 International Maritime Dangerous Goods Code

Die nationalen Vorschriften für Gefahrguttransporte auf Seeschiffen müssen im internationalen Seeverkehr mit den Bestimmungen und Vorschriften anderer Länder abgestimmt werden.

IMO
Diesem Ziel der Angleichung nationaler Transportvorschriften dient die *UN-Liste (List of Dangerous Goods most commenly carried)*, die gefährliche Güter numerisch mit ihren Eigenschaften erfaßt. Diesem Anliegen widmete sich auch die **IMO (International Maritime Organization)** in Zusammenarbeit mit dem *UN-Committee of Experts on the Transport of Dangerous Goods*. **Erst am 16.7.1982 trat die deutsche Fassung des *IMDG-Codes* als Anlage zur *Gefahrgut-V-See* als verbindliches**
IMGD-Code **deutsches Recht in Kraft. Der *IMDG-Code* ist somit für alle am Gefahrguttransport Beteiligten im Seeverkehr bindend.** Deutsche Seeschiffe müssen die *GGV-See* und den *IMDG-Code* an Bord mitführen.

Die Klasseneinteilung des *IMDG-Code* entspricht in wesentlichen Teilen der anderer Verkehrsträger.

5.4.9.2 Praxisempfehlungen für Gefahrgüter

Akzeptieren Sie im Speditionsauftrag vom Versender keine Sammelbezeichnungen wie: harmlose Chemikalien, harmlose Düngemittel, Farbstoffe, Zusatzmittel, Zwischenprodukte, Kunstharz etc. Diese Begriffe lassen keine Rückschlüsse auf die Eigenschaften oder Reaktionsmöglichkeiten zu. Verwendet der Gefahrgutversender derartige Sammelbegriffe ohne weitere Zusätze, dann werden diese Produkte als völlig harmlos/neutral angesehen und gegebenenfalls auch mit gefährlichen, anderen Ladungsteilen zusammengestaut. Schon Zusatzvermerke wie z. B. „kühl stauen", „nicht mit Lebensmitteln zusammen verladen", „stark riechend", „entfernt von Wärmequelle stauen", etc. auf dem Verladeschein/Schiffszettel lassen die Stauverantwortlichen aufhorchen und entsprechend bei der Stauplanung reagieren.

Bei der Stauung von Gefahrgut im Seeverkehr ist folgendes zu beachten: **Container-Gefahrgutstauung**

1. Der Container muß heil und trocken sein

2. Alte Gefahrengut-Placards am Container sind zu entfernen

3. Nur unbeschädigte den Vorschriften entsprechende Packstücke dürfen verladen werden

4. Packstücke sind mit *IMDG*-Gefahrgutlabel (10 × 10 cm) zu versehen; Container mit Placards an allen 4 Seiten.

   Auf der Containertür muß die Kurzbeschreibung des Gefahrgutes, Kolli-Anzahl, Kolli-Art, evtl. Flammpunkt, etc. angebracht werden (z. B. 20 irondrums inflammable preparation, containing toluene FP 22 Grad Cel.). Außerdem ist die Anbringung der Un-Nr. im *IMDG-Code* gefordert.

5. Es dürfen nur Güter jeweils einer Gefahrgutklasse in einen Container gestaut werden. Verschiedene Güter einer Gefahrenklasse dürfen nur dann zusammen verladen werden, wenn die geltenden Vorschriften es gestatten und die Güter „verträglich" sind

6. Werden nur einzelne Packstücke gefährlicher Güter zusammen mit anderer – ungefährlicher – Ladung in einen Container geladen, so müssen diese gefährlichen Packstücke unmittelbar hinter der Containertür gestaut werden

7. Soll ein Container mit giftigen, ätzenden, übelriechenden Flüssigkeiten beladen werden, so ist er vorher durch Auslegen mit Plastikfolie oder Streuen von absorbierendem Material so herzurichten, daß Beschädigungen/Verunreinigungen des Containers (hauptsächlich des Bodens) weitgehend unmöglich gemacht werden

5 Der Spediteur und die Verkehrsträger

Folgende abschließende Bemerkungen zu Gefahrguttransporten auf See:

1. Trotz Vereinheitlichungsbestrebungen auf internationaler Ebene gibt es nationale Sondervorschriften für die Seeschiffe anderer Flaggen (d. h. ein gefährliches Produkt, nach *IMDG-Code* korrekt verpackt gekennzeichnet und deklariert, darf aufgrund nationaler Vorschriften nicht mit einem Schiff dieser Flagge verladen werden – es wird von der entsprechenden Reederei nicht akzeptiert) bzw. Hafenvorschriften, die eine Verladung über diesen Hafen nicht zulassen oder stark einschränken.

2. Durch das Zusammenstauverbot unterschiedlicher Gefahrenklassen, d. h. diese unterschiedlichen Gefahrenklassen müssen durch ungefährliche Ladungsteile separiert werden – kann es durchaus vorkommen, ein Schiff akzeptiert kein Gefahrgut mehr, obwohl noch Schiffsraum (an Deck oder unter Deck) frei ist. Oder man kann Gefahrgüter einer bestimmten *IMDG*-Klasse (z. B. 3.3) nicht mehr laden, da man die Höchstlademengen für diesen Schiffstyp schon erreicht hat.

3. Der *IMDG-Code* schreibt für jedes Produkt die „An-Deck-Stauung oder Unter-Deck-Stauung" vor. Für verschiedene Produkte kann optionell „an oder unter Deck" gestaut werden, wenn dies zugelassen ist.

4. Neben *IMDG-Code, GGV-See* müssen im intermodalen Containerverkehr auch die entsprechenden Gesetze der beteiligten landseitigen Verkehrsträger beachtet werden

    – Straße: *GGVS/ADR*
    – Eisenbahn: *GGVE/RID*
    – Binnenschiff: *GGVBinSch/ADNR*
    – kombinierter Verkehr (Bahn/Straße und Binnenschiff/Straße) wie vorstehend.

5.4.10 Der Spediteur im Seefrachtgeschäft

Seehafen-spediteur **Der Spediteur ist bewährter Partner für Versender oder Empfänger und Reeder/Reedereien.** Durch sein enges Verhältnis zum Versender oder Empfänger von Handelsgütern/Industrieprodukten verfügt der Spediteur über umfassende Detailkenntnisse, die ihm einen festen Platz im Transportablauf sichern. Diese Stellung wurde auch durch die neue Technologie des intermodalen Containerverkehrs nicht erschüttert. Er ist ein geschätzter Partner vor Ort, d. h. er organisiert und wickelt Transportaufträge mit einer Vielzahl von Verkehrsträgern ab. Im Rahmen des Seeverkehrs kommen folgende Dienstleistungen zur Ausführung:

Seeschiffahrt 5.4

- Fachberatung in Außenhandels- und Verkehrsfragen
- Ermittlung des kostengünstigsten/evtl. schnellsten und sichersten Transportweges, d. h. Vergleich der unterschiedlichen Verkehrsträger (Land – Luft – See)
- Erstellung von Seefrachtofferten inkl. Vor- und/oder Nachlauf (diese Offerten ermöglichen dem Exporteur oder Importeur oftmals erst die Plazierung eines qualifizierten Verkaufs- oder Kaufangebots).

Nach dieser Beratungsphase kommt bei Auftragserteilung durch den Versender oder Empfänger für den Spediteur die Organisations- und Abwicklungsphase:

- Buchung des Schiffsraums beim Linienagenten / bei der Reederei-Vertretung im Inland / evtl. direkt bei der Reederei (entweder schließt er den Seefrachtvertrag im eigenen Namen oder für fremde Rechnung ab.)
- Absprache der Anlieferungstermine / Längsseitstermine / Beachtung der Ladeschlußzeiten für LCL- oder FCL-Güter
- Abruferteilung an den Versender im Inland
- Übernahme der Güter im Inland, Disposition des Vorlaufs zum Ladehafe oder
- Empfangsnahme der Güter im Hafen/Kontrolle auf Beschaffenheit der Verpackung und Stückzahl (evtl. Schadenanzeige an den beteiligten Frachtführer)
- Beseitigung von Verpackungsmängeln
- Besorgung der Fob-Lieferung (Kaiempfangsschein/Schiffszettel)
- Besorgung der Verschiffung / Ausstellung der Konnossemente und Einreichung beim Agenten / Entgegennahme der gezeichneten Konnossemente
- Besorgung von Zollfakturen / Konsulatsfakturen
- evtl. Eindeckung einer Transport-Versicherung
- Dokumentenversand gemäß Instruktion des Auftraggebers
- Überprüfung der Seefrachtabrechnung, evtl. Zahlung der Seefracht
- Erstellung des Ausfuhrnachweises für Umsatzsteuerzwecke

Weitere Tätigkeiten können sein:

- Sammeln von Teilpartien/Einzelsendungen
- Abwicklung von Sammelcontainer (Sammeln/Verteilen)
- Besorgung von seemäßiger Verpackung

5 Der Spediteur und die Verkehrsträger

- Lagerung von Gütern
- Verteilung von Gütern

Bei der Importabwicklung kommen im Gegensatz zur vorher ausgeführten Exportabwicklung noch einige Tätigkeitsmerkmale hinzu:

- Einreichung des Original-Konnossementes beim Reedereiagenten
- evtl. Zahlung der Seefracht bei collect-Sendungen
- Ab- und Übernahme der Güter am Schiff / am Kaischuppen
- Kontrolle auf evtl. äußerliche Beschädigungen / der Stückzahl (evtl. Waren- und Qualitätskontrolle bei bestimmten Produkten)
- Schadenabwicklung mit Transportversicherung und Verfrachter
- Verzollung
- Zwischenlagerung/Distribution von Gütern
- Abrechnung der Transportkosten

Neben der Tätigkeit für die heimische Wirtschaft wickelt der Spediteur auch Transitgüter ab. Manche Spediteure haben sich auf bestimmte Produktgruppen konzentriert, z. B. Frischfrucht, Kühlgut, etc.

Die auf Projektgeschäfte spezialisierten Spediteure sollen abschließend ebenfalls angeführt sein.

Der Seehafen-Speditions-Tarif (SST)

Seehafen-Speditions-Tarif (SST)

In den Häfen Hamburg, Bremen/Bremerhaven, Lübeck und Rostock werden Dienstleistungen des Seehafenspeditionsgewerbes nach diesem Tarif abgerechnet, d. h. er ist Abrechnungsgrundlage zwischen Seehafen-Spedition und binnenländischem Spediteur bzw. Versender oder Empfänger. Er ist in einen Export-Seehafen-Speditions-Tarif und in einen Import-Seehafen-Speditions-Tarif unterteilt.

Der *SST* enthält ein ausführliches Warenverzeichnis nach Güterklassen und nach Mengen gestaffelte Provisionssätze für die fob-Lieferung und Verschiffung.

Die Gebührensätze sind unterteilt nach Europa-Verladungen und Übersee-Verladungen. Weiterhin werden die Verteilung von Sammelsendungen und besondere Leistungen tariflich geregelt.

5.5 Luftfrachtverkehr

5.5.1 Entwicklung und Bedeutung

Der Luftverkehr ist der jüngste der sechs Verkehrsträger. Zwar machten die Verkehrsmittel Flugzeug und Luftschiff schon Anfang dieses Jahrhunderts von sich reden, und große Pionierleistungen vor und nach dem Ersten Weltkrieg ließen die Weltöffentlichkeit aufhorchen; der kommerziellen Nutzung des Luftverkehrs waren jedoch aufgrund des Entwicklungsstandes der Fluggeräte zunächst enge Grenzen gesetzt. Das Explosionsunglück des Zeppelins „Hindenburg" im Jahre 1937 in Lakehurst, dem Zeppelinhafen von New York, brachte das Ende der Luftschiffahrt.

So blieb bis zum Zweiten Weltkrieg die Beförderung im Luftverkehr fast ausschließlich auf Passagiere und Post beschränkt.

Dies änderte sich grundlegend nach 1945. Die Flugzeughersteller konnten ihre Erfahrungen, die sie im Bau von größeren **Militärflugzeugen** gewonnen hatten, in die Konstruktion von **Zivilmaschinen** einbringen. Solche **Passagierflugzeuge** waren in der Lage, größere Frachtmengen in den aber immer noch kleindimensionierten Fronträumen unter dem Passagierdeck aufzunehmen.

Noch zu Beginn des Jet-Zeitalters in den 60er Jahren war bei den ersten Düsen-Passagiermaschinen (*Caravelle*, *Boeing 707* u. *727*) die Frachtkapazität relativ gering. Die **Großraumflugzeuge** der zweiten Jet-Generation (*Boeing 747, Douglas DC 10, Airbus*) hingegen wurden ganz auf den Transport von **palettierbarer Fracht** in den breiten Rümpfen konzipiert.

Die in den **Unterflur-Fronträumen** dieser Flugzeugtypen zur Verfügung stehende Frachtkapazität war nicht mehr nur ein „**Nebenprodukt**". Nutzung und Auslastung tragen oft wesentlich zur Rentabilität eines Fluges bei.

Eine weitere Ausweitung des Frachtangebotes ergab sich Mitte der 70er Jahre. **Passagier-Flugzeuge** des Typs *Boeing 747* wurden als sogenannte „**Kombis**" gebaut. Sie ermöglichen den Fluggesellschaften auf dem Hauptdeck (hinter der Passagierkabine) **containerisierte** oder **palettisierte** Fracht zu befördern.

Somit besteht die Möglichkeit auf saisonale Einflußgrößen zu reagieren, indem die Fluggesellschaften auf bestimmten Strecken jahreszeitlich oder auch kurzfristig Fluggerät austauschen, um einer unterschiedlichen und wechselnden Nachfrage nach Passagiersitzen und Frachtraum nachkommen zu können.

5 Der Spediteur und die Verkehrsträger

Fracht- Die Entwicklung der **Nur-Frachtflugzeuge** ging im wesentlichen mit der Konstruktion und Inbetriebnahme der Passagiermaschinen einher. Geeignete Typen wurden mit einer großen Frachttür und/oder einem aufklappbaren Bug bzw. Heck ausgerüstet. Im Flugzeuginnern installierte Rollensysteme stellen eine schnelle Be- und Entladung der Paletten und Container sicher.

Als im Jahre **1972** die *Deutsche Lufthansa* als erste Fluggesellschaft den **Jumbo-Frachter Boeing 747 C** mit einer **Nutzlast von ca. 100 t** auf der Strecke Frankfurt-New York in Dienst stellte, waren erst 25 Jahre seit Einsatz des viel verwendeten Frachtflugzeuges *Douglas DC 3* (Kapazität 3 t) vergangen.

Frachter sind vor allem auf solchen Strecken rentabel einsetzbar, wo Frachtverkehrsströme paarig, d. h. in beiden Richtungen fließen.

Frachtflugzeugarten

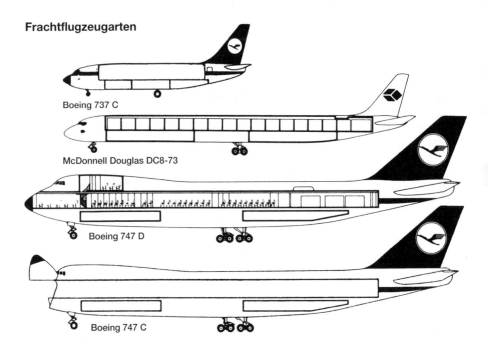

Verkehrs- Die Luftfracht-Verkehrsstatistik bedient sich zur Darstellung der Produktion beson-
statistik derer Kennzeichnungen. Die wichtigsten sind:

TKO = angebotene Tonnenkilometer = angebotene Nutzlast in Tonnen × Großkreiskilometer (kürzeste Entfernung)
TKT = nachgefragte/bezahlte Tonnenkilometer = beförderte Nutzlast in Tonnen × Großkreiskilometer
NLF = Nutzladefaktor = Verhältnis von TKO zu TKT in %.

Luftfrachtverkehr 5.5

Entwicklung des Weltluftfrachtverkehrs

Jahr	TKT im Mio		Jahr	TKT in Mio	
1945	101		1975	19370 +	61,3 %
1950	770 +	600,0 %	1980	29130 +	50,4 %
1955	1320 +	71,4 %	1985	39840 +	36,8 %
1960	2160 +	63,6 %	1990	59040 +	48,1 %
1965	4960 +	64,4 %	1995	83940 +	42,2 %
1970	12010 +	142,1 %			

Das Flugzeug zeichnet sich durch **Schnelligkeit, Zuverlässigkeit** und **Frequenzdichte** aus. Weltweit stehen ihm eine Vielzahl von Luftstraßen und über **4000 größere und kleinere Flughäfen** zur Verfügung. Insofern ist der **Luftfrachtverkehr** gegenüber alternativen Verkehrsträgern fast konkurrenzlos. Lediglich auf der Kurzstrecke als Glied der Beförderungskette von Haus zu Haus verliert der Schnelligkeitsvorteil an Bedeutung. Hier ist der Straßenverkehr in der Lage, schnelle Gesamtbeförderungszeiten darzustellen und mit dem Luftverkehr zu konkurrieren.

Leistungsmerkmale Luftfracht

Die **reinen Frachtkosten liegen größtenteils höher als im Oberflächenverkehr**. Die nachfolgend aufgeführten **spezifischen Leistungsmerkmale** führen jedoch fast immer zu einer **Reduzierung der Distributionskosten** (Verteilungskosten):

Leistungsmerkmale des Luftfrachtverkehrs

Vorteile	Auswirkungen
Flughäfen im Landesinneren	geringere Vor- und Nachlaufkosten
kürzere Transportzeit und kein Salzwassereinfluß	geringere Verpackungskosten
kürzere Transportzeit	geringere Versicherungskosten
kürzere Transportzeit und hohe Frequenzen	geringere Kapitalkosten und geringere Lagerbestände
kürzere Transportzeit	geringere Kapitalkosten durch schnelleren Geldrückfluß

Für den Lufttransport prädestiniert sind neben Terminwaren, Ersatzteilen, Modeartikeln, lebenden Tieren, Fleisch, Obst, Gemüse, Blumen, Wertsendungen und Zeitungen auch solche Sendungen, für die eine Distributionskosten-Analyse ein positives Ergebnis hinsichtlich der Luftfrachtbeförderung erbringen. Hierunter fallen insbesondere höherwertige Güter.

5 Der Spediteur und die Verkehrsträger

Boden- Das überdurchschnittliche Wachstum des Frachtaufkommens führte zu Engpässen
abfertigung bei der **Bodenabfertigung**. Um den Service zu verbessern und als Glied der Beförderungskette nicht durch andere Verkehrsträger ersetzbar zu werden, sind die Carrier in Zusammenarbeit mit Luftfrachtspediteuren, Flughafengesellschaften und Zollbehörden aktiv, vereinfachte und schnellere Abfertigungsverfahren einzuführen.

Luftfracht- An den Flughäfen werden *Frachtterminals* mit ausreichender Kapazität und moderner
terminals Förder- und Lagertechnik gebaut.

Daten- Die Fluggesellschaften bedienen sich zunehmend EDV-gestützter Vertriebs- und
austausch Servicesysteme mit Nutzermöglichkeit für Kunden und Spediteure zum Fracht-*Da-*
Tracing *tenaustausch* und zur Sendungsverfolgung/*Tracing*.

TRAXON Der im Jahr 1992 gegründeten Gesellschaft *Traxon* gehören heute die Fluggesellschaften AIR CANADA, AIR FRANCE, BRITISH AIRWAYS, CARGOLUX, CATHAY PACIFIC, EMIRATES, FINNAIR, JAPAN AIRLINES, KOREAN AIRLINES, LUFTHANSA, MARTINAIR, ROYAL AIR MAROC, SAS, SWISSAIR, SINGAPORE AIRLINES und KLM an.

ALFA In der Bundesrepublik sind Carrier, Spediteure und Betreiber der Flughafen-Zollager an das **Zollsystem ALFA *(Automatisiertes Luftfracht-Abwicklungsverfahren)*** für Importsendungen angeschlossen. Die Fluggesellschaften geben frühzeitig, z. T. schon vor Ankunft der Maschine die Sendungsdaten in das System ein, damit die Importspediteure ihre Zollanträge unverzüglich dem Flughafenzollamt übermitteln können.

AMS In den USA wurde in gleicher Weise das *AMS (Automated Manifest System)* eingerichtet.

Haus- Eine zunehmende an Bedeutung gewinnende Variante im Dienstleistungsangebot ist
Haus- der **Haus-zu-Haus-Verkehr** für besonders eilige Sendungen **zu festen Endpreisen**.
Verkehre Den Verkehrsbedürfnissen der Nutzer wird dadurch Rechnung getragen, daß der Gesamtpreis die sofortige Abholung, eine bevorzugte Abfertigung zum Luftfrachtversand, die Zollabfertigung am Abgangs- und Bestimmungsflughafen, die unverzügliche Zustellung und die Benachrichtigung des Absenders über erfolgte Auslieferung einbezieht. Einige Dienstleistungsbetriebe schließen auch eine Transportversicherung und eine garantierte Laufzeit ein.

Anbieter sind Speditionsfirmen, die in enger Zusammenarbeit mit den Carriern tätig werden oder über eigenes bzw. gechartertes Fluggerät verfügen. Auch Fluggesellschaften, die den Vor- und Nachlauf selbst arrangieren, offerieren diese Haus-zu-Haus-Dienste, ferner solche Dienstleistungsunternehmen, an denen Spediteure und Carrier beteiligt sind.

EASY/Express Air Systems ist ein Gemeinschaftsunternehmen von *Lufthansa Cargo* und den beiden Speditionsfirmen *Schenker & Co.* und *Kühne & Nagel.* Durch Beiladerverträge können sich andere Spediteure anschließen.

EASY

Eine Vielzahl von Speditionsfirmen gründete mit Beteiligung der *Lufthansa* die **Global Sky Express GmbH**, die inzwischen weltweit über eigene Niederlassungen verfügt.

Global Sky Express

5.5.2 Luftverkehrsrecht

Auf einer *internationalen Konferenz für Zivilluftfahrt* vom 1.11. bis 7.12.1944 in Chikago **(Chikagoer Abkommen)** schlossen 54 Staaten ein **Abkommen zur einheitlichen Regelung von Fragen im technischen, wirtschaftlichen und rechtlichen Bereich des Weltluftverkehrs.** Die Bundesrepublik trat dem *Chikagoer Abkommen* am 7.4.1956 bei.

Chikagoer Abkommen

Die Durchführung und Durchsetzung, aber auch die Fortschreibung der in Chikago gefaßten Beschlüsse wurden der **International Civil Aviation Organisation (ICAO)** übertragen. Sie hat ihren Sitz in Montreal und ist seit 1947 eine Unterorganisation der UNO.

ICAO

Mitglied kann jeder Staat werden, der sich am internationalen, zivilen Luftverkehr beteiligt und in die UNO wählbar ist. Zum Aufgabenbereich der *ICAO* gehören u. a. die Flugsicherheit, der Wetterdienst, die Zulassung von fliegendem Personal und Luftfahrtgerät, die Förderung der Einrichtung neuer Flugstrecken, die Vereinfachung von Zollformalitäten und das Luftverkehrsrecht.

Nach internationalem Recht steht jedem selbständigen Staat die **Lufthoheit für sein Hoheitsgebiet** zu. Der Luftraum kann deshalb nur mit Zustimmung der zuständigen staatlichen Organe benutzt werden. Die zuständige Behörde in der Bundesrepublik Deutschland ist der *Bundesminister für Verkehr.* Die Abwicklung des Verkehrs aller in- und ausländischen Luftverkehrsgesellschaften in der Bundesrepublik Deutschland bedarf seiner Genehmigung. Ebenso muß die Tätigkeit der deutschen Fluggesellschaften in anderen Staaten von den jeweils zuständigen ausländischen Behörden genehmigt werden.

Luftverkehrsrechte

Um **Linienflugverkehr** durchführen zu können, ist mithin die Gewährung von **Verkehrsrechten** erforderlich. Sie werden auf der Basis der Gegenseitigkeit im Rahmen von zweiseitigen Luftverkehrsabkommen oder, wenn kein Abkommen besteht, auf Grund von provisorischen Betriebsbewilligungen, die im allgemeinen jeweils für eine Flugplanperiode erteilt werden, zwischen den Staaten vereinbart. Versuche, durch ein internationales Abkommen weltweit Verkehrsrechte auszutauschen, sind bisher gescheitert. Nur für die Rechte zum Überflug und zu technischen Zwischenlandun-

5 Der Spediteur und die Verkehrsträger

gen (1. und 2. Freiheit der Luft) gibt es eine mehrseitige internationale Vereinbarung durch *ICAO*-Beschluß.

Fünf Freiheiten der Luft
Die im gewerblichen internationalen **Linienflugverkehr** geltenden Verkehrsrechte sind in den sogenannten **fünf Freiheiten und dem Kabotagerecht** durch die *ICAO* wie folgt definiert:

Die 5 Freiheiten der Luft:

1. Freiheit	das Recht, das Gebiet des Staates ohne Landung zu **überfliegen**
2. Freiheit	das Recht auf **Landung** zu nichtgewerblichen Zwecken (z. B. Tanken, Reparatur)
3. Freiheit	das Recht zum **Abladen** von Fracht, Post (bzw. Absetzen von Passagieren) im **Nachbarschaftsverkehr**
4. Freiheit	das Recht zum **Aufnehmen** von Fracht, Post und Passagieren im **Nachbarschaftsverkehr**
5. Freiheit	das Recht zur **Beförderung** von Fracht, Post und Passagieren nach und von **dritten Staaten**

Kabotagerecht
Kabotagerecht beinhaltet das Recht, Passagiere, Fracht und Post **innerhalb des Hoheitsgebietes eines fremden Staates** zwischen zwei oder mehr Flughäfen zu befördern.

EG-Recht
Als 1957 der Vertrag zur Gründung der *Europäischen Wirtschaftsgemeinschaft (EWG)* in Rom unterzeichnet und damit der Grundstein für einen gemeinsamen Markt gelegt wurde, hatte die europäische Zivilluftfahrt noch keine große Bedeutung. So fand die Luftverkehrspolitik im Vertragswerk keine besondere Berücksichtigung, und es fehlten Vereinbarungen darüber, welche konkreten Maßnahmen zur Gestaltung eines gemeinsamen Luftverkehrsmarktes in Angriff zu nehmen seien.

Dieser Umstand, aber auch das Desinteresse der Mitgliedsstaaten, den Linienluftverkehr in den Gesamtmarkt einzubeziehen, führten dazu, daß die Luftfracht fast 30 Jahre aus dem Aufbau ausgeklammert blieb. Die Regierungen der *Europäischen Gemeinschaft (EG)* und ihre Fluggesellschaften hielten sich an bilaterale Abkommen und Absprachen innerhalb eines über viele Jahre gewachsenen Ordnungsrahmens der innereuropäischen Luftfahrt.

ECAC AEA
An seiner Gestaltung hatten und haben die 23 Staaten der *Europäischen Luftfahrtkonferenz (European Civil Aviation Conference = ECAC)* und die *Vereinigung der Europäischen Fluggesellschaften (Association of European Airlines = AEA)* maßgeblichen Anteil.

Dieser Ordnungsrahmen berücksichtigte weitgehend die Interessen der Luftfahrtunternehmen, die bei einer uneingeschränkten Anwendung des *EG-Wettbewerbsrechts*

Luftfrachtverkehr 5.5

einen ruinösen Wettbewerb zu eigenem Nachteil, aber letztlich auch zum Nachteil der Kunden, befürchteten. Andererseits war aber auch unstrittig, daß die praktizierte Marktordnung mit ihren Tendenzen zur Abschottung der nationalen Märkte einer Reform bedurfte.

Zwei Ereignisse änderten Mitte der 80er Jahre die Situation grundlegend. Der **Europäische Gerichtshof** bestätigte in einem richtungsweisenden Urteil die **Rechtmäßigkeit der *EG*-Wettbewerbsbestimmungen auch für den Luftverkehrsbereich.**

Zusätzlich verabschiedeten die *EG*-Regierungschefs die *„Einheitliche Europäische Akte"* zur Änderung und Ergänzung des *EWG*-Gründungsvertrages.

Ende Juni 1992 gaben die *EG*-Verkehrsminister grünes Licht für die Liberalisierung des Flugverkehrs in Europa:

- **EU-Flugunternehmen** können ihre **Preise** von 1993 an **frei gestalten** und ab 1997 auch **Inlandsstrecken im EU-Ausland betreiben (Kabotageregelung).**

- Die sowohl für den Passagier- als auch für den Frachtverkehr vorgesehene Regelung umfaßt auch **einheitliche Vorschriften für die Betriebsgenehmigung und den Marktzugang von Fluggesellschaften** (Wettbewerbsordnung).

Andere Sachgebiete zur **Harmonisierung** und **Liberalisierung** beziehen sich auf:

- **Tarifpolitik**
 (EU-einheitliche Tarifrichtlinien zum Zwecke der Preissenkung)

- **Kapazitätsaufteilung**
 (Das Kapazitätsangebot der Fluggesellschaften zweier Staaten kann abweichend von einer 50 : 50-Aufteilung geregelt werden)

- **Kontrolle der staatlichen Beihilfen** an die nationalen Fluggesellschaften

- **Überwachung des Luftverkehrs**

- **Kapazitätsausbau und Verbesserung der Flughafen-Infrastrukturen**
 (Bereitstellung von Investitionsmitteln)

Im *„Abkommen zur Vereinheitlichung von Regeln über die Beförderung im internationalen Luftverkehr"* wurde am 12.10.1929 in Warschau (**Warschauer Abkommen**) erstmals internationales Luftprivatrecht paraphiert. Die damalige deutsche Reichsregierung gehörte zu den Mitunterzeichnern.

Warschauer Abkommen

Rechtskraft erhielt das *„Warschauer Abkommen"* für das Deutsche Reichsgebiet jedoch erst nach Ratifizierung am 30.9.1933.

5 Der Spediteur und die Verkehrsträger

Haager Protokoll Dieses Abkommen wurde durch die Zusatzvereinbarung *„Protokoll zur Änderung des Abkommens zur Vereinheitlichung der Regeln über die Beförderung im internationalen Luftverkehr"* den Nachkriegsverhältnissen angepaßt und am 28.9.1955 in Den Haag (**Haager Protokoll**) durch die beteiligten Staaten unterzeichnet. Die Bundesrepublik Deutschland ratifizierte es am 7.8.1958, und es erhielt Rechtskraft am 1.8.1963, nachdem die vorher vereinbarte Mindestanzahl von Ratifizierungsurkunden hinterlegt war.

Das **„Warschauer Abkommen"** setzt internationales Recht für den **grenzüberschreitenden Güterverkehr** fest. Es ist Grundlage für die **Beförderungsbedingungen** der *IATA*-Fluggesellschaften.

Einen breiten Raum nehmen die **Haftungsbestimmungen** ein.

Die Regelungen des Abkommens sind mehr oder weniger allgemeinverbindlich gehalten und bedürfen bei Auslegungsschwierigkeiten oder Gesetzeslücken einer Ausfüllung durch die jeweilige Landesrechtsprechung bzw. durch vertragliche Regelung in den Beförderungsbedingungen der Fluggesellschaften.

Dies gilt auch für das *„Haager Protokoll"*, das zwar Verbesserungen brachte, jedoch weiterhin Fragen offen ließ.

Fast alle am internationalen Luftverkehr beteiligten Länder ratifizierten das *„Warschauer Abkommen"*; mehrere dieser Signatarstaaten haben jedoch bislang von einer Ratifizierung des *„Haager Protokolls"* Abstand genommen.

Dies bedeutet, daß möglicherweise unterschiedliches Recht bei einer Beförderung zwischen zwei Staaten zu berücksichtigen ist. Grundsätzlich findet in solchen Fällen das *„Warschauer Abkommen"* Anwendung.

Gehört in Ausnahmefällen ein Staat nicht zu den Signatarländern des *„Warschauer Abkommens"*, gilt das nationale Luftverkehrsrecht.

Folgende Staaten, die im Luftfrachtverkehr von mehr oder weniger großer Bedeutung sind, haben das „Warschauer Abkommen", nicht aber das „Haager Protokoll" unterzeichnet:

Burma	Korea, Volksrep.	Sri Lanka
Gambia	Liberia	Tansania
Ghana	Malta	Uganda
Guinea	Mauritius	USA
Guyana	Obervolta	Vietnam, Volksrep.
Indonesien	Oman	Vietnam, Rep.
Jamaika	Sierra Leone	Zaire
Kenya	Somalia	

Das **Luftverkehrsgesetz (LuftVG)** aus dem Jahre 1922 mit den inzwischen vorgenommenen Änderungen und Ergänzungen setzt **nationales Recht für die Bundesrepublik Deutschland fest**. Es beinhaltet die Bestimmungen über die Benutzung des Luftraumes und regelt die Verkehrszulassung der Flugzeuge, sowie die Erteilung der Erlaubnis zur Führung von Luftfahrzeugen. Ferner enthält es die Genehmigungsvorschriften für die Anlage und den Betrieb von Flughäfen sowie für die Errichtung von Luftfahrtunternehmungen. Einen breiten Raum nehmen die Vorschriften über die Haftung aus dem Beförderungsvertrag ein.

Luftverkehrsgesetz

Die Luftaufsicht zur Abwendung von Gefahren im Luftverkehr ist gem. *LuftVG* Aufgabe der Luftfahrtbehörden. So wurde durch Gesetz v. 30.11.1954 das *Luftfahrt-Bundesamt (LBA)* eingerichtet. Es hat als **Bundesoberbehörde** seinen Sitz in Braunschweig und ist u. a. zuständig für die Erteilung von **Sondergenehmigungen zur Beförderung von gefährlichen Gütern**.

Luftfahrt-Bundesamt

5.5.3 Luftverkehrsgesellschaften und Flughäfen

Im Jahre 1919 gründeten in Den Haag sechs europäische Fluggesellschaften eine **Dachorganisation** unter dem Namen *„International Air Traffic Association" (IATA)* mit dem Ziel einer **wirtschaftlichen Zusammenarbeit** auf dem Gebiet der Passagier-, Fracht- und Postbeförderung. Als die sogenannte „alte IATA" im Jahre 1941 infolge der Kriegsereignisse aufgelöst wurde, hatte sie bereits viel für die **Vereinheitlichung und Regelung des internationalen Luftverkehrs** geleistet.

IATA

Gleich nach Beendigung des Zweiten Weltkrieges wurde im Jahre 1945 in Havanna die Nachfolgeorganisation unter der alten Abkürzung *IATA*, die aber jetzt für *„International Air Transport Association"* stand, ins Leben gerufen. Die Zielsetzung war im wesentlichen die gleiche geblieben, nur daß sich die neue Dachorganisation nicht mehr ausschließlich europäisch, sondern **weltweit** orientierte zum Zwecke der

a) **Förderung** eines sicheren, regelmäßigen und wirtschaftlichen **Luftverkehrs** zum Wohle der Völker der ganzen Welt, Pflege der Handelsbeziehungen durch Nutzbarmachung der Luftwege und Studium der hiermit verbundenen Probleme

b) **Förderung der Zusammenarbeit unter den Luftverkehrsgesellschaften**, soweit sie direkt oder mittelbar am internationalen Luftverkehr beteiligt sind

c) **Pflege der Zusammenarbeit mit der *ICAO*** und anderen internationalen Organisationen.

Die gesetzten Ziele werden dadurch erreicht, daß die *IATA* u. a.

- **Beförderungsbedingungen und -leistungen vereinheitlicht**

- **einheitliche Tarife festlegt**

IATA-Clearing House
- die Abrechnung zwischen den angeschlossenen Mitgliedern zentral über das „*IATA-Clearing House*" durchführt

- Beförderungsdokumente und Formulare normt

- Richtlinien für die Zulassung von Reisebüros und Spediteuren als *IATA*-Agenten festlegt.

Die Mitgliedschaft in der *IATA* steht allen Carriern offen, die einen regelmäßigen internationalen Flugverkehr nach einem veröffentlichten Flugplan (Linienverkehr) durchführen. Voraussetzung ist ferner, daß die antragstellende Fluggesellschaft durch einen Staat zugelassen wurde, der Mitglied der *UNO* oder in sie wählbar ist.

Gesellschaften, die lediglich Inlandsdienste unterhalten, können den Status von assoziierten (nicht stimmberechtigten) Mitgliedern erhalten. Die Mitgliedschaft von Fluggesellschaften, die sich ausschließlich mit dem Charterverkehr befassen, ist nicht möglich.

Die mehr als 200 *IATA*-Mitglieder wickeln ca. 90 % des internationalen Linien-Luftfrachtverkehrs ab.

Die laufenden Geschäfte der *IATA*-Hauptverwaltung mit ihren Dienststellen in Montreal und Genf werden unter der Leitung eines ausführenden Ausschusses erledigt. Das Schwergewicht der Arbeit liegt bei den Ausschüssen für Verkehr, Technik, Budget/Verwaltung/Personal und Wirtschaft/Finanzen. Hier werden die anstehenden Fragen beraten und Vorschläge für die Beschlußfassung auf der Hauptversammlung erarbeitet. Dort treten alle *IATA*-Fluggesellschaften gleichberechtigt auf.

IATA-Resolutionen
Die **einstimmig zu fassenden Beschlüsse** werden als ***IATA-Resolutionen*** bekanntgegeben und in Kraft gesetzt, sofern die Regierungen der *IATA-Mitglieder* diese genehmigen.

Verkehrskonferenzen
Um diese Abstimmungsverfahren für das besonders wichtige Gebiet des Verkehrs zu vereinfachen und zu beschleunigen, hat man hier auf eine Beschlußfassung sämtlicher *IATA*-Fluggesellschaften verzichtet und die Welt in **drei Konferenzgebiete** (Traffice Conference Areas) aufgeteilt. **Verkehrskonferenzen** finden nur unter Beteiligung der Luftverkehrsgesellschaften statt, die von oder nach bzw. innerhalb der betreffenden Gebiete ihre Dienste unterhalten.

Luftfrachtverkehr 5.5

Da auf diesen Konferenzen gemäß der *IATA*-Satzung vor allem auch einheitliche Tarife vereinbart wurden, kam es bei der unterschiedlichen Interessenlage der beteiligten Gesellschaften zu Kompromissen, die nicht immer den Marktbedürfnissen entsprachen. Die Preisgestaltung stieß daher zunehmend auf den Widerstand der Verlader, aber auch einiger Carrier.

Die *IATA* änderte daraufhin ihre Satzung und Organisation durch Zweiteilung der Verkehrskonferenzen in die Gruppen *„Trade Association"* und *„Tariff Coordination"*. **Trade Association Tariff Coordination**

Während die Teilnahme an der *„Trade Association"* und die Einhaltung der dort gefaßten Beschlüsse für alle *IATA*-Mitglieder obligatorisch sind, bleibt es ihnen freigestellt, sich an der *„Tariff Coordination"* zu beteiligen. Für die Teilnehmer gilt dann aber auch, daß die vereinbarten Tarife bindend sind.

Die Namen von über 800 Fluggesellschaften, die in allen Erdteilen operieren, sind im *TACT rules* mit ihren offiziellen Abkürzungen und den **dreistelligen Code-Nummern** zur Kennzeichnung ihrer Beförderungsdokumente aufgeführt. Es handelt sich um Linien- und Chartergesellschaften, die nur Passagier- bzw. nur Frachtdienste oder aber Passagier- und Frachtbeförderung anbieten. **Luftverkehrsgesellschaften**

Da keine Fluggesellschaft in der Lage ist, weltweit sämtliche mehr oder weniger bedeutenden Flughäfen in das eigene Streckennetz einzubeziehen, bedarf es für ein optimales Angebot der engen Zusammenarbeit zwischen den Fluggesellschaften. **Interline-Abkommen**

Die Kooperation wird durch **zweiseitige Interline-Abkommen** vertraglich geregelt und erstreckt sich u. a. auf die gegenseitige Anerkennung der Beförderungsdokumente. Solche Abkommen können auch zwischen *IATA*-Fluggesellschaften und *NON-IATA*-Carriern geschlossen werden.

Eine besonders enge Zusammenarbeit wird in **Pool-Verträgen** vereinbart. Ein Pool dient der kommerziellen Kooperation auf Strecken zwischen den Heimatländern der Partner. Der gemeinsame Betrieb erfolgt nach einem abgestimmten Flugplan, die Einnahmen und Ausgaben werden aufgeteilt. **Poolvertrag**

Die engste Zusammenarbeit vollzieht sich in **Joint Venture**. Das sind Gemeinschaftsdienste der Vertragspartner, bei denen ein Partner das Flugzeug und die Besatzung stellt. Der zweite Partner beteiligt sich an den Betriebskosten und erwirbt dadurch das Recht zur eigenen Nutzung des vereinbarten Kapazitätsanteils. Solche Gemeinschaftsflüge sind im Flugplan besonders gekennzeichnet. **Joint Venture**

Die Flughäfen, die von den Luftverkehrsgesellschaften bedient werden, sind im City-Code-Verzeichnis, des *„The Air Cargo Tariff" (TACT rules)* unter Angabe der Dreibuchstaben-Abkürzung **(three-letter-code)** und des Staates aufgeführt. **Flughäfen**

Die schnelle Entwicklung im Flugzeugbau von relativ kleinen Maschinen mit Kolbenmotor bis hin zu Großraum-Jets, die keine Zwischenlandungen zur Treibstoffaufnah-

5 Der Spediteur und die Verkehrsträger

me einlegen müssen, veranlaßte die Fluggesellschaften, zur maximalen Nutzung der Kapazität im Langstreckenverkehr vornehmlich nur noch zentral gelegene Flughäfen zu bedienen.

Road Feeder Service Die entstehenden **Großflughäfen** wurden durch Zubringerdienste per Flugzeug – vornehmlich auch im Oberflächenverkehr durch Lkw-Dienste **(road feeder service)** – mit den Regionalflughäfen verbunden.

Damit das angestiegene Luftfrachtaufkommen bewältigt werden konnte, mußten neue, moderne Umschlagsanlagen gebaut werden, die die Abfertigungszeiten verkürzten. Jedoch sind einer Zeitverkürzung am Boden Grenzen gesetzt, so daß Fluggesellschaften neuerdings wieder eine gewisse Dezentralisierung betreiben. (*Lufthansa*: neben Frankfurt entstanden Frachtzentren in Köln und München).

Slots Engpässe im Flughafenbetrieb besonders stark frequentierter Verkehrsflughäfen können auch dadurch auftreten, daß sich die von den Carriern gewünschten **Verkehrszeiten (Slots)** überschneiden. Die Flughafengesellschaften sind dann nicht in der Lage, die beantragten Ankunfts-/Abflugzeiten in jedem Fall auch zuzuweisen. Aus diesem Grund wurde in der Bundesrepublik die Dienststelle „Flugplankoordinator" beim *Bundesverkehrsministerium* eingerichtet. Nach Prüfung der Verkehrsdichte auf den betreffenden Flughäfen weist der Flugplankoordinator den Luftverkehrsgesellschaften für jede Flugplanperiode die Slots zu. Bei Schwierigkeiten schlägt er den Antragstellern freie Zeiten vor. Im übrigen erfolgt die Slotvergabe aufgrund einer besonderen Prioritätenregelung, die u. a. vorsieht, daß solche Carrier vorrangig berücksichtigt werden, die in der vorhergehenden Flugplanperiode bereits Slots erhielten.

ADV Die deutschen Verkehrsflughäfen mit ihren Flughafengesellschaften, die sich 1947 in der **Arbeitsgemeinschaft Deutscher Verkehrsflughäfen (ADV)** zusammenschlossen, betreiben – teilweise in Aufgabenteilung mit den Fluggesellschaften – die **Bodenorganisation**. Sie enthalten sich aufgrund eines Abkommens mit der damaligen *Arbeitsgemeinschaft Spedition und Lagerei e. V.* (heute *Bundesverband Spedition und Lagerei*) jeglicher speditioneller Tätigkeit.

5.5.4 IATA-Bedingungen für die Güterbeförderung

Beförderungsbedingungen Conditions of Carriage Das *Warschauer Abkommen* ist die Grundlage für die 1949 in Montreal beschlossenen und 1953 in Honolulu überarbeiteten **Luftbeförderungsbedingungen der IATA**. Diese Bedingungen enthalten:

a) die *IATA*-Bedingungen für die Beförderung von Fluggästen und Gepäck

b) die *IATA*-Bedingungen für die Beförderung von Fracht.

Luftfrachtverkehr 5.5

Für alle Luftfracht-Transporte gelten also die Beförderungsbedingungen – **Conditions of Carriage** – **der IATA**, sofern sie durch die jeweiligen Regierungen genehmigt sind. Sie stellen **allgemeine Geschäftsbedingungen** dar, die dort Anwendung finden, wo das „*Warschauer Abkommen*" keine Gültigkeit hat oder keine Regelung vorsieht, und stehen rechtlich den nationalen Gesetzen nach.

Auf der Grundlage der *IATA-Beförderungsbedingungen* und *§ 11 Luftverkehrsgesetz* hat die *Deutsche Lufthansa AG* Beförderungsbedingungen aufgestellt, die 1958 durch den Bundesminister für Verkehr genehmigt worden sind.

Während die Beförderungsbedingungen weder in der *IATA*-Fassung noch in der abgeänderten Form für die Mitgliedsgesellschaften bindend sind, sind die **IATA-Vertragsbedingungen (Conditions of Contract)** zwingend vorgeschrieben. Als Auszug aus den Beförderungsbedingungen wurden sie durch sämtliche Regierungen anerkannt. Sie sind auf der **Rückseite der Frachtbrief-Originale** abgedruckt.

Vertragsbedingungen Conditions of Contract

Die weltweit beflogenen Gebiete sind in **drei Verkehrsgebiete – Traffic Conference Areas – TC –** aufgeteilt, die auch als **Tarifgebiete** gelten. Für jedes Gebiet besteht eine **Verkehrskonferenz**, die die endgültige **Entscheidung über Flugpreise und Frachttarife, Beförderungsbedingungen und Agenten-Angelegenheiten** nach den Empfehlungen des beratenden Verkehrsausschusses trifft. Die **Verkehrskonferenzen** umfassen folgende **Verkehrsgebiete**:

Verkehrsgebiete/TC

TC 1 Nord-, Mittel-, Südamerika mit den benachbarten Inseln, Grönland und die USA-Territorien im Pazifik
TC 2 *IATA*-Europa, Afrika, Mittlerer Osten bis einschließlich Iran
TC 3 Asien, Australien und die Inseln im Pazifischen Ozean.

Innerhalb ihrer Gebiete sind die Verkehrskonferenzen selbständig. Ihre Entscheidungen müssen **einstimmig** getroffen werden und bedürfen der Genehmigung der Regierungen.

Die im *IATA*-Luftverkehr angewendeten geographischen Begriffe weichen teilweise von den allgemeinen geographischen Begriffsbestimmungen ab. So umfaßt:

IATA-Europa: geographisches Europa, asiatische Türkei, Kanarische Inseln, Madeira, Algerien, Marokko, Tunesien, Inseln des Mittelmeers außer Zypern

Nahen Osten (Middle East): Aden, Ägypten, Bahrein-Inseln, Föderation Arabischer Emirate (u. a. Abu Dhabi, Dubai), Iran, Irak, Israel, Jordanien, Kuweit, Libanon, Quatar, Saudi-Arabien, Sudan, Sultanat Maskat und Oman, Syrien, Volksrepublik Süd-Yemen, Yemen, Zypern

5 Der Spediteur und die Verkehrsträger

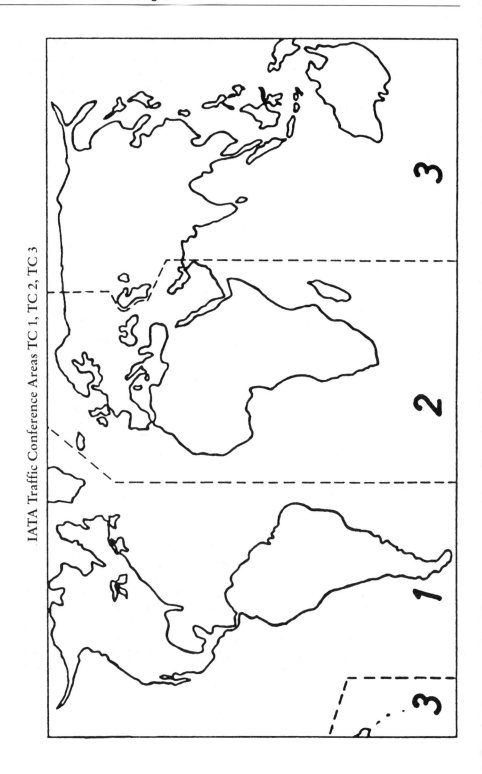

Luftfrachtverkehr 5.5

„IATA Europa"

5.5.5 Luftfrachttarife

Tarifgrundlage Für die Luftfrachtbeförderung gelten jeweils die am Tag der *AWB*-Ausstellung gültigen Tarife. Sie sind entweder **Transportpreise pro kg bzw. lb (Luftfrachtraten)** oder aber **Festbeträge (Mindestfrachtkosten), Behälter- u. Palettentarife** (Pauschalpreise bei besonderen Tarifkonzepten). Sämtliche Tarifarten **gelten grundsätzlich vom Abgangs- bis zum Bestimmungsflughafen**. Eine Ausnahme bilden lediglich die Haus-zu-Haus-Tarife.

TACT Die **Luftfrachttarife** werden in den Tarifhandbüchern der Fluggesellschaften veröffentlicht. Das wichtigste Tarifwerk, an dessen Herausgabe fast 100 Luftverkehrsgesellschaften beteiligt sind, heißt *The Air Cargo Tariff (TACT)*. Es erscheint in den drei Bänden *TACT rules, TACT worldwide* (except North America) und *TACT North America*.

Tarifgefüge, IATA Das *IATA*-Tarifgefüge, an dem sich auch *Nicht-IATA*-Carrier orientieren, ist in folgende Gruppen unterteilt:

a) Mindestfrachtbeträge – **Minimum Charges**
b) Allgemeine Frachtraten – **General Cargo Rates**
c) Warenklassenraten – **Class Rates**
d) Spezialraten – **Specific Commodity Rates**
e) Container- und Palettentarife – **Unit Load Devices (ULD) Charges**
f) **Besondere Tarifkonzepte**

In den Frachttarifen sind die für **Nebenleistungen** zu erhebenden Entgelte **nicht eingeschlossen**.

Frachtzahlung Die Beförderungskosten können am Abgangsflughafen **(pp = prepaid)** oder am Bestimmungsflughafen **(cc = charges collect)** gezahlt werden. Dabei dürfen die Gewichtskosten (weight charges) und die anderen Kosten (other charges) auf demselben Frachtbrief in „prepaid" und „charges collect" aufgeteilt, nicht aber darf die einzelne der beiden Kostenarten gesplittet werden.

Die **Frachtkostennachnahme** ist nach einigen im *TACT rules* aufgeführten Ländern nicht möglich.

Die nachstehend aufgeführten Güter dürfen unter Frachtkostennachnahme nur dann zum Versand kommen, wenn der Absender oder der Empfänger vor dem Versand eine entsprechende Sicherheit leistet:

– Gegenstände und Waren, die an eine Regierungsstelle, an einen nicht in Freiheit befindlichen Empfänger oder an einen Empfänger, der identisch mit dem Absender ist, adressiert sind

- Waren, deren Verkaufswert geringer ist als die Frachtkosten sind
- lebende Tiere
- leichtverderbliche Güter
- sterbliche Überreste
- persönliche Effekten und gebrauchtes Haushaltsgut.

Grundsätzlich haftet der Absender für die Nachnahmekosten, falls die Sendung am Bestimmungshafen nicht eingelöst wird.

Da die **Frachtraten in der Währung des Abgangslandes veröffentlicht** sind und auch so im Luftfrachtbrief erscheinen, erfolgt die Zahlung der Prepaid-Kosten in der Landeswährung.

Die Frachtkostennachnahme ist in der Währung des Bestimmungslandes zu entrichten.

Dabei ist als **Umrechnungskurs der Bankkurs** nur dann anzuwenden, wenn dieser für die Luftverkehrsgesellschaft günstiger ist als der *IATA*-**Umrechnungskurs**. | IATA-Umrechnungskurs

Die Frachttarife für den internationalen Verkehr werden auf den *IATA*-Verkehrskonferenzen zwischen den Mitgliedern der Gruppe „*Tariff Coordination*" vereinbart und bedürfen der Genehmigung der interessierten Regierungen. Im Zuge der Liberalisierung des Weltluftverkehrs können sie aber auch ohne Mitwirkung der *IATA* in ein- oder mehrseitiger Tarifgestaltung eingeführt werden. Es handelt sich hier meist um Sondertarife, die der jeweiligen Marktsituation angepaßt sind **(Marktpreise)** und erheblich unter den *IATA*-Tarifen liegen. Marktpreise sind nicht im *TACT* veröffentlicht.

Zur Verwirklichung des EG-Binnenmarktes war es notwendig, EG-einheitliche Tarifrichtlinien für den Luftverkehr festzusetzen.

Tarife des Inlandverkehrs schlägt die nationale Fluggesellschaft ohne Mitwirkung der *IATA* der Landesregierung zur Genehmigung vor. In der Bundesrepublik ist Gesetzesgrundlage für die Genehmigung § 21 des *Luftverkehrsgesetzes (LVG)*.

Bei der **Frachtberechnung** sind – außer bei den *Unit Load Devices* und Pauschaltarifen – das **Bruttogewicht oder das Volumengewicht zugrunde zu legen**. | Frachtberechnung; Luftfracht

Unter Aufrundung auf das nächste halbe oder volle Kilogramm ist das **Bruttogewicht** auch das zu berechnende Gewicht *(chargeable weight)*, wenn **1 kg einen Rauminhalt von 6000 cm³** nicht überschreitet.

Eine **Volumenberechnung** kommt also dann zur Anwendung, wenn eine Luftfrachtsendung **mehr als sechsmal messend** ist, d. h. wenn eine Frachttonne mehr als sechs cbm Frachtraum beansprucht. Also ist für den Verlader die Volumenberechnung im Luftfrachtverkehr günstiger als bei der Seeschiffahrt.

5 Der Spediteur und die Verkehrsträger

Volumen- Das **Volumengewicht** wird aus den größten rechtwinkligen Ausmaßen nach folgen-
gewicht der Formel ermittelt:

$$\frac{\text{Länge} \times \text{Breite} \times \text{Höhe (in cm)}}{6000} = \text{Volumen-Kilogramm (Vol.-KG)}$$

Für die Aufrundung von Teilen eines Volumen-kg gelten die gleichen Bestimmungen wie bei der Berechnung nach Bruttogewicht-kg.

Bei der Ermittlung des frachtpflichtigen Gewichts für eine Sendung, die aus mehreren Packstücken besteht, ist der Rauminhalt der einzelnen Packstücke zu berechnen und zu addieren, um so das Gesamtvolumen mit dem Gesamtgewicht vergleichen zu können.

Breakpoint Grundregel bei jeder Frachtberechnung ist, daß durch Erhöhung des zu berechnenden Gewichts auf eine Gewichtsstufe (breakpoint), für die die Anwendung einer günstigeren Rate möglich ist, das höhere Gewicht zugrunde gelegt werden kann, um dadurch einen Frachtvorteil zu erhalten.

Mindest- Für die Beförderung von **Kleinsendungen** hat die *IATA* innerhalb bestimmter, im Tarif
fracht- näher bezeichneter Gebiete **Mindestfrachten (Minimum Charges)** festgesetzt. Wenn
beträge/ die Gewichts- oder Volumen-Frachtkosten niedriger sein sollten als die Mindest-
Minimum frachten, müssen letztere angewendet werden. **Wertzuschläge** finden bei dieser Berechnung keine Berücksichtigung.

Allgemeine Die **Allgemeinen Frachtraten (General Cargo Rates)** sind unterteilt in
Fracht-
raten/GCR   a) Normalraten – **Normal Rates** *(N)*
   b) Mengenrabattraten – **Quantity Discount Rates** *(Q)*.

Die **Normalraten** gelten für Sendungsgewichte **bis 45 kg**. Sie sind die Grundlage des gesamten Ratengefüges. Alle anderen Luftfrachtraten werden von ihnen abgeleitet.

Mengenrabattraten sind Raten für Gewichtsstaffelungen **über 45 kg** hinaus.

Waren- Die **Warenklassenraten – Class Rates** – gelten für einige wenige, im Tarif **näher**
klassen- **bezeichnete Warenarten.** Diese Raten sind entweder höher oder niedriger als die
raten/CR Allgemeinen Frachtraten. Sie werden grundsätzlich nicht in festen Beträgen je kg oder lb veröffentlicht, sondern sind – bezogen auf die jeweilige Normalrate – **durch prozentuale Aufschläge (surcharge)** oder **Abschläge (reduction)** zu bilden. Bei der Tarifierung ist zu berücksichtigen, daß zu einigen Bestimmungsflughäfen Spezialfrachtraten veröffentlicht sind, die preisgünstiger sein können.

Luftfrachtverkehr 5.5

Die Warenklassenraten werden u. a. für folgende Warenarten angewendet:

Zeitungen, Zeitschriften, Bücher, Magazine, Kataloge und Blindenschriftausrüstungen – Für Sendungen ab fünf kg wird eine Ermäßigung von 50 Prozent gewährt. Innerhalb Europas und zwischen Europa und dem Verkehrsgebiet TC 1 beträgt dieser Rabatt 33 Prozent. Es werden die normalen Mindestfrachtkosten berechnet. Sonderregelungen gelten für Sendungen von bestimmten Ländern nach bestimmten Ländern oder in bestimmte Tarifgebiete.

Unbegleitetes Reisegepäck – Das sind die persönlichen Effekten (personal effects) des Passagiers, die nicht als Reisegepäck, sondern als Luftfracht befördert werden. Die Frachtbeförderung ist für den Fluggast preisgünstiger, weil er für jedes kg Gepäck, das über seine Freigrenze hinausgeht, Übergepäckkosten in Höhe von einem Prozent des 1.-Klasse-Flugpreises zu zahlen hätte. Die Ermäßigung beträgt 50 Prozent der Normalrate innerhalb der Verkehrsgebiete TC 2 und TC 3, zwischen diesen Gebieten, zwischen TC 1 und TC 2, jedoch nicht nach und von den USA und US-Territorien und nicht innerhalb *IATA*-Europa. Als Minimum werden zehn kg zur ermäßigten Rate berechnet.

Lebende Tiere – Sie werden teils mit einem Aufschlag, teils ohne Aufschlag befördert, bei letzterem u. U. ohne Berücksichtigung eines sonst möglichen Mengenrabatts. Es kommen die normalen Minimum-Frachtkosten zur Anwendung. Sonderregelungen bestehen für den Transport von Tieren in Ställen.

Sterbliche Überreste – Im Verkehr innerhalb des Verkehrsgebietes TC 2 wird ein Aufschlag von 100 Prozent bei Särgen und 200 Prozent bei Urnen auf die Normalrate erhoben. Beim Transport zwischen Europa und Fernost sowie im Atlantikverkehr ist die Normalrate anzuwenden. Urnen werden auf diesen Verkehrsverbindungen nach allgemeinen Frachtraten tarifiert.

Wertfrachten – Waren aller Art mit einem deklarierten Beförderungswert ab 1000 US-Dollar oder Gegenwert pro Brutto-kg, Gold, Platin, Platinmetalle, Wertpapiere, Banknoten, Aktien, Coupons, Reiseschecks, Diamanten (einschließlich Zuchtperlen) – Innerhalb und zwischen allen Verkehrsgebieten wird ein **Aufschlag von 100 Prozent auf die Normalrate** berechnet. Mengenrabatt kommt nicht zur Anwendung. Das **Minimum beträgt 200 Prozent der normalen Mindestfrachtkosten**. Für Wertsendungen über 1000 kg bestehen teilweise niedrigere Raten.

Die Luftverkehrsgesellschaften haben zur Förderung des Luftfrachtverkehrs für eine große Anzahl von Gütern Spezialraten – **Specific Commodity Rates** – eingeführt. Diese Spezialraten sind gegenüber den Allgemeinen Frachtraten **stark ermäßigt** und gelten **nur für die im Tarif bekanntgegebenen Verkehrsverbindungen**. Sie können auf die Dienste bestimmter Fluggesellschaften begrenzt sein und werden dann im *TACT* entsprechend gekennzeichnet.

Spezialfrachtraten/SCR/CO-Raten

Jede Ware, für welche eine **Spezialrate** eingeräumt ist, trägt eine **Kennzahl – Item No. –**. Im Tarif ist lediglich die Kennzahl angegeben.

Eine besondere **Übersicht der einzelnen Warenbeschreibungen** gibt Aufschluß über die zugeordneten **vierstelligen Kennzahlen**, wobei die erste Stelle immer den Oberbegriff für die verwandten Warengattungen erkennen läßt mit der Ausnahme, daß unter der mit 9 beginnenden Kennziffer auch nicht verwandte Warenarten aufgeführt, teilweise sogar in einer Kennziffer zusammengefaßt sind.

Die **Warengattungen** sind zu folgenden **Kennzahlgruppen** zusammengefaßt:

Kennzahl - Item No.	Beschreibung der Ware:
0001-0999	genießbare Tier- und Pflanzenprodukte
1000-1999	lebende Tiere und ungenießbare Tier- und Pflanzenprodukte
2000-2999	Textilerzeugnisse, Bekleidung, Schuhwaren
3000-3999	Metalle und Metallartikel, ausgenommen Maschinen und Elektroausrüstungen
4000-4999	Maschinen, Fahrzeuge und Elektroausrüstungen
5000-5999	nichtmetallische Minerale und Produkte
6000-6999	Chemikalien und verwandte Erzeugnisse
7000-7999	Papier, Rohr, Kautschuk, Holz und Erzeugnisse daraus
8000-8999	wissenschaftliche, Berufs- und Präzisions-Instrumente, Apparate und Zubehör
9000-9999	Verschiedenes

Wenn eine Ware unter verschiedenen Warenbeschreibungen eingeordnet werden kann, muß immer diejenige für die Tarifierung zugrunde gelegt werden, welche die spezifiziertere ist. Das gilt auch für den Fall, daß diese Rate höher ist.

Die **Warenbezeichnungen** schließen grundsätzlich auch „Teile" (parts) ein. Das sind solche Gegenstände, die wesentlich für den Gebrauch des Hauptartikels sind. Nicht eingeschlossen sind „Zubehör" (accessories) und Ausrüstungsgegenstände (supplies), die nicht integrierender Bestandteil des Hauptartikels sind.

Bei der Frachtkostenberechnung müssen stets die im Tarif angegebenen Mindestgewichte berücksichtigt werden.

Spezialfrachtraten können nach einem schnellen Verfahren eingeführt werden. Ein interessierter Verlader mit regelmäßigem, größerem Aufkommen muß einen schriftlichen Antrag bei einem Carrier einreichen. Dieser leitet ihn an die *IATA* weiter, welche die im Abgangsland operierenden Fluggesellschaften befragt und kurzfristig entscheidet.

Im Laufe der Zeit wurden folgende **besondere Tarife** ergänzt:

a) **Haus-zu-Haus-Tarife**
Das sind **nach Gewichten gestaffelte Endpreise**, die außer den reinen Luftfrachtkosten auch die Kosten für Abholung und Zustellung, die Ausstellung der Beförderungsdokumente, die Zollabfertigung und die Transportversicherung einschließen.

b) **Expreßtarife**
Unter Zahlung eines Aufschlags auf die normalerweise zu berechnenden Frachtkosten werden **besonders eilige, zumeist kleine Sendungen** durch die anbietenden Fluggesellschaften bei der Export- und Importabfertigung bevorzugt behandelt.

c) **Pauschaltarife pro Stück/Einheit**
Es handelt sich um Gesamtpreise (*flat charges*), die unabhängig vom Gewicht des Stücks oder der Einheit **für besondere Sendungsarten auf bestimmten Strecken** berechnet werden (z. B. Pkw, Pferde einschließlich Stallmiete und Reinigungsgebühren für den Stall).

d) **Kontraktraten**
Kontraktraten sind **zwischen Absender und Carrier schriftlich vereinbarte Sonderraten**, die auf einer Mindesttonnage für einen festgelegten Zeitraum basieren für Urversender und für Spediteure/Sammellader.

Besondere Tarifkonzepte; Luftfracht

Die Verwendung von Containern und Paletten als Ladeeinheiten – Unit Load Devices = ULD – dient wie bei anderen Verkehrsträgern der **Rationalisierung der Güterbeförderung** und bietet den am Luftfrachtverkehr Beteiligten folgende Vorteile:

- Standardisierung der Verpackung und Einsparungen an Verpackungsmaterial und Verpackungskosten
- optimale Nutzung des Frachtraumes durch flugzeugsystemgerechte Palettenausmaße und Containerkonturen
- geringes Beschädigungs- und Verlustrisiko
- schnelles Beladen und Entladen der Flugzeuge
- Haus-Haus-Verkehr
- Frachtrabatte für den Kunden.

ULD Container- u. Palettentarife

Das **ULD-Programm der *IATA*** unterscheidet zwischen Containern und Paletten, die Eigentum der Fluggesellschaften sind, und privaten Ladeeinheiten. Letztere sind jedoch in der Praxis ohne Bedeutung.

Dem Nutzer dieses Programms stehen eine Reihe von **Paletten- und Containertypen** unterschiedlicher Größen zur Verfügung, die im *TACT* aufgeführt und beschrieben sind. Es handelt sich um flugzeugsystemgerechte Ladeeinheiten, die innerhalb der Laderäume der Maschinen auf Rollenböden bewegt werden.

5 Der Spediteur und die Verkehrsträger

Sie kommen natürlich bei den Fluggesellschaften auch außerhalb des Paletten/Container-Tarifprogramms als Ladehilfsmittel zum Einsatz. Verschiedene Carrier verfügen über Speziallademittel in Form von Kühlcontainern, Pferde- und Rinderställen, Kleidercontainern und Pkw-Transportpaletten.

FAK Die Warenart hat keinen Einfluß auf die Frachtkosten, nur das Gewicht ist maßgebend. So erklärt sich auch die neben „Bulk Unitization" gebrauchte Bezeichnung „**FAK**" – **freight all kind = Fracht jeder Art**. Die Frachtkosten für FAK-Ladeeinheiten liegen bei optimaler Nutzung des zur Verfügung stehenden Raumes erheblich unter den Kosten, die bei Nichtbenutzung eines solchen Lademittels aufgrund der Allgemeinen Frachtrate oder einer Spezial-Frachtrate zu berechnen wären.

Durch- Es muß auf jeden Fall sichergestellt sein, daß Größe und Kontur der Lademittel den
paletten Flugzeugtransport vom Abgangs- bis zum Bestimmungsflughafen auch dann zulassen, wenn auf Umladeflugplätzen ein Wechsel des Flugzeugtyps erfolgt (Durchpalettendienst). Der **Absender und der Empfänger sind gehalten, die Paletten und Container selbst zu beladen bzw. zu entladen**. Die Ladeeinheiten werden dem Absender und dem Empfänger für jeweils 48 Stunden kostenlos zur Verfügung gestellt, um auch auf diese Weise einen Anreiz für den Haus-Haus-Verkehr zu geben.

Ausgeschlossen von der Beförderung im ULD-Programm sind sterbliche Überreste, lebende Tiere, Wertfrachten und solche Sendungen, die auf Grund ihrer Gefährlichkeit besonderen Beförderungsbedingungen gem. „*IATA Dangerous Goods Regulations*" unterliegen.

Pivot Im Gegensatz zu den sonst üblichen **Gewichtsraten** erfolgt die **Preisquotierung in**
Weight **einem Festbetrag je Paletten- oder Containereinheit**. Dieser ist abhängig vom
Pivot Fassungsvermögen der Ladeeinheit und **gilt bis zu dem im Tarif genannten Ge-**
Charge **wichtslimit (pivot weight)**, das insofern frachtpflichtiges Mindestgewicht ist.

Ausgehend von Flughäfen in den USA nach Flughäfen in TC 2 und TC 3 sind keine Festbeträge pro ULD veröffentlicht, sondern Raten auf kg-Basis (pivot rates). Sie sind nur bei der Beförderung mit bestimmten im Tarif genannten Fluggesellschaften gültig. Auch von Montreal/Canada nach bestimmten Flughäfen in Afrika bestehen solche „pivot rates".

Diese Pivot-Rates gelten für alle Paletten und Container und sind bis zum frachtpflichtigen Mindestgewicht anzuwenden.

Die frachtpflichtigen Mindestgewichte sind in einer Tabelle im Tarifhandbuch veröffentlicht.

Over Pivot
Weight Wird das Pivot-Gewicht bei einer ULD-Sendung überschritten, so ist für das darüber-
Over Pivot liegende Gewicht bis zur maximalen Auslastung des Paletten/Behältertyps die im
Rate Tarif genannte kg-Rate (**over pivot rate**) anzuwenden.

Luftfrachtverkehr 5.5

Behälter/ Flugzeugkonturen

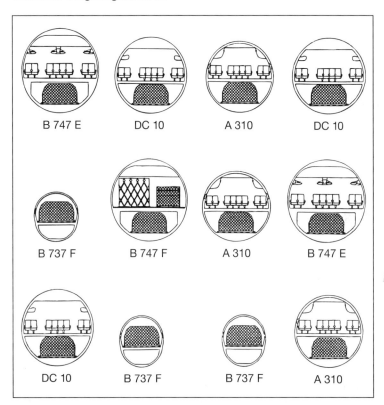

Die Luftfrachttarife gelten nur für die Beförderung von Flughafen zu Flughafen. **Nebenkosten werden getrennt berechnet.** Diese Nebenkosten sind im *Luftfracht-Nebengebührenverzeichnis – LNGV –* enthalten. *Luftfracht-Nebengebühren-Verzeichnisse (LNGV's)* sind unternehmensbezogene Preis-Verzeichnisse, in denen die Nebengebühren für die betreffenden Flughäfen aufgeführt sind. Der entsprechende Tarif des nationalen Carriers Lufthansa Cargo AG heißt *Lufthansa Cargo Nebengebührentarif (LNGT) (siehe auch 5.5.10 LNGT; GWB § 99).*

Luftfracht-Nebengebührenverzeichnis LNGV

Im ausgehenden Verkehr:
- Abfertigungsgebühren (nach dem Gewicht der Sendung gestaffelt)
- AWB-Ausstellungsgebühr
- zollamtliche Abfertigung
- Ausfertigung und Besorgung von Konsulatsfakturen, Ursprungszeugnissen usw.
- Formularkosten und Beglaubigungsgebühren lt. Auslage
- Terminal-Gebühren

Im einkommenden Verkehr:
- Abfertigungsgebühren für Freigüter und solche Sendungen, die einer Zollbehandlung bedürfen
- Vorlageprovision für Zölle, Frachten und Auslagen

Örtliche Rollgebühren für ausgehende und einkommende Luftfrachtsendungen
- Vortransport- und Nachlaufkosten
- Lagergebühren

Zusätzliche Kosten
- für Leistungen, die aufgrund von Gesetzen, behördlichen Auflagen oder Wünschen des Kunden über die normale Abwicklung hinausgehen
- Telefon-, Telegramm-, Fax- oder Fernschreibgebühren nach Auslage, ausgenommen die erste Benachrichtigung des Empfängers
- für Abfertigung im automatisierten Luftfrachtabfertigungsverfahren

5.5.6 Der Beförderungsvertrag

Luftfrachtbrief/ Air Waybill Vertragsdokument für die Luftfrachtbeförderung ist der **Luftfrachtbrief (Air Waybill = AWB)**. Er ist nach dem *Warschauer Abkommen* alleiniger **Warenbeförderungsschein vom Abgangs- zum Bestimmungsflughafen.**

Der zwischen Carrier und Absender zu schließende Beförderungsvertrag kann auch durch deren Bevollmächtigte gezeichnet werden. Der Luftfrachtspediteur ist in Erfüllung seines Auftrags gegenüber dem Kunden einerseits und als Agent des Carriers andererseits unterschriftsberechtigt.

Der *AWB* dient nicht nur der **Beweisführung für den Vertragsabschluß**, er ist bzw. kann **gleichzeitig** auch sein:

- Annahmebestätigung
- Anweisung für Behandlung und Leitweg
- Zolldeklaration
- Frachtrechnung
- Auslieferungsbestätigung
- Versicherungspolice

Für alle Textangaben soll die englische, französische, deutsche oder spanische Sprache verwendet werden.

Der im Kopf des *AWB* eingedruckte Hinweis „**not negotiable**" (nicht begebbar) kennzeichnet den Luftfrachtbrief als **nicht handelbar**. Er ist im Gegensatz zum Kon-

Luftfrachtverkehr 5.5

nossement **kein Traditionspapier**, repräsentiert somit nicht die Ware und ist **lediglich Begleitdokument**.

Der Absender haftet dem Luftfrachtführer für die Richtigkeit und Vollständigkeit aller Angaben im Luftfrachtbrief.

Der **Air Waybill-Satz** besteht aus **drei Originalen** und mindestens sechs bis maximal elf Kopien. Die Ausfertigungen werden wie folgt verwendet:

Original 1 für die ausstellende **Luftverkehrsgesellschaft** (grün)
Original 2 für den **Empfänger** (rot), begleitet die Sendung
Original 3 für den **Absender** (blau)

Der Verwendungszweck der **Kopien 4 bis 14** ist am unteren Rand der Ausfertigung angegeben. U. a. dienen die Kopien als **Auslieferungsbestätigung** (gelb) sowie als Unterlage für die am Transport beteiligten **Luftverkehrsgesellschaften** für den *IATA*-**Agenten** und für **Zollbehörden**.

Auf der **Rückseite** der drei Originale sind die „**Conditions of Contract**" angegeben.

Nachträgliche Verfügungen (Änderung des Routings bzw. Bestimmungsflughafens) können nur durch den Beteiligten erfolgen, der im Besitz des Orignal 3 ist.

Sämtliche AWB-Ausfertigungen tragen den **dreistelligen Zahlen-Code** des den Frachtbrief zur Verfügung stellenden Carriers mit nachfolgender Seriennummer. Die Code-Nummern der weltweit operierenden Fluggesellschaften sind im *TACT* rules aufgeführt.

Moderne Bürotechnik unter Einsatz **elektronischer Datenverarbeitung** machte es sinnvoll, keine carriereigenen *AWB*-Dokumente an die Agenten zu vergeben. So werden dem *IATA*-Spediteur auf Wunsch lediglich **AWB-Nummernkreise** zugewiesen, die er zur Vervollständigung von neutralen, dem *IATA*-Standard entsprechenden Frachtbriefen verwenden kann.

Folgende Eintragungen ergeben den **vollständigen Luftfrachtbrief**:

(1) **Drei-Buchstaben-Code** des Abgangsflughafens

(2) **Shipper's Name und Address**
Vollständiger Name und die Adresse des Absenders

(3) **Shipper's Account Number**
Bei elektronischer Abrechnung des *AWB* die Abrechnungsnummer des Absenders.

Muster Luftfrachtbrief

Shipper's Name and Address 2)	Shipper's Account Number 3)	Not negotiable **Air Waybill** Issued by
		Copies 1, 2 and 3 of this Air Waybill are originals and have the same validity
Consignee's Name and Address 4)	Consignee's Account Number 5)	It is agreed that the goods described herein are accepted in apparent good order and condition (except as noted) for carriage SUBJECT TO THE CONDITIONS OF CONTRACT ON THE REVERSE HEREOF. THE SHIPPER'S ATTENTION IS DRAWN TO THE NOTICE CONCERNING CARRIERS' LIMITATION OF LIABILITY. Shipper may increase such limitation of liability by declaring a higher value for carriage and paying a supplemental charge if required.
Issuing Carrier's Agent Name and City 6)		Accounting Information
Agent's IATA Code 7)	Account No. 8)	

1)

Airport of Departure (Addr. of first Carrier) and requested Routing
9)

to	By first Carrier Routing and Destination 11)	to	by	to	by	Currency 12)	CHGS Code 13)	WT/VAL PPD COLL 14)	Other PPD COLL 15)	Declared Value for Carriage 16)	Declared Value for Customs 17)

Airport of Destination 18)	Flight/Date For Carrier Use only Flight/Date 19)	Amount of Insurance 20)	INSURANCE - If carrier offers insurance and such insurance is requested in accordance with conditions on reverse hereof, indicate amount to be insured in figures in box marked „Amount of Insurance".

Handling Information
21)

No of Pieces RCP	Gross Weight	kg lb	Rate Class Commodity Item No.	Chargeable Weight	Rate / Charge	Total	Nature and Quantity of Goods (incl. Dimensions or Volume)
22 a) 22 b)	22 c)	d) e)	22 f)	22 g)	22 h)	22 i)	22 j)

Prepaid	Weight Charge 23)	Collect	Other Charges 32)
	Valuation Charge 24)		
	Tax 25)		
	Total Other Charges Due Agent 26 a)		Shipper certifies that the particulars on the face hereof are correct and that insofar as any part of the consignment contains dangerous goods, such part is properly described by name and is in proper condition for carriage by air according to the applicable Dangerous Goods Regulations.
	Total other Charges Due Carrier 26 b)		
			33) Signature of Shipper or his Agent
Total prepaid	Total collect 27)		34)
Currency Conversion Rates 28)	cc charges in Dest. Currency 29)		Executed on (Date) at (Place) Signature of Issuing Carrier or its Agent
For Carrier's Use only at Destination	Charges at Destination 30)	Total collect Charges 31)	

Original 3 (For Shipper)

(4) **Consignee's Name and Address**
Name und vollständige Postadresse des Empfängers

(5) **Consignee's Account-Numer**
Bleibt frei für die Abrechnungsnummer des Empfängers bei einer eventuellen elektronischen Abrechnung der ausliefernden Fluggesellschaft.

(6) **Issuing Carrier's Agent, Name and City**
Firmenname und -sitz des ausstellenden *IATA*-Agenten

(7) **Agent's IATA-Code**
IATA-Nummer des ausstellenden *IATA*-Agenten und, ergänzend, seine CASS-Registrier-Nummer.

(8) **Account-No**
Abrechnungsnummer des Agenten (bei EDV-Abrechnung)

(9) **Airport of Departure** (Address of First Carrier) and **Requested Routing**
Ausgeschriebener Name der Stadt (oder des Flughafens), in der (oder wo) die Luftfrachtbeförderung beginnt. Dieser gilt gleichzeitig als Anschrift des ersten Frachtführers. Ferner kann die gewünschte Streckenführung eingetragen werden.

(10) **Accounting Information**
Besondere Abrechnungsinformationen. Beispiel: Barzahlung, Zahlung durch Scheck, Kontrakt-Nr.

(11) **Routing and Destination**
Feld „by first carrier": Name des ersten Luftfrachtführers mit seiner Kurzbezeichnung
Feld „to": *IATA-3-Buchstaben-Städte-Code*
Feld „by": *IATA-2-Buchstaben-Code* der Luftverkehrsgesellschaften, die für den Transport auf den jeweiligen Teilstrecken vorgesehen sind

(12) **Currency**
ISO-Währungscode (drei Buchstaben) des Abgangslandes. Alle im Frachtbrief eingesetzten Beträge müssen in dieser Währung ausgewiesen sein mit Ausnahme der *„CC-Charges in Destination Currency"*, Feld 29, 30 und 31.

(13) **Charges Code**
Freibleibend für den Carrier

(14) **Weight Charge and Valuation Charge-Prepaid/Collect**
Frachtkosten, d. h. Gewichtskosten und Wertzuschlag müssen entweder ganz **vorausbezahlt** oder ganz **nachzunehmen** sein. Dies ist durch Eintragung eines „**x**" in dem entsprechenden Feld zu kennzeichnen.

(15) **Other Charges at Origin – Prepaid/Collect**
Alle übrigen Kosten, die am Abgangsort entstehen, entweder als ganz **vorausbezahlt** oder als ganz **nachzunehmen**. Die Kennzeichnung erfolgt durch ein „**X**" in dem betreffenden Feld.

(16) **Declared Value for Carriage**
Der vom Absender deklarierte Wert für die Beförderung, welcher die Höhe des vom Luftfrachtführer gegebenenfalls zu erhebenden Wertzuschlags bestimmt

Wenn für die Beförderung kein Wert deklariert wird, muß die Abkürzung „NVD" (no value declared) eingetragen werden. (Der Hinweis „no value" ist keine ausreichende Eintragung.)

(17) **Declared Value for Customs**
Der nach den Angaben des Absenders für Zollzwecke deklarierte Wert, falls dies für die Zollabfertigung erforderlich ist

(18) **Airport of Destination**
Ausgeschriebener Name der Stadt (oder des Flughafens), in der die Luftbeförderung endet

(19) **Flight/Date**
Flugdaten der Flüge, für die Buchungen vorgenommen oder die Sendungen disponiert wurden

(20) **Amount of Insurance**
Nur dann auszufüllen, wenn die Sendung über die Luftverkehrsgesellschaft versichert wird

(21) **Handling Information**
All jene Informationen, die aus Eintragungen an anderer Stelle des Luftfrachtbriefes nicht ersichtlich, jedoch aus bestimmten Gründen erforderlich sind (z. B. Markierung und Art der Verpackung; dem Luftfrachtbrief beigefügte Dokumente; besondere Abfertigungshinweise; Name und Anschrift von Personen/Firmen, die zusätzlich zu benachrichtigen sind; bei Gefahrgut der Hinweis auf die beigefügte Absendererklärung „Dangerous Goods as per attached Shipper's Declaration" oder „Shipper's Declaration not required", „Cargo Aircraft only", wenn die gefährlichen Güter nur auf Frachtflugzeugen befördert werden dürfen.

(22) **Consignment Details and Rating**
Für jeden unterschiedlich zu tarifierenden Teil der Sendung ist in den vorgesehenen Spalten eine besondere Zeile zu benutzen.

Luftfrachtverkehr 5.5

(22 a) **Number of Pieces**
Anzahl der Packstücke, bei mehreren Eintragungen zur Gesamtstückzahl zu addieren

(22 b) **RCP (Rate Combination Point)**
Falls erforderlich, ist auf besonderer Zeile der Kombinationspunkt anzugeben, über den die Rate konstruiert wurde (*3-Buchstaben-City-Code*).

Die Konstruktion/Kombination von nicht veröffentlichten Durchraten ist in *TACT* rules und den beiden Tarifbänden geregelt.

(22 c) **Gross Weight**
Für jede Eintragung in Spalte 22 a ist hier das auf 100 g aufgerundete Bruttogewicht zu vermerken und zum Gesamtgewicht zu addieren.

(22 d) **kg/lb**
Für die Gewichtseinheit Kilogramm ist die Abkürzung K und für Pound die Abkürzung L zu verwenden.

(22 e) **Rate Class**
Die anwendbare Tarifart durch einen oder mehrere der nachstehenden Codes kennzeichnet:

M –	Minimumgebühr (minimum charge)
N –	Normalfrachtrate (normal rate)
Q –	Mengenrabattrate (quantity discount)
R –	Warenklassenrate (reduction)
S –	Warenklassenrate (surcharge)
C –	Spezialfrachtrate (specific commodity rate)
U –	Pivot Gewicht (pivot weight) u. Kosten (pivot charges)
E –	Over-Pivot-Gewicht (*over pivot weight*) u. Kosten (*over pivot charges*)
X –	*IATA*-Container/Paletten (auf separater Zeile in Ergänzung zu den Codes U oder U + E
P –	Kleinpaketdienst (small parcel service)
D –	Haus-zu-Haus-Sendung (door-to-door shipment)
K –	Kontraktrate

(22 f) **Commodity Item Number**
Bei Anwendung einer Spezialfrachtrate: vierstellige Kennzahl

Kommt die Sendung unter einer Warenklassenrate zum Versand, wird der für die Frachtkostenberechnung maßgebliche Prozentsatz vermerkt.

Bei einer ULD-Tarifierung: Code für den Paletten-/Containertyp und zwar in Höhe der Kennzeichnung „X" in Spalte „Rate Class"

(22 g) **Chargeable Weight**
Frachtpflichtiges Brutto- oder Volumengewicht (das jeweils höhere Gewicht muß berücksichtigt werden)

Bei Minimum-Sendungen erfolgen keine Gewichtseintragungen.

(22 h) **Rate/Charge**
Auf jeweils gleicher Zeile zu den Eintragungen in Spalte „Rate Class" die anwendbaren kg- oder lb-Raten bzw. die Minimum Charge, die Pivot Weight Charges und die Pauschaltarife für besondere Sendungsarten

(22 i) **Total**
Für jede in Spalte „Rate/Charge" auf besonderer Zeile erfolgte Eintragung sind hier die Frachtkosten, gegebenenfalls auch Containerrabatte auszuwerfen. Müssen mehrere Positionen berücksichtigt werden, ist die Endsumme unter dem Querstrich einzusetzen.

(22 j) **Nature and Quantity of Goods**
Genaue Warenbezeichnung; sofern erforderlich das Ursprungsland; die Packstückausmaße, wenn eine Volumenberechnung zugrunde liegt, oder das bereits errechnete Volumengewicht; Ausmaße bei Wertsendungen; die spezifische Bezeichnung der gefährlichen Güter und deren Klassifikation; bei Verwendung von Flugzeugpaletten/ -behältern die betreffende *IATA*-Kennzeichnung und zwar auf der Zeile, auf der in Spalte „Rate Class" der Code „X" angebracht ist.

(23) **Weight Charge Prepaid/Collect**
Frachtkosten gemäß Spalte „Total" als insgesamt „prepaid" oder insgesamt „collect"

(24) **Valuation Charge Prepaid/Collect**
Betrag, der als Wertzuschlag aufgrund einer Beförderungswertangabe durch den Absender (prepaid) oder den Empfänger (collect) zahlbar ist

(25) **Tax Prepaid/Collect**
Öffentliche Abgaben, die im Zusammenhang mit den Frachtkosten und Wertzuschlägen erhoben wurden, als „prepaid" oder „collect"

(26) **Total Other Charges Prepaid/Collect**

a – Due Agent
Summe der unter Ziffer (32) spezifizierten „Other Charges" zugunsten des Agenten, sofern diese nachzunehmen sind. Für das Inkasso beim Empfänger berechnen die Fluggesellschaften eine besondere Gebühr (agents disbursement fee). Auch die Prepaid-Kosten für die Ausstellung des Luftfrachtbriefs (AWB-fee) werden dort erfaßt.

Luftfrachtverkehr 5.5

b – Due Carrier
Summe der Kosten und Gebühren gem. Feld (32) zugunsten des Luftfrachtführers, und zwar unaufgeteilt nach „prepaid" oder „collect"

(27) **Total Prepaid/Collect**
Diese Felder dienen der Addition sämtlicher Prepaid- und Collect-Kosten.

(28) **Currency Conversion Rates**
Zur Ermittlung der Collect-Kosten in der Landeswährung des Bestimmungsflughafens trägt hier der ausliefernde Luftfrachtführer den Umrechnungskurs ein.

(29) **CC-Charges in Dest. Currency**
Die vom Empfänger nachzunehmenden Kosten bei Charges-Collect-Sendungen, die in der Währung des Abgangslandes im Frachtbrief ausgeworfen werden müssen, sind am Bestimmungsflughafen in die jeweilige Landeswährung umzurechnen und hier einzutragen.

(30) **Charges at Destination**
Kosten, die der ausliefernden Luftverkehrsgesellschaft zur Belastung an den Empfänger entstehen

(31) **Total Collect Charges**
Summe aus den Feldern (29) und (30)

(32) **Other Charges**
Bezeichnung und Höhe der einzelnen Kosten und Gebühren (außer Gewichtskosten, Palettentarife, Wertzuschlag) mit dem Hinweis, zu wessen Gunsten diese Beträge abzurechnen sind. Stehen sie dem Agenten zu, ist dem jeweiligen Einzelbetrag ein „A" voranzusetzen. Die Abkürzung „C" steht für Kosten und Gebühren des Carriers.

Für die nähere Bezeichnung der „Other Charges" können Abkürzungen verwendet werden, so z. B.

AC	=	Animal Container	IN =	Insurance Premium
AW	=	Air Waybill Fee	LA =	Live Animals
BR	=	Bank Release	PU =	Pick Up Charges
CH	=	Clearance, Handling-Origin		
DB	=	Disbursement Fee	RA =	Dangerous Goods Fee
HR	=	Human Remains	SO =	Storage-Origin
			ST =	State Sales Tax

5 Der Spediteur und die Verkehrsträger

(33) **Shipper's Certificate Box**
Unterschrift des Absenders als vertragsschließende Partei oder des Agenten in seiner Eigenschaft als Vertreter/Bevollmächtigter des Absenders (handschriftlich, gedruckt oder gestempelt)

(34) **Carrier's Execution Box**
Datum und Ort der Frachtbriefausstellung, wobei die Monatsangabe nicht als Ordinalzahl erfolgen darf.

Der Frachtführer oder der *IATA*-Agent in seiner Eigenschaft als Vertreter der Luftverkehrsgesellschaft unterzeichnet den Beförderungsvertrag (handschriftlich, gedruckt oder gestempelt)

Wertangabe Wertzuschlag Die Luftverkehrsgesellschaft übernimmt nur dann eine höhere als in den Beförderungsbedingungen festgelegte Haftung, wenn der entsprechende Beförderungswert durch den Absender deklariert, im Luftfrachtbrief als „declared value for carriage" vermerkt und ein Wertzuschlag berechnet wurde. In diesem Fall haftet der Frachtführer bis zur Höhe des deklarierten Wertes, es sei denn, die Luftverkehrsgesellschaft könnte nachweisen, daß der im Luftfrachtbrief angegebene Wert höher ist als der tatsächliche Schaden.

Der **Wertzuschlag beträgt 0,5 %** des Differenzbetrages zwischen der Höchsthaftung gem. Beförderungsbedingungen und dem deklarierten Wert.

5.5.7 Beförderungsbeschränkungen

Allgemeine Beförderungsbeschränkungen Luftfrachtgüter werden nach Maßgabe des **verfügbaren Laderaumes** und entsprechender Einrichtung der Flugzeuge zur Beförderung angenommen. Hierbei wird vorausgesetzt, daß

a) die Beförderung sowie die Aus- oder Einfuhr der Luftfrachtgüter nicht durch Gesetze oder Bestimmungen irgendeines Landes verboten sind, welches angeflogen oder überflogen wird
b) die Luftfrachtgüter in geeigneter Art für die Beförderung im Flugzeug verpackt sind
c) die erforderlichen Verladepapiere vorliegen und daß die Luftfrachtgüter jede Gefährdung von Flugzeug, Personen oder Sachen und jede Belästigung der Fluggäste ausschließen.

Die Luftverkehrsgesellschaften sind berechtigt, aber nicht verpflichtet, den Inhalt der Sendungen zu prüfen.

Der Luftfrachtversand lebender Tiere ist im „*IATA Live Animals Manual*" geregelt und enthält Sonderbestimmungen, die einzuhalten der Absender und die am Transport beteiligten Luftverkehrsgesellschaften verpflichtet sind. **Lebende Tiere**

Diese *IATA*-Vorschriften sehen im wesentlichen vor, daß

- keine kranken und hochtragenden Tiere zum Transport angenommen werden dürfen
- die vorgeschriebenen Transportbehälter Verwendung finden und diese mit besonderen Behandlungsaufklebern versehen werden
- die Behandlungsvorschriften (Fütterung, Tränkung) des Absenders zu beachten sind
- alle erforderlichen Vorkehrungen für eine zügige Abfertigung und Beförderung getroffen werden und damit auch die Einhaltung der Gesundheits-, Quarantäne- und Zollbestimmungen sichergestellt ist
- der Absender alle erforderlichen Unterlagen (Gesundheitszeugnis, Impfbescheinigung, Einfuhrlizenzen) beibringt
- der Absender eine Bescheinigung (Shippers Certificate for Live Animals) abzugeben hat, daß er die besonderen *IATA*-Bestimmungen anerkennt.

Die Bestimmungen über die Beförderung von gefährlichen Gütern sind in den „*IATA Dangerous Goods Regulations*" (DGR) enthalten. Hierin sind einbezogen jene Vorschriften, die die *ICAO* mit den „*Technical Instructions For The Safe Transportation of Dangerous Goods By Air*" als **internationales Recht** gesetzt hat. **Gefährliche Güter/ Dangerous Goods**

Jeder, der Güter zur Gepäck- oder Frachtbeförderung im Luftverkehr aufliefern will, ist in der Bundesrepublik Deutschland **verpflichtet, die DGR-*Vorschriften* zu beachten**. Die Bestimmungen geben Auskunft, welche gefährlichen Güter von der Beförderung als Gepäck und Fracht oder nur als Gepäck ausgeschlossen sind und daher nicht zur Beförderung angenommen werden dürfen.

Bei den bedingt zugelassenen Gütern ist der Absender dafür verantwortlich, daß insbesondere die Vorschriften über die Verpackung, die höchstzulässige Nettomenge pro Versandstück, die Klassifikation des Gefahrenguts sowie dessen korrekte Deklaration in den Versandpapieren und die Kennzeichnung auf der Verpackung beachtet werden.

Dies schließt nicht aus, daß sowohl der *IATA*-Agent als auch der Carrier verpflichtet ist, die **Einhaltung der DGR strengstens zu überprüfen**. Beide müssen über **ausgebildetes Personal** verfügen, dessen **regelmäßige Schulung der Kontrolle des Luftfahrt-Bundesamtes** unterliegt.

Der **Absender ist verpflichtet**, hinsichtlich der Ordnungsmäßigkeit eine besondere **Absendererklärung (Shipper's Declaration)** vorzulegen. **Shipper's Declaration**

Bei Nichtbeachtung der *DGR-Bestimmungen* haften der Absender und/oder der Eigentümer der Güter gegenüber der Fluggesellschaft und Dritten.

Die den *DGR-Bestimmungen* unterliegenden, von der Beförderung ausgeschlossenen oder nur bedingt zugelassenen Stoffe sind insbesondere folgende:

ätzende, explosionsgefährliche, selbstentzündliche, brennbare, giftige, gesundheitsschädliche, radioaktive, oxydierende, zur Polymerisation neigende Stoffe, permanente Magnete und andere Güter, die gefährliche Wirkungen verursachen können, sowie Gase und Krankheitserreger.

Solche Stoffe können auch in Maschinen, Apparaten, Instrumenten und anderen Gegenständen enthalten sein.

DGR-Fee Die Carrier und *IATA-Agenten* erheben für die Abfertigung von Dangerous Goods **eine besondere Gebühr (*DGR-Fee*)**.

5.5.8 Ende des Frachtvertrages

Auslieferung Die **Auslieferung der Sendung** durch den **Luftfrachtführer** wird nur gegen **schriftliche Quittung des Empfängers** und gegen **Erfüllung aller maßgebenden Bestimmungen und Bedingungen des Luftfrachtbriefes** vorgenommen. Empfangsberechtigt ist der im Luftfrachtbrief bezeichnete Empfänger oder sein durch ihn bevollmächtigter Importspediteur.

Banksendungen Da der Luftfrachtvertrag besondere Absenderverfügungen hinsichtlich der Zahlung des Warenwertes (z. B. „Kasse gegen Dokumente") nicht zuläßt, haben im Luftfrachtverkehr die sogenannten „**Banksendungen**" zunehmend an Bedeutung gewonnen.

Der Absender adressiert seine Sendung an das Geldinstitut des Bestellers. Im Frachtbrief erscheinen unter „handling information" dessen Name und Adresse mit der Auflage für die ausliefernde Fluggesellschaft, ihn bei Ankunft der Sendung zusätzlich zu benachrichtigen (Notify-Adresse).

Die Fluggesellschaft am Bestimmungsflughafen avisiert der Bank diese Sendung mit der Bitte um Freistellung an den Endempfänger.

Im Einvernehmen mit ihrem Kunden regelte die Bank die Zahlung und Überweisung des Warenwertes an den Absender und ermächtigt die Fluggesellschaft, die Ware an den Endempfänger auszuliefern. Sämtliche Empfängerrechte und -pflichten aus dem Beförderungsvertrag gehen damit auf ihn über.

Luftfrachtverkehr 5.5

Sind im Luftfrachtbrief nicht besondere Weisungen erteilt, so wird der Empfänger auf gewöhnlichem Wege von der **Ankunft der Güter** benachrichtigt. Der Luftfrachtführer haftet nicht dafür, daß diese Mitteilung nicht ankommt oder sich verspätet. Sofern kein Zubringerdienst zur Adresse des Empfängers besteht, muß der Empfänger die Gütersendung am Bestimmungsflughafen annehmen und sie dort abholen. **Mitteilung über die Ankunft**

Weigert sich der Empfänger, die Sendung zu übernehmen, so hat der Luftfrachtführer zunächst die Weisung des Absenders zu befolgen. Bestehen solche Weisungen nicht, so kann der Luftfrachtführer nach Benachrichtigung des Absenders die Gütersendung zum Abgangsflughafen **zurückbefördern**, um dort die Weisungen des Absenders abzuwarten, oder nach mindestens 30tägiger Lagerung der Gütersendung am Bestimmungsflughafen sie ohne Benachrichtigung im öffentlichen oder privaten Verkehr veräußern. **Annahmeverweigerung; Luftfracht**

Der **Absender haftet** für alle Gebühren und Kosten, die sich aus der Annahmeverweigerung ergeben, einschließlich der Gebühren für die Rückbeförderung. Weigert sich der Absender oder der Eigentümer, diese Kosten zu übernehmen, und werden diese nicht binnen 14 Tagen nach der Rückführung gezahlt, so kann der Luftfrachtführer zum öffentlichen oder privaten Verkauf der Gütersendung schreiten, nachdem er dem Absender unter der im Luftfrachtbrief angegebenen Anschrift mit zehn Tagen Frist von seiner Absicht Kenntnis gegeben hat.

5.5.9 Haftung und Versicherung

Der **Luftfrachtführer haftet für Zerstörung, Verlust, Beschädigung und Verspätung der in seinem Gewahrsam befindlichen Luftfrachtgüter**, sofern der Schaden durch sein vorsätzliches oder fahrlässiges Verhalten verursacht wurde. **Haftung des Luftfrachtführers**

Es handelt sich um eine **Verschuldenshaftung**, der sich der Carrier nur entziehen kann, wenn er selbst den Entlastungsnachweis führt. Außer den Sachschäden sind in der Haftung auch direkte Schadenfolgen eingeschlossen, wie z. B. Transportkosten für Ersatzsendungen, Bereitstellung von Personal, Kreditzinsen und Auslagen für Nachforschungen. Nicht erstattungsfähig sind jedoch indirekte Folgeschäden (Produktionsausfall, entgangener Gewinn, entgangene Geschäftsabschlüsse, Wegfall von Steuerprivilegien usw.).

Der Luftfrachtführer haftet nicht für Schäden, die mittelbar oder unmittelbar durch die Befolgung von Gesetzen und behördlichen Anordnungen sowie durch andere Ereignisse verursacht werden, die außerhalb seiner Einflußnahme liegen.

5 Der Spediteur und die Verkehrsträger

Beweist der Luftfrachtführer, daß der Schaden durch ein Verschulden oder Mitverschulden des Absenders oder Empfängers entstanden ist, kann er sich ganz oder teilweise von der Haftung befreien.

Grundsätzlich beinhaltet die Luftfrachtführer-Haftpflicht eine gesetzlich bzw. vertraglich festgelegte **Höchsthaftung,** bis zu der die Fluggesellschaft bei Nachweis des tatsächlichen Schadens maximal eintritt.

Haftungsbeschränkungen können nur dadurch aufgehoben werden, daß der Absender im Beförderungsvertrag einen **Beförderungswert** deklariert, der über der Haftungshöchstgrenze liegt. Hierfür erhebt die Fluggesellschaft einen besonderen „Wertzuschlag".

In den **Haftungsbestimmungen der Luftverkehrsgesetze** ist nicht definiert, wann eine Verspätung bzw. ein Verspätungsschaden vorliegt. Bei der Abwicklung solcher Schäden unterstellen die Luftverkehrsgesellschaften, daß das Frachtgut innerhalb einer angemessenen und zumutbaren Frist zur Verfügung stehen muß und daß zumindest dann eine Verspätung vorliegt, wenn die Beförderung im Oberflächen- oder Seeverkehr weniger Zeit in Anspruch genommen hätte. Im übrigen bleibt es der **Rechtsprechung** vorbehalten, über das Vorliegen eines Verspätungsschadens zu befinden.

Unbegrenzte Haftung Waren **Vorsatz** oder **grobe Fahrlässigkeit** ursächlich für den Schaden, **haftet** der Luftfrachtführer unbegrenzt.

Höchsthaftungsgrenze WA Die **Höchsthaftungsbeträge** beziehen sich grundsätzlich auf je ein **Kilogramm** der effektiv in Verlust geratenen, beschädigten oder verspäteten Frachtteile einer Sendung, nicht etwa auf das Gewicht des Packstückes oder der Gesamtsendung. Lediglich nach dem „Haager Protokoll" ist das Packstückgewicht zu berücksichtigen, wenn der Schaden auch den Wert anderer Güter in dieser Sendung mindert.

Eine über die Haftungshöchstgrenze hinausgehende, zusätzliche Berücksichtigung der Frachtkosten ist nicht möglich.

Rechtsgrundlage für die Haftung sind die Vertragsbedingungen einer jeden Luftverkehrsgesellschaft, sofern keine gesetzlichen Bestimmungen den Vorrang haben. Solche gesetzlichen Grundlagen sind bei innerstaatlicher Beförderung das jeweilige nationale Recht. Dies ist für die **Bundesrepublik** das *Luftverkehrsgesetz*. Danach beträgt die **Höchsthaftung 67,50 DM.**

Bei **internationaler Luftfrachtbeförderung** sind maßgeblich für die Luftfrachtführer-Haftpflicht die gesetzlichen Bestimmungen

    a) des Abkommens zur Vereinheitlichung von Regeln über die Beförderung im internationalen Luftverkehr *(Warschauer Abkommen von 1929)*

b) des Abkommens zur Vereinheitlichung von Regeln über die Beförderung im internationalen Luftverkehr in der Fassung von Den Haag (**Haager Protokoll von 1955**).

Da nicht alle Staaten diese Gesetze ratifiziert haben, gelten sie nicht grundsätzlich. Für die Bundesrepublik sind sie jedoch maßgebendes Recht. Nach dem *Warschauer Abkommen*, dem *Haager Protokoll* und den *IATA*-Vertragsbedingungen haftet der Luftfrachtführer für verlorene und beschädigte Güter nur bis zu einem Betrag von **250 französischen Goldfranken/Poincare-Franken** je Kilogramm, es sei denn, es könne ihm Vorsatz oder grobe Fahrlässigkeit nachgewiesen werden. Alle Ersatzforderungen unterliegen dem Wertnachweis. Ihnen sind das AWB-Original und ein ausführlicher Schadenbericht beizufügen.

Der Gegenwert des Poincare-Franken ist in der **Bundesrepublik** durch eine Rechtsverordnung festgelegt. Danach beträgt der **Gegenwert für 250 französische Goldfranken 53,50 DM**.

Reklamationen wegen Schäden können durch den am Transport Beteiligten, der ein finanzielles oder rechtlich begründetes Interesse an der Sendung hat, geltend gemacht werden. Als am Transport beteiligt gelten der Absender, der Empfänger und deren bevollmächtigter Agent. Ferner kann die Reklamation durch denjenigen geltend gemacht werden, der durch die Vorlage einer Zession beweist, daß er Eigentümer der Sendung ist, selbst wenn er nicht im Frachtbrief genannt ist. **Schaden-Reklamation**

Waren mehrere Carrier am Transport beteiligt, kann sich der Reklamant an eine Fluggesellschaft seiner Wahl wenden. Diese ist aufgrund einer Solidarhaftung verpflichtet, die Schadensregulierung auch dann vorzunehmen, wenn sie kein Verschulden trifft.

Schadenersatzansprüche aus Luftfrachtverträgen sind innerhalb der nachstehenden Fristen geltend zu machen (vgl. Tabelle auf der nächsten Seite). **Reklamationsfristen**

Eine Schadensersatzklage kann nur erhoben werden, wenn vorher der Schaden geltend gemacht wurde. Sie ist nach dem „*Warschauer Abkommen*" und dem „*Haager Protokoll*" nur innerhalb einer **Ausschlußfrist (Präklusivfrist)** von **zwei Jahren** möglich. Sie beginnt an dem Tag, an dem das Flugzeug mit dem Frachtgut am Bestimmungsflughafen eingetroffen ist oder hätte eintreffen sollen. Bei Beförderungsabbruch ist der Tag dieses Ereignisses Beginn der Präklusivfrist. **Schadensersatzklage**

Die Frist für die Klageerhebung nach dem *Luftverkehrsgesetz (LuftVG)* beträgt drei Jahre. Hier handelt es sich um eine Verjährungsfrist nach den Bestimmungen des *BGB*, die durch Klageerhebung unterbrochen wird oder dadurch, daß die *LVG* den Anspruch anerkennt.

5 Der Spediteur und die Verkehrsträger

Fristen für Schadenersatzansprüche aus Luftfrachtverträgen

	Verlust ganzer Sendungen	Beschädigung und Teilverlust aus einem Packstück	Verspätung
Warschauer Abkommen	keine Fristfestsetzung (es greifen die Beförderungsbedingungen mit 120 Tagen)	7 Tage (ab dem Auslieferungstag; Absendung innerhalb der Frist; Beweispflicht beim Ersatzberechtigten, falls bei Übernahme kein Vorbehalt angemeldet wurde)	14 Tage (ab der Zurverfügungstellung; Eingang innerhalb der Frist)
Haager Protokoll	wie oben	14 Tage (Anmerkungen wie oben)	21 Tage (Anmerkungen wie oben)
Deutsches Luftverkehrsgesetz	3 Monate (ab dem Tag, an dem Ersatzberechtigter vom Schaden und der Person Kenntnis erhielt)	3 Monate (Anmerkungen wie bei Verlust)	3 Monate (Anmerkungen wie bei Verlust)
Beförderungsbedingungen	120 Tage (ab Tag der Frachtbriefausstellung)	7 Tage (ab Auslieferungstag)	14 Tage (ab Erhalt der Ware)

Transportversicherung

Zur Abdeckung von Risiken, die über die eingeschränkte Haftung des Luftfrachtführers hinausgehen, **kann der Absender eine Transportversicherung abschließen.**

Die *Deutsche Lufthansa* bietet den Versicherungsschutz der *Delvag Luftfahrtversicherungs-Aktiengesellschaft*, Köln, an. Er umfaßt den Haus-zu-Haus-Verkehr, also auch den Vor- und Nachlauf, schließt Zwischenlagerungen bis zu 60 Tagen mit ein und deckt auf Wunsch Kriegsrisiken ab. In die Versicherungssumme kann außer dem Rechnungswert bzw. dem gemeinen Wert am Absendeort und sämtlichen Transportkosten (cif-Wert) auch ein erhoffter (imaginärer) Gewinn bis zu 20 % einbezogen werden, sofern das Interesse des Verkäufers zu versichern ist.

Der Versicherer erbringt im Schadenfall die vereinbarte Leistung unabhängig von der Schuldfrage, wird sich jedoch an den Luftfrachtführer halten, wenn dies aufgrund der haftungsrechtlichen Bestimmungen möglich ist.

Der Versicherungsabschluß erfolgt durch Eintragung der Versicherungssumme und der Prämie in die vorgesehenen beiden Felder des *AWB*. Bei der Deckung von Versicherungen für Teile einer Sammelsendung sind zusätzlich die Nummern der betreffenden Haus-Frachtbriefe/Frachtbriefe des Contracting Carriers im Feld „Handling Information" des Frachtbriefs zu vermerken.

Das AWB-Original ist Versicherungszertifikat. Auf Wunsch stellt der Luftfrachtführer auch die übliche Versicherungspolice aus.

Die Versicherungsprämien sind dem Prämientarif der *Lufthansa*-Broschüre „Luftfrachtversicherung von Haus zu Haus" zu entnehmen.

5.5.10 Luftverkehrsgesellschaften und Spediteure

Die Luftverkehrsgesellschaften waren schon immer daran interessiert, den Frachtverkauf zu fördern und die Frachtabfertigung zu beschleunigen. Hiermit zusammenhängende Aufgaben werden an Speditionsunternehmen delegiert, so daß die Fluggesellschaften sich auf ihre eigentliche Tätigkeit – den Lufttransport – konzentrieren können. Damit diese Frachtverkaufs- und Abfertigungstätigkeiten weltweit nach einheitlichen Standards abgewickelt werden, hat die *IATA* den Status eines **Luftfracht-Agenten (*IATA* Cargo-Agent)** geschaffen.

IATA-Luftfracht-agenten

Die **Regeln für die Zulassung** von Agenten sind in ***IATA Cargo Agency Rules*** festgelegt, wobei es seit Mitte 1991 regionale Programme für Canada, Europa und die Südwest-Pazifik Area gibt.

Die Form des Agenturvertrages zwischen *IATA* und *IATA*-Agent ist in der *IATA-Resolution 801 a* festgelegt. **Nach der Ernennung zum *IATA*-Agenten durch die *IATA* können die einzelnen Fluggesellschaften den Agenten zu ihrem Agenten ernennen (Appointment).**

Die Bedeutung des Partnerschaftsverhältnisses zwischen den Luftfrachtspediteuren und den Luftverkehrsgesellschaften wird besonders darin deutlich, daß z. B. **in der Bundesrepublik Deutschland über 90 Prozent des Luftfrachtaufkommens über *IATA*-Luftfracht-Agenten abgewickelt werden.**

Zu den wichtigsten Voraussetzungen für die Zulassung gehören:

- **Aktivität im Luftfrachtverkauf** (Werbung, Kundenberatung) und Nachweis eines **potentiellen Aufkommens**

5 Der Spediteur und die Verkehrsträger

- ausreichende **wirtschaftliche Sicherheit** und **Kreditwürdigkeit**, die auf Verlangen durch Bank- oder Versicherungsgarantien nachzuweisen sind

- Vorhandensein von **geschultem, ausgebildetem Personal** sowie **geeigneten Abfertigungsanlagen**, die den Antragsteller in die Lage versetzen, Luftfrachtsendungen unter Beachtung der Beförderungsbedingungen und Zollvorschriften versandfertig **(ready for carriage)** anzuliefern; der **Teilnahmenachweis am *IATA/FIATA*-Trainingsprogramm**, das die **Behandlung von Gefahrgut** beinhaltet, oder einem gleichbedeutenden Schulungsprogramm für wenigstens **zwei Speditionsmitarbeiter pro Büro**.

Über die Lizenzvergabe entscheidet eine in jedem Verkehrsgebiet ansässige *IATA*-Dienststelle, der **Cargo Registration and Review Board (CRRB)**.

Die Änderungen des „*IATA Cargo Agency Programmes*" führten auch zu einer **neuen Zulassungsprozedur für Agenten in Europa**.

Die wichtigsten Änderungen führen zu:

- schnellerer Überprüfung der Anträge für neue *IATA*-Agenturen oder Status-Änderungen von bestehenden Agenturen

- Zulassung / Ernennung von neuen *IATA*-Agenturen durch das *IATA Sekretariat*, wodurch die Tätigkeit der früher tätigen *Cargo Registration & Review Boards* überflüssig wurde

- Ernennung eines unabhängigen Schlichters für Streitfälle bei Antragstellungen oder Überprüfungen

- Liberalisierung der bestehenden Regeln, um realistischer auf aktuelle Änderungen des Luftfrachtmarktes reagieren zu können

- Gründung von regionalen Councils, in denen **Fluggesellschaften** und **Agenten** vertreten sind, um alle Aspekte des „*Cargo Agency Programmes*" für die betreffende Region gemeinsam zu erörtern.

Seit 1. Juli 1991 werden in Europa Neuanträge von Frachtagenten auf der Basis der neuen **Resolution 805** entschieden und auch bestehende Agenturen werden hiernach überprüft. Diese neue Resolution kennt nicht mehr die frühere Auflage, daß ein *IATA*-Agent seine Dienste „to the public" – also der allgemeinen Öffentlichkeit – anbieten muß. Somit können auch Großverlader oder Spezialfirmen, die sich darauf spezialisiert haben, ausschließlich bestimmte Güter wie Kunstwerke oder Pelze zu transportieren, als *IATA*-Agent zugelassen werden, wenn sie die sonstigen Voraussetzungen und Zulassungsbedingungen erfüllen. Diese Regelung, die eine neue Herausforderung und eine einschneidende Wettbewerbsbelastung für die schon beste-

Luftfrachtverkehr 5.5

henden Agenturen darstellt, wurde trotz massiver Einwände der Spediteure / Agenten auf Grund der Liberalisierungsbestrebungen von der *EG*-Kommission genehmigt.

Die Registrierung als *IATA*-Luftfracht-Agent erfolgt für das Land, in dem der antragstellende Spediteur seinen Hauptsitz hat, und gilt für alle Zweigniederlassungen, die er dort unterhält. Die Zulassung kann auf Antrag auch auf Flughäfen des unmittelbar benachbarten Auslands erweitert werden, jedoch nur zum Zweck der Anlieferung der im Land der Zulassung verkauften Luftfracht.

Die *IATA*-**Fluggesellschaften zahlen ihren Frachtagenten** für deren Tätigkeit eine **Kommission (Provision)** auf die im internationalen Verkehr anfallenden Frachtkosten und Wertzuschläge. Sie ist bei den Carriern unterschiedlich hoch und beträgt 5 % bzw. 6 %.   **Agentenkommission**

Die **Agenten der *Deutschen Lufthansa* erhalten 6 %, im innerdeutschen Luftfrachtverkehr 7,5 %**.

Während bis Mitte 1991 in der BRD jede *IATA*-Frachtagentur mit jeder Fluggesellschaft, mit der sie monatlich Frachtumsätze hatte, getrennt abrechnen mußte, wurde ab diesem Zeitpunkt **CASS = *Cargo Accounts Settlement System*** eingeführt, ein Abrechnungssystem, das schon in mehreren anderen Ländern der Erde existierte.   **CASS**

Diese neue Einrichtung arbeitet ähnlich wie das *IATA-Clearing House*. **CASS errechnet jeden Monat die Salden aus den Frachtbriefen aller Agenturen mit allen am System beteiligten Fluggesellschaften**. Jeder Teilnehmer – ob Fluggesellschaft oder Agent – erhält von *CASS* eine Abrechnung, die Rechnung oder Gutschrift sein kann. Da alle Zahlungen über *CASS* laufen, ist die neue Institution zum einen **Abrechnungsstelle**, zum anderen Bank und **Inkassostelle** zwischen Agenten und Fluggesellschaften.

Da die Tarifstruktur für höhere Sendungsgewichte preisgünstigere Frachtraten bzw. Paletten- und Containertarife einräumt, ist es sinnvoll, **Einzelsendungen von verschiedenen Versendern oder Sendungen eines Absenders an unterschiedliche Empfänger zu demselben Zielflughafen in eine Sendung zusammenzufassen**.   **Sammellader Consolidator**

Diese Möglichkeit nutzt der **Sammellader (Consolidator)**. Die tarifliche Spanne zwischen der Einzelsendung und der Sammelladung (Consolidation) erlaubt es ihm, unter Berücksichtigung der für das Sammeln und Verteilen entstehenden Kosten dem **Kunden Frachtvorteile einzuräumen** (Haustarife, Sammelladungstarife).

Der Sammelladungsspediteur stellt für jede Einzelsendung einen sogenannten **Haus-Frachtbrief** aus. Dieser beinhaltet die vertraglichen Regelungen zwischen ihm und seinem Kunden und wird als Anlage dem *IATA*-Luftfrachtbrief beigefügt.   **Hausfrachtbrief**

451

5 Der Spediteur und die Verkehrsträger

Contracting Carrier Durch die Ausstellung eines hauseigenen Luftfrachtbriefes wird der Sammellader gem. **§ 413 HGB** zum Frachtführer. Er ist dann „**Contracting Carrier**" mit allen Rechten und Pflichten eines Luftfrachtführers und haftet auch wie dieser. Zur Erfüllung des Luftfrachtvertrages bedient er sich einer Fluggesellschaft. Seine Frachtführerposition wurde durch Bundesgerichtshof-Urteil bestätigt.

Aufgrund einer Rechtslage erwies sich die Verwendung von Haus-Luftfrachtbriefen, die in ihrer Form dem *IATA-AWB* angepaßt sind, als problematisch. Der *IATA*-Frachtbrief vereinbart nämlich mit den *„Conditions of Contract"* auf der Rückseite der drei Originale die Haftungsbestimmungen für den Transport vom Abgangs- zum Zielflughafen, regelt aber nicht die Frachtführerhaftung im Vorlauf bzw. Nachlauf.

Ferner gab es **Schwierigkeiten hinsichtlich der Akkreditivfähigkeit** des Haus-AWB. In den einheitlichen Richtlinien für das Dokumenten-Akkreditiv der Internationalen Handelskammer, Paris, ist zwar der carriertypische Luftfrachtbrief als akkreditivfähig anerkannt, der Haus-AWB jedoch nur dann, wenn der Sammellader dort als Carrier ausgewiesen ist und keine Eintragungen im AWB dem entgegenstehen.

Aufgrund dieser Schwierigkeiten wurde der *BSL* auf nationaler Ebene initiativ und traf mit dem *Bundesverband Deutscher Banken* eine Vereinbarung, die die Voraussetzungen für die Anerkennung eines Haus-Frachtbriefs als **akkreditivfähiges Beförderungsdokument** festlegte.

Den Sammelladern/Contracting Carriern wurde empfohlen, nur solche Haus-AWBs zu verwenden, die in Abänderung der *„Conditions of Contract"* **mit dem Zusatz versehen sind, daß Vor- und Nachlauf nicht Bestandteil des Luftfracht-Beförderungsvertrages sind, sondern den *ADSp* unterliegen.**

AWB des Contracting Carriers Die *FIATA* hat auf internationaler Ebene einen neuen **Luftfrachtbrief** erarbeitet, der nicht nur **einheitliches Standard-Dokument** des **Sammelladers/Contracting Carriers** ist, sondern auch durch den Spediteur in seiner Eigenschaft als *IATA*-Agent **für Direktsendungen** genutzt werden kann.

Die Form des neuen AWB ist zwischen FIATA und Internationaler Handelskammer vereinbart. Die Spediteure in der Bundesrepublik können ihn verwenden, nachdem die *Deutsche Lufthansa* der Einführung zustimmte.

In Form und Text entspricht der Luftfrachtbrief dem **Standard-IATA-AWB** bis auf zwei Ausnahmen. Auf der Vorderseite fehlt der Eindruck des Carriernamens und die *AWB*-Seriennummer der Fluggesellschaft. Auf der Rückseite der drei *AWB*-Originale ist unter den *„Conditions of Contract"* zusätzlich eine „Note" angebracht. Diese bringt zum Ausdruck, daß wenn der *AWB* durch einen Contracting Carrier ausgestellt wird, der Transport zum Flughafen nicht Teil dieses Beförderungsvertrages darstellt.

Luftfrachtverkehr 5.5

Wird der **neutrale Frachtbrief** durch einen Spediteur in seiner Eigenschaft als *IATA*-Agent ausgestellt, muß er die AWB-Seriennummer mit der jeweiligen Luftverkehrsgesellschaft abstimmen und sie in das Beförderungsdokument übertragen. Der Name der Fluggesellschaft ist im Feld „Air Waybill issued by" einzutragen.

Als Consolidator/Contracting Carrier nutzt der Spediteur den neuen Frachtbrief anstelle des bisherigen Haus-Frachtbriefs und ergänzt ihn mit seiner eigenen Frachtbriefnummer. Er vermerkt seinen Namen mit Adresse im Feld „Air Waybill issued by". Die Felder „Issuing Carrier's Agent Name and City", „Agent's IATA Code" und „Account No." müssen frei bleiben, weil der Consolidator selbst „Issuing Carrier" ist und nicht sein eigener Agent sein kann. Es ist nicht gestattet, den AWB als Haus-Luftfrachtbrief zu kennzeichnen. Auch darf die Nummer des Hauptfrachtbriefes (Master-AWB) nicht erscheinen.

Die Mehrzahl der Luftfracht-Importeure erledigt nicht selbst die Import-Zollabfertigung und besorgt auch nicht in eigener Regie die Abholung. Sie beauftragt hiermit einen Spediteur ihrer Wahl und hinterlegt bei den Fluggesellschaften entsprechende **Import-Vollmachten**. Dies versetzt die Carrier in die Lage, die Sendungen bzw. die Beförderungsdokumente ohne Avisierung an den im Frachtbrief genannten Empfänger unverzüglich dem bevollmächtigten Spediteur auszuhändigen und Frachtkostennachnahmen mit ihm abzurechnen. **Importspediteur**

Als **Empfänger von Sammelladungen** besorgt der Spediteur die **Aufteilung (break bulk)** und u. U. auch den Einzug von Nachnahmen gemäß den Anweisungen im Haus-Frachtbrief/AWB des Contracting Carriers. Er erhebt hierfür eine Verteilungsgebühr (break bulk-fee), sofern er nicht am Sammelnutzen des Sammelladers beteiligt ist. **Break bulk**

Ist der Empfangsspediteur nicht gleichzeitig Vollmachtspediteur des Endempfängers, so ist er gehalten, die Sendung an den Bevollmächtigten zur Importabfertigung abzutreten.

Auf der Basis von *GWB § 99* können berufsständische Einrichtungen (z.B. Landesverbände des Speditionsgewerbes) Preisempfehlungen für Entgelte/Gebühren aussprechen, die den Vorlauf und Nachlauf von Lufttransporten (airport to airport) betreffen und für bestimmte Flughäfen gelten. Diese *Luftfrachtnebengebührentabellen (LNGT)* existieren in Bremen, Hamburg und Hessen (Frankfurt/M). (Siehe auch 5.5.5 LNGV.) **LNGT; GWB § 99**

5 Der Spediteur und die Verkehrsträger

5.5.11 Das Chartergeschäft

Vollcharter Splitcharter Neben der Nutzung der Frachtdienste im Linienverkehr besteht die Möglichkeit, Frachtflugzeuge im Bedarfsverkehr (Gelegenheitsverkehr) in der Weise zu chartern, daß entweder die **Gesamtkapazität (Vollcharter)** oder nur ein **Teil der Nutzungskapazität (Splitcharter)** gegen einen freiausgehandelten Preis ermietet werden.

Da die *IATA*-Fluggesellschaften sich zum Schutz ihres Linienverkehrs in einer Resolution die Durchführung von Splitchartergeschäften untersagt hatten, nutzten Non-*IATA*-Carrier diese Marktlücke mit beachtlichem Erfolg. Sie waren in der Lage, für Strecken mit starkem Frachtaufkommen – möglichst auch in Gegenrichtung – und aufgrund der daraus resultierenden optimalen Maschinenauslastungen erheblich günstigere Transportpreise anzubieten, als es den Liniengesellschaften mit ihren *IATA*-Tarifen möglich war.

Zwar unterliegen die Splitcharter-Carrier nicht wie die Liniengesellschaften einer Betriebspflicht und garantieren zum Zweck der Zuladungsoptimierung auch nicht die vorgesehenen Abflugzeiten, dennoch hat sich ein Fast-Linienverkehr auf Strecken mit paarigen Verkehrsströmen eingespielt.

Mit ihren Voll- und Splitcharterdiensten verstehen sich *Splitcharter-Carrier* als notwendige Ergänzung zum Linienverkehr, der nicht immer in der Lage sein kann, auf stark schwankende Nachfrage und sich schnell ändernde Marktgegebenheiten unverzüglich zu reagieren.

Vertragsgrundlage für die Beförderung im Vollcharterverkehr ist der Chartervertrag, der außer dem Preis u. a. auch die vorgesehene Abflugzeit, die Zeit für die Anlieferung der Ladung und Rücktrittsklauseln beinhaltet. Zusätzlich wird ein Luftfrachtbrief ausgestellt.

Für Splitchartersendungen ist lediglich die Ausstellung von Einzel-AWBs erforderlich.

SEA/AIR-Verkehr Der **SEA/AIR-Verkehr** ist eine Alternative zum teuren Luftfrachtversand und zum langdauernden Seetransport.

Durch Abmachungen zwischen See-Reedereien und Luftverkehrsgesellschaften *(SEA/AIR-Agreements)* – bzw. deren Speditions-Agenturen – erfolgt die Beförderung im Anschlußverkehr Schiff/Flugzeug zu Durch-Raten *(Through-Rates)*.

Als Transport-Dokument eignet sich hierfür das *F-B/L (FIATA MULTIMODAL TRANSPORT BILL OF LADING)*.

6 Der Spediteur und der Kleingutmarkt*

6.1 Der Spediteursammelgutverkehr mit Kraftwagen und Eisenbahn

6.1.1 Der Tarif als Anstoß für den Aufbau des Spediteursammelgutverkehrs

Der Spediteursammelgutverkehr ist eine der typischsten und wichtigsten Betätigungsfelder der Spedition. Das **Sammeln** der von den Versendern übergebenen, in der Regel kleingewichtigen Einzelsendungen (Stückgüter), die **Zusammenfassung** zu einer Sammelladung (Sammelsendung) und die **Verteilung** der Einzelsendungen an die einzelnen Empfänger erfordert eine vielfältige und umfangreiche Organisation. Gerade in diesem Tätigkeitsbereich kann die Spedition ihren Anspruch beweisen, Organisator des Güterverkehrs zu sein.

Geschichte des Sammelgutverkehrs

Der Spediteursammelgutverkehr blickt auf eine **mehr als hundertjährige Geschichte** zurück. Seine Geburtsstunde ist der **12./13. Februar 1877**, an dem die deutschen Eisenbahnverwaltungen den **sog.** *Reformtarif* einführten. Dieser Tarif, mit dem für das damalige Reichsgebiet die Tarifeinheit geschaffen wurde, sah eine Staffelung in Eilgut, Stückgut, Wagenladungen sowie Spezialgut vor. Die Differenzierung des Tarifs zwischen dem auf dieselbe Gewichtseinheit bezogenen teureren Stückgut und dem billigeren Wagenladungsgut veranlaßte eine große Zahl von Spediteuren, die von den Versendern erhaltenen Stückgutsendungen für dieselbe Verkehrsrichtung vorzusammeln und der Bahn als geschlossene Wagenladung zum Transport zu übergeben. Da die damaligen Bahnsammelladungsspediteure die mögliche Frachtersparnis nicht gänzlich für sich vereinnahmten, sondern einen Anteil der erzielten Frachtdifferenz ihren Auftraggebern einräumten, setzte sich der Spediteursammelgutverkehr recht bald bei den Versendern durch.

Die Grundlage für den Sammelgutverkehr ist bei allen Verkehrsträgern gleich: Sie beruht auf der betriebswirtschaftlich begründeten Gewichtsdegression und der sich hieraus ergebenden Differenz zwischen **Stückgut- und Ladungsfracht**. Mit steigendem Gewicht werden die Kosten der Sendung, bezogen auf dieselbe Gewichtseinheit, relativ günstiger. Bei allen Verkehrsträgern ist über dieselbe Entfernung gerechnet eine Sendung à 10 t billiger als 20 Sendungen à 500 kg.

Prinzip des Sammelgutverkehrs

---

*Erstmalig wird in einem Lehrbuch der Versuch unternommen, den Kleingutmarkt geschlossen darzustellen. Auch wenn sich dieser Markt derzeit im Umbruch befindet, kann über den Spediteur-Sammelgutverkehr und über den Paketdienst auf der Basis relativ abgesicherter Erkenntnisse zusammenfassend berichtet werden. Dagegen ist es schierig, die vielfältigen Entwicklungen der Kurier- und Expreßdienste, deren Markt sich in Art und Umfang erst formiert, unter kaufmännischen und technischen Gesichtspunkten übersichtlich zu strukturieren. Sie werden beim Studium dieses Buches feststellen, daß es hier noch begriffliche Überschneidungen und Unsicherheiten gibt. Trotzdem sind Herausgeber und Verlag der Meinung, daß es für Ausbildung und Beruf wichtig ist, neuere Entwicklungen aufzuzeigen und darzustellen.

6 Der Spediteur und der Kleingutmarkt

Beispiel: Abrechnungen nach *GFT-Richtsatz* (Stand: 1.1.1992)

a) 10 000 kg der Ladungsklasse A/B über 300 km:
   100 x 12,01 DM = 1201,– DM
b) 20 Stückgutsendungen zu je 500 kg über 300 km:
   20 x 150,30 DM = 3006,– DM
c) maximale Frachtersparnis: 1805,– DM.

Die ausgewiesene Frachtersparnis verbleibt nur zum geringsten Teil dem Sammelgutspediteur. Wie ausgeführt, **haben die Sammelgutspediteure** seit der Geburtsstunde des Sammelgutverkehrs **ihre Auftraggeber an den zu erzielenden Frachtersparnissen beteiligt.** Ursprünglich war der Spediteur sogar nach *§ 14 b ADSp* verpflichtet, dem Auftraggeber einen entsprechenden Vorteil zu gewähren. Dabei darf jedoch nicht außer acht gelassen werden, daß der Sammelgutspediteur mit dem Sammelnutzen neben dem büromäßigen Aufwand zur Organisation der Sammelverkehre auch die Kosten für die Vor- und Nachläufe sowie für Disposition und Umschlag der Güter abdecken muß.

6.1.2 Der Tarif – keine notwendige Basis für den Spediteursammelgutverkehr moderner Prägung

Der Spediteursammelgutverkehr hat in den letzten Jahrzehnten einen solchen Aufschwung genommen, daß heute in Deutschland gut drei Viertel aller Kleingüter in dieser Verkehrsart versandt werden. Die Sammelspedition hat national, teilweise bereits europaweit, ein dichtes Netz regelmäßiger Linienverkehre aufgebaut, die quasi industriell betrieben werden. Im Zentrum dieser Dienstleistung steht nicht die Güterbeförderung, sondern die **Organisation der einzelnen Aktivitäten mit den Produktionsfunktionen Sammeln der Einzelsendungen, Umschlag und Zusammenfassung dieser Güter zu Sammelladungen, Befördern zum Empfangsspediteur sowie Auslieferung der Güter an die Empfänger**. Bis zur Aufhebung der Tarife mußte der Sammelgutspediteur sowohl beim Einkauf der Frachtführerleistung (im Nah- wie im Fernverkehr) als auch beim Verkauf seines Produktes die Bestimmungen staatlich verordneter Tarife beachten. **Die Tarife sind** jedoch im Gegensatz zu den Anfängen des Spediteursammelgutverkehrs **heute keine Voraussetzung für die Erstellung dieses Produkts**. In den letzten Jahren waren sie eher hinderlich als förderlich. Deshalb hat die Aufhebung der Tarife zum 01.01.1994 keine direkten negativen Auswirkungen auf den Spediteursammelgutverkehr. **In bestimmten Bereichen sind sogar einengende Reglementierungen entfallen.**

6.1.3 Die zwischenbetriebliche Zusammenarbeit im Spediteursammelgutverkehr

Der Spediteursammelgutverkehr ist traditionell der Geschäftsbereich, in dem Spediteure eng zusammenarbeiten. Nur die wenigsten Spediteure können die Zustellung der Güter bei den jeweiligen Empfängern durch eigene Niederlassungen vornehmen lassen. **Die meisten Spediteure sind auf die Zusammenarbeit mit ortsansässigen Kollegen angewiesen.** Zumeist betätigen sich die Sammelgutspediteure sowohl als Versand- als auch als Empfangsspediteur. Die ausschließliche Betätigung als Versand- oder als Empfangsspediteur ist selten.

Kooperation im Spediteursammelgutverkehr

Vielfach hat die Zusammenarbeit der Spedition mit größeren Auftraggebern dazu geführt, daß Spediteure sich auf bestimmte Relationen spezialisiert haben, indem sie im Zielgebiet der Sendungen ihrer großen Auftraggeber Niederlassungen errichteten. Im Gegensatz zu den Spediteuren, die das Sammelgutgeschäft flächendeckend betreiben, bezeichnet man solche Sammelgutspediteure als **Linienspediteure.**

Der sich in den letzten Jahren verschärfende Wettbewerb zwischen den Spediteuren hat unterschiedliche Konzepte zur Bewältigung dieser Situation hervorgebracht. In der Erwartung, daß sich durch den Zusammenschluß bisher selbständiger Unternehmenseinheiten nachhaltige Kostenvorteile erzielen lassen, haben **Kooperation (im engeren Sinne) und Konzentration eine immer größere Bedeutung** erlangt. Anstoß für diese Entwicklung war nicht zuletzt eine Änderung des Einkaufsverhaltens der Verladerschaft. Immer mehr Unternehmen der verladenden Wirtschaft gingen dazu über, die Anzahl der von ihnen eingesetzten Dienstleister (Spediteure) drastisch zu verringern. Damit erlangten Spediteure mit flächendeckenden Angeboten Wettbewerbsvorteile gegenüber den Linienspediteuren. Dies war für viele mittelständische Spediteure Veranlassung, nach geeigneten Partnern zum Aufbau einer Kooperation Ausschau zu halten. Großspediteure oder Konzernspeditionen sahen sich veranlaßt, vorhandene Angebotslücken durch Aufkauf entsprechender Speditionsunternehmen, meist mittelständischer Art, zu schließen.

Daß **Kooperation ein schwieriges und langwieriges Geschäft** ist, hat sich auch in diesem Geschäftsfeld wieder bestätigt. Eine effektive Kooperation verlangt neben der Festlegung eines marktfähigen strategischen Konzepts vor allem die Bereitschaft zur Aufgabe zumindest eines Teils der bisherigen unternehmerischen Selbständigkeit. Gerade bei Mittelständlern ist dies zumeist ein schwieriger und Zeit beanspruchender Erkenntnisprozeß. Die Heterogenität der auf unterschiedlichen Geschäftsfeldern tätigen Kooperationspartner erfordert einen hohen Koordinationsaufwand, dem kurzfristig keine greifbaren Ergebnisse gegenüberstehen. Langfristig bieten Kooperationen zweifelsohne mittelständischen Spediteuren gute Aussichten, den Wettbewerb mit Konzernspeditionen zu bestehen. Daher erleben Kooperationen im Spediteursammelgutverkehr mit flächendeckendem Angebot derzeit geradezu einen Boom.

Kooperation im Kleingutverkehr

6 Der Spediteur und der Kleingutmarkt

System- In jüngster Zeit gehen immer mehr Spediteure dazu über, ihre Sammelgutverkehre
verkehre als Systemverkehre abzuwickeln. Hierbei handelt es sich um flächendeckende LKW-Verkehre nach genau vorgegebenen Ablaufplänen, die unabhängig von der jeweiligen Auslastung der LKW zwischen den Umschlaganlagen durchgeführt werden. Solche Verkehre wurden zunächst von Großspediteuren mit einem Filialsystem aufgebaut. Inzwischen gehen immer mehr mittelständische Spediteure dazu über, diese Abwicklungsform in Kooperationsverbänden zu realisieren. Ziel dieser Verkehre ist es, die Laufzeiten im Spediteursammelgutverkehr zu beschleunigen und eine tägliche Bedienung der Relation sicherzustellen. Systemverkehre zeichnen sich aus durch ein besonderes Marketingkonzept (besondere Produkttreue), eine eigens geschaffene Ablauforganisation, spezielles Know-how, technisches Equipment und Personalqualifikation.

Konzen- Die **Erwartungen** hinsichtlich der positiven Auswirkungen **der Konzentration durch**
tration im **Aufkauf von Unternehmen haben sich vielfach nicht erfüllt.** Zweifelsohne fallen
Kleingut- auch im Sammelgutgeschäft mit steigendem Marktanteil und Gütervolumen die Ko-
verkehr sten pro Leistungseinheit. Vielfach außer acht gelassen wurde dabei jedoch, daß sich diese Kostendegression nur standortbezogen realisieren läßt. Ein in der Summe hoher Umsatz des Gesamtunternehmens hilft bei einer auf viele Standorte verteilten Dienstleistungsproduktion nicht weiter, wenn die Niederlassungen standortbezogen jeweils kleiner sind als die wichtigsten lokalen Wettbewerber.

Die aufgezeigten Probleme bei Kooperation und Konzentration dürften mit ein wichtiger Grund dafür sein, daß gerade im Spediteursammelgutspediteur **viele regional tätige Spediteure nicht nur ihre Selbständigkeit, sondern auch ihre Marktstellung in der Region bewahrt haben.**

6.1.4 Ablauf einer Güterversendung im Spediteursammelgutverkehr

Ablauf der Das wichtigste Marktsegment des Sammelgutgeschäftes liegt zweifelsohne im na-
Güterver- tionalen Bereich und hier insbesondere im **Kleingutverkehr** auf der Straße. Hierun-
sendung ter versteht man Sendungen im **Gewicht bis zu 3 t.** Auch im Bereich des Ladungsverkehrs stellt der Spediteur Sammelladungen zusammen. Da solche Sammelladungen jedoch meistens nur von wenigen Versendern an wenige Empfänger zu befördern sind, erfordern sie nicht die Disposition und Organisation wie die kleinen Sendungen. Sendungen ab einem Gewicht von etwa 1.500 kg werden zudem in der Regel von demselben Fahrzeug beim Versender abgeholt und beim Empfänger zugestellt, das die Fernbeförderung durchführt. Die Praktiker bezeichnen diesen Vorgang als **Direktabholung und Direktzustellung.** Bei Kleingutsendungen ist dies jedoch nicht möglich. Diese müssen vom beauftragten Spediteur (Versandspediteur) durch – eigene oder fremde – Nahverkehrsfahrzeuge zur Umschlagsanlage herangeschafft, nach Relationen sortiert und mit anderen Sendungen zu einer Sammel-

Der Spediteursammelgutverkehr mit Kraftwagen und Eisenbahn 6.1

Ablauf einer Güterversendung

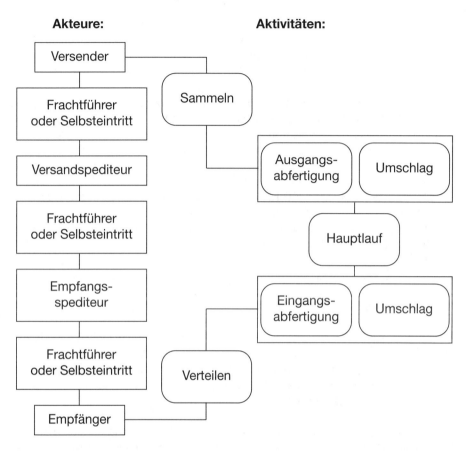

ladung komplettiert werden. Diese Sammelladung wird dann im Fernverkehr im Selbsteintritt oder unter Einsatz eines Frachtführers einem Empfangsspediteur zugestellt. Dieser ist zumeist ein Spediteurkollege, mit dem der Versandspediteur zusammenarbeitet. Im Spediteursammelgutverkehr mit der Eisenbahn wird die Sammelladung der Eisenbahn zur Beförderung übergeben. Der Empfangsspediteur nimmt die Sammelladung auf die Umschlagsanlage und bereitet die Zustellung der Sendungen an die einzelnen Empfänger vor. Diese erfolgt in der Regel mit Nahverkehrsfahrzeugen. Dieser gebrochene Verkehr und der zumeist zweimalige Umschlag der Sendungen erfordert eine eingespielte Organisation und Disposition durch die Spedition. Größere Speditionsfirmen nehmen Verteilung und Zustellung der Sendungen vielfach über eigene Niederlassungen vor.

In der vorstehenden Übersicht ist der Ablauf einer Güterversendung im Rahmen des Spediteursammelgutverkehrs einschließlich der jeweiligen Tätigkeiten innerhalb der Transportkette schematisch dargestellt:

6 Der Spediteur und der Kleingutmarkt

6.1.5 Die Rechtsbeziehungen im Spediteursammelgutverkehr

Vertragstypen: Kaufvertrag, Speditionsvertrag, Frachtvertrag

Ausgangspunkt für die Versendung von Gütern ist regelmäßig ein **Kaufvertrag,** der zwischen Käufer und Verkäufer einer Ware abgeschlossen wird. In den meisten Fällen veranlaßt dann der Verkäufer die erforderlichen Maßnahmen, damit die Ware zum Käufer gebracht wird. Er kann hiermit einen Spediteur oder einen Frachtführer beauftragen. Im Stückgutbereich erteilt der Auftraggeber, der nach der Rechtsterminologie dann Versender genannt wird, zumeist einem Spediteur den Auftrag zur Versendung der Güter. Der **Speditionsauftrag ist grundsätzlich formfrei,** d. h. er kann schriftlich oder mündlich erteilt werden. Zur Vermeidung von Mißverständnissen sollten die Speditionsaufträge jedoch schriftlich fixiert werden. Bei Annahme des Speditionsauftrages durch den Spediteur ist der **Speditionsvertrag** zustande gekommen. Die gesetzlichen Grundlagen der Speditionsverträge sind im *BGB* und speziell in den *§§ 407 bis 415 HGB* verankert. Nach *§ 407 HGB* ist es Aufgabe des Spediteurs, „Güterversendungen durch Frachtführer ... für Rechnung eines anderen (des Versenders) im eigenen Namen zu besorgen." *§ 412 HGB* gibt dem Spediteur das Recht, die Güterbeförderung selbst vorzunehmen (= Selbsteintritt).

Ergänzend zu den Bestimmungen des *HGB* wickeln die Spediteure ihre Geschäfte üblicherweise auf der Basis der *Allgemeinen Deutschen Spediteurbedingungen (ADSp)* ab. Diese zwischen dem Spitzenverband der Spedition und Vertretern aller Wirtschaftskreise bereits im Jahre 1927 geschaffenen Geschäftsbedingungen gelten als sogenannte bereitliegende Rechtsordnung und werden daher auch ohne ausdrückliche Vereinbarung Vertragsinhalt. **Nach *§ 14 a ADSp* darf der Spediteur ihm übergebene Sendungen im Sammelgutverkehr versenden, „... falls ihm nicht das Gegenteil ausdrücklich vorgeschrieben ist.** Die Übergabe eines Stückgutfrachtbriefes ist kein gegenteiliger Auftrag".

Das Sammeln und Verteilen der Einzelsendungen wie auch die Beförderung der zu einer Sammelladung zusammengestellten Einzelsendungen kann der Spediteur entweder mit eigenen Fahrzeugen ausführen oder von eingesetzten Frachtführern vornehmen lassen. Beim Einsatz von Frachtführern schließt der Spediteur mit dem Frachtführer einen **Frachtvertrag** (Beförderungsvertrag) ab und erhält damit rechtlich die Stellung des Absenders. Je nach Einsatz des Frachtführers (Güterkraftverkehr oder *DB AG*) gelten für die Abwicklung dieser Frachtverträge folgende **Beförderungsbedingungen:**

beim Lkw-Einsatz:
- Einsatz eines Nahverkehrsunternehmers: *BGB/HGB* oder *AGNB*
- Einsatz eines Fernverkehrsunternehmers: *KVO*

beim Bahneinsatz: *EVO*/Beförderungsbedingungen für den Eisenbahngüterverkehr.

In der Übersicht auf Seite 464 sind die Rechtsbeziehungen beim Spediteursammelgutverkehr schematisch dargestellt.

Beim Abschluß der Verträge ist darauf zu achten, daß insbesondere für die Bezeichnung des jeweiligen Auftraggebers die richtige Terminologie verwendet wird:

- Der Auftraggeber des Spediteurs heißt VERSENDER.
- Der Auftraggeber des Frachtführers heißt ABSENDER.

Im Streitfalle kann das Gericht aus der Bezeichnung des Auftraggebers Rückschlüsse hinsichtlich der Art des abgeschlossenen Vertrages (Speditions- oder Frachtvertrag) und damit insbesondere hinsichtlich der Haftung ziehen.

6.1.6 Der Begriff des Spediteursammelgutes

Der Auftraggeber (Versender) kann bei der Erteilung seines Speditionsauftrages entscheiden, ob der Spediteur die Versendung der Güter als Einzelversand oder im Sammelversand vornimmt. Nach dem allgemeinen Sprachgebrauch und nach den ADSp (§ 14 a) liegt Spediteursammelgutversand vor, wenn der Spediteur die Versendung des ihm von einem Auftraggeber übergebenen Gutes zusammen mit Gütern anderer Auftraggeber in Sammelladung (bzw. auf Sammelkonnossement) bewirkt. Das *Handelsgesetzbuch*, das *Güterkraftverkehrsgesetz* und die vom *Bundesverband Spedition und Lagerei* herausgegebene Empfehlung der Bedingungen und Entgelte für den Spediteursammelgutverkehr enthalten spezielle Definitionen. Diese sind jedoch nicht identisch, so daß es eine Reihe abweichender Sammelgutbegriffe gibt.

Spediteursammelgutverkehr; Begriff

„Bewirkt der Spediteur die **Versendung des Gutes zusamen mit den Gütern anderer Versender aufgrund eines für seine Rechnung über eine Sammelladung geschlossenen Frachtvertrages ...**" (§ 413 Abs. 2 Satz 1 HGB). Nach dieser Definition, die in gleicher Weise für den Versand mit Lkw wie Schiene gilt, ist es erforderlich, daß der Spediteur die Güter von mindestens 3 Versendern zu einer Sammelladung zusammenführt und zur Abbeförderung der Sammelladung einen Frachtvertrag mit einem Frachtführer schließt. Im Falle des Selbsteintritts, der im Spediteursammelgutverkehr mit Lkw eine große Rolle spielt, läge danach kein Sammelgutverkehr vor.

HGB

Die Definition des Sammelgutes nach *§ 413 HGB* spielt für den Sammelgutversand per LKW keine Rolle, da hier die Definition nach *§ 5 GüKG* vorgeht (*§ 5 Abs. 2 Ziffer 2 GüKG*).

GüKG

„Durch Schaffung von Scheintatbeständen dürfen die Vorschriften dieses Gesetzes nicht umgangen werden. Ein Scheintatbestand liegt auch dann vor, wenn

1. die Güter dem befördernden Unternehmer lediglich für die Zeit der Beförderung übereignet werden,

6 Der Spediteur und der Kleingutmarkt

2. eine Sendung nach einem Ort innerhalb der Nahzone abgefertigt wird – außer beim Vorlauf für einen Spediteursammelgutverkehr –, sofern von vornherein eine Beförderung darüber hinaus beabsichtigt ist; **Spediteursammelgut liegt vor, wenn der Spediteur die Versendung des Gutes zusammen mit dem Gut eines anderen Auftraggebers in einer Sendung bewirkt.** Dabei macht es keinen Unterschied, ob die Beförderung auf demselben Kraftfahrzeug oder mit Umladung unterwegs ausgeführt wird und ob mehrere Unternehmer an der Beförderung beteiligt sind."

Dies ist die für den Spediteursammelgutverkehr mit Lkw maßgebliche Definition, da sie als spezielles nicht abdingbares Recht der vorgenannten Bestimmung des *HGB* vorgeht. Auf den Spediteursammelgutverkehr mit der Schiene findet sie hingegen keine Anwendung. Nach der *GüKG*-Definition liegt Spediteursammelgut bereits vor, wenn der Spediteur das Gut von mindestens zwei Versendern zusammenfaßt. Über die Abbeförderung der Sammelladung wird nichts gesagt, d. h. der Spediteur kann hiermit sowohl Frachtführer beauftragen als auch die Beförderung selbst durchführen. Dabei ist es gleichgültig, ob die Beförderung im Nah- oder im Fernverkehr erfolgt.

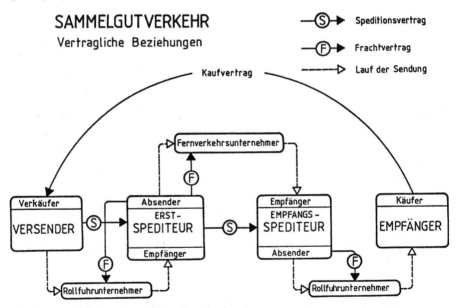

Gestaltung: RA Oeynhausen †, Hamburg

Bedingungen für den Sammelgutverkehr

Die vom *Bundesverband Spedition und Lagerei* herausgegebene Empfehlung für den Spediteursammelgutverkehr definiert das Spediteursammelgut wie folgt: „Spediteursammelgut im Sinne dieser Bedingungen liegt vor, **wenn die Güter mehrerer Versender von einem Spediteur (Versandspediteur) auf der ganzen Strecke oder auf einem Teil der Strecke bei der Versendung zusammengefaßt werden.** Diese Bedingungen **gelten auch für Speditionsverträge** zwischen Versender und beauftragtem Spediteur, wenn dieser die Güter nicht selbst zusammenfaßt, sondern

bei einem anderen Sammelladungsspediteur beilädt." (*§ 1 Ziffer 1 und 2 der Bedingungen für den Spediteursammelgutverkehr*)

Diese Bestimmung, die **für den Spediteursammelgutverkehr mit Lkw und Schiene** gilt, übernimmt im ersten Teil nahtlos die Definition des *GüKG* und erweitert sie im zweiten Teil um den Tatbestand der Beiladung. Die weitgefaßte Definition will alle Arten und Formen des Spediteursammelgutverkehrs erfassen.

Die Sammelgutdefinition der *BPL* 482* (Spediteur-Sammelgut) der *Bahn AG* ist nur bei Abrechnung nach der besonderen Preisliste Nr. 482 der *Bahn AG* relevant. Diese Preisliste findet Anwendung mit Sammelladungen, die aus Teilladungen zusammengesetzt sind, „*die von einem oder mehreren Ursendern stammen und für mehrere Endempfänger bestimmt sind oder von mehreren Ursendern stammen und für einen Endempfänger bestimmt sind*".

BPL 482

Zwischen den Sammelgutdefinitionen des *HGB,* des *GüKG* und der *BSL*-Bedingungen einerseits und der *BPL 482* andererseits besteht ein grundlegender Unterschied: Während die erstgenannten Definitionen Bedingungen des Speditionsvertrages sind, sind die Anwendungsbedingungen der *BPL 482* Bedingungen zur Abrechnung von Frachtverträgen.

6.1.7 Die wirtschaftliche Bedeutung des Spediteursammelgutverkehrs

Mehr als 2000 Speditionsbetriebe betätigen sich im Spediteursammelgutverkehr. Neben dem dichten Netz regelmäßiger Sammelgutverkehre auf Schiene und Straße, in dem täglich etliche hundert Plätze der Bundesrepublik im Fernverkehr mit dem LKW oder dem Waggon linienmäßig angefahren werden, erstreckt sich die Bedienung auch auf die nähere (Umkreis bis 75 km) und weitere Umgebung (bis 150 km) der Versand- und Empfangsplätze. Die Sammlung und Verteilung der Güter erfolgt dabei zumeist mit speziell hierfür eingesetzten eigenen oder fremden Kraftfahrzeugen, die die Einzelsendungen zur Umschlagsanlage des Versandspediteurs bringen bzw. an die Empfänger ausliefern.

Wirtschaftliche Bedeutung des Sped.-Sammelgutverkehrs

Speditionsbetriebe sind häufig in verschiedenen Leistungsbereichen tätig. Nach den 1995 vom *Bundesverband Spedition und Lagerei* erhobenen Strukturdaten aus Spedition und Lagerei betreibt ein Speditionsbetrieb im rechnerischen Durchschnitt etwa 6 Leistungsbereiche. In der Mehrzahl sind dies die **Fachsparten Befrachtung fremder LKW, Internationale Spedition, Güterfernverkehr im Selbsteintritt, Spediteur- sammelgutverkehr mit Lkw, Speditionsnahverkehr-/Speditionsrollfuhr, Auslieferungs- und Umschlagspedition.** Die große Bedeutung des Spediteursammelgutverkehrs innerhalb der Spedition zeigt die Übersicht ausgewählter Leistungsbereiche:

---
* BPL = Besondere Preisliste

6 Der Spediteur und der Kleingutmarkt

Entwicklung ausgewählter Leistungsbereiche der Spedition (1966 = 100)

Leistungsbereich	Anteilswerte der Leistungsbereiche der Betriebe insgesamt in Prozent					
	1966	1975	1980	1985	1990	1995
Befrachtung fremder Lkw	47,0 (100)	57,6 (123)	58,6 (125)	59,3 (126)	57,2 (122)	63,1 (134)
Güterverkehr im Selbsteintritt	42,9 (100)	46,0 (107)	47,0 (110)	44,3 (103)	43,3 (101)	47,4 (110)
Spediteursammelgutverkehr Straße – Versand	31,1 (100)	40,4 (130)	41,4 (133)	42,6 (137)	41,6 (134)	41,2 (132)
– Empfang	26,8 (100)	34,2 (128)	35,0 (131)	36,3 (135)	34,0 (127)	35,0 (131)
Spediteursammelgutverkehr Bahn – Versand	19,5 (100)	10,9 (55)	10,1 (52)	8,1 (41)	6,2 (32)	4,5 (23)
– Empfang	16,5 (100)	9,6 (58)	9,8 (59)	7,4 (45)	5,6 (34)	4,8 (29)
Speditionsnahverkehr/ Speditionsrollfuhr	64,7 (100)	60,2 (93)	55,9 (86)	55,8 (86)	52,2 (81)	51,8 (80)
Internationale Spedition – Export	–	54,2 (100)	50,9 (94)	55,7 (103)	59,7 (110)	55,1 (102)
– Import	–	43,4 (100)	44,2 (102)	48,9 (113)	53,5 (123)	49,1 (113)

Die Marktstellung der Spedition **im binnenländischen Klein- und Sammelgutverkehr** zeigt sich darin, daß ihr **Anteil rd. 75 %** beträgt. Der in diesem Leistungsbereich erwirtschaftete **Umsatz wird auf rd. 9 Mrd. DM** geschätzt.

Kleingutmarkt 1993 (ohne grenzüberschreitenden Verkehr)
Paketverkehr
Bundespost   2,3 Mio. t
private Paketdienste   ohne Angabe
Bundesbahn*)
Schienenkleingut   2,0 Mio. t
(Stückgut + Expreßgut)

---

*) heute DB AG in der von ihr mitbegründeten Bahntrans GmbH

Der Spediteursammelgutverkehr mit Kraftwagen und Eisenbahn 6.1

Gewerblicher Güterverkehr
Stückgut   7,1 Mio. t
Sammelspedition
Bahnsammelgut   0,1 Mio. t
Sammelgut Straße**)   36,9 Mio. t

Die Leistungsfähigkeit des speditionellen Sammelgutverkehrs wird dadurch belegt, daß **jeder Ort in der Bundesrepublik Deutschland von mehreren Speditionsunternehmen von verschiedenen Standorten aus regelmäßig im Sammelgutverkehr bedient wird.** Das Netz der Sammelgutverkehre ist dabei so dicht, daß auch die wirtschaftsschwachen und peripheren Räume durch regelmäßige Verkehre abgedeckt werden. Dies hat eine im Jahre 1975 vom *Bundesverband Spedition und Lagerei* durchgeführte Erhebung eindeutig belegt.

Auch im grenzüberschreitenden Verkehr werden zunehmend Sammelgutverladungen durchgeführt. Im grenzüberschreitenden Güterverkehr mit Lastkraftfahrzeugen wurden in der Gütergruppe „Sammelgüter" 1992 etwa 13,3 Mio. t abgefertigt und befördert. Im seewärtigen Verkehr bieten Spediteure regelmäßige Sammelcontainerverkehre nach überseeischen Plätzen an. Leider liegen keine Zahlen über die abgefertigte Gütermenge vor. Im Luftfrachtverkehr nimmt die Zahl der als Sammelgut verladenen Sendungen ständig zu. Der Anteil dieser Sammelgutverkehre betrug 1980 24,9 % des Gesamtaufkommens. 1987 waren es schon 37,1 % und heute sind es rd. 50 % des Luftfrachtaufkommens, die als Sammelgut abgefertigt werden.

Durch die Entwicklung und Verbreitung der Telekommunikation wird die Bedeutung der Sammelladungsverkehre auf den Verkehrsmärkten weiter zunehmen. Ein leistungsfähiges Kommunikationssystem gewährleistet die Aktualität der auszutauschenden Informationen über Lagerentnahmen und Materialverbrauch und liefert damit die Grundlage für die neuen logistischen Anforderungen der verladenden Wirtschaft: Bestellmengen werden stärker mit den tatsächlich benötigten Mengen abgestimmt. **Verkürzte Wiederbeschaffungszeiträume** und **kurzfristige Bestellungen kleinerer Mengen** führen dazu, daß die Sendungsgewichte kleiner werden. Kleinere Sendungen sind verkehrsökonomisch jedoch nur zu bewältigen, wenn sie für den Hauptlauf gebündelt werden. Hierfür bietet sich der Spediteursammelgutverkehr an. Termin- und Linienverkehre sind der Inbegriff für die heute an die Spedition gestellte Dispositionsaufgabe. Dazu gehören schnelle Umschlagvorgänge, Termingenauigkeit, Regelmäßigkeit und Pünktlichkeit der logistischen Organisation.

**) Nach § 20 Abs. 2 Satz 2 GüKG

6.1.8 Voraussetzungen und Vorteile des Spediteursammelgutverkehrs

Anforderungen an den Spediteursammelgutverkehr

Im vorstehenden Kapitel wurde die Leistungsfähigkeit des Spediteursammelgutverkehrs dargestellt. Um diese guten Ergebnisse zu erreichen, muß jeder einzelne Sammelgutspediteur seinen Kunden nachweisen, daß er die an diese Verkehre gestellten Anforderungen erfüllt:

- **Regelmäßige Verladungen** nach bestimmten Zielplätzen einschließlich der von dort bedienten Bestimmungsorte;

- **zuverlässige und sichere Abwicklung** des Güterversandes;

- schnelle Abwicklung von der Übernahme des Gutes beim Versender bis zur Ablieferung beim Empfänger. Immer mehr Spediteure bieten heute einen **24-Stunden-Service für die Bedienung der Wirtschaftszentren und einen 48-Stunden-Service für die peripheren Gebiete** an;

- kundengerechte Abholung und Zustellung der Güter;

- Eingehen auf besondere Anforderungen des Versenders oder Empfängers;

- Angebot **wettbewerbsfähiger Preise**.

Die Versendung der Güter im Spediteursammelgutverkehr gewährt sowohl den Kunden als auch den eingesetzten Frachtführern Vorteile.

Vorteile für den Kunden:

Vorteile des Sammelgutverkehrs für Kunden

- Günstigere Versendungs-/Beförderungskosten gegenüber dem Einzelversand,

- schnellere Beförderung, insbesondere im Verkehr nach Zielplätzen,

- Unterstützung der eigenen Verkaufsbemühungen durch den Nachweis eines zuverlässigen Lieferservices, der dem Empfänger eine Reduzierung seiner Lagerhaltung erlaubt,

- Kosteneinsparung beim Versandfertigmachen (einfache Bezettelung der Packstücke, Einsparungsmöglichkeiten bei der Verpackung),

- Reduzierung von Lagerkapazitäten, insbesondere wenn die Güter direkt in die im Sammelgutverkehr zu versendenden Behälter verbracht werden können,

- zweckadäquate Behandlung der Güter nach individueller Absprache mit dem Spediteur.

Der Spediteursammelgutverkehr mit Kraftwagen und Eisenbahn 6.1

Vorteile für den Frachtführer:

– Bessere Auslastung des Transportraumes,

– spätere Beladezeiten und frühere Entladezeiten,

– reibungslose Bei- und Entladung durch Fahrpersonal des Spediteurs,

– Verbilligung bei den Abfertigungskosten durch Zusammenführung der vielen Einzelsendungen zu einer Sammelladung,

– Einsatz im Linienverkehr zwischen Versand- und Empfangsstation.

– kontinuierliche Beschäftigung

Vorteile des Sammelgutverkehrs für Frachtführe

6.1.9 Die Abwicklung des Spediteursammelgutverkehrs

6.1.9.1 Beteiligte am Spediteursammelgutverkehr

Der mit den Landverkehrsträgern abgewickelte Spediteursammelgutverkehr ist in seiner **Grundstruktur** identisch: Das Sammeln und Verteilen der Güter erfolgt zumeist mit speziell hierfür eingesetzten eigenen oder fremden Kraftfahrzeugen; die Einzelsendungen werden im Einzugsgebiet des Versandplatzes gesammelt und zur Umschlaganlage des Versandspediteurs gebracht bzw. in den Bedienungsbereichen des Zielplatzes von der Umschlagsanlage des Empfangsspediteurs den Endempfängern zugestellt. Einzig die Beförderung der Sammelladung im Fernverkehr unterscheidet sich bei den beiden Arten des Spediteursammelgutverkehrs:

Spediteursammelgutverkehr; Beteiligte

– Im **Lkw-Sammelgutverkehr** wird ein Fernverkehrslastzug nach den Bedingungen der *KVO* eingesetzt.

Größere Sammelgutsendungen (ab etwa 1,5 t) werden vom Fern-Lkw meist direkt beim Versender abgeholt und direkt dem Empfänger zugestellt, d. h. es erfolgt ein umschlagfreier Güterversand.

– Im **Bahnsammelgutverkehr** erfolgt die Schienenbeförderung in einem Eisenbahnwaggon nach den Bedingungen der *EVO*.

Die am Spediteursammelgutverkehr Beteiligten sind hingegen bei beiden Verkehrsträgern identisch (vgl. schematische Darstellung auf der nächsten Seite).

Versender:
Auftraggeber des Spediteurs.

6 Der Spediteur und der Kleingutmarkt

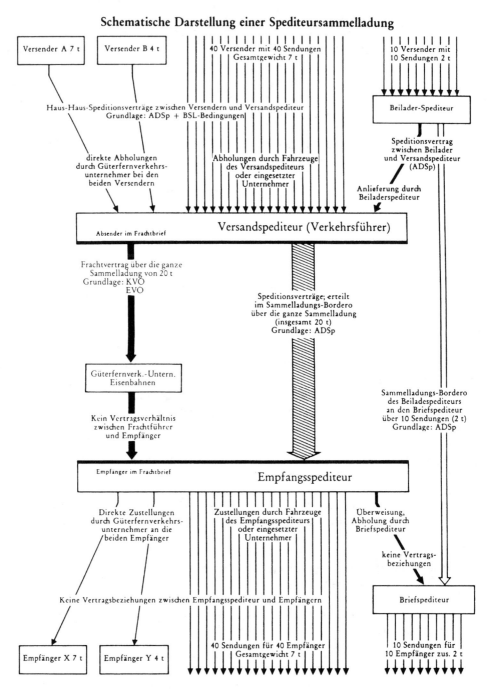

Schematische Darstellung einer Spediteursammelladung

Gestaltung: Dipl.-Kaufm. Walter Bönisch, Hamburg

Versandspediteur:
Mit der Güterversendung beauftragter Spediteur, der die Sammelgutverkehre organisiert. Er wird auch Verkehrsführer genannt.

Beiladerspediteur:
Mit der Güterversendung beauftragter Spediteur, der die von ihm gesammelten Güter einem verkehrsführenden Spediteur beilädt. Beiladungen werden für solche Relationen vorgenommen, für die der Spediteur nur kleinere Ladungsaufkommen zusammenstellen kann.

Frachtführer:
a) Mit der Beförderung der Einzelsendungen zum Sammeln bzw. Verteilen beauftragte Güternah-, selten auch Güterfernverkehrsunternehmer.

b) Mit der Beförderung der Sammelladung beauftragte Güterfernverkehrsunternehmer oder die Eisenbahnen.

Briefspediteur:
Für die Zustellung der Einzelsendungen an den Empfänger vorgeschriebener Spediteur. Dieser Briefspediteur wird entweder vom Beiladerspediteur als dessen Kooperationspartner eingeschaltet oder von den Empfängern vorgeschrieben. Der Empfangsspediteur hat dann die für den Briefspediteur bestimmten Güter an diesen zu überweisen.

Empfänger:
Kaufvertragspartner des Versenders, an den die Einzelsendungen ausgeliefert werden.

6.1.9.2 Die Papiere bei einer Güterversendung im Spediteursammelgutverkehr

Der Abschluß des Speditionsvertrages unterliegt keiner Formvorschrift. Er kann mündlich oder schriftlich geschlossen werden. Zur Vermeidung von Mißverständnissen und zur Beweissicherung **sollte der Speditionsauftrag stets schriftlich erteilt werden.** In den *„Bedingungen für den Spediteursammelgutverkehr"* heißt es in § 6:

Speditionsauftrag

> „Der Speditionsauftrag ist grundsätzlich schriftlich zu erteilen unter Verwendung des im Speditionsgewerbe üblichen Speditionsauftragssatzes für den ausgehenden Spediteursammelgutverkehr."

Wenn sich auch bis zum heutigen Tag in der Spedition kein „üblicher Speditionsauftragssatz" herausgebildet hat, so ist doch festzustellen, daß das auf der nächsten Seite abgebildete Formular von seiner Grundanordnung her allgemeine Anerkennung gefunden hat. Aus der Bezeichnung des Formulars als Speditions-Auftrag und des Auftraggebers als Versender sowie durch den Fußnotenhinweis auf die *ADSp* ergibt sich zweifelsfrei, daß ein Speditionsvertrag und kein Frachtvertrag abgeschlossen werden soll.

6 Der Spediteur und der Kleingutmarkt

Speditionsauftragsformular

DIN 5018:1994-11

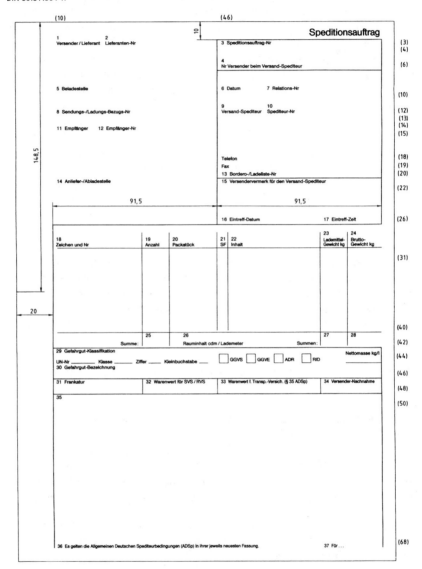

Speditionsauftrag A4, verkleinert

Blatt 1: für Warenempfänger
Blatt 2: für Spediteur (Empfangsbestätigung des Warenempfängers für den Spediteur)
Blatt 3: für den Spediteur (Speditionsabrechnung)
Blatt 4: für den Spediteur
Blatt 5: für den Lieferanten/Versender (mit Übernahmebestätigung des Fahrers)

In langwierigen Verhandlungen ist es dem *Bundesverband Spedition und Lagerei* gelungen, sich mit Vertretern der verladenden Wirtschaft auf ein **Musterformular für den Speditionsauftrag** zu einigen, das Ende 1994 **Anerkennung als DIN-Norm gefunden hat** (DIN = Deutsches Institut für Normung). Dem Speditionsauftrag gemäß DIN 5018 liegt das Rahmenmuster der Vereinten Nationen, der UN-Layout Key, zugrunde. Die DIN-Norm beinhaltet neben dem eigentlichen Formular eine verbale und EDV-mäßige Beschreibung der Datenfelder und Datenelemente. Dabei wurde so weit wie möglich auf das Verzeichnis der Handelsdatenelemente zurückgegriffen.

In vielen Fällen wird der Speditionsauftrag den Sammelfahrzeugen vom Versender bei der Abholung der Einzelsendungen mitgegeben. Immer größere Bedeutung erlangt jedoch der elektronische Datenaustausch zwischen Versender und Versandspediteur. Aufgrund der Daten der Speditionsaufträge kann der Versandspediteur dann die Sammelladungen zusammenstellen.

Die an der Umschlaganlage des Versandspediteurs von den Sammelfahrzeugen oder im Falle der Selbstanlieferung vom Versender angelieferten Einzelsendungen werden nach Verkehrsrichtungen sortiert und, soweit möglich, sogleich in bereitstehende Wagen oder Wechselaufbauten verladen. Über die dem Frachtführer (Güterfernverkehrsunternehmer oder Eisenbahnen) übergebene Sammelladung wird ein **Frachtbrief (nach *KVO* oder *EVO*)** ausgestellt, der an den Empfangsspediteur als Empfänger adressiert ist. **Frachtbrief**

Die Informationen zur weiteren Behandlung der eingetroffenen Güter erhält der Empfangsspediteur aus dem **Bordero** (s. Abbildung auf der nächsten Seite), in dem der Versandspediteur die erforderlichen Informationen über alle zugesandten Einzelsendungen mitteilt wie z. B.: Beschreibung der Sendung, Name des Empfängers, Frankaturvermerke, zu erhebende Waren- oder Frachtnachnahmen. Schaltet der Beiladerspediteur einen Briefspediteur ein, so muß er auch ein Bordero über seine Sendungen ausstellen und dieses dem Briefspediteur zusenden. **Bordero**

Für die Zustellung der Güter bei den Empfängern werden in der Regel Nahverkehrsfahrzeuge eingesetzt, die ihre Informationen sog. **Rollkarten** entnehmen. Die verwendeten Formulare sind jedoch so uneinheitlich, daß hier kein Muster abgebildet wird. **Rollkarte**

6.1.9.3 Der EDV-Einsatz im Spediteursammelgutverkehr

Der Spediteursammelgutverkehr ist heute ohne intensiven EDV-Einsatz für alle vorkommenden Funktionen nicht mehr möglich, wenn man einerseits die Kosten und andererseits die Ablauforganisation in den Griff bekommen will. Die verstärkt von der verladenden Wirtschaft geforderten flächendeckenden und termingeführten Sammelgutverkehre lassen sich nur mit elektronischem Datenaustausch realisieren. **Datenaustausch per EDV**

6 Der Spediteur und der Kleingutmarkt

Bordero

Nr. _____ Datum _____

An _____

in _____

Mit Waggon/LKW _____ über _____ nach _____

Wir arbeiten ausschließlich auf Grund der Allgemeinen Deutschen Spediteurbedingungen (ADSp) neueste Fassung

Verl. am _____ franko/unfranko durch/an _____

Frankatur- und Behandlungs-Vorschriften:

1) franko Sammelladungs-Ankunftsschuppen (einschl. Entladen und Verteilen ausschließl. Oberw.)
2) franko Sammelladungs-Ankunftsschuppen (einschl. Entladen und Verteilen einschl. Oberw.)
3) franko Haus
4) franko Endbestimmungsstation
5) franko deutsche Grenze ausschl. Grenznebengebühren
6) franko deutsche Grenze einschl. Grenznebengebühren
7) FOB-Verschiffungshafen
8)
9)
10)

S hinter 1) und 2) = Selbstabholer
oU = zur Weiterleitung auf dem Ankunftsfahrzeug ohne Umladung

Bezüglich der Berechnung der Nachnahmeprovision bei Versender-Wertnachnahmen sind besondere Anweisungen zu erteilen.

Pos.	Zeichen u. Nummer	Anz.	Art	Inhalt	Gewicht kg	Empfänger Ort	Bestimmungsstation	Frankatur-vorschrift	Vom Empfänger zu erheben			Bemerkungen
									steuerpflichtige Entgelte DM	nicht besteuerte Entgelte DM		
a	b	c	d	e	f	g	h	i	k	l	m

Summe (Sp. j, k, l)
• Umsatzsteuer (Sp. k)
• Nicht besteuerte Entgelte (Sp. l)
Summe Gesamt

Anlagen _____

Verkehrs-Verlag J. Fischer, 4000 Düsseldorf, Paulusstraße 1 — Best. Nr. 14107

Der Spediteursammelgutverkehr mit Kraftwagen und Eisenbahn 6.1

Die **Einrichtung transportkettenübergreifender Informationssysteme** dient dem **Ziel,** den Informationsfluß über den Güterversand so zu gestalten, daß die **Transportdaten den Gütern vorauseilen** und so eine effizientere Disposition und bessere Auslastung der Kapzitäten ermöglichen. Die EDV-Systeme müssen **neben dem Datenaustausch** zwischen den Gliedern der Transportkette auch die Möglichkeit eröffnen, zu jeder Zeit **Statusmeldungen über Ort und Zustand des versandten Gutes** abzuliefern. Um dies bewerkstelligen zu können, wenden die Speditionsunternehmen zunehmend steigende Beträge für Hard- und Software sowie für die Scanner-Technik auf.

Statusmeldungen

Wesentliche Voraussetzung für die elektronische Sendungsverfolgung ist ein **mit allen Kooperationspartnern des Versandspediteurs abgestimmter Datensatz** mit verschlüsselten Informationen über Inhalt und Verbleib der Sendungen. In den Statusberichten wird die Behandlung jeder Sendung chronologisch dokumentiert. Auch dem Versender kann ein automatischer Zugriff auf die Sendungsstatistik eingeräumt werden, sofern Spediteur und Versender eine DV-Vernetzung einrichten. Der Versender kann sich dann jederzeit über den Verbleib seiner Güter informieren und spart damit Zeit und Kosten.

Datensatz

Zur Bewältigung der im Sammelgutverkehr anfallenden vielfältigen Information gehen immer mehr Spediteure dazu über, **Barcoding** zu betreiben. **Üblicherweise wird dabei jedes Collo der Einzelsendung mit zwei Barcode-Aufklebern bestückt:** Dem **Routingaufkleber,** der die interne Relationsnummer sowie die Empfängerpostleitzahl enthält, und dem eigentlichen **Sendungsaufkleber** mit den Daten über das Abgangsdepot, das die Sendungen ins System einspeist, der Sendungsnummer und der Collonummer. Letztere dient der Kennzeichnung mehrerer zu einem Auftrag gehörender Packstücke.

Barcoding

Kunde oder Versandspediteur füllen den bereits mit Barcode-Aufklebern versehenen speziellen Speditionsauftrag aus. Alle zum Auftrag gehörenden Colli bekommen eigene Aufkleber. **Bei der Verladung** auf den Fern-Lkw werden **sämtliche Colli gescannt.** Vor der Abfahrt des Lastzuges werden die gescannten Daten der abgehenden Sendungen mit den erfaßten Daten der Speditionsaufträge abgeglichen. Bestehen keine Differenzen mehr, startet der Lkw mit seinem ggf. „bereinigten Bordero" zu dem Empfangsterminal. Parallel zum physischen Transport werden alle Sendungsdaten **per DFÜ an den jeweiligen Empfangsspediteur übermittelt.** Dies geschieht bis 23 Uhr. Anhand der vorauseilenden Information kann der Empfangsspediteur bereits die Tourenplanung seiner Nahverkehrsfahrzeuge für den kommenden Morgen einleiten.

Beim Empfangsterminal angekommen, meldet sich der Fahrer des Fern-Lkw am Leitstand an und bekommt eine Entladestelle zugewiesen. Bei der Entladung **werden erneut alle Colli gescannt,** die gewonnenen Daten mit den DFÜ-Daten abgeglichen und ein Entladebericht (ebenfalls per DFÜ) an den Versandspediteur gegeben. Anschließend werden die Sendungen auf die Nahverkehrsfahrzeuge geladen.

6 Der Spediteur und der Kleingutmarkt

Bei der Verladung werden die Colli erneut gescannt. Nach dem Soll-/Ist-Abgleich wird die endgültige Rollkarte erstellt. Die Abliefer-Scannung beim Empfänger der Ware ist erst in der Erprobung.

Die Technik der Barcodeerfassung und -generierung ist aufwendig. Spezielle Vordrucke, Etikettendrucker, Scanner, Lesestationen zum Datentransfer, Scanner/Computer, Mailbox und Datenfernübertragung sind die wichtigsten Komponenten, die jeder Partner beschaffen, installieren und vorhalten muß. Dennoch lohnen sich die großen Investitionen. Die barcodierte Sendungsverfolgung ist eines der wichtigsten Argumente für die Verleihung des Qualitätszertifikates nach *ISO 9000 ff* und damit äußerst relevant für den Wettbewerb zwischen den Spediteuren.

6.1.10 Zur Abrechnung der Speditionsaufträge

Grundsätzlich Preisfreiheit

Seit dem 1.1.1994 gibt es für die Abrechnung der Fracht- wie auch der Speditionsverträge keine zwingenden Preisvorschriften mehr. *§ 20 GüKG*, der den Kraftwagenspediteur verpflichtete, seinem Auftraggeber für die Güterversendung mindestens einen Preis in Höhe der Tarifuntergrenze zu berechnen, ist ersatzlos aufgehoben. **Dem Spediteur steht es nunmehr frei, jedweden Preis mit seinen Auftraggebern für seine Dienstleistung zu vereinbaren.** Er muß nur darauf achten, daß die Erlöse insgesamt mindestens seine Kosten decken. Ansonsten droht ihm Konkurs.

Das Tarifaufhebungsgesetz hat die im *Handelsgesetzbuch (§§ 408, 409, 412 und 413)* verankerten Bestimmungen über die Abrechnung zwischen Auftraggeber und Spediteur nicht berührt. Diese liefern somit im Zusammenspiel mit *ADSp (§§ 20 und 29)* sowie den speziellen Absprachen der Vertragsparteien heute die alleinigen Grundlagen für die Abrechnung.

Ebenso gelten die vom *Bundesverband Spedition und Lagerei (BSL)* empfohlenen Bedingungen und Entgelte für den Spediteursammelgutverkehr unverändert fort.

6.1.10.1 Die Abrechnungsmöglichkeiten nach HGB

Das um die Jahrhundertwende entstandene *Handelsgesetzbuch* sieht für die Abrechnung der Speditionsaufträge zwei Möglichkeiten vor:

Spediteursammelgut nach HGB; Abrechnung

– **Auslagen plus allgemeine Spediteurprovision** *(§ 670 BGB, §§ 408, 409 HGB)*
– **Spedition zu festen Spesen** *(§ 413 Abs. 1).*

Als um die Jahrhundertwende das *HGB* geschaffen wurde, betrieb der Spediteur seine Geschäfte üblicherweise im Sinne der Besorgungsfunktion gemäß *§ 407 HGB*.

Der Spediteursammelgutverkehr mit Kraftwagen und Eisenbahn 6.1

Der heute so bedeutsame Selbsteintritt hatte nur eine untergeordnete Bedeutung. Die Beförderung der Sammelladung wurde damals von der Eisenbahn durchgeführt. Gegenüber dem Versender rechnete der Spediteur seine bei der Güterversendung erbrachten Leistungen dergestalt ab, daß er **zunächst alle Auslagen auflistete** (z. B. Hinrollen der Güter zur Eisenbahn am Versandort, Hauptlauffracht, Zustellrolle am Bestimmungsort). **Zuzüglich erhob er zur Abdeckung seiner Bemühungen eine allgemeine Speditionsprovision.** Für diese Abrechnungsart bestimmt § 408 Abs. 2 HGB, daß der Spediteur nicht berechtigt ist, dem „*Versender eine höhere als die mit dem Frachtführer oder dem Verfrachter bedungene Fracht zu berechnen*".

Die Abrechnung „Auslage plus allgemeine Speditionsprovision" wird heute praktisch nicht mehr vorgenommen. Versender und Spediteur vereinbaren zumeist einen bestimmten Satz der Beförderungskosten *(§ 413 Abs. 1)*, der auch als **Übernahmesatz bezeichnet wird und die Gesamtheit der dem Spediteur bei der Güterversendung entstandenen Kosten einschließlich der allgemeinen Speditionsprovision abdecken soll.** Die Vereinbarung eines Übernahmesatzes erfolgt sowohl bei Einzel- als auch bei Sammelgutversand. Als Übernahmesatz gilt die Vereinbarung einer bestimmten Frachtübernahme (z. B. 250 DM für 500 kg) wie auch eines bestimmten Tarifs (z. B. Kundensatztafel I). Bei dieser Abrechnung darf der Spediteur „eine Provision nur verlangen, wenn es besonders vereinbart ist."

Bei Vereinbarung eines Übernahmesatzes nach *§ 413 Abs. 1 HGB* ist der Spediteur nicht verpflichtet, diesen Betrag auch an den Frachtführer zu zahlen. Der Differenzbetrag ist als Vergütung der Speditionsleistungen zu sehen, die der Spediteur gegenüber dem Versender erbringt. Dem steht auch nicht die Berechnung einer *WAV* entgegen, da es sich hierbei um ein Entgelt für Leistungen handelt, die der Abfertigungsspediteur gegenüber dem Frachtführer erbringt.

Von der allgemeinen Speditionsprovision zu unterscheiden ist die **Nebenprovision für speditionelle Nebenleistungen** wie z. B. die in den *ADSp* genannten:

- Versicherungsprovision   *(§ 38 ADSp)*
- Verzollungsprovision   *(§ 25 b ADSp)*
- Nachnahmeprovision   *(§ 23 ADSp)*
- Vorlageprovision   *(§ 26 ADSp)*
- Provision für den Pfandverkauf *(§ 59 h ADSp).*

Die Rechtsgrundlage zur Berechnung dieser Nebenprovisionen liefert neben der *ADSp § 354 HGB*:

„Wer in Ausübung seines Handelsgewerbes einem anderen Geschäfte besorgt oder Dienste leistet, kann dafür auch ohne Verabredung Provision und, wenn es sich um Aufbewahrung handelt, Lagergeld nach den an dem Ort üblichen Sätzen fordern."

6 Der Spediteur und der Kleingutmarkt

Üblicherweise verschafft sich der Spediteur die Voraussetzungen zur Berechnung dieser Nebenprovisionen durch einen allgemeinen Hinweis in seinen Geschäftspapieren wie etwa „**zuzüglich der üblichen Nebenspesen**".

6.1.10.2 Die Preisobergrenze im Sammelgutverkehr nach § 413 Abs. 2 HGB

Preisobergrenze

Nach dem Speditionsrecht **darf der Spediteur mit dem Versender bei Vereinbarung eines Übernahmesatzes jedwedes Entgelt vereinbaren.** *§ 413 Abs. 2 HGB* setzt eine **Preisobergrenze nur für den Fall, daß zwischen Versender und beauftragtem Spediteur keine Preisabsprache vorgenommen wurde.** Die Bestimmung lautet:

> „Bewirkt der Spediteur die Versendung des Gutes zusammen mit den Gütern anderer Versender auf Grund eines für seine Rechnung über eine Sammelladung geschlossenen Frachtvertrags, so finden die Vorschriften des Abs. 2 Anwendung, auch wenn eine Einigung über einen bestimmten Satz der Beförderungskosten nicht stattgefunden hat. Der Spediteur kann in diesem Falle eine den Umständen nach angemessene Fracht, höchstens aber die für die Beförderung des einzelnen Gutes gewöhnliche Fracht verlangen."

Sofern der Spediteur mit dem Versender keine Vereinbarung über den „bestimmten Satz der Beförderungskosten" geschlossen hat, darf er somit höchstens ein Entgelt in Höhe der für die Beförderung des einzelnen Gutes gewöhnlichen Fracht fordern. Diese Preisobergrenze ist unabhängig von der Frankatur. Sie hat jedoch insbesondere Bedeutung für die Abrechnung gegenüber dem Unfrei-Empfänger. Sie gilt zudem unabhängig davon, ob die Sammelladung per Kraftwagen oder per Eisenbahn befördert wird.

Im Bereich des Kleingutverkehrs bestehen häufig Zweifel darüber, was die „**für die Beförderung des einzelnen Gutes gewöhnliche Fracht**" ist. Um die Jahrhundertwende war dies die Schienenfracht für Stückgut. Heute werden Kleingüter jedoch überwiegend im Spediteursammelgutverkehr mit Kraftwagen versandt, so daß die Schienenfracht nicht mehr als Vergleichspreis herangezogen werden kann. Zudem hat die *Deutsche Bahn AG* ihren Stückgutverkehr auf die *Bahntrans* übertragen. **Im Streitfalle wird daher die Bestimmung des „angemessenen Preises" bei den *BSL*-Empfehlungspreisen anzusetzen sein.** Im Zweifel ist dabei der ortsübliche Abschlag zu berücksichtigen. Zuschläge auf die vom *BSL* empfohlenen Preise dürften nur gerechtfertigt sein, sofern sie ortsüblich sind oder besondere Umstände des Güterversandes vorliegen.

6.1.10.3 Die vom BSL empfohlenen Bedingungen und Entgelte für den Spediteursammelgutverkehr mit Kraftwagen und Eisenbahn

Bedingungen und Entgelte für den Spediteursammelgutverkehr mit Kraftwagen u. Eisenbahn; Rechtsgrundlage für Preisempfehlungen

Bis zum 30.6.1975 war die Abrechnung der Speditionsaufträge im Kleingutverkehr nach den staatlich verordneten Kundensätzen vorzunehmen. Nach deren Auslaufen im Jahre 1975 wurde der Spedition durch eine Ergänzung des § 99 Abs. 2 *Gesetz gegen Wettbewerbsbeschränkungen (GWB)* das Recht eingeräumt, **Empfehlungen** über „Bedingungen und Entgelte für die Versendung von Gütern im Spediteursammelgutverkehr mit Eisenbahn und Kraftwagen" auszusprechen.

Das Recht der Spedition, Empfehlungen über Bedingungen und Entgelte für den Spediteursammelgutverkehr herauszugeben, **stützt sich inzwischen auf die § 38 Abs. 2 Nr. 3 und § 99 Abs. 2 des Gesetzes gegen Wettbewerbsbeschränkungen (GWB).** § 38 Abs. 2 Nr. 3 GWB bestimmt, daß das allgemeine Verbot zur Herausgabe von Empfehlungen, die ein gleichförmiges Verhalten von Unternehmen bewirken sollen, nicht gilt für

> „Empfehlungen von Wirtschafts- und Berufsvereinigungen, die lediglich die einheitliche Anwendung allgemeiner Geschäfts-, Lieferungs- und Zahlungsbedingungen einschließlich der Skonti im Sinne des § 2 Abs. 1 zum Gegenstand haben; Nummer 1 Buchstabe b und Nummer 2 Buchstabe b gelten entsprechend, letztere mit der Abweichung, daß der Anmeldung die Stellungnahmen der betroffenen Wirtschafts- und Berufsvereinigungen beizufügen sind."

§ 99 Abs. 2 GWB gibt der Spedition das Recht, **Preisempfehlungen** für den Versand von Gütern im Rahmen des Spediteursammelgutverkehrs herauszugeben:

> „§ 38 Abs. 1 Nr. 11 findet keine Anwendung auf Preisempfehlungen von Vereinigungen von
>
> 1. Spediteuren für die Versendung von Gütern im Spediteursammelgutverkehr mit Eisenbahn und Kraftwagen;
>
> 2. Unternehmen, die den Güterumschlag, die Güterbeförderung und die Güterlagerung und die damit verbundenen Nebenleistungen in den deutschen Flug-, See- und Binnenhäfen sowie die Vermittlung dieser Leistungen, die Vermittlung der Befrachtung und die Abfertigung von See- und Binnenschiffen einschließlich der Schlepperhilfe zum Gegenstand haben.
>
> Diese Preisempfehlungen sind nur zulässig, wenn sie
>
> a) von der Vereinigung, die sie ausgesprochen hat, bei der Kartellbehörde unter Beifügung der Stellungnahmen der von der Wettbewerbsbeschränkung betroffenen Wirtschaftskreise angemeldet worden sind und

6 Der Spediteur und der Kleingutmarkt

> b) gegenüber den Empfehlungsempfängern ausdrücklich als unverbindlich bezeichnet sind und zu ihrer Durchsetzung kein wirtschaftlicher, gesellschaftlicher oder sonstiger Druck angewendet wird."

Die regionalen Spediteurorganisationen haben sich in Absprache mit den Verbänden der verladenden Wirtschaft darauf **verständigt, daß der Bundesverband Spedition und Lagerei (BSL), Bonn, das Recht zur Empfehlung bundeseinheitlicher Bedingungen und Entgelte für den Spediteursammelgutverkehr wahrnimmt.** Diese Empfehlungen sind beim *Bundeskartellamt* anzumelden. Der Anmeldung sind die Stellungnahmen der Verbände der Verlader beizufügen.

Die **Empfehlungen unterliegen der Mißbrauchsaufsicht des** *Bundeskartellamtes*. Die Kartellbehörde kann nach § 38 a GWB die Empfehlungen für unzulässig erklären, wenn sie einen Mißbrauch dahingehend feststellt, daß die empfohlenen Preise „in einer Mehrzahl von Fällen die tatsächlich geforderten Preise im gesamten Geltungsbereich dieses Gesetzes oder in einem wesentlichen Teil davon erheblich" übersteigen. Anhaltspunkte über das Vorliegen dieses Tatbestandes können die Stellungnahmen der Verbände der Verladerschaft liefern.

Geltungsbereich

Die vom *BSL* herausgegebene Empfehlung der Bedingungen und Entgelte findet nach § 1 Anwendung

- für das **Auftragsverhältnis zwischen Versender und beauftragtem Spediteur (Versand- oder Beiladespediteur)** sowie

- im **innerdeutschen Spediteursammelgutverkehr** mit Kraftwagen und Eisenbahn.

Der Einsatz der Frachtführer, die Frachtvertragssphäre, wird von der *BSL*-Empfehlung nicht berührt. Wenn auch die *BSL*-Empfehlung nur für den innerdeutschen Spediteursammelgutverkehr ausgesprochen ist, so schließt dies deren Anwendung im grenzüberschreitenden Güterversand keinesfalls aus. Insbesondere bei der Frankatur „frei deutsche Grenze" vereinbaren die Vertragspartner häufig eine Abrechnung auf Basis der *BSL*-Empfehlung.

Grundgliederung:
A Bedingung
B Entgelte

Die *BSL*-Empfehlung besteht aus zwei Teilen:

Teil A: **Bedingungen**

Die Bedingungen beinhalten die Leistungsbeschreibung und Bestimmungen über die Abrechnung. Sie gelten für den gesamten Spediteursammelgutverkehr und enthalten daher **keine gewichtsmäßige Begrenzung.**

Der Spediteursammelgutverkehr mit Kraftwagen und Eisenbahn 6.1

Teil B: **Entgelte für Sendungen im Gewicht bis 3000 kg**

Die Entgelte sind unterteilt nach Kundensätzen, Hausfrachten und Nebengebühren.

Der **Kundensatz** deckt ab den Leistungsbereich ab Haus des Versenders bis zum Bestimmungsort des Empfängers. Die empfohlenen Entgelte sind in zwei Kundensatztafeln abgedruckt.

Die **Hausfracht** ist das Entgelt für die Zustellung der Güter am Bestimmungsort bis zum Haus des Empfängers. Die empfohlenen Entgelte sind in einer Hausfrachttafel abgedruckt. Die Einstufung der Gemeinden nach Ortsklassen ist dem **Hausfracht-Ortsverzeichnis** zu entnehmen.

Die **Nebengebühren** sind das Entgelt für Leistungen des Spediteurs, die über die mit Kundensatz und Hausfracht abgedeckten Standardleistungen hinaus erbracht werden. Der **Tarif Sp 51** (Nebengebührentarif) enthält für die wichtigsten Nebenleistungen eine Zusammenstellung von Empfehlungspreisen. Für nicht aufgeführte Leistungen ist ein angemessener Betrag, mindestens die Auslagen, zu berechnen.

Die **Konzeption des Empfehlungswerkes** fußt auf folgenden **Grundsätzen:**

Die **Bedingungen und Entgelte gelten in gleicher Weise für den Sammelgutversand mit Kraftwagen wie mit der Eisenbahn** (§ 1 der Bedingungen).

Der **Leistungsbereich** des Spediteursammelgutverkehrs beginnt grundsätzlich mit der Übernahme des Gutes vor dem Haus des Versenders und endet mit der Übergabe des Gutes an den Empfänger vor dessen Haus (§ 2 der Bedingungen). Von der Übernahme bis zur Übergabe des Gutes kann der Spediteur frei über den Güterversand disponieren. Selbstanlieferung und Selbstabholung sind möglich, müssen jedoch vereinbart werden. **Haus-Haus-Leistungsbereich**

Die vom Spediteur erbrachten Leistungen differieren je nach den Ansprüchen der Auftraggeber zum Teil erheblich. Jeder **Tarif kann jedoch Preise nur für Standardleistungen** beinhalten (§ 3 der Bedingungen). Das Haus-Haus-Entgelt enthält daher nur die Vergütung für Leistungen, soweit sie den normalen Umfang nicht überschreiten. Mit Kundensatz und Hausfracht abgedeckt sind: **Empfehlungspreise für Standardleistungen**

- Die Beförderung vom Haus des Versenders bis zum Haus des Empfängers;
- die büromäßige Bearbeitung durch den Versand- und Empfangsspediteur;
- die Aufbewahrung von Sendungen, die abgeholt werden, auf dem Ankunftsschuppen für die ersten zwei Werktage nach der Entladung.

6 Der Spediteur und der Kleingutmarkt

Wünscht der Versender darüber hinausgehende Leistungen, so hat der beauftragte Spediteur einen Anspruch darauf, daß ihm diese Zusatzleistungen vergütet werden.

Differenzierung der Kundensätze
Die *BSL*-Empfehlungspreise sind auf der Basis der effektiven Kosten der Sammelgutspediteure und unter Berücksichtigung der Marktgegebenheiten konzipiert *(Tarif Sp 11)*. Güterversendungen nach Nebenplätzen liegen kostenmäßig etwa 10 % bis 25 % über Sendungen nach Zielplätzen. Aus diesem Grunde hat die Spedition für die Kundensätze zwei Preistafeln empfohlen:

Tafel I für Sendungen, deren Übergabe an den Empfänger innerhalb der politischen Gemeinde erfolgt, in der der Ankunftsschuppen der Sammelladung liegt. (Kundensatztafel für Zielplätze)

Tafel II für Sendungen, deren Übergabe an den Empfänger außerhalb der politischen Gemeinde erfolgt, in der der Ankunftsschuppen der Sammelladung liegt. (Kundensatztafel für Nebenplätze)

Die Kundensätze der Tafel II liegen, differenziert nach Entfernungen, zwischen 6 % und 4 %, durchschnittlich 5 %, über den Kundensätzen der Tafel I.

Entfernungsermittlung nach GFT
Die **Kundensatzentfernung** wird grundsätzlich auf Basis des *GFT*-Entfernungswerks unmittelbar zwischen Übernahme- und Übergabeort der Einzelsendung ermittelt (§ 4 der Bedingungen). Etwaige Umwege, die der Spediteur aus abfertigungstechnischen Gründen wählt, finden keine Berücksichtigung. Die *GFT*-Entfernung gilt auch für den Spediteursammelgutverkehr mit der Eisenbahn. Die Sammelgutspedition hat beschlossen, die Entfernungsberechnung des Kundensatzes auch nach Aufhebung des *GFT* zum 1.1.1994 nach dem *GFT*-Entfernungswerk vorzunehmen. Zu diesem Zweck wurde § 4 der Bedingungen entsprechend geändert.

Unverbindlichkeit der BSL-Empfehlung
Die vom *BSL* empfohlenen **Bedingungen und Entgelte sind unverbindlich.** Den Vertragspartnern ist es jederzeit möglich, abweichende Vereinbarungen zu treffen. Nach fast 20jährigem Bestand der *BSL*-Empfehlung ist festzustellen, daß die empfohlenen Bedingungen praktisch vom Markt ohne Abweichungen akzeptiert sind. Bei den Preisen hingegen sieht die Situation differenzierter aus. Die vom *BSL* empfohlenen Entgelte werden von den Vertragspartnern vor allem in Abhängigkeit von der konjunkturellen Situation und der Bedeutung des Auftraggebers zumeist unterschritten. Hier herrscht das Gesetz des Marktes: Angebot und Nachfrage bestimmen den Preis.

Vertragsinhalt
BSL-Bedingungen und Entgelte werden **Vertragsinhalt, indem sie ausdrücklich oder stillschweigend zwischen Versender und beauftragtem Spediteur vereinbart werden.** Die Bedingungen werden zumeist stillschweigend vereinbart. Die Grundlage hierfür schafft der Spediteur durch den nachfolgenden Eindruck auf seinen Geschäftspapieren für den Spediteursammelgutverkehr, vor allem auf dem Speditionsauftrag:

Der Spediteursammelgutverkehr mit Kraftwagen und Eisenbahn 6.1

„Es gelten die *Allgemeinen Deutschen Spediteurbedingungen (ADSp)* sowie zusätzlich die vom *Bundesverband Spedition und Lagerei e. V. (BSL)*, Bonn, empfohlenen *Bedingungen für den Spediteursammelgutverkehr mit Kraftwagen und Eisenbahn*."

Sofern der Auftraggeber diesem Hinweis nicht widerspricht, ist er daran gebunden. Denn im Geschäftsleben bedeutet Schweigen bekanntlich Zustimmung.

Hinsichtlich der Preise sollten die Spediteure mit ihren Auftraggebern ausdrückliche Absprachen treffen. Die Abweichungen von den *BSL*-Empfehlungspreisen sind regelmäßig in Abhängigkeit von Konjunktur, Auftragsart und Bedeutung des Kunden so groß, daß hier der Weg der stillschweigenden Vereinbarung mittels Eindruck auf den Geschäftspapieren nicht gegangen werden sollte.

Um Störungen in den Geschäftsbeziehungen zu vermeiden, gehen die meisten Sammelgutspediteure so vor, daß sie ihren Auftraggebern bei Anbahnung neuer Geschäftsbeziehungen ein Exemplar ihres Haustarifs mit den vom *BSL* empfohlenen Bedingungen und Entgelten übergeben.

Zum 10jährigen Bestehen der *BSL*-Preisempfehlung haben die Verladerverbände festgestellt, **die „Kartellösung" habe das Gütesiegel des Marktes verdient.** Sie stelle einen Rahmen dar, in dem die Speditionen mit eigenverantwortlichem Preisverhalten Leistungsfähigkeit und Anpassungsbereitschaft bewiesen hätten. Die hier tätigen Verkehrsunternehmen zeigten, daß sie auch ohne staatliche Anleitung und ohne den vermeintlichen Schutz durch obligatorische Tarifuntergrenzen marktmäßig operieren könnten. Die früher oft aufgestellte Behauptung, die Verkehrswirtschaft neige zum ruinösen Wettbewerb, werde damit widerlegt. Die Freigabe der Preise im Sammelgutverkehr habe weder heftige Strukturveränderungen auf der Anbieterseite, noch die von den Befürwortern staatlicher Verkehrsreglementierung an die Wand gemalte krisenhafte Preisentwicklung herbeigeführt.

Kartellösung – ein zukunftsweisendes Preisbildungsmodell

Dieses große Lob der Verladerverbände hatte zweifellos seine Gründe. Insbesondere hat es gut in die verkehrspolitische Landschaft gepaßt, eine positive Bilanz dieses Preisbildungsmodells zu ziehen. Dies deshalb, weil im Jahre 1985 für die Verkehrsträger im deutschen Binnenverkehr noch staatlich verordnete Tarife galten. Die *BSL*-Empfehlungspreise waren insofern ein alternatives Preisbildungsmodell mit Vorbildfunktion. Die Spedition jedenfalls konnte dieses Fazit nicht uneingeschränkt mittragen. Dafür war die Preisschere zwischen Markt- und Empfehlungspreisen teilweise zu groß. Selbst wenn man unterstellt, daß differenzierte Entgelte und ein gewisser Abstand zwischen den empfohlenen und den am Markt durchgesetzten Preisen systemimmanent sind, so wiesen die am Markt zu beobachtenden Preisnachlässe vielfach einen Preisstand aus, der kostenmäßig nicht zu rechtfertigen war. Aus Sicht der Spedition muß daher festgestellt werden, daß sich der Übergang von den staatlich reglementierten Preisen in freie Marktverhältnisse nicht reibungslos vollzogen hat.

6.1.11 Kostenrechnung als Grundlage der Preispolitik im Spediteursammelgutverkehr

Aufgabe der Kostenrechnung

Nach Aufhebung der Tarife gelten für die Preisbildung auch auf den Verkehrsmärkten die Gesetze der Marktwirtschaft: **Angebot und Nachfrage bestimmen den Preis.** Weder die jeweiligen Marktpreise noch die vom *BSL* empfohlenen Preise decken immer die Produktionskosten. **Die *BSL*-Preisempfehlung ist nur eine Marktstütze.** Sie kann und will den Vertragspartnern nur eine Basis zur Vereinbarung der Entgelte liefern. **Sie ersetzt in keiner Weise die Kostenrechnung.** Daher ist es unerläßlich, daß jeder Sammelgutspediteur ein strenges Kostenmanagement betreibt. Nur so kann er feststellen, ob und inwieweit die gebotenen oder verlangten Preise kostendeckend sind.

Aufgabe der Kostenrechnung im Spediteursammelgutverkehr ist es, die **Kosten der Einzelsendungen gemäß der Leistungserstellung zu ermitteln:**

- Sammeln der Einzelsendungen
- Umschlag beim Versandspediteur
- Ausgangsabfertigung beim Versandspediteur
- Hauptlaufkosten
- Umschlag beim Empfangsspediteur
- Eingangsabfertigung beim Empfangsspediteur.
- Zustellen der Einzelsendungen

Ein gut organisierter Speditionsbetrieb kann die jeweiligen Kosten dieser Leistungsbereiche mit hinreichender Genauigkeit erfassen. Kostenstellenrechnung und der *Betriebsabrechnungsbogen (BAB)* liefern die erforderlichen Daten.

Kostenarten

Die **Kosten für das Sammeln und Verteilen der Güter** sowie die Beförderung der Sammelladung werden für die eigenen Fahrzeuge mit Hilfe der üblichen Fahrzeugkostenrechnung ermittelt. Werden diese Leistungen bei Frachtführern eingekauft, so liefert die Finanzbuchhaltung (Kontenklasse 7000) die entsprechenden Daten.

Die **Kosten des Umschlages** sind mit Hilfe einer Umschlagskalkulation zu ermitteln, wobei möglichst nach eingehendem und ausgehendem Verkehr unterschieden werden sollte.

Die **Kosten für den Empfangsspediteur** sind abhängig von den Leistungen, die dieser für den Versandspediteur zu erbringen hat. Diese können sein:

- Entladen und Verteilen der Sammelladung,
- Weiterleitung der Einzelsendung bis zum Bestimmungsort des Empfängers und
- Zustellung der Einzelsendung am Bestimmungsort des Empfängers.

Die Kostendaten liefert die Finanzbuchhaltung (Kontenklasse 7000).

Der Spediteursammelgutverkehr mit Kraftwagen und Eisenbahn 6.1

Die **Regiekosten** (Kosten für die Ausgangs- und Eingangsabfertigung) sind auf Basis der *BAB*-Werte zu kalkulieren. Sie ergeben sich aus den direkten Personalkosten, den direkten Abteilungskosten und den kalkulatorischen Kosten.

Bei allen Leistungsbereichen sind **anteilige allgemeine Verwaltungskosten** zu berücksichtigen. Diese sind aus den *BAB*-Werten zu ermitteln und sodann auf die einzelnen Leistungsbereiche zu verteilen. Als Schlüssel wird hierbei zumeist der Umsatzanteil des jeweiligen Geschäftsbereichs am gesamten Speditionsumsatz gewählt.

Die vorstehend beschriebenen Kostenbestandteile des Spediteursammelgutverkehrs zeigen folgende Abhängigkeiten:

- **die Regiekosten** sind weder vom Gewicht noch von der Entfernung abhängig. Sie fallen bei jeder Sendung in derselben Höhe an. Man bezeichnet sie deshalb als **sendungsfixe Kosten**. Sie werden in **DM pro Sendung** angegeben.

- die **Umschlagkosten** sind überwiegend **gewichtsabhängig**. Sie werden daher in **DM pro 100 kg** angegeben.

- die **Beförderungskosten** (Nah- wie Fernverkehr) sind **zeit- und kilometerabhängig**. Sie werden in DM pro Zeiteinheit oder DM pro Kilometer erhoben und in der Sammelgutkalkulation in **DM pro 100 kg** verrechnet.

Besondere Anforderungen des Kunden an den Güterversand wie z. B. zeitgenaue Auslieferung oder spezielle Verpackung des Gutes müssen in der Kostenrechnung ebenso ihren Niederschlag finden wie **günstige Konditionen,** z. B. hoher Palettisierungsgrad, vom Kunden vorgenommene Bezettelung bzw. Belabelung der Packstücke oder Datenaustausch per EDV.

Nachfolgend ist **beispielhaft die Kalkulation für den Versand einer Sendung von 210 kg im Spediteursammelgutverkehr** dargestellt. Die ausgewiesenen **Kostenwerte sind nicht repräsentativ.**

Kostenart:	DM pro 100 kg	DM pro Sendung	DM für 210 kg
Sammeln:	10,41		21,86
Umschlag (SA*):	6,10		12,81
Regie (SA*):		10,24	10,24
Hauptlauf:	8,38		17,60
Umschlag (SE**):	6,10		12,81
Regie (SE**):		7,33	7,33
Zustellen:	10,41		21,86
Gesamtkosten			104,51

*SA = Sammelgutausgang   **SE = Sammelguteingang

6 Der Spediteur und der Kleingutmarkt

Der Übergang von einer tarifabhängigen zu einer kostenorientierten Preisbildung ist zwar nicht einfach, sollte jedoch selbst für kleine und mittlere Speditionsunternehmen kein unüberwindliches Hindernis darstellen. Die meisten Spediteure verwenden bereits heute in vielen Bereichen EDV-Systeme, die bei entsprechender Programmierung und evtl. Ausbau auch eine speditionelle Kostenrechnung aufnehmen können.

6.1.12 Zur Abrechnung zwischen den am Sammelgutverkehr beteiligten Spediteuren

6.1.12.1 Der Beiladersatz für den Beiladespediteur

Beiladersatz — Der Beiladersatz ist die Vergütung, die der beiladende Spediteur (Beilader) an den verkehrsführenden Spediteur (Versandspediteur) für die Beförderung seiner Güter im Spediteursammelgutverkehr zu entrichten hat. Er wird üblicherweise so bemessen, daß für Versandspediteur und Beilader ein angemessener Nutzen verbleibt. Die Höhe des Beiladersatzes bleibt den Abmachungen der beteiligten Spediteure überlassen.

6.1.12.2 Die Empfangsspediteurvergütung für Entladen und Verteilen

Empfangsspediteurvergütung — Im Spediteursammelgutverkehr kooperieren seit alters her Versand- und Empfangsspediteure, indem der Empfangsspediteur im Auftrag des Versandspediteurs die Entladung der Sammelladungen vornimmt und die Zustellung der Einzelsendungen für die jeweiligen Empfänger organisiert. Für diese **Tätigkeit des Entladens und Verteilens (E + V)** erhält er eine Vergütung, die zwischen den Vertragsparteien frei vereinbart wird.

6.1.12.3 Zustellung der Sendung durch einen Briefspediteur

Briefspediteur — Der Begriff „Briefspediteur" ist in der *BSL*-Empfehlung nicht verankert. Der Terminus stammt ursprünglich aus dem Bahnspeditionsvertrag und bezeichnet einen Spediteur, der vom Empfänger für die Zustellung der Sendung vorgeschrieben ist. **Der Briefspediteur ist insoweit der Hausspediteur des Empfängers.**

Die Zustellung einer Sendung durch einen Briefspediteur erfolgt außerhalb des normalen Ablaufes des Güterversandes im Spediteursammelgutverkehr. Der Leistungsbereich des Sammelgutverkehrs endet dann am Ankunftsschuppen der Sammelladung, so daß die Berechnung der Hausfracht entfällt (vgl. *§ 2 Nr. 3 b* und *§ 3 Nr. 4 der Bedingungen*). Der Empfangsspediteur der Sammelladung avisiert dem Briefspediteur nur den Eingang der Einzelsendung, die der Briefspediteur dann abholt und dem Empfänger zustellt. Die Zustellkosten hat der Empfänger zu tragen, der auch Auftraggeber des Briefspediteurs ist.

Es kommt auch vor, daß der Beiladerspediteur vorschreibt, daß seine Sendungen nicht durch den Empfangsspediteur des Versandspediteurs, sondern durch seinen Kooperationspartner zugestellt werden. Auch in diesem Falle ist wie im vorstehenden Absatz beschrieben zu verfahren. Je nach Frankatur hat der Beiladerspediteur oder der Empfänger die Zustellkosten zu tragen.

Bei Einschaltung eines Briefspediteurs muß dessen jeweiliger Auftraggeber dafür sorgen, daß die erforderlichen Informationen dem Empfangsspediteur zugehen, damit dieser dann die entsprechenden Sendungen dem Briefspediteur „überweisen" kann.

6.1.13 Zur Abrechnung zwischen Spediteur und Frachtführer

6.1.13.1 Die Abrechnungsgrundlage

Soweit der Sammelgutspediteur in der Vergangenheit für das Sammeln und Verteilen der Einzelsendungen und das Befördern der Sammelladung zum Empfangsspediteur Frachtführer einsetzte, war er wie jeder andere Absender verpflichtet, die Frachtführer nach Maßgabe der anzuwendenden Tarife (*GNT, GFT* oder *DEGT*) zu bezahlen. Mit der Aufhebung der Tarife ist diese Verpflichtung entfallen. Für die spediteureigenen Fahrzeuge waren in der Vergangenheit nur die Anforderungen hinsichtlich Frachtbrieferstellung und Tarifüberwachung zu erfüllen.

Abrechnung Spediteur/ Frachtführer

Die **Frachten für den Einsatz von Lkw können nunmehr frei ausgehandelt werden**. Dies **gilt** nicht nur für **die Höhe der Fracht, sondern auch für die Abrechnungsmodalitäten.** Die Fracht kann zwar noch, muß jedoch nicht mehr wie bisher üblich nach den **Kriterien Gewicht und Entfernung** berechnet werden. **Andere Abrechnungsgrundlagen wie z. B. Pauschalpreise für Lkw, Wechselkästen, Relationen, Einsatztage oder Einsatzstunden sind zulässig.** Die Frachten können nach Auslastung, Häufigkeit der Beauftragung, Einweg- oder Rundlaufverkehr, Anzahl der zu bedienenden Ladestellen sowie Warte- und Standzeiten bei Be- und Entladung differenziert werden. Dem Spiel der Marktkräfte sind keine Grenzen gesetzt. Frachtoptimierung mit Hilfe von Teilladung und Selbstadressierung braucht nicht mehr vorgenommen zu werden.

Welche Preise sich nun in den einzelnen Märkten regional, saisonal oder fahrzeugspezifisch herausbilden, hängt von den unterschiedlichsten Kriterien wie z. B. Sendungsstruktur, Aufkommensvolumen, Anbieterstruktur, Nachfragestruktur, Verkehrsinfrastruktur, Gutart etc. ab. Die **Marktpreise** weisen auch nicht die Kontinuität und Stabilität der staatlich verordneten Tarife auf, da sie durch die **Dynamik des Marktes** erzeugt und nicht von Behörden verkündet werden. Das beinhaltet sowohl Chancen als auch Risiken sowohl für die Anbieter als auch für die Nachfrager von Transportleistungen. Stabilisierendes Element für die eingekauften Frachtführerleistungen dürfte sein, daß die Sammelgutspediteure sowohl im Nah- als auch im Fernverkehr mit ihren Frachtführern überwiegend auf der Grundlage von Beschäftigungsverträgen längerfristig zusammenarbeiten.

6.1.13.2 Die besondere Preisliste 482 (Sammelgut) der Deutschen Bahn AG

Bahnsammelgutverkehr Der Bahnsammelgutverkehr war bis Ende der 60er Jahre ein recht bedeutender Teilbereich der zwischen Eisenbahn und Spedition praktizierten Zusammenarbeit. Zu dieser Zeit wurden allein im innerdeutschen Sammelgutverkehr jährlich etwa 1,5 Mio. t zu den Frachtsätzen des Sammelgutausnahmetarifs (damals als *AT 24 B 9* numeriert) auf der Schiene befördert. In den 70er Jahren sind dann stärkere Mengeneinbrüche eingetreten, weil die *Deutsche Bundesbahn* mit mehreren Tarifmaßnahmen versucht hat, den rückläufigen *DB*-Stückgutverkehr zu beleben. Erwähnt seien der *Stückgut-Städte-Ausnahmetarif 483* sowie die Änderung des *§ 7 EVO*, die der *DB* die Möglichkeit eröffnete, für Stückgut- und Expreßgutsendungen im Gewicht bis zu 4 t Sondervereinbarungen zu treffen. Die Zielsetzung dieser Maßnahmen, dem Leistungsvorteil des Lkw durch attraktive Preisangebote entgegenzuwirken und damit eine weitere Abwanderung von Gütern auf die Straße zu verhindern, konnte jedoch nicht realisiert werden. Die Maßnahmen bewirkten letztlich nur Teilverlagerungen der von der Spedition im Ladungsverkehr der Schiene abgefertigten Sendungen in den Stückgutverkehr der Schiene. Der **Bahnsammelgutverkehr** ist inzwischen **auf eine Jahrestonnage von weniger als 100 000 t gesunken** und hat damit nur noch eine untergeordnete Bedeutung im Kleingutmarkt.

Seit dem 1.1.1996 gilt für die Beförderungen von Sammelladungen mit der *DB AG* ein neues Preissystem gemäß besonderer *Preisliste Nr. 482*. Hierbei handelt es sich um einen nach Entfernungen gestaffelten **Gefäßtarif für die 3 gängigsten Waggonkategorien:**

– zweiachsige Wagen der Gattungen G/H,

– zweiachsige Wagen der Gattungen Gb/Hb und

– Drehgestellwagen.

Mit der neuen, vereinfachten *BPL 482* ist die Bestellung eines Spediteurs zum sog. Verkehrsführer für Sammelgut nicht mehr erforderlich. Auch auf eine monatliche Mindestmengenbindung wurde verzichtet. Jetzt **kann jeder Sammelgutspediteur ohne Vorbedingungen Sammelgüter auf die Schiene bringen.** Kundenschutz wird dabei seitens der *DB* gewährleistet.

Der Spediteursammelgutverkehr mit Kraftwagen und Eisenbahn 6.1

Frachtentafel

Entfernungen km	Abt. I	Abt. II DM/Wagen	Abt. III
bis 150	475	547	619
151 – 200	568	654	740
201 – 250	652	750	849
251 – 300	741	853	966
301 – 350	816	940	1063
351 – 400	889	1024	1159
401 – 500	1008	1161	1313
501 – 600	1117	1287	1456
601 – 700	1201	1383	1565
701 – 800	1259	1450	1640
801 – 900	1311	1510	1709
901 – 1000	1364	1571	1777
1001 – 1100	1409	1622	1835
1101 – 1200	1461	1682	1903
1201 – 1300	1513	1742	1972
1301 – 1400	1566	1803	2040
1401 – 1500	1618	1863	2108

Nach Aufhebung der Tarife haben die in der Frachtentafel des *BPL 482* **ausgewiesenen Frachten nur noch Richtpreischarakter.** Die für den Spediteur und die *DB AG* verbindlichen Preisvereinbarungen sind **vor Ort zwischen dem Spediteur und dem Regionalbereich Ladungsverkehr der *DB AG*** zu treffen.

6.1.13.3 Die frachtbriefmäßige Abfertigung

Das Tarifaufhebungsgesetz hat den Ordnungsrahmen des gewerblichen Güterkraftverkehrs nur hinsichtlich der Tarifpflicht geändert. Die Marktzugangsregelungen für Nah- und Fernverkehr haben nach wie vor Gültigkeit. Auch die Vorschriften über die Haftung, die Versicherungspflicht sowie das Mitführen der Beförderungs- und Begleitpapiere gelten unverändert. Deshalb muß auch künftig **im Güterfernverkehr jede Sendung von einem Frachtbrief begleitet sein.** Erleichterungen bei der Frachtbriefausstellung sind nur insoweit eingetreten, als die Angaben derjenigen Frachtbriefdaten nicht mehr erforderlich sind, die mit der Tarifierung zusammenhängen (z. B. Angaben von Tarifentfernung, Gemeindetarifbereichen, tarifmäßige Bezeichnung des Gutes). Alle übrigen Daten der Frachtbriefe sind unverändert anzugeben.

Frachtbriefzwang im Güterfern- und Schienenverkehr

6 Der Spediteur und der Kleingutmarkt

Wird die Sammelladung über die Schiene befördert, so ist auch hier die Ausstellung eines Frachtbriefs erforderlich.

Für den **Güternahverkehr besteht keine Verpflichtung zur Ausstellung eines Frachtbriefes.** Üblich ist, daß die Spediteure für das Sammeln und Verteilen der Güter **Rollkarten** ausstellen.

Die ab 1.1.1994 geltende *Kraftverkehrsordnung für den Güterfernverkehr mit Kraftfahrzeugen (KVO)* **definiert die Sendung** neu. Der neue § 20 lautet:

„(1) Als eine Sendung dürfen nur Güter aufgeliefert werden, die dem Unternehmer von einem Absender und zur Auslieferung an einen Empfänger übergeben werden.

(2) Güter, die an mehreren Stellen verladen oder an mehreren Stellen entladen werden, dürfen als eine Sendung nur dann behandelt werden, wenn sämtliche Einladestellen und sämtliche Ausladestellen jeweils innerhalb derselben Gemeinde liegen.

(3) Mit einem Frachtbrief darf höchstens die Gütermenge aufgeliefert werden, die auf dem für die Beförderung gestellten Fahrzeug oder Lastzug verladen wird."

Die bisher im Spediteursammelgutverkehr übliche Abfertigung von Sammelladungen mit Vor-, Haupt- und Nachlauf ist nach wie vor möglich. § 5 Abs. 2 GüKG bestimmt unverändert, daß eine **solche gebrochene Abfertigung keinen Scheintatbestand darstellt.** Sie bietet dem Sammelgutspediteur folgende Vorteile:

- Innerhalb der Nahzone braucht der eingesetzte Lkw keine Güterfernverkehrsgenehmigung mitzuführen. Die Güternahverkehrserlaubnis reicht aus.

- Im Frachtvertragsverhältnis zieht die *KVO*-Haftung nur auf der Fernverkehrsstrecke. Für die im Güternahverkehr abgewickelten Vor- und/oder Nachläufe können mit den eingesetzten Frachtführern *AGNB* oder *ADSp* vereinbart werden.

- Im Speditionsvertragsverhältnis haftet der Sammelgutspediteur gegenüber seinem Auftraggeber nur dann nach *KVO,* wenn er die Fernverkehrsbeförderung mit eigenem Lkw durchführt. Dabei ist die *KVO*-Haftung ausdrücklich auf die Fernverkehrsstrecke beschränkt (*§ 1 Abs. 5 KVO*).

Nach Aufhebung der Tarife ist der wichtigste Grund für die gebrochene Abfertigung, durch entsprechende Frachtbriefabfertigungen Frachteinsparungen zu erzielen, entfallen.

6.1.14 Die Haftung des Sammelgutspediteurs gegenüber seinem Auftraggeber

Das in der zweiten Hälfte der 20er Jahre geschaffene **Haftungssystem für Speditionsgeschäfte beruht auf einer Kombination der** *Allgemeinen Deutschen Spediteurbedingungen* **mit den** *Bedingungen der Speditionsversicherung.* Der Spediteur ist verpflichtet, die Versicherung automatisch, also ohne daß es eines Auftrags dazu bedarf, einzudecken. Der Auftraggeber oder derjenige, dem das versicherte Interesse zusteht, erhält einen Direktanspruch gegen die Versicherer bei gleichzeitiger Haftungsbefreiung des Spediteurs (Haftungsersetzung durch Versicherung). Jedoch hat der Auftraggeber die Möglichkeit, sich zum „Verbotskunden" zu erklären, also die Versicherung zu untersagen. Der Spediteur haftet dann zwar persönlich, aber nur eingeschränkt nach Maßgabe der *ADSp.* Der Versicherungsschutz der Speditionsversicherung erstreckt sich auch auf Zwischenspediteure (durchlaufende Deckung). Die Haftung der Versicherer orientiert sich an der gesetzlichen Haftung der Spediteure. Der Wert des Gutes ist bestimmend für die Versicherungssumme. Die Speditionsversicherung ist in einem anderen Kapitel ausführlich dargestellt.

Haftung im Spediteursammelgut

Im Gegensatz zur dargestellten Systematik hatte sich in den 60er Jahren die Rechtsprechung, gestützt auf *§ 26 GüKG*, dahingehend gefestigt, daß dem Kraftwagenspediteur bei Vereinbarung eines Übernahmesatzes oder beim Versand im Spediteursammelgutverkehr die *KVO*-Haftung von der Belade- bis zur Entladestelle zugewiesen wurde. Dies unabhängig davon, ob die Sammelladung ganz oder teilweise mit eigenen Fahrzeugen im Güterfernverkehr befördert worden war. Weil *§ 26 GüKG* den Ausschluß oder die Beschränkung der Haftung nach gesetzlichen Beförderungsbedingungen dem Frachtführer durch Vertrag untersagte, bejahte die Rechtsprechung die durchgehende Haftung des Kraftwagenspediteurs und ließ die Haftungsbeschränkung nach *ADSp* nicht zu. Da diese Rechtsprechung die Praxis nicht befriedigen konnte, wurde im Jahre 1978 in **§ 1 KVO** ein neuer **Absatz 5 aufgenommen, der die *KVO*-Haftung eines nach den §§ 412, 413 HGB mit den Rechten und Pflichten eines Frachtführers ausgestatteten Spediteurs auf die Strecke begrenzt, auf der das Gut mit eigenen Kraftfahrzeugen im Güterfernverkehr befördert wird.** Die Bestimmung hat folgenden Wortlaut:

„(5) Hat ein Spediteur nach den *§§ 412, 413 HGB* Rechte und Pflichten eines Frachtführers, so gelten die Vorschriften dieser Verordnung über die Haftung aus dem Beförderungsvertrag nur so weit, wie der Spediteur das Gut mit eigenen Kraftfahrzeugen im Güterfernverkehr *(§ 12 GüKG)* befördert)."

Nachdem im Jahre 1979 auch *§ 26 GüKG* neu gefaßt worden ist, kann der Kraftwagenspediteur nunmehr die gesetzliche Haftung nach *§§ 412, 413, 429 ff. HGB* wieder wirksam ausschließen oder beschränken, so weit wie er bei der Beförderung des Gutes nicht eigene Güterfernverkehrsfahrzeuge einsetzt. Aus diesem Grunde **unterliegen heute bei Binnenbeförderungen die Vor- und Nachläufe, der Güterumschlag, die Übernahme der Sendungen auf der Umschlaganlage und die Abfertigung** wieder den Haftungsbestimmungen der *ADSp*.

6 Der Spediteur und der Kleingutmarkt

Die Haftungsbestimmungen der *ADSp* ziehen hingegen nach wie vor nicht beim Güterversand im grenzüberschreitenden Verkehr, da bisher eine der *KVO*-Änderung entsprechende Modifizierung der *CMR* nicht durchgesetzt werden konnte. Hier haftet der Spediteur durchgehend nach den zwingenden Haftungsbestimmungen der *CMR*.

6.2 Der Spediteur und die Paketdienste

6.2.1 Begriff KEP-Dienste

Der Begriff KEP-Dienste entwickelte sich seit Anfang der 90er Jahre. **Der Begriff faßt ein Angebot an Transportdienstleistungen im Verkehrsmarkt zusammen, welches sich vor dem Hintergrund sinkender Transportzeiten, um die 24 Stunden und darunter, entwickelt hat.** Dabei ist die Art des Angebots vom Gewicht her durchaus unterschiedlich, vom Stückgut-Expreß bis zum Dokumenten-Kurier. Die zeitgenaue Transportleistung kann allerdings nur **vor dem Hintergrund gesicherter Abläufe** erbracht werden. Deshalb ist allen Anbietern der Systemcharakter der Leistungserbringung gemeinsam. Man nennt die **KEP-Dienste** von daher auch „**systemgeführte Transportdienstleistungen**". Allerdings kann es z.B. bei Kurierdiensten auch vorkommen, daß die Leistung für eine einzige Sendung so stark die menschlichen Ressourcen auf sich konzentriert, daß nicht mehr von einer systemgeführten Leistung, sondern von einer höchst persönlichen Leistung gesprochen werden muß. So vereinigt der Begriff KEP-Dienste **unterschiedliche Facetten des Dienstleistungsspektrums** miteinander, **abgestuft nach der Transportzeit und dem Grad der Systematisierung. Das Gewicht spielt eine untergeordnete Rolle.** Den im Begriff enthaltenen Paketdienst kennzeichnet dabei die ausgewogenste Ausprägung aller Eigenschaften, weshalb sich an seinem Beispiel die neuen Entwicklungen im Verkehrsmarkt gut darstellen lassen.

KEP-Dienste

6.2.2 Der Markt für Kurier- und Expreßdienste

Die Kurier- und Expreßdienste sind nicht klar voneinander abgegrenzt. Der Markt für diese Transportdienstleistungen ist entsprechend schwer zu definieren. So findet man unter den Expreßdiensten auch Stückgut-Spediteure. Über 5000 Unternehmen machten 1993 einen Umsatz von mehr als 10 Milliarden Markt weltweit. Eine Klassifizierung hat sich dennoch allgemein durchgesetzt.

KEP-Markt

6 Der Spediteur und der Kleingutmarkt

**Systemgeführte Transportdienstleistungen:
Kurier-, Express- und Paketdienste**

	selber bis nächster Tag	nächster Tag (24 Stunden)	zwei Tage (48 Stunden)	drei Tage und länger
0 - 2 kg				
2 - 5 kg				
5 - 10 kg				
10 - 20 kg				
20 - 31,5 kg				
> 31,5 kg				

- Kurierdienste
- Expressdienste
- Paketdienste
- Postdienste

6.2.3 Volumen und Struktur des Marktes für Paketdienste

Paket Markt Das **Volumen des Marktes für Pakete wird auf 1,6 Milliarden Pakete bis 2010 geschätzt.** Bei der Strukturierung nach Sendungsart wird üblicherweisse von **gewerblichen Sendungen** (von gewerblich nach gewerblich) gesprochen oder von **privaten Sendungen** (von privat an privat oder von gewerblich an privat). Dementsprechend entwickelt sich der KEP-Markt in Deutschland mit Steigerungsraten über 10 % in der Menge. Der Markt ist derzeit unter den Anbietern grob wie folgt aufgeteilt:

- Postdienst 50 %
- private Kurier-, Expreß- und Paketdienste 25 %
- Werkverkehr 25 %.

Der Spediteur und die Paketdienste 6.2

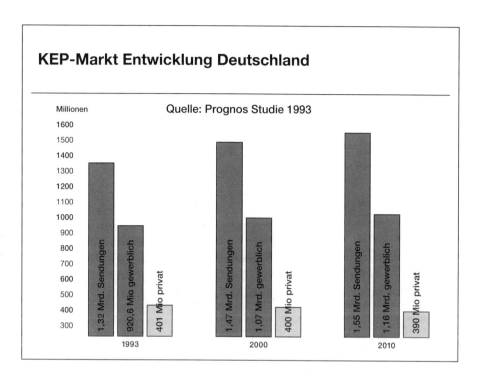

6.2.4 Die Entwicklung der privaten Paketdienste

Die **Geburtsstunde des privaten Paketdienstes liegt Mitte der 70er Jahre.** Der private amerikanische Paketdienst *United Parcel Service (UPS)* suchte den Einstieg in den deutschen Kleingutmarkt. Parallel dazu suchten deutsche Spediteure unter dem Namen *Deutscher Paket Dienst (DPD)* ebenfalls ein Netz für Paketverkehre zu errichten als Antwort auf Kundenwünsche besonders aus dem Bereich der Kauf- und Warenhäuser. Nach einem obsiegenden Urteil im Streit um den Beförderungsvorbehalt der Post auf dem Gebiet der Paketbeförderung, war es privaten Anbietern möglich, sich vollends vor dem Hintergrund von Rechtssicherheit, im Wettbewerb um das Kleingut zu etablieren. In den Folgejahren wurde die Idee „Paketdienst" von verschiedenen Unternehmen immer wieder mit unterschiedlichem Erfolg aufgegriffen. Die letzte bedeutende erfolgreiche Gründung in der sehr kapitalintensiven und risikoreichen Markteintrittsphase geschah 1989 durch die *German Parcel Paket Logistik GmbH (GP)*, wie der *Deutsche Paket Dienst (DPD)* ebenfalls eine Kooperation deutscher Spediteure. Die privaten Paketdienste sind heute ein bedeutender Faktor der Verkehrswirtschaft in beförderter Paketmenge und Leistungsqualität.

Geschichtliche Entwicklung der privaten Paketdienste

6 Der Spediteur und der Kleingutmarkt

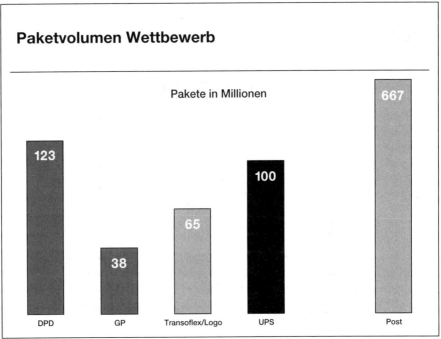

Kleingut-Logistik Der **private speditionell geprägte Paketdienst** hat im Laufe der Jahre, nach Loslösung vom Speditionsgeschäft, ganz deutlich **ab Mitte der 80er Jahre, ein eigenständiges Profil als Logistik-Dienstleister entwickelt.** Im Vordergrund des Angebotes stehen die **Netzdichte,** die **schnellen Abläufe,** die **organisatorischen Vereinfachungen,** die **informationstechnologische Transparenz** und enorme **Leistungsfähigkeit** durch den Einsatz von **Fördertechniken im Umschlag sowie dem Kleinunternehmertum in der Zustellung.** Die kreative und innovative Weiterentwicklung des Paketdienstes und die voranschreitende Vernetzung mit den logistischen Abläufen der Kunden eröffnet die Möglichkeit für immer neue Dienstleistungsangebote über das reine Verkehrsgeschäft hinaus, lediglich mit der Einschränkung, daß wegen der materiellen Ausprägung des Transportsystems eine rein persönliche Dienstleistung wohl nicht entstehen wird.

Transportsystem Das Wachstum der Pakettransportsysteme führt den speditionellen Paketdienstler in ganz neue Dimensionen. **Das Betreiben eines Logistik-Netzwerkes im Bereich der Paketlogistik erfordert andere Einstellungen und Qualifikationen.** So nehmen die technischen Fragen und Fragen nach der exakten Steuerung und Taktung des gesamten Transportvorgangs bzw. Fragen nach der Kundenorientierung oder dem Qualitätsmanagement sowie auch Fragen der Kapitalbeschaffung bzw. der Formen des zukünftigen Wettbewerbs nicht nur in Deutschland, sondern auch in Europa, an Bedeutung zu.

6.2.5 Erfolgsfaktoren des privaten Paketdienstes

Ein Erfolgsfaktor liegt im streng definierten Kleingut. Ein Paket ist in der Regel ein Packstück bis 31,5 kg, max. Gurtmaß 3,0, max. Länge 1,75 m. **Der Sendungsbegriff ist nicht bekannt. Es wird packstückbezogen gedacht und abgerechnet. Die „Sendung" im Paketdienst ist eine Lieferung, die aus mehreren Paketen besteht oder ein Bündelpaket.** Das Paket wird in einer **Regellaufzeit von 24 Stunden** zugestellt. **Eine Laufzeitgarantie gibt es bei den Paketdiensten nicht.** Die Laufzeitstabilität ist die Folge eines maximal dreimaligen Umschlags.

Klares Angebot

Die Leistung ist überall erhältlich. **Die privaten Paketdienste betreiben flächendeckende Logistik-Netze in Deutschland und auch im Ausland.** Der Kunde braucht also auf die gewohnte Qualität der Paketlogistik auch an seinen anderen Produktionsstandorten nicht zu verzichten.

Flächendeckung

Technologische Aufrüstung: Die Installation von modernster Fördertechnik besorgt den Paketdiensten die **Automation des Umschlags.** Die Führung der **Verkehre über zentrale Punkte, sog. Knoten,** in Verbindung mit den dortigen Hochleistungs-Paketsortieranlagen vermindern die Umschlagzeit und die Umschlagkosten.

Leistungsstärke

Kleinunternehmertum: Im Nahverkehrsbereich arbeiten die Paketdienste mit **Kleinunternehmern** zusammen. Der Kleinunternehmer bedient eine oder mehrere Touren in der Abholung wie in der Zustellung. Sein Status als selbständiger Gewerbetreibender mit unternehmerischer Motivation bringt eine große Flexibilität in Zeit, Kapazität und Qualität in diesen Bereich.

Der moderne **Paketdienst hat standardisierte Abläufe.** Das Verfahren von der Abholung bis zur Zustellung ist in Handbüchern und Arbeitsanweisungen nachlesbar. Die Handgriffe im Paketdienst können leicht nachvollziehbar einstudiert werden, was eine **Fehlerunempfindlichkeit** und eine **Leistungssteigerung bedeutet.** Der Einsatz von Techniken standardisiert die Abläufe weiter. Soweit es sich für den Menschen um Vereinfachungen handelt, tritt derselbe Effekt ein. Der Kunde spürt die standardisierten Abläufe an einer gleichbleibenden Qualität.

Standardisierung

Auf dem Paket klebt ein **Paketschein, der Speditionsauftrag.** Die Speditionsauftragsnummer findet sich codiert in einem **Barcode** (Strichcode) wieder. Durch das **Scannen** (Erfassen) der Paketscheinnummer an verschiedenen Stellen des Paketflusses wird eine Paketverfolgung möglich. Die Speicherung der Daten in **zentralen Beauskunftungssystemen** macht den Warenfluß transparent und sicher. **Die Sendungsverfolgung vereinfacht die Bearbeitung von Reklamationen.**

Sendungsverfolgung

Die Paketdienste bieten in Anbetracht ihrer Leistungen ein günstiges Preis-/Leistungsverhältnis. Entscheidend ist, was der Kunde als Leistung beansprucht. In der Regel schätzt der Kunde beim modernen Paketdienst folgende drei Qualitäten:

6 Der Spediteur und der Kleingutmarkt

- **Kostensenkung in der Administration:** Durch die Barcodetechnik des Paketscheins entsteht ein **papierloser warenbegleitender Informationsfluß**. Das Selbsterzeugen des Paketscheins durch den Kunden senkt seinen Administrationsaufwand weiter.

- **Kostensenkung bei den Frachtkosten:** Der Paketdienst bietet dem Kunden paketbezogene, feste Beförderungsentgelte. Der Paketdienst arbeitet als Spedition zu fixen Kosten *(§ 413 HGB)*. Das feste Beförderungsentgelt gehört mit zum Angebot. Die Standardisierung vieler Leistungen vereinfacht die Kalkulation und macht die festen Beförderungsentgelte möglich. Dieses Entgelt ist je nach Güterstruktur, Entfernung und Gewicht sowie der Nutzung technischer Einrichtungen durch den Kunden (Selbstbedienungseffekte) günstig.

- **Zusätzlicher Service:** Die Technisierung der Abläufe bringt Serviceverbesserungen mit sich. **Über 90 % aller Pakete haben eine Laufzeit von 24 Stunden.** Die Kontrolle der Abläufe sorgt dafür, daß keine Leistungsschwankungen auftreten. Außerdem erleichtert das Sendungsverfolgungssystem die Klärung von Reklamationen. In der Regel kann der Mitarbeiter im Kundendienst per Bildschirmauskunft auf Anfrage direkt mitteilen, wo sich das Paket gerade befindet. Die Klärung von kleineren Fällen dauert bis zu 3 Stunden, die Besorgung eines Abliefernachweises bzw. die Klärung größerer Reklamationen bis maximal 3 Tage.

Qualitätsmanagement Ein **industrielles Qualitätsmanagement nach DIN ISO** sorgt dafür, daß die Leistung stabil bleibt. Dies geschieht durch die Fixierung von Leistungskennzahlen in Form von Soll-Größen und die permanente Messung der Ist-Größen. Technische Möglichkeiten, z.B. EDV-gestützte Kennzahlen-Kontrollen und Audits, systematische Untersuchungen der betrieblichen Abläufe mittels Prüfungsunterlagen, sind die Wege zum Ziel. Bei Abweichungen können sofort Korrekturmaßnahmen eingeleitet werden. Ein Qualitätsmanagement sorgt außerdem für die Weiterentwicklung des Produktes über die Einbeziehung aller Mitarbeiter.

6.2.6 Die Abwicklung des Paketverkehrs

Produktionsabläufe im Paketdienst Der Auftraggeber ruft im Depot an und wünscht die Abholung oder eine Abholung erfolgt nach festen Zeiten. Der Disponent organisiert die Abholung durch den Kleinunternehmer oder die Spedition bzw. andere Transportunternehmer, in dringenden Fällen über Funk sonst per Auftrag. Das Paketgut wird beim Verwender gegen Quittung übernommen und zum Depot befördert. Dort wird entladen. **Während der Entladung wird das Paket an der Scann-Station EDV-technisch erfaßt und in der Regel über PLZ-Eingabe automatisch geroutet.** Die Erfassung ist zugleich Grundlage der Unternehmerabrechnung. Die Pakete werden umgeschlagen und auf Ausgangstore verteilt, dann mit Teleskopförderern in Fernverkehrszüge auf Wechselbrücken verladen. Die Verladung wird ebenfalls EDV-mäßig dokumentiert. **Es erfolgt so eine Ein- und Ausgangskontrolle mit modernen Kontrollsystemen.** Für besondere Paketlieferungen gibt es eine Avise über Nacht. Nach dem Umschlag erfolgt die Datenübertragung an eine zentrale Datenbank.

Die **Fernverkehre laufen überwiegend direkt auf das Empfangsdepot (sog. Direktverkehr) oder auf einen Umschlagknoten zur Konsolidierung (sog. Systemverkehr).** Die Verkehrsführung bedeutet, daß das Paket maximal dreimal umgeschlagen wird, je nachdem, ob der Verkehr noch über einen Umschlagknoten geführt wird. Alle in der Regel bis 6.00 Uhr eingehenden Verkehre werden im Empfangsdepot entladen, im Knoten je nach Fahrplan. Der Eingang wird an Scann-Stationen EDV-technisch erfaßt, der Umschlag im Knoten ebenfalls. Es erfolgt die Datenübertragung an eine zentrale Datenbank, wo sich ein Paketlebenslauf (Sendungsverfolgung) zusammenfügt. Die entladenen Pakete werden mit manueller oder maschineller Technik auf Hallen, Stränge, Zustellgebiete oder Touren verteilt.

Soweit keine automatische Sortierung auf die Tour erfolgt, nehmen Mitarbeiter die Pakete vom Band (z.B. angetriebene Rollenbahn). Das Paket wird an dieser Schnittstelle EDV-technisch erfaßt. Diese Erfassung ist Grundlage für den Ausrollisten-Ausdruck und die Unternehmerabrechnung. **Der Unternehmer sortiert die für ihn bestimmten Pakete auf seine Tour.** Nach der Beladung erhält der Unternehmer seine Ausrollisten und die Pakete werden dem Empfänger zugestellt. Die Eingangsdaten werden an die zentrale Datenbank übertragen. Differenzen, Zustellhindernisse usw. werden gescannt und ebenfalls übertragen. Der Paketfluß soll am Beispiel des *DPD* im folgenden dargestellt werden:

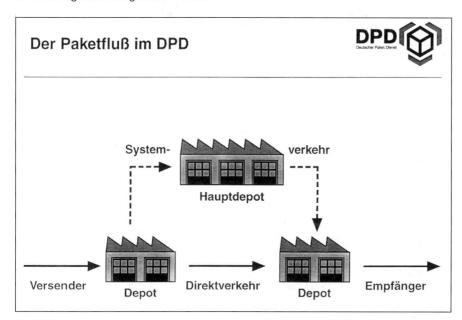

6 Der Spediteur und der Kleingutmarkt

Kunden- Die quittierten Ausrollisten werden zum Depot zurückgebracht. Dort geschieht die
dienst Archivierung heute schon in **technischen Dokumentenverwaltungssystemen** z.B. auf optischen Platten in einer zentralen Datenbank. Bei Reklamationen greift der Mitarbeiter über einen Bildschirm auf den Transportbegleitenden Informationsfluß (Paketlebenslauf) der zentralen Datenbank zu oder auf die dort achivierten Ausrollisten.

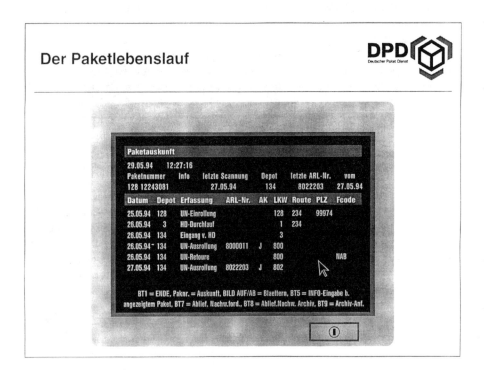

6.2.7 Die Bestandteile des Paketdienstes

Elemente Jedes Pakettransportsystem verfügt über eine organisierte Vermarktung seines
eines Dienstleistungsangebotes. **Die Vermarktung beginnt mit der Formulierung des**
Paket- **Bedarfs.** Die entsprechende Marktaussage der privaten Paketdienste lautet für alle
transport- etwa:
systems

- Gewicht bis 31,5 kg
- Gurtmaß 3,0 m, max. Länge 1,75 m
- automatische Abholung bzw. Abholung nach Vereinbarung
- flächendeckende Bedienung
- 24 (48)-Stunden-Regel-Service
- Zustellung „frei Verwendungsstelle"

Der Spediteur und die Paketdienste 6.2

- kostenlose Klärung von Differenzen
- Zweit- und Drittzustellung
- Rücksendung
- Paketverfolgungssystem
- Ein- und Abliefernachweis
- Versicherung bis DM 1000,–/Paket oder nach Vereinbarung.

Mit dieser Marktaussage werden die Kundenwünsche konsequent beantwortet. Darüber hinaus gilt es zu betrachten, daß mit abnehmender Fertigungstiefe und strategischen Logistikentscheidungen wie z.B. Outsourcing, der Paketmarkt ein überdurchschnittliches Wachstum verzeichnet. Die Läger der Kunden bauen sich so ab und die Ware verlagert sich zum Logistik-Dienstleister.

Letztlich haben sich Güterproduktion und Dienstleistung aufeinanderzuentwickelt. Die Dienstleistung erhält durch moderne Distributionskonzepte eine andere Wertigkeit. Sie kann dem Auftraggeber eine zusätzliche Wertschöpfung seines Produktes im Verhältnis zu seinem Kunden verschaffen.

Das Rückgrat des privaten Paketdienstes sind die von den Partnern und Franchise-Nehmern betriebenen Depots. Ein Depot ist ein Umschlagbetrieb im speditionellen Verständnis. **Diese Depots sorgen in eigener unternehmerischer Verantwortung in der ihnen von der Zentrale, meist eine Kooperationszentrale oder Konzernzentrale (Hauptverwaltung), zugewiesenen Region (Bedienungsgebiet) für die Abholung und Zustellung der Pakete sowie für die unmittelbare Kundenbetreuung. Die Depots können reine Empfangs- oder reine Versanddepots** sein. Standard ist die Mischform. Die Leistung eines Depots variiert von ca. 10 000 Paketen/Tag bis zu ca. 100 000 Paketen/Tag. Die Personalausstattung eines Depots liegt zwischen 50 bei kleinen Depots und 400 gewerblichen Mitarbeitern und Angestellten bei Großdepots. Paketdienste mit einer europäischen Flächendeckung können zwischen 80 und 120 Depots erreichen, in Deutschland liegt die Netzdichte bei ca. 30 bis 60 Depots abhängig von der transportierten Paketmenge, je nach Paketdienst zwischen 50–140 Millionen Pakete im Jahr.

Neben den Depots existieren in unterschiedlicher Terminologie je nach Kultur des Anbieters

- für den **überregionalen Austausch**
  die HD's **(Hauptdepots)**, ZUB's **(Zentrale Umschlagbasis)** oder HUB's **(Hauptumschlagbasis)**
- für den **regionalen Austausch**
  die RD's **(Regionaldepots)**, die sog. Umschlagknoten.

6 Der Spediteur und der Kleingutmarkt

Ihre Aufgabe ist es, einen wirtschaftlichen Transport durch Konsolidierung der Paketmengen sicherzustellen. Die dahinterstehende Planungs-Philosophie kann die eines „Hub and Spoke" (Nabe/Speiche)-Systems sein oder auch eine historisch gewachsene. Die Leistung eines Knoten liegt zwischen 30 000 und 120 000 Paketen/Nacht. Die Personalausstattung liegt zwischen 100 und 400 Personen, überwiegend gewerbliche Mitarbeiter. Die europäische Flächendeckung wird etwa mit bis zu 10 Knoten erreicht, die deutsche mit bis zu 7 bei großen Paketdiensten. Beispielhaft sei hier die Organisation des *Deutschen Paketdienstes (DPD)* dargestellt.

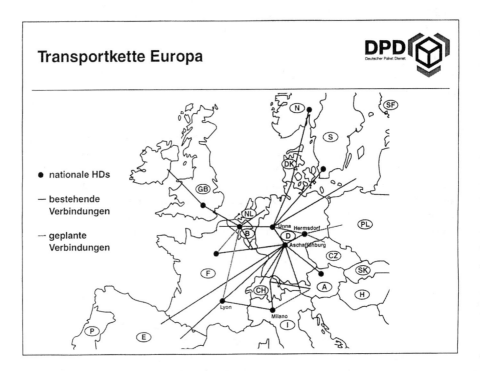

Die Paketverkehre zwischen den Depots werden bei ausreichendem Paketaufkommen **direkt vom Versand- zum Empfangsort geführt (sog. Direktverkehr)** oder ansonsten **in den verkehrsgünstig gelegenen Umschlagknoten konsolidiert (sog. Systemverkehr)**. Ein Fahrplan koordiniert die Verkehre. Die Ankunfts- und Abfahrtszeiten der Fernverkehrsunternehmer bestimmen die Laufzeit der Pakete.

Im 24-Stunden-Takt werden mit einer solchen Paketlogistik bei z.B. *DPD* bis etwa 550 000 Pakete bei ca. 55 000 Versendern abgeholt, elektronisch erfaßt und über ein computergestütztes System transportiert, nachts umgeschlagen, verteilt und schließlich durch die ca. 5000 Ausrollunternehmer den Empfängern zugestellt.

Der Spediteur und die Paketdienste 6.2

In den Depots bzw. Umschlagknoten sind überwiegend moderne Fördertechniken im Einsatz, die ermöglichen, daß das Paket nur höchstens dreimal angefaßt werden muß. Es handelt sich um z.T. **manuelle, teilautomatische und vollautomatische Sortieranlagen mit hoher Stundenleistung und unterschiedlichen Technik-Konzepten**: Stahlband-, Kippschalen-, Pop-up-, Truck- und Posi-Sorter. Die Steuerung geschieht in der manuellen Anlage über gewerbliche Mitarbeiter, die sog. Pusher (Verteiler) und in der automatischen Anlage durch stationäre Hochleistungs-Scanner, die das maschinenlesbare Barcode-Routerlabel lesen und das Paket in der Anlage an der entsprechenden Stelle ausschleusen.

Sortier-Anlage

Auf der **Fernverkehrsstrecke sind Fernverkehrsunternehmer** im Einsatz, die mit dem Paketdienst in der Regel in einem traditionellen Bindungsverhältnis, aus der Spedition kommend, stehen oder der Spediteur im sog. Selbsteintritt.

Im Nahverkehrsbereich, bei der Abholung und Zustellung sind **Kleintransport-Unternehmer** im Einsatz.

Unterschiedliche Fahrzeugkonzeptionen (Stadttour-Fahrzeug, Landtour-Fahrzeug) und Wechselbehälter-Standards (7,15, 7,85, Sattelauflieger, Planenbrücke) sind im Einsatz, wobei die Durchsetzung der technischen Standards über ein Regel- und Vertragswerk geschieht.

Das Produktions-System zeichnet sich aus durch einen hohen Technisierungsgrad im speditionellen Gewahrsam und Personalintensität im Frachtführergewahrsam, ist also verhaltens- und technikabhängig zugleich. Es ist das Herzstück des Logistiknetzwerks. Seine Funktionsweise entscheidet über die Leistung schlechthin.

Innerhalb der speditionellen privaten Paketdienste wurde bereits Ende der 80er Jahre sowohl aufgrund von systeminternen Ansprüchen, als auch aufgrund von Wünschen der Versender, die Forderung nach einem **Sendungsverfolgungssystem (sog. Tracking- und Tracingsystem)** gestellt. Das System führte im ersten Schritt zu einer einfach zu handhabenden Verfolgung der Pakete und später auch zu einer Leistungskontrolle der einzelnen Partner (Laufzeiten, Ausrollquoten usw.).

EDV Scannung Datenübertragung

Das Gesamtsystem, das wegen der Durchschaubarmachung der Prozesse bzw. Systembewegungen von den Paketdiensten „gläsern" genannt wird, **besteht aus folgenden Einzelkomponenten:**

- Einem **Betriebsdatenerfassungssystem** bei jedem Kooperationspartner und in den Umschlagknoten.
- Einem **Kommunikationssystem** bei jedem Partner, das auch für Verwaltungs- und Abrechnungsaufgaben im jeweiligen Depot genutzt werden kann.
- Einer **Zentralen EDV Datenbank-Anlage** als Anlaufpunkt für alle Auskünfte und für die zentrale Leistungsermittlung.

6 Der Spediteur und der Kleingutmarkt

Die Erfassung der Pakete in den Durchlaufstationen geschieht mit einer rationellen Methode der Datenerfassung. **Für die Erfassung wird als maschinenlesbare Codierung aller Informationen auf Barcode zurückgegriffen;** beispielhaft sei im folgenden das System des *DPD* abgedruckt:

Die Betriebsdatenerfassung (Scannung) erfolgt bei den Partnern alternativ entweder über fest verkabelte Netzwerke, die alle Daten direkt auf einen PC abstellen oder aber über mobile Erfassungsgeräte, die nach Abschluß der Erfassung entweder über ein Netzwerk oder direkt auf den PC entladen werden. Die Steuerung geschieht über eine in der zentralen EDV entwickelten Scann-Software. Diese erstellt aus den Erfassungsdaten die notwendigen Belege für die Zusteller (z.B. Ausrollisten) und erzeugt automatisch Dateien (sog. Transferdateien), die dann über das Kommunikationssystem an die zentrale Datenbank überspielt werden.

Das **Informations-System hat eine zentrale Bedeutung für die Steuerung der Abläufe im Paketdienst.** Das Funktionieren ist allerdings überwiegend verhaltensabhängig wegen der zahlreichen Eingabetätigkeiten der Mitarbeiter und Unternehmer.

Entscheidungs-System Der speditionell geprägte private Paketdienst zeichnet sich aus durch eine besondere Form der Ordnung von Beziehungen, **der Kooperationsform und einem gleichzeitigen Betreiben des gemeinsamen Transportsystems z.B. in Form einer GmbH.** Es ist eine doppelt angelegte Beziehung in Operation und Politik.

Diese Form der doppelt angelegten Beziehungen der Partner bzw. Depots, sowohl **jeweils zur Systemzentrale als auch jeweils untereinander in beiden Richtungen, kennzeichnen das Entscheidungssystem**, in dem die unterschiedliche Marktbedeutung der Partner, die Unternehmenspolitiken und Investitionsneigungen für das Funktionieren des Paketdienstes einen Ausgleich finden müssen.

Das Entscheidungssystem ist mit das wichtigste Teilsystem im Ganzen. Es entscheidet z.b. über die „time to market"-Zeit bei der Umsetzung von Projekten. **Die Steuerung des Entscheidungssystems hängt ab von den Verträgen, aber auch faktisch von den Einstellungen und Haltungen der am Entscheidungsprozeß mitwirkenden Personen, Spediteure, Paketdienstler und andere Berufsgruppen,** eine Verhaltensabhängigkeit, in der sich auch der Identitätskonflikt Spedition-Paketdienst ausdrückt.

Große Paketdienste besitzen ausgeprägte **Qualitätsmanagement-Systeme. Deren Aufgabe ist es, die Leistung stabil zu halten, damit die Kundenerwartungen nicht enttäuscht werden.** Dies geschieht durch die Überwachung der standardisierten industriellen Produktionsabläufe und dem Einschreiten bei auftretenden Fehlern z.b. bei Überschreiten von Toleranzen in den qualitätsrelevanten Bereichen. Diese werden ersichtlich über systematische Aufzeichnungen bzw. Meßwert-Statistiken über z.b. Laufzeitquote, Quote der Routerfehler, Fehlverladungen usw. und Quote der nicht zustellbaren Pakete wegen Annahmeverweigerungen, Adressenfehler etc. Aufgrund der schon weiten Verbreitung von Sendungsverfolgungs-Systemen bei den Paketdiensten sind Kernelemente eines Qualitätsmanagement-Systems bereits vorhanden. So deckt das Sendungsverfolgungs-System grob gesehen die Bereiche „Identifikation und Rückverfolgbarkeit von Fehlern" und „Kundendienst" für ein normiertes Qualitätsmanagement-System nach internationaler Norm *DIN ISO 9000* ab.

Qualitätsmanagement-System

Das EDV-gestützte Informations-System als Kern des Qualitätsmanagement-Systems ist für die Lenkung der Dienstleistungsqualität besonders wichtig. Die Steuerung geschieht durch die Scannung, und zwar

- in der richtigen Scann-Art je nach Art des Prozesses (z.B. Eingang, Ausrollung)
- mit dem richtigen Fehler-Code je nach Art des Fehlers (z.B. „B" für Beschädigung)
- zum richtigen Zeitpunkt und an der richtigen Stelle (z.B. Depot, LKW, Tour).

Eine weitere Säule des Qualitätsmanagements sind die sog. Audits. Dabei handelt es sich um **Untersuchungen der Depots** durch erfahrene Außendienstmitarbeiter, meist Speditionskaufleute mit Zusatzqualifikationen, der vorgeschriebenen Abläufe und sonstigen Anforderungen, z.B. das Corporate Design. Das Ergebnis drückt sich in einer Effektivitätskennzahl aus. Die Bewertung der Leistungsqualität aller Depots sowie ein Ranking (relativer Vergleich) wird möglich. Die meisten Paketsysteme sind heute bereits nach *DIN ISO 9001* oder *9002* zertifiziert und treiben über ein praktiziertes *Total Quality Management (TQM)* die ständige Verbesserung voran.

Die privaten Paketdienste haften eingeschränkt nach Maßgabe ihrer Allgemeinen Geschäftsbedingungen. Die allgemeinen Geschäftsbedingungen regeln für die Paketdienste individuell

Haftung und Versicherung

6 Der Spediteur und der Kleingutmarkt

- die Übernahmeausschlüsse
- die speditionellen Leistungen und Entgelte
- die Haftung
- die Versicherung
- die Anmeldung von Ansprüchen.

Im übrigen wird auf die *Allgemeinen Deutschen Spediteurbedingungen (ADSp)* Bezug genommen. Abweichend von den *ADSp* wird z.B. nicht gehaftet für Lieferfristüberschreitungen und Vermögensschäden. **Die Formulierung von individuellen Allgemeinen Geschäftsbedingungen und die Berufung auf die Haftungsordnung des Speditionsgewerbes mit seiner geringen Haftungshöhe (§§ 51, 54 ADSp) durch die privaten Paketdienste wurde im Jahre 1990 durch den *Bundesgerichtshof (BGH)* ausdrücklich für zulässig erachtet.** Der *BGH* verneinte die von Anspruchstellern behauptete Frachtführereigenschaft und damit die Anwendung der schärferen *KVO*. Mit dieser Entscheidung wurde der private Paketdienst vom Risiko her auf eine wirtschaftliche Basis gestellt.

Ein wesentliches Merkmal in diesem Sinne ist die Abbedingung der *§§ 39 bis 41 ADSp*, den Regeln über den *SVS/RVS* durch die Allgemeinen Geschäftsbedingungen. Das sog. Branchenprinzip „Haftungsersetzung durch Versicherung" der *ADSp*, der *SVS/RVS*, ist **ersetzt durch eine kombinierte Transport- und Speditionsverschuldenversicherung zugunsten des Auftraggebers. Das Paket ist automatisch versichert von der Abholung bis zur Zustellung über unterschiedliche Haftungsordnungen hinweg bis DM 1000,–/1500,– oder höher nach Vereinbarung.**

Ein „Verbotskunde" ist ein Kunde, der den Warenwert bis DM 1000,– selbst deckt.

Die Aktivitäten der Beteiligten in einem speditionell geprägten Paketdienst werden in mehrfacher Hinsicht untereinander koordiniert. Dies besorgt eine Zentrale oder Geschäftsstelle oder eine eigene Gesellschaft im Verbund der Partner, z.B. eine Führungs-GmbH. Sie organisiert die Entscheidungen im Gesellschafterkreis, bestimmt die Geschäftspolitik und stellt die Systemfunktionen sicher. Dies kann auf zwei oder drei hierarchischen Ebenen geschehen. Bekannt ist die folgende Form:

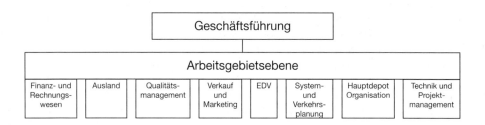

6.2.8 Die Organisationsformen von Paketdiensten

Der Charakter der privaten Paketdienste als kooperative Transportsteme bringt es mit sich, daß nur Organisationsformen in Frage kommen, die sowohl dem Gedanken der gegenseitigen Zusammenarbeit als auch dem Gedanken eines Produktionssystems ausreichend Rechnung tragen. **Die Organisationsformen müssen also auf der Entscheidungsebene unterschiedlichen Interessen Rechnung tragen und auf der Ablaufebene einfach sein.**

Organisationsformen von Paketdiensten

Arten von Organisationsformen:

- **Lose Kooperation:** Die lose Kooperation ist ein Zusammenschluß mehrerer Spediteure zur Verfolgung eines gemeinsamen wirtschaftlichen Zwecks, der Paketbeförderung. Ein solcher Zusammenschluß ist eine einfache BGB-Gesellschaft. Die Führung findet durch die Beteiligten, die Gesellschafter selbst statt, die sich meist einer Geschäftsstelle zur Unterstützung bedienen. **Diese Form findet sich in der Gründungs- und Entstehungsphase eines Transportsystems. Die Verantwortung liegt hier beim Unternehmer.**

Organisationsformen der Entscheidungsebene

- **Geführte Kooperation:** Hierbei handelt es sich ebenfalls um eine BGB-Gesellschaft mit dem Unterschied zur losen Kooperation, daß die Führung durch eine bestellte Person, eine natürliche Person oder eine juristische Person, z.B. in Form einer GmbH, erfolgt. Die sich bei dieser Form schon herausgeprägten Systemfunktionen können so besser wahrgenommen werden. **Man findet diese Organisationsform in der Wachstumsphase eines Paketdienstes. Die Verantwortung liegt hier nicht mehr allein beim Unternehmer, sondern beim Management.**
- **Mitverantwortete Kooperation:** Bekannt ist die Organisationsform in Form einer GmbH & Co. KG. Hier ist die Führung eine KG mit der GmbH als Komplementär. **Man findet diese Organisationform in der Reifephase eines Systems. Die Verantwortung liegt hier bei einem Management, welches von den Gesellschaftern und Unternehmern (Kommanditisten) mitverantwortet wird.**

Man unterscheidet verschiedene Betriebsformen oder Depotorganisationen auf der Ablaufebene. Der Unterschied liegt im Grad der organisatorischen Vermischung mit den Abläufen der Spedition. Folgende Formen gibt es:

Organisationsformen der Ablaufebene

- **Reine Paketdienstorganisation:** Eine solche Organisation existiert völlig autonom neben dem Speditionsgeschäft als Profit-Center. Man findet hier ausschließlich Paketdienstfunktionen. Eine Vermischung findet nicht statt. Bei der Fernverkehrsdisposition z.B. muß nicht auf den Fuhrpark der Spedition Rücksicht genommen werden. Kennzeichnend ist z.B. der reine Paket-Verkauf. Die Firmierung lautet z.B. MUSTERMANN PAKETDIENST GMBH.

- **Gemischte Paketdienstorganisation:** Bei dieser Organisationsform existiert eine Verquickung mit den Speditionsinteressen. Ein paketdienstorientierter übergeordneter Entscheidungsträger stellt hier meist die Verbindung zur Spedition her. Es wird der Speditionsfuhrpark eingesetzt. Es existiert ein gemischter Verkauf: Pakete, Stückgut, Sammelgut. Die äußere Erscheinungsform lautet z.B. PAKETDIENST MUSTERMANN GMBH oder GMBH & CO. KG oder MUSTERMANN PAKET SERVICE.

- **Spedition mit Paketdienst:** Bei dieser Organisationsform ist der Paketdienst ein Betriebsteil der Spedition. Die Interessen liegen im Speditionsgeschäft. Der Paketdienst wird als Verteiler-Netz für Speditionskunden betrachtet. Die Disposition der Paketverkehre geschieht von der Spedition aus. Der Verkauf ist ein gemischter Verkauf in umgekehrter Reihenfolge: Sammelgut, Stückgut, Paketdienst. Die Firmierung lautet z.B. MUSTERMANN INTERNATIONALE SPEDITION, PAKETDIENST DEPOT X.

6.2.9. Der Paketdienst als ökologischer Faktor

Ökologie Die Sensibilisierung von Wirtschaft und Gesellschaft und damit auch des Verkehrsgewerbes auf Themen des Umweltschutzes hat seit den 80'er Jahren stark zugenommen. Dabei herrscht ein weitgehender Konsens über die Ziele einer ökologischen Orientierung: Vermeidung, Wiederverwertung, Wiederverwendung, Weiterverwendung, Pyrolyse und Beseitigung. Über den Weg zur Erreichung der Ziele gibt es aber viele Meinungen, die dennoch in 3 ökologischen Grundprinzipien zusammengefaßt werden können

- Effizienzrevolution
- Nachhaltige Entwicklung (sustainable Development)
- Zielkorrektur.

Effizienz- Es fragt sich, wie der Paketdienst als Transportsystem zu den Prinzipien steht, ab-
revolution seits von der sonst üblichen Diskussion um die Umweltverträglichkeit der einzelnen Verkehrsträger. Den ökologischen Effizienzkriterien kann der Paketdienst wegen seiner Null-Fehler-Qualitätsmanagement-Logistik-Strategie bestens gerecht werden. Außerdem ist die Notwendigkeit neuer Logistiksysteme als integrativer Bestandteil einer umweltgerechten Produktionsgestaltung anerkannt, wobei der Paketdienst ein solches System bietet, was sich in folgenden Merkmalen ausdrückt:

- Beförderung von Mehrwegversandbehältern zur Förderung geschlossener Materialkreisläufe
- Effiziente Rückholung für eine leistungsstarke Rückführungslogistik
- Rücknahme bzw. Mitnahme von Paketen bei der Zustellung i.S. einer kombinierten Bring- und Hol-Entsorgungslogistik als Leitbild moderner Entsorgungsüberlegungen

Der Spediteur und die Paketdienste 6.2

- Laderaumoptimierung durch Konsolidierung und damit im Prinzip Verkehrsvermeidung
- Management der Pakete/Stop Konzentration zwecks Verkehrsvermeidung
- Test neuer geländeschonender Produktionsverfahren

Damit folgt der Paketdienst heute schon dem Grundsatz der „Nachhaltigen Entwicklung". Bleibt noch die ökologische Zielkorrektur in der Unternehmenszielsetzung, teilweise schon umgesetzt, aber noch weiter systematisierbar. Möglicherweise bietet einmal ein betriebliches Umweltmanagement-System nach *ISO 14000* oder der *Öko-Audit-VO (EG VO 1836/93)* ein Gerüst. Die Entwicklung ist hier noch im Fluß. **Nachhaltige Entwicklung Umweltmanagement**

6.2.10 Die Grenzen der privaten Paketdienste

Die Verflechtung der Systeme setzt permanent **neue Management-Fertigkeiten** voraus. Entscheidend ist die Beurteilbarkeit von Zuständen im Logistiksystem und die Vorhersehbarkeit der Wirkungen von Managemententscheidungen z.B. bei der Umsetzung von Projekten sowie die Weiterentwicklung des Verkehrsmarktangebotes in Richtung echter Servicedimensionen. Dies setzt voraus, daß der Entscheider über das speditionelle Wissen hinaus

- die **Abläufe** und deren Zusammenhänge kennt und
- weiß, wo **die entscheidenden Parameter für Veränderungen** liegen,
- **Krisen und deren Ursachen beurteilen** und bewältigen kann,
- die **Dienstleistungsqualität** sichert und entwickelt.

Diese Eigenschaften sind nicht abstrakt theoretisch erlernbar. Eine permanente Weiterbildung an konkreten Aufgabenstellungen aus dem Tagesgeschäft und die Ausprägung eines Systemverständnisses ist erforderlich.

Konflikte tun sich auf zwischen der Erfüllung der Kundenerwartungen und der Erfüllung der Anforderungen, die das Transportsystem stellt. **Man kann diese Spannung als Interessenkonflikt bezeichnen, einerseits den Kundennutzen zu mehren, andererseits das System unter Kontrolle zu halten.** Er drückt sich aus an folgenden Beispielen: **Interessenkonflikte**

- **Vorgeschobene Qualitätskontrolle:** Das kundenseitige automatische Routen setzt eine Genauigkeit voraus sowie eine gute Papierqualität des Router-Labels und dessen Lesbarkeit durch Handscanner und stationäre Scanner. Dem Kunden kommt daher die Verantwortung der Qualitätskontrolle selbst zu. Gleiches gilt für den kundenseitigen Paketscheindruck. Die Formen des Routens und des Paketscheindrucks müssen zentralseitig unter Beachtung von Spezifikationen technisch abgenommen sein.

– **Standardisierung und Konformität:** Das Transportgut darf die vorgeschriebenen Maße und Gewichte nicht übersteigen, sonst kommt es zu Behinderungen. Insbesondere muß das Gut folgende Eigenschaften aufweisen:

– äußere Stabilität
– Verpackung wahrnehmbar auf Systemversand vorbereitet
– Lesbarkeit von Barcodes und Labeln
– Greif- und Handfreundlichkeit
– Staufähigkeit
– Steigfähigkeit
– Förderfähigkeit.

– **Disziplin:** Das Funktionieren moderner Techniken ist eine verhaltensabhängige Sache, die Ablaufdisziplin erfordert. Ein weiteres disziplinierendes Element ist die Beplanung (z.B. Fahrplan). Die Disziplin z.B. bei den Ankünften und Abfahrten am Knoten ist ein wesentliches Leistungsmerkmal. Es ist erforderlich, daß fahrplangerecht gearbeitet wird. Dabei handelt es sich z.B. bei über 100 Ankünften/Nacht an einem Umschlagknoten um Minutenarbeit. Dies wiederum bestimmt nicht nur die Abholzeit beim Kunden, sondern auch die Art des Verkehrs zum Knoten. Häufig sind unpaarige Verkehre hinzunehmen, Transportketten nicht möglich, eine Nichtnutzung des speditionellen Fuhrparks zu dulden.

Investition und Kosten Wachstum im Paketmarkt und technologische Aufrüstung bedeuten Investitionen in Transport-Netz und Personal. Die Kapitalkraft der meist mittelständischen Kooperationspartner und die Geschäftspolitik entscheiden darüber, ob und wie das Wachstum bzw. die Paketverkehre in Zukunft finanziert werden können. **Erfahrungen zeigen heute schon, daß mit der Automatisierung von Abläufen allein eine Kostensenkung und eine Qualitätsverbesserung nicht einhergeht. Daher muß der Bedarf des Kunden unbedingt das Maß aller Dinge sein und bleiben.**

6.3 Der Spediteur und die Kurier- und Expreßdienste

6.3.1 Das Volumen des KEP-Marktes

Die Abkürzung KEP hat sich in der jüngeren Vergangenheit als Sammelbegriff für die Angebote der Kurier-, Expreß- und Paketdienste eingebürgert. Fachleute beziehen in diese Gruppe heutzutage auch die liberalisierten Postdienste, d.h. alle Dienstleistungen, die mit den Serviceangeboten der *Deutschen Post* direkt vergleichbar sind, bzw. die Serviceangebote der Post, die sich bereits im freien Wettbewerb befinden (Infopost, internationale Brieftransporte usw.) mit ein, für die dann das „P" steht.

KEP-Markt

In jedem Falle bezeichnet KEP immer eine Transportdienstleistung, die ein wichtiger, unverzichtbarer Bestandteil unseres Wirtschaftssystems geworden ist. Rund 85 000 Beschäftigte – ohne die Mitarbeiter der *Deutschen Post AG* – sind nach realistischen Angaben in diesem Markt tätig. **Knapp 4000 Unternehmen bieten ihre Dienste an und erwirtschafteten 1995 einen Umsatz von insgesamt knapp 25 Mrd. DM.**

Obwohl Kurierdienste seit dem Altertum – genau genommen bereits in früher vorchristlicher Zeit – bekannt waren, entstand erst Mitte der 70er Jahre so etwas wie eine erkennbare Bewegung hin zum eigenständigen Segment innerhalb des Transportmarktes.

Bedingt und begünstigt durch die technische Weiterentwicklung in der gesamten Wirtschaft war eine starke Nachfrage nach der zeitgenauen, flächendeckenden Bereitstellung von eiligen Kleinsendungen entstanden. Eine Nachfrage, die weder die Post noch die – bereits existierenden – Paketdienste befriedigen konnten oder wollten.

Diese Marktlücke nutzten die mittelständischen Anbieter, um ihre Dienstleistung weiter zu entwickeln, die in kürzester Zeit ein insbesondere in der Medien- und Werbebranche unverzichtbarer Service wurde. Die in der Industrie entstandene Nachfrage nach Just-in-time-Lieferungen bildete dabei die Basis des Wachstums des gesamten Kurier- und Expreß-Marktes.

Mitte der 80er Jahre bommte dann die Branche. Ob Akten, Medikamente, Pizza oder Möbelstücke, in unserer Wirtschaft wird heutzutage nahezu alles von KEP-Firmen befördert.

Zuwachsraten von mehr als 20 % jährlich waren und sind nach wie vor keine Seltenheit in der Branche. Und der Markt liefert in der Tat rasante Wachstumszahlen. Allein zwischen 1991 und 1994 betrug der Mengenzuwachs der KEP-Branche –

in transportierten Sendeeinheiten – ca. 40 %. Und alle wichtigen Prognosen gehen davon aus, daß dieses Wachstum mindestens bis zur Jahrtausendwende anhalten wird.

6.3.2 Angebotsvielfalt und Wachstum

Heute ist der KEP-Markt in Deutschland von einer riesigen Angebotsvielfalt und insbesondere im internationalen Bereich von kräftigem Wachstum geprägt.

Zahlreiche spezielle Serviceformen haben sich bereits etabliert oder versuchen, in diesem rasanten Markt ihr Geschäft zu machen. Mittlerweile sind KEP-Dienste auch nahezu überall zu finden – selbst in Kleinstädten.

Der Markt zeichnet sich durch eine deutliche Diversifizierungsbewegung ab, die auch weiterhin anhalten wird. Neue Serviceformen entstehen durch die Zusammenlegung von bislang getrennten Angeboten oder aber eben auch als echte neue Dienstleistung.

Insgesamt betrachtet kann der Markt noch lange nicht als erschlossen gelten. Insbesondere der Blick auf die Expreßmärkte anderer Länder und Kontinente zeigt weitere Perspektiven auf. So stellen wir fest, daß beispielsweise der sog. **Privatmarkt in Deutschland noch nahezu brach liegt.**

6.3.3 Kategorien des KEP-Marktes

Beim KEP-Markt handelt es sich um einen Teilmarkt des Expreßmarktes. Obwohl der KEP-Markt eine nahezu unüberschaubare Vielfalt an Serviceangeboten bietet, wollen wir zum besseren Verständnis des Marktes jedem Begriff ein eindeutiges Leistungsprofil zuordnen.

Wir müssen uns vergegenwärtigen, daß die Einordnung in feste Kategorien die Voraussetzung zum Marktverständnis darstellt. In der täglichen Praxis ist eine **klare Abgrenzung dieser unterschiedlichen Kategorien voneinander** – insbesondere in Anbetracht der Individualität der Dienstleistung und der zunehmenden Verwischung von (Leistungs-)Grenzen zwischen den existierenden Marktsegmenten – **schwierig**.

Die beförderten Güter bieten heutzutage in der Regel nur noch Hilfsargumente, wenn man versucht, darüber die verschiedenen Marktsegmente voneinander abzugrenzen.

Der Spediteur und die Kurier- und Expreßdienste 6.3

So ist es zwar nach wie vor an der Tagesordnung, daß Kuriere in der Regel durchweg kleine und kleinvolumige Sendungen befördern. Dies ergibt sich aber vor allem aus den Zwängen der Handhabbarkeit.

Aber wenn man dann versucht, eine **Definition der Expreßdienste an der Sendungsgröße** festzumachen, ist dies schon **nicht mehr haltbar**.

Vom Briefumschlag bis zur Palettenware, ja sogar bis zur komplexen Luftfrachtladung, befördern Expreßdienste heutzutage alles. Eine Entwicklung, die nicht zuletzt auf die konsequente Weiterentwicklung der Serviceangebote durch die sog. Integrator[1]) zurückzuführen ist.

Selbst die Trennung der Expreßdienste von den Expreß-Frachtsystemen läßt sich nur noch bedingt über die Sendungsgröße darstellen. Sicherlich sind viele der bekannten Expreß-Frachtsysteme auf eine Sendungsgröße beschränkt (die aber wiederum durchaus mit den von Paketdiensten beförderten Sendungen verglichen werden kann). Zu den Expreß-Frachtsystemen im weitesten Sinne des Wortes zählen auch Leistungsangebote der Spedition, die im Rahmen eines festgefügten Fahrplanes zeitgenaue Lieferungen, auch von sog. Partienware, darstellen.

6.3.3.1 „K" wie Kurierdienste

Beim Begriff der Kurierdienste hat die Person des Kurieres als Namensgeber fungiert. Die permanente persönliche Begleitung von Sendungen ist das entscheidende Merkmal zur Abgrenzung dieser Serviceart gegenüber den Expreß- und Paketdiensten. Mittlerweile hat diese Definition für den Begriff „Kurier" auch im neuesten Entwurf für das Postgesetz Eingang gefunden.

Kurierdienst

Kuriere finden sich vor allem im City-Bereich, wo die so bezeichneten Transportunternehmen mittels Fahrrad, Motorrad, Pkw, Transporter, manchmal auch per Lkw schlichtweg alles, vom Kleinstumschlag bis zur Palette, befördern.

Selbstverständlich kommen auch im überregionalen Bereich – also bei Transporten innerhalb Deutschlands – Kuriere zum Einsatz. Hier haben sich Spezialanbieter etablieren können, die als sog. Direkt-Kuriere Sendungen bis zu 750 Kilogramm (mit Anhängern auch noch höhere Gewichte) befördern.

Im Zuge der sich immer stärker miteinander verflechtenden Wirtschaft wird **dieser Service selbstverständlich auch europaweit grenzüberschreitend angeboten.** Allerdings ist der Einsatz von „echten" Kurieren bei internationalen Transporten vergleichsweise selten.

---

[1]) Integrator: Diese Bezeichnung wird für Systemdienstleister im KEP-Markt benutzt, die im Rahmen ihrer nationalen bzw. internationalen Systeme zahlreiche über den reinen Transport hinausgehende Dienstleistungen, wie z.B. Abfertigungs- und Kontrollarbeiten „aus einer Hand" anbieten.

6 Der Spediteur und der Kleingutverkehr

Hier ist die eigentliche Urform der Dienstleistung von den Systemanbietern abgelöst worden, die die in den vergangenen Jahren nahezu explosionsartig gestiegenen Sendungszahlen als Sammelfrachten befördern und mit z.T. aufwendigen technischen Systemen steuern und überwachen.

„Echte" (internationale) Kurierdienste – also persönlich begleitet – haben heutzutage einen äußerst geringen Anteil am Gesamtaufkommen der verschiedenen Serviceanbieter und werden – wenn überhaupt – nur noch als spezielle Serviceform angeboten. Aufgrund der hohen Preise – selbst für einen Kurierauftrag innerhalb Europas können schnell DM 2000 zu Buche stehen – wird diese Dienstleistung nur in tatsächlichen Notfällen in Anspruch genommen.

Stadtkuriere

Stadtkurier Der **Stadtkurier stellt die am häufigsten anzutreffende Serviceform des Kurierdienstes dar.** Solche Unternehmen verwenden dabei die unterschiedlichsten Firmen-Bezeichnungen, wie z.B. Stadtbote, Kuriertaxi, Minicar, aber natürlich auch Kurier usw.

Vom **Alleinunternehmer bis hin zur Vermittlungszentrale mit mehr als 500 Fahrern** finden sich die unterschiedlichsten Unternehmensformen und -größen in diesem Marktsegment, die – wie bereits erwähnt – auch die unterschiedlichsten Fahrzeuge – vom Fahrrad bis zu Lkw – einsetzen.

Obwohl der Name die Beschränkung auf das Gebiet der „Stadt" suggeriert, können und werden Stadtkuriere selbstverständlich auch damit beauftragt, Sendungen innerhalb Deutschlands und sogar in das Ausland zu befördern.

Formell ist dies möglich, da Kurierdienste – anders als beispielsweise Taxen – keine Genehmigung (im Sinne einer Konzessionierung) für die Ausübung ihres Geschäftes benötigen. Je nach Größe der eingesetzten Fahrzeuge müssen sie lediglich die Voraussetzungen der BerufszugangsVO erfüllen.

Von der Art der Auftrags-Abwicklung her sind Kurierdienste allerdings mit Taxizentralen vergleichbar. Nahezu alle Aufträge werden telefonisch erteilt und den Kurieren in der Regel über Funk, seltener auch über Mobiltelefone, vermittelt.

Eine weitere **Besonderheit der Stadtkurierdienste** liegt darin, **daß in der Regel jeder Auftrag einzeln und exklusiv befördert wird.** Der beauftragte Fahrer erledigt erst den aktuellen Auftrag, bevor er einen neuen Auftrag annehmen darf.

Preisberechnung und Haftung

Preisbildung Kurierdienst **Kurierdienste berechnen ihren Service in der Regel nach Kilometern und Zeit.** Für die verschiedenen Fahrzeugarten werden unterschiedliche Tarife – Kilometersätze –, abhängig von der „beladen" gefahrenen Fahrtstrecke in Rechnung gestellt. Eine

Anfahrt wird – ähnlich wie bei Taxen – in der Regel pauschal ebenfalls abhängig von der Fahrzeugart berechnet.

Obwohl Versandpapiere auch im Kuriergeschäft noch allgegenwärtig sind, werden diese – vor allem die sog. Fahrschecks bei den Stadtkurieren – nahezu ausschließlich als Abrechnungsgrundlage benutzt. Ein Ablieferachweis ist auf diesen Papieren fast nie zu finden.

In welchem Umfange Kurierdienste haften, läßt sich am einfachsten dann überprüfen, wenn die Firmen sog. *Allgemeine Geschäftsbedingungen (AGB)* verwenden.

Werden keine *AGB* verwendet – und gerade bei den zahlreichen kleineren Unternehmen im Stadtkurierbereich ist das häufig der Fall – **haftet der Auftragnehmer nach dem *Handelsgesetzbuch (HGB)* unbeschränkt** für einen möglichen Schaden. **Haftung, Kurierdienst**

Sofern *AGB* vorliegen – das wird bei allen größeren KEP-Diensten der Fall sein – und diese rechtswirksam vereinbart wurden, sind in der Regel die **AGNB als Grundlage des Transportauftrages vereinbart,** die die Höchsthaftung auf DM 100 000 bei Sachschäden bzw. DM 10 000 bei Vermögensschäden beschränken.

6.3.3.2 „E" wie Expreßdienste

Zum Expreßbereich werden alle die Dienste gerechnet, die Sendungen nicht direkt, exklusiv und persönlich begleitet, sondern über Umschlagszentren zum Ziel befördern. In diesem Bereich haben wir es also mit typischen **Sammeltransporten** zu tun, bei denen zudem ein **fester, häufig garantierter Auslieferermin** vereinbart wird. **Expreßdienst**

Verwirrung kann dadurch entstehen, daß sich solche Unternehmen selbst häufig als „Kurierdienst" bezeichnen. Nichtsdestotrotz werden auch dort die Transporte dann nicht in Form persönlich begleiteter Individualtransporte durchgeführt, sondern in Form von Sammelverkehren, bei denen die Individualität des Auftrages durch eine strikte Kontrolle und straffe Koordination des Transportsystemes sichergestellt wird. Umfangreiche Informations- und Kommunikationssysteme stellen zudem die hohe Qualität der Transporte sicher.

Expreßdienste sind in allen Bereichen, sowohl im innerdeutschen als auch im internationalen Bereich – eher selten im Citybereich – anzutreffen.

Von den speditionellen Angeboten unterscheiden sich die Expreßtransporte grundsätzlich durch die feste Haus-zu-Haus-Laufzeit, die zudem häufig noch garantiert wird.

Expreß-Frachtsysteme

Als Untersegment der Expreßdienste lassen sich die sog. Expreß-Frachtsysteme relativ eindeutig abgrenzen. Der Ursprung dieser Systeme liegt in der Übernahme von Just-in-time-Mechanismen in den Expreßbereich.

Als Anbieter sind hier häufig Speditionen oder speditionsverwandte Unternehmen zu finden.

Primär wird diese Serviceform im Bereich der Distribution von Waren genutzt. Hier haben sich die unterschiedlichsten Anbieter mit z.T. individuellen Lösungen auf ganze Branchen ausgerichtet. Arzneimittel, Kosmetik, Unterhaltungselektronik, Tonträger, Foto, Video usw. sind typisches Transportgut der Expreß-Frachtsysteme.

Ein wesentliches Merkmal der Expreß-Frachtsysteme ist die in der Regel hohe Integration in die betrieblichen Abläufe der Versender. Häufig wird das Transportgut bereits in der Fertigung übernommen, um dann über ein komplexes Netz von Liniendiensten mit festen Fahrplänen befördert zu werden.

Haustarif Da sich die Anbieter als Unternehmen sehen, die individuelle, effektive Distributionslösungen erarbeiten, unterscheidet sich die Berechnungsweise auch von der anderer KEP-Anbieter. Abhängig vom Aufkommen des Versenders wird ein individueller Preis offeriert („Haustarif"), der sich zwar auch an den Gewichten und der Entfernung orientiert, aber primär am Gesamtaufkommen des Versenders ausgerichtet wird.

Viele der Anbieter werden überhaupt nur bei festen Kunden, die ein regelmäßiges Aufkommen haben, tätig. Einzelaufträge können bei solchen Unternehmen überhaupt nicht plaziert werden.

Auch die bereits erwähnte branchenspezifische Ausrichtung der Unternehmen zeigt deutliche Unterschiede zu den „normalen" Expreßdiensten auf. So zeigen die Firmen bereits in ihren Werbeunterlagen deutlich, auf welchen Bereich man sich spezialisiert habe. Diese Systeme sind auf die Beförderung großer Mengen in normierten oder größenmäßig beschränkten Behältnissen ausgerichtet. **Häufig liegt zudem auch die Konzentration auf eine Branche solchen Systemen zugrunde.**

Weitere Systemanbieter erschließen sich heute neue Geschäftsfelder beispielsweise im Bereich der Lebensmitteldistribution und übernehmen in Kombination mit der (Sammel-)Lagerhaltung teilweise schon Großhandelsfunktionen.

Serviceangebote der Expreßdienste

Expreß- Expreßdienste stellen das am breitesten gefaßte Produkt des KEP-Marktes dar. Die
dienste, Grenzen beispielsweise zu den Sammelgutverkehren der Spediteure, oder aber auch
Service zu Luftfrachtunternehmen, verlaufen fließend. Dies dokumentiert sich auch darin,

Der Spediteur und die Kurier- und Expreßdienste 6.3

daß Expreßdienstleistungen häufig als Ergänzung der Angebotspalette von Speditionen offeriert werden. Allerdings sind heutzutage in diesem stark auf die Distribution von Gütern und Waren ausgerichteten Segment auch Firmen ohne speditionelle „Abstammiung" – bis hin zu den sog. Integrator – tätig.

Im Zuge der Marktentwicklung und -erschließung durch die Anbieter entstanden im Expreß-Segment ebenfalls zahlreiche Serviceformen, die die nachstehende Grafik zeigt.

Bedeutung

Im innerdeutschen Expreßbereich des KEP-Marktes haben sich insbesondere die Serviceleistungen „Sameday-", „Innight-" und „Overnight-Service" als Standardprodukte etablieren können.

Bei diesen Serviceleistungen werden grundsätzlich leichtgewichtige Sendungen innerhalb fester, garantierter Laufzeiten, zu festen, gewichtsabhängigen Tarifen transportiert. Aufgrund der notwendigen Handhabbarkeit der Sendungen werden üblicherweise nur Sendungen bis zu einem Maximalgewicht von 70 Kilogramm angenommen. Einige Serviceanbieter transportieren allerdings auch schwerere Sendungen.

Schematische Darstellung der Serviceformen des Expreßmarktes

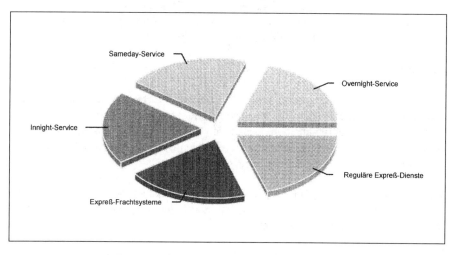

Quelle: MRU, 1985

Die Auslieferung der Sendungen erfolgt – wie die Namen der Services schon zeigen – jeweils noch am selben Tag, in der Nacht, oder am Morgen des folgenden Arbeitstages, bis spätestens 10 Uhr; bei einigen Anbietern bis 12 Uhr.

6 Der Spediteur und der Kleingutverkehr

Um diese Grundangebote herum haben die Service-Anbieter die unterschiedlichsten, in der Regel aufpreispflichtigen Zusatzleistungen, wie z.B. Terminauslieferungen, Spätabholungen, Empfangsbestätigungen usw. konstruiert.

Neben den bekannten Großunternehmen sind in Deutschland vielfach auch Kooperationen von regional starken Kurierdiensten zu finden, die diesen Service als gemeinsames Produkt anbieten. Diese Kooperationen betreiben mit mehr oder weniger Aufwand bundesweit flächendeckende Netzwerke, in deren Rahmen die angeschlossenen Unternehmen Sendungen befördern und flächendeckende Auslieferungen garantieren können.

Die Overnight-Dienste frachten die Sendungen über ein oder mehrere Umschlagzentren, die, geografisch gesehen, möglichst zentral angeordnet sind.

Im internationalen Bereich zählen sicherlich die Serviceleistungen von Firmen wie z.B. DHL, Federal Express und TNT zu den bekanntesten Expreßdienstangeboten. Aufgrund der – verglichen mit innerdeutschen Expreßdiensten – in der Regel wesentlich größeren Entfernungen, erfolgt die Auslieferung der Sendungen jedoch frühestens am auf die Versendung folgenden Arbeitstag.

Allerdings sind neuerdings einige Serviceanbieter dazu übergegangen, auch für einige wenige – hauptsächlich europäische Destinationen einen Sameday-Service anzubieten.

Auch in anderen Servicespezifika lassen sich Parallelen zu innerdeutschen Expreßdiensten aufzeigen. So werden auch die jeweils von Anbieter zu Anbieter unterschiedlichen Sonderleistungen aufpreispflichtig angeboten.

Serviceabwicklung

Hub- and-spoke-System Grundsätzlich führen Expreßdienste Sammeltransporte mit integriertem Umschlag durch. Obwohl sich die logistischen Strukturen der verschiedenen Netzwerke voneinander unterscheiden, lassen sich grundsätzlich **zwei Systeme** herauslesen. Bei dem wohl am häufigsten anzutreffenden System handelt es sich um das sog. **Hub-and-spoke-System.**

Die Sendungen der Auftraggeber werden im Einzugsgebiet der jeweiligen Expreßdienst-Niederlassung gesammelt und quasi sternförmig („Spoke") auf ein zentrales Umschlagzentrum („Hub") zugeliefert.

Multi-Hub Wesentliches Merkmal des Systems ist, daß selbst Sendungen für benachbarte Städte über das zentrale Umschlaglager befördert werden. Diese Abwicklung kann unter Umständen einen Laufzeitnachteil bedeuten. Nicht zuletzt deswegen operieren verschiedene Serviceanbieter mit der **flexibleren – aber auch kostenintensiveren – Form der sog. Multi-Hub-Systeme.**

Bei einem solchen System werden die Sendungen, abhängig vom jeweiligen Versand- und Empfangsort, über eines von mehreren Hub's geroutet. Mit diesem System können die Laufzeiten-Vorteile, die sich bei geografisch benachbarten Absende- und Zielorten ergeben, auch realisiert werden.

Diese Multi-Hub-Systeme zählen zu den Ausnahmen im deutschen Expreßmarkt. Allerdings existiert eine Vorstufe dieses Systems, die häufiger anzutreffen ist. Ein entsprechendes Sendungsaufkommen vorausgesetzt, werden Direktfahrten von Niederlassung zu Niederlassung durchgeführt.

Preisberechnung und Haftung

Anders als bei den (Stadt-)Kurieren spielt die reine Kilometer-Distanz zum Empfänger für Expreßdienste eher eine nachrangige Rolle.

Üblicherweise werden Städte oder ganze Regionen, häufig nach geografischen Gesichtspunkten geordnet, zu festen Preiszonen zusammengefaßt. Für jede Region werden dann unterschiedliche Grundpreise festgesetzt.	Preisbildung, Expreßdienste
Über dieses **Zonenpreissystem** wird dann ein Gewichtsraster gelegt, so daß der Versender anhand des Sendungsgewichtes ablesen kann, wie teuer der Transport in die jeweilige Stadt/Region ist.	Zonenpreissystem
Auch im **innerdeutschen Expreßbereich** dienen häufig die AGNB als Basis der Transportaufträge. Allerdings vereinbaren die Expreßdienste in der Regel deutlich von den **AGNB abweichende Haftungsausschlüsse**, beispielsweise in bezug auf die Haftungshöchstgrenzen.	Haftung, Expreßdienste

Im **internationalen Expreßbereich** – insbesondere wenn die Abwicklung mit Flugzeugen erfolgt – haben die Serviceanbieter durchweg **individuelle Geschäftsbedingungen** entwickelt. Als **Faustregel** hierzu läßt sich feststellen, **daß diese Bedingungen** – zumindest in bezug auf die haftungsrelevanten Themen – **sich am Warschauer Abkommen orientieren.**

7 Kombinierter Verkehr

7.1 Begriffsbestimmung

Kombinierter Verkehr Der kombinierte Verkehr ist ein übergeordneter Begriff für Gütertransporte, bei denen komplette Ladeeinheiten (dies sind meist Container, Wechselbehälter, Sattelanhänger oder komplette Lkw) auf der Strecke von mindestens zwei unterschiedlichen Verkehrsträgern (Lkw, Eisenbahn oder Schiff) befördert werden.

Neben dem Begriff „Kombinierter Verkehr" werden **alternativ „intermodaler Verkehr"** und **„multimodaler Verkehr"** verwendet. Obwohl diese Begriffe unterschiedlich in der Literatur verwendet werden, besteht kein echter Bedeutungsunterschied. Die Begriffe „multimodal" und „intermodal" werden lediglich häufiger verwendet, wenn es sich um internationale Verkehre handelt.

Gebrochener Verkehr Der Begriff **„gebrochener Verkehr"** ist allerdings von dem Begriff „Kombinierter Verkehr" abzugrenzen. Als gebrochener Verkehr werden Verkehre bezeichnet, bei denen nicht nur komplette Ladeeinheiten in der Transportkette von einem Verkehrsträger zum anderen wechseln können, sondern auch die Güter selbst.

Im folgenden wird mit dem Begriff „Kombinierter Verkehr" gearbeitet.

7.2 Der Zielmarkt und das Verlagerungspotential des kombinierten Verkehrs

Zielmarkt kombinierter Verkehr Die Zielsetzung der kombinierten Verkehrsarten ist es, **Transporte**, die derzeit auf der Straße durchgeführt werden, **auf Schiene und/oder Wasserstraße zu verlagern**. Das Verlagerungsaufkommen des kombinierten Verkehrs wird hierbei im wesentlichen im Bereich der Straße gesehen. Von besonderer Bedeutung ist in diesem Zusammenhang, daß per Definition im kombinierten Verkehr mindestens zwei unterschiedliche Verkehrsträger eingesetzt werden. Dies **erfordert in der Regel mindestens zwei Umschlagvorgänge von einem auf den anderen Verkehrsträger**. Diese Umschlagvorgänge können außerdem nicht an einem beliebigen Ort erbracht

Der Zielmarkt und das Verlagerungspotential des kombinierten Verkehrs 7.2

werden, sondern in der Regel im Terminalbereich. Aus diesem Grunde ist meist **ein Vor- und Nachlauf zum Terminal erforderlich**. Die Umschlagvorgänge sowie der Vor- und Nachlauf stellen im Vergleich zum direkten Transport über die Straße **zusätzliche Kostenfaktoren** dar, die entfernungsabhängig und damit als sendungsfix anzunehmen sind. Diese sendungsfixen Kosten treten mit zunehmender Transportentfernung in den Hintergrund. Neben den Kosten ist auch der **Faktor „Zeit"** zu berücksichtigen, **da für den Vor- und Nachlauf sowie den Umschlagvorgang ebenso ein zusätzlicher Zeitaufwand zu kalkulieren ist**. Ebenso wie bei den zusätzlich entstehenden Kosten relativiert sich der zusätzliche Zeitaufwand mit zunehmender Entfernung.

Dies läßt darauf schließen, daß der kombinierte Verkehr erst ab einer bestimmten Entfernung interessant wird. Die Bestimmung dieser **Mindestentfernung** fällt je nach den befragten Experten recht unterschiedlich aus, liegt allgemein aber **zwischen 300 und 500 km**. Es ist aber zu beachten, daß diese Entfernung nicht auf Ewigkeiten festgeschrieben ist, sondern erheblich von den Preisverhältnissen der Verkehrsträger zueinander abhängt. **Mindestentfernung**

Ein weiterer Faktor, der bei der Entscheidung für oder gegen den Einsatz des kombinierten Verkehrs berücksichtigt werden sollte, ist die **Struktur der zu befördernden Güter**. Da es sich beim kombinierten Verkehr um Behälterverkehre handelt, befinden sich die Güter vor allem im Bereich der Halb- und Fertigfabrikate. Weitere ausschlaggebende Gründe können **paarige Güterströme** sein, die sich besonders für den kombinierten Verkehr eignen. Ebenso ist ein gewisses **Mindestaufkommen auf einer Transportrelation sinnvoll**, wobei zu beachten ist, daß das Mindestaufkommen und die paarigen Güterströme evtl. über die Kooperation zu erreichen sind.

Neben den rechtlichen Rahmenbedingungen, die ein Kriterium für oder gegen die Einschaltung des kombinierten Verkehrs sein können, sind insbesondere **technische und organisatorische Kriterien** zu beachten. Die folgende Übersicht vermittelt eine gute Strukturierung der Entscheidungskriterien:

Seit kurzem liegen Gutachten über den Einsatz sogenannter Ringzüge vor, die kombinierten Ladungs-/Teilladungsverkehr auch noch auf Entfernungen von unter 100 Kilometern wirtschaftlich darstellen lassen. Ringzüge verkehren nach einem festen Fahrplan in regional fixierten Gebieten; z.B. der *Rhein-Ruhr-Zug* im Ruhrgebiet, *Hessencargo* im Bundesland Hessen. Der Übergang der Ladeeinheiten in den überregionalen/europaweiten kombinierten Verkehr ist möglich; und umgekehrt. **Ringzug**

Ringzüge existieren derzeit nur auf dem „Reißbrett"; der Markt und die verkehrspolitischen Entwicklungen werden über den „praktischen Einsatz" noch entscheiden müssen.

7 Kombinierter Verkehr

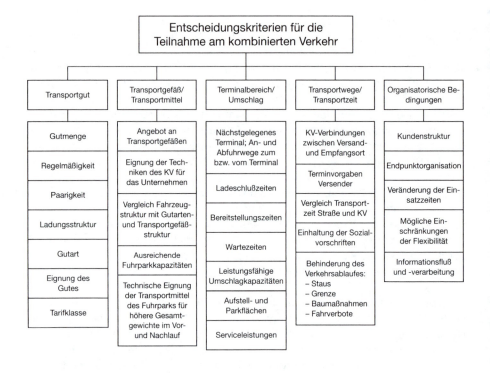

7.3 Techniken des kombinierten Verkehrs

Üblicherweise wird zwischen dem **begleiteten** und **unbegleiteten kombinierten Verkehr** unterschieden. Bei der Behandlung des kombinierten Verkehrs wird häufig auch nach Huckepackverkehr und Containerverkehr unterschieden. Während der Huckepackverkehr das originäre Marktsegment der Kombiverkehr ist, steht bei *Transfracht* und *Intercontainer* der Container im Mittelpunkt. Bei den Huckepackarten werden folgende Erscheinungsformen differenziert:

- Rollende Landstraße
- Wechselbehälter
- Sattelauflieger

7.3.1 Rollende Landstraße

Im **begleiteten kombinierten Verkehr** werden die Motorfahrzeuge über die sogenannte *„Rollende Landstraße"* befördert. Hierbei fährt der gesamte Lkw (mit oder ohne Anhänger) über eine Rampe auf einen speziellen Eisenbahnwaggon (Niederflurwagen) auf. Die Fahrer begleiten den Transport in einem Liegewagen. Da die Lkw aus eigener Kraft von der Straße auf die Schiene und umgekehrt umsetzen, sind **keine besonderen infrastrukturellen Vorhaltungen notwendig.** Da an den begleiteten kombinierten Verkehr sowohl in bezug auf die Technik als auch den Organisationsablauf geringe Anforderungen gestellt werden, ist in diesem Bereich des kombinierten Verkehrs ein **Einstieg** wohl **am problemlosesten** möglich.

Rollende Landstraße

Begleiteter Kombinierter Verkehr (Rollende Landstraße)

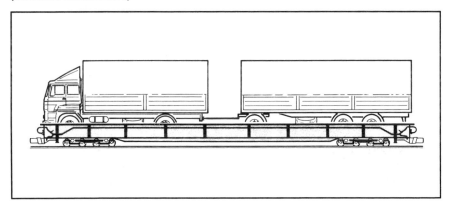

Neben den allgemeinen Vorteilen, die die Rechtsprechung dem kombinierten Verkehr gewährt, ist beim begleiteten kombinierten Verkehr besonders zu erwähnen, daß die **Beförderungsdauer als Ruhezeit im Sinne der Arbeitszeitverordnung** anerkannt ist. Allerdings beinhaltet die Nutzung der *„Rollenden Landstraße"* auch einige Nachteile im Vergleich zum unbegleiteten Verkehr. So ist das **Verhältnis von Nutzlast zu Totlast ungünstiger** als bei dem unbegleiteten kombinierten Verkehr. Außerdem ist auch nicht zu verkennen, daß die **gebündelten Fixkosten** bei der „Rollenden Landstraße" wesentlich **höher** sind. Die beschriebenen Vor- und Nachteile haben dazu geführt, daß sich die „Rollende Landstraße" dort durchgesetzt hat, wo geographische oder andere Umstände zu Engpässen geführt haben. Als Beispiel seien alpenquerende Verkehre genannt oder die kürzlich eingerichtete „**Rollende Landstraße**" Dresden-Losovice. Allerdings darf bei den erwähnten Beispielen nicht übersehen werden, daß letztendlich politische Entscheidungen den Erfolg bewirkt haben.

7.3.2 Der unbegleitete kombinierte Verkehr

Kombinierter Verkehr unbegleitet

Beim **unbegleiteten kombinierten Verkehr werden Ladeeinheiten ohne Motorfahrzeuge, also nur die Wechselbehälter, Container oder Sattelanhänger** für eine bestimmte Wegstrecke auf der **Schiene transportiert.** Das Motorfahrzeug und der Fahrer bleiben am Versandort. Die Nutzer dieser Verkehrsart organisieren den Straßentransport der Ladeeinheiten im Vor- und Nachlauf zur Schienenbeförderung selber. Der Straßentransport kann mit dem eigenen Fahrzeug, dem eines Korrespondenzspediteurs oder eines Fuhrunternehmens durchgeführt werden. **Genormte Ladeeinheiten** erleichtern dabei die betriebliche Abwicklung und ermöglichen das Ausschöpfen der systemeigenen Vorteile von Lkw und Eisenbahn. Aufgrund immer besser angepaßter Bauformen können heute nahezu alle Güter im unbegleiteten kombinierten Verkehr transportiert werden, nicht zuletzt dank spezieller Ladeeinheiten, wie z.B. Tankcontainer und der intelligenten Nutzung von Standard-Frachtbehältern.

Im Unterschied zur „Rollenden Landstraße" ist für die im kombinierten Verkehr **eingesetzten Ladeeinheiten eine Zulassung erforderlich**, um sicherzustellen, daß die Anforderung der Straße, der Schiene und des Umschlags erfüllt werden.

Beim unbegleiteten kombinierten Verkehr bietet sich eine Aufteilung nach den unterschiedlichen Formen der Ladeeinheiten an:

- Wechselbehälter
- Sattelanhänger
- Container

Unbegleiteter Kombinierter Verkehr

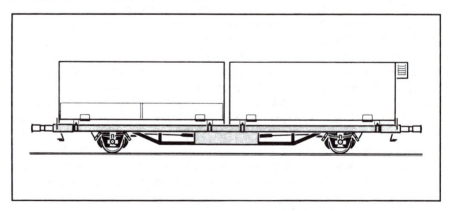

Frachtbehälter, Wechselbehälter und Container werden von einem Kran oder von einem mobilen Umschlaggerät auf **Tragwagen** verladen.

Techniken des kombinierten Verkehrs 7.3

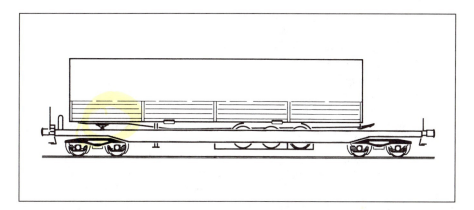

Kranbare Sattelanhänger werden von einem Kran oder von einem mobilen Umschlaggerät auf Taschenwagen verladen.

7.3.2.1 Wechselbehälter

Die **Wechselbehälter sind im Gegensatz zum Container nicht übereinander stapelbar und besitzen auch keine oberen Eckbeschläge.** Die Entwicklung eines im beladenen Zustand dreifach stapelbaren Wechselbehälters erfolgte allerdings schon. Der Einsatz eines solchen Behälters würde dazu führen, daß die Terminalfläche besser genutzt werden könnte und die Behälter auch im kombinierten Verkehr mit der Binnenschiffahrt eingesetzt werden könnten, ohne große Veränderungen am Schiff durchführen zu müssen.

Im Vergleich mit den anderen Transportmöglichkeiten des kombinierten Verkehrs weist der **Wechselbehälter das beste Verhältnis auf im Bezug auf Nutzlast und Totlast.** Dies führte dazu, daß der Wechselbehälter das am häufigsten genutzte Transportmittel im kontinentaleuropäischen kombinierten Verkehr ist.

Hierbei konnte sich insbesondere die 7,15 m lange Version der Wechselbehälter der **Klasse C** durchsetzen. In diesem Zusammenhang ist besonders zu erwähnen, daß seit dem 1.1.1994 eine Gesamtbreite von 2,55 m zulässig ist.

Wechselbehälter

7.3.2.2 Der Sattelauflieger

Während der **Sattelauflieger** früher sowohl horizontal als auch vertikal umgeschlagen werden konnte, besteht **im unbegleiteten kombinierten** Verkehr heute nur noch die Möglichkeit des **vertikalen Umschlags**. Dies bedeutet, daß der **Sattelauflieger krankbar sein muß**. Zwar können von den Maßen und Gewichten her nahezu alle üblichen Sattelauflieger transportiert werden, doch sind **Ausrüstungsvorschriften** hinsichtlich der Greifkanten, des klappbaren Unterfahrschutzes und der seitlichen Schutzvorrichtung zu beachten.

Sattelauflieger

7.3.2.3 Container

Container

Der Einzug des Containers hat den Verkehrsmarkt insbesondere im Bereich der Seeschiffahrt revolutioniert. Die genormten Behälter ermöglichen es, **heterogenes Stückgut wie homogenes Massengut zu handhaben**. Die Grundformen der Container, die von der internationalen Organisation *ISO* genormt werden, sind die *ISO-Container* mit 20, 30 und 40 Fuß Länge. Allerdings sind die unterschiedlichen Versionen der **ISO-Container** für europäische Festlandverkehre nicht die idealen Behälter. Die Konsequenz ist, daß der Transport dieser Behälter meist nur im Zu- und Ablauf zu den Seehäfen erfolgt. Insbesondere hinsichtlich der Dimensionen, die nicht palettengerecht sind, ergeben sich für kontinentale Verkehre Nachteile. Diese Nachteile sollten durch den **Binnencontainer, der mit einer Innenbreite von 2,44 m palettengerecht ist**, ausgeglichen werden. Allerdings weist der Binnencontainer meist eine geringere Festigkeit und Stapelfähigkeit auf, da er nur im Land- und nicht im Seeverkehr eingesetzt wird. Bei den unterschiedlichen Typen der Binnencontainer konnte sich insbesondere der Typ HTG 7 durchsetzen.

ISO-Container

7.4 Rechtliche Rahmenbedingungen für den kombinierten Verkehr

Der kombinierte Verkehr ist politisch gewollt und wird insofern durch eine Reihe von gesetzlichen und administrativen Regelungen direkt oder indirekt gefördert. Während in der Vergangenheit vor allem die Kombination Straße/Schiene rechtliche Beachtung fand, hat sich der Verkehrsträger Schiff, zum einen im Bereich der Binnenschiffahrt, zum anderen im Bereich der Seeschiffahrt, mehr und mehr in den rechtlichen Bedingungen durchsetzen können.

Kombinierter Verkehr; Rahmenbedingungen

Die **Rahmenbedingungen** können nur schwerpunktmäßig angesprochen werden. Im Einzelfall empfiehlt es sich, die genauen Bedingungen in der entsprechenden Quelle nachzuschlagen.

Nach § 3 *Güterkraftverkehrsgesetz (GüKG)* hat der Unternehmer, wenn Güter im kombinierten Verkehr befördert werden und er über eine Genehmigung für den Güterfernverkehr verfügt, die die komplette Strecke abdeckt, die Möglichkeit:

– bei An- und Abfuhr innerhalb der Nahzone auch **gemietete Fahrzeuge** einzusetzen,
– bei An- und Abfuhr über die Nahverkehrszone hinaus und Hinterlegung der Genehmigungsurkunde bei der Eisenbahn, statt der Genehmigung eine **Bescheinigung über die Hinterlegung im Kraftfahrzeug mitzuführen**,

Rechtliche Rahmenbedingungen für den kombinierten Verkehr 7.4

- daß der in der Genehmigungsurkunde bezeichnete Standort nicht mit dem Standort des Kraftfahrzeuges übereinstimmt.
- daß die Beförderung auf der Gesamtstrecke als mit der Genehmigung durchgeführt gilt, die der Unternehmer bei der Eisenbahn hinterlegt oder bei der An- und Abfuhr verwendet hat.

Da beim Einsatz von Wechselbehältern im kombinierten Verkehr eine besondere Rahmenkonstruktion erforderlich ist, die zu einer Erhöhung des Behältergewichts führt, würde der Einsatz eines solchen Behälters eine Einschränkung für den Unternehmer hinsichtlich der Verfügbarkeit der Nutzlast darstellen. Diese mögliche Schlechterstellung hat der Gesetzgeber berücksichtigt und einen entsprechenden Ausgleich in der *Straßenverkehrs-Zulassung-Ordnung (StVZO)* vorgesehen. Demnach sieht die Richtlinie Nr. 8 *„Züge für Großraum- und Schwertransporte"* vom 12.5.1980 die Erteilung von Ausnahmegenehmigungen nach § 70 StVZO für den Vor- und Nachlauf im Kombinierten Verkehr vor. Während nach § 32 StVZO Lastkraftwagenzüge und Sattelkraftfahrzeuge nur ein **Gesamtgewicht von 40 t** aufweisen dürfen, ist es im kombinierten Verkehr Straße/Schiene möglich, zwischen Versender und Versandbahnhof im Vorlauf bzw. zwischen Empfangsbahnhof und Empfänger im Nachlauf Lastkraftwagenzüge und Sattelkraftfahrzeuge mit einem **Gesamtgewicht von 44 t** einzusetzen.

LKW-Gesamtgewicht

Das höchstzulässige Gesamtgewicht von 44 Tonnen für Fahrzeuge im kombinierten Verkehr gilt ab dem 1.11.1994 nicht mehr nur für die Kombination Straße/Schiene, sondern auch im **Umkreis von 150 Kilometern für See- und Binnenhäfen.**

Eine **Besserstellung erfährt der kombinierte Verkehr** dadurch, daß die *Straßenverkehrs-Ordnung (StVO)* den kombinierten Verkehr Straße/Schiene vom **Versender zum nächstgelegenen geeigneten Versandbahnhof** oder vom **nächstgelegenen geeigneten Empfangsbahnhof zum Empfänger bis zur Entfernung von 200 km vom Fahrverbot ausnimmt,** das nach § 30 an **Sonn- und Feiertagen** für Lastkraftwagen mit einem zulässigen Gesamtgewicht über 7,5 t sowie für Anhänger hinter Lastkraftwagen gilt. Ebenso ist der kombinierte Verkehr Straße/Schiene von dem Fahrverbot nach der *Ferienreiseverordnung*, das in der Zeit vom 1.7. bis 31.8. von 7.00–20.00 Uhr für Lkw mit mehr als 7,5 t Gesamtgewicht gilt, im obigen Umfange ausgenommen. Eine Berücksichtigung des Verkehrsträgers Schiff in dieser Regelung ist seitens des *BSL* veranlaßt worden.

Fahrverbot, Ausnahmen

Nach dem *Kraftfahrzeug-Steuer-Gesetz* 1994 (Kraft StG § 3, Abs. 9) besteht die Möglichkeit

Kraftfahrzeugsteuer

- der **Steuerbefreiung** für Fahrzeuge, die ausschließlich im Vor- und Nachlauf zum kombinierten Verkehr Straße/Schiene oder Wasserstraße eingesetzt sind und Container, Wechselbehälter und Sattelanhänger befördern

7 Kombinierter Verkehr

– der **Kfz-Steuererstattung**, die eine teilweise Rückerstattung bis zur kompletten Steuerbefreiung gewährleistet, je nach Anzahl und Entfernung der zurückgelegten Strecke eines Fahrzeuges gibt es nur für den Bereich Schiene/Straße.

Nach der *EG-Richtlinie Nr. 3820/85* und dem *Europäischen Übereinkommen über die Arbeit des im internationalen Straßenverkehr beschäftigten Fahrpersonals* hat der Fahrer die Ruhezeit in der Schlafkabine des stehenden Fahrzeuges zu verbringen, ohne daß die Ruhezeit durch eine berufliche Tätigkeit unterbrochen wird.

Beim begleiteten kombinierten Verkehr, also bei der *„Rollenden Landstraße"/ "Schwimmenden Landstraße"*, kann der **begleitende Fahrer während des Transportvorgangs auf der Schiene/Wasserstraße diese Zeit als Ruhezeit ausnutzen.**

Kombinierter Verkehr; Ladungssicherung Im Gegensatz zum Straßenverkehr muß beim Schienenverkehr mit Belastungen von 1,0 G in beide Richtungen gerechnet werden, so daß das Gut beim Transport zur Schiene höheren Beanspruchungen ausgesetzt ist. Zur Beachtung der **besonderen Ladegutsicherung im Kombinierten Verkehr** sollten die *„Empfehlungen für die Ladungssicherung im Huckepackverkehr"*, gemeinsam herausgegeben von der *DBAG* und *Kombiverkehr*

und

„Empfehlungen für die Ladungssicherung im Containerverkehr", gemeinsam herausgegeben von der *DBAG* und *Transfracht*

berücksichtigt werden.

Für den **Transport vom Gefahrgut** im kombinierten Verkehr sind die relevanten Regelungen des jeweiligen Verkehrsträgers zu beachten.

Besonders erwähnenswert ist, daß Wechselbehälter seit dem 1.1.1993 nach *GGVE (Gefahrgutverordnung Eisenbahn)* wie Container behandelt und nur nach der *Internationalen Regelung für den Transport gefährlicher Güter auf der Eisenbahn (RID)* und *GGVE* befördert werden. Straßenfahrzeuge, d.h. Sattelanhänger und Straßenfahrzeugkombinationen, werden im Huckepackverkehr befördert, wenn sie dem *Europäischen Übereinkommen über die internationale Beförderung gefährlicher Güter auf der Straße (ADR)* und *der Gefahrgutverordnung Straße (GGVS)* entsprechen.

Grenzüberschreitender kombinierter Verkehr Im **grenzüberschreitenden kombinierten Verkehr** gilt für Unternehmen, die in einem Staat der EU oder des EWR niedergelassen sind, daß für den Vor- und Nachlauf auf der Straße nur die erforderlichen Voraussetzungen für eine Betätigung im gewerblichen güterverkehr vorliegen müssen. Hier gilt weiterhin, daß der **Straßenvor- und -nachlauf in Deutschland zwischen der Be- bzw. Entladestelle und dem nächstgelegenen geeigneten Umschlagbahnhof durchgeführt werden muß.**

7.5 Neuentwicklungen im Bereich des kombinierten Verkehrs

Im Bereich des kombinierten Verkehrs sind zahlreiche Neuentwicklungen zu verzeichnen. Beim kombinierten Verkehr unter Einbeziehung der Binnenwasserstraße geht es unter dem Stichwort **„Wasserstraßenkombi"** darum, **neben dem Container auch den Wechselbehälter und Sattelauflieger zu etablieren.** Auf die Entwicklung wird näher unter dem Abschnitt „Kombinierter Verkehr unter Einbeziehung der Wasserstraßen" eingegangen.

Wasserstraßenkombi

Im Bereich Schiene/Straße kann man die neuen Techniken wie folgt unterscheiden:

- **bimodale Techniken,**
- **Abroll-Container-Transport-Systeme,**
- **vertikale Schnellumschlagsysteme,**
- **sonstige Systeme.**

Im Bereich der **bimodalen Techniken** stehen vor allem die Systeme **„Road Railer"** und **„Kombirail"**, welches aus dem deutschen **„Kombirailer"** und dem französischen **„Semirail"** entstand, im Mittelpunkt. Gemeinsam ist den unterschiedlichen bimodalen Systemen, daß die Lkw-Auflieger auf Eisenbahndrehgestelle aufgesetzt werden und somit auch auf der Schiene verkehren können. **Die Kostenvorteile können sich diese Systeme vor allem im Bereich des Umschlag- und des Schienenlaufs erarbeiten.**

Bimodale Techniken

Als erstes privates Unternehmen in Europa setzte die *Bayerische Trailerzug Gesellschaft für bimodalen Güterverkehr (BTZ)* regelmäßig Trailerzüge auf der Relation München–Verona ein. Ebenso plant die *Itinera AG* eine tägliche Verbindung Spanien–Deutschland unter Nutzung des *Bimodal-Systems*.

Den Varianten ist gemeinsam, daß es sich um Lkw-Sattelauflieger handelt, die auf Eisenbahndrehgestelle gesetzt und so zum Bahn-Waggon werden.

Vorteile des bimodalen Systems:

- geringe Investitionskosten für den Umschlag
- Umschlag ist überall dort möglich, wo ein Gleis vorhanden ist
- bestes Nutzlast/Totlast-Verhältnis im KV

Nachteile des bimodalen Systems:

- höheres Gewicht der Sattelauflieger durch notwendige Verstärkungen
- wirtschaftlich sinnvoll nur im Blockzug

7 Kombinierter Verkehr

Abroll-Container-Transport-System
Bei den **Abroll-Container-Transport-Systemen (ACTS)** soll der **Umschlag** vom Lkw auf die Bahn ebenso wie bei den bimodalen Systemen **ohne Kran ermöglicht** werden. Hierbei wird der ACTS-Container, welcher kompatibel für Schiene und Straße in den verschiedensten Ausführungen für diverse Güter angeboten wird, über Rollen vom Lkw auf den Drehrahmen des Bahnwagens umgesetzt. Dieser Umschlagvorgang erfordert **weder fixe Umschlaganlagen noch Bahnpersonal**.

Vertikale Schnellumschlaganlagen
Neben den Neuentwicklungen im Wagenmaterial ist man auch bemüht, die Schnittstellenkonzeption zu verbessern. Besonders genannt seien hier die *„Krupp-Schnellumschlaganlage"* und das in Frankreich entwickelte System *„Commutor"*. Bei beiden Systemen handelt es sich um **vertikale Schnellumschlagsysteme**.

An verschiedenen Standorten sollen einzelne Schnellumschlaganlagen getestet werden. So soll das neu entwickelte System von **Mannesmann Transmodal**, der *„Transmann"*, im Terminal Erfurt montiert werden. Die Schnellumschlaganlage von Krupp soll in Dresden und das System von *Noell* in Hannover-Lehrte montiert werden. Die Schnellumschlaganlagen sind in Zusammenhang mit dem *„Mega-Hub-Konzept"* der *Deutschen Bahn AG* zu sehen. Hierbei soll in den zentralen Drehscheiben *(Mega-Hub)* tagsüber der Umschlag Schiene–Straße erfolgen. Nachts sollen durch Umschlag Schiene–Schiene zielreine Kombizüge zusammengestellt werden. Verbunden mit entsprechenden Zeitanforderungen an den Umschlagvorgang kann dies nur durch Hochleistungs-Umschlaganlagen gewährleistet werden. Man geht davon aus, daß das zukünftige Umschlagsystem eine tägliche Umschlagleistung von 600 Ladeeinheiten im Jahr 2000 und 1200 Ladeeinheiten im Jahr 2010 erbringen kann. Es ist aber damit zu rechnen, daß die Anlagen nur Container und handelsübliche Wechselbehälter bewegen können.

Logistikbox
Neben den dargestellten Entwicklungen sollten noch die Behälter **Cargo 2000/Logistikbox** und die **Flexbox** erläutert werden. Mit beiden Entwicklungen wird verstärkt der **Markt** der **Teil- und Sammelladungen** angesprochen, da es sich bei den erwähnten Behältern um kleinere Einheiten handelt. Drei Boxen können auf einen Tragrahmen gesetzt werden, der dann wie ein Wechselbehälter zu handhaben wäre. Die *DBAG* will das Logistikboxensystem nicht weiterentwickeln.

GVK 2000
Durch das **Konzept *„GVK 2000"***, welches eine **Art Gleisausschlußsystem im kombinierten Verkehr darstellt,** wird es möglich, Güter in einem relativ kleinen Einzugsgebiet zu bündeln. Der Umschlag erfolgt im System der Kombilifter und benötigt insofern auch **keine fixe Umschlaganlage und kein Bahnpersonal**.

Beispiel für eine Schnellumschlaganlage

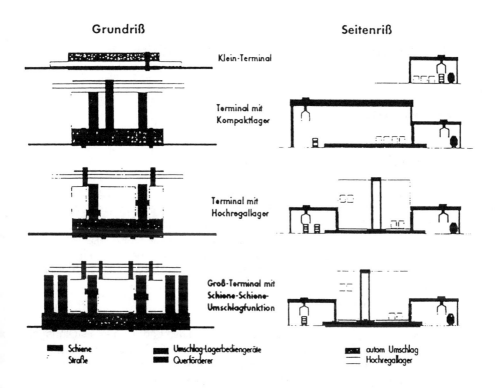

7.6 Terminals im kombinierten Verkehr Straße/Schiene

Die meisten der deutschen Terminals befinden sich derzeit noch im Besitz der Deutschen Bahn. Daneben werden einige Terminals bereits durch private Gesellschaften betrieben, an denen die **nationalen Vermarktungsgesellschaften des kombinierten Verkehrs Straße–Schiene beteiligt sind**. Dazu gehören die *DUSS (Deutsche Umschlaggesellschaft Schiene–Straße mbH)*, die *PKV (Planungsgesellschaft Kombinierter Verkehr Duisburg mbH)* und die *Roland Umschlaggesellschaft für kombinierten Güterverkehr mbH & Co. KG, Bremen*.

7 Kombinierter Verkehr

Im Zuge der Umstrukturierung der *DB* ist geplant, einen wesentlichen Anteil der *DB*-eigenen Terminals zu privatisieren.

7.7 Die Gesellschaften des kombinierten Verkehrs

7.7.1 Kombiverkehr

7.7.1.1 Kombiverkehr als Unternehmen

Kombiverkehr GmbH & Co. KG

Die *Kombiverkehr Deutsche Gesellschaft für kombinierten Güterverkehr mbH & Co. KG* wurde 1969 als Gesellschaft zur Entwicklung und Organisation des Kombinierten Verkehrs Schiene/Straße gegründet. Die *Kombiverkehr* ist ein Dienstleistungsunternehmen, das Straßen- und Schienentransport auf intelligente Weise miteinander verknüpft. So können die Vorteile beider Verkehrsarten optimal genutzt werden. Durch den flexiblen Einsatz von Lkw in der Fläche und Bahnen auf der langen Strecke ermöglicht *Kombiverkehr* wirtschaftlich effiziente, umweltverträgliche Güterbeförderung in hoher Qualität.

Kombiverkehr ist ein privatwirtschaftliches Unternehmen und arbeitet als **Dienstleister für alle Speditions- und Transportunternehmen.** *Kombiverkehr* versteht sich als **neutraler Mittler zwischen Straße und Schiene.** Auch während des Schienentransports bleiben die Kombikunden Frachtführer. *Kombiverkehr* darf weder als Frachtführer noch als Spediteur auftreten und ist damit seinen Kunden gegenüber nie Wettbewerber. So ist auch der von *Kombiverkehr* **verbürgte Kundenschutz** gewährleistet.

Die Speditions- und Transportunternehmen können sich auch als **Kommanditisten an der *Kombiverkehr* KG beteiligen.** Sie erhalten dann einen Kommanditistenbonus auf die Transportpreise. Darüber hinaus nehmen sie Einfluß auf die Unternehmensentwicklung und gewährleisten die Marktnähe der Geschäftspolitik von *Kombiverkehr*.

7.7.1.2 Die Entwicklung der Kombiverkehr

In den 25 Jahren ihres Bestehens hat sich die *Kombiverkehr* zu Europas führendem Dienstleistungsunternehmen für den kombinierten Verkehr Straße/Schiene entwickelt. **Seit dem Gründungsjahr ist die Anzahl der beförderten Kombisendungen auf das Sechzehnfache gestiegen.** Derzeit werden täglich ca. 3.500 Lkw

Die Gesellschaften des kombinierten Verkehrs 7.7

Terminalkarte für den TCG-Verkehr (Containerverkehr)

7 Kombinierter Verkehr

Umschlagbahnhöfe für Kombiverkehr in Deutschland (Schiene–Straße)

(Stand: 1. Juli 1994)

Umschlagbahnhof
- ● = für Wechselbehälter, Container und Sattelanhänger
- ○ = für Rollende Landstraße
- ◉ = für Wechselbehälter, Container, Sattelanhänger und Rollende Landstraße
- O = für Container
- ◌ = in Vorbereitung

durch Kombiverkehr befördert, was einer Lkw-Kolonne von fast 100 Kilometern Länge entspricht.

Insgesamt sind ca. **3.000 Relationen im Angebot,** auf denen europaweit Güter im begleiteten und unbegleiteten kombinierten Verkehr transportiert werden können. Bezogen auf das für den kombinierten Verkehr relevante Marktpotential – das sind die Transportleistungen im nationalen und internationalen Straßengütertransport über 300 Kilometer Entfernung – hat Kombiverkehr derzeit einen Anteil von etwa neun Prozent.

Um dem wachsenden Verkehrsaufkommen gerecht zu werden, erweitert Kombiverkehr kontinuierlich ihr Leistungsangebot. Im überdurchschnittlich angewachsenen

Die Gesellschaften des kombinierten Verkehrs 7.7

internationalen Verkehr werden insbesondere die **neuen Verbindungen nach Süd- und Osteuropa** von den Kombiteilnehmern zunehmend in deren Logistikkonzepte integriert. Gerade in Osteuropa ist das Unternehmen Pionier in der Erschließung neuer Möglichkeiten für kombinierten Verkehr. So wurde 1994 der erste Ganzzug zwischen Duisburg und Warschau etabliert, der die Industriezentren im Süden Polens mit dem Hafenterminal Duisburg-Ruhrort als Drehscheibe verbindet. Eine besondere Rolle spielen auch die Verbindungen zwischen den norddeutschen Seehäfen und Ungarn. Aber auch der Ausbau von Relationen auf der iberischen Halbinsel erfolgt zügig. Mit einer zusätzlichen Steigerung ist weiterhin im Alpentransit zu rechnen.

7.7.2 Transfracht

7.7.2.1 Transfracht als Unternehmen

Die *Transfracht Deutsche Transportgesellschaft mbH (TFG)* wurde 1969 als privatrechtlich organisiertes Unternehmen und Beteiligungsgesellschaft der *DBAG* mit dem **Ziel** gegründet, **den nationalen Containerverkehr Straße/Schiene zu vermarkten**. Die *Transfracht* bietet die Möglichkeit, Transporte auf Containerbasis im kombinierten Verkehr durchzuführen. Während *Transfracht* die innerdeutschen Relationen selbst vermarktet, ist sie in der Regel bei den grenzüberschreitenden europäischen Containerverkehren der nationale Agent von *Intercontainer*. Eine Ausnahme bilden hierbei die Ost-Verkehre, die *Transfracht* selbst vermarktet.

Transfracht GmbH

Transfracht hat für den Binnencontainerverkehr **zwei Produktvarianten** gebildet:

- **Haus-Haus-Verkehr**
- **Terminal-Terminal-Verkehr.**

Das Produkt „Haus-Haus-Verkehr" beinhaltet den Schienentransport und den Vor- und Nachlauf zum Umschlagbahnhof oder in bzw. aus dem Gleisanschluß.
Das Produkt „Terminal-Terminal-Verkehr" hingegen bietet als Leistung nur den Schienentransport von Umschlagbahnhof zu Umschlagbahnhof an. Der Straßenvor- und -nachlauf kann in eigener Regie organisiert werden.

7.7.2.2 Die Entwicklung der Transfracht

Ebenso wie der Huckepackverkehr konnte der Containerverkehr Straße/Schiene seit seinem Bestehen enorme Zuwachsraten verzeichnen, auch wenn die Entwicklung in den Jahren 1992/1993 hauptsächlich aufgrund gesamtwirtschaftlicher Umstände etwas abflachte.

7 Kombinierter Verkehr

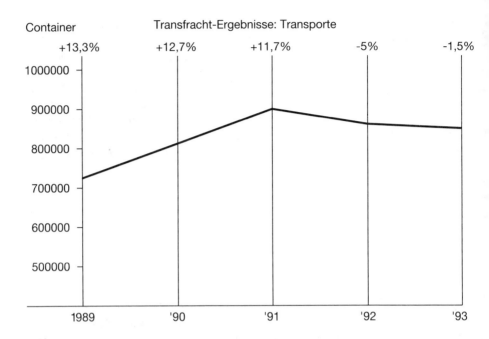

7.7.3 Intercontainer

Inter- *Intercontainer – Internationale Gesellschaft für den Transport in Transcontainern –* ist
container eine kooperative Gesellschaft. Sie wurde 1967 von den **europäischen Eisenbahnen gegründet** und hat am 1.2.1968 ihre Tätigkeit aufgenommen. Die Generaldirektion befindet sich in Basel. In den Ländern, deren Eisenbahnen *Intercontainer* angehören, besitzt sie Vertretungen. In der Bundesrepublik ist *Transfracht* ihre Vertretung.

Intercontainer ist das **gemeinsame Organisations- und Verkaufsbüro für internationale Transcontainer-Transporte der angeschlossenen Eisenbahngesellschaften.** *Intercontainer* ist für den **grenzüberschreitenden Verkehr allein zuständig.** Ihre Aufgabe besteht darin, der Schiene neue Verkehre zuzuführen und zu verhindern, daß bedrohte Verkehre abwandern. Sie besteht aber nicht darin, bisherige Wagenladungsverkehre ohne Not in Transcontainer-Beförderungen umzuwandeln. Unter den Begriff Transcontainer fallen die Behälter in der Größenordnung von 20 bis 40 englischen Fuß Länge.

Im Jahre 1993 fusionierte *Intercontainer* mit *Interfrigo* zu „*Intercontainer-Interfrigo (ICF) s.c.*". Damit fallen die **Kühltransporte auf der Schiene auch in die Zuständigkeit von *ICF*.**

7.7.4 Interkombi-Expreß (IKE)

Neben Kombiverkehr, Transfracht und Intercontainer bearbeitet die *Deutsche Bahn* auch verschiedene Geschäftsfelder des kombinierten Verkehrs. Das wohl interessanteste Marktsegment ist hierbei der *InterKombi-Expreß*.

Die *Deutsche Bahn AG* hat ihr angekündigtes Hochleistungsnetz Schiene (HNS) in Betrieb genommen. Befahren wird es mit dem *InterKombi-Expreß*. Zunächst wurden 22 Hochleistungszüge im Kombinierten Güterverkehr zwischen den Wirtschaftszentren eingesetzt. Durch Geschwindigkeiten um 120 km/h soll über den Nachtsprung eine besonders marktwirksame Qualität erreicht werden. Transportiert werden Container, Wechselbehälter oder Lkw-Sattelauflieger. Später wurde die Anzahl der Züge erhöht, um das Ziel von 50 Hochleistungszügen im Güterverkehr zu erreichen.

Neben den hohen Geschwindigkeiten zeichnen sich die *IKE-Züge* durch späte Ladeschlußzeiten zwischen 20.00 und 22.00Uhr sowie frühe Bereitstellungszeiten zwischen 4.00 und 6.00 Uhr aus. Ziel ist es, ein Netz zwischen allen Wirtschaftszentren mit Entfernungen um 400 km zu knüpfen. Im Zentrum des neuen Angebotes der Bahn stehen Direktzüge. Da nicht alle Mengen für die Bildung von Direktzügen ausreichen, wird das *InterKombi-Expreßsystem* ergänzt, d.h. Züge, die Wagen oder Wagengruppen mit unterschiedlichen Zielen mitführen, fahren von verschiedenen Terminals aus sternförmig zu einer sogenannten Drehscheibe, wo sie umgestellt werden und in den Direktzügen ihr Zielgebiet erreichen.

Für den *InterKombi-Expreß* gilt auch ein neues Preissystem, das auf relationsbezogenen Grundpreisen aufbaut, welche die Wagenstellung, die Schienenbeförderung sowie die Umschlagkosten am Abgangs- und am Zielterminal enthalten. Die beiden stärksten Nutzer des *IKE* sind die nationalen Verkaufsgesellschaften „Kombiverkehr" und „Transfracht".

7.8 Kombinierter Verkehr unter Einbeziehung der Wasserstraßen

Der kombinierte Verkehr unter Einbeziehung der Binnen- und auch Seewasserstraßen steht immer häufiger im Mittelpunkt, wenn es darum geht, die von allen Seiten prognostizierten Wachstumsraten der Zukunft zu bewältigen. Die Binnen- und Küstenschiffahrt verfügt noch über erhebliche freie Kapazitäten. Dies gilt auch für die Seeschiffahrt, sie ist im Hinblick auf ein mögliches Verlagerungspotential aber nur dann von Interesse, wenn es sich nicht schon um Überseeverkehre handelt, die auf-

7 Kombinierter Verkehr

grund ihrer geographischen Gegebenheiten ohnehin genutzt werden, da, abgesehen von der Luftfahrt, geeignete Alternativen fehlen.

Die Bedeutung der **stärkeren Einbeziehung der Wasserstraßen hat auch in der Politik verstärkt Beachtung gefunden**. Eine Folge dieser gestiegenen Beachtung war die schrittweise Gleichstellung des kombinierten Verkehrs unter Einbeziehung der Wasserstraße gegenüber der Kombination Straße/Schiene.

Bisher wurde im **Bereich der Binnenwasserstraßen** nahezu **nur die kombinierte Verkehrsart „Container" auf dem Rhein gesehen**. Verkehre dieser Art wurden meist als Zu- und Ablaufverkehre zu den Seehäfen abgewickelt. Der Vollständigkeit halber sollte erwähnt werden, daß neben dem Container auch die „Schwimmende Landstraße" auf den Wasserstraßen durchgeführt wird.

Um Verkehre in der Zukunft verstärkt von der Straße auf die Wasserstraße verlagern zu können, ist es notwendig, einige Bedingungen zu beachten.

Wasserstraßenkombi Zunächst ist festzustellen, daß das von allen Seiten erwartete Wachstum u.a. im Bereich der Halb- und Fertigfabrikate stattfinden wird. Diese Entwicklung soll sich zum großen Teil in Europa vollziehen. Dies wiederum bedeutet, daß der Container als Behälter für den Transport nicht geeignet ist, da seine Maße in der Regel nicht palettengerecht sind und für TRansporte innerhalb Europas palettengerechte Behälter gefordert werden. Aus diesem Grunde müssen insbesondere **Wechselbehälter und Sattelauflieger im Transport über die Binnenwasserstraße eine größere Beachtung finden**. Des weiteren ist zu beachten, daß der Transport von Halb- und Fertigfabrikaten im wesentlichen durch den Spediteur organisiert wird. **Insofern liegt eine Lösung nahe, die mit der Entwicklung im Bereich Schiene/Straße vergleichbar ist, eine neutrale Institution zwischenzuschalten**. Eine solche Entwicklung wurde bereits unter dem Stichwort „*Wasserstraßenkombi*" beschrieben.

Neben der Verkehrsverlagerung von der Straße auf die Binnenwasserstraße spielt auch die Einbeziehung der Küstenschiffahrt in die Transportkette eine immer bedeutendere Rolle. Im Rahmen der Initiative „*From Road to Sea*" sollen Ansatzpunkte zur Verbesserung der Nutzung von Fluß-/See- und Küstenschiffahrtsverkehren entwickelt werden. Ebenso wie bei der Binnenschiffahrt steht ein sogenannter Eurobehälter im Mittelpunkt. Erfolgsversprechende Relationen sind vor allem Deutschland – Spanien / Portugal und Deutschland – Baltische Länder / GUS.

7.9 Der kombinierte Verkehr in Europa

7.9.1 Bedeutung des kombinierten Verkehrs in Europa

Die Bedeutung des kombinierten Verkehrs in Europa wird ständig zunehmen. Bereits heute sind in bestimmten Regionen die Verkehrsströme ohne den Einsatz des kombinierten Verkehrs nicht mehr zu bewältigen. Dies gilt z.B. für die Industrieregionen Norditaliens, deren Wirtschaft ohne den zu fast 30 % kombiniert durchgeführten Alpentransit nicht konkurrenzfähig wäre. Mit dem wirtschaftlichen Aufbau der osteuropäischen Staaten wachsen auch hier die Verkehrsströme, so daß sich insbesondere in Südeuropa bedeutende Potentiale für den kombinierten Verkehr ergeben.

7.9.2 Internationale Interessenvertretungen des kombinierten Verkehrs

Als die Einrichtung, die exklusiv die Interessen des kombinierten Verkehrs in Europa vertreten soll, wurde in den 70er Jahren die *UIRR (Union des societés de transport combiné-Rail-Route)* gegründet.

Zur Zeit gehören der *UIRR* 15 Gesellschaften an.
Die nachfolgende Tabelle zeigt, daß Deutschland eine führende Rolle beim Transportaufkommen des kombinierten Verkehrs Schiene/Straße einnimmt.

Transportmengen des KV Schiene/Straße im EU-Binnenmarkt sowie in der Schweiz und in Österreich:

	1 000 t
Italien	3 677,5
Schweiz	2 348,4
Dänemark	219,0
Deutschland	25 551,4
Frankreich	5 208,0
Österreich	2 649,5
Schweden	1 719,0
Belgien	3 294,8
Großbritannien	161,3
Spanien	735,9
Niederlande	2 166,0
Summe	47 730,8

Quellen: Statistik 1993 der Internationalen Vereinigung der Huckepackgesellschaft (UIRR)
Intercontainer Geschäftsbericht 1993
statistische Unterlagen der DB AG und der Transfracht

8 Lagerei und Distribution

8.1 Die Lagerei im volkswirtschaftlichen Leistungsprozeß

8.1.1 Aufgaben der Lagerei

Lagerei, Aufgaben Die Lagerhaltung ist – obwohl immer auch ein Kostenfaktor – ein absolut **notwendiger Bestandteil der Güterlogistik**. In entwickelten Volkswirtschaften gibt es hierfür u.a. folgende Gründe:

- Eine weitgehende Arbeitsteilung in der Wirtschaft, die zu einer Spezialisierung der Güterproduktion führt;

- Güterproduktion und Absatz bzw. Verbrauch fallen sowohl räumlich als auch zeitlich auseinander;

- Sicherstellung des Produktionsprozesses, z.B. durch produktionsnahe Läger;

- Ausweitung der Sortimente im Handel.

Die Lagerhaltung hat also die **Funktion eines Puffers zum Ausgleich von Angebot und Nachfrage**. Sie soll zu einer optimalen Versorgung von Industrie, Handel, Handwerk sowie des (End-)Verbrauchers beitragen.

8.1.2 Die Durchführung der Lagerung

Werkslagerung, Eigenlagerung Zum einen erfolgt die Lagerung von Roh- und Betriebsstoffen, Halbfabrikaten und Fertigerzeugnissen direkt bei den Produktions- und Handelsunternehmen. Wird ausschließlich für eigene Zwecke gelagert, spricht man von **Werks- oder Eigenlagerung**.

Gewerbliche Lagerei Im Gegensatz dazu ist die **gewerbliche Lagerei** zu sehen. Diese wird gewerbsmäßig vom Lagerhalter im Auftrag seiner Kunden – der Einlagerer – gegen Entgelt durchgeführt (vgl. *§ 416 HGB*). In Deutschland ist – im Gegensatz vor allem zu den südlichen europäischen Staaten – die gewerbliche Lagerei **eine von mehreren Lei-**

stungsbereichen der Spedition. Der lagerhaltende Spediteur erwirbt kein Eigentum an den von ihm gelagerten Gütern.

8.2 Die Lagerei im Rahmen speditioneller Leistungsangebote

Industrie und Handel sind bestrebt, durch eine verringerte Lagerhaltung Kosten zu senken. Sie verlagern logistische Dienstleistungen daher zunehmend auf das Speditions- und Lagereigewerbe („Outsourcing"). Ihre Überlegung und Erwartung ist, daß spezielle Tätigkeiten von darauf spezialisierten Dienstleistern kostengünstiger erbracht werden können. Dabei wird einsichtig, daß es sich bei der Nachfrage nach gewerblichen Lagerleistungen – wie bei allen speditionellen Dienstleistungen – nicht um originäre, sondern um sogenannte **abgeleitete Nachfrage** handelt.

Lagerei als speditionelles Leistungsangebot

Dieser Trend hat dazu geführt, daß der Spediteur seine Leistungsangebote auch auf dem Lagereisektor weiter ausgeweitet und zugleich spezialisiert hat.

8.2.1 Die funktionsbedingte Einteilung der gewerblichen Lagerhaltung

Die Leistungsangebote gewerblicher Lagereibetriebe umfassen längst nicht mehr nur die reine Lagerung, d.h. die ausschließliche Zurverfügungstellung von Lagerraum und die bloße Ein- und Auslagerung von Gütern. Ausgehend von den vielfältigen Bedürfnissen der verladenden Wirtschaft ist die Lagerei immer weniger als eine isolierte Dienstleistung zu sehen. Sie ist vielmehr – auch vor dem Hintergrund der Schaffung eines europäischen Binnenmarktes – ein **wesentlicher Teilbereich im Rahmen gesamtlogistischer Konzepte**. So übernehmen die lagerhaltenden Speditionsfirmen für ihre jeweiligen Auftraggeber insbesondere

Lagerlogistik

- die Beschaffungslogistik
- die Distributionslogistik
- die Dauer- und Vorratslagerung
- die beförderungsbedingte Lagerung.

Die komplette Übernahme der Lagerlogistik erfordert vom Spediteur eine **umfassende Warenkenntnis** sowie das **Sich-Hineindenken in die logistischen Abläufe seines Kunden**.

8 Lagerei und Distribution

8.2.1.1 Die Beschaffungslogistik

Beschaffungslogistik

Unter Beschaffungslogistik verstehen wir die **Zulieferung von Vorprodukten oder Halbfabrikaten an die produzierende Industrie**. Diese Dienstleistung beinhaltet die bedarfs- und termingerechte Teileversorgung im Rahmen sogenannter Just-in-time-Konzepte. Beschaffungsläger werden meist in der Nähe des Produktionsstandortes betrieben.

Die Beschaffungslogistik ist ein **zunehmend bedeutendes Tätigkeitsfeld** für den lagerhaltenden Spediteur. 1995 gaben 19,3 % aller Mitgliedsbetriebe im *BSL* an, in diesem Leistungsbereich tätig zu sein; für 7,8 % stellt die Beschaffungslogistik sogar einen Leistungsschwerpunkt dar (Bezugsgröße: 4200 Betriebe).

Ein gutes Beispiel dafür stellt die Automobilindustrie dar. Die Speditions- und Lagereibetriebe übernehmen hier vielfach auch die Vormontage bestimmter Zulieferteile.

8.2.1.2 Die Distributionslogistik

Distributionslogistik
Auslieferungslager
Konsignationslager
Verteilungslager

Unter Distributionslogistik verstehen wir die **Lagerung und Verteilung von Konsumgütern**. Man spricht in solchen Fällen auch vom **Verteilungs-, Auslieferungs- oder Konsignationslager**. Die Dienstleistung umfaßt abhängig vom Anforderungsprofil der Einlagerer aus Industrie und Handel nicht nur die Lagerung und termingerechte Distribution der Güter, sondern u.a. auch

– die Kommissionierung (Zusammenstellung von Auslieferaufträgen);
– diverse Warenmanipulationen wie z.B. Sortieren, Konfektionieren, Preisauszeichnung,
– die EDV-gestützte Lagerbestandsverwaltung für den Einlagerer
  bis hin zur
– Fakturierung (Rechnungserstellung) an Abnehmer.

Es kommt bereits öfters vor, daß Kunden des Verladers nicht mehr bei diesem selbst, sondern bei dem von ihm beauftragten lagerhaltenden Spediteur bestellen.

Die Distributionslogistik ist ein sehr **bedeutender Betätigungsbereich** für den Lagerhalter. Gemäß den vom *BSL* herausgegebenen *„Zahlen–Daten–Fakten aus Spedition & Lagerei '95"* sind in diesem Leistungsbereich 39,5 % aller Speditions- und Lagereibetriebe (Bezugsgröße: 4200 Betriebe) tätig. 16,5 % bezeichnen die Distributionslogistik sogar als einen Leistungsschwerpunkt ihres Betriebes.

Zentrallager

Dabei übernehmen Spediteure – verstärkt seit den 80er Jahren – **Zentrallagerfunktionen** für ihre Auftraggeberschaft (1989 etwa 12 % aller Speditions- und Lagereibetriebe). Die geographische Struktur der Zentral- und der Regionalläger wird u.a. beeinflußt durch

Die Lagerei im Rahmen speditioneller Leistungsangebote 8.2

- die zu bestimmten Zeiten feststellbare Überlastung der Verkehrsinfrastruktur, wodurch die Just-in-time-Distribution u.U. gefährdet werden könnte

sowie

- die umweltpolitisch bedingten Restriktionen des Straßengüterverkehrs, sofern die Distribution per Lkw erfolgt. Bei der Feinverteilung in der Fläche ist der Lkw nach wie vor unverzichtbar.

Das **Regionallager** wird daher – schon um die Kundennähe zu gewährleisten – seine Bedeutung behalten. In der Praxis wird es in Abhängigkeit vom individuellen Anforderungsprofil des Einlagerers vielfach zu einem **Mischsystem aus Zentral- und Regionallägern** kommen. Dabei muß die „Lagergeographie" zunehmend aus dem europäischen Blickwinkel betrachtet werden, d.h. die nationalen Grenzen werden im Hinblick auf die geographische Anordnung der Lagerstandorte in Europa kaum noch eine Rolle spielen. — **Regionallager**

Die Distribution durch den lagerhaltenden Spediteur ist z.B. bei **Markenartikeln der Lebensmittelindustrie** stark ausgeprägt. Bestimmte Lebensmittel erfordern eine temperaturgeführte Lagerung, so daß der Lagerhalter auch für die Einhaltung und Überwachung der vorgeschriebenen Temperatur verantwortlich ist.

8.2.1.3 Die Dauer- und Vorratslagerung

Dauer- und Vorratsläger werden aus Gründen der **Versorgungssicherung** oder zur **Aufnahme von Überproduktionen** eingerichtet. Auftraggeber sind die Privatwirtschaft und staatliche Institutionen. — **Dauerlager Vorratslager**

Für das Speditions- und Lagereigewerbe ist u.a. die **Lagerung von Agrarprodukten im Auftrag der** *Bundesanstalt für Landwirtschaft und Ernährung (BLE)* von Bedeutung. Die *BLE* wurde am 1.1.1995 durch die Zusammenlegung der *Bundesanstalt für landwirtschaftliche Marktordnung (BALM)* mit dem *Bundesamt für Ernährung und Forstwirtschaft* gebildet. Die *BLE* ist eine nachgeordnete Behörde des *Bundesministeriums für Ernährung, Landwirtschaft und Forsten (BML)*. — **Lagerung von Agrarerzeugnissen**

Die Speditions- und Lagereibetriebe lagern im Auftrag der BLE eine Vielzahl von pflanzlichen und tierischen Erzeugnissen. Es handelt sich dabei um

- die sogenannten **ZNR-Waren** (Zivile Notfall-Reserve), das sind hauptsächlich Getreide, Reis und Hülsenfrüchte, die langfristig gelagert werden, — **ZNR-Waren Bundesreserve**

sowie um

- sogenannte **Marktordnungswaren**, das sind alle landwirtschaftlichen Erzeugnisse, die von der gemeinsamen *EU*-Agrarpolitik erfaßt werden, z.B. Getreide, Fleisch, Butter und Magermilchpulver. — **Marktordnungswaren**

8 Lagerei und Distribution

Die aus der Markt- und Preispolitik auf dem Agrarsektor resultierenden staatlichen Interventionskäufe bedingen die Lagerung der Interventionswaren. Die **deutsche Interventionsbehörde (BLE)** greift dazu auf private Lagerkapazitäten zurück.

In diesem Tätigkeitsbereich kommt der **laufenden Qualitätskontrolle** eine enorme Bedeutung zu. Die Lagerhalter übernehmen in enger Abstimmung mit der *BLE* sämtliche Maßnahmen zur Gesunderhaltung der Lagergüter wie z.B. Trocknung von Getreide, Belüftung, Kühlung sowie ggf. Schädlingsbekämpfung.

Die Entgelte für diese Leistungen wurden bis zum Jahr 1994 von der *BALM* unter Mitwirkung der jeweiligen Gewerbevertretungen der Lagerhalter bundeseinheitlich festgelegt.

Lagerleistungen, Ausschreibung
Aus Gründen der sparsamen Verwendung von Haushaltsmitteln des Bundes sollen die Preise für die Lagerleistungen bei sämtlichen Marktordnungswaren künftig ausschließlich im Wege der **öffentlichen Ausschreibung** ermittelt werden. Diese wurde für die Kaltlagerung von Butter und Fleisch erstmals im September 1994, für die Trockenlagerung von Magermilchpulver im Januar 1995 durchgeführt. Dabei wird es zwischen den beteiligten Parteien als strittig angesehen, ob die Ausschreibung auf der Grundlage der **Verdingungsordnung für Leistungen – Teil A – (VOL/A)** grundsätzlich zulässig ist, weil wesentliche Leistungsmerkmale wie Menge und Zeitpunkt der Einlagerung aufgrund der Natur des Interventionsgeschehens von der *BLE* nicht vorgegeben werden können.

8.2.1.4 Die beförderungsbedingte Lagerung

Transportbedingte Zwischenlagerung Umschlaglagerung
Im Gegensatz zu den bisher behandelten Lagerfunktionen ist die beförderungs- oder verkehrsbedingte Lagerung ausschließlich eine **Folge des Transportablaufs**. Aus technischen oder organisatorischen Gründen ist es vielfach notwendig, Güter kurzfristig zwischenzulagern oder zum Zweck des Umschlags auf einen anderen Verkehrsträger kurzfristig „über Lager zu nehmen". Man bezeichnet dies daher häufig als **transportbedingte Zwischenlagerung** oder als **Umschlaglagerung**.

Diese Fälle werden im allgemeinen nicht zur gewerblichen Lagerei gezählt, da hier ein Lagervertrag regelmäßig nicht zustande kommt. Sie werden daher an dieser Stelle nur zum Zweck der Abgrenzung erwähnt. Als Ausnahme sind z.B. transportbedingte Zwischenlagerungen in den Seehäfen zu nennen, die sich durchaus über mehrere Monate erstrecken können.

8.2.2 Die technische Ausstattung speditioneller Lageranlagen

8.2.2.1 Bauliche Voraussetzungen

Die Tätigkeit als gewerblicher Lagerhalter setzt das Vorhandensein von Lagerflächen bzw. Lagerräumen voraus. Dabei ist es für die Dienstleistung Lagerhaltung unerheblich, ob es sich um **eigene oder gemietete Lagerflächen** handelt. Die Strukturdatenerhebung 1990 des *BSL* zeigte ein Übergewicht zugunsten der im Eigentum des Lagerhalters befindlichen Flächen (54,4 % bei überdachter, 66,4 % bei Freilagerflächen). Die nachfolgend genannten Zahlen entstammen – sofern nicht anders angegeben – den *„Zahlen–Daten–Fakten aus Spedition & Lagerei '95"* des *BSL*. — **Lagerflächen**

Je nach baulich-technischen Gegebenheiten bzw. nach der Beschaffenheit der Lagergüter kann man folgende **Lagerarten** unterscheiden: — **Lagerarten**

– **Überdachte Lagerflächen** sind in aller Regel solche in festen Lagergebäuden. Für die Mehrzahl der Lagergüter kommt schon aufgrund der Qualitätserfordernisse seitens des Einlagerers eine Lagerung in Traglufthallen, Zelten u.ä. nicht in Betracht, obwohl diese auch zu den überdachten Lagermöglichkeiten zählen. — **Überdachte Lagerfläche**

Freilagerflächen dienen der Lagerung witterungsunempfindlicher (Massen-)Güter, wie z.B. Baustoffe, Erze, Kohle, unter freiem Himmel. Sie haben meist nur eine befestigte Bodenfläche. — **Freilagerfläche**

Das Speditions- und Lagereigewerbe verfügte 1995 insgesamt über **14,4 Mio. m² überdachte** und **11,5 Mio. m²** Freilagerfläche.

– Sogenannte **Wasserläger** verfügen im Gegensatz zu Lägern im Binnenland auch über einen **Wasserstraßenanschluß** und sind daher **meist in Binnen- oder Seehäfen gelegen**. Neben dem flächendeckenden Anschluß an das Straßennetz sind 7,2 % **aller** Speditions- und Lagereibetriebe auch über einen Wasserstraßenanschluß an die Verkehrsinfrastruktur angebunden. — **Wasserlager Landlager**

– Aus älterer Bausubstanz stammend werden vereinzelt noch (mehrgeschossige) **Etagen- oder Stockwerkläger** – meist in Häfen – genutzt. Die Ein- und Auslagerung der Güter ist nur über Kräne und/oder Lastenaufzüge möglich. Die Lagerhöhe sowie die Bodenbelastung in den einzelnen Stockwerken ist begrenzt, so daß diese Lagerart nur bei bestimmten Gütern und längerfristiger Lagerung wirtschaftlich ist. Als Beispiel mag die **Speicherstadt** im Hamburger Hafen dienen, wo güter wie Kaffee, Tee, Gewürze, Orient-Teppiche gelagert werden. — **Etagenlager Stockwerklager**

– Die gebräuchlichste Lagerart ist heute das (eingeschossige) **Hallenlager**, welches eine große Lagerhöhe und eine praktisch unbegrenzte Bodenbelastung — **Hallenlager**

8 Lagerei und Distribution

erlaubt. Es kann daher sehr wirtschaftlich betrieben werden, erfordert aber auch ein – je nach technischer Ausstattung – hohes Investitionsvolumen bei Neuerrichtung.

Rampenlager
– Von einem **Rampenlager** spricht man, wenn Hallenläger über eine Rampe zur Be- und Entladung von Lkw oder Waggons verfügen. Vielfach wird bei neuzuerrichtenden Lagergebäuden u.a. wegen geringerer Bodenbelastung der Rampenflächen und möglicher Unfallgefahren auf Außenrampen verzichtet. Ein optimales Andocken der Lkw an das Lagergebäude wird über eine zweckmäßige Torgestaltung mit Andockhilfen erreicht.

Regallagerung
– Im Gegensatz zu Etagenlägern, in denen bauartbedingt die Blocklagerung vorherrscht, kann in Hallenlägern je nach Lagergut **sowohl die Blocklagerung als auch die Regallagerung** (vgl. 8.2.2.2) praktiziert werden.

Blocklagerung
– **Blocklagerung** bedeutet, daß das Lagergut (auf Paletten oder einzeln) lückenlos auf-, neben- und hintereinander gestapelt wird. Bei Blockstapelung ist insbesondere die **Druckempfindlichkeit** des Lagergutes sowie die **Standsicherheit** des Stapels zu beachten.

Speziallager
– **Viele gewerbliche Lagerhalter spezialisieren sich auf bestimmte Gütergruppen bzw. Branchen. Hier sind vor allem folgende Lagergüter zu nennen:**

 – Nahrungs- und Genußmittel der Markenartikelindustrie
 – Erzeugnisse der chemischen Industrie
 – landwirtschaftliche Erzeugnisse (Getreide- und Futtermittel etc.)
 – Produkte der Elektro- und Elektronikindustrie
 – Erzeugnisse der Eisen- und Stahlindustrie
 – Vorprodukte der Automobilwirtschaft

Bestimmte Güter bedürfen einer besonderen Behandlung und Qualitätsüberwachung bei der Lagerung. Je nach ihrer Beschaffenheit erfordern sie besondere baulich-technische Voraussetzungen der Lagerräume; man spricht deshalb von **Spezialgütern** bzw. **Speziallägern**. Beispielhaft werden nachfolgend einige wichtige Speziallager genannt:

 – **Siloläger** für schütt- und rieselfähige Güter, insbesondere Getreide- und Futtermittel, aber z.B. auch für Kunststoffgranulate

 – **Kühlhäuser** z.B. für die Tiefkühllagerung (unter $-18\,°C$) von Fleisch

 – **Temperaturgeführte Läger** für temperatursensible Güter wie z.B. Lebensmittel. Eine temperaturgeführte Lagerung erfordert das Sicherstellen einer bestimmten Lagertemperatur im minus- oder plusgradigen Bereich. Das

Die Lagerei im Rahmen speditioneller Leistungsangebote 8.2

bedeutet auch, daß bei frostempfindlichen Gütern die Lagerräume im Winter u.U. beheizt werden müssen.

- **Eisen- und Blechläger** mit entsprechenden Lagereinrichtungen wie z.B. Langrohrregale

- **Tankläger** für die Lagerung großer Flüssigkeitsmengen, z.B. Mineralöle, Treibstoffe

- **Gefahrstoffläger** für Stoffe und Zubereitungen, die nach den einschlägigen Vorschriften als „gefährlich" eingestuft sind. Da die Lagerung gefährlicher Stoffe vom Gesetzgeber umfassend reglementiert ist, wird hierauf in Teil 2 näher eingegangen.

8.2.2.2 Lagereinrichtungen

Die Mehrzahl der im Rahmen der Beschaffungs- oder Distributionslogistik gehandhabten Stückgüter erfordert im Gegensatz zu Spezialgütern keine besonderen Zusatzeinrichtungen des Lagers. Diese sog. normalen Kaufmannsgüter werden in der Regel palettiert in Regalanlagen gelagert, was eine besonders wirtschaftliche Lagerführung ermöglicht. Das **Palettenregallager** gehört daher mittlerweile zur Standardeinrichtung in Logistiklägern.

Palettenregallager

Ab einer Lagerguthöhe von etwa **12 m** spricht man vom **Hochregallager**. Realisiert sind Hochregalläger bis zu einer Lagerguthöhe von 45 m. Sie erfordern regelmäßig eine EDV-gestützte Steuerung und somit relativ hohe Investitionen.

Hochregallager

Zur Vergrößerung der nutzbaren Lagergrundfläche finden bei gewerblichen Lagerhaltern für dafür geeignete Güter auch **Lagerbühnen** Verwendung.

Lagerbühnen

8.2.2.3 Förder- und Hebetechnik

Die wirtschaftliche Durchführung der gewerblichen Lagerei ist ohne den Einsatz moderner Förder- und Hebetechnik undenkbar. Nachfolgend werden – ohne Anspruch auf Vollständigkeit – die gebräuchlichsten Förder- und Hebemittel aufgeführt:

Flurförderzeuge

Flurförderzeuge

- **Gabelstapler** (elektro-, diesel- oder flüssiggasbetrieben)

    Der Gabelstapler – in geschlossenen Lagergebäuden überwiegend elektrobetrieben – ist das wichtigste Hilfsmittel bei der Ein- und Auslagerung. Er ist durch verschiedene Anbaugeräte (Lastaufnahmemittel) wie Gabelzinken,

8 Lagerei und Distribution

Klammern für Fässer, Tragedornen universell einsetzbar. Sonderbauformen sind **Regalförderzeuge** und **Hochregalstapler**, die regalabhängig betrieben werden.

– **Palettenhubwagen**

Sehr verbreitet sind die manuell bedienten (Hand-)Hubwagen; daneben kommen auch elektrobetriebene zum Einsatz (mit Fahrerstand oder deichselgeführt).

– **Sackkarren**

Trotz der fortschreitenden Technisierung wird zusätzlich auch noch die traditionelle Sackkarre eingesetzt.

Stetigförderer

Stetigförderer (rollen-, ketten- oder bandgeführt)

Hierunter versteht man **Förderbänder** verschiedenster Bauart, **Rollenbahnen** für Kleinkolli oder Paletten, aber auch **Rohrleitungen** für schütt- und rieselfähige Massengüter.

Auch sog. **Unterflurschleppketten** können dazu gezählt werden; diese kommen überwiegend in Umschlaglägern zu Anwendung.

Von Stetigförder**systemen** spricht man, wenn verschiedene Komponenten zu einem **fördertechnischen Gesamtsystem** verbunden sind.

Vertikal-Palettenförderanlagen Lastenaufzüge

Vertikal-Palettenförderanlagen übernehmen den weitgehend automatischen Transport zwischen Lagerflächen auf verschiedenen Ebenen und sind in der Regel in Stetigfördersysteme eingebunden.

Lastenaufzüge kommen meist nur in mehrgeschossigen Lagergebäuden zum Einsatz.

Kräne in der Lagerei

Krananlagen werden in verschiedenster Bauweise in der Lagerei verwendet. Vereinzelt findet man z.B.

– **Laufkräne** – auch **Laufkatzen** genannt – die auf Schienen an der Hallendecke laufend die gesamte Hallenfläche bedienen können (z.B. in Eisenlägern)

– **Portalkräne** – so genannt wegen ihrer portalartigen Tragekonstruktion –, die u.a. beim Umschlag in das/aus dem Lager (mit Verschiebedach) eingesetzt werden.

8.2.3 Der Lagervertrag

8.2.3.1 Zustandekommen

Zur Regelung des Lagergeschäfts werden Lagerverträge abgeschlossen. Vertragspartner sind der **Einlagerer** und der **Lagerhalter**.

Lagervertrag

Der Lagervertrag gehört zu denjenigen Vertragsarten, die nicht an eine Schriftform gebunden sind. Einlagerer und Lagerhalter sind in ihrer Vertragsgestaltung grundsätzlich frei. Lagerverträge können daher auch durch

- **mündliche (telefonische) Vereinbarungen** oder

- **schlüssiges („konkludentes") Handeln** (d.h. Güter werden ohne vorherige Absprachen physisch eingelagert – selten!).

zustande kommen. Vor allem aus Beweisgründen wird der

- **Abschluß schriftlicher Lagerverträge empfohlen,**

um eventuelle spätere Meinungsverschiedenheiten über getroffene Absprachen von vornherein auszuschließen.

8.2.3.2 Inhalt

Aufgrund kartellrechtlicher Überlegung, vor allem aber infolge der Vielfältigkeit des Lagergeschäfts und des individuellen Leistungsumfanges gibt es kein allgemein gültiges Muster eines Lagervertrages. **Gegenstand des Lagervertrages ist die gewerbliche Lagerung und Aufbewahrung von Gütern.** Im Rahmen des Lagervertrages sollten insbesondere folgende Punkte geregelt werden:

- Leistungsumfang des Lagerhalters wie Kommissionieren, Palettieren, Distribution, etc.

- genaue Beschreibung der Lagergüter und deren Behandlung (Einhaltung von Temperatur, Luftfeuchtigkeit, Druckempfindlichkeit, besondere Sicherungsmaßnahmen, etc.)

- Umfang der Lagerbestandsführung (Lagergut, Paletten etc.)

- Inventurhäufigkeit (monatlich, viertel-, halbjährlich, jährlich) und Ausgleich eventueller Überschüsse/Fehlbestände

8 Lagerei und Distribution

- voraussichtliche oder durchschnittliche Lagerdauer

- Umschlaghäufigkeit der Güter; die pro Kalendermonat ein- und auszulagernde Menge

- Vertragsdauer und Kündigungsfristen

- Entgelte und Auslagenersatz.

Die Vertragsparteien können sich auch darauf beschränken, in den Lagervertrag nur die rein vertraglichen Regelungen aufzunehmen und die gutspezifischen Besonderheiten in Anhängen zum Lagervertrag zu regeln, was u.U. größere Flexibilität bei erforderlichen Änderungen ermöglicht.

8.2.3.3 Rechtsgrundlagen

Lagervertrag, Rechtsgrundlage

Es wurde bereits deutlich, daß **einzelvertragliche Regelungen des Lagergeschäftes vorrangig und üblich** sind. Die Dienstleistungen des lagerhaltenden Spediteurs werden dabei **im Regelfall auf der Basis der ADSp** abgewickelt (vgl. dazu insbesondere die Erläuterungen zu den §§ 43–49 ADSp). Auch das Pfandrecht und die Haftung des lagerhaltenden Spediteurs erfolgen dann auf dieser Grundlage (vgl. §§ 50–63 ADSp).

Für sonstige gewerbliche Lagerhalter dienen die Regelungen des *HGB* bzw. *BGB* als Basis. Sowohl *ADSp* wie auch *BGB* und *HGB* stellen also kein zwingendes Recht dar und können durch einzelvertragliche Abmachungen ersetzt oder ergänzt werden. Die „Rangfolge" der Rechtsgrundlagen für den Spediteur als Lagerhalter lautet daher:

Einzelvertrag ⟶ ADSp ⟶ HGB/BGB

8.2.3.4 Lagerentgelt

Lagerentgelt

Für die gewerbliche Lagerung gibt es keine Tarife oder allgemein gültigen Entgelte. In § 420 HGB ist lediglich der **Anspruch** des Lagerhalters auf das bedungene (vereinbarte) oder ortsübliche Lagergeld sowie auf Erstattung von Auslagen verankert. Die Vielfältigkeit der speditionellen Lagerlogistik verlangt daher eine einzelfallbezogene Kalkulation von Lagerentgelten (s. 8.3).

Als **Ausnahme** zu betrachten sind:

- Preisempfehlungen für das Hafenumschlaggewerbe (z.B. „Grüner Tarif" in Nordrhein), die u.a. auch Lagergeldsätze enthalten.

- Entgeltvereinbarungen für die Lagerung landwirtschaftlicher Produkte im Auftrag der *Bundesanstalt für Landwirtschaft und Ernährung (BLE)*.

8.2.4 Die Abwicklung des Lagervertrages

Die wesentlichen Tätigkeitsbereiche des gewerblichen Lagerhalters sind bereits weiter oben angesprochen worden. Im folgenden soll noch auf einige Besonderheiten eingegangen werden.

8.2.4.1 Sonder- und Sammellagerung

Die **Sonderlagerung** oder besser: die **gesonderte Lagerung** ist die übliche Lagerform und bedarf daher keiner Vereinbarung im Lagervertrag. Es handelt sich dabei um die gesonderte Lagerung je Lagerpartie und Einlagerer. Der Einlagerer bekommt **dasselbe** Lagergut zurück. — **Sonderlagerung**

Im Gegensatz dazu steht die **Sammellagerung**, die einer vertraglichen Vereinbarung und damit der Zustimmung des Einlagerers bedarf (vgl. *§ 419 HGB*). Bei Sammellagerung tritt eine Vermischung von Lagergütern gleicher Art und Güte, die von verschiedenen Einlagerern stammen, ein. — **Sammellagerung**

Eine solche Vermischung wird – falls überhaupt – nur bei Schüttgütern, wie z.B. Getreide, vorgenommen. Gerade hier ist die Gefahr des natürlichen Schwundes durch Eintrocknung (Getreide) oder verlorengegangene Staubanteile etc. besonders groß, so daß die Form des Ausgleichs eventueller Fehlmengen (Manki) besonders vereinbart werden sollte.

8.2.4.2 Die sachgemäße Lagerung der Güter

Zur sachgemäßen Lagerung gehört auch die **Einhaltung der ordnungs- und baubehördlichen Vorschriften** für das Lagergebäude. Dies erfordert z.B. Maßnahmen des Brandschutzes (Feuerlöscher, Löschwasserleitungen, Fluchtwege). — **Sachgemäße Lagerung**

Die Lagergüter müssen entsprechend ihrer spezifischen Eigenschaften behandelt werden. Zu diesem Zweck sind die auf der Verpackung angebrachten Symbole (z.B. Pfeile nach oben, Weinglas, Gefahrenzettel) zu beachten. Im Falle von Gefahrstoffen sind ggf. Zusammenlagerungsverbote mit anderen (Gefahr-)Gütern einzuhalten.

Auch sollte nicht nur aus optischen Gründen auf die Sauberkeit im Lager geachtet werden. Zweck ist dabei auch die Verhütung von Unfällen und ggf. von Staubexplosionen (z.B. in Getreidelagern), die zu verheerenden Schäden führen können.

8 Lagerei und Distribution

Fremdläger Der Lagerhalter kann die Güter entweder in eigenen bzw. angemieteten oder aber in fremden Lagerräumen lagern. Die Besonderheiten bei der Lagerung in Fremdlägern werden in § 43 ADSp behandelt.

8.2.4.3 Ein- und Auslagerung der Güter

Schnittstellenkontrolle Bei der Anlieferung der Ware in das Lager ist vom Lagerhalter schon im eigenen Interesse der **ordnungsgemäße Zustand der Güter** festzustellen. Hierbei stehen äußerlich erkennbare Mängel im Vordergrund. Eine gesetzliche Verpflichtung zur Feststellung äußerlich nicht erkennbarer Mängel besteht für den Lagerhalter nicht. In diesem Zusammenhang ist besonders auf die nach § 7 ADSp erforderliche **Schnittstellenkontrolle** durch den lagerhaltenden Spediteur hinzuweisen.

Fifo-Prinzip Bei der Auslagerung der Ware wird von den Einlagerern insbesondere die Beachtung des sog. **fifo-Prinzips** gefordert. Fifo steht für „**first in – first out**" und bedeutet, daß die zeitlich zuerst eingelagerte Ware auch zeitlich zuerst wieder ausgelagert wird. Eine eigentlich verständliche Forderung, wenn man z.B. an die Distribution von Lebensmitteln (Haltbarkeitsdatum!) denkt.

Quittungserteilung bei Einlagerung Für die angelieferten Lagergüter ist dem Einlagerer in der Regel eine **Quittung/Empfangsbestätigung** zu geben. Kann dem Anlieferer eine reine Quittung (d.h. ohne Beanstandung) nicht erteilt werden, so sind die festgestellten Mängel zu vermerken; zweckmäßig ist die Gegenzeichnung durch den Anlieferer. Ebenso muß der Einlagerer schriftlich benachrichtigt werden. Der Quittungserteilung sollte besondere Aufmerksamkeit geschenkt werden, da hier gelegentlich Unstimmigkeiten zwischen den Beteiligten festzustellen sind.

8.2.4.4 Die Papiere im Lagergeschäft

Lagerscheine Die Lagerscheine sind bereits unter § 48 ADSp behandelt worden, das *FIATA Warehouse Receipt (FWR)* zusammen mit den übrigen *FIATA*-Dokumenten. Allerdings ist die Bedeutung der Lagerscheine in der Praxis immer weiter zurückgegangen, so daß sie nur noch relativ selten ausgestellt werden.

Für einige, insbesondere in den Seehäfen ansässige Lagerhalter hat der Orderlagerschein insoweit noch Bedeutung, als die erteilte **Ermächtigung** zur Ausstellung als Qualifikations- bzw. Zuverlässigkeitskriterium herangezogen wird. Beispielsweise dient die Ermächtigung gegenüber der Londoner Warenbörse als Nachweis der Firmenbonität.

8.3 Grundlagen der Lagerkostenkalkulation

Es wurde bereits hingewiesen, daß in der gewerblichen Lagerei seit jeher der **Grundsatz der freien Preisbildung** herrschte. Die zunehmende Technisierung und Automatisierung des Lagergeschäfts erfordert z.T. erhebliche Investitionen, die eine langfristige Kapitalbindung zur Folge haben und somit das unternehmerische Risiko erhöhen.

Lagerkostenkalkulation

Eine **exakte Kosten- und Leistungsrechnung** ist daher für den Lagerhalter **von herausragender Bedeutung**. Ein Operieren mit Durchschnittswerten führt schon aufgrund der individuellen Kundenanforderungen und der Vielfalt der Lagergüter häufig in eine Sackgasse. Die sorgfältige Kalkulation der Lagerleistungen setzt zunächst einmal die **Entwicklung eines Leistungsprofils** im Zusammenwirken mit dem (potentiellen) Auftraggeber/Einlagerer voraus (vgl. dazu auch 8.2.3.2).

8.3.1 Die Kosten- und Leistungsbereiche

Hinsichtlich der Kostenentstehung sind folgende **Leistungsbereiche** zu betrachten:

8.3.1.1 Lagerung

Die Lagerung umfaßt die reine Aufbewahrung der Lagergüter. Die Kosten werden wesentlich von folgenden Faktoren beeinflußt:

Lagerkosten

- Art der Lagerung (Regal-, Blocklagerung, Automatisierungsgrad etc.)

- durchschnittliche Lagerdauer

- durchschnittliche Auslastung der Lagerfläche bzw. des Lagervolumens

- durchschnittliche Belegung der Palettenplätze.

Wettbewerbsfähige Lagerkosten sind nur durch einen möglichst hohen Kapazitätsauslastungsgrad zu erreichen. Dieser sollte nach Berechnungen der *USL* durchschnittlich etwa bei 85 % liegen.

8.3.1.2 Umschlag

Umschlags- Der Umschlag umfaßt die **Ein- und Auslagerung der Güter** und sämtliche damit zu-
kosten sammenhängenden Teilleistungen, einschließlich der **Kommissionierung** beim Auslagern. Da der Anteil der Kommissionierleistung am Lagergeschäft ständig zugenommen hat, kann es im Einzelfall zweckmäßig sein, die Kommissionierung leistungs- und kostenmäßig separat zu erfassen.

Kosteneinflußfaktoren sind:

- die Art des Umschlags (manuell, teil-, vollpalettiert)
- die Gewichtsstruktur der Packstücke bzw.
- das durchschnittliche Palettengewicht
- die Umschlag- bzw. Kommissioniertechnik
- die durchschnittliche Umschlag- bzw. Kommissionierleistung.

8.3.1.3 Lagerverwaltung

Lagerver- Die Lagerverwaltung umfaßt sämtliche Tätigkeiten der Vorbereitung, Erfassung und
waltungs- Abrechnung der Lagerein- und -ausgänge, die Bestandsführung und -kontrolle, etc.
kosten

Der dem jeweiligen Einlagerer zurechenbare zeitliche Lagerverwaltungsaufwand ist u.U. schwierig zu ermitteln, da dies eine genaue Analyse der Abläufe erfordert. Hieran führt jedoch kein Weg vorbei, da der Anteil der Lagerverwaltungskosten sich stark erhöht hat und mehr als 30 % der Gesamtkosten betragen kann.

8.3.1.4 Allgemeine kaufmännische Verwaltung

Die Lagerei ist in der Regel einer von mehreren Leistungsbereichen der Spedition. Die allgemeinen Verwaltungskosten des Gesamtbetriebes müssen daher auch **der Lagerei anteilig zugerechnet** werden. Dieser Bereich soll an dieser Stelle allerdings nicht näher betrachtet werden.

8.3.2 Die Kostenarten im Überblick

Lagerko- In den dargestellten Leistungsbereichen sind ggf. folgende Kostenarten zu berück-
stenarten sichtigen:

Grundlagen der Lagerkostenkalkulation 8.3

- **Kalkulatorische Abschreibungen** und **kalkulatorische Mieten** für Gebäude, Grundstücke, Büroräume

- **Kalkulatorische Abschreibungen** auf die Lagereinrichtung (Regale) und die förder- und hebetechnischen Anlagen und Geräte

- **Kalkulatorische Zinsen** auf das eingesetzte Kapital

- **tatsächlich gezahlte Mieten und Pachten** für Gebäude, Räume., Geräte etc.

- **Personalkosten** für das gewerbliche und kaufmännische Personal (Bruttolöhne und -gehälter, Lohnnebenkosten etc.)

- Reparatur- und Wartungskosten

- Kosten für Energie (Treibstoffe, Strom, Wasser, Heizung)

- Reinigungs-, Bewachungs- und Versicherungskosten

- Kosten für Büroeinrichtungen und -materialien

- Kommunikationskosten (EDV-Anlagen, DFÜ, Telefon, Telefax, Porti)

- anteilige allgemeine Verwaltungskosten

8.3.3 Die Berechnungsgrundlage für das Lagerentgelt

Auf der Basis der für die einzelnen Leistungsbereiche errechneten Kosten können nach verschiedenen Kalkulationsmethoden das Lagergeld sowie die Entgelte für Einlagerung und für Auslagerung ermittelt und den jeweiligen Einlagerern zugerechnet werden. Bei der Bildung der Lagerentgelte – in der Praxis auch als Spesensätze bezeichnet – ist eine angemessene Gewinnspanne des Lagerhalters einzukalkulieren. **Lagerentgelt**

Die Lagerentgelte werden üblicherweise auf das **Gewicht als Maßeinheit** bezogen (100 kg- oder Tonnensätze). Möglich sind aber auch stückbezogene Entgeltsätze (z.B. pro Palette).

Bei im Verhältnis zum Gewicht besonders **voluminösen Lagergütern** wird es zweckmäßig sein, die Entgelte auf die Fläche oder das Volumen als Maßeinheit zu beziehen (pro m^2 oder m^3).

8 Lagerei und Distribution

Lagerüber- In vielen Fällen ist der Einlagerer nur an der Nennung eines „Endpreises" und nicht
nahmesatz an den einzelnen Sätzen für Lagerung, Ein- und Auslagerung interessiert. Dann wird ein sog. **Übernahmesatz** gebildet, der **für den Monat der Einlagerung** alle Kosten enthält (Übernahme der angelieferten Güter ex Transportmittel, Lagerung im Einlagerungsmonat, Auslagerung auf Transportmittel).

Zusätzlich wird das **Lagergeld für den Folgemonat** angegeben. Grundsätzlich wird das Lagergeld immer **für den (angefangenen) Kalendermonat** berechnet.

Der Umfang der vom Lagerhalter zu erbringenden Leistungen wird bei positiv verlaufenden Geschäftsbeziehungen oftmals nachträglich erweitert. In diesen Fällen ist eine **Nachkalkulation** der Lagerentgelte durchzuführen.

Stichwortverzeichnis

Abgrenzung Speditions-, Fracht-, Beförderungsvertrag 59
Ablader 366
Ablieferung 271
Ablieferung bei Partiefracht 292
Ablieferung im IC-Kurierdienst 299
Ablieferungshindernisse 182, 190, 272
Abrechnung des Spediteursammelguts nach HGB 474
Abroll-Container-Transport-System 528
Abschluß des Frachtvertrages 264, 323
Abschluß, Beginn und Dauer des Beförderungsvertrags 181
Absender 324
ADNR in der Binnenschiffahrt 331
ADSp 161
ADSp Rechtscharakter 77
ADSp-Entwicklung – geschichtlicher Rückblick 76
ADSp-Text und Erläuterungen 78
ADV 422
AEA 416
AETR 230
Agent 324
Agentenkommission 451
AGNB 161
AGNB, Geltungsbereich 165
AGNB, Rechtscharakter 165
AGNB, Vertragsparteien 166
Air Waybill 434
ALFA 414
Allgemeine Frachtraten/GCR 428
Allgemeine Haftungsausschlüsse 274
Allgemeiner Güternahverkehr 159
Allgemeines Eisenbahngesetz (AEG) 239
AMÖ 39
AMS 414
Amtliche Sachverständige 340
Anforderungen an den Spediteursammelgutverkehr 466
Anhang B-CIM 295
Anmeldepflicht 219
Annahme von Stückgut 289
Annahmeverweigerung 445

Arbeitsteilung 2
Arten des Seefrachtgeschäftes 367
Arten von Güterwagen 245
As-freighted; 377
Aufgabe der Kostenrechnung 482
Aufgabenteilung im Verkehr 19
Ausflaggung 353
Auslieferung 372, 444
Auslieferung gegen Konnossement 390
Auslieferungsansprüche mehrerer Konnossements-Inhaber 390
Auslieferungslager 540
Ausnahme vom Fahrverbot 525
Ausrüster 324
Ausschluß vom Verkehrsmarkt 228
Ausschreibung von Lagerleistungen 542
AWB des Contracting Carriers 452

Bacoliner 357
BAG, Aufgaben 225
BAG, Befugnisse 226
Bahneigene Güterwagen 244
Bahnsammelgutverkehr 482
Bahnspedition 49
BahnTank 234
BahnTrans 235
Bankgarantie 391
Banksendungen 444
Barcoding 473
Barge-Carrier-Systeme 357
Barvorschuß 269
BDF 38
BDN 38
BSL 36
Bedeutung des Ladescheines 327
Bedingungen für den Sammelgutverkehr 462
Bedingungen und Entgelte für den Spediteursammelgutverkehr mit Kraftwagen und Eisenbahn 477
Beförderung von Expreßgut 298
Beförderungs- und Ablieferungshindernisse 167
Beförderungsbedingungen Conditions of Carriage 422

555

Stichwortverzeichnis

Beförderungsbedingungen für den Eisenbahngüterverkehr 278
Beförderungsbedingungen im Stückgutverkehr 288
Beförderungshindernisse 182, 190
Beförderungspflicht 240
Beförderungszeit, Garantie 281
Befrachter 309
Befrachter-/Verfrachtereigene Container 386
Befrachter/Shipper 366
Begriff Stückgut 287
Beilader 35
Beiladersatz 484
Beilader-Spediteur 468, 469
Beladung des Schiffes 331
Berechtigungsbescheinigung im Güterfernverkehr 178
Berufsorganisation in Spedition und Lagerei 36
Berufszugangsverordnung 156
Beschaffungslogistik 540
Besichtigungskosten 400
Besondere Havarie 343
Besondere Havarie/Haverei 402
Besondere Preislisten 285, 482, 486
Betätigungsfelder des Spediteurs, heute 61
Betätigungsfelder des Spediteurs, traditionell 60
Betriebspflicht 241
Bilaterale Genehmigungen 204
Bill of Lading 394
Billigflaggenländer 353
Bimodale Techniken 527
Binnenhäfen 322
Binnenhafen-Spediteure 47
Binnenschiffahrts-/Binnenumschlagspediteur 346
Binnenschiffahrtsgesetz 323
Binnenschiffahrtsspediteur 325
Blocklagerung 544
Bodenabfertigung 414
Booking-Note 396
Bord-Konnossement 391

Bordero 471
BPL 463
Break bulk 453
Breakpoint 428
Briefspediteur 35, 468, 469, 484
Bruttoraumzahl/BRZ 358
Bruttoregistertonne/BRT 358
Buchungsnote 396
Buchungsnote/Ladungsanmeldung 369
Bundesamt für Güterverkehr 144
Bundeseisenbahnvermögen (BEV) 237
Bundesflagge 352
Bundesorganisation BSL 36
Bundesreserve 541
Bundesverband der deutschen Binnenschiffahrt 310
Bundesverband der öffentlichen Binnenhäfen 310
Bundeswasserstraßen 316
Bunker adjustment factor 376
Bußgeld 228

C.L.E.C.A.T. 43
Carriers Haulage 384
CASS 451
CC = charges collect 426
CEMT-Genehmigungen 207
Charter-Party 368
Charterbestimmungen 368
Charterformen 368
Chartergeschäft (Luftfracht) 454
Chartervertrag 367
Chikagoer Abkommen 415
City-Logistik 14
Class Rates 426
CMR 161, 207
Collect 378
Collico 235, 255
Collico - Handhabung 255
Collico - Miete 255
Collico - Transport 255
Combined Transport Bill of Lading 394
Commodity-Box-Raten (CBR) 375
Conditions of Contract 423
Congestion surcharge 377

Stichwortverzeichnis

Consolidator 451
Container 381, 524
Container- u. Palettentarife 431
Container-Gefahrgutstauung 407
Containerarten und Containergrößen 381, 382
Containermiete 383
Containerschiff 355
Container-Seeverkehr 381
Containerterminals (CY = Container Yard) 351
Containerverkehr 312
Containerverlademodi 382
Contracting Carrier 452
COTIF 294
Crosstrader 354
Currency adjustment factor 376

Dangerous Goods 443
Datenaustausch per EDV 414, 471
Datensatz 473
Dauerlager 541
DB Cargo AG 232
Deckungsbeitragsrechnung 197
Delivery-Order 396
Demurrage 383
Detention-Charge 384
Deutsch-österreichisches Abkommen 121
Deutsche Bahn AG 231
Deutsche Handelsflotte 351
Deutsche Hoheitsgewässer 349
Deutsche Verfrachterhaftung 401
Deutsches Seeschiffsregister 352
DGR-Fee 444
Dienstvertrag 55
Differenzierung der Kundensätze 480
Dispache 342, 404
Dispacheur 404
Distanzfracht 344, 378
Distributionslogistik 541
Durchkonnossement oder Durchfrachtkonnossement 394
Durchladeschein 328
Durchpaletten 432

EASY 415
ECAC 416
EG-Recht 416
Eigenlagerung 538
Einteilung der Binnenwasserstraßen 320
Einzelfahrtgenehmigung 178
Eisenbahn-Bundesamt (EBA) 239
Eisenbahnaufsicht 240
Eisenbahnneuordnungsgesetz 236
Eiszuschläge 345
Elektronische Datenverarbeitung 35
Elemente eines Pakettransportsystems 498
Empfänger 367
Empfängeranweisung 271
Empfangsspediteur 468
Empfangsspediteurvergütung 484
Empfehlungspreise für Standardleistungen 479
Entfernungsermittlung nach GFT 480
Entfernungswerk; Eisenbahn 293
Erlöschen der Ansprüche 212, 276, 340
Ersatzpflichtiger Wert 184, 211
Erteilung einer Güterfernverkehrsgenehmigung 158
Etagenlager 543
EU und EWR 206
EU-Handelsflotte 354
EU-Verkehrspolitik 133
Europäische Union (EU) 24
EVO 242
EVO Inhaltsübersicht 261
EVO, Ausführungsbestimmungen 262
EWR 3
Expreßdienste 51
Expreßdienste, Service 513, 514
Expreßgut 298

Fachliche Eignung 158
Fahrzeugkostenrechnung 198
FAK – freight all kind 432
FAK-Raten 375
FBL 41
FCR 41
FCT 42

Stichwortverzeichnis

Fehlfracht 333
Fernverkehr 138
Fertigungstiefe 3
Festbuchung 369
FIATA SDT 42
FIATA-Dokumente 40
Fifo-Prinzip 550
Finanzielle Leistungsfähigkeit 157
Fixkosten-Spediteur 28
Fixkostenspedition 56
Flächendeckung 495
Flaggendiskriminierung und -protektionismus 354
Flughäfen 421
Flurförderzeuge 545
Form und Inhalt des Frachtbriefes AGNB 166
Form und Inhalt des Frachtbriefes, GüKUMB 189
Form und Inhalt des Frachtbriefes, KVO 180
Form und Inhalt des Frachtbriefes nach CMR 209
Fracht im Ladungsverkehr DBAG 282
Fracht-/Preisermittlung 344
Frachtberechnung; Eisenbahn 267, 269
Frachtberechnung im Expreßgut 298
Frachtberechnung im Stückgutverkehr 289
Frachtberechnung, besondere Preislisten 286
Frachtbrief (KVO der EVO) 262, 471
Frachtbrief; CIM 296
Frachtbrief in der Binnenschiffahrt 326
Frachtbriefdoppel (EVO) 263
Frachtflugzeugarten 412
Frachtflugzeuge 412
Frachtführer 19, 324
Frachtgeschäft im HGB 57
Frachtmanifest 397
Frachtofferte 380
Frachtstundungsverfahren 296
Frachtvertrag 19
Frachtvertrag, Rechtsgrundlagen 58
Frachtzahlung 296, 426

Frachtzuschläge 263
Frankaturzwang 379
Freibordmarkierung 359
Freigestellte Beförderungen 218
Freihäfen 350
Freiheit der Binnenschiffahrt 307
Freiheit der Meere 347
Freilagerfläche 543
Freistellungsverordnung im GüKG 150
Freizeichnung von Haftung 399
Fremdläger 550
Fristen bei Reklamationen 170, 185, 192
Full-Container-Load 382
Fünf Freiheiten der Luft 416
FWR 42

Gebrochener Verkehr 518
Gefahrgut 282
Gefahrgut-Verordnung-See 406
Gefährliche Güter 443
Geltungsbereich KVO 180
Geltungsbereich der CMR 208
Geltungsbereich des GüKUMB 188
Gemeinschaftskontingent EV-Lizenz 204
General Cargo Rates 426
Genossenschaften 325
Germanischer Lloyd (GL) 360
Geschäftsbedingungen im Speditionsverkehr 53
Geschichte des Sammelgutverkehrs 455
Geschichtliche Entwicklung der privaten Paketdienste 493
Gesetz über die Zusammenführung und Neugliederung der Bundeseisenbahnen 236
Gewerbliche Lagerei 538
Gewerblicher Verkehr 309
Gewichtsabrechnung 374
Gewichtsgut 376
Gewichtsraten/Maßraten 375
Global Players 7
Global SKY Express 415
Globalisierung 5

Stichwortverzeichnis

Grenzübergang als Standort im Güterkraftverkehr 155
Grenzüberschreitender kombinierter Verkehr 143, 526
Grenzüberschreitender kombinierter Verkehr Schiene/Straße 214
Grenzüberschreitender Werkverkehr 219
Große Havarie 342, 403
Grundgesetz 235
Grundlagen der Speditionstätigkeit 44
Grundlagen des Eisenbahnfrachtgeschäfts 261
Grundpflichten des Spediteurs 63
GüKG Inhaltsübersicht 147
GüKUMB 161
Güterfernverkehr 175
Güterfernverkehrsgenehmigung 158
Gütermengen in der Binnenschiffahrt 304
Güternahverkehr 159
Güterstruktureffekt 5, 74
Güterverkehrswirtschaft 7
Güterverkehrszentrum 13
Güterverteilzentrum 14
Güterverzeichnis 286
Güterwagen 244
Güterwagenanschriften 246
GVK 2000 528

Haager Protokoll 418
Haager Regeln 1924 400
Haager-Visby-Regeln 1968 400
Hafenanlagen 350
Haftpflichtgesetz 242
Haftung des Auftraggebers 167, 189
Haftung des Frachtführers aus dem Ladeschein 328
Haftung des Frachtführers für die Bezeichnung der Güter 328
Haftung Luftfracht 445
Haftung des Unternehmers 167, 182, 190, 210
Haftung für die Angaben im Frachtbrief 263
Haftung im Seefrachtverkehr 397
Haftung im Spediteursammelgut 489

Haftung, Eisenbahn allgemein 273
Haftung, Expreßdienste 517
Haftung, Kurierdienst 513
Haftung, Paketdienst 503
Haftungsausschluß nach CMR 211
Haftungshöchstgrenze AGNB 169
Haftungshöchstgrenze CMR 211
Haftungshöchstgrenzen, KVO 184
Haftungshöchstgrenzen nach GüKUMB 192
Haftungsumfang, AGNB 168
Haftungsumfang KVO 183
Haftungszeitraum 168, 183, 211
Hallenlager 543
Hamburger Regeln von 1978 402
Handelsflotte 352
Handelsgesetzbuch (HGB) 242
Hauptspediteur 35
Haus-Haus-Leistungsbereich 479
Haus-Haus-Verkehre 414
Hausfrachtbrief 451
Hausfracht 478
Haustarif 514
Havarie 342, 402
Havarie-Kostenbeiträge 404
Haverei Havarie-grosse 403
Haverie-Beteiligte 405
Havarien im Seeverkehr 402
HGB als gesetzliche Grundlage 28
Hochregallager 545
Höchsttarifierungsregel 374
Höchstzahlenverordnung im Güterfernverkehr 178
Hochwasserzuschläge 345
Hoheitsgewässer 348
Hub 6
Hub-and-spoke-System 516

IATA 419
IATA-Clearing House 420
IATA-Luftfrachtagenten 449
IATA-Resolutionen 420
IATA-Umrechnungskurs 427
IC-Kurierdienst 51, 299
ICAO 415

559

Stichwortverzeichnis

IMGD-Code 406
IMO 406
Importspediteur 453
Incoterms 1990 379
Indossament 392
Inhaber-Konnossement 393
Inhaberladeschein 328
Inhalt des Frachtbriefs 263
Inhalt des Ladescheines 326
Integrator 5
Inter-/Multimodaler Containerverkehr 384
Intercontainer 233, 534
Interfrigo/Transthermos 234
Interline-Abkommen 421
International Air Transport Association 419
Intern. Expreßgutverkehr 298
Internationale Klassifizierungsgesellschaften 360
Internationale Spedition 46
ISO-Container 525

Joint Venture 421
Just-in-time 15

Kabotage 205, 354
Kabotagerecht 416
Kaiempfangsschein 396
Kalif 187
Kartellösung 481
Kaufvertrag 54
KEP-Dienste 73, 491
KEP-Markt 491, 509
Kleincontainer 253
Kleine Havarie 343
Kleine Havarie/Haverei 402
Kleingut-Logistik 494
Kleingutmarkt 73
Kleingutmarkt 1993 464
Kleingutortsverzeichnis 288
Kleinwasserzuschläge 345
Knotenpunktsystem 259
Koeffiziententabelle 284
Kombi KG 234
Kombinierter Verkehr 11, 213, 518
Kombiverkehr GmbH & Co. KG 530

Kommissionsgeschäft im HGB 55
Konditionelle Buchung 369
Konnossement 326, 388
Konnossement als Quittung 389
Konnossements-Inhalt 388
Konnossementsausstellung 388
Konnossementsbedingungen 365
Konnossementsnachnahmen 378
Konnossementsteilscheine 396
Konsensualverträge 176
Konsignationslager 541
Kontrakte 326
Kontraktfahrt 361
Kontraktraten 431
Kontrakt-Raten-System/Dual-rate-system 377
Konventioneller Frachter 355
Konventionen 308
Konzentration im Kleingutverkehr 458
Kooperation im Spediteursammelgutverkehr 457
Kostenarten 482
Kosteninformationssystem 186
Kraftfahrzeugsteuer 525
Kraftwagen-Spediteure 48
Kraftwagenspeditionen 216
Kräne in der Lagerei 546
Kriegsklauseln 378
Kundensatz 478
Kurierdienste 51, 511
KURT im Güternahverkehr 170
Küstenschiff (Kümo) 355

Lade- und Löschfristen 334
Ladebereitschaft 332
Ladefähigkeit 359
Ladegutsicherung im Kombinierten Verkehr 526
Lademaß 242
Lademittel der Eisenbahnen 249
Ladeort 332
Ladeplatz 332
Laderechte 354
Ladeschein 326
Ladeschein, Muster 329

Stichwortverzeichnis

Ladezeit 332
Lagerarten 543
Lagerbühnen 545
Lagerei als speditionelles Leistungsangebot 539
Lagerei im volkswirtschaftlichen Leistungsprozeß 538
Lagerei, Aufgaben 538
Lagerentgelt 548, 553
Lagerflächen 543
Lagergeschäft im HGB 56
Lagerhalter 27, 52
Lagerkosten 551
Lagerkostenarten 552
Lagerkostenkalkulation 551
Lagerleistungen 542
Lagerlogistik 539
Lagerscheine 550
Lagerübernahmesatz 554
Lagerung von Agrarerzeugnissen 541
Lagervertrag 57, 547
Lagerverwaltungskosten 552
Landlager 543
Längenzuschläge 376
Lash-Schiff 357
Lastenaufzüge 546
Lastgrenzenraster 247
Lean-production 5
Lebende Tiere 443
Leistungsmerkmale Luftfracht 413
Leistungsmerkmale der Binnenschiffahrt 303
Leistungsmerkmale der Verkehrsträger 16, 17
Leistungsmerkmale des Straßenverkehrs 132
Less-than-Container-Load 382
Lieferfrist 270, 341
Lieferwert 276
Liegegeld 332, 334, 338
Lift-on/Lift-off-Charge 385
Line-by-Line 374
Liner-Terms 376
Linienkonferenzen 361
Linienschiffahrt 360

Linienspediteure 457
Lizensierung Tour-de-Rôle 308
LKW, Entwicklung 131
LKW-Gesamtgewicht 525
LNGT; GWB § 99 453
Logistik 5, 22, 70
Logistik-Box 255, 528
Löschbereitschaft 333
Löschort 333
Löschplatz 333
Löschung der Frachtgüter 334
Löschzeit 333
Luftfahrt-Bundesamt 419
Luftfracht-Nebengebührenverzeichnis LNGV 433
Luftfracht-Spediteure 47
Luftfrachtbrief 434
Luftfrachttarife 426
Luftfrachtterminals 414
Luftverkehrsgesellschaften 421
Luftverkehrsgesetz 419
Luftverkehrsrechte 415
Lumpsum-Raten 375

Main ports 378
Malpractice, Tarifverstöße 373
Manifest 397
Mannheimer Akte 308
Marketing in der Spedition 33
Markt 1
Marktbeobachtung durch BAG 227
Marktordnung 11, 305
Marktordnungswaren 541
Marktzugang zum gewerblichen Güterkraftverkehr 139
Massengutschiffahrt 360
Maßabrechnung 374
Maßgut 376
Mate's-Receipt 391
Meldeadresse 328
Meldetag 332
Merchants Haulage 384
Miet- und Ersatzfahrzeugverordnung - GüKG 147
Minderkaufleute 27

561

Stichwortverzeichnis

Mindestentfernung 519
Mindestfrachtbeträge/Minimum 428
Minimalfrachten 375
Mimimum Charges 426
Minimum-/Festtarife 373
Mittelstand Spedition 22
Mixed-Arrangements 385
Möbelspediteure 49
Modal split 9
Monatsübersichten 219
MTO-Konvention 43
Multi-Hub 516
Mußkaufleute 27
Mußkaufmann 27

Nachnahme 268
Nachnahmeauszahlung 268
Nachnahmebegleitschein 268
Nächstgelegener geeigneter Bahnhof 153, 224
Nachträgliche Verfügung 269
Nachträgliche Verfügung Seefracht 390
NAFTA 3
Nahverkehr 138
Nahzone im Güterkraftverkehr 138
Nahzone Ortsmittelpunkt im Güterkraftverkehr 152
Namenskonnossement 393
Nebenentgelte im Ladungsverkehr 286
Nebengebührentarif 479
Nettoraumzahl/NRZ 358
Nettoregistertonne /NRT 358
Netz der Binnenwasserstraßen des Bundes und bedeutende europäische Wasserstraßen 316
Notify-Adresse 393
Notstandsklauseln 378

Offene Konferenzen 361
Offene/geschlossene Schiffsregister 353
Öffentliche Unternehmen 8
Öffentlicher Verkehr 8
Operator 23
Optionspartien 370
Order-Konnossement 392

Orderladeschein 328
Ordnungszahlen, besondere Preislisten 286
Organisationsformen von Paketdiensten 505
Originalkonnossement-Verlust 390
Ortsfrachten und örtliche Entgelte 286
Outports 378
Outsider/Independent Carrier 362
Outsourcing 3
Over Pivot Rate 432
Over Pivot Weight 432
Overcarrier 362

Paket Markt 492
Paketdienste 51, 491
Paketvolumen 494
Paletteneinsatz 251
Palettenentgelte 252
Palettenpool 251
Palettenregallager 545
Paramount-Konnossements-Klausel 401
Parcelfrachten 375
Partenreederei 364
Partiefracht 260, 291
Partikulier 309
Pegel 321
Pfandrecht KVO 182
Pfandrecht nach CMR 210
Pfandrecht nach GüKUMB 190
Pfandrecht, Binnenschiffahrt 341
Pfandrecht (Verfrachter) 372
Pivot Charge 432
Pivot Weight 432
Pools 362
Poolvertrag 421
Positioning Charges 385
pp = prepaid 426
Preisbildung im Güterfernverkehr 185
Preisbildung im Güternahverkehr 170
Preisbildung Kurierdienst 512
Preisbildung, Expreßdienste 517
Preise im IC-Kurierdienst 299
Preisermittlung im Ladungsverkehr; Eisenbahn 280

Stichwortverzeichnis

Preisobergrenze; Sammelgutverkehr 476
Prepaid 378
Prinzip des Sammelgutverkehrs 455
Private Kleincontainer 254
Private Paletten 252, 285
Private Unternehmen 8
Privater (nichtöffentlicher) Verkehr 8
Privates Verkehrsgewerbe 11
Privatgüterwagen 244, 285
Privatisierung DB AG 230
Produktionsabläufe im Paketdienst 496
Projekt-Spedition 47

Qualitätsmanagement 14, 496
Qualitätsmanagement-System 503
Quittungserteilung bei Einlagerung 550

Rahmenbedingungen im kombinierten Verkehr 524
Rampenlager 544
Range-Häfen 360
Raumcharter 367
Rauminhalte der Kleincontainer 254
Rechte des Empfängers nach GüKUMB 190
Rechtscharakter des GüKUMB 188
Rechtsgrundlage für Preisempfehlungen 447
Rechtsgrundlagen im Speditionsverkehr 54
Rechtsnatur der Güterfernverkehrsgenehmigung 175
Reeder 363
Reedereien 309
Reedereikonsortien 363
Reederhaftung 397
Regallagerung 545
Regelmäßiger Standort im Güterkraftverkehr 153
Regionallager 541
Registertonne 358
Regulierte Konferenzen 361
„Reiner" Speditionsvertrag 56
Reines Konnossement 389

Reisecharter 367
Reklamationsfristen (Luftfracht) 447
Rektaladeschein 327
Revers 391
Ringzug 519
Ro-Ro-Verkehr 313
Ro/Ro-Anlagen 350
Ro/Ro-Schiffe 355
Ro/Ro-Systeme 356
Road Feeder Service 422
Rollende Landstraße 521
Rollkarte 471

Sachgemäße Lagerung 549
Sammellagerung 549
Sammelspedition 56
Sattelauflieger 523
Schienenfahrzeuge auf eigenen Rädern 285
Schienennetz der Bahnen 242
Schiffer 324
Schiffahrtsabgaben 345
Schiffsbegutachtung 359
Schiffseigner 324
Schiffsfrachtenkontor 364
Schiffsklassifikation 359
Schiffsmakler 325
Schiffsmakler/Reedereiagenten 364
Schiffspapiere 312
Schiffstypen 310
Schiffzettel 396
Schnittstellenkontrolle 550
Schwergewichtszuschläge 376
Sea-Waybill (Non-negotiable) 394
SEA/AIR-Verkehr 454
Seefracht im Chartergeschäft 373
Seefrachtberechnung 373
Seefrachtfakturierungen 379
Seefrachtgeschäft 365
Seefrachtrate 373
Seefrachtrate, Frachtberechnung in Schiffswahl 374
Seefrachttarif im Stückgutfrachtgeschäft 373
Seefrachtverträge 367

Stichwortverzeichnis

Seefrachtzahlung 378
Seefrachtzu- und -abschläge 376
Seehafen-Spediteure 47, 408
Seehafen-Speditions-Tarif (SST) 410
Seehäfen 349
Seeschiffsregister 352
Seeverladerkomitee 362
Seeschiffsvermessung 358
Seeverkehrswege 347
Selbstabholung bei Stückgut 292
Selbsteintritt des Spediteurs 66, 216
Sendungsbegriff, GüKUMB 189
Sendungsbegriff der KVO 180
Sendungsverfolgung 495
Sendungsverfolgungssystem 501
Separate-Marketing 363
Shipper 366
Shipper's Declaration 443
Sicherheitsvorschriften 240
Sittenwidrige Reverse 391
Slots 422
Sofortrabatt 377
Sonderlagerung 549
Sonderzüge 285
Sozialvorschriften 220
Specific Commodity Rates 426
Spediteur, Legaldefinition 60
Spediteursammelgut, Abrechnung 474
Spediteursammelgutverkehr, Begriff 461
Spediteursammelgutverkehr, Beteiligte 467
Spediteursammelgutverkehr, Kostenrechnung 482
Spediteursammelgutverkehr, Rechtsbeziehungen 460
Spediteursammelgutverkehr, Vorteile 466
Spediteursammelgutverkehr, wirtschaftliche Bedeutung 463
Spedition; Aufgaben 31
Speditionelle Leistungen 32
Speditionsauftrag 469
Speditionsgeschäft 20, 56
Speditionsgeschäft im HGB 56
Speditionsnahverkehr 48

Speditionsrollfuhr 48
Sperrige Expreßgüter 298
Sperriges Gut 291
Spesenklauseln 380
Spezialfrachtraten/SCR/CO-Raten 429
Speziallager 544
Spitzenverbände des Straßenverkehrs 38
Splitcharter 454
Splitting 177
Spurweite 242
Stadtkurier 512
Stafettenverkehr 177
Standorte der Kraftfahrzeuge im Güterkraftverkehr 153
Statistik 227
Statusmeldungen 473
Stauplan 397
Stetigförderer 546
Stockwerklager 543
Streckenkategorie 302
Streckenklassen 243
Streckenqualität 301
Stückfracht 260
Stückgut-Neuordnung 287
Stückgut-Unternehmer 288
Stückgutfrachtvertrag 369
Stückgutunternehmer der DB 49
SVS/RVS 104
SVS/RVS Anhang über internationale europäische Güterbeförderung 118, 119
SVS/RVS Bedeutung 105
SVS/RVS Schadensbearbeitung 126
SVS/RVS Text und Erläuterungen 106
SVS/RVS-Entwicklung 104
Systemverkehre 458

TACT 426
Tagesgeschäft 326
Tarifaufhebungsgesetz 306
Tarif- und Verkehrsanzeiger 278
Tariff Coordination 421
Tarifgefüge IATA 426
Tarifhoheit 241

Stichwortverzeichnis

Tarifpflicht 240
Tarifwährungen 379
Teilcharter 367
Teilkonnossemente 394
Telematik 15
Tracking- und Tracingsystem 501
Tracing 414
TRAXON 414
Trade Association 421
Trampschiffahrt 360
TRANSA 234
Transfracht GmbH 233, 533
Transportbedingte Zwischenlagerung 542
Transportfähigkeit 2
Transportkette 11
Transportsystem 494
Transportversicherung 128, 448
Trasse 300
Trassen-Entgelte 300
Trassen-Preissystem 300
Trassenpreise 300

Überdachte Lagerfläche 543
Übereinkommen COTIF 295
Überliegezeit 332, 333
Übernahme-Konnossement 392
ULD 431
Umrechnungskurse 379
Umsatzsteuer 282
Umschlag- und Hafentarife 346
Umschlaglagerung 542
Umschlagskosten 552
UN-Seehafenstatut 347
Unbegleiteter kombinierter Verkehr 522
UNCTAD-Code 354
Undercarrier 362
Unit Load Devices (ULD) Charges 426
Unterspediteur 35
Unverbindlichkeit der BSL-Empfehlung 480
USL 38

Verbindungen im IC-Kurierdienst 299
Verfrachter/Carrier 365

Verfrachterhaftung 397
Verfrachterpflichten 366
Verjährung; Eisenbahn 277
Verjährung des Seefrachtvertrages 373
Verjährungsfrist, AGNB 170
Verjährungsfrist nach GüKUMB 193
Verjährungsfristen nach CMR 212
Verjährungsfrist, KVO 185
Verkauf 33
Verkehr 2
Verkehrsarten im Güterkraftverkehr 137, 151
Verkehrsbedürfnisse 16
Verkehrsbereiche im Güterkraftverkehr 138, 151
Verkehrsgebiete/TC 423
Verkehrsgesetzgebung 12
Verkehrshoheit 3
Verkehrskonferenzen 420
Verkehrsleistung 10, 18
Verkehrsleistungen des Spediteurs 20
Verkehrsmarkt 11
Verkehrsmarktwachstum 69
Verkehrsmittel 8
Verkehrsnachfrageänderungen 69
Verkehrspolitik 12, 132
Verkehrsstatistik 412
Verkehrssysteme 7
Verkehrsträger 9
Verkehrsträgerneutralität der Spedition 65
Verkehrsunternehmen 8
Verkehrsverwaltung 12
Verkehrswege 8
Verkehrswegenetz, Straße 131
Verkehrswirtschaft 7
Verlade- und Transportbedingungen 323
Verladetechnische Angaben, etc. für Seefrachtofferten 381
Verordnung über Lade- und Löschtag 334
Verpackung 249, 267
Versandspediteur 468, 469
Versendungskauf 54
Versicherung AGNB 169
Versicherung, CMR 212

Stichwortverzeichnis

Versicherung, GüKUMB 192
Versicherung, KVO 184
Verstopfungszuschläge 377
Verteilungslager 540
Vertikal-Palettenförderanlagen 546
Vertikale Schnellumschlaganlagen 528
Vertragsrecht im gewerblichen Güterkraftverkehr 162
Vertragstypen: Kaufvertrag, Speditionsvertrag, Frachtvertrag 460
Verwaltungs- oder Regierungsabkommen 203
Verzögerungsentgelt 273
Visby-Regeln von 1963 400
Volkswirtschaft 1
Vollcharter 454
Vollkaufleute 27
Vollkaufmann 27
Vollkostenrechnung 196
Volumengewicht 428
Vorratslager 541
Vorteile der Kleincontainer 254
Vorteile des Sammelgutverkehrs für Frachtführer 467
Vorteile des Sammelgutverkehrs für Kunden 466
Vorübergehender Standort im Güterkraftverkehr 154

Wagen-Nummer 246
Wagenbestellung 248
Währungszu- und Abschläge/CAF 376
Warenklassenraten/CR 428
Warschauer Abkommen 417
Wartezeit beim Laden 332
Wartezeit beim Löschen 333
Wasserkombi 313
Wasserlager 543
Wasserstraßen 535
Wasserstraßen- und Binnenschiffahrtsbehörden 307

Wasserstraßenkombi 527, 536
Wasserverdrängung 359
Wechselbehälter 523
Welthandelsflotte 354
Weltorganisation FIATA 39
Werkschiffahrt 361
Werkslagerung 538
Werkverkehr, Begriff 217
Werkvertrag 55
Wertangabe 442
Werterklärung im Konnossement 400
Wertfeststellung des Schadens 400
Wertfrachten 375
Wertstaffeln 375
Wertzuschlag 442
Wirtschaft 1
Wirtschaftliche Bedeutung des Sped.-Sammelgutverkehrs 463
Wirtschaftsordnung 1
Wirtschaftszonen 349

X-mal messend 376

Zahlung der Fracht 267
Zahlungsvermerke im Stückgutverkehr 290
Zahlwährungen 379
Zeitcharter 367
Zeitrabatt 377
Zentrale Frachtberechnung 297
Zentrallager 540
Zertifizierung 15
Zielmarkt kombinierter Verkehr 519
ZNR-Waren 541
Zonenpreissystem 517
Zugang zur Eisenbahninfrastruktur 241
Zugpreisklassen 302
Zuschlagfrachten 294
200 Seemeilen Wirtschaftszonen 348
Zweitregister 353
Zwischenspediteur 35

Ein wichtiges Nachschlagewerk für die Transportwirtschaft

Das Offizielle Spediteuradreßbuch

– wird Jahr für Jahr auf den neuesten Stand gebracht

– enthält weltweit ca. 12 000 Anschriften von Speditionen geordnet nach Kontinenten, Ländern und Städten

– Grenzzollämter

– Adressen aus allen Bereichen der deutschen Transportwirtschaft

– Aufbau, Organisation und Besetzung des BSL und der Fiata

– Das Offizielle Spediteuradreßbuch erscheint immer am Anfang eines jeden Jahres. Die Ausgabe 1997 kostet DM 164,– zuzügl. MwSt.

Bestellungen an: **Deutscher Verkehrs-Verlag GmbH**
Postfach 10 16 09

20010 Hamburg
oder per Fax: 0 40/2 37 14-2 33

Fachliteratur für die Internationale Güterverkehrswirtschaft

ABC der Abkürzungen aus Verkehr, Industrie und Außenhandel
6. Aufl. 1994, 309 Seiten, broschiert, DM 37,–
ISBN 3-87154-203-2

Offizielles Spediteuradreßbuch 1997
DM 164,– zuzügl. MwSt. (brosch.)
ISBN 3-87154-224-5

DVZ-Einkaufsführer für Transport und Logistik
Ausgabe 1997, DM 78,– zuzügl. MwSt. (brosch.)
ISBN 3-87154-223-7

**Lorenz, Leitfaden für den Spediteur in
Ausbildung und Beruf, Teil 1, hrsgg. von Willy Korf**
16. Auflage 1997, DM 80,– (brosch.)
ISBN 3-87154-211-3

**Lorenz, Leitfaden für die
Berufsausbildung des Spediteurs, Teil 2, hrsgg. von Willy Korf**
11. überarbeitete Auflage 1994 DM 59,– (brosch.)
ISBN 3-87154-205-9

**Mit Erfolg verkaufen
Leitfaden für die Verkehrswirtschaft**
2. Auflage 1996, DIN A4, 128 Seiten, DM 68,–
ISBN 3-87154-219-9

**KEP Markt
Kurier, Express, Paket**
1. Auflage 1995, 303 Seiten, DM 69,– zuzügl. MwSt.. (brosch.)
ISBN 3-87154-214-8

Bitte fordern Sie unser Verlagsprogramm an

**Deutscher
Verkehrs-Verlag
GmbH**

Postfach 10 16 09,
20010 Hamburg
Telefax-Nr. 040 / 23 71 42 33